이토 히로부미의
한국 병합 구상과
조선 사회

이토 히로부미의 한국 병합 구상과 조선사회

오가와라 히로유키 지음

최덕수·박한민 옮김

ITO HIROBUMI NO KANKOKU HEIGOUKOUSOU TO CHOUSEN SHAKAI
by HIROYUKI OGAWARA

© 2010 by Hiroyuki Ogawara
First published in 2010 by Iwanami Shoten, Publishers, Tokyo.
This Korean edition published in 2012 by The Open Books Co.
by arrangement with the proprietor c/o Iwanami Shoten, Publishers, Tokyo
through Shinwon Agency, Seoul.

일러두기

- 일본에서 한국을 지칭하면서 사용하고 있는 용어의 경우 한국의 실정에 맞게 표현을 수정하였다.
  예) 조선사 → 한국사, 조선 반도 → 한반도, 일청/일러 전쟁 → 청일/러일 전쟁
- 저자가 사용하고 있는 용어 중 한국학계에서 쟁점이 되기 때문에 인용 부호를 사용해 표기하는 용어들이 있다. 하지만 이 책에서는 저자의 용어 사용을 존중하여 별도로 추가 표기를 하지는 않았다.
  예) 한국 병합, 애국 계몽 운동

이 책은 실로 꿰매어 제본하는 정통적인 사철 방식으로 만들어졌습니다.
사철 방식으로 제본된 책은 오랫동안 보관해도 손상되지 않습니다.

한국의 독자들에게

　원저 『伊藤博文の韓國倂合構想と朝鮮社會: 王權論の相克』은 한국 병합 100년을 맞이한 2010년 초에 이와나미 출판사를 통해서 출판되었다. 이 책을 집필할 때는 한국에서의 출간을 전혀 고려하지 않았고, 한일 관계에 관심을 갖고 있는 일본의 독자, 특히 일본사 연구자를 주요 독자로 상정했다. 이 책의 한국어판 번역본이 출판되기에 이른 것은 2010년 3월부터 반년 동안 연구년을 맞이하여 일본을 방문하신 고려대학교 최덕수 선생님께서 권유해 주신 것이 계기였다. 이 책의 번역을 말씀하셨을 때 일말의 불안을 감출 수 없었는데, 그것은 한국의 독자 가운데 이 책에 대하여 위화감을 가질 분들이 많지 않을까란 생각이 들었기 때문이다.

　내가 이 책을 집필할 때 가지고 있던 일차적 관심은 한국 병합으로 상징되는 식민지 지배를 의식적 혹은 무의식적으로 합리화해 버릴지도 모르는 일본의 역사 인식을 실증적 작업을 축적해 나가면서 어떻게 해체할 것인가에 있었다. 물론 이 책이 밝힌 개개의 사실, 특히 일본 측의 동향에 관한 사실을 한국의 독자와 공유하는 데에는 일정한 의미가 있을 것이다. 그러나 애초부터 한국의 독자를 상정하면서 쓰지 않은 이 책을 한국어로 번역하는 것에 과연 얼마나 의미가 있을까란 생각을 할 수밖에 없었다.

그러나 역사학은 항상 타자와 대화하는 관계를 통해서 구축되는 학문이다. 오래된 사료와 싸우며 과거와 대화하면서, 공간적으로나 문화적으로 떨어져 있는 사람들과 미래를 주시하면서 공통된 과제를 함께 대화하는 가운데 상호의 역사 인식을 단련해 나갈 필요가 있다. 현재의 내가 학문을 해나가는 과정에서 한국과 일본의 많은 선학들로부터 배워 온 지적 틀에 많은 빚을 지고 있는 이상, 이 책이 밝힌 사실뿐만 아니라 그러한 문제의식에 대해서도 한국사를 배우는 많은 사람들과 널리 공유해야 하지 않겠는가라고 재고하게 되었다.

그리고 그 이상으로, 한국어판의 출간을 받아들인 이유는 역사학이란 지적 활동을 축적해 갈 때 특정의 공동체가 역사적 경험을 독점해서는 안 된다는 나의 지론 때문이다. 근대 역사학은 일반적으로 국민 국가를 형성하는 데 적합하게 형성되어 왔다. 그것은 국민 국가 형성에 적합하지 않은 역사적 경험이 의식적 혹은 무의식적으로 배제되었음을 의미한다. 그러한 근대 역사학의 문제성을 해체하기 위해서도 어느 특정한 공동체가 그 역사적 경험을 독점하는 것을 거부하는 자세가 우리에게 요청된다고 생각한다. 극단적으로 말하자면 모든 연구는 구체적인 독자를 상정한 것이기도 하면서, 그와 동시에 항상 타자와 연관된 것으로서 구상되어야만 한다. 이 책이 그러한 과제를 감당할 수 있는지 한편으로 염려되는 바가 없지 않지만, 문제가 있다면 그 책임은 번역자가 아니라 전적으로 내게 있다고 할 것이다.

이렇게 이 책의 성립 과정을 제시한 다음으로 한국어판 독자들에게 이 책이 의도한 바를 일본어판 서문에 추가하여 보충해 두고자 한다.

현재 지구화가 진전되는 과정에서 재편성되고 있는 구조적 폭력 아래에서 세계적으로 사람들의 삶이 계속 위협받고 있다. 일본에서도 경제적 격차의 확대나 빈곤이 커다란 사회 문제가 되고 있는데, 아시아의 금융 위기 이후 급속하게 지구화가 진행되고 있는 한국에서는 상황이 좀 더 심각할 것이다. 우리는 이러한 상황에 어떻게 대처해야 하는가? 역사학의 당면 과제는 권력의 중층 관계 속에서 삶을 위협당하고 있는 사람들의 역사적 경험을 재구성해 가는 가운데 이러한 구조적 폭력에 대한 비판적 논리를 추출하는 데 있다. 그리고 그러한 과제에 식민지 지배에 관한 역사 연구가 담당할 수 있는 역할은 점차 커지고 있다. 제국주의 시대에는 식민지를 비롯한 피종속 지역 민중에게 폭력이 좀 더 편파적으로 가해지고 있었기 때문이다. 지구화의 진전으로 구조적 폭력의 모순이 더욱 확대되고 있는 현재 상황에서 식민지 지배를 둘러싼 역사 연구의 시야는 세계적인 구조적 폭력을 어떻게 해체할 수 있는가라는 점에서 찾아야 할 것이다.

  식민지 지배의 모습은 식민지 종주국에 의한 지배를 커다란 요인으로 하는 가운데 국제 관계로서의 제국주의 체제로도 강력하게 규정되었음은 물론이다. 그러나 식민지 지배를 관통하는 폭력적 구조를 강대국 간의 정치적 역학으로만 파악하는 것은 일면적이다. 국제 체제로서의 제국주의 성립을 필요 불가결하다고 하는 것은 피종속 지역을 비롯한 국내외 사람들의 자율적이고도 다양한 주체 형성의 동향 때문이다. 그러한 의미에서 제국주의 시대의 국제 관계 및 식민지 지배의 양상은 사람들의 〈아래로부터의〉 변혁 운동과의 상관관계를 통해서 규정되고 있었다는 점을 우선 상기할 필요가 있다. 따라서 제국주의 시대의 권력 관계를 분석할 때에는 국제 관계, 국민 국가(종주국) 그 자체의 지배 체제만이 아니라, 피종속 지역 사회(식민지 사회)까지도 아우르면서 그 관계를 동태적으로 파악해야 한다.

  이 책이 염두에 둔 것은 이러한 문제의식에 입각해 일본의 식민지 지배의 폭력성을 규정한 조선 재지 사회의 동향을 밝히는 가운데 한국 병합 과정을 재검토하는 데 있다. 일본의 식민지 지배가 지니고 있던 폭력의 기원을 추적하는 것이 이 책의 주요 과제인데, 그때 특히 관심을 기울인 것이 조선 사회에서 있었던 정치 문화의 변용 과정과 조선 민중의 다양한 동향이다. 조선 민중의 동향은 다차원적이었고, 반드시 반일 민족 운동으로 일원화되지는 않았다. 그러나 종래 민족 운동사의 역사관에서는 그러한 동향을 배제하거나 무시해 왔다. 앞에서 기술했던 것처럼 종래의 한국사 연구의 틀이 국민 국가 형성에 적합한 근대주의적인 것이었기 때문이다. 이 책이 한국 병합 과정을 재검토하면서 반일 민족 운동으로 수렴되지 않는 민중의 이러한 움직임을 담을 필요가 있었기 때문에 종래 민족 운동사적 역사 인식을 필연적으로 비판하지 않을 수 없게 되었다. 또한 조선 민중의 동향과 중장기적인 정치 문화의 양상을 중시하는 입장에서 민족주의적 역사관을 비판해 가면서도, 실제로는 근대 환원주의에 빠져 버린 식민지 근대화론과 식민지 근대성론에 대해서도 이 책에서는 비판하였다.

마지막으로 내가 한국사 연구, 한일 관계사 연구를 하는 의미를 적어 두고자 한다. 최근 한일 관계가 전에 없이 양호하다고 느끼는 일본인이 증가하고 있다. 내가 교편을 잡고 있는 대학에서도 한국어를 이수하는 학생들이 현저하게 증가했고, 대중가요를 비롯한 한국의 현대 문화에 관심을 갖는 사람들이 많아졌다. 그러나 그들이 일단 한일 간에 가로놓인 역사에 발을 들여놓으면 도중에 거부 반응을 보이는 상황은 본질적으로 변하지 않았다. 그러한 한일 간의 역사 인식에 놓여 있는 틈을 메우기 위해서 한국사 연구 혹은 한일 관계사 연구가 기여할 수 있는 바가 크다는 점은 분명할 것이다. 일본이 한반도에서 실시한 역사적 사실을 밝히고, 그것을 일본 사회에 널리 알려 가는 것이 일본인인 나에게 우선 요청되는 책무이다.

그러나 내가 좀 더 중요하다고 생각하는 것은 앞서 기술한 것처럼 일본의 조선 식민지 지배를 세계사적 경험으로 평가하기 위한 틀의 구축이다. 피종속 지역의 사회 구성이 식민지 지배의 양상을 어떻게 규정했는가라고 하는 아래로부터의 시각을 가미한 국제 정치사 연구와 식민지 정치사 연구의 시도, 그리고 체제 내화한 민족주의 연구를 상대화하면서 제국주의의 구조를 총체적으로 검토하는 시도야말로 한일 역사학계가 공유할 과제로 삼고, 더욱이 그것을 세계사적 경험으로서 재구성해 가는 작업이 필요하다고 본다. 그러한 의미에서 한국사 연구나 한일 관계사 연구는 어디까지나 세계적인 구조적 폭력을 해체하기 위한 방법에 지나지 않는다.

  1998년 한국에 유학한 이래로 나의 연구를 계속 격려해 주신 최덕수 선생님께 깊은 감사의 말씀을 드린다. 선생님께서는 신출내기 연구자에 지나지 않는 내가 최초로 쓴 저서를 한국어판으로 출판할 기회를 제공해 주셨을 뿐만 아니라, 직접 번역하는 노고를 아끼지 않으셨다. 또한 이 책을 번역하는 데 최덕수 선생님의 제자인 박한민 선생이 고생해 주셨다. 방대한 사료의 번역만이 아니라 완숙하지 않은 문장을 번역하기가 상당히 까다로웠을 것이다. 감사해 마지않는다. 이 책이 한국 분들과 이야기를 쌓아 나갈 수 있는 계기가 된다면 기대 이상의 즐거움일 것이다. 독자제현의 질책을 바라며 이만 줄이고자 한다.

2012년 초에
오가와라 히로유키

차례

한국의 독자들에게	5

서장

이 책의 과제 : 한국 병합 구상의 재검토	17
분석 시각: 제국주의 연구로서 한국 병합사·조일 관계사의 과제	25
국제 관계사 연구에서 민중사적 시각의 도입	31
일본과 조선에서 왕권관의 위상	36

제1장 러일 전쟁과 조선 식민지화의 전개

들어가며	49
조선의 근대 국가 구상과 왕권관	52
러일 전쟁 중 일본의 조선 식민지화 정책	76
한국 보호 정책 구상의 대립: 통감의 군대 지휘권 문제를 단서로	112
소결론	144

제2장 이토 히로부미의 한국 병합 구상과 제3차 한일 협약 체제

들어가며	149
황제권 축소와 제3차「한일 협약」체결	151
제3차 한일 협약 체제의 성립과 이토 히로부미의 한국 병합 구상	197
소결론	214

제3장 이토 히로부미의 병합 구상 좌절과 조선 사회의 동향

들어가며	219
제3차 한일 협약 체제의 전개와 좌절: 한국 사법 제도 개혁의 전개 과정을 사례로	220
소결론	267
통감 이토 히로부미의 민심 귀속책과 조선의 정치 문화: 황제의 남북 순행을 둘러싸고	269
소결론	304

제4장 병합론의 상극

들어가며	309
이토 히로부미의 통감 사임과 한국 병합을 둘러싼 일본 정부의 동향	312
〈한일 합방〉론의 봉쇄: 일진회 이용구의 〈정합방〉 구상과 천황제 국가 원리와의 상극	340
소결론	373

제5장 한국 병합

들어가며	377
한국 병합 계획의 개시	379
한국 병합 단행	427
소결론	440

종장

맺으며	445
과제와 전망: 식민지 연구의 자립적 전개를 위해서	453

후기	461
찾아보기	471
옮긴이의 말	475

서장

이 책의 과제 : 한국 병합 구상의 재검토

이 책의 과제는 1904년 러일 전쟁으로부터 1910년 한국 병합에 이르기까지, 이 시기에 이루어진 일본의 조선 식민지화 과정을 일본 정치가들 사이에 존재했던 식민지 통치 형태에 대한 복수의 구상, 그리고 그것에 의해 규정되었던 한국 병합과 편입 구상의 대립·경합이라는 관점에서 검토하는 것이다. 일본은 1910년 대한제국(한국)을 폐멸시켜 대일본제국에 편입했지만(한국 병합), 이 시기 일본의 대조선 정책은 직할 식민지, 자치 식민지, 위임 통치 등 조선을 어떠한 형태로 종속시킬 것인가란 관점에서 복수의 식민지 통치 구상이 마련되었다.

그렇다면 이와 같은 일본의 조선 종속화 구상 및 식민지 통치 구상의 차이는 어떠한 이유로 생겨났으며, 또한 어떠한 과정을 거쳐서 한국 병합에 이른 것일까? 한국 병합을 둘러싼 일본의 정치적 동향에 대하여 한반도를 둘러싼 국제 관계와 조선 사회와의 관계를 통해 이를 밝혀 보고자 한다.

이 책에서는 특히 1907년 체결된 제3차 「한일 협약」을 비롯한 여러 조약을 계기로 성립한 통감부를 중추로 하여 일본인 관료군과 친일 괴뢰 정권 사이에 구성된 통치 구조에 대하여 이 조약의 획기적 의의에 주목해 이를 제3차 한일 협약 체제라고 규정하고 검토하고자 한다. 이 책이 제3차 한일 협약 체제에 고찰의 초점을 맞추는 것은 한일 협약 체제가 통감 이토 히로부미의 한국 병합 구상이 반영된 것이었다고 생각하기 때문이다.

　1904년 2월 러일 전쟁 개전과 「한일 의정서」를 발판으로 삼아 한국에 본격적인 내정 간섭을 시작한 일본은 같은 해 8월 제1차 「한일 협약」을 체결하여 더 강력하게 주권을 침탈했다. 그리고 러일 전쟁의 승리를 통해 구미 열강의 양해를 얻은 다음 1905년 11월, 이른바 보호 조약인 제2차 「한일 협약」을 체결하여, 한국을 보호국으로 하였다. 이 조약을 통해서 일본은 같은 해 12월 식민지 통치 기구로서 통감부를 설치(1906년 2월 개청), 통감의 본격적인 한국에 대한 내정〈지도〉를 시작했다. 나아가 1907년 7월 제3차 「한일 협약」을 체결하면서 한국 정부에 일본인 차관을 임용하게 하여 한국의 내정권을 장악하고, 통감이 행정 전반에 걸쳐 직접 지도·감독하는 체제를 구축했다. 한편 같은 해 5월 이완용을 수반으로 한 친일 내각을 조직하도록 함과 동시에 6월에 실시된 내각 관제 개편에서 황제 권한의 축소를 시도했다. 또한 같은 달에 일어난 헤이그 밀사 사건을 이용해 반일적인 한국 황제 고종을 강제로 퇴위시키고, 병약한 순종을 황제로 앉히는 등 황제권을 제한·축소하는 조치를 병행했다.

　이리하여 통감부 설치 이래 진행된 황제권의 약체화 공작, 친일 괴뢰 정권의 편성, 그리고 제3차 「한일 협약」에 기초한 일본인의 한국 내정권 장악을 기본 요소로 하면서, 통감을 중추로 하는 한국 지배 체제, 즉 제3차 한일 협약 체제가 1907년 7월을 전후하여 성립했다. 그렇다면 이 체제는 1910년에 시행된 한국 병합과 어떠한 관계가 있는 것일까? 또는 일본에 의한 조선 식민지화 과정에서 어떠한 역사적 성격을 가지고 있었던 것일까?

일찍이 제3차 「한일 협약」은 야마베 겐타로(山辺健太郎)의 한국 병합사 연구에서 전형적으로 보이는 것처럼 일본의 한국 주권 침탈 과정의 한 단계로 다루어지는 데 불과했다.[1] 한국 병합 과정을 병합이라는 최종 목표를 향해 단계적으로 주권이 침탈되는 과정으로 파악하여 그 역사적 역할에 특별히 주목하지 않았기 때문이다. 그러나 최근에는 이 조약을 일본의 한국 병합 과정에서 중요한 전환점으로 평가하는 견해가 일반적이다. 그중에서도 모리야마 시게노리(森山茂德)는 한국의 병합 과정에 대한 선행 연구를 비판하는 가운데 제3차 「한일 협약」의 역사적 역할에 주목하고, 이 조약에 의해 이토 히로부미의 의향을 반영한 한국 통치 체제가 성립했다고 평가했다.[2] 모리야마는 이토를 병합론자라고 규정하는 한편, 이토에 의하여 추진된 제3차 「한일 협약」 이후의 〈자치 육성〉 정책은 한국의 〈실질적 병합〉을 달성한 것이지만 반드시 병합을 목표로 한 것은 아니었다고 결론내렸다. 그것은 이토가 병합이라는 목표를 포기하고 일본과 제휴함으로써 한국의 〈자치 육성〉이 가능한 지배 체제를 만들고자 했다는 의미에서의 평가이다. 요컨대 모리야마는 제3차 「한일 협약」의 체결은 반드시 병합을 지향하는 것은 아닌 한국 보호국론을 성립시킨 중요한 계기였다고 파악하였다. 따라서 이토의 통감 사임을 위와 같은 보호국론의 좌절로 평가하였고, 병합 추진파인 야마가타 아리토모(山縣有朋), 가쓰라 다로(桂太郎) 등에 의한 병합론을 이토가 받아들였다는 틀로 설명하였다.

일본의 대한 정책 변천을 한반도를 둘러싼 국제 관계론적 관점과 한국 정부의 내외 정책 등과의 상관관계에서 파악하려고 한 모리야마 연구의 최대 강점은 일본의 한국 병합 과정을 동태적이고 다각적으로 검증하는 틀을 제시했다는 데 있다. 한국 병합과 관련된 국제 관계론적 동향을 시야에 넣음

---

1 山辺健太郎, 『日韓併合小史』(岩波新書, 1966).
2 森山茂德, 『近代日韓關係史硏究』(東京大學出版會, 1987); 同, 『日韓併合』(吉川弘文館, 1992).

에 따라 일본의 조선 침략 과정을 조일 양 국가 간의 관계만으로 파악하는 종래의 틀에서는 다루지 않았던 제국주의 체제하에서의 식민지 형성 과정으로 이해할 수 있게 된 것이다. 그러한 의미에서 모리야마의 연구는 연구사상 획기적 의의를 가진다. 이와 같은 모리야마의 틀, 특히 이토 히로부미의 한국 보호 정책을 둘러싼 〈자치 육성〉 정책이라는 분석 개념은 그 후 한국 병합사 연구를 주도한 운노 후쿠주(海野福壽)나 보호국하에서 한국〈국민〉창출의 계기를 찾으려고 한 쓰키아시 다쓰히코(月脚達彦)를 비롯한 한국 보호국 시기에 관한 연구에 많은 영향을 주었다. 나아가 일본의 역사학계만이 아니라 한국의 역사학계에도 모리야마가 제시한 틀은 큰 영향을 미쳤다.[3]

그러나 제3차 「한일 협약」으로 성립된 한국 통치 체제를 한국의 병합을 지향하지 않는 것으로 다룬 모리야마의 평가에 문제는 없는 것일까? 확실히 헤이그 밀사 사건을 계기로 이토가 주도한 일본의 대한 정책은 고종의 양위와 제3차 「한일 협약」의 체결에 따라 한국의 내정권을 장악하는 데 그쳤고, 한국 병합은 실행되지 않았다. 모리야마가 이토를 보호국론자라고 규정한

---

3 예를 들어 海野福壽, 『韓國倂合』(岩波新書, 1995); 同, 『韓國倂合史の硏究』(岩波書店, 2000); 月脚達彦, 「大韓帝國における「國民化」・序說」(『人民の歷史學』 127, 1996); 同, 「「保護國期」における朝鮮ナショナリズムの展開 — 伊藤博文の皇室利用策との關連で」(『朝鮮文化硏究』 7, 2000) 등이 있다. 한국의 역사학계에서도 예를 들어 都冕會, 「일제 식민 통치 기구의 초기 형성 과정—1905~1910년을 중심으로」(한국정신문화연구원 편, 『일제 식민 통치 연구 1 1905~1919』, 백산서당, 1999) 등의 논고에서 모리야마의 틀을 전제로 삼고 있다. 게다가 최근에 모리야마의 틀을 무비판적으로 원용하고, 보호국하의 한국에서 조일 연대의 계기를 보려 하는, 문제가 상당히 많은 논의조차 나타나고 있다(淺野豊美, 「保護國下韓國の條約改正と帝國法制」, 『岩波講座「帝國」日本の學知』 1, 岩波書店, 2006). 아사노는 이 논문에서 헤이그 밀사 사건을 일으킨 한국 황제 고종의 움직임이야말로 조일 연대의 맹아를 잘라 낸 것이었고, 이토 히로부미의 진의를 이해하지 않았기 때문에 조일 간의 단절이 발생했다고 파악하였다. 이 연구는 다분히 자의적으로 연구사를 정리했고, 오랜 시간에 걸쳐 축적되어 온 식민지 연구 성과를 무시하는 등 그 연구 자세 자체에도 많은 의문점이 있다. 게다가 식민지하 민중의 동향을 완전히 시야에 넣고 있지 않다는 점, 애초부터 식민지란 무엇인가라는 물음이 부재하다는 점에서 좀 더 본질적으로 문제가 있다.

이유이다. 그렇다면 이토는 왜 이 시점에 한국을 병합하지 않고 한국황제를 존속시켜 제3차 「한일 협약」에 의한 보호 정치의 확장을 도모하였는가? 모리야마는 러시아가 한국의 병합을 승인하지 않은 것을 가장 큰 원인으로 설명한다. 한국 병합을 목표로 했던 이토가 러시아의 승인을 얻지 못했기 때문에 차선책으로 제3차 「한일 협약」에 의한 〈실질적 병합〉으로 전환했다는 것이다. 모리야마는 이와 같은 주장의 전제로 1907년 초부터 시작된 러일 협약 교섭과 관련하여 이토가 한국의 즉시 병합을 주장하고 있었다는 사실을 들고 있다.[4]

그러나 모리야마가 제3차 「한일 협약」을 러시아로부터 한국 병합에 대한 양해를 얻지 못한 단계에서 취한 편의적 조치로 간주하는 한편, 그것을 〈실질적 병합〉이라고 받아들인 이유가 반드시 명확하지는 않다. 따라서 제3차 「한일 협약」 이후의 통치 체제가 어떠한 의미에서 〈실질적 병합〉인지를 내재적으로 물을 필요가 있을 것이다. 결과적으로 한편으로는 한국의 병합을 주장하면서 다른 한편으로는 보호 통치하에 한국 황제와 국가 형식을 유지한다는 일견 상반된 이토의 주장을 통일적으로 이해하는 시각이 요청된다. 이러한 점은 모리야마의 연구가 국제 관계론적 파악, 특히 러시아의 영향력을 중시한 나머지 일본의 대한 정책과 한국 국내의 상황에 대한 검토가 충분히 이루어지지 않았다는 점과 무관하지 않다. 후술하는 것처럼 모리야마가 한 한국 병합사 연구의 가장 큰 문제점은 조선 사회 내에서 일어나고 있었던 아래로부터의 움직임에 대하여 거의 파악하고 있지 않았다는 데 있다. 그 결과 한반도를 둘러싼 국제 관계라는 외적 요인에서 일본이 한국을 병합한 본질적 이유를 찾는다는 단점까지도 아울러서 갖게 되었다.[5]

---

4 森山茂德, 『近代日韓關係史研究』, 200~201쪽. 뒤에서 밝히겠지만 러일 협상 교섭에서 이토가 한 발언을 즉시 병합론이라고 파악하는 것에는 의문이 있다.

5 구체적으로 모리야마는 만주 권익을 둘러싼 미국의 동향을 통하여 간도 문제와 만주 문제가 결합되었고 그 과정에서 러일 양국이 접근하는 가운데 한국이 병합되었다고 설명하였다. 즉

그렇다면 보호국론과 병합론의 통일적 파악은 어떠한 시각에서 가능하겠는가? 종래의 한국 병합사 연구는 실제로 실현되었던 한국 병합에 적합하였는가 그렇지 않았는가란 기준으로 일본의 한국 보호 정책을 평가해 왔다. 실제로 실행된 병합에서 정합적이었는가 아니었는가를 두고 통감부, 특히 이토 히로부미의 한국 통치를 평가한 것이다. 바꿔 말하면 단일국으로서 대일본제국의 일개 지역으로 만드는 형태로 병합할 것인가, 아니면 보호국인 상태로 통치할 것인가라는 양자택일의 관점에서 한국 병합을 파악해 왔다. 그러나 실제로 시행된 병합 이외에도 일본의 한국 편입 구상이 존재했고, 이토의 구상안이 실제로 실행된 한국 병합과 다른 것이었다고 한다면 이토의 한국 통치는 종래의 연구사에서 평가했던 것과는 전혀 다른 평가를 할 수밖에 없다.

그렇다면 이 시기에 일본의 정치가 사이에 복수의 병합·편입 구상이 존재했다고 평가할 수 있는가? 결론부터 말하면 한국 병합에 이르는 과정에서 복수의 병합 구상은 존재했다. 한국 병합 당시 외무성 정무국장이었던 구라치 테츠키치(倉知鐵吉)는 일본 정부가 한국 병합 방침을 결정했던 1909년 당시를 다음과 같이 회상했다. 〈당시 우리 관민 사이에서 한국 병합 논의가 적지 않았지만 병합에 대한 사상은 아직 충분히 명확하지 않았고, 어떤 경우에는 한일 양국이 대등하게 하나가 되어야 한다는 것과 같은 사상도 있었다. 또는 오스트리아·헝가리 이중제국과 같은 종류의 국가를 만든다는 의미로 해석하는 자도 있었다.〉[6] 또한 통감부 외사국장이었던 고마쓰 미도리

한국 병합의 요인을 궁극적으로 동아시아 국제 관계의 변동에서 찾았다. 그러나 이러한 모리야마의 견해는 나가이 카즈(永井和)가 지적한 대로 그와 같은 국제 관계에 대응한 일본 정부의 정치 결정 등에 대하여 직접적인 사료를 제시하여 보여 준 것이 아니며, 실증적으로도 불충분하다(永井和,「統監府の司法制度改革とその轉換をめぐる硏究」, http://www.bun.kyoto-u.ac.jp/~knagai/kuratomi/judiciaryreforml.html).

6 春畝公追頌會 編,『伊藤博文傳』下(統正社, 1940), 1013쪽.

(小松綠)는 〈단지 막연하게 양국이 하나가 되어야 한다고 말하는 데 그쳤고, 그 형식에 대해 적확한 생각을 가지고 있었던 자는 그다지 많지 않았다〉[7]고 회고하였다. 구라치나 고마쓰의 회상으로부터 파악할 수 있는 것처럼 한국을 일본 제국에 어떠한 형태로 편입할 것인가라는 문제는 그 방법이 자명하지 않았다.

따라서 당시의 병합론을 검토할 때에도 실제로 이루어진 〈한국을 완전히 폐멸시켜 제국 영토의 일부로 삼았다〉(구라치 테츠키치)라는 형태로 한국을 일본 제국에 편입시킨 것만이 병합 혹은 합병을 의미한 것은 아니었다는 점을 고려해야만 한다. 구체적으로 말하면 한국 병합에 즈음하여 병합 이후의 한국을 직할 식민지, 자치 식민지 등 어떠한 형태로 통치할 것인가라는 문제가 남아 있었다. 가령 1910년 당시 직할 식민지 형태로의 편입이 당연시 되고 있었더라도, 적어도 제3차 「한일 협약」이 체결된 1907년 단계의 병합 구상에서 그것이 유일무이한 통치 형태는 아니었다. 요컨대 한국 병합 과정을 둘러싸고 실현되지 않았던 복수의 한국 병합 구상이 존재하고 있었고, 그러한 것들과 관련하여 이토의 병합 구상을 평가할 필요가 있다. 반대로 말해서 이 점을 해명하지 않고 제3차 「한일 협약」을 계기로 성립한 한국 통치 체제가 가진 역사적 성격을 평가하기란 불가능하다. 이토가 실제로 실시된 형태의 병합을 구상하고 있지 않았다고 해서 병합론자가 아니라고 평가하는 것은 있을 수 없다. 분명히 해야 할 것은 이토가 어떠한 형태의 병합을 구상하고 있었고, 그것이 이토의 한국 보호 정책과 어떠한 관련성을 가지고 있었는가라는 문제이다.

종래의 한국 병합사 연구는 이와 같은 시각을 가지고 있지 않았기 때문에 복수의 병합 구상의 존재를 간과해 왔다. 따라서 〈자치 육성〉 정책이 실제 병합과 정합적이지 않았다는 이유로 이토를 병합론자가 아니라고 판단하

---

7 小松綠, 『朝鮮併合之裏面』(中外新論社, 1920), 85쪽.

였던 것이다. 그러한 의미에서 모리야마를 비롯한 선행 연구에서 이토의 한국 보호국론과 한국 병합 구상을 다루는 방식은 평면적이다. 또한 종래의 한국 병합사 연구는 한국 병합이란 역사적 사건을 원인론적으로 분석하는 데 치중하여 역사주의적 성찰을 충분히 전개하지 않았다. 역사적 과정에서 실현되지 않았던 선택지를 일단 재현하고, 그다음에 그러한 선택지의 실현을 제약한 요인을 찾는 가운데 역사적 사실을 구조적으로 파악하여 바르게 고쳐 나가는 작업이 필요하다. 그리고 초대 통감으로서 일본의 대한 정책을 주도한 이토가 한국 병합을 어떻게 구상하고 있었는가란 문제는 이른바 보호국기를 한국 병합사와 일본의 조선 식민지 지배 역사상 어떻게 규정할 것인가라는 과제에 대해서도 전망을 제시할 수 있을 것이다.

여기에서 본 연구의 과제를 나열해 본다면 다음과 같다.

① 일본의 정치 지도자들 사이에 복수로 존재한 한국 병합 구상은 어떠하였으며, 그 차이는 왜 생겨났는가? 그리고 어떠한 과정을 거쳐 한국 병합 구상이 일원화되었는가?

② 복수로 존재한 병합 구상 가운데 통감 이토 히로부미의 한국 병합 구상은 어떠하였으며, 그의 구상과 제3차 「한일 협약」을 계기로 성립한 제3차 한일 협약 체제는 어떠한 관계가 있었는가? 또 이 체제와 한국 병합은 어떠한 관계가 있는가?

③ 이른바 〈무단 통치〉와 〈문화 정치〉의 상대적 차이는 조선 사회와의 연관성에서 어떻게 평가할 수 있는가?

본 연구는 이러한 과제들을 특히 고종의 양위를 하나의 정점으로 하는, 한국 황제가 가진 정치적 권한을 축소하고 제한하는 과정에 초점을 맞추어 검토하고자 한다. 이토의 한국 병합 구상에서 황제권을 어떻게 평가할 것인가라는 문제가 본질적이라고 생각하기 때문이다.

　이 책은 종래의 한국 병합사 연구가 전제해 온 일본에 의한 한국 병합의 이유에 대한 해명을 일차적 과제로 삼지 않는다. 다음에서 살펴볼 것처럼 종래의 한국 병합사 연구는 본질적인 의미에서 식민지 연구가 아니었는데, 그 이유는 한국 병합 과정을 원인론적으로 연구해 왔기 때문이라고 생각한다. 한일 관계사의 관점에서 한국 병합 과정을 검토할 때 오히려 필요한 것은 일본의 조선 식민지화에 대한 조선 사회의 반응을 염두에 두면서 주요 과제 ①에서 제시한 것처럼 한국 병합 과정에서 한국 병합 구상이 왜 복수로 존재했는지를 해명하고, 그러한 구상이 어떠한 각축을 거치면서 실제로 실행되어 한국 병합의 형태로 일원화되었는지 그 실태를 밝히는 데 있다. 따라서 일본이 한국 병합을 감행한 이유에 대해서는 지면 관계상 필요한 정도만 언급하고자 한다.

분석 시각: 제국주의 연구로서 한국 병합사·조일 관계사의 과제

　한국에서 일본의 식민지 정책 연구를 진행할 때 빠트려서는 안 되는 것은 식민지인 조선 사회로부터 일본의 식민지 지배를 역으로 분석해 보는 시각이다. 조선에서 일본의 식민지 지배 체제를 고찰함에 있어서 일본의 지배가 재지 사회에 어떠한 모순 관계를 초래하였는지를 밝힘과 동시에 그와 같은 지배가 조선의 종래 정치·사회 구조에 어떻게 규정되고 있었는가를 해명해야 한다.

　이러한 시각이 중요한 까닭은, 예를 들어 일본의 통치 구조가 식민지에 일방적으로 받아들여졌다고 파악하면 일본이 지배한 식민지 간의 다양한 차이점을 설명하기가 어려워진다는 점만으로도 충분히 알 수 있다. 식민지 통치의 양상을 검토할 때는 그것이 피종속 지역 종래의 통치 구조와 사회 구조로부터 어떻게 규정되었는가란 점에 주목할 필요가 있다. 조선 사회와의 연관성을 묻지 않고, 일본의 조선 식민지화 과정과 식민지 지배 체제를 분석하는 것은 결국 일본사적 문맥을 식민지 조선으로 연장하게 될 뿐만 아니라, 나아가 한국사적 맥락을 지속적으로 객체화할 우려가 있기 때문이다. 그렇다면 이러한 점을 종래의 한국 병합사 연구는 어떻게 다루어 왔는가?

한국 병합 과정에 관한 기존의 정치사 연구에서는 모리야마 시게노리(森山茂德)가 단적으로 정리하였듯이 서로 대립하는 두 가지 해석이 있었다.[8] 그것의 기본적 논쟁점은 이른바 〈문치파〉와 〈무단파〉의 대립을 강조할 것인가 아니면 부정할 것인가란 점에서 찾을 수 있다. 양자의 대립을 방법론상의 차이라고 이해하는 것으로는, 예를 들어 이노우에 키요시(井上淸), 야마베 겐타로(山辺健太郎), 그리고 나카쓰카 아키라(中塚明)의 연구가 대표적이다. 한편 문치파의 대표인 이토 히로부미의 대한 정책을 〈무단 통치〉와 비교하여 상대적으로 온건 혹은 좀 더 나은 제국주의자로 평가하는 것이 모리야마와 운노 후쿠주로 대표되는 연구이다.[9]

최근에는 후자의 견해에 입각한 연구가 좀 더 활발한데 〈문치파〉, 〈무단파〉라는 이항 대립적 이해는 일본 정치사적 틀에 의해 규정된 것으로, 무엇보다도 피지배자와 관련하여 식민지 지배의 역사적 성격을 해명하려는 시각을 결여한 연구를 재생산하게 될 것이다. 식민지 정책을 파악하면서 제국주의 본국의 정치적 대립을 식민지 정책상의 대립으로 일치시키려는 입장은 피종속 지역 민중의 주체성을 간과하는 것이기 때문이다. 물론 이러한 입장

---

8 森山茂德, 『近代日韓關係史硏究』(東京大學出版會, 1987), 197쪽 참조.
9 井上淸, 『日本の軍國主義』(岩波現代文庫, 2004); 山辺健太郎, 『日韓倂合小史』(岩波新書, 1966); 中塚明, 『近代日本の朝鮮認識』(硏文出版, 1993); 森山茂德, 『近代日韓關係史硏究』; 同, 『日韓倂合』(吉川弘文館, 1992); 海野福壽, 『韓國倂合』(岩波新書, 1995); 同, 『韓國倂合史の硏究』(岩波書店, 2000); 同, 『伊藤博文と韓國倂合』(靑木書店, 2004).

에서도 조선의 민족 운동 동향을 고려하지 않은 것은 아니다. 그러나 그것은 어디까지나 부차적으로 언급되었으며, 또한 후술하듯이 실제로는 제국주의 비판으로 이어지지는 않았다.

이와 같이 피억압 민중의 주체성을 만들어 가는 것이 불가능했기 때문에 식민지는 객체로만 다루어지게 되었고, 식민지 연구임에도 불구하고 〈식민지〉가 〈부재〉하는 역설적인 상황이 나타났다. 이토의 그것이 한국 병합 이후의 〈무단 통치〉보다 상대적으로 온건했다는 점을 강조하면서 일본의 조선 식민지 정책을 평가하려는 분석은 피종속 지역의 입장에서 제국주의를 재평가해야 한다는 비판적 작업을 경시한 것이다. 그것은 제국주의가 가진 본질적 성격에 대한 이해를 방해하는, 일찍이 〈문치파〉와 〈무단파〉의 대립 도식에 따라 한국 병합 과정을 그렸던 도쿠토미 소호(德富蘇峰)의 조선 정체론(停滯論)적 틀에 가까운 것으로, 식민지주의적 입장에 서게 될 위험마저 존재한다. 결국 일본의 조선 식민지 정책상의 차이를 문치파와 무단파의 대립이라는 도식에서 찾는 한, 피종속 지역인 조선 내부의 정세와 관계없이 일본의 식민지 지배를 파악하는 것이 가능해지기 때문이다. 그러한 의미에서 이러한 연구는 문자 그대로 식민지 연구로서 성립하지 않는다. 바꾸어 말하면 거기에는 식민지란 무엇인가라는 문제를 구조적으로 따지는 시각이 결여되어 있는 것이다. 제국주의 본국의 정치적 대립을 식민지 통치 방법의 차이로 설명해 버리면 통치자 측의 의향이 식민지에 관철되어 버린 것처럼 파악될지도 모르며, 피억압 민중의 주체성을 인식하지 못하게 될 것이다. 그러나 일본 국내의 정치적 갈등·대립을 식민지에 부연하여 식민지주의·식민지 정책을 파악하려는 자세는 다수의 식민지 연구에서 이제까지 오히려 일반적이었는데, 최근의 〈제국사〉 연구 안에서 재생산되고 있는 것처럼 보인다.

그런데 피종속 지역의 주체성 경시라는 문제는 전자, 특히 야마베 겐타로의 연구에서도 전형적으로 나타나고 있다. 일본 제국주의사 연구의 입장에서 출발한 야마베의 틀은 일본의 조선 침략의 문제성을 강조한 나머지 조선 민중을 일본의 침략에 대하여 우왕좌왕하는 존재로만 파악하였다. 이러한 야마베의 연구사적 과제는 그 계승자를 자임하는 나카쓰카 아키라에 이르러 여기에 문제가 있음을 인식하고, 이를 극복하고자 하였다. 나카쓰카는 일본에 의한 조선 지배의 군사적 성격의 기원에 대하여 이노우에 키요시의 영향도 받아들이면서, 〈조선 민족 운동과의 대항·모순 속에서 형성된 것이었다〉고 평가하여,[10] 공공연한 폭력으로 일본의 조선 지배 체제가 형성되는 과정을 조선 민족 운동과의 대립 구조에서 파악하려 했다. 일본의 식민지 지배에 저항하는 의병 투쟁 등과의 상관관계로부터 무단 통치 등장의 배경을 설명한 것이다.

나카쓰카의 견해는 일본 제국주의사 연구의 성과 가운데 하나로 이후에도 계승되어야 할 것이나, 여전히 불충분하다. 왜냐하면 일본 제국주의의 조선 침략사라는 관점에서 출발한 나카쓰카의 시각은 일본의 조선 지배에 대한 모순을 명확하게 할 수는 있지만 조선 지배가 세계적인 차원의 제국주의 체제 안에서 어떠한 특질을 가지고 있는가라는 점에 대해서는 파악할 수 없고, 일국사적 틀로만 식민지 지배의 문제에 접근할 수밖에 없기 때문이다. 바꾸어 말하면 세계사적으로 한국 병합 과정이 가진 역사적 역할을 고찰한다거나 제국주의의 일반적 성격으로부터 일본의 조선 식민지 과정을 재검증한다거나 하는 비교사적 시각이 빠져 있다. 이러한 한계는 예를 들어 종래의 의병 연구가 오로지 민족 운동사적 견지에서 이루어졌다는 점과 관계가 있다. 의병 투쟁을 단순히 민족주의의 고양으로 다루어 그 대항 관계의 시각에서 일본의 조선 식민지 통치가 군사적 성격을 띠고 있었던 점을 강조한

---

10 中塚明,「アジアの變革と近代 — 朝鮮」(歷史學硏究會 編,『現代歷史學の成果と課題』3, 靑木書店, 1974); 同,『近代日本の朝鮮認識』, 102쪽.

다면, 예를 들어 1909년의 〈남한 대토벌 작전〉에 의하여 상대적으로 의병 투쟁이 침체되었던 시기에 무단 통치가 채택되었던 점을 설명할 수 없게 되는 것과 같은 문제가 발생하게 된다.[11]

다시 말하자면 식민지 사회와 관련하여 식민지 지배를 역으로 파악해야 한다는 시각의 결여는 한국 병합사 연구뿐만 아니라 일본 제국주의사 연구 혹은 일본 식민지 연구의 일반적 과제이기도 하다.[12] 예를 들어 기존의 일본 식민지 연구의 총결산으로 1992년부터 1993년에 걸쳐 간행된『이와나미 강좌 근대 일본과 식민지(岩波講座 近代日本と植民地)』시리즈는 일본의 식민지 연구 수준을 크게 끌어올렸으나, 기본적 시각에서 나카쓰카의 연구가 가지고 있는 한계와 구조적으로 공통되는 문제에 직면하고 있다.[13]

이것은 나가하라 케이지(永原慶二)가 이 시리즈를 〈거기서 특히 중시하고 있는 것은 일본의 식민지 획득과 그 지배가 구미 열강의 식민지 획득과 달리, 조선과 중국처럼 지리적으로 가까운 나라의 전부 혹은 그 일부를 식민지화하고, 나아가 그 주변 지역을 종속시키는 형태를 취했다는 데 있다. 조선과 같은 문명국의 본국을 완전히 병합하는 형태는 세계 제국주의 역사에서도 거의 유례가 없다〉고 사학사적으로 평가한 점에서 아주 잘 드러나고

---

11 뒤에서 제시하는 바와 같이 이러한 민족주의적 입장에서의 의병 연구가 아니라 민중사적 입장에서 의적으로서의 성격을 의병으로 독해한 것이 愼蒼宇,「無賴と倡義のあいだ ― 植民地化過程の暴力と朝鮮人「傭兵」」(須田努·趙景達·中嶋久人 編,『暴力の地平を越えて』, 靑木書店, 2004 수록. 이후『植民地朝鮮の警察と民衆世界』, 有志舍, 2008에 수록)이다. 이러한 연구 성과를 지배 정책사 연구에서 어떻게 다룰 것인지가 이 책의 과제이다.

12 이 점에 대해서는 경제사적 측면에서 일본 제국주의사 연구를 이끌어 온 호리 가즈오(堀和生)에 의해서도 이미 연구 과제가 되었다(同,「植民地帝國日本の經濟構造 ― 1930年代を中心に」,『日本史硏究』462, 2001, 51~52쪽).

13 『岩波講座 近代日本と植民地』(岩波書店, 1992~1993)에는 전후 역사학의 한 분야라고 할 수 있는 일본제국주의사 연구의 흐름을 다루는 연구와 1980년대 이후 유행한 포스트콜로니얼리즘 연구의 흐름을 취급하는 연구가 혼재되어 있다. 그러나 여기서 다루는 것은 전자이다. 그것은 필자의 연구상 주안점이 일본제국주의사 연구의 비판적 계승에 있기 때문이다.

있다.[14] 이와 같은 방법은 식민지 문제의 일반적 논점으로부터 중국, 조선만을 떼어 내려고 할 뿐만 아니라, 식민지란 무엇인가라는 구조적 물음에 다가갈 수도 없다. 식민지·피종속 지역을 나누고, 다수의 〈역사에서 소외된 민중〉의 목소리에 귀를 막게 될 뿐만 아니라 역사 연구자 자신이 그것의 재생산에 적극적으로 가담하게 될지도 모른다. 요컨대 나가하라가 긍정적으로 평가한 점이야말로 일본 제국주의사 연구가 낳은 최대의 질곡이었다고 할 수 있다.

일본 제국주의사 연구가 일본의 아시아 침략 과정에 대해서는 치밀하게 실증 작업을 축적해 온 반면, 피종속 지역, 식민지와의 대항 관계에 의해 일본 제국주의가 개편되어 가는 과정에 대해서는 관심이 적었으며, 관념론적 일본 제국주의 특수론에 입각하여 식민지 통치를 파악한 점이 그러한 제약을 낳은 하나의 원인이 되었다고 생각한다. 그리고 다른 한편으로 축적되어 온 일본 제국주의에 대한 저항을 강조하는 민족 운동사의 입장에서 출발한 연구 또한 피종속 지역의 주체성을 시야에 넣지 않은 일본 제국주의사 연구의 구조적 결함을 부수기는커녕 오히려 그러한 관념론적 일본 제국주의 특수론을 보강하는 것이었고, 그러한 점에서 양자는 상호 보완 관계에 있었다. 이상에서 본 것처럼 일본 제국주의의 특수성을 강조하는 관점에서 이루어진 식민지 연구는 세계사적 시각에 입각한 식민지 문제의 비교사적 분석이라는 시도에 대해서는 눈을 감아 버리는 것이었다. 그와 같은 의미에서 일본 제국주의사 연구와 한국 민족 운동사 연구는 모두 일국사적 틀로부터 자유롭지 못했고, 오히려 그러한 틀을 고착시키는 역할을 했다고 말할 수 있다.

---

14 永原慶二, 『20世紀 日本の歷史學』(吉川弘文館, 2003), 270쪽.

국제 관계사 연구에서 민중사적 시각의 도입

최근 활발하게 논의되고 있는 식민지 근대성론은 앞에서 언급한 일본 제국주의사 연구와 민족 운동사 연구의 일환으로 진행되어 온 식민지 연구가 구조적으로 지니고 있는 지배와 저항이라는 이항 대립적 이해를 극복하려는 시도의 하나로 평가되고 있다.[15] 민족주의의 상대화를 시도하면서 지배와 저항의 이항 대립으로는 파악할 수 없는 식민지 사회의 다양한 움직임을 시야에 포착하여 정치사에 끌어들이려 하는 식민지 근대성론의 의도 자체는 이해할 수 있으며, 또한 연구상 중요한 시도라는 점은 틀림이 없다. 그러나 포스트콜로니얼리즘 연구의 영향을 강하게 받아 전개되고 있는 식민지 근대성론이 조선 총독부의 문화 정치기와 거기에서 이어진 총력전 체제기에 식민 지배의 기반이 되는 식민지 공공성(公共性)이 성립했다는 점을 주장하기 위해서 사용하고 있는 핵심 개념인 헤게모니의 이해에는 중대한 이론적·방법론적 결함이 있다.

시바타 미치오(柴田三千雄)가 정리한 것처럼 헤게모니가 구축되기 위해서는 〈통치가 정치적 강제력만이 아니라 사회·문화적 분야에서 《아래로부터》의 합의를 이끌어 내야 하는데, 이것이 가능해지는 것은 《민중 세계》의 응집성을 강하게 하는 민중 운동 그 자체가 반항=파괴와 동시에 질서 형성이라는 양의성(兩義性)[방점: 시바타]을 가지기〉 때문이며, 〈이러한 양의성

---

15 식민지 근대성론의 동향에 대해서는 松本武祝,「朝鮮における '植民地的近代' に關する近年の研究動向 ― 論点の整理と再構築の試み」(『アジア經濟』 43-9, 2002); 並木眞人,「朝鮮における '植民地近代性'·'植民地公共性'·對日協力 ― 植民地政治史·社會史研究のための予備的考察」(『國際交流研究(フェリス女子大學)』 5, 2003); 板垣龍太,「'植民地近代'をめぐって」(『歷史評論』 654, 2004); 高岡裕之·三ッ井崇,「問題提起 ― 東アジア植民地の「近代」を問うことの意義」(『歷史學研究』 802, 2005); 趙景達,『植民地期朝鮮の知識人と民衆』(有志舍, 2008) 등을 참조. 식민지 근대성론 Colonial Modernity은 식민지 근대론이라고도 부르며, 필자도 종래에 사용해 왔지만 여기서는 조경달의 용어법에 따른다.

을 가진 민중 운동의 에너지가 좀 더 높은 차원의 외부로부터 새로운 질서 형성을 위해 조직화되고 유도되는 것〉[16]이 필요하다. 따라서 헤게모니의 성립 과정을 검증하는 것은 민중 운동과의 동태적 관계성 속에서 지배 관계를 역으로 검토해 보는 과정을 거쳐야 한다. 그렇지만 조경달이 예리하게 비판하듯이 식민지 근대성론은 오로지 지배자와 식민지 지식인의 언설 분석에 매달리는 반면, 민중 운동에 대한 관심은 현저하게 취약하다.[17] 이렇게 민중사적 관점을 등한시한 헤게모니론은 지배와 저항이라는 종래의 이항 대립으로 되돌아가 버릴지도 모르며, 종래의 제국주의사 연구와 비교하여 저항의 계기에 대한 관심도 낮기 때문에 통합에 대한 계기만이 강조되어, 단순한 식민지 지배 만능론에 빠질 위험성마저 가지고 있다.

이와 같은 한국 병합사 연구, 더 나아가 일본 제국주의사 연구상의 한계를 극복하기 위해서는 어떠한 시각이 필요할까? 이 점을 생각할 때 참조해야 하는 것이 에구치 보쿠로(江口朴郞)가 행한 일련의 제국주의 연구이다.[18] 에구치는 전후 일찍부터 제국주의 지배 양상을 규정하는 피종속 지역 민중의 주체성 파악이라는 틀을 제시했다. 그것은 레닌의 제국주의 개념을 적용하여 ① 자본주의 사회 체제로서의 제국주의를 〈본래 제국주의 국내의 민중이나, 또 내외의 종속적 민족의 저항을 억압하기 위한 체제〉라고 규정함과 동시에, ② 제국주의의 불균등 발전성, ③ 변혁 주체로서 민중의 주체성 파악에 기초한 제국주의 비판의 필요성, ④ 〈인민〉을 바탕으로 한 국제 관계 파악의 지향이라고 한 시각에 잘 드러나 있다. 에구치의 제국주의 연구 특징은 국제 관계의 양상을 규정하는 것은 제국주의 안팎 민중의 자율적 주

---

16 柴田三千雄, 『近代世界と民衆運動』(岩波書店, 1983), 32~33쪽.
17 趙景達, 「十五年戰爭下の朝鮮民衆 — 植民地近代論批判試論」(『學術論文集(朝鮮奬學會)』25, 2005. 이후 『植民地期朝鮮の知識人と民衆』에 수록).
18 江口朴郞, 『帝國主義と民族』(東京大學出版會, 1954); 同, 『帝國主義時代の研究』(岩波書店, 1975); 同, 『世界史の現段階と日本』(岩波書店, 1986).

체 형성으로, 제국주의 국가들은 그러한 민중의 움직임에 의해 규정된다고 파악한 점에 있다. 그와 같은 지적은 조선을 비롯한 피종속 지역의 다양한 움직임을 역사의 부수적인 일개 동인으로밖에 다루지 않는 일본 제국주의사 연구가 다분히 가지고 있는 맹점을 예리하게 지적한 것이다. 에구치의 말에 따르자면 주변 지역이 아니라 세계사의 중심으로 조선을 파악하면서 조선 식민지화 과정을 재인식하는 작업이 필요한 것이다.

그렇다면 이러한 제국주의 존립을 규정하는 피종속 지역 민중의 동향은 구체적으로 어떠한 방법에 의거하여 파악할 수 있는가? 에구치의 지적을 받아들인 다음 우에하라 센로쿠(上原專祿)·도야마 시게키(遠山茂樹)의 지역론을 발전적으로 계승한 이타가키 유조(板垣雄三)는 n지역론 안에서 그 방법을 제창했다.[19] 이타가키는 제국주의 체제가 피종속 지역에 묻혀 있는 차별 체제의 중층적 구조를 끊임없이 확대 재생산함으로써 유지되는 것으로 파악했다. 그리고 민족 형성·민족적 발전을 획득하려고 하는 민중의 민족적 운동에 대응적·대항적인 쐐기로 출현한 정치적 조직화와 그러한 이데올로기인 민족주의는 오히려 제국주의 체제를 유지시키는 기능을 하는 것이라고 지적하고 있다. 그러한 지적에 따르면 제국주의 국가와 피종속 지역 혹은 식민지를 내셔널리즘의 전개와 그 억압으로 단순히 이항 대립적으로 파악하는 것이 불가능해진다. 이와 같이 일본 제국주의사 연구와 한국 민족 운동사 연구의 양자가 피종속 지역의 주체성을 시야에 넣지 않았을 뿐만 아니라, 조선 사회에 묻혀 있던 여러 가지 모순에 대해서 눈을 감아 버리게 되는 틀이었다는 문제점은 이타가키의 n지역론을 통해 일찍부터 지적되었다.[20]

---

19 板垣雄三, 『歷史の現在と地域學』(岩波書店, 1992), 25~30쪽.
20 논의의 전개에서 분명히 드러나듯이 필자의 방법론은 일본 제국주의사 연구와 민족주의 연구까지도 중요한 하나의 분야로 삼으면서 전개되어 온 전후 역사학의 비판적 계승에 있다. 현재 활발한 포스트콜로니얼 연구에 대해서는 그 시각의 중요성은 이해하나 그 방법론에서 구조적 역사 파악을 여전히 결여하고 있다고 생각하기 때문에 부분적으로 언급하는 데 그친다.

따라서 지배의 성립 과정을 동태적으로 파악하기 위해서는 민중 세계의 양의성이 어떠한 것인지 명확하게 한 다음, 그러한 민중 세계가 지배 체제를 어떻게 규정했는지를 검증해야 한다. 그리고 앞서 이타가키의 지적에 따른다면 제국주의사 연구와 식민지 연구에서도 민중사 및 민중 운동적 시각의 중요성을 환기할 수 있을 것이다. 예를 들어 일본의 조선 식민지 지배에 대한 저항을 다룰 때에도 선험적으로 설정한 민족주의를 가지고 대치시키지 않고, 그러한 저항 운동을 받쳐 주는 조선 민중이 지닌 공통의 가치관과 사람들을 행동으로 끌고가는 것을 공유하려는 기대, 즉 조선의 정치 문화가 어떠한 것이었지에 주목하면서 식민지 지배와 민중 세계가 대치하는 상황을 추출해 나갈 필요가 있다.[21] 〈정치 과정에 관한 지향의 구성 요소(예를 들어 이데올로기, 태도, 신념)이고, 또한 정치 시스템의 구성원이나 규범과 관련되어 있는 경우, 그러한 지향이 표출된 것인〉 정치 문화가 각각의 지역에서 특유한 형태를 보여 주는 것은 그것이 〈정치 시스템에 영향을 미쳐 온 역사적 경험의 소산이며, 또한 정치 시스템의 구성원이 경험한 정치적 사회화 과정의 결과〉이기 때문이다.[22]

그리고 이러한 정치 문화라는 시각을 도입하는 것은 조선에서 내셔널리즘의 전개 과정을 고찰하는 데도 유효하다. 내셔널리즘 연구의 양상을 둘러싸고 홉스봄은 〈네이션이란 것은 이중적인 현상이고, 본질적으로는 위로부터 구축되는 것이지만 동시에 아래로부터의 분석도 이루어지지 않는다면 이해하기 어렵다. 아래로부터라는 것은 보통의 사람들이 품은 다양한 억설, 희망, 동경, 관심과의 관계이다. 이러한 것들은 반드시 민족적인 것도 아니

---

21 リン・ハント(松浦義弘 譯),『フランス革命の政治文化』(平凡社, 1989) 참조. 또 조선사 연구에서 정치 문화론의 연구 동향에 대해서는 趙景達,「朝鮮の近代とその政治文化」(歷史學研究會 編,『現代歷史學の成果と課題 1980-2000年 II 國家像·社會像の變貌』, 青木書店, 2003) 참조.
22 G. K. ロバーツ(岡澤憲芙 外 編譯),『現代政治分析辭典』(早稻田大學出版部, 1976), 143쪽.

며, 더구나 내셔널리스트적인 것도 아니다〉[23]고 지적하고 있다.[24] 정치적 변혁은 일반적으로 그때까지의 통합 이념이 동요하는 가운데서 새로운 통합 이념이 생겨나며, 그것이 일정한 합의를 형성해 가는 역사적 과정으로 평가할 수 있겠지만, 그러한 새로운 통합 이념의 양상은 역사적으로 배양되어 온 정치 문화에 의해 규정된다.[25] 그리고 홉스봄의 지적에서 드러나듯이 내셔널리즘의 발현 과정도 마찬가지다. 그러나 식민지 지배에서는 설령 새로운 통합 이념이 제시된다 하더라도 그것이 외재성(外在性)을 본질로 하며, 폭력적이고도 일방적으로 강제되는 것이라는 의미에서 피종속 지역의 정치 문화와 가장 첨예하게 충돌하지 않을 수 없다. 그리고 그러한 일본의 통치와 조선의 정치 문화가 서로 다투는 장으로서 한국 병합 과정, 그리고 식민지를 재검토하는 작업은 새로운 통합 이념을 어떻게 제시할 것인가라는 방식을 둘러싸고, 일본에서 복수의 한국 병합 구상이 나타난 요인, 나아가 무단 통치와 문화 정치라는 일본의 조선 지배 방식의 상대적 차이까지도 시야에 넣을 수 있게 한다.[26]

다만 그때 주목해야 할 것은 대상 지역의 정치 문화를 동태적으로 파악할

23 E. J. ホブズボーム(浜林正夫・嶋田耕也・庄司信 譯), 『ナショナリズムの歷史と現在』(大月書店, 2001), 12쪽.

24 이 점과 관련하여 쓰키아시 다쓰히코는 이러한 홉스봄의 논의를 원용하여 〈민중〉을 향한 주목을 환기하고는 있다. 하지만 그 연구는 철두철미하게 국민 국가론의 입장에 서 있고, 민중에 대한 관심은 희박하다. 그 결과 정치 문화의 전개 과정에 대해서도 지배 혹은 통합의 측면만을 다루어 피지배 혹은 일탈의 측면이 정치 문화의 양상을 규정하고 있던 점을 무시하면서 조선에서 근대 정치 운동을 파악한다는 방법론적 오류를 범하고 있다(月脚達彦, 『朝鮮の開化思想とナショナリズム』, 東京大學出版會, 2009, 14쪽).

25 柴田三千雄, 『近代世界と民衆運動』 참조.

26 정치 문화의 상극 상황에 주목하여 무단 통치와 문화 정치의 상대적 차이, 좀 더 말해 보면 식민지성을 추출한다는 시각에 대해서는 趙景達, 「暴力と公論 ─ 植民地朝鮮における民衆の暴力」(須田努・趙景達・中嶋久人 編, 『暴力の地平を越えて』, 靑木書店, 2004)으로부터 발상을 얻었다.

필요가 있다는 점이다. 정치 문화의 양상을 고정적으로 다뤄 버리는 것은 민족이라는 분석 개념을 대신하여 정치 문화를 설정함에 불과하며, 결국 민중사적 측면을 놓쳐 버릴 수 있기 때문이다. 조경달이 지적한 것처럼 정치 문화를 다루는 데도 그 원리적 측면과 현실·현상적 측면, 표상적 측면과의 차이에 주의해 가면서 검토할 필요가 있다.[27] 이 책이 다루는 근대 이행기의 정치 문화의 양상에 대해서는 특히 그러하다. 한국 병합에 이르는 시기는 한편으로는 종래의 정치 문화가 해체되어 가는 과정이며, 다른 한편으로는 일본이라는 외적 폭력이 개재한 상황이었기 때문에 그러한 정치 문화가 재발견·재편성되어 가면서 재편·강화되어 간 과정이기도 하다. 따라서 조선 사회의 장기적 파동을 시야에 넣으면서 그 정치 문화에 대해서 지배·피지배, 혹은 통치·일탈의 양방향에서 동태적으로 고찰한 다음, 일본에 의한 조선 식민지화 과정을 검증할 것이다. 다만 이 책이 직접적으로 다루는 것은 러일 전쟁에서 한국 병합까지의 한정된 시기이므로, 전사(前史)와 그 후의 역사적 전개에 대해서는 기존의 연구에 의거해 가면서 논의에 필요한 한도 내에서 언급하도록 한다.

일본과 조선에서 왕권관의 위상

이제까지 서술해 온 것처럼 일본에 의한 조선 식민지화 과정을 동태적으로 파악하기 위해서는 민중사적 측면을 시야에 넣는 것이 반드시 필요하며, 이 책에서는 그러한 방법으로서 조선의 정치 문화 양상에 주목한다. 이때 특히 초점을 맞추는 것은 조선에서 왕권관이 어떠한 것이었으며, 또 그러한

---

27 趙景達, 「政治文化の變容と民衆運動 —— 朝鮮民衆運動史研究の立場から」(『歷史學硏究』 859, 2009, 2~3쪽).

왕권관이 일본과 어떻게 다른가라는 점이다. 왕권관이 각자의 사회에서 질서관과 밀접한 관계에 있다고 생각하기 때문이다. 구체적으로는 조선 사회의 왕권관이 일본, 특히 이토 히로부미의 왕권관과 어떻게 유사하며, 또 어떻게 다른지를 검토한다. 이토가 근대 일본의 천황제 국가 시스템을 정비했다는 점은 잘 알려진 대로인데, 이토는 초대 통감으로서 한국에서도 황제의 권위를 이용한 통치 시스템을 구축하려고 했다. 그러나 그러한 황제 이용책은 조선의 왕권관과 여러 차원에서 어긋나는 것이었다. 그렇다면 조선과 일본의 왕권관 사이에는 어떠한 차이가 있는가? 여기에서는 기존의 연구에 기초해 조선과 일본의 〈일군만민(一君萬民)〉론적 왕권관에 대해서 개관한다.[28]

일본에서 〈일군만민〉론적 천황관은 18세기 후반 이래 단속(斷續)적인 〈외압〉을 계기로 국학과 미토학(水戶學)에 의하여 준비되었으며, 요시다 쇼인(吉田松陰)에 의해 체계화되었다. 그것은 〈외압〉에 대응하기 위해서 필요했던 네이션 형성에 대한 욕구의 고조를 배경으로 하면서 한편에서는 〈밖〉에 대한 〈안〉의 특수성에 대한 인식을 심화하기 위해서, 다른 한편으로는 막번 체제를 뛰어넘는 전국 통일의 상징 창출을 위해서 천황의 가치를 상승시켜 성립한 것이라 할 수 있다. 이때 조선의 왕권관과 현저하게 대조가 되는 것은 〈국체(國體)〉론에서 궁극의 정치적 충성 대상으로 〈천(天)〉 관념을 버리고 혁명이 부재한 상황, 즉 황통의 연속성이라는 논리에 의해 천황으로 충성을 일원화한 점이다.

와타나베 히로시(渡辺浩)에 따르면 교호(享保) 연간의 염세적인 세계관에 입각하여 〈성인의 도〉 구축을 말하며 정치 도덕의 확립을 추구한 소라이학

---

28 이하 일본의 일군만민론 형성과 전개 과정에 대해서는 井上勳, 「ネーションの形成」, 『近代日本政治思想史』I, 有斐閣, 1971), 조선 왕권관의 역사적 전개에 대해서는 趙景達, 『異端の民衆反亂 — 東學と甲午農民戰爭』(岩波書店, 1998); 同, 『朝鮮民衆運動の展開 — 士の論理と救濟思想』(岩波書店, 2002); 李泰鎭(六反田豊 譯), 『朝鮮王朝社會と儒敎』(法政大學出版局, 2000); 原武史, 『直訴と王權』(朝日新聞社, 1996)을 각각 참조했다.

(徂徠學)의 체계는 실제로 에도의 〈태평〉 이전에 동시대의 유학자와 국학자가 부정적으로 보면서 좌절되었다.[29] 하지만 그는 일본에서 그러한 〈태평〉이 〈성인의 도〉를 말하지 않더라도 실현되었다고 했다. 그러한 주장은, 일본의 본성이 집요하게 정치 도덕을 설득해야만 하는 중국에 비해 뛰어났기 때문이라는 논리적 비약에 따라, 중국에 대한 일본의 정치 도덕상의 우위성을 도출했던 것이다. 그리고 일본의 정치 도덕상 우월성은 최종적으로 황통이 면면히 이어져 왔다고 하는 〈황국〉 의식으로 귀착했다. 《《천하는 한 사람의 천하로, 천하의 천하가 아니다》(요시다 쇼인), 즉 통치의 주체·주권자는 오직 천황에 한정되며, 그와 같은 범위에서 《만민(萬民)》은 평등하게 《일군(一君)》에 대하여 직접적으로 충성을 다한다[방점: 이노우에]〉[30]라는 〈일군만민〉론적 천황관에서는 〈일군〉에게 충성 대상이 독점·일원화가 추진되었다. 따라서 그때까지의 번, 막부, 천황이라는 복합적 충성 체계였던 막번 체제는 이제 〈만민〉에 의한 평등한 충성 행위를 저해하는 것이라고 파악되기에 이르렀다.

이와 같이 일본의 〈일군만민〉론은 역사적으로는 〈외압〉이라는 위기적 상황을 배경으로 하면서 〈황국〉 의식에 기초한 막부 타도의 논리로 형성되었다. 따라서 그 논리는 필연적으로 위로부터의 통합 원리란 성격을 강하게 지니게 되었다.[31]

29 渡辺浩,『東アジアの王權と思想』(東京大學出版會, 1997), 제6장 참조.
30 井上勳,「ネーションの形成」, 92쪽.
31 다만 지배자 혹은 지식인이 제시한 천황제 국가상이 일방적으로 지역 사회를 잠식하고 있었다고 파악할 수 없다는 점은 예를 들어 야스마루 요시오(安丸良夫)가 지적한 바이다. 야스마루는 일찍이 막번제 권력과의 결탁에 대하여 유교적 인정관을 전제로 하면서 지역 사회의 안정적 질서를 유지하려고 한 촌락 지배자의 동향이 19세기에 들어 대외적 위기감이 자각되는 가운데 차츰 내셔널의 성격을 지니게 되었다고 하여 좀 더 정통적인 권위의 중추를 찾아서 천황 숭배나 국체론과 결합하게 되었다는 점을 강조했다(安丸良夫,『近代天皇像の形成』, 岩波書店, 1992, 제8장). 야스마루의 지적에 따르면 지역 사회에서 질서 형성의 자율적 동향이 그러한 질서를 정당화하기보다 보편적 권위와 연결되는 가운데 천황제 국가(혹은 막번제 국가)의 양태를 규정한 것이 될 것이다.

한편 조선에서도 〈일군만민〉 사상이라고 부를 수 있는 왕권관이 역사적으로 형성되었다는 사실이 이태진과 조경달 등에 의해 밝혀졌다. 앞에서 살펴본 것처럼 일군만민론은 본래 일본의 천황제 국가 형성 과정을 설명하기 위한 개념이지만, 군주와 사람들이 이념적으로 직접 이어져 있다고 하는 발상 자체는 유교적 민본주의의 근간에 관계되는 것이기 때문이다. 이하에서는 조선 민중의 질서관에 주목하면서 일군만민 사상의 형성 과정을 개관하고자 한다.

조선에서 일군만민 사상이 형성되는 데 크게 기여한 것은 조선 왕조 건국(1392년) 당시 정통적 지배 이데올로기로 채용된 유교이다. 유교에서는 애초부터 〈백성은 나라의 근본이다. 근본이 안정되어 있으면 나라는 안녕하다〉(『書經』 五子之歌) 혹은 〈백성을 제일로 한다. 사직은 이보다 다음이며, 군주는 그에 비해 가벼운 것으로 삼는다〉(『孟子』 盡心章句下)고 하는 민본주의를 규범으로 삼아 왔다. 조선 왕조의 지배 이데올로기를 구축한 정도전은 호적 정비와 그에 기초한 적정 과세에 의해 〈부국안민(富國安民)〉을 실현할 수 있다고 하면서 민본주의에 대하여 다음과 같이 서술하고 있다. 즉, 〈생각해 보면 군주는 나라에 의거한 것이며, 나라는 백성에 의거한 것이다. 백성은 나라의 근본이며, 군주에게 있어 하늘이다. 따라서 주례(周禮)에서 백성의 수를 왕에게 전하고, 왕이 그것을 받아들인다고 한 것은 하늘을 중요시했기 때문이다. 인군(人君)은 이러한 뜻을 알아서, 그 백성을 사랑해야 하는 이유를 잘 알아야 한다.〉[32](『朝鮮經國典』 上, 賦典 「版籍」) 백성을 군주에게 있어서 〈하늘〉로 비유하면서 국가의 근본으로 상정하였던 것이다.

물론 유교적 민본주의는 〈백성들은 따르게 할 수는 있어도, 알게 할 수는 없다〉(『論語』 泰伯第八)라는 우민관에 기초한 피통치자 관념이며, 민중을

---

32 釋尾春芿 編, 『三峰集』(朝鮮刊行會, 1916), 202쪽.

정치 객체로 파악한 것이다.[33] 그러나 민본주의를 실현하는 것이야말로 〈부국안민〉을 이룰 수 있다고 하는 왕도론적 통치관을 조선 왕조에서 늘 이상으로 삼았던 점은 강조해 둘 필요가 있다. 그것은 정치에 덕의(德義) 혹은 도덕을 구하는 자세와 긴밀하게 연결되어 있기 때문이다. 따라서 백성의 목소리에 귀를 기울이는 것이 통치자에게 요구되었고, 그것을 담보하기 위해서 예를 들어 사람들이 북을 두드려 군주에게 호소하는 신문고 등의 제도가 정비되었다.

더구나 조선 왕조 건국에서 선택된 유교적 원리는 고려 왕조로부터 조선 왕조로의 역성 혁명을 정당화하기 위한 정치 이데올로기로 구축되었는데, 그러한 정권 교체 또한 궁극적으로 〈천(天)〉 관념에 따라 합리화되었다. 앞에서 서술한 것처럼 일본에서는 〈국체〉론의 성립 과정에서 〈천〉 관념이 의도적으로 빠져 있지만, 이와 비교하여 조선에서는 본론에서 전개하겠지만 유교적 규범에 기초한 책봉 체제적 발상 혹은 천견 사상(天譴思想)이 농후하게 남아 있었다. 이를 통해 〈천〉 관념이 조선적 사유의 양상을 여전히 규정하고 있었다는 사실을 알 수 있다.

33 따라서 조선의 유교적 민본주의와 일군만민론에서 근대적 계기를 읽어 내려고 하는 이태진의 초역사적 견해에는 꽤나 문제가 있다. 이태진도 자각하고 있으나 그것은 근대적 척도에서 역사를 판정하려고 하는 근대주의적 태도이며, 그러한 평가를 내림에 따라 여러 가지 역사적 사실이 본래 가지고 있는 역사상을 연구자 자신이 압살해 버리게 되기 때문이다. 이태진에 의해 밝혀진 개별적인 지식이 많기는 하나 그 역사 해석에는 의문이 없지 않다. 부언하자면 1990년대를 통해 운노 후쿠주와 이태진 사이에서 이루어진 한일 구조약의 유효성을 둘러싼, 이른바 운노-이태진 논쟁의 기본 쟁점은 자본주의 맹아론이나 내재적 발전론 등의 연장선상에 놓여 있었고, 대한제국을 근대 국가로 간주할 것인가 말 것인가라고 하는, 특히 역사 인식의 문제와 관련된 것으로 보아야 할 것 같다. 그러나 운노의 비판은 이태진의 실증적 불비(不備)를 바로잡았을 뿐이며, 그 역사 해석의 문제성을 매섭게 파고들어 간 것은 아니었다. 이 논쟁은 논자의 의도를 넘어 일본 제국주의사 연구와 한국 민족 운동사 연구의 입장에서 출발하는 한일 관계사의 문제점이 어디에 있는지를 보여 주는 리트머스 시험지란 의미에서 일정한 사학사적 의의를 가지고 있다. 그러나 역사상을 축적한다는 역사학적 의의를 결여하고 있는 것처럼 보인다. 따라서 그 후 논쟁에 참가한 논자들도 내셔널리즘의 응수, 혹은 교조주의적 식민지 책임론으로 일관하는 감이 있다.

한편 군주의 자의적 지배를 억제하기 위해서 조선 왕조에서는 건국 당초부터 양반 중앙 집권 체제에 의한 군신공치(君臣共治)를 채택하였다. 원리적으로는 일군만민적 통치를 말하면서도 현실 정치에서는 군신공치를 일반적으로 실시한 것이다. 이 와중에 조선 왕조의 군권은 두 차례에 걸쳐 신권에 의해 제어, 형해화되었다. 그것은 16세기부터 18세기 초에 걸친 이른바 붕당 정치와, 19세기 전반 국왕의 인척을 중심으로 정치가 이루어진 이른바 세도 정치였다. 이러한 신권의 우위 아래에서 신문고나, 비합법적이나 그 후에 많아진 상언[上言, 행행(行幸) 등이 있을 때 국왕에게 직접 상소를 하는 것], 격쟁(擊錚, 징 등을 치면서 상소하는 것) 등, 백성이 국왕에게 직접 호소를 하는 행위도 제한되었다. 이러한 상황에 대항하여 군권의 확장을 도모한 것이 18세기 영조(재위 1724~1776), 정조(재위 1776~1800)의 이른바 탕평 정치였고, 19세기 중엽 흥선대원군과 고종에 의한 일련의 정치 개혁이었다. 특히 전자에서 신권을 억누르기 위해서도 군주와 백성이 직접 연결되는 〈일군만민〉론이 다시 주목되었다. 요순의 통치를 이상으로 내걸고 영조·정조가 실시했던 군권 확장책에 대한 관료층의 저항은 유교적 민본주의의 명분 앞에서 기를 펼 수 없었다.

이러한 군권 확장이라는 정치적 변화는 이태진에 따르면 생산력의 증대를 배경으로 한 지역 질서의 변동에 의해 규정되었다.[34] 17세기경 모내기를 실

---

34 李泰鎭, 『朝鮮王朝社會と儒教』, 제14장 참조. 다만 탕평 정치에 이어서 등장한 안동 김씨에 의한 세도 정치도 신향층(新鄕層)을 지원했고, 지역 사회에서 향권(鄕權)이 점차 신향층에게 장악되었다는 점을 아울러 생각해 본다면 지역 사회의 변동은 군권의 확장에만 기여했다고는 할 수 없다. 향전(鄕戰)에 따라 구향층(舊鄕層)이 물러나는 가운데 〈수령·이향(守令·吏鄕) 지배 구조〉로 개념화되는 중간 수탈 체제가 성립했다는 점을 고려해 보면 오히려 사회 경제적 변동은 국가 권력의 양태를 장기적으로 규정했다고 보아야 하며, 군권과 신권의 상극이라는 단순한 파악 방식은 적절하지 않다. 그리고 그러한 가운데 정치 문화에도 장기적 변동이 일어나고 있었다는 것을 추측할 수 있다. 그러한 것 가운데 하나가 조경달이 지적한 조선 사회의 덕망가적 질서관이며, 그것을 기초로 한 〈사의식(士意識)〉의 변용·확산이란 현상이다(趙景達, 『朝鮮民衆運動の展

시하는 도작 농법인 이앙법의 보급 등에 따라 소농 사회가 성립했고, 토지 생산력이 증대되는 가운데 일반 민중이 신분 상승을 시도하여, 양반층의 급증이라는 사회적 변동이 일어났다.[35] 이러한 변동에 따라 16세기 이래 재지 사족이 향촌 질서를 주도하려고 결성한 향회(鄕約)에 신분이 상승한 신흥 양반이 관여하기 시작하게 되자 구향(舊鄕, 전통 사족)·신향(新鄕, 신흥 사족) 사이에 향촌 사회 운영의 주도권을 다투는 향전(鄕戰)이 전국적으로 빈발하게 되었다. 이러한 지역의 사회적 변동, 특히 신향과의 상호 보완 관계 위에서 상대적으로 군권을 확장한 것이 탕평 정치의 실현을 가능하게 만들었고, 그러한 군권을 강고하게 하기 위해서 일군만민 사상이 재구성되고 있었다고 본다.

그렇다면 피치자인 조선 민중의 질서관은 이와 같은 지배 이데올로기로서의 일군만민 사상과 어떠한 연관성을 가지고 있었는가? 이어서 민중 운동의 전개 과정으로부터 이 문제에 대해 검토해 본다.[36]

정조가 죽고, 1800년에 어린 순조가 즉위하자 외척인 안동 김씨에 의해 시작된 세도 정치 아래에서 다시 백성의 상소는 봉쇄되었다. 세도 정치로 중간 수탈이 강화되는 가운데 삼정[田政(지세), 軍政(군역, 양역), 還政(환곡)]의 문란이 심화되면서 농민의 유민화, 도시로의 유입, 화전민의 형성, 도적 횡행이라는 사회 불안이 증가했다. 그러한 폐정에 대한 이의 제기로 19세기

開』, 제1장).

35 조선 왕조기의 지배 계층인 양반은 법제도적으로는 그 정의가 거의 명확하게 되어 있지 않다. 특히 재지 양반의 형성 과정을 사회 경제사적으로 파악하면 이것은 단순한 계급을 나타내는 명칭이 아니라, 일종의 사회 운동으로서 유동적으로 형성된 것이다(宮嶋博史, 『兩班』, 中公新書, 1995). 따라서 조경달이 간파한 것처럼 사회가 유동적으로 되어 갈수록 사(士)란 무엇인지에 대하여 부단하게 물음이 제기되는 것이고, 〈사의식의 확산〉이라는 현상이 진전되어 간다(趙景達, 『朝鮮民衆運動の展開』 참조).

36 이하 민란 등 조선 민중 운동의 전개 과정에 대해서는 특별히 언급하지 않는 한 趙景達, 『異端の民衆反亂』; 同, 『朝鮮民衆運動の展開』 참조.

에 빈발한 것이 민란이다. 민란은 전국 8도 아래에 있는 군현 이하의 단위에서 일어난 것으로, 왕조의 전복을 염두에 둔 변란과는 다르며, 어디까지나 왕조의 존재를 전제로 하면서 주로 지방 관청에 대하여 자신들의 요구를 폭력적으로 밀어부친 민중 투쟁을 말한다. 거기에는 눈앞에서 벌어진 사회 불안의 해결을 국왕에게 요구하는 민중의 인정(仁政) 관념을 확인할 수 있다. 민란의 주체는 대부분 일반 농민이나, 적지 않은 재지 사족이나 몰락 양반, 재향 지식인도 민란에 참가했다. 세도 정치 아래에서 지역 사회 지배 구조였던 〈수령(지방관)·향리 지배 구조〉의 모순이 점차 확대되면서, 종래의 사족 지배 체제가 붕괴되어 갔다. 그러한 가운데 유교적 민본주의에 입각해 덕망가로서 정의를 실현하는 것이 도리어 의식화되어 〈수령·향리 지배 구조〉로부터 핍박을 받으면서도 덕망가를 자처하는 구향층 등의 사족이 민란의 주모자로 추대된 사례도 나타났다. 향촌 사회에서 합의 시스템인 향회가 해체되어 가는 가운데 향촌 사회에 잠복해 있던 당위의 질서관이 의식화된 것이고, 그리하여 사람들은 있어야 할 지배, 요컨대 온전한 질서의 재생을 갈구하게 되었다. 그것을 폭력적으로 달성하려고 한 것이 민란이었고, 따라서 거기에는 있어야 할 질서관이 드러났던 것이다.

 1862년 경상도 진주를 기점으로 조선의 남부 일대에서 확산된 임술 민란은 1894년의 갑오농민전쟁에 앞선 일대 민란으로 농민 등에 의한 수령 퇴출이라는 행동이 나타났다. 이것은 가렴주구를 하는 수령의 파면을 국왕을 대신하여 대리 집행한 것이라고 해석할 수 있다. 〈수령·향리 지배 구조〉에서 가렴주구에 시달린 일반 농민과 체제로부터 핍박받은 사족층은 재지 사회에서 덕망가적 질서관을 형성하기 시작했지만, 동시에 중간 세력과의 모순이 격화되는 가운데 이러한 모순을 제어할 수 있는 국왕에 대한 환상을 강화하고 있었다. 민란을 일으킨 민중의 행동으로부터 알 수 있는 것은 민중도 유교적 민본주의를 내면화하면서 통치자에 대하여 마땅히 있어야 할 지배 방식(이 경우에는 덕치)의 회복·재생을 요구하고 있었던 점을 알 수 있다.

그리고 민란이 이어지는 가운데 민중이 단련해 온 일군만민적 왕권관은 동학이 성립함으로써 전면적으로 사상적 전환이 이루어졌다.[37] 주지하다시피 1894년에 발발한 갑오농민전쟁은 그때까지 개별 분산적으로 이루어져 온 민란이 동학의 교단 조직을 매개로 전국적 규모로 전개된 것이다. 동학은 민중 운동사적 측면이나 사상사적 측면에서도 중요한 의의를 지니고 있는데, 그중 하나로 아래로부터 일군만민 사상이 결실을 맺는 계기가 되었다는 점을 들 수 있다. 19세기 중엽의 한반도는 세도 정치의 모순이 심각해지고, 민란이 빈발하는 대내적 위기가 가중되었으며, 구미의 상선·군함의 통상 요구와 천주교(가톨릭)의 일부 유행 등 이른바 서구로부터의 충격, 그리고 일본에 의한 개국 개항 강요라는 대외적 위기에 노출되어 있었다. 이러한 내외의 수탈이나 위협에 직면해 있던 민중은 막연하게나마 구제 원망(救濟願望)을 형성하고 있었고, 진인(眞人)=구세주에 의한 구제를 말하는 『정감록(鄭鑑錄)』이란 예언서가 민중의 정신 세계를 지배하고 있었다. 이 책은 왕조 교체를 내용으로 하는 종말 사상을 말하는 것으로, 자율적이면서도 스스로는 쉽게 주체성을 드러내지 않는 민중의 마음을 사로잡았다. 이와 같은 내외적 위기를 배경으로 몰락 양반인 최제우(崔濟愚)가 1860년에 창시한 것이 동학이다.

동학은 〈인내천(人乃天)〉이라는 표어로 평등 사상을 설파한 것으로 알려져 있지만, 최제우는 〈보국안민(輔國安民)〉을 달성하기 위해서 ① 〈억조창생(億兆蒼生)〉이 〈동귀일체(同歸一體)〉할 것, 즉 민이 천주(天主)와 일체가 되는 만민의 군자화(君子化)를 말했다. 다른 한편으로 ② 유일 절대의 인격화된 하늘=상제관(上帝觀)도 말하고 있었다. 최제우의 원시 동학 단계에서는 ① 범신론적 하늘관과 ② 인격화된 하늘=상제관이라는 상호 모순되는

---

37 이하는 趙景達, 『異端の民衆反亂』 제1장, 제2장 참조.

요소를 내포하고 있었다. 최제우는 스스로를 진인이라고 여김에 따라 ①, ②는 인격적으로 통일되었다. 그러나 그의 순교 이후 2대 교조 최시형의 아래에서 정비된 동학 정통 사상에서 ②의 상제관이 부정되었고, ①의 범신론적 하늘관으로 순화되었다. 동학 정통 사상에서 사람들은 선험적으로 천주와 대등한 존재가 되는 한편, 〈천인합일(天人合一)〉을 위해서 〈수심정기(守心正氣)〉라는 내성주의(內省主義)의 수양이 절대 조건이 되었기 때문에 사람들은 스스로를 변혁 주체로 쉽게 받아들일 수 없었다. 〈천인합일〉의 사상에 의하여 일단 민중에게 열렸던 변혁의 계기는 정통 동학이 체계화한 내성주의에 의하여 억제되었다.

이와 같은 정통 동학에 의한 민중의 몰주체화 논리를 극복하고 사람들을 변혁 주체로 받아들이는 사상적 전환을 달성했던 것이, 갑오농민전쟁을 주도한 전봉준 등이 속해 있었던, 동학 교문=북접(北接)에 대항하는 세력이었던 남접(南接)에서 형성된 이단 동학이었다. 눈에 보이지 않는 〈무(無)〉적인 하늘을 전제로 하면서 거기에 부과된 내성주의에 따라 사람들이 용이하게 하늘에 다가갈 수 없게 하는 정통 동학에 비해, 이단 동학에서는 인격적 하늘=상제의 존재가 원시 동학 이상으로 명확하게 의식됨에 따라 눈에 보이는 〈유(有)〉적 존재=구세주로서 하늘이 설정되었다. 이리하여 신비주의가 신앙자 모두에게 해방되고, 민중이 총체적으로 스스로를 진인=변혁 주체로 파악하는 가운데 내성주의적 성격은 배경으로 후퇴하였다. 〈수심정기〉를 전제로 하여 〈분수〉에 대한 안주를 말하는 정통 동학을 이탈하여, 상제와의 일체화를 간단한 것으로 간주하는, 〈자존자시(自尊自恃)〉의 논리 위에서 〈분수〉의 사상을 깨부수려 한 이단 동학에 의하여 동학 전체에 공유되고 있던 일군만민 사상은 중개 세력 타파의 변혁 사상으로 등장하게 된다.

이와 같이 일단 범신론적으로 모든 사람들을 진인으로 여기는 바탕 위에서 상제에 의한 구제를 구하는 이단 동학의 논리 구조는 변혁 주체로서 스스로를 파악하면서도 용이하게 정치 주체가 될 수 없는 가운데 인격적인 하늘=국왕에 의거함에 따라 아래로부터의 일군만민론적 지평을 열었던 것이다.

　이상에서 보아 온 것처럼 조선 건국 이래 지배 이데올로기로 중시되어 온 유교적 민본주의를 매개로 한 덕치적 질서관에 기초하여 일군만민 사상이 위로부터 형성되었다. 뿐만 아니라 조선 사회에서도 국왕을 당위의 질서관을 재생하는 인정(仁政) 관념의 체현자로 간주하는 가운데, 중간 세력을 배제하고 군주와 백성이 직접 연결되는 일군만민론적 왕권관이 아래로부터도 널리 형성되어 갔다. 나아가 이러한 왕권관은 1894년에 발발한 갑오농민전쟁, 그리고 대한제국기 민중의 변혁 운동을 거쳐 일본이 한국을 보호국화한 시기에는 더욱 광범위하게 영향을 미쳤다. 따라서 이토 히로부미의 황제 이용책과 그에 대한 조선 사회의 반응에는 조선과 일본의 왕권관에 대한 괴리가 첨예하게 표출되었고, 그것이야말로 일본의 조선 식민지 정책의 질곡의 틈새를 보여 주었다고 할 수 있다.

제1장 러일전쟁과 조선 식민지화의 전개

들어가며

1904년 2월 10일 개전한 러일 전쟁은 일본이 대한제국의 식민지화를 진행하는 과정에서 매우 중요한 위치를 차지하고 있다. 러일 강화 조약을 체결할 때 일본 측의 절대적 조건이 〈한국을 완전히 우리의 자유 처분에 맡길 것을 러시아가 조약상 승낙하도록 할 것〉[1]이라고 한 사실이 단적으로 보여 주듯이 러일 전쟁은 일차적으로 일본이 한반도를 세력권 내에 넣는 것을 목적으로 했기 때문이다. 일본은 러일 개전의 단서로 서울에 군대를 진입시키고, 그와 같은 군사로 제압한 가운데 「한일 의정서」를 비롯한 여러 조약의 체결을 강제하여, 한국을 종속 관계에 두었다. 당시 일본은 한국의 통치 구조를 어떻게 파악했으며, 그와 같은 인식을 바탕으로 어떠한 대한 정책을 구축하였는가? 이 점을 밝히는 것이 이 장의 첫 번째 과제이다.

한편 러일 전쟁은 청일 전쟁과 의화단 사건 이후 일본의 대륙 정책의 귀결이라는 성격도 아울러 가지고 있다. 청일 전쟁 시기까지 중심 과제였던 〈한

---

1 『日本外交年表竝主要文書』上(原書房, 1965), 239쪽.

국 문제〉에, 1900년 발발한 의화단 사건 이후 러시아의 만주 주둔에 수반하여 부상한 〈만주 문제〉가 맞물리는 가운데 〈만한 문제〉를 해결하는 것이 일본 대륙 정책의 주요 과제가 되었다. 그것은 〈만주 문제〉의 해결 없이는 일본이 한국을 세력권 아래에 둘 수 없다고 생각하였기 때문이다. 종래의 연구에서는 〈만한 문제〉의 해결책에 대하여 일본 정부 내에서는 〈한국 문제〉와 〈만주 문제〉는 떼어 낼 수 없기 때문에 한국 보호를 위해서는 만주 보호도 필요하다는 〈만한 불가분론〉을 전제로 한 영일 동맹론과, 만주가 러시아의 세력 범위라는 것을 인정하는 한편 한국이 일본의 세력 범위에 있다는 점을 러시아에 승인하도록 한다는 〈만한 교환론〉에 기초한 러일 협상론이 대립했고, 영일 동맹론이 주류를 차지하는 가운데 러일 개전을 맞이했다고 설명되어 왔다.[2] 러일 전쟁은 특히 러시아군의 만주 주둔을 둘러싸고 이른바 남하 정책을 추진한 러시아와 이를 〈한국 문제〉의 중요한 위기라고 파악한 일본 사이에서 발생한 것이며, 일본 정부 내에서는 영일 동맹론의 입장에서 출발하는 〈만한 불가분론〉으로 의견이 집약되었고, 따라서 개전이 불가피했다고 파악하였다. 이와 같은 통설에 대하여 치바 이사오(千葉功)는 〈만한 불가분론〉은 만주와 한국의 일괄 처리를 도모한다는 의미뿐만 아니라 ① 만한은 불가분의 관계이기 때문에 만주도 확보한다, ② 만한은 불가분의 관계이므로 러시아와 만한 교환을 시도한다(만한 불가분론=만한 교환론)는 두 가지로 크게 나뉜다고 설명하고, 일본 정부 내의 의견이 1901년 8월 단계에서 이미 ②로 이행해 갔다는 점을 지적했다. 그리고 러일 간에 만한 교환론에 기초하여 교섭이 진행되었지만 러일의 의사 소통이 지체되는 가운데 러일 전쟁이 발발했다고 보고 있다.[3] 이러한 치바의 지적을 바탕으로 일본의 대한

2 角田順, 『滿洲問題と國防方針』(原書房, 1967)으로 대표되는 다수의 연구가 이러한 견해를 취하고 있다.
3 千葉功, 「滿韓不可分論=滿韓交換論の形成と多角的同盟・協商網の模索」(『史學雜誌』 105-7, 1996).

정책이 대륙 정책과 관련하여 어떻게 구상되고, 그것이 대륙 정책 전체에 어떤 영향을 미쳤는지를 해명하는 것이 두 번째 과제이다. 러일 전쟁에 이르는 과정에서 〈한국 문제〉와 〈만주 문제〉가 맞물리고, 일본의 대륙 정책이 〈만주 문제〉를 제외하고서 이루어지기 어려웠다는 사실은 그때까지 일본의 대한 정책에 일정한 변화를 주었을 것이다. 러일 개전 후 〈만한 문제〉가 어떻게 취급되었고, 또 어떻게 변화했는가라는 문제는 그후 일본의 대륙 정책 구상의 방향을 보여 줄 것이다.

이 장에서는 첫 번째 과제와 관련하여 조선의 근대 국가 구상이 어떠한 것이었는지를 개관한다. 그리고 두 번째 과제와 관련하여 「한일 의정서」 체결 후 일본 정부와 만주군이나 재한 일본군 등의 출선 기관들이 어떻게 〈만한 문제〉를 전개하였는가라는 점을 밝힐 것이다. 그 위에서 일본의 대한 정책과 대륙 정책 구상과의 연관성을 고려하면서 일본의 조선 식민지화 과정을 고찰한다. 그때 특히 1905년 11월의 제2차 「한일 협약」 체결 직후에 발발한 통감의 군대 지휘권 문제를 검토할 것이다. 이 문제는 재한 일본군에 대한 지휘권을 통감에게 부여할지 말지를 둘러싸고 초대 통감으로 취임한 이토 히로부미와 육군 사이에서 쟁점이 되었던 것이다. 이 문제는 일반적으로 통수권 문제와 관련하여 이해하고 있으나, 대륙 정책 구상, 나아가 조선 사회에 대한 이토와 육군 양자의 인식이 서로 달랐다는 점도 내포하고 있으며, 러일 전쟁 후 대한 정책의 양상을 둘러싼 기본 대립이 표면화한 것이다. 거기에서 이토와 재한 일본군이 한국 통치를 어떻게 구상하고 있었는지 명확하게 한 다음 그 차이가 왜 나타났는가라는 점에 대해 검토하고자 한다.

조선의 근대 국가 구상과 왕권관

일본은 러일 전쟁 수행과 병행하여 대한제국에 대한 〈시정 개선〉 정책을 전개해 갔다. 일본의 대한 정책은 조선에서 그때까지 실시된 근대화 정책 및 근대 국가 구상과 어떠한 관계가 있었는가? 그리고 그것은 조선의 정치 문화와 어떻게 저촉되었는가? 아니면 어떤 연관성을 가지고 있었는가? 이 절에서는 제2장에서 검토하는 통감 이토 히로부미에 의한 대한 정책과 한국 황제 이용책을 조선의 근대 국가 구상과 관련하여 평가하기 위해서 갑오개혁의 근대 국가 구상 및 왕권관에 대해서 종래의 연구를 참조해 가면서 검토한다.

조선의 근대 국가 구상: 갑오개혁을 둘러싸고

조선의 근대 국가 구상에서 1894년에 시작된 갑오개혁은 획기적인 위치를 차지하고 있다. 이 개혁에서는 내각 제도의 도입과 궁중·부중의 분리 등 중앙 관청의 행정 개혁, 과거 제도 폐지와 노비 해방, 가족 제도 개편 등의 신분적·사회적 개혁, 재정 제도와 세제 개혁, 지방 제도 개혁 등 근대적 여러 제도가 여러 분야에 걸쳐 도입되었다. 이 개혁은 같은 해에 발발한 갑오농민전쟁이라는 체제적 위기를 정치·경제 전반에 걸친 근대적 여러 제도의 정비를 통해 극복하려고 한 것이지만, 동시에 청일 전쟁 아래에서 일본의 강력한 간섭을 받았다는 성격도 존재한다. 요컨대 이 개혁은 왕조 말기의 내적 모순에 대처하기 위한 전면적 방책이었으나 당초부터 외재성을 강하게 가질 수밖에 없었다. 그렇다면 갑오개혁은 조선의 근대 국가 구상에서 어떠한 역사적 의의를 가지고 있었는가?

갑오개혁의 전개

우선 갑오개혁의 전개 과정에 대해서 개관한다.[4] 갑오개혁은 일반적으로 1894년 7월 제1차 김홍집 정권 성립으로부터 1896년 2월 국왕 고종이 러시아 공사관으로 이어하는, 이른바 아관파천에 의하여 제4차 김홍집 정권이 붕괴하기까지 실시된 일련의 개혁을 가리키는데, 쓰키아시 다쓰히코(月脚達彦)가 정리한 바에 따르면 이것은 그 개혁의 성격에 따라 네 시기로 구분된다.[5]

청일 개전에 앞서 1894년 7월 23일에 일본군이 감행한 조선 왕궁 점거 쿠데타에 의하여 민씨 정권이 무너지고 대원군을 옹립하여 김홍집 정권(제1차 김홍집 내각)이 성립했다. 이 정권의 발족으로부터 같은 해 12월 박영효 입각까지의 시기(1894년 7월 27일~12월 17일)가 제1기 개혁이다. 이 시기는 일본의 간섭이 상대적으로 약했기 때문에 좁은 의미의 갑오개혁으로 평가되기도 한다. 개혁을 중심적으로 추진한 세력은 온건 개화파의 김홍집과 김윤식, 어윤중 등과 1884년 갑신정변 이후에 성장한 소장 개혁파의 유길준, 조희연, 안경수, 김가진, 김학우, 권형진 등 갑오파라고 불리는 집단이었다. 1894년 7월에 발족한 김홍집 정권은 군국기무처라는 기관을 설치하고, 이 기관을 중심으로 내정 개혁을 추진했다. 이 기관이 중심이 되어 실시한 여러 개혁 가운데 행정 개혁으로는 총리대신의 설치, 중앙 관청의 재편을 골자로

---

4 여기에서 다룬 갑오개혁의 내용에 대해서는 특별히 언급하지 않는 한 月脚達彦, 「甲午改革の近代國家構想」(『朝鮮史研究會論文集』 33, 1995); 愼蒼宇, 「近代朝鮮における國民國家構想と民衆運動」(久留島浩·趙景達 編, 『アジアの國民國家構想』, 靑木書店, 2008) 참조. 또한 갑오개혁의 개략에 대해서는 糟谷憲一, 『朝鮮の近代』(山川出版社, 1996) 참조.

5 月脚達彦, 「甲午改革の近代國家構想」 참조. 더욱이 유영익은 쓰키아시가 제시한 제2기, 제3기를 박정양 내각의 성립으로 주목하여 각각 둘로 나누어 전체적으로 여섯 개의 시기로 구분하고 있는데(秋月望·廣瀬貞三 譯, 『日淸戰爭期の韓國改革運動』, 法政大學出版局, 2000, 143쪽), 전체적인 시기 구분은 쓰키아시의 그것과 큰 차이가 없기 때문에 여기서는 편의적으로 쓰키아시의 구분에 따른다.

하는 의정부 개혁, 궁내부의 설치에 따른 궁중·부중의 분리, 과거 제도 폐지, 경찰 제도 재편 등이 있다. 또 재정 제도·세제 개혁으로 탁지부로의 재정 일원화, 세목 정리와 금납화가 실시되었다. 그 이외에 신분 제도 철폐나 조혼 금지 등 가족 제도 개혁 등이 시행되었다. 또한 대외 관계에서는 청국의 연호 사용이 폐지되는 등, 청과의 종속 관계 폐기가 명확해졌다는 점이 중요하다. 갑신정변 때 괴멸된 급진 개화파와는 조금 차원이 다른 온건 개화파의 청국에 대한 자세는 상대적으로 타협적인 것이었지만,[6] 갑신정변 후에 전개된 청국에 의한 정치적·군사적·경제적 압박에 대해서는 비판적이었다는 점이 청과의 종속 관계 폐기의 배경이다. 오히려 갑오개혁에 소극적인 자세를 보이고 있던 대원군은 일본 등을 배제하기 위해서 농민군과의 제휴를 모색하고 있었고, 대원군 등의 밀지를 계기로 농민군은 제2차 갑오농민전쟁으로 불리는 재봉기를 하기에 이르렀다.[7]

개혁 제2기는 이노우에 가오루(井上馨)의 조선 주차 공사 취임, 그리고 갑신정변의 실패로 일본에 망명하였던 박영효의 내부대신 취임에 수반한 김홍집·박영효 내각 성립으로부터 박영효의 일본 재망명까지의 시기(1894년 12월 17일~1895년 9월 6일)를 가리키며, 일본의 영향력이 가장 컸던 시기로 평가된다. 조선 내정 개혁을 구실로 청국과 싸울 단초를 연 일본은 개혁에 대하여 처음에는 방관적이었으나 10월 주한 공사에 이노우에가 착임하자 갑오개혁에 적극적으로 간섭하게 되었다. 이노우에는 군국기무처를 개편하여 사실상 무효화할 것 등을 담은 20개조 〈내정 개혁 강령〉 승인을 조선 정부에 다그침과 동시에 일본인 고문관의 대량 채용, 차관 공여 등과

---

6 다만 급진 개화파의 대표라고도 할 수 있는 김옥균도 갑신정변 실패 후 대국주의로의 지향을 포기하여 대청 협조를 염두에 둔 중립화 구상을 전개하여 청국에 대한 문명적 친근감은 기본적으로 급진개화파, 온건개화파에게 공유되었다(趙景達,「金玉均から申采浩へ」, 歷史學研究會 編,『講座世界史 七「近代」を人はどう考えてきたか』, 東京大學出版會, 1996).

7 趙景達,『異端の民衆反亂』(岩波書店, 1998), 269~280쪽.

같은 정책을 동원하여 보호국화 공작을 추진하려고 했다. 게다가 박영효가 귀국하자 12월에 그를 내부대신으로 취임시켰다. 김홍집, 박영효의 연립 정권(제2차 김홍집 정권) 아래에서는 내각 제도 창설, 행정 기관에서 사법 기관 분리, 재정·세제 개혁, 지방 제도 개혁, 군제 개혁, 신교육 실시 방침 제시, 왕실 존칭 개정 등의 실시를 통해 청국으로부터의 독립을 목표로 한 개혁을 잇달아 적극적으로 실시하였지만 일본의 간섭이 강력해진 과정에서 개혁은 심각한 모순에 빠지게 되었다. 그러나 이노우에가 추진하려고 한 근대적 개혁과 조선 보호국화 공작은 열강의 간섭에 대한 두려움, 조선 정부 각료들의 비협조 혹은 반발 등으로 좌절되었다.[8] 특히 러시아의 대조선 간섭을 두려워한 일본 정부는 삼국 간섭 이전부터 이미 러시아에 대해 조선의 독립을 선언하는 등[9] 대조선 보호국화 구상을 후퇴시키지 않을 수 없는 상황에 있었다.

일본의 상대적 세력 후퇴기에 해당하는 개혁 제3기는 박영효의 재망명으로부터 민비 살해 사건까지의 시기(1895년 7월 6일~10월 7일)를 가리킨다. 이 시기에는 삼국 간섭에 따라 조선 정부 내에서 친러파가 형성됨과 동시에 일본의 영향 아래에 있던 갑오파가 후퇴했다. 이러한 상황에 위기감이 고조되었던 일본은 실의에 빠져 사임한 이노우에를 대신하여 주한 공사로 취임한 미우라 고로(三浦梧樓)를 필두로 한 재조 일본인들이 친러파라고 간주한 왕비 민씨를 살해하는 만행을 저질렀다.

개혁 제4기는 민비 살해 사건 이후 친러파의 영향력이 약화되면서 성립한 제4차 김홍집 정권 아래에서 정책이 급진화한 시기(1895년 10월 8일~1896년 2월 11일)이다. 조선 민중은 왕비를 무력으로 배제한 일본에 대하여 반일 감정을 강하게 가짐과 동시에 민비 살해 사건을 모호하게 처리하려고 한 정부에 대해서도 강력하게 반발했다. 게다가 단발령이 실시되자 1896년 1월 위

---

8 柳永益,『日淸戰爭期の韓國改革運動』, 41~45쪽.
9 『日本外交文書』27-1, 705쪽.

정척사파의 재지 양반 지휘 아래에서 초기 의병이라고 불리는 반정부·반개화·반일 무장 투쟁이 각지에서 확산되었다. 의병을 진압하기 위해서 각지에 진위대가 파견되었으나 수도 방위가 약해진 틈을 타고 이른바 아관파천이 일어났다. 이러한 친러파에 의한 쿠데타에 따라 김홍집 정권은 와해되었고, 김홍집과 어윤중 등은 민중에게 살해되었다. 김윤식은 제주도로 유배되고, 유길준, 조희연 등은 일본으로 망명한 가운데 갑오개혁은 마침표를 찍었다.

갑오개혁의 역사적 위상: 조선적 근대의 향방

그렇다면 선행 연구에서는 갑오개혁을 어떻게 평가했을까? 전후 한국사 연구의 일반적 과제로서 조선의 내재적 발전을 부정하는, 이른바 타율성(정체성) 사관의 극복을 목표로 삼았다는 점은 잘 알려진 대로이나, 갑오개혁의 평가를 둘러싸고 우선 극복의 대상이 된 것은 전쟁 이전에 이루어진 다보하시 기요시(田保橋潔)의 연구였다.[10] 다보하시의 연구는 그 실증성에 있어서 지금도 높은 수준에 있기는 하지만, 한편으로 시대적 제약도 있었고, 타율성 사관에 입각해 있었기 때문이다. 따라서 그의 사후 전개된 갑오개혁에 관한 평가에서 타율성의 극복이라는 과제에 기초하여 초점이 된 것은 근대적 개혁인 갑오개혁이 조선에서 내재적 전개에 기초한 것인지, 아니면 일본의 영향 아래에서 실시된 것인지라는 개혁 주체를 둘러싼 틀이었다. 이러한 자율성·타율성이라는 개혁 주체를 둘러싼 평가에서 우선 다루어야 할 것은 유영익과 쓰키아시 다쓰히코의 연구이다.

유영익은 갑오개혁에서 개화파 관료의 자율성과 〈민족주의·민주주의(민본주의)·평등주의〉적 지향을 강조한다. 그러한 한편으로 개혁을 실시한 갑오 정권이 일본의 군사력을 배경으로 편성된 것이었고, 일본의 대조선 정책

---

10 田保橋潔,「近代朝鮮における政治的改革」(朝鮮總督府朝鮮史編集會 編, 『近代朝鮮史研究』, 朝鮮總督府, 1944).

에 가담했기 때문에 〈반민족·반민주·반민중적 성향〉도 띠었다고 평가하면서 갑오개혁은 이율배반적 성격을 가지고 있었다고 결론을 내렸다.[11] 즉 갑오개혁은 본질적으로는 자율적으로 실시된 것이지만 개혁 실현의 조건으로 일본의 실력에 의지해야 했던 점에 그 한계가 있었다고 평가하였다. 타율성 사관의 극복이라는 연구사적 과제를 아울러서 생각해 볼 때 갑오개혁의 자율성을 강조하는 연구가 축적되어 온 것의 연구사적 의의는 높게 평가해야 할 것이다. 그러나 자율성·타율성이라는 이항 대립적 틀로 논의가 이루어질 때 문제가 되는 것은 거기서 상정되는 근대상(近代像)에 대해서는 의문을 품지 않는다는 점이다. 갑오개혁이 근대적 개혁이라는 것을 전제로 하여 개혁의 주체를 조선에서 찾을 것인가, 일본에서 찾을 것인가라는 문제에 논의를 집중하면 가령 일본이 제시한 근대 국가 구상 등을 상대화한다는 과제는 시야에 들어오지 않는다. 그러한 연구 시각은 갑오개혁에서 좌절 혹은 유산되어 버린 조선의 근대상·국가상에 대하여 간과하게 될 것이다.

갑오개혁에 대한 자율성·타율성이라는 틀에 입각한 유영익의 평가를 근대주의적이라고 명확하게 비판한 이가 쓰키아시이다.[12] 쓰키아시는 유영익이 지적한 갑오개혁의 이율배반성은 외부로부터 충격을 받는 가운데 근대 국가가 건설되는 과정에서 필연적으로 지닐 수밖에 없는 속성이라고 평가했다. 요컨대 후발적 근대 국가 형성에 대해서 타율성 혹은 종속성이 수반하는 것은 피하기 어렵고, 오히려 이율배반성이 그 속성이기 때문에 그러한 이율배반성을 따지기보다는 국가 형성 과정에 관한 개별 구체적인 연구를 통해 근대 국가 혹은 국민 국가를 상대화하는 작업이 필요하다고 보았다.

서구의 충격에 대응하여 근대 국가 건설을 추진하였던 동아시아 제 지역의 근대 국가 형성사의 일반적 성격을 추출하려고 할 때, 조선에 대한 근대적

---

11 柳永益, 『日淸戰爭期の韓國改革運動』, 132·173쪽.
12 月脚達彦, 「甲午改革の近代國家構想」.

제도의 이식이 배태한 문제성을 국민 국가론에 기초하여 명확하게 하려는 쓰키아시의 지적은 위로부터의 근대화를 비교사적으로 파악하려는 시각에 입각한 것으로, 특히 일본의 근대 국가 형성과의 비교를 통해 기여한 바가 크다. 그러나 그러한 까닭에 쓰키아시가 상정한 근대상 또한 서구적 근대상을 상대화할 수 없었다. 그것은 국민 국가론에 적합한 틀로만 그와 같은 근대 국가상을 파악할 수밖에 없다는 제약을 필연적으로 지니게 되기 때문이다. 그리고 그러한 평가는 갑오개혁의 자율성을 강조하는 틀이 전제로 하고 있던 종속성 혹은 침략성을 경시하고, 제국주의 시대 피종속 지역의 근대화가 가진 고유한 문제들을 간과하고 있기 때문에, 결국 갑오개혁이 타율적이었다는 결론을 도출하게 된다. 제국주의 체제의 중층적 종속성이나 그 시대적 배경에 관심을 가지지 않고 다양한 지역의 역사적 전개를 개별적으로 파악하려는 그러한 방법론은 제국주의적 지배의 해체에 기여하지 못하고, 제국주의적 종속성을 재생산만 하게 될지도 모른다. 동아시아에서 1850년대의 국제 환경과 1890년대의 그것이 구조적으로 다르다는 도야마 시게키(遠山茂樹)의 고전적 지적이나, 서구의 충격과 그 이후 제3세계의 역사적 전개에서 국민 국가론을 아무런 전제 없이 적용해서는 안 된다고 한 나카무라 헤이지(中村平治) 등의 비판을 상기할 때, 문제점의 소재는 명확해진다.[13]

갑오개혁에 관한 자율성·타율성을 둘러싼 종래의 논의와 국민 국가론으로 접근하는 방식이 가지고 있는 함정은 거기에서 제시되는 근대상 혹은 국가상을 서구나 일본의 그것에 적합한가, 그렇지 않은가라는 점에서 찾고 있

---

13 遠山茂樹,「東アジアの歷史像の檢討 ― 近現代史の立場から」(『歷史學研究』281, 1963); 中村平治,「方法としてのエスノ民族問題」(『思想』850, 1995). 이른바 도야마-시바하라 논쟁으로 심화된 주요 논점의 한 가지가 동아시아의 근대화를 둘러싼 국제적 계기의 문제이다. 한 지역 내에서의 근대화 요인만을 강조하고, 근대화의 방향성을 규정하는 국제 환경과의 연관성을 고려하지 않는다면 이른바 일국사적 역사 이해에 빠지게 된다. 그러한 의미에서 쓰키아시의 논의는 동아시아 비교사를 향한 시각을 제시하고 있는 것처럼 보이면서도 반대로 시야의 협소함에 빠져 있다.

다는 점에 있다. 그리고 그 결과 제국주의적 종속성에 대해서는 관심을 가지지 못하는 문제점을 낳았다. 이러한 과제를 극복하기 위해서는 갑오개혁에 드러난 일본의 근대상에 대치할 수 있을 것 같은 〈조선 고유의 근대상〉을 재현하고, 그 의도가 갑오개혁에서 관철되지 않고 파산해 가는 과정을 고찰하는 것이 필요하다. 이 점으로부터 내재적 발전론이 가지고 있던 근대주의적 역사 인식을 비판하고, 〈미완의 갑오개혁〉이라고도 할 수 있는 근대 개혁상 제시의 필요성을 주장하고 있는 것이 미야지마와 조경달의 일련의 연구이다.[14] 특히 조경달은 조선의 근대 국가 구상에서 유교적 민본주의의 사상적 구조가 개화파에게도 관철되고 있었고, 국가 구상에서도 〈민본을 기초로 하여 내정과 유교적 교화의 충실을 도모하고, 그것이 잘 되었다면 침략받을 일은 없었다고 생각하며, ……군사력 증강의 길은 민본주의에 반하는 것이었고, 군사력은 방어하기에 족한 최소한이면 충분하다〉라는 자강론적 발상이 인정되었다는 점을 지적했다. 따라서 그로부터 전개된 구체적 정책도 부국강병책을 지향하였던 일본의 근대적 여러 정책과 이념적으로 어긋나는 것이었다는 점을 확인하였다.

이러한 조경달의 지적을 수용하면서 경찰 제도의 도입 과정이라는 시점으로부터 갑오개혁의 구체상에 파고든 것이 이토 슌스케(伊藤俊介)의 분석이다.[15] 이토의 입론을 요약하면 다음과 같다. 제1차 김홍집 정권의 내부대신 유길준에 의한 개혁 초기 단계의 경찰 개혁 구상은 물리적 폭력 장치에 의한 강제적 통합을 지향한 것이 아니었고, 필요 이상으로 민의 영역에 관여

---

14 宮嶋博史,「開化派硏究の今日的意味」(『季刊三千里』40, 1984); 同,「方法としての東アジア」(『歷史評論』412, 1984); 趙景達,「朝鮮における大國主義と小國主義の相克 — 初期開化派の思想」(『朝鮮史硏究會論文集』22, 1985); 同,「朝鮮における實學から開化への思想的轉回 — 朴珪壽を中心に」(『歷史學硏究』678, 1995); 趙景達,『異端の民衆反亂』제10장.

15 伊藤俊介,「朝鮮における近代警察制度の導入過程 — 甲午改革の評價に關する一考察」(『朝鮮史硏究會論文集』41, 2003).

하지 않고, 민생 안정을 위한 보조적 존재로서 경찰을 규정한 것이었다. 유길준은 『서유견문(西遊見聞)』에서 〈본국의 정치를 안온하게 하여, 인민에게 태평한 즐거움이 있게 하는 것, 법률을 준수하여 인민이 원한을 품는 일이 없게 하는 것, 외국의 교제를 신실하게 행하고, 백성과 나라가 분란의 우려를 면하게 하는 것〉에서 정부의 역할을 찾고 있었고, 정부가 필요 이상으로 민의 생활에 관여하여 〈인민의 동정을 규찰하고, 갖가지 일에 간섭하는 법을 실시한다면 인민을 괴롭힐 뿐만 아니라, 정부 또한 그 정당한 직분에 어긋나는 것〉이라고 비판했다.[16] 이러한 입장으로부터 근대적 중앙 집권 국가를 말단에서 지탱하는 경찰 제도의 편성에서조차 필요 이상으로 사람들의 생활에 관여하지 않는 유교적 민본주의에 기초한 민중관을 관철시키려 했던 것이다. 개화파 관료의 개혁 이론은 전통적인 정치 사상에 입각해 있으면서도 근대 제도까지도 채용하려는 〈변통론〉 혹은 〈구본신참〉의 입장에 입각한 것으로, 일본이 제시하는 근대화 구상을 전면적으로 받아들인 것은 아니었다. 그렇지만 이러한 개화파 관료의 경찰 개혁 구상은 이노우에 가오루가 주한 공사로 부임하고 갑오개혁에 적극적으로 간섭하는 개혁 제2기에 접어들면서 바뀌게 된다. 이노우에는 자신이 주도하는 경찰 제도의 개혁 방침을 중앙 집권적 경찰 제도의 도입에 두고, 조선 왕조 시대의 경찰 제도와 단절된, 민중의 일상생활을 통제하는 경찰 기구의 설치를 구상하고 있었다. 따라서 일본의 영향 아래에서 경찰 제도는 일본의 그것과 유사한 국가 권력의 물리적 폭력 장치로 변질되어 갔다. 여기에서 개화파 관료와 이노우에의 근대 개혁상은 심각한 모순을 드러내게 되었다.

　조선 정부와 이노우에 등 일본 측과의 이러한 대립은 경찰 개혁 구상의 차원에 그치지 않고, 갑오개혁 전반에 이르는 것이었다. 신창우는 조경달이나 이토의 지적을 수용하면서 갑오개혁에서 조선과 일본의 기본적 모순점

16　俞吉濬, 『西遊見聞』, 155쪽(『韓國名著大全集』, 大洋書籍, 1973 수록).

에 대해서 구체적이고도 중요한 지적을 하고 있다. 그것은 〈문치〉적으로 질서 유지를 도모하면서 민의 동의를 우선시하여 점진적으로 개혁을 실시할 것인지, 아니면 중앙 집권적 법치 체제의 구축을 의도하여 급진적으로 개혁을 실시함과 동시에 여기에 반대하는 사람들을 〈응징〉해 민심의 진정을 도모할 것인가 하는 차이였다.[17] 농민군에 의한 폐정 개혁 요구, 게다가 일본에 의한 침략이 명확해지는 가운데 〈척왜〉를 기치로 해서 들고일어난 농민군의 제2차 봉기에 대한 조선 정부와 일본의 대응 방법은 그 차이를 잘 드러내고 있다. 제2차 봉기에 즈음하여 한(漢)의 고조 고사(古事)를 인용한 법3장에 기초한 정치를 실시하여 〈우선 민심을 수습〉(대원군)하려고 한 조선 정부는 이러한 조선 정부의 태도를 비판하고 정치를 실시하기 위해서는 〈천 가지 법장(法章), 만 가지 구율(矩律)이 필요하니 곧 정사가 여러 곳에서 나오는 것을 방어하기 위해 조직 권한을 명확하게 해야 한다〉고 하며 〈우선 개량이 결실을 거두기 위해서는 국기(國基)의 확정을 도모하지 않을 수 없다. 국가의 기초를 확립하면 민심은 자연히 진정하게 된다〉고 주장한 이노우에와 첨예하게 대립했다.[18] 둘 사이의 대립은 갑오개혁을 점진적으로 실시할 것인가, 아니면 급진적으로 실시할 것인가라는 단순한 절차상의 대립이 아니었다. 유교적 민본주의에 기초하여 민중을 교화하고 민심을 수습하려고 한 조선과, 법 제도의 정비를 진전시켜 강권적으로 통합 기구를 구축하는 것을 우선시하고 질서 문란을 꾀하는 자에 대해서는 철저하게 무력을 행사해야 한다는 일본 사이에는 질서관을 둘러싼 본질적 차이가 가로놓여 있었다.

그러나 결국 조선 정부의 민심 수습책은 관철되지 못했다. 한편으로는 일본의 의향이 강하게 작용하고 있었기 때문이고, 다른 한편으로는 개화파 정

---

17 愼蒼宇, 『植民地朝鮮の警察と民衆世界』(有志舎, 2008), 제2장; 愼蒼宇, 「近代朝鮮における國民國家構想と民衆運動」, 90쪽 참조.
18 『日本外交文書』 27-2, 27~33쪽.

권(갑오 정권)이 일본을 추종함에 따라 조선 민중의 반발을 불러일으켰고, 그 때문에 갑오 정권이 일본과 함께 민중으로부터 배제의 대상이 되었기 때문이다. 이와 같은 사실은 조선 사회에서 갑오개혁의 성격을 생각함에 있어서 좀 더 본질적인 측면이다. 그 당시 충청남도 논산으로 병력을 전진시킨 전봉준은 관군에 대해서도 봉기 참가를 호소한 〈고시(告示)〉에서 다음과 같이 갑오정권을 논박했다.[19]

일본과 조선은 개국 이래 설령 이웃 나라이기는 하더라도 누대의 적국이다. 성상의 인자하고 후덕하심에 도움을 받아 세 항구[부산, 원산, 인천]를 속여서 열었고, 통상 이후 갑신[1884년] 10월에 네 명의 흉도[김옥균, 박영효, 홍영식, 서광범]가 협잡하여 군부를 위태롭게 하는 시기가 있었는데, 종사의 부흥에 따라 간당을 소멸했다. 올해[1894년] 10월, 개화 간당이 왜국과 손을 잡고 밤을 타서 서울로 들어와, 군부를 핍박하여 국권을 제멋대로 휘둘렀다. 게다가 방백과 수령 모두 개화의 편이 되어 인민을 구휼하지 않고, 살육을 좋아하여 생령을 도탄에 빠트렸다. 지금 우리 동학도가 의병을 거론하여 왜적을 소멸하고, 개화를 막아 조정을 깨끗하고 바르게 하여, 사직을 지키려고 할 즈음에, 언제나 의병이 이르는 곳에 병정과 군교가 의리를 생각지 않고 와서 전투를 벌이려 했다. [중략] 조선의 인사라면 도가 다르더라도 척왜와 척화는 그 뜻이 하나이다. 사소한 문구로 의혹을 풀고 알리려 하니, 각자가 돌아보아 충군·우국의 마음이 있다면 곧바로 의리로 돌아가고 상의하여 함께 척왜·척화하고, 조선이 왜국이 되지 않도록 동심 협력하여 대사를 치르지 않겠는가?

19 『東學亂記錄』下(국사편찬위원회, 1959), 379~380쪽. 번역은 조경달의 번역문을 참조했다(趙景達, 『異端の民衆反亂』, 290~291쪽). 오히려 순한글로 된 이 격문에 국사편찬위원회가 한자를 붙일 때 〈척화〉를 〈斥華〉로 한 것은 오류이고, 〈斥化〉로 해석해야 함이 갑오농민전쟁 연구에서는 일반적이다(趙景達, 『異端の民衆反亂』, 319쪽). 이 책 또한 이 견해에 따른다.

일본에 의한 쿠데타를 계기로 탄생한 갑오 정권은 인망이 두터운 대원군을 옹립하였지만 애초부터 정권의 정통성을 결여하고 있었다. 따라서 좋고 싫고를 떠나서, 성립 초기부터 친일의 낙인이 찍혀 있었다. 그리고 개혁이 진행되고 일본에 대한 추종이 분명해지면서, 농민군으로부터 배격의 대상이 되기에 이르러 조선 민중과의 모순은 결정적인 것이 되었다. 그때 비판의 대상이 된 것은 개화 정책에 의해 〈방백과 수령이 모두 개화의 편이 되어 인민을 구휼하지 않고, 살육을 좋아하여 생령을 도탄에 빠지게 했다〉는 것이다. 요컨대 갑오개혁이 진행되면서 지방관이 진휼책을 실시하지 않고, 사람들의 생사를 돌아보지 않았던 점을 비판한 것이다. 따라서 보국안민을 실현하기 위해서는 일본과 더불어 개화파 정권을 배제해야 한다고 결론지었다. 이때 지향한 것은 왕조 국가적 지배를 전제로 한 상태에서 종래의 〈있어야 할 질서〉=유교적 덕치의 회복이었다. 이리하여 일본만이 아니라 갑오 정권도 그러한 질서의 파괴자로 상정되기에 이르렀다. 그러한 의미에서 농민군의 국가 구상은 결코 적극적으로 근대 국가 건설을 지향하는 구체적인 것이 아니었다. 조경달이 지적한 것처럼 동학에 의해 민중은 스스로를 변혁 주체로 인식하였지만, 정치 주체로서의 역할을 감당할 수 있는 회로가 아직 형성되지 않았기 때문이다. 농민군 지도층에서도 그들이 지녔던 내셔널리즘은 정치력을 집중화하는 계기만을 중시했고, 그것이 확대되는 계기는 경시하고 있었다는 의미에서 아직 전기적인 것에 그치고 있었다.[20] 이와 같이 조선에서 내셔널리즘의 함양과 국민 국가화는 갑오농민전쟁과 갑오개혁이 달성하지 못한 과제로서 이후 대한제국기의 국민화 운동=독립협회 운동, 그리고 애국 계몽 운동으로 계승되었다고 할 수 있다.[21]

그런데 유영익과 쓰키아시가 간과하였거나 혹은 경시하고 있는 점은 민

---

20 趙景達, 『異端の民衆反亂』, 353쪽.
21 月脚達彦, 『朝鮮の開化思想とナショナリズム』(東京大學出版會, 2009), 제8장 참조.

란과 갑오농민전쟁을 거쳐 형성되어 온 조선 민중의 왕권관이다. 특히 쓰키아시의 논문이 지닌 최대의 문제점은 갑오개혁의 직접적 계기가 된 갑오농민전쟁을 논의의 범위에 포함시켜 동태적으로 파악하지 않았다는 점에 있지만, 이것은 민중사적 시점을 결여하고 있기 때문에 필연적으로 생겨나는 구조적 문제였다고 생각한다. 갑오개혁이 개화 정책의 역사적 연장선상에서 이루어졌다는 점은 틀림없지만, 갑오농민전쟁과의 상관관계를 논의에 넣지 않는다면, 예를 들어 1894년이라는 시기에 갑오개혁이 시작되었던 이유를 설명할 수 없다. 이것은 예를 들어 갑오농민전쟁을 주도한 일로 역적으로 처단되는 것을 유감으로 생각하는 전봉준에 대하여 그를 재판한 법무참의 장박(張博)이 그와 같은 혐의를 부정하고 민본과 근왕을 실천한 전봉준의 행동 때문에 갑오개혁이 실시되었고, 공명의 정치를 실시할 수 있게 되었다고 전봉준의 역할에 대해 역사적 의의를 높이 평가한 점에서 단적으로 드러난다.[22] 따라서 갑오개혁의 역사적 의의는 조선 민중의 동향과 연관성에서 통일적으로 파악해야 한다. 그리고 이러한 점이야말로 유영익이 말하는 갑오개혁의 이율배반성을 이해하는 단서이다. 앞서 농민군이 일본과 더불어 개화파 정권을 배척의 대상으로 삼았다는 점을 살펴보았지만, 그와 같이 농민군과 조선 민중이 그리고 있던 유토피아를, 외세인 일본 이상으로 근대적 논리를 내세우면서 억압한 세력이 개화파 정권이었다. 그 때문에 갑오 정권은 일본의 의향을 거부했으면서도 민중의 절대적인 신뢰를 받고 있던 전봉준을 처형하지 않을 수 없었던 것이다.[23] 그러한 점에서 제2차 봉기 단계에서 민족 모순 이상으로 계급 모순이 첨예화하고 있었다는 점을 알 수 있다. 일본의 개입은 그러한 계급 모순을 한층 더 격화시킨 것이었다고 평가할 수 있을 것이다. 결국 갑오개혁은 조선 민중과의 대립 때문에 최종적으

---

22 趙景達, 『朝鮮民衆運動の展開』(岩波書店, 2002), 111쪽.
23 趙景達, 『異端の民衆反亂』, 353쪽.

로 좌절되었다.[24]

갑오개혁의 왕권관

그렇다면 갑오개혁에서는 군주권을 둘러싸고 어떠한 개혁이 실시되고 있었는가? 이 점에 대해서 쓰키아시 다쓰히코의 연구를 검토한 앞으로의 과제에 대해 논의하고자 한다.[25] 쓰키아시에 의하면 개화파 정권이 실시한 왕권을 둘러싼 정책은 〈충군 애국〉적 심성을 함양하고, 권리의 보호를 주장하여 창출한 〈국민〉을 〈짐-국민〉이라는 〈일군만민〉 체제로 수렴하려는 것이었다. 따라서 〈국민〉 통합의 중심에 걸맞은 군주에 대한 새로운 권위의 구축이 모색되었다. 그리고 그때 특히 과제가 되었던 것은 청국과의 종속 관계 폐기에 따라 생겨난 지배의 정당성을 어떻게 확보할 것인가라는 점에 있었다고 한다. 조선에서 내셔널리즘 형성이라는 관심으로부터 이 단계에서 종래 책봉 체제하의 전통적 왕조에 대응한 지배 원리가 아니라, 만국 공법 체제에 입각한 주권 국가의 국가적 정체성을 창출할 필요성이 생겨났다는 점을 쓰키아시는 강조하고 있다. 이와 같은 것은 구체적으로 청국과의 종속 관계 단절을 꾀할 때 〈자주 독립〉을 실현하는 주체로서의 군주상이 강조되었던 점이라든지, 개국 연호의 사용, 1세1원(一世一元)의 연호 채용, 공문서에서 〈칙(勅)〉, 〈짐(朕)〉, 〈주(奏)〉라는 용어의 사용, 〈대군주 폐하〉라는 호칭의 사용, 〈황제진호(皇帝進號)〉 기도 등의 조치가 거론되었다.

---

24 이토 슌스케는 독립협회 운동 단계가 되면 신흥 지식인에게 민중 계몽의 논조가 농후해진다는 점을 전망하고 있는데(伊藤俊介,「朝鮮における近代警察制度の導入過程」), 본문에서 보듯이 일면적 견해일 것이다. 그러한 변화는 쓰키아시가 강조하는 것처럼 국민 국가론적 논리를 개화 지식인이 내면화했기보다는 전통적 지배 체제를 지향하면서 사회 개혁을 지향한 조선 민중에 대한 대항 언설이란 측면이 강한 것이었다고 생각한다. 이 점에 대해서는 별도의 고찰이 필요하기 때문에 지적하는 데 그치며, 그 고찰은 후일을 기약하고자 한다.

25 이하 이 단락에서 거론한 갑오개혁에서 왕권 제도화의 구체적 내용에 대해서는 특별히 언급하지 않는 한 月脚達彦,「甲午改革の近代國家構想」 참조.

그러나 이러한 군주의 권위를 확립하는 것은 〈공(公)〉적으로 군주를 상정하기 위해서도, 군주의 〈사(私)〉적 정치 의사 행사가 인정되지 않았다. 따라서 군주의 권위 확립이 시도되는 한편, 군주의 정치적 권한을 억제하는 것도 목표가 되었다. 그러한 군주권의 억제 움직임이 궁중·부중의 엄격한 구분을 꾀하려고 한 군주권·궁중의 〈제도화〉였고, 이러한 움직임은 일본의 영향을 강하게 받았던 개혁 제2기에 특징적으로 추진되었다. 따라서 쓰키아시는 실제로 군주권의 〈제도화〉가 실현되었다는 것의 의의에 유의할 것을 촉구하면서도, 갑오개혁의 군주권 제도화 움직임을 일본이 메이지 유신에서 천황의 권위를 높이는 한편, 정치적 의사의 행사를 제한하였던 것을 모방한 것이었다고 평가했다.[26] 개화파 정권이 목표로 한 군주의 권위 확립, 그리고 권한의 제약이라는 지향성은 쓰키아시가 지적한 것처럼 일본의 천황제 국가 성립 과정과 대응한다. 그 위에서 쓰키아시는 갑오개혁이 실패한 원인의 하나로 〈공〉적으로는 군주권을 〈제도〉적으로 보장하면서도 다른 한편으로는 군주 통치권의 정통성을 확보할 수 없었던 점을 들고 있다. 대청 관계에서 책봉 체제를 부정하면서 한편으로는 중화적 천하관을 버리지 않았으며, 또한 새로운 내셔널리즘 형성의 필요성을 자각하지 않았다는 점이 문제였다고 파악했다. 따라서 쓰키아시는 내셔널리즘 형성을 향한 활동은 독립협회 운동과 애국 계몽 운동으로 계승되었다는 점을 명확하게 한 다음, 갑오개혁 이후에 진행된 충군 애국 관념과의 상관관계에서 통감 이토 히로부미의 황제 이용책을 분석하였다.[27]

26 이러한 견해는 한국의 역사학계에서도 받아들이고 있는 것처럼 보인다. 예를 들어 하원호(河元鎬)는 고종을 높게 평가하는 이태진 등의 논고를 비판하면서 일본의 영향을 받은 모방성을 강조하고 있다(河元鎬, 「大韓帝國の國民國家構想」, 人間文化研究機構連携研究, 『日本とユーラシアの交流に關する總合的研究「ユーラシアと日本 — 交流と表象」國際シンポジウム報告書』, 人間文化研究機構國立歷史民俗博物館, 2006).

27 月脚達彦, 「'保護國'期における朝鮮ナショナリズムの展開 — 伊藤博文の皇室利用策との關連で」(『朝鮮文化研究』7, 2000). 이토의 한국 보호 정책을 이노우에 가오루의 대한 정책

그러나 한국사의 맥락에서 고찰할 때 좀 더 중요하다고 생각하는 것은 조선 왕조의 왕권이 신권에 비해 일관되게 약했다고 하는 역사적 사실이다. 예를 들어 1894년 10월 보빙사 수행원으로 일본을 방문한 유길준은 조선의 왕권이 방종으로 흐르고 있다고 비판하는 외무대신 무쓰 무네미쓰(陸奧宗光)에게 〈우리나라의 군권은 애초부터 정해진 범위가 있고, 대권은 모두 정부에 있다. 그러나 중엽 이후 점차 왕실 비용이 크게 늘어났다. 원래는 엄격하여 한 필의 포, 하나의 엽전을 사적으로 사용할 수 없었다. 최근[과 같은 상황]처럼 된 것은 모두 권신의 농간 때문으로, 왕실의 남용은 아니다〉[28]고 설명했다. 물론 이 발언을 무쓰의 비판에 대한 변명이라고 볼 수도 있다. 그러나 서장에서 서술했던 것처럼 일군만민론적 왕권의 존재를 이상으로 하면서도, 현실 정치에서는 군신 공치, 그리고 세도 정치 등과 같이 신권이 군권에 우월하는 상황이 조선 왕조에서는 오히려 일반적이었다는 점을 상기한다면 유길준의 이러한 발언은 근대적 국가 원리에 입각한 것이라기보다도, 종래의 군신 공치 입장에서 왕권을 제어하는 것을 정당하게 받아들였다는 점을 알 수 있다.

앞에서 보았듯이 쓰키아시는 대한제국 성립 시기에 내셔널리즘의 구심점을 근대적인 것이 아니라 전통적 〈천(天)〉 관념에서 구하고 있었기 때문에 이른바 〈공식 내셔널리즘〉의 도입이 실패했다고 평가했다. 중화적 문명관이 농후하게 남아 있던 상황에서 유럽적 국제 질서인 국민 국가 체제를 수용할 때 저항이 발생한다는 평가 자체는 수긍할 수 있다. 그러나 그것을 〈실패〉라고 평가하는 것은 국민 국가의 형성을 당위로 하고, 다양한 역사상을 국민 국가론에 적용하여 이해하려고 하는 것이다. 중요한 것은 그와 같은 저항이 다양한 차원에서 전개되는 가운데 형성된 국가 형태가 어떠한 것이었

과의 연속성에서 선구적으로 평가한 것은 모리야마 시게노리이다(森山茂德, 『近代日韓關係史硏究』, 東京大學出版會, 1987).

28 『兪吉濬全書』 IV(一潮閣, 1971), 372쪽.

는지를 밝히는 것이다. 그러나 쓰키아시의 연구는 정치 문화론을 염두에 두면서도, 앞에서 기술한 것처럼 민중사적 동향을 등한시하고 있기 때문에 대한제국의 성립을 둘러싼 왕권의 형태를 갑오개혁의 〈부모를 닮지 않은 아이(鬼子)〉라고 근대주의에 입각해 평가하였던 것이다.

갑오개혁 이후에 성립한 대한제국은 황제 독재권의 실현에 따라 한국 역사상 가장 왕권이 강화된 국가 형태로 평가받고 있다. 그렇다면 그러한 국가 형태의 출현을 역사적으로 어떻게 이해해야 좋은가? 갑오개혁에서 제시되었던 근대 국가 구상에 대한 반동이라고 평가하고 그렇게 이해하면 그만인 일일까? 앞서 쓰키아시의 연구에서 보았던 것처럼, 대한제국의 성립이 청일 전쟁에서 청국의 패전에 기초하여 대청 자립, 그리고 책봉 체제로부터 만국 공법(국제법) 체제로의 이행에 대응하는 것이었다는 점은 틀림없다. 그러나 대한제국의 성립 역시 민중사적 틀까지도 시야에 넣으면서 파악할 필요가 있다. 이 점과 관련해 주목해야 할 성과로 대한제국의 성립 과정을 고종의 황제 즉위 과정에 기초하여 검토한 오쿠무라 슈지(奧村周司)의 연구를 들 수 있다.[29] 오쿠무라에 따르면 황제 호칭의 사용은 단순히 중화 제국의 황제 제도에서 도입한 것이 아니라 조선의 왕권 성격이나 세계관에 의해 규정된 것이었다. 고종의 황제 즉위가 일본 및 구미 열강과의 외교 관계 설정에 있어서 종래 청과의 종속 관계를 어떻게 처리해야 하는가란 측면과 관련이 있다는 점을 의심할 수는 없다. 그러나 그와 더불어 황제 즉위 당시에 중요해진 원구사(圜丘祀)의 개설 의도가 왕권과 천신과의 결합 강화였다는 점은 황제 즉위에 〈천〉 관념이 크게 작용하고 있었음을 보여 준다. 그러한 동향은 당시 천주교의 침투나 동학 세력의 확대에 대응한다는 성격을 가지고 있었다고 해석할 수 있다. 따라서 국왕이 천신과 직접적인 결합 관계가 있는

---

29 奧村周司,「李朝高宗の皇帝卽位について ― その卽位禮と世界觀」(『朝鮮史硏究會論文集』33, 1995).

〈천자〉라는 점을 국민에게 가시적으로 보여 줄 필요가 있었고, 그 때문에 제천례를 거행한 것이었다고 볼 수 있다. 고종의 황제 즉위는 갑오농민전쟁에서 나타난 〈아래로부터〉 거대한 존재로서 국왕을 생각하는 환상, 곧 일군만민론적 국왕관이 강력하게 영향을 끼치고 있었던 것이다. 요컨대 갑오농민전쟁을 통해 〈아래로부터〉 방대한 에너지가 흘러들어 왔다는 것이야말로 황제 독재의 실현을 가능하게 한 것이다. 대한제국이라는 전제 국가의 출현은, 갑오농민전쟁에서 분출한 민중의 전기적 혹은 시원적 내셔널리즘의 출현 형태인 국왕 환상을 거푸집에 들이부으려다 실패한 갑오개혁을 수용하여 그러한 국왕 환상에 대응하려고 한 것이었다.

소국 구상의 방향 : 중립화 구상을 중심으로

앞에서 살펴본 바와 같이 조선의 국가 구상에는 유교적 민본주의에 입각한 자강론적 입장이 강하게 영향을 끼치고 있었다. 따라서 조선의 외교 정책도 그러한 자강론적 국가 구상에 의해 규정되었다. 〈자강〉이라는 것은 〈민본을 기초로 하여 내정과 유교적 교화의 충실을 통해서 외국의 업신여김과 침략을 미연에 방지하려는 정책〉[30]이기 때문이다. 그렇다면 그 외교 정책은 구체적으로 어떻게 실시된 것일까? 결론부터 말하자면 그러한 외교 정책은 무력을 배경으로 하는 국권 확장책을 배척한 소국 구상(小國構想)에 기초한 것이었고, 구체적으로는 중립화 구상으로 전개되었다. 따라서 외교 정책, 그리고 그것을 규정하는 대외관은 국권의 확장을 중심축으로 하는 일본의 그것과는 현저하게 다르다. 이하 일본의 조선 중립화 구상과 대비하면서 조선

---

30 趙景達, 「朝鮮における實學から開化への思想的轉回 ─ 朴珪壽を中心に」(『歷史學研究』678, 1995); 同, 「朴殷植における國家と民衆 ─ 朝鮮的政治思想·政治文化の葛藤」(深谷克己 編, 『東アジアの政治文化と近代』, 有志舍, 2009, 188쪽).

의 중립화 구상에 초점을 맞추어 소국 구상을 다루어 보겠다.

조선의 소국 구상

청일 전쟁의 개전까지 동아시아의 국제 관계는 근대적 국제법에 기초한 만국 공법 체제(조약 체제, 국제법 체제)와는 다른, 화이 질서적 세계관에 기초한 책봉 체제도 여전히 기능하고 있었다. 책봉 체제는 조공국에게 연1회 조공과 책봉을 부여하는 측의 책력, 연호 사용 등의 의무를 부과한 것이었는데, 반드시 근대적인 지배-피지배의 권력 관계가 관철되는 것은 아니었다. 그리고 이른바 서구의 충격에 의하여 동아시아의 국제 관계가 만국 공법 체제로 일원화되었던 것도 아니며, 두 국제 질서가 병존하는 상황(양절 체제 兩截體制 — 유길준)이었다. 그러나 일본을 비롯한 구미 열강의 조선에 대한 영향력이 강해짐에 따라 청국은 종래의 책봉·조공 관계를 방패로 삼으면서 조선에 대한 간섭을 강화하였다. 이러한 조선의 외교 정책에서 등장한 것이 중립화 구상이었다.

근대 조선에서 중립화 구상은 구체적으로는 1882년 임오군란 이후 청국의 압박이 강해지는 가운데 전개되었다.[31] 조선 정부, 특히 청국에 타협적인 온건 개화파라고 불린 그룹이 추구한 중립화 구상은 조경달이 강조하는 것처럼 유교적 왕도론에 기초하여 구축되었으며, 그렇기 때문에 청국과의 종속 관계를 전제로 깔면서 현실적으로 시행되고 있는 청국의 내정 간섭에 대한 비판을 내포한 것이었다.[32] 그 후 대청 자주를 강조하였던 갑오개혁을 주도한 유길준의 중립론도 청국을 맹주로 한 중립화 구상이었고, 거기에서 나타나는 자기인식은 소국 사상이 관철된 것이었다. 책봉 체제하의 조공국인

---

31 岡本隆司, 『屬國と自主のあいだ』(名古屋大學出版會, 2004); 同, 『世界史の中の日淸韓關係』(講談社選書メチエ, 2008), 제3장 참조.

32 趙景達, 「朝鮮近代のナショナリズムと東アジア — 初期開化派の'萬國公法'觀を中心に」(『中國 — 社會と文化』4, 1989).

〈증공국(贈貢國)〉은 근대적 국제 관계에서 〈속국〉을 의미하는 것이 아니라 고유의 권리를 가지고 독립을 유지하는 것으로 인식하고 있었다. 거기서 언급한 〈증공국〉과 〈수공국(受貢國)〉의 관계는 조약을 변경하기 전에 증공국 측이 증공을 관두는 것은 신의에 어긋나는 것이었고, 반대로 조약 체결에 따라 증공을 계속하고 있다면 수공국은 그 권리를 침해할 수 없으며, 만약 권리를 침해하는 경우는 증공국이 조공 관계를 단절하는 것이 가능하다는 상호 보완적 관계로 파악하였다.[33] 즉 수공국이 일방적으로 증공국에게 의무를 강요하는 것이 가능하다고 이해하지 않았으며, 소국 의식에 기초한 대국 비판, 혹은 신의를 바탕으로 청국에 대한 기대를 기조로 한 것이었다. 그리고 그러한 인식을 관통하고 있는 것은 유교적 왕도론에 입각한 국제 정의에 대한 기대였다.[34] 즉 조선 정부의 외교 자세를 사상사적으로 한마디로 말하면 책봉 관계를 방패로 하면서 종래의 관계를 개편해 조선에 내정 간섭을 강화하려는 청국을, 책봉 체제의 핵심 개념인 유교적 규범으로 비판하려고 한 것이다.[35]

그 밖에도 예를 들어 김윤식은 어떠한 국가도 지키려고 하지 않는 국제 정의라는 도의적 입장을 관철하려는 소국주의적 외교 구상을 가지고 있었다.

---

33 兪吉濬,『西遊見聞』, 94~95쪽(『韓國名著大全集』, 大洋書籍, 1973 수록).

34 이러한 국제 정의에 대한 기대는 예를 들어 〈조미 조약〉 제1조의 주선 조항에 기초한 헐버트 H. B. Hulbert 등을 통한 미국으로의 파견이나 헤이그 밀사라고 하는 고종의 이른바 비밀 외교의 중요한 동기가 되었다고 할 수 있다. 그러나 한국의 미국을 향한 조처가 〈가쓰라·태프트 각서〉 등에 의해 러일 전쟁을 통하여 형성된 제국주의 체제에 의해 봉쇄되었다는 점은 주지하는 대로이다(長田彰文,『セオドア・ル ─ ズベルト と 韓國』, 未來社, 1992).

35 국제 정치의 현실에서는 이러한 사유가 일반적으로 관철되지 않기 때문에 외교사에서 사상사적인 틀을 무전제하게 적용해서는 안 된다고 하는 오카모토 다카시의 지적은 확실히 귀담아들어야 하고, 그가 밝힌 조청일 외교사에 관한 실증 연구는 높이 평가해야 한다(岡本隆司,『屬國と自主のあいだ』, 387~388쪽). 그러나 그렇다고 해서 조선의 소국주의 영위(營爲)를 통해 종래의 연구가 밝혀 온 제국주의 비판의 논리까지도 포함하여 완전히 부정하려는 자세에는 의문이 생긴다. 국제 관계사 연구에서도 사실의 치밀한 검증과 함께 그러한 동향을 규정하는 사유의 양태를 역시 염두에 두어야 한다.

확실히 그러한 소국주의적 입장은 제국주의적 국제 관계를 배경으로 열강이 각축을 벌이는 현실 앞에서 지나치게 낙관적인 것이었다. 그러나 그러한 발상이 일본을 비롯한 열강 각국의 각축을 초래했고, 그 결과 조선이 식민지로 전락했다고 한 기무라 간(木村幹)의 평가는 원인과 결과를 혼동한 것이다.[36] 제국주의자에게 도의를 요구하는 소국주의적 발상 자체가 제국주의에 대한 근본적 비판으로도 이어질 수 있기 때문이다. 힘의 균형 Power of balance에 입각한 제국주의적 국제 환경하에서 소국주의에 기초해 국제 관계를 이해한 결과 조선이 식민지로 전락한 것으로 파악하는 발상은 제국주의 옹호의 논리에 빠지던가, 아니면 다양한 역사 사실을 외면하는 것에 기여할 뿐이다.

그러나 청일 전쟁의 결과로 책봉 체제가 해체되고 만국 공법 체제로 일원화되자, 조선의 소국 사상은 책봉 체제와 만국 공법 체제의 균형 위에서 스스로의 진로를 모색한 그때까지의 〈자강〉론적 구상뿐만 아니라 아시아주의적 소국 구상으로 전개되어 갔다.[37] 일본이나 청국과의 연대론이 바로 그것이다. 일진회의 한일 합방 청원 운동 또한 그들의 입장에서는 이와 같은 아시아주의적 소국 구상의 연장선상에 있는 것이었다.

대조선 외교에서 일본의 선택지: 조선 중립화 구상과의 대응

그렇다면 조선의 소국 구상을 구체적으로 전개한 것인 조선 중립화 구상에 대하여 일본의 조선 중립화 구상은 무엇이었는가? 일본은 일찍부터 동아시아의 국제 관계인 책봉 체제를 자각적으로 이탈하고 유럽의 근대적 국제 관계인 국제법 체제로 조속히 옮겨 갔지만, 책봉 체제와 만국 공법 체제라고

---

36 木村幹, 『朝鮮/韓國ナショナリズムと'小國'意識』(ミネルヴァ書房, 2000).
37 趙景達, 「近代朝鮮の小國思想」(菅原憲二・安田浩 編, 『國境を貫く歷史認識』, 靑木書店, 2002), 142쪽.

하는 두 가지 외교 체제의 병존 상황을 무시한 외교는 전개할 수 없었다. 그렇다면 그러한 국제 환경하에서 일본은 구체적으로 어떠한 외교 정책을 모색하고 있었는가? 메이지 유신 이후 일본의 대조선 정책 방침의 선택지를 단적으로 보여 주는 것이 청일전쟁 개전 이후인 1894년 8월 17일 각의에서 제시된 외무대신 무쓰 무네미쓰의 의견서이다. 무쓰는 선택할 수 있는 몇 가지 조선 정책을 제시하고 각각의 문제점을 다음과 같이 정리했다.[38]

갑. 제국 정부는 이미 내외를 향하여 조선을 하나의 독립국으로 공인하고, 또 내정을 개혁해야 한다고 성명했다. 따라서 이후 청국과의 최후 승패를 결판내고, 우리가 바라는 바와 같이 우리 제국의 승리로 귀속시킨 이후라고 하더라도 여전히 일개 독립국으로서 온전히 그 자주 자치로 방임하고, 우리도 여기에 간섭하지 않으며, 또한 추호도 다른 곳으로부터의 간섭함도 허락하지 않고 그 운명을 그들에게 일임할 것. [중략]

을. 조선을 명의상 독립국으로 공인하더라도 제국으로부터 직간접적으로 영원히, 혹은 어느 정도 장시간에 걸쳐 그 독립을 보조하고 지원하여 다른 국가로부터 모욕을 막는 노력을 취할 것. [중략]

병. 조선은 자력으로 독립을 유지할 수 없으며, 또 우리 제국도 직접적인 것과 간접적인 것을 묻지 않고 혼자 힘으로 보호할 책임을 감당할 수 없을 때는 앞서 영국 정부가 청일 양국에 권고했던 것처럼 조선 영토의 안전은 청일 양국이 이를 보장할 것. [중략]

정. 조선이 자력으로 독립국을 유지하기를 도저히 바랄 수 없고, 또 제국이 혼자의 힘으로 이를 보호하는 것이 이익이 되지 않을 때, 또 청일 양국이 그 독립을 보장하는 것은 끝내 서로 협동하고 하나가 되는 것을 바

---

38 陸奧宗光(中塚明 校註), 『蹇蹇錄』(岩波文庫, 1983), 165~170쪽; 「對韓問題閣議案」(『秘書類纂 朝鮮交涉資料』 下, 原書房, 1970년 복각, 559~604쪽).

랄 수 없을 때에는 조선으로 하여금 세계의 중립국으로 삼는 것을, 우리 나라로부터 구미 여러 나라와 청국에 제안하여 조선국으로 하여금 어디까지나 구주의 벨기에, 스위스와 같은 지위에 두도록 할 것. [후략]

물론 무쓰가 청일 전쟁 개전 시기에 이러한 네 가지 선택지를 동일선상에 두고 있었던 것은 아니다. 오히려 조선의 내정 개혁을 구실로 청국과 개전의 단서를 만드는 것은 병안, 정안 양 정책의 존립 여지를 소멸시키는 것이다. 그러나 각각의 선택지는 각 시점의 국제 관계에 구체적으로 일본 정부 안에서 검토되었다. 이하에서는 각 안의 구체적 전개를 살펴본다.

복수의 국가에 의한 조선 공동 보호를 내용으로 하는 정안은 1882년 임오군란 당시에 조선에 파견된 이노우에 코와시(井上毅)가 귀국 후에 기초한 〈조선 정략 의견서(朝鮮政略意見書)〉의 내용과 비교할 수 있다. 그 내용은 조선을 청·일·미·영·독 5개국의 회의에 따라 벨기에, 스위스의 예에 따라서 〈중립국〉으로 한다는 것이었다. 그 의도는 종속 관계를 공동화함으로써 청국의 내정 간섭을 저지하고, 또한 러시아를 경계하는 데 있었다.[39] 또 일반적으로 일본의 대륙 팽창 노선을 규정한 것으로 이해되는, 1890년 수상 야마가타 아리토모(山縣有朋)가 제국 의회에서 행한 시정 방침 연설의 토대가 된 〈외교 정략론〉의 내용도 여러 나라 간의 공동 보호라는 의미에서 이러한 범주에 속했다.[40] 병안의 구체적 사례로는 1885년 영국 함대에 의한 거문도 점령 사건에 즈음하여 외무경 이노우에 가오루가 주장한 〈조선 변법 8개조〉를 들 수 있다.[41] 이것은 결국 이홍장(李鴻章)에 의해 거부되었지만 조선 문제에서 영국과 러시아의 동향에 주목하여, 청국과의 공동 보호 정책을 구체

39　芝原拓自·猪飼隆明·池田正博 校注,『日本近代思想大系12 對外觀』(岩波書店, 1988), 52~54쪽.
40　岡本隆司,『世界史の中の日淸韓關係』, 160쪽;『日本近代思想大系12 對外觀』, 81~86쪽.
41　『日本外交文書』明治年間追補 1, 359~360쪽.

화한 것이다. 이와 같은 일본의 동향에 대해 1880년대부터 청일 전쟁까지 청국이 취한 입장을 오카모토 다카시(岡本隆司)는 일본 경계론을 기조로 하면서 조선 속국화를 실체화한 것으로 파악하였다.[42] 그러나 청국, 특히 이홍장은 청국에 의한 조선의 보호국화에 신중한 자세를 견지하고 있었다. 그러한 청국의 자세는 예를 들어 일본이 청일 개전의 구실로 삼은 조선 내정 개혁안을 거부한 점에서 상징적으로 드러나고 있다. 한편 일본의 조선 중립화 구상은 국제적 열세인 상황속에서 조선에 대한 일본의 영향력을 어떻게 유지할 것인가라는 관점에서 출발한 것으로, 이러한 중립화 구상이 청일 개전을 맞이하여 포기되었다는 사실이 단적으로 보여 주는 것처럼 일본의 조선 중립화 구상은 일본이 조선에서 실력을 행사할 수 없는 단계에서 안전 보장책 이상의 의미를 가진 것은 아니었다.[43]

결국 이 단계에서 일본이 선택한 것은 을안이었다. 을안을 구체적으로 전개한 정책이 갑오개혁에 대한 간섭이었고, 그것이 실패로 끝났다는 점은 앞서 기술한 대로이다. 그리고 삼국 간섭을 계기로 일본 세력이 후퇴하고, 러시아가 세력을 팽창하는 가운데 한반도와 이를 둘러싼 각국에 의한 〈세력 균형〉 상황이 한반도에서 다시 출현했다.[44] 그러한 가운데 대한제국은 다시 중립화 구상을 추진하였다. 그러나 청일 전쟁 이후 한반도에서 형성된 러일의 〈세력 균형〉 속에서 대한제국이 모색한 중립화 구상에 대하여 일본은 일관되게 냉담했다.[45] 그리고 의화단 사건을 계기로 러시아와 일본을 주축으로 동아시아에서 제국주의적 각축 상황이 격화되자 일본은 한반도를 세력권으로

42 岡本隆司, 『世界史の中の日淸韓關係』, 제3장, 제4장 참조.
43 따라서 일본이 애초부터 대국주의적 외교 정책을 지향하고 있었던 것은 아니며, 청일 개전 직전까지 소국주의적 지향이 존재하고 있었다는 다카하시 히데나오(高橋秀直)의 평가는 의도와 결과를 혼동한 것이라 할 수 있다(高橋秀直, 『日淸戰爭への道』, 東京創元社, 1995).
44 岡本隆司, 『世界史の中の日淸韓關係』, 164~166쪽.
45 森山茂德, 『近代日韓關係史研究』, 제1부 3장; 海野福壽, 『韓國倂合史の硏究』(岩波書店, 2000), 88~89쪽.

편입시키기 위해 러일 개전을 염두에 두고 한국 중립화 구상의 봉쇄를 시도하였다.

러일 전쟁 중 일본의 조선 식민지화 정책

러일 개전을 노리면서 1903년 말부터 추진되고 있었던 한일 동맹 공작은 1904년 2월 러일 개전과 동시에 일본이 서울을 점령하고,「한일 의정서」를 한국과 체결하는 형식으로 달성되었다. 이 조약에 근거하여 제1차「한일 협약」을 비롯한 복수의 조약과 결정이 한일 간에 체결되는 가운데 일본의 한국 침략이 점차 진행되어 갔다. 그러한 의미에서「한일 의정서」는 일본이 한국을 보호국화하는 일대 계기가 된 조약이다. 그렇다면「한일 의정서」는 어떻게 성립했고, 일본의 한국 보호국화를 어떻게 규정하였는가? 그리고 한국에 대한 주권 침해는 어떻게 진행되고 있었는가? 이 절에서는「한일 의정서」의 체결 과정과 이 조약을 전제로 한 일본의 조선 식민지화 구상의 성립 과정을 밝힐 것이다. 특히 일본의 한국 종속화 구상을 중심으로 검토하고자 한다.

「한일 의정서」의 체결

1904년 2월 23일, 일본군이 서울을 제압한 가운데 한국 주차 공사 하야시 곤스케(林權助)와 외무대신 임시 서리 이지용(李址鎔)은「한일 의정서」를 체결하였다. 일반적으로 일본의 한국 보호국화는 1905년 11월에 체결된 제2차「한일 협약」에 의해 성립한 것으로 보는데 운노 후쿠주가 지적하였듯이 「한일 의정서」는 근대적 보호 조약으로서의 성격도 가지고 있었다.[46] 이러한

---

46 海野福壽,「韓國保護條約について」(海野福壽 編,『日韓協約と韓國倂合』, 明石書店,

성격을 가진 「한일 의정서」는 러일 개전을 바라보면서 1903년 말부터 추진되었던 한일 동맹 교섭 흐름에 이어서 성립한 것으로, 일본이 조선을 식민지화하는 기점이 되었다. 조약의 체결 과정이 순조롭게 진행되지는 않았다. 일본은 여러 번에 걸친 교섭 시도가 좌절되자 최종적으로 군사력을 배경으로 한국 측에 조약 체결을 강하게 요구하였다. 그때 일본의 의도를 가로막고 있던 최대 요인은 한국 정부의 중립화 구상이었는데, 일본은 한국의 국외 중립에 대한 움직임을 봉쇄하는 가운데 조약 체결을 진행했다. 여기에서는 「한일 의정서」 체결 과정에 대해서 검토할 것이나 조약 체결 과정에 대해서는 이미 운노가 상세히 검토한 바 있기 때문에[47] 여기서는 「한일 의정서」의 각 조항 가운데 특히 일본의 한국 내정 간섭을 보장한 제1조, 한국 황실의 안전을 보장한 제2조, 한국의 독립·영토 보전을 보장한 제3조와 한반도의 군사 기지화를 규정한 제4조가 어떠한 경위를 거쳐 성립했는지를 검토하고, 일본이 한국을 어떻게 종속시키려 했는지에 대해서 밝힐 것이다.

「한일 의정서」 체결 과정

「한일 의정서」가 규정한 한국 종속 관계의 내용을 검토함에 앞서 「한일 의정서」의 체결 과정을 개관한다.

1903년 말부터 러일 개전을 노리면서 한일 간에 비밀 조약 체결 공작이 진행되었는데[48] 1904년 1월 중순부터 밀약 체결 교섭이 구체화되었다. 주한 공사 하야시 곤스케는 1월 19일, 한국 황제 고종의 전권 위임장을 들고 내방한 외부대신 이지용(李址鎔), 민영철(閔泳喆), 이근택(李根澤) 이 세 사람에게 다섯 가지 조항으로 된 밀약안을 제시함과 동시에 외무대신 고무라 주타

1995); 同, 『韓國併合史の研究』(岩波書店, 2000), 참조.
47 海野福壽, 『韓國併合史の研究』, 99~118쪽 참조.
48 金正明 編, 『日韓外交資料集成』 5(巖南堂書店, 1967), 10쪽.

로(小村壽太郎)에게 이 안건을 송부했다. 밀약안의 내용은 ① 한일 양국 간에 긴밀한 제휴 관계 구축, ② 대한제국 황실의 안녕과 영토의 독립 보전 보장, ③ 상대방의 사전 승인 없이 본 협약에 위반하는 내용의 조약을 제3국과 체결하지 않을 것, ④ 기타 세부 항목에 대해서는 임기(臨機)로 교섭하여 정할 것, ⑤ 본 협약을 비밀로 할 것 등이었다. 이에 대하여 한국 측은 다음 날 아침 일본 측 밀약안의 ①, ④를 내용으로 하는 전체 3조의 대안을 교부했으나, 이러한 한국 측 방안과 하야시에 의한 밀약안을 참작한 일본 정부안(전체 5조)이 같은 날 밤 하야시에게 전해졌다. 이러한 일본 정부안은 하야시의 안 가운데 ①부터 ④까지의 방안을 기본 내용으로 한 것이었다.

한편 한국 외교의 중립국화 노선 혹은 러시아에 대한 접근 봉쇄를 의도한 일본안에 대하여 주한 러시아 공사 파블로프Aleksandr I. Pavlov는 한국 황제를 견제할 방안을 추진하고 있었다. 또 황제 측근인 궁내부 내장원경 이용익(李容翊) 등 중립파가 적극적으로 반격을 시도하는 가운데, 하야시는 한국 측 대안에 기초하여 조인을 서둘렀다. 그러나 21일, 청국 지푸(芝罘)에서 한국 정부의 국외 중립 성명이 발표되자 상황은 일변했다. 하야시와 이지용은 중립 성명을 승인함과 동시에 밀약 체결을 목표로 하는 이중 체결 방안을 시도했으나 결국 단념하게 되었다. 러일 개전을 준비하고 있던 일본으로서는 한일 밀약 교섭에 따라 쓸데없이 구미 열강의 경계를 불러일으키는 것은 이로울 게 없었으며, 또 스스로 자유 재량권을 제한하게 될지도 모른다고 판단했기 때문이다.[49] 또한 고종이 한국의 독립을 유지하기 위한 중립화 방책을 우선시하고 있었고, 일본과의 제휴로 러시아가 반발할 것을 두려워하고 있었다는 점도 교섭이 무산된 커다란 이유였다.[50] 이와 관련하여 재한 공사관 부무관(在韓公使館付武官) 이치지 코우스케(伊地知幸介)는 참모

49 『日本外交文書』 37-1, 316·338쪽.
50 위의 문서, 336쪽.

본부로 보낸 보고에서 주한 러시아 공사가 〈국왕으로 하여금 만일의 경우 러시아와 프랑스 공사관 가운데 하나로 피난함이 좋을 것이라고 권고했다〉는 점, 그리고 〈한국 정부가 당사자 3인[이지용, 민영철, 이근택]을 추궁하여 끝내 이들을 살해하려고 한 것〉을 두려워했다는 두 가지 점을 들고 있다. 밀약 체결을 둘러싸고 한국 정부가 혼란에 빠지고, 게다가 아관파천과 같은 사태가 재현된다면 일본으로서는 대국적으로 불리하기 때문에 〈해당 조약의 존부(存否)는 심히 우리에게 이익이 되지 않고, 도리어 당사자 3인이 그 직책을 그만두게 될 수 있는〉 것이라고 평가했다.[51] 즉 이 시점에 일본은 밀약을 체결하여 얻을 수 있는 이익보다 한국 정부 내 친일 인맥의 유지 등 현상 유지를 우선으로 했던 것이다.

이리하여 좌절된 것처럼 보였던 한일 밀약안은 러일 개전과 동시에 재부상했다. 일본은 대러 개전을 결정하자 곧바로 한국에 파병하였고, 러일 개전(대러 선전의 조칙 공포는 2월 10일)에 앞선 8일, 인천에 평시 편제의 4개 대대를 상륙시켰다. 그 가운데 2개 대대가 서울을 침공해 제압했다. 다음 날 알현한 하야시가 〈동맹 체약의 건에 관해서 폐하는 이때에 이르러서도 오히려 형세를 방관하는 태도를 지키고 있다〉[52]고 보았던 것처럼, 고종은 한일

---

51 1904년 1월 27일부 참모총장 오야마 이와오(大山巌) 앞으로 보낸 재한 공사관 부무관 이치지 코우스케(伊地幸介) 巴城報告 제2호(『鷄林日誌』, 防衛省 防衛研究所 圖書館, 「戰役 ─ 日露戰役 ─ 59」). 이치지의 이러한 인식은 육군의 작전 수행에서 밀약이 필요 불가결하지 않았음을 시사한다.

52 『駐韓日本公使館記錄』 19, 493쪽; 활자판 18권, 481쪽. 『駐韓日本公使館記錄』 전40권[영인본](대한민국 문교부 국사편찬위원회, 1988~1994)은 재한 일본 통치 기관 내에서의 왕복 문서 등, 『日本外交文書』 등에 수록되어 있지 않은 다수의 사료까지 수록하고 있으며, 근대 조일 관계사 연구에서는 『日本外交文書』와 더불어 기초적 사료이다. 최근 『駐韓日本公使館記錄』의 활자화 작업이 종료되었고, 통감부 설치 이전에 대해서는 『駐韓日本公使館記錄』(전 28권, 활자판, 1986~2000), 통감부 설치 이후는 『統監府文書』(전 11권, 1998~2000)로 간행되었다. 그러나 활자화 작업에서 오독, 오류가 여럿 보인다는 점이나 성안(成案) 심의 과정에서의 삭제 등이 사료에 반영되어 있지 않은 등의 문제가 있다. 그 때문에 이 책에서 인용할 때에는 『駐韓日本公使館

〈동맹〉을 체결하는 데 소극적이었지만 일본에 군사적으로 제압된 상황하에서 13일부터 조약 체결 교섭이 재개되었다. 같은 날「공사관 재안(公使館再案)」[53]으로 협약안을 기초한 하야시는 재개 교섭에서 1월 20일의 한국 측 대안에 기초하여 조인을 진행하려는 한국 측 의향을 물리치고, 〈이때는 한층 더 나아가 상세한 조약을 체결하여 시의(時宜)를 얻을 것〉이라 하고, 20일 일본 정부안을 토대로 새롭게 작성한 〈의정서(제4차안)〉(전체 6조)를 이지용에게 건넸다.[54] 1월 20일 한국 측 대안에는 군사 동맹 규정과 제3국과 조약 체결 시 사전 승인 조항이 없었기 때문이다. 그후 2월 15일에 한국 정부에서 각의가 열렸다. 그리고 한국 측의 의향을 수용해 재한 일본 공사관과 외무성 사이의 조정을 거쳐 23일「한일 의정서」를 체결하였다. 그 후 27일부 관보로「한일 의정서」를 공포하였고, 한국 측에서도 3월 8일부 관보에 이 조약을 게재하였다. 애초에 〈의정서〉는 밀약으로 구상되었지만 공표의 단행은 한국의 중립 성명을 무효로 만들기 위한 것이었다.[55]

「한일 의정서」로 본 일본의 한국 종속화 구상

다음으로 종속 관계 구축과의 관련성에 주목하면서「한일 의정서」각 조항의 성립 과정에 대해서 고찰한다. 여기에서는 ① 일본에 의한 한국의 시정 개선(제1조), ② 한국 황실의 안전 보장(제2조), ③ 한국의 독립과 영토 보전의 보장(제3조) 그리고 ④ 한국의 군사적 종속(제4조)의 내용이 밀약으로부터「한일 의정서」체결에 이르는 교섭 과정에서 어떻게 다루어졌는지를 검토한다.

우선 ②의 〈황실을 확실한 친선으로 안전 강녕하도록 할 것〉과 ③의 〈대한제국의 독립과 영토 보전을 확실하게 보호한다〉는 문구를 보자. 이것은

記錄』영인본을 사용하고, 편의적으로 활자판의 해당 부분에 대해서도 아울러 표기한다.
  53 『日本外交文書』37-1, 340쪽.
  54 『駐韓日本公使館記錄』19, 494쪽; 활자판 18권, 481~482쪽.
  55 海野福壽,『韓國倂合史の硏究』, 115쪽.

직접적으로 1904년 1월에 시작된 밀약의 체결 교섭에서 황제 고종이 외부 대신 이지용 등을 통해서 〈일본 정부로부터도 한국에 대하여 일본의 희망이 완전히 한국의 독립과 황실의 안녕에 있다는 뜻의 보증을 부여할 것〉을 일본 측에 요청한 내용을 반영한 것이다.[56] 이때 1895년 민비 살해 사건을 예로 들어 제시한 것에서도 드러나듯이 고종의 주안점은 한국 황실의 안전 보장을 일본이 인정하도록 하는 데 있었다. 1903년 12월에 작성되어 일본 측이 제시한 〈한일 의정서 공사 초안〉에는 한국의 독립과 한국 황실의 안녕이라는 각 항목은 들어 있지 않았고, 단순히 〈한일 양국이 성실한 정의(情誼)로 서로 제휴하여 안녕 질서를 영구히 유지할 것〉이라고만 규정되어 있었다.[57] 한국 측의 제언을 수용하여 주한 공사 하야시는 1904년 1월 19일의 밀약안 제2항에서 〈대일본제국 정부는 대한제국 황실의 안녕과 영토 독립의 보전을 성실하게 보장할 것〉으로 표현했다. 다시 20일의 일본 정부안에서는 하야시안 제2항을 둘로 나누어 한국 황실의 안전 강녕 보장과 한국 독립과 영토 보전 보장으로 규정하여, 각각 제2조와 제3조의 두 개 조항으로 했다. 그리고 다소의 자구 수정이 있었지만 「한일 의정서」에 그대로 조문화되었다. 같은 날 한국 측 대안에서 하야시안 제2항이 〈한일 양국은 성실한 우의로 서로 제휴하고 안녕 질서를 영구히 유지할 것〉이라는 모호한 문구로 바뀌었다는 점을 생각해 보면 한국 측은 한국에 대한 일본의 보호 책임 명시를 기피했던 것으로 추측된다. 그러나 재개된 「한일 의정서」 체결 교섭에서는 이러한 한국 측의 의향은 묵살당했다. 그러나 「한일 의정서」 체결 후, 특히 제3조에 대해서 〈한국의 고관들은 위의 의정서에서 제국 정부가 선전 조칙에 있는 한국의 독립을 부식한다는 주의를 실현한 것이라고 하여 비상하

---

56 『日本外交文書』 37-1, 335쪽.
57 『日本外交文書』 36-1, 776~777쪽. 다만 1903년 12월 30일부 외상 고무라 주타로 앞으로 보낸 주한 공사 하야시 곤스케 전보 제470호에는 이미 〈황실의 안전과 독립의 유지에 관하여 일본의 성실한 원조를 요구〉한다는 문구가 있다(위의 문서, 774쪽).

게 그 수정을 환영〉한다고 했다.[58] 한국 고관들은 「한일 의정서」를 일본의 대러 선전 조칙을 수용하여 일본이 한국의 독립을 보장했다고 여겼던 것이다. 그러나 이러한 조문은 일본에 의해 유린되었고, 제2조는 한국 병합 당시, 제3조는 제2차 「한일 협약」 체결 당시에 각각 문제가 되었다.

한편 한국의 대일 종속 관계를 규정한 「한일 의정서」 제1조 후반의 〈대한제국 정부는 대일본국 정부를 확신하고, 시설의 개선에 관하여 그 충고를 받아들일 것〉이라는 문구는 한국 측의 반발을 누르고 일본이 삽입한 것이다. 일본은 한국을 종속적 지위에 두기 위해서 일본이 한국에 〈원조〉를 준다고 밀약 체결 교섭 당시부터 상정하고 있었다.[59] 여기에 대하여 한국 측은 〈원조란 단어가 온당하지 않으므로 서로 돕는다는 뜻으로 바꾸고 싶다〉고 제언함으로써 일본 측의 의향을 견제했다.[60] 이러한 견제를 받아들여 1월 19일의 하야시 원안, 다음 날 일본 정부안에서는 〈양국 정부는 항상 성실하게 서로의 의사를 소통하고, 또한 완급에 따라 서로 도울 것〉(일본 정부안)이라고 대등한 상호 우호 관계를 언급하는 데 그쳐야만 했다.[61] 그런데 일본은 교섭을 재개하면서 대일 종속 관계의 수용을 한국 측에 요구했다. 2월 13일, 하야시가 이지용에게 건넨 〈의정서(제4항)〉의 조문은 〈대한제국 정부는 전적으로 일본 정부를 신뢰하고, 오로지 일본 제국 정부의 조언을 받아서 내치 외교의 개량을 도모해야 한다〉고, 일본의 〈조언〉에 따라서 〈내치 외교의 개량〉을 도모할 것을 한국 정부에 부과하는 내용으로 되어 있었다. 또한 외상 고무라의 수정을 거쳐 2월 15일, 하야시가 이지용에게 교부한 〈의정서(제5고)〉에서는 〈대한제국 정부는 대일본제국 정부를 신뢰하고, 대일본제국 정부의 조언과

58 『日本外交文書』 37-1, 338쪽.
59 『日本外交文書』 36-1, 774쪽.
60 『日本外交文書』 37-1, 333쪽.
61 『駐韓日本公使館記錄』 19, 470쪽; 활자판 18권, 465쪽. 일본 정부안과 하야시 원안과는 다소 자구가 다르지만 그 내용과 취지는 동일하다.

조력을 받아들여 시정의 개선을 도모할 것〉이라고 수정되었다.[62]

한국 측은 이것을 〈독립국의 체면을 손상하고, 일찍이 청국에 예속되었던 것과 동일한 나쁜 사례를 후세에 남기는〉 것, 즉 독립국이라는 지위를 위협당할지도 모르는 중대한 주권 침해를 초래하는 것으로 보았다. 1880년대에 진행되었던 청국의 종주권 강화책이 조선의 독립을 형해화하는 것이었다는 점을 증거로 인용하여 일본의 요구를 거부하려 한 것이다. 거기에서 한국 정부는 제1조 하단을 〈대한제국 정부는 대일본제국 정부를 확신하고 시정의 개선에 관하여 그 충고를 받아들일 것〉이라고 수정할 것을 하야시에게 요구했다.[63] 고무라가 〈조력〉이라는 문구 삽입을 고집하였던 것은 〈러일 협상에서 우리 쪽은 러시아로 하여금 조언과 조력의 건을 아울러 인정할 것을 수교했다〉라고 되어 있는 것처럼 〈러일 협상〉과의 정합성을 고려해야 했기 때문이다.[64] 여기에서 고무라가 말하는 〈러일 협상〉이란 1903년 7월부터 시작된 러일 교섭의 협약안을 가리킨다. 러일 협약안의 기초가 된 것은 같은 해 6월 23일에 열린 대러 문제에 관한 어전 회의에서 제시된 고무라의 〈대러 교

---

62 『駐韓日本公使館記錄』 19, 497~498쪽; 활자판 18권, 483쪽. 한일 의정서 교섭 재개 후 하야시안에는 〈대한제국 정부는 완전히 일본 정부를 신뢰하고, 오로지 일본 제국 정부의 조언을 받아들여 내치 외교의 개량을 도모해야 한다〉고 했으나, 일본 측 제시안과 비교해 보면 하야시안에 있는 〈내치 외교의 개량〉이 제시안에는 〈시정의 개선〉이란 추상적 문구로 바뀌어 있음을 알 수 있다. 이것은 문구를 모호하게 하는 것으로 일본의 자유 재량의 폭을 넓히려는 목적이었다고 생각하는데, 결과적으로 이 문구는 조선 민중에게 환상을 심어 주어 반일 감정을 완화시키는 데 일정한 역할을 담당하게 되었다. 그 후 일본이 시정 개선을 추진하지 않고 이권 수탈만을 우선시하여 반발이 고조된 것(『日本外交文書』 37-1, 596쪽)은 이 조항이 일시적으로라도 조선 사회에 환상을 제공했음을 보여 준다.

63 위의 문서, 498~499쪽; 활자판 18권, 485쪽.

64 위의 문서, 502쪽; 활자판 18권, 486쪽. 한국에 대한 〈조력〉이라는 문구는 애초부터 1898년에 체결된 「로젠-니시 협정」 제2조에서 유래한다. 이 조항에서 〈장래에 오해를 불러올 우려를 피하기 위해 러일 양국 제국 정부는 한국이 일본국 혹은 러시아국에 대하여 권고와 조력을 요구할 때 훈련 교관 혹은 재무 고문관의 임명에 대하여 우선 상호 간에 협상을 실시한 다음이 아니라면 어떠한 조치를 할 수 없음을 약정한다〉라고 하였다.

섭 의견서〉였는데, 그 기초안에는 〈일본은 한국의 내정 개혁을 위해 조언 또는 조력의 전권을 가질 것〉이라고 되어 있었다.[65] 〈조력〉(러일 협상안에서는 〈원조〉)을 포함하는 내용을 둘러싸고 일본이 한국의 〈내정 개혁에 관하여 우리 나라가 단순히 조력으로 원조를 할 뿐만 아니라, 또한 실질적 원조를 할 수 있는 권리도 승인하여야 한다〉고 주장하면서 러일이 대립한 경위가 있었다.[66] 즉 러일 교섭에서 실력 행사를 수반하는 〈조력〉을 행사할 수 있는지 여부가 중요한 논점이 되었던 것이다.

이지용은 일본의 〈충고와 조력〉을 받아들이는 것이 사실상 필요하다고 했으나 〈이것을 영구적으로 양국의 관계를 정하는 의정서에 명기하는 것은 국체상 결점이 몹시 많은 논의〉인 까닭에 한국 정부 내에서 조약안을 승인하는 데 곤란함이 있다고 설명하고 〈조력〉이라는 문구의 삭제를 하야시에게 요구했다.[67] 교섭의 장기화를 걱정한 하야시의 청훈을 접수한 고무라는 한국 측의 제언을 받아들이도록 하야시에게 훈령하고,[68] 결국 「한일 의정서」 제1조는 〈시설의 개선에 관하여 그 충고를 수용할 것〉이라는 조문으로 낙착되었다. 그러나 그 내용은 성립 과정에서부터 명확했던 것처럼 상호 우호 관계에 그치려고 한 한국 측의 의도를 묵살하고, 한국에 주둔한 군사력을 배경으로 일본 측이 한국을 종속적 지위에 두려고 한 것이었다. 그리고 한국 측이 암묵적으로 인정한 것처럼 일본의 〈조력〉이 공공연하게 추진되어 나갔다. 이리하여 「한일 의정서」는 제5조에 근거하여 한국의 외교권을 일부 제한함과 동시에 제1조에 의해 한국의 내정에 간섭하는 길을 열었다.[69]

65 러일 교섭의 경위와 내용에 대해서는 外務省 編, 『小村外交史』(原書房, 1966년 복각), 321~351쪽 참조.
66 春畝公追頌會 編, 『伊藤博文傳』下(統正社, 1940), 622쪽.
67 『駐韓日本公使館記錄』 19, 500~501쪽; 활자판 18권, 485쪽.
68 위의 문서, 502쪽; 활자판 18권, 486쪽.
69 「한일 의정서」 체결 교섭에서 고무라가 러일 협약 교섭을 염두에 두었다는 점을 아울러서 생각해 보면 한국 내정 간섭의 단서가 되는 것이 재정권과 군사권이었음은 필연적이다.

그렇다면 한국의 군사적 대일 종속과 일본군의 한국에서의 군사적 자유 행동을 규정한 제4조는 어떠한 경위로 성립하였는가? 1903년 12월 27일에 기초된 〈오미와(大三輪)〉안에서는 한일의 군사 동맹을 추진하기 위해서 〈대한제국 스스로 육해 군비를 확장하는 이외에 필요한 경우에 대일본제국은 그 병력으로 대한제국의 방비를 맡을 것〉이라고, 한국에서 일본군의 군사적 전개를 보장하는 내용이 규정되어 있었다.[70] 그러나 그 후 본격화된 밀약 교섭에서 군사 관련 사항에 대해서는 한일 양국에 의한 안녕 질서의 유지라는 모호한 문구로 되어 있었다. 그렇지만 1904년 2월 13일에 기초한 〈공사관 재안(公使館再案)〉에서 한국의 제3국, 즉 러시아의 침해와 내란에 대하여 일본이 일방적으로 군사 행동을 취할 수 있도록 〈제3국의 침해, 혹은 내란을 당하여 대일본제국은 임기 필요의 조치를 취할 것〉[71]이라는 조문이 삽입되었다. 여기에 더하여 〈대한제국 정부는 위의 대일본제국 정부의 행동을 용이하도록 하기 위해서 충분한 편의를 제공할 것〉[72]이라는 한국 측의 군사 협력을 의무로 지운 내용이 담겨 있었고, 게다가 외무성 측으로부터 〈대일본제국 정부는…… 군사 전략상 필요한 지점을 점유할 수 있다〉[73]고 하는 군사 관련 시설의 부설에 필요한 거점을 접수한다는 내용이 추가되었다. 요컨대 이 조항은 기본적으로 「한일 의정서」 체결 교섭 재개 이후에 삽입된 것이었다. 이후 다소의 자구 수정이 이루어졌지만 「한일 의정서」 제4조의 내용은 2월 14일에 거의 굳어졌고, 제1조에 비해 한국 측과의 교섭에서 그다지 난항을 거듭한 흔적은 보이지 않는다.

그렇다면 일본이 제4조의 내용을 「한일 의정서」 체결 교섭에서 포함시킨 이유는 무엇일까? 그것은 재한 일본군의 요청을 수용해 러일 개전에 따를

70 『日本外交文書』 36-1, 777쪽.
71 『日本外交文書』 37-1, 340쪽.
72 『駐韓日本公使館記錄』 19, 495쪽; 활자판 18권, 482쪽.
73 위의 문서, 497쪽; 활자판 18권, 483쪽.

한국 병참 기지화의 필요성으로부터 이 조항의 내용을 충실하게 할 필요가 있었기 때문이라고 생각한다. 재한 공사관 부무관 이치지 코우스케는 〈장래에 우리 군사 행동에 편리를 얻을 필요〉에서 2월 9일 하야시를 대동하고 알현했다.[74] 알현의 결과로 이치지는 〈국왕을 폐하고 완전히 우리 영토로 편입하거나 적어도 군사·외교·재정의 삼권을 우리가 탈취하여 보호의 실질을 달성할 준비가 필요하다〉는 의견을 참모본부에 상신하고 있다.[75] 고종의 〈언어 태도를 관찰해 보면 아직 완전하게 우리를 신뢰하려는 진의는 결코 없다〉고 판단하고 있었기 때문이며, 러일 전쟁 수행을 위해서는 군사, 외교, 재정의 각종 주권을 탈취하든가 아니면 한국의 폐멸, 일본으로의 편입까지도 염두에 두고 있어야만 한다고 인식하고 있었다. 「한일 의정서」 제4조와의 관계에서 말하자면 적어도 군사권을 박탈해야 한다고 설정하고 있었다. 그리고 2월 13일 이용익의 방문에 즈음하여 이치지는 일본군이 서울을 제압한 상황에서 〈한국 내에서 우리 군대의 행동과 관련하여 편리를 부여할 것〉을 요구했다. 이에 대하여 이용익은 요청에 동의한다는 고종의 의향을 전달했다. 나아가 이치지는 〈북방에서 러시아 병사의 행동에 관하여 귀국 정부에서는 해당 지방관에게 훈령하여, 확실하게 하여 가장 신속한 방법으로 이를 취합하고, 신속하게 본관에게 전달〉하도록 거듭 요구하였다. 일본에 의한 군사적 제압을 배경으로 〈현재 한국 조정은 우리의 군사상 요구에 대하여 전적으로 우리에게 복종해 오는 형세에 도달했기〉 때문에 〈한일 동맹의 논의도 크게 진척되었고 정부와 전신국을 감독하는 업무도 지장이 없게 되었으므로 내일부터 실행〉하게 되었다.[76] 이와 같이 「한일 의정서」 체결 교섭

---

74 1904년 2월 20일부 참모총장 오야마 이와오 앞으로 보낸 재한 공사관 부무관 이치지 코우스케 巴城報告 제4호(『鷄林日誌』).
75 위의 문서.
76 1904년 2월 13일부 참모총장 오야마 이와오 앞으로 보낸 재한 공사관 부무관 이치지 코우스케 전보(『鷄林日誌』).

재개에 따라서 진행되었던 재한 일본군 당국과 한국 측의 사전 교섭에 기초하여 한국의 군사적 종속화와 일본군의 한국에서의 자유 행동권을 「한일 의정서」에 담게 되었다.

역시 「한일 의정서」는 일본 정부가 〈제국은 한일 의정서에 의해 어느 정도 보호권을 얻었다〉[77]고 평가한 것처럼 한국 보호국화로의 길을 연 것이다. 제5조에 양국이 사전 승인 없이 제3국과 이 협약 체결을 금지하는 부인권을 규정하고 있었기 때문이다. 즉 이 조항은 외교권의 행사에 일정한 제약을 가한 것이다. 이것은 〈국제법상 행위 능력에 대하여 능보호국(能保護國)으로부터 제한을 받더라도 피보호국(被保護國)이 직접적으로 대외 관계를 유지하고, 피보호국의 외교 기관이 직접 제3국의 외교 기관과 교섭한다〉는 것이 가능하다는, 국제법학자 다치 사쿠타로(立作太郎)의 이른바 〈갑종진정보호국(甲種眞正保護國)〉에 해당한다.[78] 이 조문은 1월 19일 하야시안에서 제기된 것으로, 일차적인 목표는 한국의 중립 선언 저지에 있었지만[79] 일본이 한국의 외교권을 제한하는 길을 열었다. 따라서 최종적으로 일본이 무시하였으나 1월 20일 한국 측 방안은 이 조항을 삭제하고 있다. 오히려 이 조항은 형식상으로는 쌍무적 조항이었고, 일본 정부의 외교적 행동도 당연히 규정하는 것이었다. 실제로 한국의 보호국화를 규정한 제2차 〈영일 동맹 협약〉의 체결에 대해 당시 외부대신 박제순(朴齊純)이 영일 양국에 대해 항의를 했는데(일본은 이것을 무시)[80] 특히 일본에 대한 항의는 본 조항 위반을 근거로 이루어진 것이라고 생각한다.

---

77 『日本外交文書』 37-1, 351쪽.
78 立作太郎, 「保護國の類別論」(『國際法雜誌』 5-4, 1906), 25~26쪽.
79 海野福壽, 『韓國併合史の硏究』, 105쪽.
80 『日本外交文書』 38-1, 524쪽.

각의 결정「제국의 대한 방침」,「대한 시설 강령」의 성립

「한일 의정서」로 일본은 한국 외교권의 일부를 제한하는 것만이 아니라 한국의 〈시설 개선〉에 대한 〈충고〉를 실시한다는 형식으로 내정에 간섭할 방도를 얻었다. 이후 일본은 「한일 의정서」를 기초로 제1차 「한일 협약」을 비롯한 각종 조약의 체결 등으로 한국의 주권을 점차 탈취해 나갔다.

「한일 의정서」 체결 후 일본의 조선 식민지화 계획의 기본 방침이 된 것은 1904년 5월 31일 각의에서 결정된 「제국의 대한 방침」과 「대한 시설 강령 결정의 건」(이하 「방침」, 「강령」)이다.[81] 이 두 가지 각의 결정은 한국을 일본에 종속시키기 위해서 전자는 한국의 보호국화를 일차적으로 추진할 것으로 규정하고, 이러한 기본 방침에 기초해 후자는 외교·군사·재정권의 장악과 경제적 권리의 확보에 관한 구체적 방책을 제시했다.

일본 정부는 「방침」에서 〈제국은 한국에 대하여 정치상 및 군사상으로 보호의 실권을 확보하고, 경제상으로 점차 우리가 가진 이권의 발전을 도모한다〉는 방침을 내걸었다. 〈한국의 존망은 제국의 안위와 직결됨〉에도 불구하고 한국이 〈도저히 오래 그 독립을 유지할 수 없기〉 때문에 보호권 설정을 추진하였다. 따라서 「한일 의정서」에서 일정 정도의 한국 보호권을 수중에 넣은 일본은 〈한층 더 나아가 국방·외교·재정 등에 관하여 한층 확실하고, 또 적절한 조약 체결과 설비를 성취한다. 그리하여 그 나라에 대한 보호의 실권을 확립한다. 또한 이와 동시에 경제상 각종 관계에서 모름지기 필요한 권리를 취득〉하여 한국 경영을 추진하는 것으로 설정했다.

나아가 그 방침에 입각하여 「강령」에서 ① 한반도 지역에서 군비 확충, ② 한국 외교의 감독, ③ 한국 재정의 감독, ④ 교통 기관의 장악, ⑤ 통신 기관의 장악, ⑥ 척식 사업의 진흥에 대하여 구체적인 시책과 그 범위를 각

---

81 『日本外交文書』 37-1, 351~356쪽.

각 설정했다.[82] 그리고 각 정책에 대하여 적절한 시기를 감안하면서 수시로 실행하기로 결정했다. 다만 군사, 외교, 재정에 대해서는 조속한 실행이 요구되므로 곧바로 착수해야 한다고 보았다. 특히 한국 외교의 감독에 대해서는 「한일 의정서」 제5조에 기초한 외교권의 제한으로는 충분하지 않다고 보아 적당한 시기에 〈한국 정부로 하여금 외국과의 조약 체결, 기타 중요한 외교 안건의 처리에 관해서는 미리 제국 정부의 동의가 필요하다는 취지를 약정하는〉 조치를 취할 것을 목표로 하였다. 즉, 한국의 외교권 행사에 대하여 중요 안건에 대해서는 일본 정부의 동의를 얻는다는 형식으로 일본이 간섭할 권리를 인정하도록 한다는 방침이었다. 「한일 의정서」는 보호국화의 단서였지만, 동시에 한국 외교권에 간섭하기에는 여전히 불충분하다고 보았다. 따라서 그러한 간섭권을 설정하기 이전에도 ① 궁중 외교를 봉쇄하고, 한국 정부(외부아문)로 외교를 일원화할 것, ② 〈외부아문에 한 명의 고문관을 들여 이면에서 그 정무를 감독 지휘하도록 할 것〉, 즉 외교 고문에 의한 한국 외교권 장악을 목표로 하였던 것이다.

그렇다면 이와 같은 각의 결정은 어떠한 과정을 거쳐 성립하였는가? 다음으로 조선 식민지화의 기본 계획으로 작성·결정되었던 「방침」과 「강령」의 성립 과정을 역시 한국의 종속화 구상이라는 측면에 주목하여 고찰해 보겠다.

주한 공사 하야시 곤스케의 대한 정책 의견

「한일 의정서」 체결 직후인 2월 27일, 주한 공사 하야시 곤스케는 이 조약을 실현하기 위해 제1조에 기초해 한국 주권의 탈취 방안 추진의 필요성을 외무대신 고무라 주타로에게 상신했다.[83] 「한일 의정서」는 〈아주 적은 부분

---

82 위의 문서.
83 위의 문서, 347쪽.

의 대한 경영의 윤곽일 뿐〉[84]이고, 구체적인 방책을 검토할 필요가 있었기 때문이다. 그때 하야시는 ① 내외의 비판을 피하기 위해서 점진주의로 개혁을 진행할 것, ② 〈시설의 개선〉을 중앙과 지방에서 실시하기 위해서 일본인 고문관을 채용할 것을 제시했다. 하야시의 상신에 대하여 고무라도 〈개혁에 관한 방책은 이쪽에서 신중하게 모색하고 있으므로 추후에 알려주겠다〉고 회답함과 동시에, 하야시가 거론한 점진주의적 한국 주권 침탈책의 수행, 일본인 고문의 용빙에 동의했다. 다만 고무라는 고문관의 채용에 대해서는 일본 정부가 일원화한다는 방침을 전하고, 신중한 태도를 취하도록 답신을 보냈다.[85] 이 건에 대해서 그 후 고무라는 일본 정부의 대한 방침에 의거해 행동하도록 두세 차례에 걸쳐 하야시에게 훈령했는데, 〈각종 방면으로부터 운동이 있어 여러 종류의 인물이 한국 조정에 들어가는 것은 심히 좋지 않다〉고 하는 우려로부터 엿볼 수 있는 것처럼 일본인을 포함하여 외국인이 개별적으로 한국 궁정에 접근하는 것을 경계하고 있었다. 일본 정부에 의한 일원화된 대한 정책 수행을 보장하기 위해서는 한국 측의 자유 의사가 반영될 수도 있는 상황이 발생할 가능성을 가급적 배제할 필요가 있었기 때문이다.

하야시는 그후 〈한국 황실 위문〉을 위해 방한했고, 3월 17일부터 27일까지 체재한 추밀원 의장 이토 히로부미에게 3월 24일부로 〈대한 사건 개요(對韓私見槪要)〉를 상신했다.[86] 이 상신서는 일본 정부에 대한 의견서라는 성격을 가지고 있었는데, 하야시는 〈특히 판단을 번거롭게 하지 않을 가치〉가 있는 유의점으로서 〈최고 고문 선임〉, 〈재정 정리, 제반 이정(釐政)〉, 〈우리가 획득해야 할 권리〉, 〈최종 국면 이후 방비의 경영〉 이 네 조항을 거론하

---

84 伊藤博文關係文書硏究會 編, 『伊藤博文關係文書』 7(塙書房, 1979), 161쪽.
85 『日本外交文書』 37-1, 348쪽.
86 위의 문서, 282~284쪽. 주석으로 〈대사가 출발할 즈음에 참고로 제출한 것〉이라고 되어 있는데, 일본 정부가 대한 정책을 검토할 때 시안으로 할 목적으로 하야시가 작성한 것이라고 생각한다.

고 있다. 다만 제2항에서는 특히 재정 정리가 급무이고, 그에 상당하는 고문관을 용빙할 필요가 있다고 주장하였으나, 한편으로 〈제반 이정〉의 구체적 내용에 대해서는 전혀 언급하지 않았다. 이 의견서 가운데 아래서 검토할 내용과 관련해 관심을 끄는 것은 제1항 〈최고 고문 선임〉인데, 여기서 하야시는 주한 공사와는 별도로 〈최고 고문〉을 설치하는 것에 대하여 부정적인 견해를 보이고 있다.[87] 하야시가 최고 고문의 설치를 부정한 것은 다음 절에서 검토하는 것처럼 재한 일본군 당국 등이 진행하고 있던 총고문(總顧問) 설치 구상에 대한 비판을 염두에 두었기 때문으로 생각된다. 예를 들어 재한 일본 공사관 부무관 이치지 코우스케가 러일 개전 직후인 2월 17일, 대본영에 제출한 「반도 총독부 조례(半島總督府條例)」는 주한 공사도 한국 주차군과 더불어 무관인 반도 총독의 통솔을 받는다고 규정하여, 공사의 직권을 대폭 삭감하려 한 것이었다.[88] 여기에서 유의해야 할 점은 대한 정책상 최고 고문을 주한 공사 이외에 설치한다는 구상이 러일 개전과 동시에 표면으로 나타났다는 점이다. 이것은 러일 개전 직후부터 일본의 대한 정책이 이원화되는 계기가 발생했음을 의미한다. 그렇지만 이러한 〈최고 고문〉 설치 구상은 군 당국에 그치지 않았고, 문관에서도 이를테면 추밀원 고문 아오키 슈조(青木周藏)가 총고문에 취임한다는 관측도 흘러나오고 있었다.[89] 주한 공사의 직무를 형해화함과 동시에 일본의 대한 정책을 이원화하고, 또 한국 궁정

---

[87] 이러한 동향과 관련하여 한국 황제는 여러 차례 이토 히로부미를 궁중 고문으로 초빙하려는 문의를 주한 일본 공사관과 주일 한국 공사관에 실시했다. 아마도 재한 일본군의 억제를 이토에게 기대했던 것으로 추측된다(『日本外交文書』37-1, 291~292쪽).

[88] 『鷄林日誌』(防衛省 防衛硏究所圖書館「戰役 ─ 日露戰役 ─ 59」); 谷壽夫, 『機密日露戰史』(原書房, 1971), 72쪽.

[89] 1904년 3월 4일부 소네 아라스케(曾禰荒助)에게 나가모리 도키치로(長森藤吉郞)가 보낸 서한(『曾禰家文書』R4, 208, 『近代諸家文書』, ゆまに書房, 1987). 아오키는 재정과 중앙 은행에 관한 문제에 대하여 일본으로 송치되어 있던 이용익이나 전 한국 주차 공사였고 당시 인천 영사였던 가토 마쓰오(加藤增雄)와 회합을 진행했다는 정보가 있었다(『日本外交文書』37-1, 280쪽).

에 〈음모 조종〉의 기회를 부여할지도 모르는 〈최고 고문〉을 별도로 설치하려는 움직임을 견제하기 위해서도 하야시는 의견서에서 〈최고 고문의 선임〉을 부정했다고 할 수 있을 것이다.

원로에 의한 대한 방침의 검토

5월 들어 전시 국면이 일본에 유리하게 전개되기 시작하자 일본의 조선 식민지화 계획은 일거에 구체화되었다. 이 시기 일본군은 전선을 북상시켜 주요 전장을 만주로 옮겼고, 한국 내에서는 3월 10일에 한국 주차대에서 개편된 한국 주차군이 거의 전역을 관할하며 한국을 제압하고 있었다. 이러한 전황의 추이에 따라 원로나 일본 정부는 이후의 대한 정책 방침을 검토하기 시작했다. 러일 개전의 주요 요인이 〈한국 문제〉였으므로, 그것은 당연한 것이었다.

원로에 의해 대한 정책 방침이 어떤 검토 과정을 거쳤는지 그 일단을 엿볼 수 있는 것이 1904년 4월 하순경 마쓰가타 마사요시(松方正義)가 이토 히로부미에게 송부한 서한(이하 마쓰가타 서한이라고 약칭)이다.[90] 이것은 마쓰가타 개인의 의견서라기보다 아마도 이토를 포함한 각 원로들의 의견이 어떤 방식으로 통일되었는지 그 일단을 보여 주는 것이라고 생각한다. 왜냐하면 서한은 한국의 외교, 방위, 재정에 대해서 대국적인 입장에서 거의 균등하게 언급하고 있고, 마쓰가타가 크게 관심을 기울였을 한국 재정 문제에 치우쳐 있지는 않기 때문이다.[91] 마쓰가타 서한은 서두에서 〈전시 경영이 전

---

90 『伊藤博文關係文書』 7, 160~162쪽. 이하 이 단에는 특별히 언급하지 않는 한 이 책에서 인용한 것이다. 서한 가운데에 〈우리 군은 러시아 병사를 압록강 이북으로 철퇴시켰고, 한국은 이미 우리의 군사적 점령 아래에 있으므로〉라고 되어 있다. 한반도로부터 북진한 제1군이 4월 하순에 압록강 우안으로 집결하고, 5월 1일에 도하 작전을 개시한 사실을 아울러서 고려해 보면 이 서한의 작성 일시는 4월 하순이라고 생각한다.

91 대장성은 전 대장성 관방장 나가모리 도키치로를 통하여 외무성 등과는 별도로 한국 정세를 조사하고 있었는데(『日本外交文書』 37-1, 468쪽), 그 조사는 적어도 마쓰가타 서한에는 명시적으로 반영되어 있지 않다.

후 경영에 비하여 매우 용이하여 장애가 적으므로〉, 한국을 군사적으로 점령한 이 기회를 놓치지 말고 한국 경영을 추진해야 한다고 주장했다. 만주에 대해서는 열강 각국과 보조를 같이할 필요가 있다고 신중한 자세를 견지하는 한편, 〈한국 문제는 제국이 오로지 이것을 해결해야 할 이유가 있다. 노골적으로 말하자면 전승국이 당연한 권리를 행사한다고 하면 안 된다고 하겠는가? 그렇다면 대한 경영에 착수할 시기는 한국이 완전히 우리의 위력 아래에 놓여 있고, 열국의 이목이 모두 전시 국면의 장래에 집중해 있는 오늘을 차치하고 역시 어느 날을 찾을 수 있겠는가〉라고 간파했다. 즉, 만주 문제와 달리 일본은 〈한국 문제〉를 우선적으로 해결해야 할 〈당연한 권리〉가 있고, 한국을 군사 점령하에 두고 있는 현재가 한국을 식민지화하는 데 최적기라고 파악하고 있었고, 대한 정책의 수행에서 러일 전쟁의 의의를 단적으로 보여 주는 견해였다. 요컨대 만한 문제 속에서 러일 전쟁하의 전황을 이용하여 한국 문제의 해결을 시도해야 한다는 것이었다. 즉 만주 문제와 한국 문제를 분리하여 해결한다는 것이었다.

이와 같은 인식의 연장에서 마쓰가타 서한은 한국 경영의 범위와 방침을 강구할 필요성을 제시하고 있다. 그 방침은 〈한국의 이해보다 [일본] 제국의 이해에 중점을 두어야 한다〉는 점이 한국 경영의 가장 중요한 의의이며, 이를 위하여 〈한국을 외방(外邦)으로 보지 말고, 우리 제국 판도의 일부분이라고 간주하여 이에 상응하는 시설과 경영을 하지 않을 수 없다〉는 것이었다. 즉 한일 양국을 불가분의 관계에 둔다는 것이었다. 다만 〈우리 제국 판도의 일부분으로 간주한다〉는 문구는 병합이라고 하는, 한국이 일본으로 편입되는 방식을 가리키는 것이라고 바로 해석해서는 안 되며, 여기서 말하는 〈판도〉는 세력 범위 정도의 의미로 해석해야 할 것이다. 마쓰가타 서한에서는 한국 폐멸로 이어지는 병합은 구상하지 않았고, 보호국화 방침에 그치고 있었기 때문이다. 따라서 그러한 경영 범위도 자연스럽게 그 방침에 의해 규정되었다. 〈한일의 특수한 관계를 항구히 유지하기〉 위해서 한국 외교에 대한 감독을, 〈저들을 자립하도록 하고, 우리의 실리를 진전시키기〉 위해서 한국 재정에 대한 감독을, 나아가 〈저들의 영토를 보전하고, 우리의 독립을 안전하게 하기〉 위해서 군사권의 장악을 각각 시도한다. 〈3자의 실제 권한이 이미 우리에게 있다면 저들에게 주는 것은 독립이라는 이름뿐이고, 우리가 얻는 것은 보호자라는 열매〉를 얻는다는 방침에 따라 〈한국에서 제국의 지위를 공고히 하고, 제국의 실권과 실리를 확충한다〉는 목적을 도모할 수 있다고 규정했다. 앞서 살펴본 것처럼 재한 공사관 부무관 이치지 코우스케도 군사, 외교, 재정에 관한 권한을 한국으로부터 조기에 탈취할 것을 참모본부에 상신하고 있었다. 마쓰가타 서한과 이치지의 의견서가 이러한 점에서 일치하고 있다는 사실은 야마가타 아리토모나 오야마 이와오 등 육군 관계자의 의견이 반영된 것으로 볼지, 아니면 보호국화의 일반적 요건으로 볼지에 대해서 판단할 자료를 가지고 있지는 않다. 그러나 위의 서한을 통해 실질적인 지배가 확보된다면 충분하고, 명분과 실제를 일치시켜 한국을 일본의 지배하에 둘 필요는 없다고 하는 인식이 나타나고 있음을 알 수 있다.

그리고 한국 경영의 범위와 관련해 외교에 대해서는 한국이 「한일 의정서」의 존재를 무시하고 제3국과 밀약을 체결하는 것을 쉽게 상상할 수 있기 때문에 〈저들의 외부[아문]를 우리 외무성의 일 국(局)으로 만들어 외교상의 자유를 우리 수중에 넣는〉 정도로 한다는 전망을 하고 있었다.[92] 다만 외교권의 장악은 열강 각국과의 관계를 고려하여 〈먼저 주도면밀하게 주의하여 이것을 감독하고, 점차적으로 그 실권을 우리에게 귀속되도록〉 하고, 〈표면상 열국에 대하여 형식을 개정하는 것과 같은 일은 전후의 협의를 기다릴 것〉이라고 정리했다. 즉 전시 중에 서서히 한국 외교권의 장악을 추진하고

---

92 앞에서 기술한 것처럼 실제로 「한일 의정서」의 조항을 휴지로 만들고, 이 조약에 저촉되는 제2차 〈영일 동맹 협약〉을 체결한 것은 일본이다.

〈형식의 개정〉, 즉 외교권의 접수는 열강 각국과의 조정을 거쳐 실시한다고 설정했다. 한국 외교권의 장악 과정이 제1차「한일 협약」에 의한 외교 감독권의 확보, 열국과의 조정을 거친 후 제2차「한일 협약」에 따라 외교권을 접수한다는 형태로 진행된 것은 주지하는 바와 같다.

이와 같이 마쓰가타 서한에서는 일본의 대한 방침에 대해서 한국을 명목상의 독립국으로 하여 일본의 세력 범위 아래에 두고, 특히 외교에 대해서는 최종적으로 한국 외부아문을 일본 외무성의 일국으로 삼는다는 형태로 외교권을 접수하는 보호국화를 추진하는 것으로 설정했다. 즉 러일 전쟁 아래에서는 다치 사쿠타로의 이른바 〈갑종진정보호국〉인 채로 한국 종속화 공작을 진행하고, 그 후 열강 각국과의 조정을 거쳐 〈능보호국이 대외 관계에 있어서 피보호국을 대표하고, 피보호국의 외교 기관이 직접적으로 제3국의 외교 기관과 교섭하지 않는다〉고 하는 〈을종진정보호국(乙種眞正保護國)〉의 형태로 한국 문제의 해결을 시도하는 것을 목표로 삼았다. 마쓰가타의 서한은 제2차「한일 협약」체결까지 일본의 대한 기본 방침을 보여 준 것으로, 또 러일 전쟁 후 열강의 국제적 승인을 얻은 다음이 아니라면 체결될 수 없었던 제2차「한일 협약」의 역사적 성격을 시사하는 것이었다.

일본 정부의 대한 정책 방침 책정

한편 일본 정부도 원로와는 별도로 대한 정책에 대한 조사·연구를 진행하고 있었다. 내각 총리대신 가쓰라 다로(桂太郎)는 야마가타 아리토모에게 보낸 5월 4일자 서한에서 〈전시 국면의 진행에 수반하여 대한 정책의 방침도 확정하지 않으면 안 되는 것은 물론이거니와 지난날 조사에 착수했고, 그 대요를 요약하자면 조사를 마쳤음을 알려드립니다. 그렇다면 이러한 대한 문제는 종래와 달라졌고, 이번 러일 전쟁의 결과 확실하게는 우리가 한국에 대한 국시를 일정하게 하고, 이에 기초하여 착착 사실의 결행이 중요하다고 생각하여 이 점을 말씀드립니다〉[93]고 써서 보냈고, 별책의 보고서를 첨부하였다. 정부 내에서도 이미 4월 하순에는 이후의 대한 방침에 관한 조사를 구체화하였고, 5월 상순에는 대요를 완성하였다.

이러한 정부의 조사·검토 과정을 보여 주며, 또 가쓰라가 야마가타에게 송부한 위의 보고서와 유사하다고 생각되는 것으로, 제1차 가쓰라 다로 내각의 서기관장이었던 시바타 가몬(柴田家門) 소장 〈한국에 대한 제국 장래의 국시〉라고 제목이 붙여진 사료가 있다.[94] 이 사료는 각의에서 결정한 「제국의 대한 방침」, 「대한 시설 강령 결정의 건」에 직결된다고는 할 수 없으나, 러일 개전 후 한국 문제에 대한 일본 정부의 관심이 어디에 있었는지를 보여 주는 것으로 주목된다.

1. 제국이 늘 한국의 독립과 영토 보전을 국시로 하고, 전력을 경주하는 까닭은 첫째로 제국 자위상 필요에 기인한다. 그렇지만 한국의 국정과 실력은 도저히 영원히 독립을 유지할 수 없을 뿐만 아니라, 제국 장래의 국시는 이를 우리의 부용국으로 삼고, 또는 우리의 판도로 병합하여 우리 자위의 목적을 완수함에 있으므로 적당한 시기에 단연코 우리의 국시에 적합한 조치를 결정할 것.

2. 그렇더라도 현재의 국제적 추세는 이러한 국시의 시행에 불편함이

---

93 尙友俱樂部山縣有朋關係文書編纂委員會 編, 『山縣有朋關係文書』 1(山川出版社, 2005), 336쪽.

94 「韓國ニ對スル帝國將來ノ國是」(國立國會圖書館 憲政資料室 所藏 『柴田家門文書』 15; 海野福壽 編集·解說, 『外交史料 韓國倂合』 上, 不二出版, 2003 수록). 본 의견서를 작성한 시기는 명확하지 않지만 종래의 대한 정책을 〈소극적 조종 정책〉으로 평가하고 있다는 점, 〈지난날 체결된 한일 의정서는 우리의 목적 실행 착수의 첫 단계로서 자못 요체를 얻은 것이다. 제국은 이 기회에 오히려 더 나아가 한국에 대한 우리의 정당하고도 확실한 권리를 설정할 준비를 하는 것이 필요하다〉는 것과 「한일 의정서」를 전제로 하여 대한 정책의 입안을 제기하고 있다는 점을 고려해 보면 1904년 5월 31일부 각의 결정 「제국의 대한 방침」의 초안이라고 보는 것이 타당하다.

있으므로, 오늘은 먼저 한국을 국제법상의 이른바 피보호국 지위에 두고, 제국은 보호국의 권리와 의무를 실행하면서 시기가 도래하기를 기다려 본래의 목적을 달성하겠다는 결심으로 각종의 계획을 확립하는 것이 필요함.

일본의 대한 방침은 장래에 한국을 〈부용국〉으로 하거나 혹은 〈판도로 병합〉하는 것에 있었고, 거기까지는 피보호국의 지위에 둔다는 것이었다. 여기에서 말하는 〈부용국〉은 엄밀하게는 국제법상의 부용국 Vassalitat이 아니라 종속국이라는 의미였다. 요컨대 일본의 대한 방침의 궁극적 목적은 한국을 완전하고도 배타적인 종속적 지위에 둔다는 것으로 설정되었다. 따라서 보호국화는 어디까지나 일본이 지향하는 목표에 이르는 단계적 조치로서 다루어지고 있었는데, 〈부용국〉이라는 선택지가 〈병합〉과 동시에 그 목표로서 검토되었다는 점에 주목해야 한다. 〈판도로 병합〉하는 것이 장래의 대한 정책에서 유일하고 절대적인 형식은 아니고 다양한 종류의 종속화 방책이 있을 수 있다는 점을 보여 주고 있기 때문이다.

이렇게 다양한 종속화 방식을 검토한 것은 한국을 둘러싼 국제 정세를 고려했을 때, 일본이 종래에 주장해 온 한국의 독립 선언과 보호국화, 게다가 〈병합〉 혹은 종속국화와의 정합성을 도모할 필요성을 참작해야만 했기 때문이다.[95] 보호국이라는 형태라면 〈러일 양국이 완전한 독립을 보장하는 협상(로젠-니시 협정) 그 자체에서 이미 공공연히 대등하지 않은 실제를 표시했고, 한국은 이미 어느 정도 간섭을 감수하더라도 열국 사이에서 그 독립국이라는 점에 관하여 어떠한 이론도 생기지 않았다〉라는 사실로부터, 〈한국이 그 국가 성격의 존재를 잃지 않는 한 피보호국이기 때문에 그 독립을 잃

95　海野福壽,「韓國保護條約について」(海野福壽 編,『日韓協約と韓國併合』, 明石書店, 1995).

는 것은 아니〉라는 것으로 파악되었다.[96] 한국이 〈국가 성격〉을 유지하는 한에서 보호국화와 한국의 독립과는 모순되지 않는다는 논리이다. 피압박국의 의사를 무시하고, 제국주의 사이의 교섭으로 그 귀결을 결정하는 견강부회적 논리에 다름 아니지만, 이러한 논의가 나온 것은 일본의 대한 정책 방침이 종래의 국제적 선언과 정합성을 가져야 했기 때문이다. 또한 가쓰라가 5월 19일부로 야마가타 앞으로 보낸 서한에서 〈국가의 조직을 깨지 않고, 또 실제로 군의 활동상 어떠한 지장도 없을 것〉[97]이라고 서술한 것처럼, 일본 정부의 대한 정책 방침이 한편으로 일본군이 자유롭게 행동하면서 다른 한편으로 한국의 정체(政體)를 유지한다는 내용이었다는 점을 고려한다면 역시 이 단계에서는 명확하게 병합이 최종 방침이었다고는 말할 수 없을 것이다.

대한 정책안의 구체화

이러한 원로와 일본 정부의 동향과 궤를 같이하여 주한 공사 하야시 곤스케는 5월 중순 한국 정부가 〈점차 우리를 신뢰하는 좋은 경향을 보여 왔다〉고 하는 정세 판단에 기초해, 〈이때를 이용하여 한일 의정서의 조항에 기초하여 한국 경영에 관한 계획의 큰 틀을 외부대신과 본관 사이에 협정해 두는 것으로 논의를 개시하고 싶다〉고 보고하고, 그러한 선상에서 전체 18조로 된 「한일 간 협정해야 할 조관안」을 외상 고무라 주타로에게 보냈다.[98] 하야시가 한국 정부의 상황을 〈좋은 경향〉이라고 파악한 최대 이유는 5월 19일에 선언된 한러 조약의 폐기였다.[99] 이 조관안은 「한일 의정서」 제6조에 게재

96 「韓國ニ對スル帝國將來ノ國是」(『柴田家門文書』15).
97 『山縣有朋關係文書』1, 337쪽.
98 『日本外交文書』37-1, 350쪽.
99 海野福壽, 『韓國倂合史の硏究』(岩波書店, 2000), 128~129쪽. 다만 러시아는 한러 조약의 폐기를 인정하지 않았기 때문에 전후 문제가 발생했다. 상세한 것은 이 책의 176~178쪽 참조.

된 〈아직 상세하지 않은 세부 조항〉의 문구를 최대한으로 활용할 것을 의도한 것이었고,[100] 그 내용이 「강령」에 반영되었다.[101] 이 협정안의 내용은 일본에 의한 한국군의 양성, 재정 고문의 용빙, 각종 척식 업무에서 한일 합병 회사·기관의 설립, 교통·통신 기관의 한일 공동 사업화, 한국의 내지 개방, 중앙·지방 행정 기관과 교육 기관의 일본인 채용 등 다양한 방면에 걸쳐 있었으며 조선 식민지화를 포괄적으로 추진하려 한 것이었다.[102]

통치 기구와 관련한 것으로서 이 협정안에서는 의정부에 일본인 최고 고문관을 용빙할 것과 제3관에 제시하고 있는 재정 고문 용빙 이외에도 외교와 내정에 관한 기관에 일본인 고문의 채용(제16관), 또 지방 행정 기관에도 일본인 참사관을 두고 각 행정 기관을 감독할 것(제17관) 등이 규정되어 있었다. 중앙 정부의 외교와 내정 관계 기관에 대한 일본인 고문 채용은 제1차 「한일 협약」 등에 따라 한국 정부의 각 부에 각각 일본인과 일본의 고문이 용빙된다고 하는 형태로 실현되었다. 한편 지방 행정 기관에 대한 일본인 고문 채용은 재정 고문부나 경시(警視) 등의 배치라는 형태로 일부 실현되었으나, 본격적인 실현은 통감부 시정의 개시를 기다려야만 했다.[103]

3월 이토 히로부미의 방한 시점에서 하야시가 최고 고문 채용에 소극적이었다는 점은 앞서 살펴본 대로인데 5월의 단계에서는 한국 의정부의 시정을 감독하기 위해서 최고 고문관의 용빙을 제기하고 있다는 점은 주목할 만하다. 이것은 후술하는 것처럼 한국에 주둔하고 있는 군부의 동향을 견제하기

100 하야시는 한국에서 일본의 권리 확보에 대하여 〈골수적 권리를 서서히 점유〉해 간다는 것이 긴요했고, 그때 경의 철도 경우와 같이 〈가급적 소리와 모양을 숨기고, 오로지 중요한 것을 실제로 조치하는〉 방법에 따라 진행해야 한다는 의견을 가지고 있었다(『日本外交文書』 37-1, 286쪽).
101 海野福壽, 『韓國併合史の研究』, 132쪽.
102 『駐韓日本公使館記錄』 21, 39~42쪽; 활자판 22권, 403~405쪽.
103 松田利彦, 「朝鮮植民地化の過程における警察機構(1904~1910年)」(『朝鮮史研究會論文集』 31, 1993); 姜再鎬, 『植民地朝鮮の地方制度』(東京大學出版會, 2001) 참조.

위한 적극책이었고, 최고 고문으로 이토를 생각하고 있었던 것 같다. 결국 실현되지 않았지만 이토를 한국 정부의 고문으로 용빙하려는 움직임이 하야시와 고무라를 중심으로 전개되고 있었고, 또 이토의 한국 고문 취임 움직임이 좌절된 것을 재한 일본군 간부가 환영하고 있었기 때문이다.

이상과 같은 과정을 거쳐 「제국의 대한 방침」과 「대한 시설 강령」이 각의로 결정되었고, 이후 실행 단계로 넘어갔다. 그 귀결로 제2차 「한일 협약」에 의해 일본이 한국 외교권을 접수하고 보호국화했다는 것은 주지하는 대로이다. 여기에서 확인해 둘 필요가 있는 것은 1895년 민비 살해 사건과 그 시기를 전후하여 한국에 대한 러시아의 영향력이 증대하면서 열세를 면치 못하여, 종래 〈소극적 조종 정책〉을 추진할 수밖에 없었던 일본이 〈진실로 강제 수단에 의거한 간섭 정책〉으로 그 방침을 전환한 결정적 계기로 러일 전쟁을 상정했다는 점에 있다.[104] 그리고 군사 작전의 일환으로 한국에 파견된 군사력을 배경으로 체결된 「한일 의정서」에 의해 일본의 조선 식민지화가 본격화되었다. 그러한 의미에서 〈한국 문제〉는 러일 전쟁과 「한일 의정서」 체결을 계기로 종전과는 차원을 달리하는 단계, 즉 조선 식민지화를 전제로 한 바탕 위에서 어떻게 대륙 경영을 구상할 것인가라는 단계로 옮겨 간다. 한편 대조선 방침 책정의 과정에서 〈만주 문제〉는 구미 열강, 특히 영국과 미국 두 나라에 의한 만주 문호 개방이라는 의향을 수용하면서 러일 전쟁 이후로 그 해결이 미뤄졌다. 여기에 〈만한 문제〉가 분리되는 계기가 배태되었던 것이다.

한국 통치 권력에 대한 일본의 인식과 한국 내정 개혁 공작

「제국의 대한 방침」과 「대한 시설 강령」에 따라 러일 개전 이후의 대한 방

---

104 「韓國ニ對スル帝國將來ノ國是」(『柴田家門文書』 15).

침을 책정한 일본은 그 후 두 가지 각의 결정에 기초하여 한국 침략을 추진하였다. 앞에서 확인하였듯이 「제국의 대한 방침」에서 결정된 방침은 한국 외교권 접수를 통한 보호국화였고, 그 최대의 전환점이 제2차 「한일 협약」이었다는 점은 두말할 나위가 없다. 그러나 그 이전에 이미 제1차 「한일 협약」을 비롯한 각종 조약에 근거하여 일본은 〈시정 개선〉의 명목으로 한국 정부에 재정 고문 메가타 타네타로(目賀田種太郎)와 외무 고문 스티븐스D. W. Stevens를 비롯하여 여러 분야에 고문을 용빙하도록 하였고, 동시에 각종 이권을 획득함으로써 한국의 주권을 해체시켜 나가고 있었다. 이른바 고문 정치이다. 고문 정치에 대해서는 제1차 「한일 협약」의 체결 과정과 각부의 일본인 고문 용빙에 관한 건을 중심으로, 특히 재정이나 교육, 군사 등을 다룬 연구가 다수 축적되어 있다.[105]

한편 서영희는 〈시정 개선〉이라는 명목하에 한국 정부 내에서의 관제 개혁 등의 동향과 관련시키면서 주한 공사 하야시 곤스케가 한국 내정 간섭을 진행했다는 점을 밝혔다.[106] 하야시는 예를 들어 한국 정부·궁중으로부터 반일 세력 추방을 획책한다든지, 매수 등에 의한 친일 세력의 확충 공작을 추진하는 것 이외에 한국 정부의 인사나 제도 개혁에도 직간접적으로 관여했

---

105 메가다 재정에 대해서는 羽鳥敬彦, 『朝鮮における植民地幣制の形成』(未來社, 1986)이 상세하다. 또 교육 행정에 대해서는 학부 학정 참여관 시데하라 타이라(弊原坦)에 대한 연구가 교육사 연구자를 중심으로 다수 축적되어 있고, 가장 연구가 진전된 분야라고도 할 수 있다(小澤有作, 「幣原坦論序說 ― 植民地指導者の足跡と思想」, 『海峽』 1, 社會評論社, 1974; 稻葉継雄, 「舊韓國における教育の近代化とお雇い日本人」, 阿倍洋 編, 『日中教育文化交流と摩擦』, 第一書房, 1983; 馬越徹, 「漢城時代の幣原坦」, 『國立教育研究所紀要』 115, 國立教育研究所, 1988; 井上薰, 「韓國統監府設置前後の公立普通學校體制と日本語普及政策」, 『日本の教育史學』 31, 1991; 佐藤由美, 「學政參與官幣原坦の韓國教育に對する認識とその活動」, 『靑山學院大學教育學會紀要教育研究』 35, 1991). 한편 스티븐스에 의한 한국 외교에 대한 간섭 정책의 실제에 대해서는 스티븐스의 한국 부임이 늦어진 점(계약·도한은 1904년 12월), 그리고 사료적 제약 등의 이유 때문에 거의 밝혀져 있지 않은 실정이다.
106 서영희, 『대한제국 정치사 연구』(서울대출판부, 2003).

다. 이와 같은 하야시의 한국 내정 간섭책은 통감 이토 히로부미의 한국 종속화 정책, 특히 황제권 축소책으로 계승되는 것으로 주목되었다. 여기에서는 다음 장에서 검토할 제3차 한일 협약 체제와 대비하기 위해서 하야시에 의한 한국 내정 간섭책과 그 간섭책의 배경이 된 한국 통치 기관에 관한 인식에 대하여 서영희의 연구를 참조하면서 검토한다.

한국 통치 권력에 대한 인식

먼저 일본이 한국 내정 간섭책을 실시해 가는 선상에서 한국의 통치 구조를 어떻게 인식하고 있었는지에 대해서 언급하고자 한다. 주한 공사 하야시 곤스케는 한일 밀약 체결 교섭에 즈음하여 한국 황제의 외국 공사관으로의 피난, 즉 〈아관파천〉의 재현을 막기 위해서 서울을 비롯한 각지에 군사력을 증강하여 한국 궁중을 견제해야 하며, 그러지 않으면 종래의 친일 세력 육성 공작이 실패로 돌아갈지도 모른다고 외상 고무라 주타로에게 보고했다.[107] 앞서 기술한 대로 1896년 2월의 〈아관파천〉에 의하여 일본의 대조선 정책이 크게 후퇴했기 때문이다. 그렇다면 〈아관파천〉의 재현을 저지하고, 황제를 일본의 세력하에 두어야 한다는 인식은 한국 권력 구조의 파악과 어떻게 연결되어 있었는가?

이것을 시사하는 것이 러일 개전 이전인 1903년 12월 이토 히로부미, 가쓰라 다로, 데라우치 마사타케가 회견하여 한국 문제 등에 대하여 의견을 나누었을 당시 이토의 인식이다. 이토는 〈국왕을 옹립하는 것이 절대로 필요〉하다는 점을 강조하고, 나아가 그러한 의견은 갑오개혁이 실시된 〈[메이지] 27년의 역사로 소급할 수 있다〉[108]고 했다. 이토가 대한 정책을 추진하면서 한국 황제의 확보를 절대 조건으로 설정하고 있었다는 점은 황제만 제

---

107 『日本外交文書』 37-1, 439~440쪽.
108 山本四郎 編, 『寺內正毅日記』(京都女子大學, 1980), 190쪽.

압할 수 있다면 한국 통치가 가능하다고 인식했음을 의미한다. 이것은 한국의 권력 구조에 대한 일본 정부의 기본 인식이 전제 국가관으로 뒷받침되고 있었다는 것이며, 따라서 한국 황제를 어떻게 일본의 지배하에 두고, 이용·억제할 것인가라는 과제가 대한 정책의 근간이 되었다는 점을 의미하는 것이라 하겠다.

그러나 이 단계에서는 황제 고종이 일본에 대해 강한 불신감을 품고 있었기 때문에 황제를 일본의 지배하에 두는 것이 실제로는 곤란했다. 하야시는 한국 정부 내에서 친일 세력의 확대에 노력하고 있었으나 러일 개전, 그리고 「한일 의정서」 체결 직후의 한국 정계를 관찰하는 가운데 〈현재 내각원이 전적으로 의지하는 바는 우리의 실력 이외에는 없으므로, 현재 해당 지역에서 우리 병력의 많고 적음이 바로 저들의 지위에 영향을 끼치는 것은 당연한 형세〉라고 하여 재한 일본군의 신속한 증설(4개 대대 정도의 설치)을 요구했다.[109] 이리하여 러일 개전에 앞서 한국으로 파견된 제1군이 그 전선을 북상시킴으로써, 서울 근방에서 군사력이 약화된 것에 대한 조치로 3월 10일, 한국 주차대를 한국 주차군으로 재편하였다.[110] 즉 하야시는 대한 정책을 수행함에 있어서 군사력의 충실이 필요 불가결하다는 점을 명확하게 인식하고 있었던 것인데, 이것은 다음 절에서 보는 무관 통감론(武官統監論)의 논리와 같은 것이었다.

그렇다면 어째서 군사력으로 통치 권력을 제어할 필요가 있었다고 인식한 것일까? 그것은 「한일 의정서」 체결이나 한국의 현재 내각에 반대하는

---

109 金正明 編, 『日韓外交資料集成』 5(巖南堂書店, 1967), 98쪽; 『日本外交文書』 37-1, 470쪽.
110 1904년 3월 4일부 데라우치 앞으로 보낸 오야마의 通牒謀臨 제201호(JACAR[アジア歴史資料センター] Ref. C03020058500, 「韓國駐箚軍司令部及隸屬部隊編成の件」, 「滿密大日記 明治37年 3月」[防衛省 防衛研究所]).

대신이나 보부상 등[111]의 세력이 〈음모와 밀약이 있는 수단을 채택해 서로 배제하기에 이르렀는데, 이번의 음모에 관해서도 폐하는 은밀히 이것을 교사한 것으로 보이고, 각신 등 일반에게 공포심을 일으켜 의구심을 두지 않을 수 없는 것 같다〉고 파악하고 있었기 때문이다.[112] 한국 내각이나 일본에 반대하는 세력이 활발하게 활동하고 있었는데 그것을 고종이 뒤에서 조종하고 있다는 인식이었고, 황제를 견제함과 동시에 한국의 각 정치 세력과 비교해 약체인 한국 내각을 유지하기 위해서는 군사력을 배경으로 할 필요가 있다고 보았다. 한국의 〈시정 개선〉에 대해서 하야시는 〈무릇 비정(批政)은 한국 황제를 중심으로 하는 궁중에 있고, 정부와 국민은 철저히 분리되어〉 있다고 보았으며, 기회가 있을 때마다 한국 황제를 견제하고 있었다.[113] 일본에 의한 〈시정 개선〉의 진전을 저해하고 있는 것은 황제를 중심으로 한 한국 궁중이며, 한국 정부와 한국 민중은 오히려 일본을 이해하는 세력으로 인식하고 있었던 것이다.

따라서 하야시의 인식에서 어떻게 해서든 한국 궁중의 관여를 막고, 일본이 지시하는 〈시정 개선〉을 한국 정부에 진척시키는 것이 대한 정책상 과제가 되었고, 그때 군사력에 의한 압력을 바탕으로 궁중을 견제하려고 했다. 다시 말하면, 군사력을 전면에 내세워 대한 정책을 실시한다는 점에 있어서는 문관과 무관 모두 그 인식은 일치하고 있었다. 반대로 말하면 군사력에 입각한 통제가 아니라면 한국 황제를 중심으로 하는 한국 통치 기구를 제어할 수 없다는 인식이었다.

---

111 조선 재래 행상인의 총칭인데 조선 왕조 시기, 일본이나 여진의 침략에 즈음해서 병참을 담당했기 때문에 왕조의 비호를 받았다. 게다가 그 조합 조직을 이용하기 위해서 대원군 정권기에 보부청이 설치되었고(1866년), 보부상 조직의 통합과 통제가 기도되었다. 독립협회 운동에 폭력적으로 대치했던 황국협회가 이들의 조직이다.

112 『日本外交文書』 37-1, 470쪽.

113 위의 문서, 285쪽.

한국 정부에 의한 내정 개혁 동향과 주한 공사 하야시 곤스케의 책동

한편 하야시는 한국 정부 내의 동향을 이용하면서 한국 내정 간섭책을 추진해 나갔다. 1904년 3월, 한국 정부는 「의정부 관제 개정」과 「의정부 의회 규정」(1904년 한국 칙령 제1호, 제2호)을 공포하고 의정부에 관한 관제 개혁을 실시했다. 이러한 움직임은 조병세(趙秉世) 등 한국 원로가 중심이 되어 실시한 운동에 따라 1월에 공포된 내정 개혁에 관한 조칙에 기초한 것이었다.[114] 한국 원로는 한국 황제 고종이 이근택, 이용익, 민영철, 이지용 등 측근 세력을 중용한 것에 불만을 가지고, 이를 견제하고자 내정 개혁을 단행한 것이다. 그러나 3월에 이 관제가 공포되자 의정부 회의에 대한 황제의 위치 설정을 둘러싸고 문제가 발생했다.[115] 참정대신 심상훈(沈相薰) 등 한국 내각은 의정부 회의에서 가결된 사항에 대하여 황제는 모두 재가를 해야 한다는 취지를 관제상 규정하려 했으나 고종이 이것을 거부하고, 부인권의 유보를 주장한 것이다. 고종은 이 규정을 〈우리 각신 가운데 다수는 짐에게 국정에 관하여 관여하지 않을 것을 희망하는 것〉,[116] 즉 황제가 정치에 관여하는 것을 제한하는 조치라고 파악하고 있었기 때문이다. 결국 고종의 반대를 받아 황제의 부인권은 유지되었고, 관제 개혁에 관여한 대신 등은 의원 면관하게 되었다.[117]

그렇다면 이러한 한국 정부와 한국 원로의 일련의 움직임 속에서 일본은 어떻게 관여하였는가? 혹은 이 시점에서 한국 정부와 원로가 황제의 국정 관여를 제한하려고 한 점을 역사적으로 어떻게 평가해야 좋을까? 우선 일본의 관여라는 점인데, 관제 개혁을 추진하려 한 원로의 목적은 첫째로 이근택 등 황제 측근 세력의 배척에 있었다. 대한제국의 성립을 계기로 황제권은 이

---

114 위의 문서, 463~465쪽.
115 위의 문서, 473쪽.
116 위의 문서, 286쪽.
117 위의 문서, 473쪽.

전에 없을 정도로 강력해졌으나,[118] 그러한 움직임을 실무적으로 뒷받침하고 있었던 것은 이러한 고종 측근 세력이었다. 따라서 한국 원로들의 의정부 관제 개혁이라는 움직임은 전제권을 강화하려는 황제 측의 동향에 대하여 일정한 제동을 걸려고 한 것이었다고 평가할 수 있을 것이다. 즉, 군권의 전횡을 억제하려 한 움직임이었다. 그리고 이용익 이외의 이근택, 민영철, 이지용이 「한일 의정서」 체결 시 창구가 되었다는 점을 생각해 보면 이 관제를 직접 기초한 구성원은 일본에 대해서도 일정한 비판적 자세를 가지고 있었다고 할 수 있을 것이다. 또한 하야시는 의정부에 관한 관제 개혁 움직임에 대하여 〈우리로부터 충고를 기다리지 않고, 정부 개혁을 실시하는 것이 이익이라고 인식한 것〉[119]이라고 보고하고 있다. 이러한 점으로 생각해 보면 황제권을 제한하려고 한 움직임은 적어도 일본의 의향과는 직접 연관성을 가지지 않았으며, 또한 러시아의 영향에 대해서 하야시가 지적하지 않은 점을 고려해 보더라도 한국 정치 세력의 독자적인 동향이었다고 평가할 수 있을 것이다.

한편 하야시는 「한일 의정서」를 체결하자마자 곧바로 〈시국이 일변하여 한국이 정리될 때까지는 그[이용익]를 방임할 때에는 폐하와의 사이에 연락과 기맥이 통하여 음모를 기도하지 않는다고 한정〉할 수 없기 때문에 이 조약의 체결에 강력하게 반대한 이용익 등의 추방 공작에 착수했다.[120] 이용익 등을 사실상 일본의 감시하에 두고 한국 내에서 그들의 정치적 영향력을 억제하려고 한 것이다.

그러나 최종적으로 일본은 이용익을 추방했으나 재한 공사관 내부에서는 이용익의 정치적 이용, 한발 더 나아가 말하면 그의 친일화를 유도하여 한국 간섭책을 진전시키려고 한 움직임이 있었다. 재한 공사관 부무관 이치

118 서영희, 『대한제국 정치사 연구』 참조.
119 『日本外交文書』 37-1, 472쪽.
120 위의 문서, 341쪽.

지 코우스케는 〈전시에 긴급을 요하는 경우에 국왕 폐하의 친임(親任)이 두터운 이용익과 같은 자가 아니라면 해결할 수 없을 것이라고 생각한다. 그러므로 이용익이 종래 친러파였는지 아닌지를 묻지 말고 종래의 악감정을 버리고, 그를 이용하는 것이 득책임을 공사에게 권고〉했다.[121] 이용익이 황제의 신임이 두터웠다는 점을 이용하려 한 구상이었고, 〈종래의 악감정〉, 즉 그의 반일적 언동조차 배제하는 것이 가능하다면 이용익의 이용 가치는 오히려 높다고 본 것이다. 이러한 공작은 이미 한일 협약 체결 교섭에서 이근택의 친일화 공작이 주효했다는 점을 고려하면 오히려 당연하다고 할 수 있다.[122] 결국 일본은 이용익의 반일적 언동과 정치적 지위를 두려워하여 그를 국외 추방과 비슷한 형태로 일본으로 연행하기에 이르렀으나, 이용익의 국외 추방이 가진 의의를 조선 정치사의 문맥에서도 평가할 필요가 있다. 앞에서 기술한 것과 같이 황제 측근 세력을 배제하려고 한 한국 정계의 움직임에 호응해 하야시는 「한일 의정서」 체결에 부정적인 이용익만이 아니라 이근택, 민영철 등도 〈모두 잘 퇴거시킨 다음에는 한인 일반은 물론 내외인으로 하여금 일단 우리를 신뢰하도록 할 수 있다. 또한 한국을 정리하기 위해서도 상황이 좋아질 것이라고 생각한다〉고 보고했다.[123] 이용익의 국외 추방을 둘러싸고는 오히려 그것을 환영하는 한국 정계와 조선 사회의 움직임이 존재하고 있었고, 실행은 되지 않았으나 하야시는 이후 대한 정책을 원활하게 추진하기 위해서 종래 제휴해 온 친일 세력을 버리는 방안을 검토하고 있었다.

원래 하야시도 황제를 비롯한 궁중이 〈시정 개선〉의 장해가 되고 있다는 인식을 한국 정부와 마찬가지로 가지고 있었다. 하야시는 한국 내각의 잦은

---

121 1904년 2월 20일부 재한 공사관 부무관 이치지 코우스케가 참모총장 오야마 이와오에게 보낸 巴城報告 제4호(『鷄林日誌』, 防衛省 防衛研究所 圖書館, 「戰役 — 日露戰役 — 59」).
122 『日本外交文書』 37-1, 335쪽.
123 위의 문서, 341쪽.

경질에 대해서도 〈폐하의 작은 책략에서 기원〉한 것이라고 보아 알현할 때 황제를 견제하고 있었다.[124] 또 앞에서 기술한 1904년 3월의 관제 개혁에 즈음해서도 〈정부 당국의 개혁은 폐해의 근본인 궁중을 숙정하고, 또 정치 기관의 관계를 방침과 실행상 무엇보다 분명하게 하지 않으면 수많은 개혁도 헛수고로 돌아간다〉고 관찰하고 있었고,[125] 궁중 개혁의 필요성을 일찍부터 지적한 바가 있었다. 나아가 1904년 말에는 자신의 상주에 따라 황제가 〈때때로 조칙으로서 시정 개혁에 대하여 공명한 의견을 발표하나〉, 그것은 표면적인 것에 그치고 있었고, 〈추호도 인심을 수습함에 이르지 않는다. 그러므로 원성은 각 방면을 통하여 지금까지 끊이지 않는 상황〉이 되었다는 점을 탄식하고 있다. 그리고 이와 같은 상황이 빚어진 가장 큰 이유는 역시 〈정부 대관 가운데 뜻과 동량이 되는 완숙한 인재는 착실히 시정의 쇄신을 기도하고 있더라도 하나둘도 아니고 항상 한국 황제와 궁중을 출입하는 자 때문에 억압〉당하고 있다고 하여 황제 및 궁중 세력에서 찾고 있었다. 그 때문에 한국 정부 등이 아무리 개혁을 하고자 해도 황제가 〈표면적으로 동의할 뿐 대다수는 채용되지 않고, 어쩌다 채용되더라도 단순히 이름뿐인 자리를 부여하는 것에 지나지〉 않는다고 외무성에 보고하고 있다.[126] 즉, 하야시의 인식에 기초한다면 황제와 궁중에 대한 대처 없이는 시정 개선을 추진하기가 어려웠다. 그리고 궁중과 부중의 분리는 1894년에 개시된 갑오개혁에서도 시도된 바가 있었다.

그러나 이 단계에서 일본 정부는 황제권을 억제하려는 움직임에 대해서 부정적이었다. 당시 일본에서는 서울발 외신 보도로 한국 정부가 관제 개혁의 일환으로서 경찰원(警察院)의 폐지를 황제에게 상주했는데 〈짐을 보호

124 위의 문서, 281쪽.
125 위의 문서, 472쪽.
126 위의 문서, 478쪽.

하는 일체의 관아를 폐지하고, 주권을 말살하고, 민권을 확장하려고 하는 것인가?〉라고 고종으로부터 질책을 받았다는 보도가 있었다. 이러한 보도를 접한 외상 고무라 주타로는 한국 정부의 급진적 개혁이 황제의 반발을 부를 우려가 있기 때문에 개혁파의 움직임을 억제하도록 하야시에게 지시했다.[127] 나아가 한국 정부의 일련의 관제 개혁에 대해서 고무라는 〈관제 개혁과 같은 것도 이를 급격하게 하여 궁정의 감정을 상하게 하고, 빈번하게 대신을 경질하는 것과 같은 일은 매우 좋지 않다〉고 위기감을 표명했고, 한국 정부의 급진적 개혁안을 억제하려는 훈령을 내렸다. 이러한 개혁이 황제의 반발을 불러, 도리어 궁중으로부터 한국 정부에 대한 억제가 강화될지도 모른다는 점을 염려함과 동시에 〈특히 세인은 위와 같은 개혁 또한 우리의 조언에 기초한 것이라는 오해를 품고 있다〉는 점, 즉 한국 내 반일 감정을 고양시킬지도 모른다는 점을 두려워하고 있었기 때문이다.[128] 그리고 재한 공사관 내에서도 이러한 인식을 공유하고 있었다.[129]

그 후 한국 정부는 재정 정리의 필요에 기초하여 1904년 12월 관제이정소 위원회(官制釐正所委員會)를 설치했다.[130] 도중에 내각이 경질되는 등 여러 사정에 따라 이 위원회에 의한 조사의 진척은 반드시 순조롭지는 않았으나, 1905년 3월 이정안(釐正案)이 발표되었다.[131] 이 안은 중추원의 인원을 절반

127 위의 문서, 464~465쪽. 하야시는 이러한 보도가 과장된 것이라고 부정하고 경찰원을 폐지하려는 개혁에는 일본의 조력이 필요하다는 점을 지적했다(위의 문서, 466쪽).
128 위의 문서, 473쪽.
129 위의 문서, 347쪽.
130 위의 문서, 406쪽. 오히려 부부 규제(府部規制)와 중추 원칙(中樞院則)을 개정하려는 뜻을 보여 준 조칙은 1904년 10월 8일부로 공포되었다(『韓國官報』 1904년 10월 8일부). 한편 하야시는 재무 고문 메가타 타네타로의 조사에 기초하여 재정 정리는 ① 군비의 축소, ② 재외 공관 철퇴, ③ 통신 사무를 일본 정부에 위임할 것 등 세 가지 점을 중심으로 해야 한다는 견해를 고종에게 상주하였고, 한국 정부의 관제 개혁에 의한 재정 정리를 별로 평가하지 않았다(『日本外交文書』 37-1, 407쪽).
131 『日本外交文書』 38-1, 895~896쪽.

이상 삭감하는 것을 비롯하여 정부 전체적으로 40퍼센트 정도의 인원 삭감을 목표로 한 내용이었고, 또한 학부나 농상공부를 다른 부서에 통폐합하는 것도 검토하는 등, 대규모의 관제 개혁안이었다. 나아가 이정소는 중앙 정부에 이어 지방 관제의 조사·쇄신에도 착수하려는 움직임도 있었다.[132] 그러나 이 안은 단순한 인원 삭감책에 그치는 것이 아니라, 역시 황제권을 억제하려는 성격을 아울러 가지고 있었다. 관제이정소위원회와 의정관 회의와 황제와의 사이에서는 국무대신의 수반에 대해서 현재의 의정과 참정대신의 이원제 그대로 할 것인지의 여부, 그리고 황제에 의한 칙임관의 임면권을 형식화할 것인지의 여부를 둘러싸고 각각 의견이 대립했기 때문이다.[133] 이러한 한국 측 동향에 대해서 하야시는 이 안이 〈불필요한 인원과 관리의 도태에 지나지 않는다〉고 냉담하게 평가했다. 이 시기 주한 공사관에서도 예를 들어 학부·농상공부를 폐지하는 상주안을 검토하고 있었고,[134] 이러한 관제 개혁안에 일본 측 의향이 전혀 반영되지 않았다고 보기는 어려우나 이러한 제도 개혁 또한 한국 측의 자주적 〈시정 개선〉 움직임으로 평가할 수 있을 것이다. 이러한 한국 정부의 움직임은 제3차 한일 협약 체제 아래에서 한국 정부의 동향과 좋은 대조가 된다.

한편 하야시는 한국 정부의 친일화 공작을 진행하고 있었다. 1905년 8월, 하야시는 〈정부를 개조하고 구래의 폐습을 일변함과 동시에 우리의 지도 아래에서 영속히 그 책임을 다할 신정부를 성립하도록 할〉 목적에서 「의정부 조직 및 각 대신 복무에 관한 내규」를 작성하여 고종에게 주청했다.[135] 이 내

---

132 위의 문서. 강재호는 1906년 한국 정부 내부(內部)와 통감부가 지방 제도 개혁을 둘러싸고 대립했다는 점을 지적하고 있으나, 그때 내부의 지방 제도 개혁 구상은 이때의 조사에 기초한 것이었다고 생각한다(姜再鎬, 『植民地朝鮮の地方制度』, 東京大學出版會, 2001, 제2장 제2절).
133 위의 문서.
134 『駐韓日本公使館記錄』 26, 115쪽; 활자판 25권, 56쪽.
135 『日本外交文書』 38-1, 921쪽.

규는 의정부와 각료에 관한 복무 규정이지만, 그 내용은 의정대신 혹은 참정대신에게 내각 조직 등의 인사권을 주고, 또한 상주할 때에는 의정대신 혹은 참정대신이 단독 혹은 관계 대신을 대동할 것을 원칙으로 하는 등, 책임내각제를 도입해 의정·참정 양 대신의 권한 강화를 시도한 것이었다. 인사권을 의정대신 혹은 참정대신에게 부여하여 내각의 빈번한 경질을 방지함과 동시에 상주시 황제의 견제를 배제하려 한 것이다. 또한 각 대신의 임명은 친임식으로 실시하나 그 친임식에는 일본 공사도 참석한다는 규정을 포함시켰다.

나아가 〈현재 의정부를 지속할지의 여부에 관해서는 의정부 내의 일정한 결의에 따른다〉고 되어 있으나 이것은 황제의 의향에 따라 내각이 빈번하게 변경되는 것을 방지하려는 의도였다. 이러한 내규에 대해서 황제 고종은 친임식에 일본 공사가 참석하는 것에 대해 특히 난색을 표했다.[136] 하야시가 이 내규의 목적을 〈우리의 지도하에 영속히 그 책임을 수행하는〉 내각의 편성에서 찾고 있었던 것에서 알 수 있는 것처럼, 이 조항이 한국 정부에 대한 일본의 영향력을 높이려는 것으로 예상되었기 때문일 것이다. 결국 이 내규는 시행되었으나 9월 말 이 내규가 처음 적용된 한규설(韓圭卨) 내각[137]의 조각 친임식에 하야시가 실제 참석했는지 여부는 밝혀지지 않고 있다.

그러나 후술하는 것처럼 그 후에도 대신의 단독 상주가 빈번하게 실시되었다는 점, 그리고 〈한국 관리 등은 아직 그 의의를 충분히 이해하지 못하고, 또 각종 정실이 모두 단절되지 않아 조직상 곤란한 사정이 있기 때문에 다소 불만족이 있다〉[138]고 하는 한국 정치가에 대한 하야시의 불만을 감안하면 이러한 내규는 그 후 형해화되었다고 생각한다. 따라서 1907년 6월에 실

---

136 위의 문서, 899~900쪽.
137 위의 문서, 903쪽.
138 위의 문서.

시된 내각 관제에 본 내규의 내용이 다시 한 번 들어가게 되었다. 뒤집어 말하면 1907년 6월 단계까지는 이러한 내규가 충분히 기능하지 않았다고 보아야 할 것이다.

이상에서 검토한 것처럼 하야시는 친일 내각을 구축함과 동시에 황제권을 제한하기 위해서 한국 정부가 종래부터 추진해 온 관제 개혁을 이용했다. 그러나 하야시의 의도는, 예를 들어 재정 고문 메가다 타네타로의 황실 재정 개혁이 황제의 비판에 따라 충분히 진전되지 않았다는 사실 등에서 엿볼 수 있는 것처럼,[139] 황제의 저항 때문에 생각한 대로 진전되지는 않았다. 궁중 문제는 통감부 설치 후에도 일본의 대한 정책에서 중요한 과제가 되었고, 재한 공사관에 의한 대궁중 정책은 이토 히로부미의 궁중 개혁으로 계승되어 본격적으로 추진된다.

한국 보호 정책 구상의 대립: 통감의 군대 지휘권 문제를 단서로

1905년 11월 17일에 체결된 제2차 「한일 협약」에 기초해 일본은 한국에 통감부를 설치했다. 그렇다면 식민지 통치 기관인 통감부는 일본의 대한 식민지 구상에서 어떻게 설정되어 있었던 것일까? 특히 일본의 식민지 지배에서 군사적 우위성이 종래 지적되어 왔으나 그러한 특징은 어떠한 과정을 거쳐 성립하였는가?

통감부의 설치에 즈음하여 「통감부급이사청관제(統監府及理事廳官制)」 제4조를 둘러싸고 발생한 것이 통감의 군대 지휘권 문제였다. 재한 일본군에 대한 지휘권을 통감에게 부여할지의 여부가 초대 통감으로 취임한 이토 히로부미와 육군 사이에서 쟁점이 되었는데, 그것은 군대 지휘권을 요구한

---

139 羽鳥敬彦, 『朝鮮における植民地幣制の形成』 참조.

이토에 대하여 이러한 규정이 통수권을 침해하는 것이라고 본 육군 측이 강력하게 반발했기 때문이다. 따라서 이 문제는 종래 통수권과 관련하여 다루어져 왔다.[140] 그러나 유이 마사오미(由井正臣)나 고바야시 미치히코(小林道彦)가 지적한 것처럼 이 문제는 일본의 정군 관계(政軍關係)와 통수권 문제에 그치지 않고, 일본의 대륙 정책 구상의 대립이 표면화한 것으로 파악해야 하는 성격을 가지고 있다.[141] 이러한 유이와 고바야시의 지적은 군대 지휘권 문제를 일본의 정군 관계뿐만 아니라 대륙 정책 구상 위에서의 대립을 시야에 넣은 것으로서 중요하기는 하나 여전히 불충분하다.

유이 등의 견해로는 예를 들어 이 시기의 한국 주차군이 왜 군사력을 우선한 한국 통치책을 지향하고 있었는가란 점에 대해서 충분히 설명할 수 없게 되는 문제에 부딪치게 된다. 그것은 만한 문제의 추세가 일본의 대한 정책을 규정하고 있다는 점을 강조함으로써 일본의 조선 식민지화 과정을 외재적인 요인으로 설명하게 되어 버리기 때문이다. 이러한 관점을 통해서는 러일 전쟁의 발발·전개에 의하여 조선 내에서 발생한 모순, 그리고 그것과의 대항 관계로부터 일본이 물리적 폭력 장치를 설치·전개해 가는 과정을 경시해 버린다. 그 결과 일본의 조선 식민지 정책이 일관하여 군사력 우위로 진행되었고, 나아가 병합에 즈음하여 이른바 무단 통치가 실시되는 역사적 과정을 시야에 포함하지 않을 가능성이 존재한다. 이것이 일본의 군사 기관과 조선 사회와의 상관관계로부터 군대 지휘권 문제를 검증하지 않으면 안 되는 까닭이다.

이와 같이 보면 통감의 군대 지휘권 문제는 ① 근대 일본의 정군 관계, ② 일본의 대륙 구상 위에서의 대립뿐만 아니라 ③ 재한 일본군과 조선 사회와

---

140 山本四郎,「韓國統監府設置と統帥權問題」(『日本歷史』336, 1976).
141 由井正臣,「日本帝國主義成立期の軍部」(中村政則 編, 『大系·日本國家史』5, 東京大學出版會, 1976); 小林道彦, 『日本の大陸政策』(南窓社, 1996).

의 상극이라는 복수의 모순 관계가 복잡하게 얽힌 것으로 이해해야 할 것이다. 특히 ③에 대해서는 식민지 지배의 본질을 피종속 지역 사회와 관련하여 해명하면서 동시에 그 기층을 파악해야만 하는 과제이다.

나아가 이 문제와 관련해서 밝혀야 하는 것이 천황에 직속하고 일본 정부 내 각 성이나 청으로부터 상대적으로 독립한 통감의 지위가 어떠한 경위를 거쳐 확립된 것이었는가라는 점이다. 이와 관련하여 통감의 직권을 둘러싸고 일어난 이토 히로부미와 고무라 주타로가 대립한 경위에 대해서는 운노 후쿠주가 상세히 검토했지만,[142] 이러한 통감의 지위는 한국 병합 후 조선 총독에게도 계승되었다고 생각한다. 이 시기에 성립한 일본의 또 하나의 식민지인 관동주에서 그 통치 기관으로서 관동 도독부·관동군·남만주 철도 주식회사의 이른바 삼두 정치가 전개되고 있었다는 점을 고려할 때, 왜 한국에서는 통일적인 식민지 통치 기관이 성립했는지를 그러한 국제법적 지위와 아울러서 검토해야 할 필요가 있을 것이다.

이하에서는 「통감부급이사청관제」 제정 당시 통감의 지위 성립 과정을 개관한 다음, 통감의 군대 지휘권 문제를 중심으로 러일 전쟁 이후 대한 정책을 주도한 이토 히로부미와 러일 전쟁 시기 한국에서 일본의 대한 정책을 실질적으로 뒷받침한 재한 일본군과의 대립 구조에 대해서 검토한다. 구체적으로는 이토와 재한 일본군이 한국 통치를 어떻게 구상하고 있었으며, 그와 같은 차이가 왜 나타났는가 하는 점을 과제로 삼을 것이다. 이때 조선의 정치 문화와의 관계에서 양자의 대한 통치 구상을 검토하는데, 이러한 작업을 통해서 한국 병합 후 무단 통치와 문화 정치의 상대적 차이를 밝힐 수 있을 것이다. 일본의 대한 정책과 정치 문화가 부딪히는 공간이야말로 무단 통치와 문화 정치라는 일본의 조선 식민지 지배 방식의 차이가 단적으로 드러나는 지점이라고 생각하기 때문이다.

142 海野福壽, 『韓國併合史の研究』(岩波書店, 2000), 255~268쪽.

일본의 대한 통치 구상 및 대륙 구상의 대립과 통감의 군대 지휘권 문제

1905년 11월 17일 일본은 한국에 이른바 보호 조약인 제2차「한일 협약」의 체결을 강요하고, 한국을 보호국으로 삼았다. 그리고 이 조약을 근거로 한국에 대한 식민지 통치 기관으로서 통감부를 설치했다. 제2차「한일 협약」의 체결은 한국의 외교권을 박탈하여 보호국으로 삼은 것 이외에, 재한 공사관이나 한국 주차군이라는 종래의 개별적 출선 기관이 아니라, 통감부라는 본격적인 식민지 통치 기관을 성립시킨 계기가 되었다는 점에서도 중요한 역사적 성격을 가지고 있다. 제2차「한일 협약」의 체결 과정은 이미 다수의 선행 연구로 밝혀졌기 때문에 여기에서는 특별히 다루지 않는다.[143] 제2장에서 검토할 이토 히로부미의 한국 병합 구상과 관련하여 제2차「한일 협약」과「통감부급이사청관제」의 성립을 전후로 한 시기에 일본의 정치 지도자들이 가지고 있었던 대륙 정책 구상과의 연관 속에서 대한 정책 구상이 어떻게 전개되고 있었는지 검토할 것이다.

러일 전쟁 이후의 체제 구상과 한국 보호국화 방침의 결정

일본 정부의 한국 보호국화 방침은 이미 1904년 5월의 각의 결정「제국의 대한 방침」에서 드러났지만, 1905년 4월 8일의 각의 결정「한국 보호권 확립의 건」[144]은 그때까지 단계적으로 진행되어 온 한국 보호국화를 완성하려 한 것이었다. 이 각의 결정은「한일 의정서」, 제1차「한일 협약」등에 의해 한국의 군사·재정·외교 분야에 관한 한국 보호국화 공작이 순조롭게 진전되고 있었다는 점을 확인한 다음 거기에 그치지 않고〈제국의 자위를 완전하게 하

---

143 제2차「한일 협약」체결 과정에 관해서 상세하게 검토한 최근의 성과로는 海野福壽,『韓國倂合史の硏究』(岩波書店, 2000)가 있다.
144『日本外交文書』38-1, 519~520쪽. 이하에서의 인용은 이 사료에서 가져온 것이다.

기 위해서 제국은 모름지기 이때 한발 더 나아가 한국에 대한 보호권을 확립하고, 해당 국가의 대외 관계를 우리의 손에 넣어야 한다〉는 방침을 제시하였다. 그 때문에 일본 정부는 한국 정부와 보호 조약을 체결하여 한국의 외교권에 관한 행위 능력을 완전히 박탈함과 동시에, 한국의 각종 시정을 감독하는 주차관의 설치를 추진한 것이다. 보호국화에 관해서는 한국의 외교권을 일본이 행사하는 것 외에 각국 사신들에게 〈열국의 사신에 대해서는 모두 철퇴할 것〉이라고 통보하고 그들을 철수시켜 한국의 외교 채널 봉쇄를 기도하였다. 그러나 이 각의 결정은 재한 각국 사신의 철퇴나 각국의 한국에서의 영사 재판권 철폐 방침 등을 포함하여 외교권의 장악에 대해서는 구체적인 방침을 보여 주었으나 다른 한편으로, 한국 통치 기관의 내용에 대해서는 특별히 규정하지 않았다. 이 단계에서는 아직 그러한 내용은 구체화되어 있지 않았다.

그렇다면 일본 정부는 왜 이 시기에 한국을 완전 보호국화하기로 결정했는가? 이 점을 고려할 때, 「한국 보호권 확립의 건」이 「러일 전쟁 중의 작전 및 외교 보조 일치에 관한 건」[145]과 「제2차 영일 협약 체결의 건」[146]이라는 두 가지 사안과 함께 각의에서 결정되었다는 점을 상기할 필요가 있다.[147] 「러일 전쟁 중 작전 및 외교 보조 일치에 관한 건」은 3월 봉천회전 후 만주군 총사령관 오야마 이와오(大山巖)가 참모총장 야마가타 아리토모에게 제출한 의견서를 감안해 작성되어,[148] 3월 23일 수상 가쓰라 다로, 재무상 소네 아라스케, 외상 고무라 주타로 앞으로 제출된 「정전양략개론(政戰兩略槪論)」[149]이 기초가 되었다. 봉천회전에서는 승리했지만 장기전이 될지도 모른다는 비관적 전망의 입장에서 국력을 검토하여, 종전 공작에 대한 기대가 담겨 있는

---

145 『日本外交文書』日露戰爭 Ⅴ, 102~104쪽.
146 『日本外交文書』38-1, 7~8쪽.
147 原田敬一,『日淸·日露戰爭』(岩波新書, 2007), 216~219쪽.
148 外務省 編,『小村外交史』(原書房, 1966년 복각), 487쪽.
149 大山梓 編,『山縣有朋意見書』(原書房, 1966), 273~277쪽.

「정전양략개론」을 수용하여 각의에서 결정한 「러일 전쟁 중 작전 및 외교 보조 일치에 관한 건」에서는 종전 방침을 내놓음과 동시에 열강 각국과 교섭을 거듭하면서 〈국면을 종결하려는 목적〉을 관철할 것을 결정했다. 요컨대 러일 강화의 구체적 방침화였던 것이다.

러일 전쟁이 한국에 대한 지배권과 만주에서의 이익 확보를 목적으로 발발했다는 것은 주지의 사실이지만 이 전쟁이 일본에는 하얼빈, 나아가 〈적국의 수도까지 진입한다〉(「정전양략개론」)는 것이 아니라 봉천회전이라는 국지적 전투에서의 승리에 불과했던 이상, 러시아와의 평화 교섭은 동아시아의 전후 체제를 어떻게 구축할 것인가 하는 방안이 초점이 되었다. 구체적으로 러시아와의 강화 조약에서는 한국과 만주에 대한 지배권·세력권의 범위를 어느 정도로 설정할 것인지가 가장 큰 의제가 되는 것이 당연했다. 물론 그 경우 한국에 대한 일본의 지배권을 러시아에 인정시키는 것이 절대적 조건임은 개전 경위를 보더라도 분명했다.

그리고 그러한 러일 강화 방침의 결정과 동시에 러시아와의 강화 조약 체결 시기를 주시하면서 영미 각국과도 교섭을 거듭해서 추진할 필요성이 있었다. 각의 결정 「제2차 영일 협약 체결의 건」은 영일 동맹 협약을 계속할 방침을 결정한 것인데, 거기에는 제1차 「영일 동맹 협약」의 방침을 변경할 필요는 없다고 한 다음 〈이번 전쟁의 결과로 한국의 지위가 일변하므로 본[영일 동맹] 협약도 역시 이에 따라 필요한 변경을 가하지 않을 수 없다. 즉, 우리 나라는 한국에 대하여 보호권의 확립을 목표로 하기 때문에 이것을 실행하면서 [영일 동맹] 협약과 저촉되지 않도록 수정을 가한다〉는 방침을 확인하였다. 따라서 이러한 두 가지 각의 결정에 기초하여 전자는 4월 21일에 「러일 강화 조건 예정의 건」, 후자는 5월 24일에 「제2차 영일 협약 체결의 건」을 각의에서 결정하였다.[150]

---

150 『日本外交年表竝主要文書』上, 236~238쪽.

이상의 검토에서 분명해진 것처럼 4월 8일 각의에서 결정한 세 가지 문건은 동아시아에서 러일 전쟁 이후 체제를 어떻게 구축할 것인가란 방침을 정한 것이었고, 한국의 완전 보호국화는 그 일환으로 설정되었다. 그리고 이때 중요한 것이 이러한 러일 전쟁 이후 체제 구상을 주도한 자가 이토 히로부미였다는 점이다. 각의 결정 전날인 4월 7일, 수상 관저에서 원로인 이토 히로부미, 이노우에 가오루, 마쓰가타 마사요시, 야마가타 아리토모 그리고 수상 가쓰라 다로, 외상 고무라 주타로, 육상 데라우치 마사타케, 해상 야마모토 곤베(山本權兵衛)가 출석한 원로 회의가 열렸다. 그 자리에서 이후의 정략에 대하여 검토했는데, 참석자는 이토의 의견에 동의했다고 한다.[151] 이토의 의견이야말로 다음에 검토하는 것처럼 〈만한 문제〉를 〈만주 문제〉와 〈한국 문제〉로 나눈 다음 〈한국 문제〉의 단독 해결을 지향한다는 대륙 정책 구상이었다. 동아시아에서 일본의 전후 체제 구상의 이니셔티브는 구상 단계에서 이토가 이미 쥐고 있었던 것이다.

외무대신 고무라 주타로의 만한 정책 구상과 대한 통치 구상

그렇다면 일본의 정치 지도자들은 러일 전쟁 이후 시기의 대륙 정책과 대한 정책의 연관성을 어떻게 구상하고 있었던 것일까? 이 과제에 대해서는 통감부 설치에 즈음하여 드러난 정부 내의 두 가지 대립을 분석하면서 밝혀 보겠다. 하나는 통감부를 외교권 행사의 주체로 설정할지의 여부를 둘러싼 대립이었고, 다른 하나는 통감의 군대 지휘권을 둘러싼 대립이었다.

전자의 이토 히로부미와 고무라 주타로의 외교권 행사를 둘러싼 대립에 대해서는 「통감부급이사청관제」의 제정 과정 검토와 관련하여 운노 후쿠주가 상세하게 분석했는데,[152] 한국 외교권을 행사하는 주체가 외무성이었는

---

151 山本四郎 編, 『寺內正毅日記』(京都女子大學, 1980), 317~318쪽.
152 海野福壽, 『韓國倂合史の硏究』, 제4장 제1절.

지, 아니면 통감부였는지의 차원만이 아니라 대륙 정책 구상을 둘러싼 노선의 차이와 대한 정책과의 관련성이라는 관점에서도 이러한 대립축을 검토할 필요가 있을 것이다. 여기에서는 다음에 검토할 통감의 군대 지휘권 문제의 보조선으로서 고무라의 만한 정책 구상과 대한 통치 구상을 분석하고자 한다.

1905년 12월 21일 공포한 「통감부급이사청관제」는 이토가 기초한 것인데,[153] 임시 겸임 외상 가쓰라 다로는 「만주에 관한 청일 조약」을 체결하기 위해서 베이징에 출장 중이던 고무라에게 이 관제 제2조의 취지에 대하여 다음과 같이 설명하였다. 가쓰라는 통감은 관제상 천황에게 직례(直隷)하고 내각으로부터 독립해 있지만 상주와 친재를 할 때 〈외교에 대해서는 외무대신을 거쳐 총리대신을 경유하며, 기타의 정책에 대해서는 모두 총리대신을 경유하도록 한다. 또한 중요한 외교 사무에 관해서는 통감이 조치를 취하기 전에 미리 외무대신과 협의해야 한다〉[154]고 서술했다. 일반 정무에 대해서는 내각 총리대신을, 외교에 대해서는 외무대신을 경유한다고 하였고, 또 〈중요한 외교 사무〉에 대해서는 외상과 협의하도록 하였다고 규정한 것이다.

이러한 가쓰라의 설명에 대하여 고무라는 강경하게 반대하고 〈중요한 외교 사무에 관해서는 통감이 조치를 취하기 전에 미리 외무대신과 협의를 하며, 통감 역시 중요한 외교 사무를 집행하는 것을 인정하는 것이다〉라고 우려를 표명했다.[155] 제2차 「한일 협약」은 한국 외교권의 행사 기관을 도쿄 외무성으로 분명히 밝히고 있었는데, 고무라는 이 관제와 가쓰라의 취지 설명에 따라 통감도 또한 〈중요한 외교 사무〉에 대하여 외교권 행사 기관으로서

---

153 東亞同文會 編, 『續 對支回顧錄』 下(原書房, 1973년 복각), 92쪽.
154 『日本外交文書』 38-1, 562쪽.
155 위의 문서.

기능할지도 모른다는 점을 문제로 삼았던 것이다. 그리고 〈만약 통감부가 중요한 외교 사무를 취급하는 것을 인정한다면 애써 철수하기로 결정한 [관계 각국] 공사관도 이것을 존치하는 결과가 되어 우리가 처음부터 가졌던 목적을 파괴할 우려가 매우 크다〉[156]고 주의를 촉구했다. 일본은 보호 조약 체결과 동시에 한국과 조약을 체결하였던 각국에 공사관의 철수를 요구하고 있었는데, 통감부가 외교권을 행사할 여지를 남기는 것은 이러한 외무성의 방침을 허사로 돌려 버리는 것으로 파악한 것이다. 바꾸어 말하면 고무라의 주장은 한국을 완전히 보호국으로 삼기 위해서는 도쿄 외무성에 한국 외교권의 실시를 일원화해야 하고, 통감부에는 한정적으로 지방 사무를 담당시키는 것에 그쳐야 한다는 것이었다. 고무라는 제2차 「한일 협약」 체결 시부터 이미 〈한국 외교는 통감이 도쿄에 있는 외무성의 지휘 감독을 받고, 여전히 경성에서 이를 행사하는가란 의혹이 생길지도 모른다〉고 문제시하고, 도쿄 외무성이 한국 외교권을 행사한다는 취지를 재외 공사를 통해서 각국 정부로 통고하도록 지시했다.[157]

그러나 고무라의 우려는 외무성이 담당해야 할 외교 사무를 통감부가 집행한다는 단순한 외교권 행사의 차원에 그치는 것이 아니라, 통감부라는 식민지 통치 기관의 총체적인 구상 grand design과 관련되어 있었다. 위에서 살펴본 것처럼 고무라와 가쓰라 사이에 오고 간 일련의 의견 교환에서는 명확하지 않으나 고무라, 그리고 외무성은 〈통감부를 외무성으로부터 분할하여 이것을 폐하 직례로 삼으려는 것이라고 생각한다. 그렇다면 각하[고무라]가 당초부터 품고 있던 바와 근본적으로 현격한 격차가 있는 결과를 보여 줄 뿐만 아니라, 외무성과 통감부 사이에서 연락이 끊어져 자연스레 한국 외교가 하나로 통합되어 있지 않는 사태를 초래하므로 심히 불편한 상황을

156 위의 문서.
157 위의 문서, 539쪽.

노정한다〉[158]는 우려를 드러내고 있었기 때문이다. 즉, 한국 외교권의 행사라는 차원이지만 통감부의 설치가 외무성의 권한을 축소할지도 모른다는 것이었고, 그것은 고무라의 외교 구상과 어긋나는 결과를 가져올 수 있어 위험하다고 파악한 것이다. 이토와 고무라 간의 대립점은 외교 사무의 행사라는 한정적 직무에 대한 것이었으나, 통감의 직무를 확대하려는 방향성(이토)과 한정하려는 방향성(고무라)이라고도 할 수 있을 것이다.

그렇다면 고무라는 왜 통감부의 직무를 한정적인 것에 그치도록 하였는가? 종래 고무라는 대륙 팽창 정책과 일치하는 의향을 가지고 있었다고 이해해 왔다.[159] 확실히 고무라의 대륙 정책, 특히 〈한국 문제〉에 관한 자세는 러일 전쟁 전부터 전쟁을 거치면서 일관되게 강경한 것이었다는 점은 의심할 나위가 없다. 예를 들어 1904년 7월 고무라는 수상 가쓰라 다로에게 「러일 강화 조건에 관한 외상 의견서」(미완 원고)를 제출했는데,[160] 거기에서는 러일 전쟁 이후 한국의 위상을 전쟁 전까지의 〈우리의 세력 범위〉라는 방침으로부터, 〈사실상 우리의 주권 범위가 되어 기존에 정한 방침과 계획에 기초하여 보호의 실권을 확립하고, 점차 우리 이권의 발달을 도모한다〉는 것으로 한발 더 나아간 것이었다. 따라서 한국에 대하여 〈러시아로 하여금 우리의 완전한 자유 행동권을 확실히 인정하도록 하고, 더불어 우리의 이익을 방해하지 않을 것을 명확하게 약속하도록 함으로써 장래에 다시 한국 문제에 대하여 러시아와 분란을 일으킬 까닭을 완전히 배제할 것〉이, 러시아와의 강화에 즈음하여 요구하는 조건이었다. 한국과 관련된 이러한 요구 조건은 봉천회전 후인 1905년 3월에 제출된 의견서에서도 특별히 바뀌지 않았다.[161]

---

158 위의 문서, 560~561쪽.
159 예를 들어 寺內康俊, 『日露戰爭以後の日本外交』(信山社, 2000), 제1장 참조.
160 『日本外交文書』日露戰爭 Ⅴ, 59~63쪽.
161 1904년 7월과 1905년 3월 두 번의 고무라 의견서의 변경 사항에 대해서는 『小村外交史』, 486~487쪽 참조.

그러나 대외 강경적 지향을 가지고 있다는 것과 중앙의 견제를 받지 않는 독립적인 기관의 설치를 지향한다는 것은 정책 차원을 달리하는 문제이다. 당시 일본에서는 고바야시 미치히코가 지적한 것처럼 고토 신페이(後藤新平)와 이후 가쓰라 다로가 지향하는 바가 된 중앙 집권적 식민지 통치 기관의 설치 구상이 존재하고 있었기 때문이다.[162] 이 점에 대해서 고무라의 대륙 정책 구상은 어떠한 것이었을까?

러일 강화 회의 종료 후 귀국하던 배 안에서 고무라는 「만한 경영 강령(滿韓經營綱領)」을 구술하여 문서로 남겼다.[163] 「만한 경영 강령」에는 보호권 설정 후 「대한 시설 요목」도 포함되어 있었고, 그 취지는 한국에 〈새로이 통감을 두고 보호 제도를 실시한다〉는 것이었다.[164] 『고토 신페이 문서』에 수록된 「한만 시설 강령(韓滿施設綱領)」(미완 원고)[165]에 따르면, 고무라는 통감과 이사관의 역할을 〈제국 신민의 보호, 한국과 열강 사이의 조약 실시와 한국 시설 통할(統轄)〉이라고 규정하고 있었다. 그리고 한국 외교권에 대해서는 외교 사무에 한정하고, 〈한국 시설 통할〉의 실행 기관으로 자리매김하였다. 여기에서 이목을 끄는 것은 〈육군은 당분간 한국의 질서를 유지하고, 그 영토 방어의 급한 요체에 응하기에 충분할 군대를 두고, 장래 실제의 필요에 상응하여 증군할 것〉이라고 규정한 을1항의 재한 일본군 설정이다. 당장은 한반도의 〈치안 유지〉에 필요한 한도 내에서 재한 일본군을 주둔시킨다면 좋을 것이라고 고무라는 구상하고 있었고, 다음에 보는 재한 일본군과 같은 육군 중심의 식민지 통치 기관 설립과는 견해를 달리했다.

위에서 본 것처럼 고무라의 구상은 중앙 집권적으로 식민지 통치를 실시

---

162 小林道彦, 『日本の大陸政策』(南窓社, 1996), 제2장 참조.
163 本多熊太郎, 『魂の外交』(千倉書房, 1938), 226쪽.
164 春畝公追頌會 編, 『伊藤博文傳』下(統正社, 1940), 680쪽.
165 「韓滿施設綱領(未定稿)」(水澤市立後藤新平記念館 編, 『後藤新平文書』R-37, 雄松堂フィルム出版, 1980).

한다는 것이었다고 생각한다. 한편 중앙의 견제를 받지 않는 분권적 식민지 통치 기관의 설치를 구상했다는 의미에서 이토는 오히려 야마가타 아리토모와 데라우치 마사타케에 의해 다음에 드러난 조선 총독부의 지향성에 가까웠다고 파악할 수 있을 것이다. 그렇다면 이토는 왜 중앙으로부터 독립한 식민지 통치 기관을 설치하려 하였는가? 통감의 군대 지휘권 문제를 다루면서 이 문제를 검토해 보겠다.

통감의 군대 지휘권 문제의 발생

이토 히로부미는 「통감부급이사청관제」의 시행에 즈음하여 재한 일본군에 대한 지휘권의 소재를 둘러싸고 육군과 대립했다.[166] 유명한 통감의 군대 지휘권 문제이다. 초대 통감으로 이토의 취임이 결정되었지만 문관인 이토에게 군대 지휘권을 부여하는 것은 통수권을 침해하는 것이라고 하여 육군이 반대하였다. 즉, 통수권의 형태를 둘러싸고 이 문제가 발생했다. 그러나 한편으로 러일 전쟁이 진전됨에 따라 일본의 정치 담당자뿐만 아니라 육군 내에서도 전후 대륙 정책 구상의 분열이 생겨나고 있었다고 한 고바야시 미치히코의 지적을 염두에 둘 필요가 있다.[167] 이와 같은 대륙 정책 구상을 둘러싼 분열은 대한 정책의 추세에도 영향을 미쳤다고 생각되며, 통감의 군대 지휘권 문제도 그 연장선상에 위치하는 것으로 파악할 수 있기 때문이다. 다음에서는 고바야시의 지적을 바탕으로 통감의 군대 지휘권 문제의 단서로 만주군을 중심으로 한 군출선(軍出先) 기관과 이토의 대륙 구상을 검토한다.

우선 통감의 군대 지휘권 문제의 경위에 대해서 개관한다. 앞에서 서술한 대로 1905년 12월에 공포된 「통감부급이사청관제」는 이토가 주도하여 기

---

166 예를 들어 由井正臣, 「日本帝國主義成立期の軍部」(中村政則 編, 『大系・日本國家史』 5, 東京大學出版會, 1976) 참조.
167 小林道彦, 『日本の大陸政策』, 106~111쪽.

초한 것이나 원로, 내각에 의한 관제의 검토 과정에서는 한국 통치 기관을 〈순수한 문치 조직으로 삼을 것인지, 아니면 이것을 무관 조직으로 삼을 것인지의 두 가지 이야기〉[168]가 있었다. 그러나 이토의 통감 취임이 결정된 가운데 통감의 군대 지휘권 문제가 부각되기에 이르렀다. 이 관제는 제4조에서 재한 일본군에 대한 통감의 지휘권을 명확하게 규정하고 있었기 때문이다. 육군 측은 이에 대하여 맹렬하게 반발했으나 결국 참모총장 오야마 이와오와 육군 대신 데라우치 마사타케의 조정으로 통감에게 군대 지휘권을 부여하기로 결정하였다. 그때 데라우치는 〈한국 통치 실정에 비추어 시기에 따라 군대를 사용할 수 있는 권능의 부여가 반드시 헌법 위반, 대권 침해는 아니다〉고 하여 통감의 군대 지휘권을 법제화하는 것에 찬성했다고 한다.[169]

그러나 군대 지휘권 문제는 계속 문제가 남았던 것으로 보이며 결국 1906년 1월 14일에 이르러 〈짐이 한국 현재의 사정을 고려하고, 그 안녕과 질서를 유지할 목적으로 한국 통감에게 임시로 한국 수비군 사령관으로 병력 사용을 명령할 권한을 부여한다. 그러므로 경들은 국방 용병의 계획과 위와 같은 병력의 사용이 서로에게 지장을 초래하지 않도록 적당하게 조치하여 짐의 바람에 부응하라〉고 하는 칙유를 오야마와 데라우치에게 내려서 문제 해결을 도모하였다.[170] 천황의 명령에 따라 육군, 특히 참모본부의 반대 의견을 억제하려고 한 움직임은 참모본부의 부장급 간부들의 반발을 불러일으켰으나,[171] 최종적으로 데라우치를 포함한 정부 측에 의해 차단된 것으

168 『日本外交文書』 38-1, 560쪽.
169 黑田甲子郎 編, 『元帥寺內伯爵傳』(大空社, 1988년 복각), 438쪽. 다만 인용문의 하단에 데라우치가 〈반드시 무관 총독을 주장하는 논자는 아니었다〉고 한 점을 고려해 보면 야마다 아키라(山田朗)가 이 책의 복각판 〈해설〉 3쪽에서 다루고 있는 것처럼 인용문의 신빙성에 의문이 없다고는 할 수 없다.
170 宮內廳 編, 『明治天皇紀』 11(吉川弘文館, 1975), 460쪽. 그러나 陸軍省編, 『明治軍事史』 下(原書房, 1966년 복각), 1558쪽에는 1월 16일로 되어 있다.
171 井口省吾文書研究會 編, 『井口省吾と日露戰爭』(原書房, 1994), 396쪽.

로 보인다. 〈황송하게도 칙유가 내려진 이상 하등의 다른 생각이 있을 리가 없습니다〉[172]라는 한국 주차군 사령관 하세가와 요시미치의 말에서 명확히 드러난 것처럼, 정치적 대립을 조직에 따라 해결한다는 방책을 취한 것이다. 오야마는 하세가와에게 16일부로 훈령을 주어, 이 문제에 대한 최종적인 해결을 도모하였다.[173]

그렇다면 통감에 대한 군대 지휘권 문제는 왜 이렇게 문제가 된 것인가? 그 이유 중 하나가 통수권의 독립을 명목으로 한 것이었다는 점은 의심할 여지가 없으며, 또한 이 문제를 근대 일본 특유의 정군 관계의 대립이 표면화한 것으로 파악하는 것은 타당하다. 예를 들어 하세가와가 〈[통감부 관제 및 조례] 제4조에 통감은 사령관에게 출병을 명령할 수 있다고 했습니다. 애초부터 사령관은 통감에게 예속한 자입니다. 이미 사단장이더라도 천황의 직례입니다. 하물며 군사령관의 직례라는 것은 말씀드릴 것도 없다고 생각합니다. 천황의 직례인 사령관에게 통감은 명령할 권능이 있습니까?〉[174]라고 데라우치에게 주장하고, 또 참모본부 총무부장 이구치 쇼고(井口省吾)가 〈통감부 관제 제정에 대하여 통감의 병력 사용권에 관한 것을 참모총장에게 상의하여 결정하도록〉한 것은 부당하다고 야마가타 아리토모에게 불만을 토로한 점[175]으로부터도 분명하다.

그러나 이토의 군대 지휘권 요구에 가장 완강하게 반대한 자는 전 만주군 참모이자 전후 참모본부로 돌아온 다나카 기이치(田中義一)[제1부원], 마쓰카와 도시타네(松川敏胤)[제1부장], 이구치 쇼고 등이었다고 한 『다나카

---

172 1906년 1월 25일부 하세가와 요시미치가 데라우치 마사타케에게 보낸 서한(國立國會圖書館 憲政資料室 所藏, 『寺內正毅關係文書』 38-16).
173 『明治軍事史』 下, 1559쪽.
174 1905년 12월 30일부 하세가와 요시미치가 데라우치 마사타케에게 보낸 서한(『寺內正毅關係文書』 38-14).
175 『井口省吾と日露戰爭』, 393쪽.

기이치 전기(田中義一傳記)』의 지적은[176] 이 문제가 정군 관계 혹은 통수권의 소재에 대해서뿐만 아니라 그 근저에 대륙 정책 구상의 차이를 둘러싸고 대립이 존재하고 있었다는 점을 시사한다. 고바야시 미치히코가 지적한 것처럼 봉천회전 후 전황에 일정한 전망이 생기자 일본의 정치 담당자 사이에서는 전후 대륙 정책을 둘러싸고 의견 차이가 발생했다. 러일 전쟁 중에 남만주 점령을 계기로 만주군 내에서 독자적인 전후 대륙 구상이 형성되어 갔기 때문이다. 종래 식민지로서 만주가 지닌 가치에 대해 소극적 견해를 가지고 있던 만주군 총참모장 고다마 겐타로(兒玉源太郎)나 만주군 사령부 병참과장 이구치 쇼고 등을 중심으로, 러일 전쟁이 끝나가던 시기에는 남만주에 대한 적극적 식민지 경영이 주장되기에 이르렀다고 한다.[177] 특히 〈우리 육군의 전후 경영에 관하여 참고해야 할 일반 요건〉이라고 제목이 붙어 있는 의견서는 만주군의 대륙 정책 구상을 보여 주는 것으로 고바야시가 다루면서 주목하게 된 사료지만 전후 대륙 정책 구상에서 한국 통치 기관의 위치를 보여 주는 것으로도 중요하다. 장문이기는 하나 해당 부분을 인용한다.

바야흐로 러일 평화 조약과 영일 동맹 신협약에 따라 한국에 대한 보호권을 확보하였고, 러시아는 만주 내 장춘 이남의 시설을 포기하여 완전히 이를 우리 나라의 세력권 안으로 포함하기에 이르렀다. ……이것이 계획 시설의 형평에 맞는다는 점은 앞서 의사의 일치와 방법 수단의 통일이 요체이다. 즉 그 수뇌 기관의 조직을 통일시키고, 그럼으로써 목적을 달성할 수 있다. 현 제도의 조직은 오직 이 사업[만한 경영]의 발달에 불리할 뿐만 아니라 다시 러시아로 하여금 야심을 품게 할 기회를 편승하게 하여

---

176 高倉徹一 編, 『田中義一傳記』 上(田中義一傳記刊行會, 1958), 360쪽.
177 小林道彦, 『日本の大陸政策』, 108~109쪽.

전승의 결과를 몰각함에 이르지 않음을 보장할 수 없다. 어찌 유감이 없겠는가? 무릇 한국의 경영은 이 사업의 핵심으로, 남부 만주의 시설은 이와 붙어 있는 것이다. 그 가운데 군사 경영은 한국 방위의 목적을 기초로 계획해야 한다. 그러므로 현 제도인 관동 총독을 폐지하고 한국 주차군 사령부의 조직 권한을 확장하여 하나의 식민지 총독 같은 것으로 개편한다. 지배하는 구역의 경우, 한국과 관동주는 물론, 나아가 도문강구로부터 혼춘, 길림, 장춘, 회덕, 법문고를 거쳐 금주부에 이르는 선 이남의 지역에서 군사적 세력의 부식, 작전 준비, 그리고 민정과 상공업 등의 시설에 이르기까지 통일된 계획을 세우는 것이 가장 적당한 제도이다.[178]

러일 전쟁 후 만한 경영을 시행하면서 〈수뇌 기관의 통일〉을 제창하였다. 전후 대륙 경영을 위해서 한국 경영을 주축으로 하는 통일적 식민지 통치 기관을 설치할 필요가 있었는데, 그때 〈현 제도의 관동 총독을 폐지하고 한국 주차군 사령부의 조직 권한을 확장하여 하나의 식민지 총독의〉 지위로 편성해야만 한다고 했다. 만주군 총사령관 아래에 설치된 관동 총독부가 아니라, 한국 주차군을 확장하는 형태로 식민지 통치 기관을 설치한다는 구상이었다. 그것은 한반도 방위를 기축으로 한 대륙 방위 구상과도 연관이 있었다. 군정의 실질적 지속을 통해서 만주 남부와 한국 지방 전체를 일본의 식민지로 지배·경영하려고 한 것이다. 이 의견서의 이러한 견해는 치바 이사오(千葉功)가 말하는, 만한은 불가분이기 때문에 만주도 확보한다는 의미에서의 〈만한 불가분론〉의 견지에서 제시될 만한 문제 해결 방침이었다고 본다. 고다마 겐타로가 제창한 〈장래의 경영에는 경성의 복잡함을 피해 평양에 새로운 일본의 거점을 두고, 그곳에서부터 남북으로 확장한

---

178 「我陸軍ノ戰後經營ニ關シ參考トスヘキ一般ノ要件」(防衛省 防衛研究所 圖書館 所藏, 『宮崎文庫』40).

다〉[179]는, 평양을 거점으로 한 대륙 경영 기관 설치 구상도 동일한 문맥에서 이해할 수 있다. 이 의견서의 작성 시기와 기관은 명확하지 않으나 관동 총독부를 설치한 것이 1905년 10월 17일이었다는 점을 감안하면 시기적으로 이토가 주도한 「통감부급이사청관제」에 대항하여 참모본부 내에서 작성하였다고 생각해도 무리가 없다.[180] 그러나 이러한 한국 주차군 사령부의 확장이라는 군 주도의 대륙 경영 기관 설치 구상은 이토의 맹렬한 반발을 초래했다.

그렇다면 이토는 전후 대륙 경영을 어떻게 구상하고 있었던 것일까? 러일 전쟁 후 철병을 완료하는 시기에 실시되었던 관동 총독부의 대만주 점령지 군정이 구미 열강의 비난을 불러일으켰고, 또 관동 총독부의 행동이 〈이권 회수열〉로 고양된 청국 관민을 자극하게 되자, 그와 같은 사태를 우려한 이토의 소집으로 1906년 5월 22일 〈만주 문제에 관한 협의회〉를 개최하였다.[181] 협의회 석상에서도 이토는 고다마를 비롯한 군출선 기관의 적극적 만주 경영의 의향에 압력을 가하고, 군정의 조기 철폐, 만주의 문호 개방을 진행할 것을 요구했다. 그리고 육군에서 가장 연장자인 야마가타 아리토모에 의한 전후 대륙 정책 구상은 대러 방위 전략을 핵심으로 하여 발상이 출발한 것으로, 대러 복수전을 두려워하는 러일 전쟁 직후에는 소극적인 것이었다. 또 대한 정책에서도 한국에서의 〈군사 경영〉의 주안점은 〈영구히 한국의 요충지에 유력한 군대를 주둔시키고, 그럼으로써 러시아의 이후 남하 운동에 대비함과 동시에 한국의 안녕 질서를 유지하여 우리가 조약상 책임을 온전히 하고, 아울러 철도, 전신과 같이 우리의 군사, 상업에 영구히 필요한 건축물의 안전을 도모하는〉[182] 것, 결과적으로 러시아의 남하에 대비한 한국

179 長岡外史文書硏究會 編, 『長岡外史關係文書 書簡·書類篇』(吉川弘文館, 1989), 154쪽.
180 『井口省吾と日露戰爭』, 393~397쪽. 12월 30일 일기 안의 〈고다마 대장의 회신〉이 아마 여기에 해당한다고 생각되나 확증은 없다.
181 角田順, 『滿洲問題と國防方針』(原書房, 1967), 308~332쪽.
182 『山縣有朋意見書』, 285쪽.

방위책을 위한 군대 주둔에 놓여 있었다. 따라서 기본적으로 야마가타 등 육군 상층부의 만주 경영에 대한 소극적 자세는 이토의 그것과 크게 차이가 없었고, 이 협의회에서 야마가타는 이토의 〈만주 경영〉 부인론에 동조했다고 한다.[183] 군대 지휘권 문제와 〈만주 문제에 관한 협의회〉에서 이토는 육군 출선에 의한 〈적극적 대륙 정책 노선〉이라는 대륙 정책 구상을 압도했고, 그것에 대해서는 육군 중앙도 적극적으로 반대하지 않았다. 치바가 말하는 〈만한 불가분론=만한 교환론〉의 의미에서 만한 교환론의 발상이 강한 이토에게 대륙 정책상의 우선 과제는 어디까지나 한국 경영이었다.

반대로 말하면 러일 전쟁 이후 이토에게 지상 명제는 한국 문제의 완전하고도 최종적인 해결이었고, 구미 열강과의 이해 조정이 필요한 만주 문제는 부차적으로 다루어지고 있었다. 따라서 이토의 자세는 고바야시 미치히코가 지적한 것처럼 일본의 적극적 만주 경영에 반발한 청국의 배외 운동 발발에 따라 발생하게 될지도 모르는 제2차 의화단 전쟁 혹은 제2차 러일 전쟁의 발발을 막으려 했다는 만주 경영 부정론과 표리일체이다.[184] 만주의 문호를 개방하라는 영미 양국의 요구에 대응하는 한편, 제3차 한일 협약 체제의 성립(제2장 참조)에 따라 한국에 대한 독점적 지배 체제를 만들어 낸다는 것이 이토의 대륙 정책 구상이었다. 최종적으로는 이토에게 눌리고 말았지만 군대 지휘권 문제를 둘러싼 대립은 일본의 정치 담당자 사이에서 대륙 정책 구상을 둘러싼 대립의 일단을 보여 준 것이다.

재한 일본군과 조선 사회

이상에서 본 것처럼 통감의 군대 지휘권 문제는 러일 전쟁 후 대륙 정책

---

183 小林道彦, 『日本の大陸政策』, 120~123쪽.
184 위의 책, 121쪽.

구상을 둘러싸고 군출선 기관, 특히 만주군과 이토 히로부미의 대립이 표출되었다는 성격을 가지고 있다. 그러나 재한 일본군에서는 이와는 별도의 문맥에서 통감의 군대 지휘권 문제에 관련된 문제가 발생하고 있었다. 군대 지휘권 문제의 바닥에 깔려 있는 것은, 통감을 무관 전임으로 할 것인가 말 것인가란 무관 통감론이다. 재한 일본군은 러일 개전 이후 상당히 이른 단계에서 이미 무관을 중심으로 한 식민지 통치 기구의 설치를 구상하고 있었다. 그것은 만주군의 만한 통일적 식민지 통치 기관 설립 구상이 러일 전쟁 말기에 부상한 것과 대조적이다. 즉, 재한 일본군이 무관 통감론을 주장한 요인을 만한 문제의 연관성이라는 측면 이외에서도 찾을 필요가 있는 것이다. 그렇다면 재한 일본군은 왜 군사 우선적 식민지 통치 기관의 설치, 그리고 무관 통감론을 주장하였는가? 다음에서는 재한 일본군 내에서 검토한 식민지 통치 기관 구상에 대해서 살펴보도록 한다.

무관 통감론의 계보

재한 일본군 내에서는 이미 러일 개전 전야에 통일적 식민지 통치 기관의 설치 구상이 검토되고 있었다. 그 대표적인 것이 참모본부 작전부장 경력이 있는 재한 공사관 부무관 이치지 코우스케가 러일 개전 직후인 2월 17일부로 대본영에 제출한 「반도 총독부 조례」안이다.[185] 이 의견서는 〈한국에 대한 우리의 제반 경영 사업은 이미 하루도 늦출 수 없다. 뒤이어 다가올 북방에서의 우리 작전의 편익을 고려할 때 특히 이를 신속하게 실행할 필요〉가 있기 때문에, 러일 전쟁 수행상의 필요로부터 〈동양 평화를 담보할 수 있을 때까지〉 군사 행동과 〈한국 경영〉을 총괄하는 기관으로 반도 총독부를 잠

---

185 1904년 2월 17일부 재한 공사관 부무관 이치지 코우스케가 참모총장 오야마 이와오에게 보낸 상신서(防衛省 防衛研究所圖書館 所藏,『鷄林日誌』「戰役 ─ 日露戰役 ─ 59」); 谷壽夫,『機密日露戰史』(原書房, 1966), 72쪽.

정적으로 설치하자고 주장한 것이다. 반도 총독부는 대·중장이 직접 임명하고, 주한 일본 공사관 및 재한 일본군을 지배하에 두고 한국에서 〈경영 사업〉과 〈뒤이어 다가올 북방에서의 우리 작전의 편익〉을 통일적으로 실시할 한국 통치의 최고 기관으로서 직권이 주어진다고 규정하였다. 그리고 이 기관의 통치하에 〈평화를 극복할 때는 사실상 한국은 이미 우리 보호 아래에 있는〉 것과 같은 상황을 만드는 것을 목표로 하였다. 나아가 이치지는 〈한국 경영 사업과 같은 것은 능히 나라의 사정을 잘 고려하여 착수하지 않는다면 효과를 대개 기대하기 어렵기〉 때문에 이치지와 더불어 한국에 파견된 참모본부 부원 육군 대위 이노우에 이치지(井上一次)를 조선 식민지 정책 계획의 입안 참모로 삼도록 참모본부에 공작하는 등,[186] 재한 일본군을 중심으로 한 한국 통치 기관의 성립을 획책하고 있었다.

이러한 반도 총독부 구상은 이치지의 개인 견해가 아니라 러일 개전 전야부터 이치지, 한국 주차대 사령관 사이토 리키사부로(齋藤力三郎), 마쓰이시 야스지(松石安治)와 같은 재한 일본군 수뇌가 회합을 거듭하고 있었다는 점,[187] 이치지에게 재한 일본군의 의견 종합이 기대되고 있었다는 점,[188] 그리고 다음에 다룰 사이토의 상신서 내용을 감안하면 적어도 세 사람의 검토를 거쳐 입안되었고, 이치지가 상신한 것으로 보인다. 왜 이 단계에서 주한 공사를 초월하는 한국 통치 기관의 설치가 상신된 것인지에 대해서 사료적으로는 이것 이상으로 명확하지 않다. 그러나 전신선, 숙영지 교섭 등 러일 개전 이후 작전 수행에 필요한 조치에 관한 기사가 『계림일지(鷄林日誌)』 여기저기서 보인다는 점을 아울러 고려해 보면 주한 공사를 통한 한국 정부와

186 井口省吾文書研究會 編, 『井口省吾と日露戰爭』(原書房, 1994), 506쪽.
187 『鷄林日誌』.
188 1904년 1월 13일부 참모총장 오야마 이와오가 재한공사관부무관 이치지 코우스케에게 보낸 訓令臨 제117호 제1(JACAR[アジア歷史資料センター]Ref. C03020013100, 『陸滿密大日記』 「明治37年-M37-1」[防衛省 防衛研究所]).

의 교섭이 의도대로 진척되지 않았다는 점이 배경이었다고 추측할 수 있다. 즉, 재한 일본군이 중심이 되어 대한 정책을 직접 실시할 수 있도록 한다는 작전 수행상의 필요에 의한 한국 통치 기구 설치 구상으로 생각된다.

결국 「반도 총독부 조례안」은 참모본부에 받아들여지지 않았다.[189] 그것은 이치지가 재한 공사관 부무관으로 착임했을 때 관계국과의 교섭 사항은 주한 공사와 협의하여 〈결코 전단(專壇)〉하지 말고, 중요 사항은 주한 공사의 지휘를 따르도록 참모본부가 훈령을 내리고 있었던 점으로 쉽게 추측할 수 있다.[190] 그러나 재한 일본군은 그 후에도 주한 공사보다 우월한 군 중심의 대한 통치기관 설치를 참모본부에 상신했다.

1904년 8월 한국 주차군 참모 사이토 리키사부로(齋藤力三郎)는 참모본부 앞으로 보낸 상신서에서 군사령관에게 주한 공사를 초월한 권능을 부여할 것을 주장했다. 사이토는 한국 주차군 사령부 편성 개정과 아울러 이러한 주장을 개진했는데, 〈특히 주의해야 할 것은 군사령관의 권능과 공사의 권능 사이의 관계에 있다고 생각합니다. 결국 공사는 군사령관 아래에 있으면서 활동하는 것과 같은 제도를 만들지 않는다면 위압을 주로 해야 하는 한국에서는 무리일 것입니다. 적어도 공사는 군사령관의 의도를 듣거나 혹은 《공사는 군사령관에게 협의한다 운운》이라고 하여 지금과는 전혀 반대로 권능을 부여할 필요가 있습니다〉[191]라고 상신하고 있다. 한국 통치는 〈위압〉, 즉 물리적 폭력을 주축으로 해야만 하는 이상, 군사령관을 중심으로 한 한국 통치 기관을 설립할 필요가 있다고 주장한 것이다. 이러한 사이토의 주장은

189 『機密日露戰史』, 72쪽.
190 1904년 1월 22일부 육상 데라우치 마사타케가 재한 공사관 부무관 이치지 코우스케에게 보낸 훈령(JACAR Ref. A04010082200, 「公文雜纂」 「明治37年-第40卷-陸軍省1-陸軍省1」 [國立公文書館]).
191 長岡外史文書硏究會 編, 『長岡外史關係文書 書簡·書類篇』(吉川弘文館, 1989), 161쪽. 도리어 『機密日露戰史』, 558쪽에서는 한국 주차군 참모 하야시가 이 취지의 상신을 실시했다고 했으나, 아마도 다니 토시오가 사이토 리키사부로로 오인한 것으로 보인다.

당시 진행되고 있던 이토 히로부미의 한국 고문 취임 움직임이 중지된 것에 찬성 의사를 표시하는 형태로도 나타났다. 사이토는 원래부터 〈한국은 문관들로는 도저히 다스릴 수 없습니다. 반드시 육군 장교로서 천황이 임명한(親補職) 인물들 아니면 황족계(宮家)로 한정해야 한다는 것이 제 생각입니다. 한국의 조종은 병력을 가진 대관으로 국왕의 신임을 얻은 자로 한정해야 한다고 생각합니다〉[192]라고 하여 문관에 의한 대한 정책의 수행을 배제했다. 무관을 중심으로 한 대한 정책을 실시하려 한다는 점에서 「반도 총독부 조례」이후 일관된 군사적 한국 통치 기관 설치의 논리를 엿볼 수 있다.[193]

제2차 「한일 협약」에 의한 한국 보호국화에 즈음하여 한국 주차군에서 제창되었던 무관 통감론은 이러한 구상의 연장선상에 있다. 한국 주차군은 「한국 경영에 관한 소감 적요」, 「한국 경영 기관의 수뇌에 대하여」라는 의견

---

192 위의 문서. 오히려 사이토는 〈현재 전장에 있는 신진의 대장, 특히 지난번에 귀조한 대장 궁 전하〉 즉, 후시미노미야사다나루(伏見宮貞愛) 친왕이 한국 주차군 사령관으로 적당하다고 상신했다.

193 오히려 井上淸의 『新版 日本の軍國主義』 III(現代評論社, 1975), 多胡圭一의 「朝鮮植民地支配における軍事的性格 —— 日露戰爭下およびその直後を中心に」(日本近代法制史硏究會 編, 『日本近代國家の法構造』, 木鐸社, 1983)에서는 1904년 8월 21일 가쓰라 다로, 고무라 주타로, 데라우치 마사타케가 대본영에서 회합하여 한국 주차군의 확대 개편, 공사관 부무관의 폐지를 결정했고, 게다가 9월에 하세가와 요시미치를 대장으로 승진시켜 주차군 사령관으로 임명하는 일련의 한국 주차군 개편에서 주차군 사령관이 한국 공사를 초월한 권능을 가졌다고 지적했다. 양자 모두 그 근거를 『機密日露戰爭』에서 찾고 있으나 이 책의 기술에는 다소의 착오와 의문이 있다. ① 가쓰라, 고무라, 데라우치의 대본영 회합은 7월 21일의 착오라는 점(山本四郎 編, 『寺內正毅日記』, 京都女子大學, 1980, 256쪽), ② 1904년 9월 20일부 한국 주차군 사령관 앞으로 보낸 대본영 훈령에 〈한국 주차군 사령관은 그 직무의 수행상 업무 이외에 외교 아니면 한국 시정에 관한 것은 재경성 제국공사와 협의할 것〉이라고 되어 있는 점(陸軍省 編, 『明治軍事史』 下, 原書房, 1966년 복각, 1404쪽), ③ 또한 필자가 살펴본 바로는 『機密日露戰史』의 기술을 뒷받침하는 사료는 확인되지 않으며, 나중에 제시하듯이 무관 통감론이라는 형태로 군대 중심의 식민지 통치 기관 설치 구상이 다시 제기되었다는 점을 감안한다면, 해당 부분의 이 책 기술은 신빙성을 결여하고 있다. 적어도 1904년 9월의 시점에서 군사령관이 주한 공사를 초월한 권능을 가졌다고는 할 수 없다.

서를 작성해 참모본부에 상신했고, 후자는 이토에게도 제출하였다.[194] 두 의견서는 한국 주차군이 가지고 있던 무관 통감론의 핵심을 보여 준 것인데, 이하에서는 「한국 경영 기관의 수뇌에 대하여」를 검토하고 무관 통감론의 내용을 고찰한다.

의견서의 주안점은 주한 공사, 주차군 사령관이 병립하면서 대한 정책을 수행하고 있는 현재 제도를 개정하여 제2차 「한일 협약」 체결 이후에는 통일적 한국 통치 기관을 설치해야 하는데, 그 통치 기관의 수뇌는 〈적어도 과도기에는 무관이 아니라면 이러한 [대한 정책의 해결이라는] 희망에 잘 부응할 수 없기〉 때문에 무관을 채용해야만 한다는 점에 있었다. 즉 무관 통감론을 정당화하기 위한 정책 의견서였다. 그리고 이후 대한 정책의 근본 방침은 〈한국을 능히 위력으로 복속해야 하며 회유해서는 안 된다〉고 하는 무단적 통치 방침이었다. 그것은 〈늘 강국 사이에 있어 사대주의를 고수하여, 양쪽의 눈치를 보면서 근근히 사직을 유지할 수 있었던 수백 년 이래 저들의 역사〉와 러일 전쟁하의 정세에 비추어 보았을 때 〈한국의 황실과 정부에 대해서 용이하게 제어의 공적을 거두어 들이려고 한다면 병마의 실권을 장악한 무관이 동시에 경영 기관의 수뇌가 되어 저들로 하여금 경거망동의 여지가 없도록 하지 않을 수 없다〉는 점에서 찾고 있었기 때문이다. 또 〈그 지식의 정도에서 국가적 관념을 갖고 있지 않다는 점에서 강자를 받드는 열등하고 미개한 백성의 경계를 벗어나지 못한〉 일반 관민에 대해서도 〈압력을 수반하지 않는 수단은 도저히 효과를 기대할 바가 없다〉고 판단하였다. 즉 무력 시위로 한국 황제, 한국 정부만이 아니라 일반 관민도 통제할 수 있다고 파악했던 것이다.

---

194 『長岡外史關係文書 書簡·書類篇』, 75~81쪽; 『駐韓日本公使館記錄』 26, 93~97쪽; 활자판 25권, 199~201쪽. 이하 특별히 언급하지 않는 한 『長岡外史關係文書 書簡·書類篇』에서 인용한 것이다.

여기에서 명확해진 것처럼 무관 통감론의 밑바탕에는 조선 사대주의관과 조선 우민관이 교차하고 있었다. 이 점은 앞에서 기술한 이토 등 문관의 조선관과 거의 변함이 없으나, 〈과도기〉의 경영 기관으로서 〈오히려 무단적 수단을 취하지 않고 그 외견이 온건하고 아름다운 피아의 합의적 방법으로 한인에게 임한다면 완고하고 불령하여 사리를 파악하지 못하고, 점점 모든 일에 추호도 성의를 갖지 않고 일을 지연시키는 임시방편을 사용하는 데 교묘한 한국 관리들은 홀연히 습관적으로 사용하던 수단으로 농단하여 방해를 시도하고, 결국 우리로 하여금 기왕의 대한 정책사의 실패를 반복하게 만들 것〉이라고 파악하면서 문관 중심의 통치 기관 설치를 명확하게 부정하였다는 점이 중요하다. 갑오개혁 당시 주한 공사 이노우에 가오루에 의한 조선 내정 개혁 실패의 전철을 답습하지 않기 위해서라도 〈피아가 합의하는 방법〉이 아니라 〈무단적 수단을 원만하게 실현시킬 수 있는 방법〉을 채용해야만 한다고 주장한 것이다.

한편 1905년 중순부터 강원, 충청, 경상 각도에서 봉기한 의병에 대해서는 〈반드시 빈번하게 8도에서 발생하게 될 것이라고 각오〉하지 않으면 안 된다고 예상하였다. 따라서 일본이 한국 경영을 실시하기 위해서는 〈지금 신속하게 가시(荊棘)를 뽑아내고 장애를 제거하여 안전한 경로를 부여하며, 확실한 기초를 얻어야 할〉 필요가 있는데, 단속적(斷續的)이고도 광범위하게 일어나고 있는 의병에 대한 탄압을 적절하게 실시하기 위해서 〈지휘자인 무관은 전적으로 전반의 상황을 잘 알고 경영 시설의 장래 계획에 밝으며, 동시에 용병에 대한 원칙으로는 추호도 다른 것으로부터 견제를 받지 않은 것이 필요하다〉는 점을 요구하고 있었다. 즉 〈치안 유지〉[195]를 최우선으로

---

195 다고 케이이치는 일본에게 한국의 〈치안 유지〉, 〈치안 문란〉이라는 구분이 일본의 식민지 수탈에 대한 조선 민중의 정당한 행동에 대한 일본 측 시각이었다는 점을 상기하도록 촉구하고 있는데(多胡圭一,「朝鮮植民地支配における軍事的性格」), 피종속 지역 민중의 입장에서 제국주의 논리를 되돌아보는 데 중요한 지적이다.

해야 하는 한국에서 원활하게 한국 통치 기관을 운영하기 위해서라도 역시 무관 통감론을 정당화한 것이다. 이와 같이 무관 통감론의 논거는 ① 조선 사대주의관에 기초하고 군사력으로 한국 황제와 한국 정부를 통제하는 것이 가능하다고 파악한 점, ②단속적(斷續的)으로 발발하는 의병 진압이라는 〈치안〉상의 필요성 두 가지로 구성되어 있었다.[196]

그리고 한국 주차군 사령관 하세가와 요시미치와 참모장 오타니 기쿠조(大谷喜久藏)는 제2차 「한일 협약」을 체결하기 위해서 방한한 이토에게 위의 의견서를 제시하면서 무관 통감론을 주장했다. 오타니가 파악하기로는 이토를 수행한 추밀원 서기관장 츠즈키 게이로쿠(都筑馨六)와 주한 공사 하야시 곤스케는 이론을 품고 있었지만, 이토는 무관 통감론으로 기울었다고 한다.[197] 이 사실은 특히 ①에 대해서는 군사력으로 할 것인지의 여부는

---

[196] 야마가타 아리토모는 러일 전쟁 후 대한 정책에 대하여 〈갑자기 문명국이 정돈한 재정 제도를 강제하려는 것과 같이, 과연 방책을 얻은 것이라 말할 수 있겠는가〉라고 의문을 표시했고, 더욱이 〈역사를 돌아보면 풍속 습관을 고려하지 않고 실행의 전망도 확실하지 않은 새로운 법령을 저들에게 강제하고, 열국이 주시하고 있기 때문에 저들의 반항을 초래하는 것은 가장 경계해야 할 일에 속한다〉고 보았다. 야마가타는 문관을 중심으로 한 제반 제도 개편에 의한 대한 정책을 비판하고 있다. 한국 보호국화를 향해서 일본의 정치 지도자가 가장 경계한 것은 열강의 간섭이었지만, 한국의 치안 악화는 그러한 간섭을 초래할지도 모른다는 것이었고, 그러한 치안 악화는 일본이 〈급하게 조정을 진행하여 다만 성공을 서두른 결과 한국의 상하로 하여금 번루함을 감내하지 못하도록〉 한 결과, 초래된 것이라고 파악하고 있다(大山梓 編, 『山縣有朋意見書』, 原書房, 1966, 281~285쪽). 일본의 대한 정책이 〈치안 악화〉를 초래했다고 하는 한에서 야마가타의 관찰은 정곡을 찌른 것이지만 문명주의적 시각으로 되어 있는 그의 시야에서는 조선 민중의 자율적인 동향은 들어가 있지 않으며, 일본의 정책을 이해하지 않는 조선인이라는 인식이 관철되어 있다.

[197] 『長岡外史關係文書 書簡・書類篇』, 85쪽. 그러나 이토가 하세가와 요시미치(長谷川好道)에게 통감 취임을 종용했기 때문에, 하세가와는 그 자리에서 사퇴하고 노기 마레스케(乃木希典)를 추천했다. 이것은 이토가 받아들이지 않았지만, 하세가와는 〈대사의 의향이 그 수뇌를 무관으로 고르려는 치우침이 있다는 것은 이를 증명하는 데 충분하다〉는 관찰을 데라우치 마사타케에게 써서 보냈다(1905년 12월 13일부 데라우치 마사타케 앞으로 보낸 하세가와 요시미치 서한, 國立國會圖書館憲政資料室 所藏 『寺內正毅關係文書』 38-13).

별도로 하더라도 위에서 서술한 무관 통감론의 두 가지 논거 자체에는 이토가 반대하지 않았다는 점을 시사한다. 그것은 앞서 기술한 것처럼 이토는 한국 황제와 한국 정부를 제어·이용한다면 한국 통치가 가능할 것이라고 생각하고 있었기 때문이다. 그리고 이러한 인식이야말로 앞에서 보았던 일원적 한국 통치 기관의 설립 필요성을 뒷받침하는 것이었다고 생각한다.

그러나 이토와 한국 주차군의 이러한 인식은 조선 사회의 자율적인 움직임에 의하여 무너져 간다. 의병이 한층 더 고양됨에 따라 그것이 명확해졌는데, 이와 같은 동향은 이미 러일 전쟁 중에 드러나고 있었다. 다음에서는 러일 전쟁 시기 일본군과 조선 사회의 충돌을 통해서 이 문제를 검토해 본다.

무단 정치의 태동: 재한 일본군과 조선 사회와의 연관성으로부터

러일 전쟁 시기부터 한국 보호국기에 걸쳐서 실시된 일본의 군사적 제압 과정에 대해서는 다고 케이이치(多胡圭一)를 비롯한 다수의 연구자가 다루어 왔다.[198] 그러나 조경달이 지적한 대로 조선 사회와 일본군의 관계에 대해서 충분히 검토해 왔다고 말하기는 어렵다.[199] 그것은 조선 사회의 자율적 동향과 일본군이 부딪치는 과정으로서 조선 식민지화 과정을 되돌아보는 시각이 부족했기 때문이다. 여기에서는 재한 일본군이 무관 통감론을 주창하기에 이르는 구조를 이해하기 위해서 조선 사회와 일본군이 경합하는 몇 가지 사례를 들어 러일 전쟁, 그리고 일본의 식민지 지배 양상을 조선 사회로부터 재조명해 보겠다.

앞서 기술한 것처럼 적극적이기도 했고 소극적이기도 했던 재한 일본군은 전후 대륙 정책 구상의 중심에 위치하고 있었다. 러일 전쟁을 통해 1904년

---

198 多胡圭一,「朝鮮植民地支配における軍事的性格」; 大江志乃夫,『日露戰爭と日本軍隊』(立風書房, 1987).
199 趙景達,「日露戰爭と朝鮮」(安田浩·趙景達 編,『戰爭の時代と社會』, 青木書店, 2005).

7월 2일 일본군의 군사 시설 보호를 목적으로 한 「군율(軍律)」이 발포한 것을 비롯해 서울과 그 주변 지역에서는 〈군사 경찰〉이, 또 같은 해 10월에는 함경도에서 군정을 각각 실시하는 등, 일본군은 조선 민중에 대한 억압 체제를 갖추어 가고 있었다.[200] 그러한 가운데 러일 전쟁 이후를 전망할 때, 한국 주차군의 최대 관심사는 한반도의 〈치안 유지〉를 확보하는 데 종래와 같은 군율 체제를 유지할 수 있느냐에 있었다. 예를 들어 병영 부지 수용에 대하여 〈수용은 한일 의정서 제4조에 준거한 것이라면 수용의 목적 중지와 동시에 환부의 의무가 발생하는 것은 당연하므로 개인의 매매와는 전적으로 성격을 달리한다〉[201]는 것으로 규정하고 있었다는 점에서 밝혀진 것처럼, 한국 주차군은 「한일 의정서」를 전시 협정으로 간주하고 있었고, 이 시점에서는 러일 전쟁 이후 군율 체제를 유지하기가 곤란하다고 보고 있었다. 실제로 제2차 「한일 협정」 제4조에 근거하여 「한일 의정서」의 내용은 그 후에도 유지되었으나 이 조약을 전시 협정이라고 파악하면 러일 전쟁 이후의 재한 일본군은 주둔할 명분을 별도로 찾을 수밖에 없게 된다.[202]

그렇다면 한국 주차군이 상정한 일본군 주둔의 명분은 무엇이었는가? 그것은 〈치안 유지〉를 구실로 한 의병 진압이었다. 한국 주차군 참모장 오타니 기쿠조는 1905년 8월 말에 충청북도 영춘군, 강원도 영월군 일대에서 일어난 의병의 상황과 그에 대한 한국 정부와 한국 주차군의 대응에 대해 참모본부에 보고했다. 그 보고에서 재한 일본군 주둔의 명목에 대해서 다음과 같이 기술했다.[203] 의병 발발 지역인 충청도 충주는 군정 시행 지역도, 군사

200 多胡圭一, 「朝鮮植民地支配における軍事的性格」, 138~143쪽.
201 『長岡外史關係文書 書簡·書類篇』, 71쪽.
202 이러한 인식은 재한 일본 공사관도 공유하고 있었다. 주한 공사 하야시 곤스케는 외무성 앞으로 보낸 전보에서 한국 주차군의 군율 체제 유지에 찬성한다는 뜻을 표시하고 있다(『日本外交文書』 38-1, 523쪽).
203 『長岡外史關係文書 書簡·書類篇』, 73쪽.

경찰 집행 지역도 아니기 때문에 한국 정부의 조치 없이 일본군이 진압 활동을 실시하는 것은 성급한 행동이므로, 모호한 상태로 현재 상황을 유지하기 위해서는 의병의 발발이라는 재지 사회의 혼란에 편승해 〈우리 군이 현재와 같은 상황을 유지하지 않으면 현재 한국의 실력으로는 세력이 약한 폭도조차 진압할 힘이 없다는 것을 실제로 보여 줌〉으로써 한국에서 스스로의 활동 영역을 구축하고자 한 것이었다. 나아가 한국의 〈치안 악화〉를 명분으로 〈군정 시행지〉, 〈군사 경찰 집행 구역〉 이외에서도 군사 행동을 시행할 것을 염두에 두고 있었다. 이에 대하여 재한 공사관과 군사령부는 〈한국 정부로 하여금 토벌의 책임을 맡도록 하여 실제로 성과를 거두지 못할 지경이 되었을 때 일거에 우리 손으로 이를 토벌함으로써 평화를 회복한 후 오히려 한국 내에서 우리가 군정을 유지할 구실의 하나로 삼을 것〉을 협의하고 있었다. 그리고 한국 정부에 지시해 의병을 진압하는 한편, 전후 〈치안〉 활동을 예의 주시하여 일본의 자유 행동이 가능하도록 한국 정부에 접근하고 있었다.[204] 오타니 등의 보고는 민족 운동과의 상호 의존적 모순 관계를 통해 스스로의 존재를 정당화하면서 재지 사회를 분단시키려고 하는 제국주의자의 본질을 무심결에 고백한 것이었다.

그러나 이러한 계획은 조선 사회의 전통적인 질서관을 부정하지 않고는 성립할 수 없었다. 이러한 점을 생각하게 하는 데 시사점을 주는 것은 오타니가 참모본부 앞으로 보낸 다음과 같이 이어지는 보고이다.[205]

강원도, 충청도 내 각지와 그 부근 여러 곳에 출몰하는 의병 소탕에 대하여 저번에 군부를 통해서 누차 한국 정부에 촉구한 결과, 진위대 1대대

---

204 『日本外交文書』 38-1, 947쪽.
205 1905년 10월 29일부 한국 주차군 참모 오타니 기쿠조(大谷喜久藏)가 참모 차장 나가오카 가이시(長岡外史)에게 보낸 報告韓駐參 제503호(防衛省 防衛研究所 圖書館 所藏, 「明治38年 1月起12月二至ル謀臨書類綴」 大本營 — 大本營 — 日露戰役 — M38 — 4).

약 1백 명을 파견하게 되었고 이후 50일이 경과했으나 지금 해당 부대는 아직 평창[강원도] 부근에 멈추어 있고, 수수방관 상태에 있습니다. 그 사이에 일부 비적 우두머리 원용팔(元容八)과 정화백(鄭化栢)을 포박했다고 말했지만 실은 그 소재지의 일진회원 등이 붙잡아서 진위대에 넘긴 것입니다.

오타니의 보고에 따르면 일본의 요청에 의해 의병 진압에 파견된 진위대는 의병 발생 지역 인근에 머물렀고, 50일간 〈수수방관〉했다. 또한 의병장 원용팔과 정화백을 포박한 것은 진위대가 아닌 일진회원 등이었다는 것이다.

종래 연구는 진위대의 이러한 행동에 대하여 한국군의 비규율성 혹은 일본에 대한 소극적 저항, 그리고 일진회의 단순한 친일적 행위를 표현한 것이라고 파악해 왔다. 그러나 이러한 파악은 야스마루 요시오(安丸良夫)의 이른바 〈모더니즘의 도그마〉에 의해 포섭된 것이다.[206] 전자가 근대적 계몽주의에 기초한 제국주의자의 말투였다면, 나머지 두 가지는 분석 대상에 대하여 선험적으로 민족주의를 설정해 반일 민족 운동의 틀에 맞추려고 한 것으로, 역시 근대주의로부터 출발하는 시각차이다. 신창우는 이러한 견해를 비판하면서 〈증여〉와 〈재량〉을 키워드로 〈관용적이고 위험한 질서 세계〉인 조선사회에서 유교적 민본주의에 근거한 덕치의 논리가 이 단계에서도 여전히 기능하고 있었다는 점을 지적했다.[207]

신창우의 지적은 예를 들어 1908년 단계에서 의병장이 한국 병사들에게 〈만약 싸우는 것을 바라지 않는다면 신속히 와서 명을 따르라. 그러지 않으

---

206 安丸良夫, 『日本の近代化と民衆思想』(青木書店, 1974), 9쪽.
207 愼蒼宇, 『植民地の警察と民衆世界』(有志舍, 2008), 제4장 참조.

면 참작할 바가 없다〉[208]고 호소한 점, 또 앞서 충청도 영춘, 강원도 영월 양 지역의 의병이 진위대가 아니고 일진회에게 〈엄중히 잘못을 뉘우치고 깨달을 것을 권고하며, 만약 응하지 않는다면 토벌할 것〉[209]이라는 내용의 효유문(曉諭文)을 의병이 송부했다는 점으로부터 유추가 가능하다. 특히 후자의 일진회에 대한 효유문에서는 〈일진회 가운데 천지 간에 죄인임을 면할 길은 오직 과오를 고치고, 스스로 새롭게 함에 있다. ······만약 나라 안의 의(義)에 따라 나라를 도우려고 하는 자가 있다면 귀부(歸附)하는 편이 좋을 것이다〉[210]라고 유교적 도의관의 공유를 전제로 한 의병 측의 움직임이 일진회에 대해서조차 이루어지고 있었다. 신창우가 밝힌 전 헌병 보조원 강기동(姜基東)의 의병으로의 전환[211]은 이러한 문명관, 질서관을 전제로 하지 않는다면 이해할 수 없다. 그리고 이러한 전제에 입각하면 진위대가 50일에 이르는 장기간 동안 보인 〈수수방관〉은 사보타주나 소극적 저항이라기보다 유교적 민본주의에 기초한 조선 사회의 자율적이고 합리적인 질서 회복 행동으로서, 전통적 정치 규범에 입각하여 의병과 진위대 사이에서 응답이 이루어지고 있었다는 것으로 해석해야 할 것이다.

그러나 이러한 군대 혹은 순검과 민중 사이의 재량과 증여에 의한 대화로 뒷받침된 조선적 질서관은 효율성을 추구하는 일본군의 〈근대〉적 질서관과 어긋남을 초래하게 된다. 그리고 위의 보고에서 의병장을 포박한 것이 일진회원이었다는 보고가 시사하는 대로 권력에 영합하는 층이 사회적으로 존재하는 한(일반적으로 그것은 존재한다) 일본군이 자신들의 〈치안〉 행동에서 〈전통적〉 질서관을 배척하고 근대적 질서관에 기초한 가치 기준을 드러내면

---

208 琴秉洞 解說, 『秘 暴徒檄文集』(綠蔭書房, 1995), 238쪽.
209 『駐韓日本公使館記錄』 25, 65쪽; 활자판 24권, 214~215쪽.
210 위의 문서, 68쪽; 활자판 24권, 216쪽.
211 愼蒼宇, 「無賴と倡義のあいだ ― 植民地化過程の暴力と朝鮮人'傭兵'」(須田努·趙景達·中嶋久人 編, 『暴力の地平を越えて』, 青木書店, 2004).

드러낼수록 조선 사회는 좀 더 심한 분열 상태에 빠지게 된다. 따라서 근대적 질서관에 입각한 전통적 질서관의 배척이란 정치 문화의 상극은 이후에 볼 1907년 한국군 해산이라는 통감부의 정책에도 커다란 영향을 끼치게 된다.

1905년 단계에서 작성된 「한국 경영에 관한 소감 적요」에서 이미 〈한국 현재의 군대와 헌병은 실제로 그 용도를 감당할 수 없을 뿐만 아니라, 어떤 점에서는 오히려 유해한 장물(長物)이다(순검 역시 대략 이와 마찬가지다). 그러므로 직접 황실의 호위 의장을 맡아야 할 시위대 일부를 존치하고, 기타는 모두 해산시키며, 영토 방위와 국내의 안녕 유지 임무는 당분간 우리 군대로 하여금 담당하도록 한다. 이는 한국의 재정에 이로울 뿐더러 또한 우리 정책의 실시를 편하고 용이하게 할 것이다〉[212]라고 한국군의 해체를 전망하고 있었다. 한국군, 헌병과 순검이라는 재래의 폭력 장치가 〈유해한 장물〉이라는 인식은 앞서 본 〈수수방관〉이라고 하는 조선 사회에서의 전통적인 질서관에 따른 한국군의 행동 그 자체로부터 도출되었다고 보아도 좋을 것 같다. 일본이 바라는 〈영토 방위와 국내의 안녕 유지〉는 재래적인 질서 회복 방법으로는 유지할 수 없다고 인식된 까닭에, 조선의 정치 규범을 부정하고 그때까지의 폭력 장치를 폐지하여 일본의 폭력 장치로 일원화해 바꾸는 방법에 따르지 않고서는 〈치안 유지〉가 달성될 수 없다고 파악한 것이다.

다만 주의해야 할 점은 재한 일본군이 러일 개전 당초부터 조선의 정치 작법을 완전 부정한 것은 아니었다는 점이다. 1904년 3월 일본군이 평양을 거쳐 조선 북부로 진공했을 때 주한 공사 하야시 곤스케는 한국 〈각 지방관은 러시아 병사의 진입과 동시에 어느 누구라도 그 부임지로부터 도망갔고, 이 때문에 우리 군사의 북진에 관한 행동상 불편이 적지〉 않은 상태가 발생했기 때문에 한국 주차군의 요청도 있었고, 군사 행동상의 편의를 꾀하는 목적에서 각 지방관에게 인부·우마의 징용, 군표의 유통을 도모할 것을 명령하

---

212 『長岡外史關係文書 書簡·書類篇』, 76쪽.

도록 한국 정부에 요청하였다. 그때 〈청일 전쟁 당시 귀 정부로부터 선유사를 파견하여 특별히 중대한 권한을 부여하고 평양 이북 지방관으로 하여금 일치하는 운동을 하도록 했다. 만약 이것을 어기는 자가 있을 때에는 출척 임면도 상주할 수 있도록 한 전례〉를 인용했다.[213] 선유사로 〈이번에 대관을 파견하도록 할 것〉을 요청한 사실로부터 재래의 정치 권력을 사용해 전쟁 협력을 이끌어 내고, 치안 유지를 꾀하려고 한 자세를 지적할 수 있다.

그러나 이러한 일본의 생각은 초기 단계부터 기능하지 않게 되었다. 같은 해 9월 경기도에서 일어난 시흥 민란에서 일본인에게 지원을 요청한 군수가 민중에 의해 살해되는 사건이 일어났다. 군수 살해라는, 종래의 정치 규범에서는 일어날 수 없는 이 사건은 조경달이 언급한 것처럼 조선 민중이 군수를 황제의 대리가 아니라 일본의 앞잡이로 인식했기 때문에 일어난 것이었다고 이해할 수 있을 것이다.[214] 통감부 시정하에서 선유사(宣諭使)를 이용해 의병을 제압하려는 일본 측의 움직임은 도리어 기능의 불능 상태에 빠져들었다. 〈전날 선유사가 내려왔으나 그 조칙이라는 것이 과연 진짜라면 단기(單騎)로 의병을 효유해야 한다. 그러나 이를 하지 않고 주막의 파발로 송부한다〉고 한 선유사에 대한 비난에서 드러나듯이, 의병장이 선유사를 반대로 효유하는 사례조차 발생하고 있었다.[215] 상세한 것은 제3장에서 후술하겠지만 일군만민적 근왕 의식과 민본주의라는 유교적 정치 문화가 농후하게 존재하는 조선 사회에서 러일 전쟁의 심화와 동시에 정치 문화를 달리하는 일본이라는 새로운 권력이 영역을 구축하는 가운데 종래의 지배 양상을 민중이 희구하면 할수록 괴뢰화하는 정부와 황제를 이용하는 중개 세력 일본에 대한 조선 민중의 투쟁이 격화되어 갔다.

213 『駐韓日本公使館記錄』 22, 366쪽; 활자판 24권, 17쪽.
214 趙景達, 「日露戰爭と朝鮮」, 117~118쪽.
215 『秘 暴徒檄文集』, 262쪽.

소결론

　의화단 사건을 계기로 한 러시아군의 만주 주둔은 종래 일본의 대륙 정책상 과제였던 한국 문제에 만주 문제를 접합시키도록 만들었다. 이러한 만한 문제를 최종적으로 해결하기 위해서 일으킨 것이 러일 전쟁이었다. 전쟁 초에 한국을 군사적으로 제압한 일본은 개전 전부터 체결 교섭을 실시하고 있던 한일 비밀 조약보다도 한층 더 한국의 주권 침해를 밀어붙이는 내용이 담긴 「한일 의정서」 체결을 강요했다. 이 조약은 한국의 보호국화 계기가 되었을 뿐만 아니라 한국 종속화를 기도한 것이었다. 그리고 전선이 만주로 이동하자 일본은 구체적인 대한 경영 구상을 검토하기 시작했다. 「한일 의정서」가 〈대한 경영의 윤곽〉을 정한 것에 지나지 않는다고 보았기 때문이다. 일본은 한국을 궁극적으로는 〈부용국〉 혹은 〈병합〉할 것을 목적으로 했지만 러일 전쟁하에서 가능한 한 조선의 식민지화를 추진한다는 것이 각의에서 결정하였다. 이와 같이 전황을 이용하여 보호국화라는 형태로 한국 문제의 해결을 도모할 것을 목표로 하였다. 한국 문제를 어떻게 해결할 것인가를 둘러싸고 보호국화라는 방침에 대해서 일본의 정치 담당자 사이에서는 큰 의견 차이가 없었고, 그것은 군선출 기관인 한국 주차군에서도 마찬가지였다.

　한국 문제에서 러일 전쟁은 종래의 〈소극적 조정 정책〉으로부터 〈간섭 정책〉으로 일본의 대한 정책을 전환시킨 계기가 되었다는 점에서 획기적인 사건이었다. 그러나 그러한 조선의 정치 구조에 대한 일본의 인식은 갑오개혁으로부터 대한제국 성립에 이르기까지의 역사적 경위, 특히 아관파천에 의한 친일 정권 와해 등의 경험에 기초했고, 문관·무관에 관계없이 사대주의관과 황제 전제관에 의하여 형성되어 있었다. 조선의 근대적 국가 구상에서 획기적 의의를 지닌 갑오개혁에서는 국왕의 권위를 높이면서도 그 정치적 권한을 억제하려 한 충군 애국적 국민의 창출을 기도하였다. 내셔널리즘의 구심점을 만들어 내려고 한 이러한 움직임은 근대 국민 국가 형성의 일반적 성격에 의한 것이지만, 군민공치라는 조선의 전통적 정치관으로도 규정된 것이었다. 그러나 갑오개혁의 좌절, 만국 공법 체제로의 일원화에 대응하는 것으로서 대한제국이라는 황제 독재 체제가 성립했다. 그러한 국가 형태의 출현은 갑오농민전쟁에서 분출한 민중의 시원적 내셔널리즘에 대응하는 것이었고, 또 조선의 〈천(天)〉 관념에 대응한 것이었다. 한편 만주 문제의 해결에 대해서는 구미 열강의 반발과 청국 관민의 이권회수열의 고양에 대한 우려 때문에 야마가타 아리토모를 포함한 원로들은 소극적이거나 부정적이었다. 따라서 러일 전쟁 이후에 원로, 특히 이토 히로부미의 대륙 정책 구상은 기본적으로 한국 문제의 해결로 한정되었다고 생각한다. 이토가 일본의 적극적 만주 경영이 동아시아의 불안정 요인으로 전환될지도 모른다고 우려했기 때문이다. 이에 대하여 군출선 기관인 만주군에서는 만한의 일원적 지배를 실현할 수 있는 통치 기관의 설립을 지향하고 있었다.

  이러한 대륙 정책 구상의 대립이 표면화한 것이 통감부 설치에 즈음하여 발생한 통감의 군대 지휘권 문제였다. 이 문제는 이토의 통감 취임에 의해 통수권 문제로 부각되었는데, 러일 전쟁이 진전되는 가운데 부상한 만주군을 중심으로 하는 군출선 기관의 대륙 정책 구상과 원로, 특히 이토의 대륙 정책 구상과의 대립이 표면화되었다는 성격을 아울러 가지고 있었다. 러일 전쟁 이후에 이토의 대륙 구상은 일본의 적극적 만주 경영이 동아시아의 불안정 요인으로 이어질지도 모른다는 두려움에 기초한 것이었고, 기본적으로 만주 문제를 분리하면서 한국 문제의 해결로 한정되었다고 생각한다. 그리고 그것은 대러 복수전을 두려워한 야마가타 등 육군 중앙도 반대한 것은 아니었다. 이에 대하여 만주군에서는 한국 주차군을 개편해 만한의 일원적 지배를 실현할 수 있는 통치 기관의 설치를 구상하고 있었다. 여기에 통감의 군대 지휘권 문제에서 이토와 만주군으로부터 복귀한 참모가 다수를 차지한 참모본부와의 대립이 배태되었다.

그러나 재한 일본군에게 군대 지휘권 문제는 만주군의 대륙 경영 기관설치 구상과는 별도의 문맥에서 만들어진 것이었다. 그것이 무관 통감론인데, 재한 일본군은 재한 공사나 이토 등과 마찬가지로 대한제국의 통치 형태를 황제 전제관에 입각하여 파악하고 있었다. 그 조종책으로 무력이 어느 정도 필요하다고 평가하는지에 따라 차이가 발생하는데, 한국 황제의 조종을 통해 한국 통치가 가능하다고 보았다는 점에서 기본적으로 그 인식은 공통적이었다. 한편 한국 주차군은 전후 대륙 구상의 근간으로 설정되었는데, 한국 주둔의 최대 명분은 한국에서 단속적으로 발생하고 있던 의병에 대한 탄압에 있었다. 그러나 의병 탄압 과정에서 한국 주차군의 〈치안 유지〉 활동은 곤란에 직면했다. 조선의 전통적 질서관에서는 군대·순검 등의 유교적 민본주의로부터 비롯된 〈재량〉에 따라 자율적 질서 회복을 기대하고 있었으나, 일본군과 조선 민중 사이에서는 정치 문화가 공유될 수 없었기 때문이다. 일본에게 〈치안 유지〉는 전통적 정치 문화를 부정한 바탕 위에서 비로소 성립하는 개념이었고, 종래의 질서 회복을 기대한 한국군 등을 포함한 조선 민중의 행동은 〈치안 문란〉으로 파악하였다. 더욱이 조선 사회에 기반을 둔 한국군에게 치안 유지를 기대할 수 없는 이상, 이를 해체하고 일본군으로 일원화하는 것도 검토되기에 이른다. 그리고 이러한 대응 방식을 취하는 한에서 궁극적으로 일본군은 조선 사회 전체를 치안 유지의 대상으로 삼지 않을 수 없게 되었고, 필연적으로 그러한 치안 유지 활동은 장기화될 수밖에 없었다. 무관 통감론은 이와 같은 장기 탄압을 가능하게 하기 위해서 제창된 것이었다.

그렇다면 이러한 대륙 정책 구상의 차이와 러일 전쟁을 계기로 하여 조선 사회에 이식된 대립 구조는 일본의 보호 정책 아래에서 어떻게 전개되었는가?

제2장
이토 히로부미의 한국 병합 구상과 제3차 한일협약 체제

들어가며

일본은 1905년 11월에 체결한 제2차「한일 협약」에 기초해 한국에 통감부를 설치하고, 대한 보호 정책=식민지화 정책을 개시했다. 이어서 1907년 7월 24일, 이른바 헤이그 밀사 사건을 계기로 제3차「한일 협약」을 한국과 체결했다. 그렇다면 이 조약은 대한 보호 정책에서 어떠한 역사적 의미를 가지며, 한국 병합과는 어떠한 관계에 있었던 것일까?

모리야마 시게노리는 1907년초부터 시작된 러일 협약 교섭과 관련시키면서 이 시점에 통감 이토 히로부미가 한국의 즉시 병합을 주장했다고 파악했다.[1] 그러나 헤이그 밀사 사건을 계기로 이토가 주도해 실시한 일본의 대한 선후책은 한국 황제 고종의 양위와 제3차「한일 협약」의 체결에 의한 한국 내정권의 장악에 그치는 것이었고, 이 시점에 한국 병합은 실시되지 않았다. 그렇다면 한국의 즉시 병합을 주장했다는 이토가 어째서 이 시점에 한국을 병합하지 않고, 제3차「한일 협약」에 의한 보호 정치의 확장을 기도하였는

---

1 森山茂德,『近代日韓關係史硏究』(東京大學出版會, 1987), 200~201쪽.

가? 이러한 의문에 대해 모리야마는 러시아가 한국의 병합을 승인하지 않았다는 점을 최대 이유로 설명한 다음, 제3차 「한일 협약」을 실질적인 병합의 달성이라고 파악해, 이토가 병합이라는 목표를 포기했다고 평가하고 있다.[2] 한국의 즉시 병합을 제창하고 있던 이토가 러시아로부터 한국을 병합하는 것에 대하여 승인을 얻을 수 없었기 때문에 제3차 「한일 협약」에 의한 실질적 병합으로 방침을 전환했다는 이해이다. 러시아의 승인을 한국 병합의 필요조건이라고 생각했고 제3차 「한일 협약」 체결 시점에 러시아의 승인을 얻을 수 있었다면 이토는 한국 병합에 착수했을 것이라는 말이다. 그러나 이러한 모리야마의 견해에 대해 필자의 생각은 부정적이다. 그것은 이토의 한국 병합론에서 러시아 등의 승인은 어디까지나 종속 요인이었고, 이 단계에서는 러시아의 승인을 얻었더라도 이토는 한국 병합을 아마도 결단하지 못했을 것이라고 생각하기 때문이다. 그것은 이토가 한국의 일본 편입 과정을 어떻게 구상하고 있었는가라는 문제와 밀접한 관계가 있다. 애초부터 모리야마의 입론은 이토가 즉시 병합론자였다는 점을 전제로 하고 있으나 그 전제 자체에 문제는 없는 것일까? 확실히 이토는 러일 협약 교섭에서 외무대신 하야시 다다스(林董)에게 한국 병합 구상을 피력하고 있었지만, 그것을 곧바로 즉시 병합론이라고 평가하기에는 의문이 남는다. 이토의 한국 병합론을 한국 병합 구상의 전체상 속에서 자리매김하면서 한국의 즉시 병합이라는 발언을 이해할 필요가 있을 것이다.

그러므로 이 장에서는 제3차 「한일 협약」의 체결 과정을 검토하고, 일본의 대한 정책에서 그 협약의 위상을 짚어 보려 한다. 이토의 주도하에 성립한 제3차 한일 협약 체제가 조선 식민지화, 그리고 한국의 병합과 어떠한 연관이 있는지, 더욱이 이토의 한국 병합 구상이 어떠한 것이었는지에 대하여 고찰하고자 한다.

2 위의 책, 213~215쪽.

황제권 축소와 제3차「한일 협약」체결

　1905년 11월에 체결된 제2차「한일 협약」에 따라 1906년 2월 일본은 한국에 식민지 통치 기관으로 통감부를 설치했다. 제2차「한일 협약」으로 일본은 한국의 외교권을 접수했지만 거기에 그치지 않고, 여러 형태로 내정 간섭을 추진했다. 조선을 식민지화하는 과정에서 통감부가 가장 중요하게 인식한 것이 한국 황제의 권력·권한을 제한·축소하면서 개편하는 것이었다. 따라서 통감부의 한국 〈시정 개선〉은 황제권을 이용하면서도 다른 한편으로 그것을 무너뜨리는 것을 의도하고 있었다. 그러한 가운데 1907년 6월에 일어난 이른바 헤이그 밀사 사건은 통감부, 특히 통감 이토 히로부미에게 그동안 생각한 것만큼 진행되지 않았던 내정 간섭을 비약적으로 진전시킬 절호의 기회가 되었다. 이 사건을 계기로 7월 24일에 체결된 제3차「한일 협약」과 부속 조약에 따라 그때까지 개별적으로 진행되어 오던 내정 간섭을 법적·제도적으로 정비하였다. 피보호국에 대한 내정 간섭을 보장한다는 의미에서 대한 정책상 이 조약이 차지하는 위치는 획기적이었고, 이것을 법적 근거로 하여 제3차 한일 협약 체제라고 부를 수 있는 식민지 통치 시스템이 성립했다.

　다른 한편으로 일본은 한국을 포함하여 동아시아를 둘러싼 러일 전쟁 이후의 국제 환경, 특히 러시아와의 관계 정비가 필요하다고 느끼고 있었지만 이것은 특히 한국 황제 고종의 반일적 운동을 봉쇄한다는 점에서도 중요한 의미를 가지고 있었다. 그 때문에 이토는 1907년 초부터 시작된 러일 협약 교섭에서 한국에 대한 일본의 우월권을 러시아로부터 인정받을 것을 획책했다.

　여기에서는 본격적인 조선 식민지 통치 시스템인 제3차 한일 협약 체제가 어떠한 과정을 거쳐 형성되었고, 또 그러한 체제가 그때까지의 대한 정책이 국내외로 관련되어 있던 문제를 어떻게 해소하려 했는지에 대해서 살펴보려 한다.

한반도를 둘러싼 대러 관계의 조정과 러일 협약 체결

1905년에 체결된「러일 강화 조약」(포츠머스 조약)에서 러시아는 일본이 한국에서 〈정치상, 군사상 그리고 경제상 탁월한 이익〉을 가지며, 〈필요하다고 인정되는 지도, 보호와 감리의 조치〉를 취하는 것을 인정했다. 그러나 통감부 시정 개시 직후에 일어난 주한 러시아 총영사 플랑손Georges de Plançon에 대한 신임장 인가 문제 등을 둘러싸고, 통감 이토 히로부미는 러시아와 〈한국 문제〉 해결에 대한 필요성을 통감하게 되었다. 그리하여 1907년 러일 협약 교섭이 시작되자 이토는 러시아와 〈한국 문제〉의 최종 해결을 모색했다.[3]

그런데 한국 병합에서 러시아의 의향을 중시하는 모리야마 시게노리는 이토가 러일 협약 교섭에서 한국의 〈annexation〉, 즉 병합에 대한 동의를 러시아 측이 양해할 것을 요구했고, 또 〈한국 문제〉의 근본적 해결이 〈현재의 급무〉라고 일본 정부 각료에게 개진했다는 점을 들어 이토를 〈즉시 단행파〉라고 규정했다.[4] 이 시점에서 이토의 한국 병합론이 즉시 병합론이었는지, 아니었는지의 문제는 제3차 「한일 협약」을 계기로 성립한 제3차 한일 협약 체제가 한국 병합과 어떠한 연관성을 가지고 있었는지를 검토하는 과정에서 중요하다. 이하 러일 협약 교섭에서 〈한국 문제〉가 어떻게 논의되고 있었는지에 초점을 맞추면서 이 교섭에서 드러난 이토의 한국 병합론이 어떠한 것이었는지를 밝히고자 한다.[5]

---

3 森山茂德,『近代日韓關係史硏究』(東京大學出版會, 1987), 207쪽.
4 위의 책, 212쪽.
5 러일 협약 교섭의 전반적 경위에 대해서는 寺本康俊,『日露戰爭以後の日本外交』(信山社, 2000), 294~310쪽;海野福壽,『韓國倂合史の硏究』(岩波書店, 2000), 270~274쪽;千葉功,『舊外交の形成』(勁草書房, 2008), 173~180쪽 참조.

러일 협상 교섭의 개시

우선 〈한국 문제〉를 둘러싼 일본의 정치 지도자 사이의 대립이 드러나는 시기까지 러일 협상 교섭의 개략적인 상황을 확인하도록 한다.

러일 협상 교섭은 러일 전쟁 이후 동아시아 국제 관계의 재편을 통감하고 있던 일본의 정치 담당자가 러시아와 협조하는 방향으로 노선 전환을 꾀하는 가운데 시작되었다. 특히 원로였던 통감 이토 히로부미는 〈만한 문제〉, 특히 〈한국 문제〉를 최종적으로 해결하기 위해서 러시아와 교섭이 필요하다는 것을 주장하고 있었다.[6] 역시 원로였던 야마가타 아리토모도 1907년 1월 25일에 내각 총리대신 사이온지 긴모치에게 제출한 「대청 정책 소견(對淸政策所見)」에서 러시아와의 제휴가 〈만주 경영〉에 필요하며, 또 구미 열강의 간섭에 대해서도 견제가 될 것이라고 자신의 생각을 밝혔다.[7] 1907년 초에 원로 등 일본의 정치 지도자층에서는 대륙 정책과 연관하여 러시아와 교섭할 필요성을 인식하고 있었던 것이다.

이에 따라 1907년 2월 초 주러 공사 모토노 이치로(本野一郞)는 러시아 외무대신 이즈볼스키Aleksandr P. Izvol'skii를 회견하고, 러일 협약 체결방침에 대해서 논의하였다.[8] 2월 22일 러시아 측이 협약 초안을 교부하였는데, 2개 조항으로 된 이 초안은 ① 러일의 영토 보전, 「대청 조약」·「러일 강화 조약」에 기초한 권리의 존중, ② 앞 조항에서 규정된 상호 지위의 존중, 평화적 수단에 의한 보전과 합법적 행위의 상호 공여를 내용으로 하고 있었다.[9] 모토노는 러시아 측의 협약 초안을 외무대신 하야시 다다스에게 송부할 때 〈본 조약 체결에 즈음하여 장래 있을지도 모를 하등의 오해나 분쟁의 원인을 예방하기 위해서 이를 이용하여 극동 문제에 대하여 쌍방의 의견을

---

6 『日本外交文書』 40-1, 118쪽.
7 大山梓 編, 『山縣有朋意見書』(原書房, 1966), 306~307쪽.
8 『日本外交文書』 40-1, 103~104쪽.
9 위의 문서, 107쪽.

교환해 두는 것이 필요〉하다는 점을 부언했다.[10] 「러일 강화 조약」에서는 장래 한국의 지위에 관하여 명확하게 규정하고 있지는 않았지만, 이 초안 제2조의 의미가 〈결코 장래 한국에 그 독립을 환부할 정신이 없다〉는 점은 명확했고, 따라서 〈장래 한국에 대한 시세가 이[한국 병합]와 같이 발전하게 되리라고 예상하고, 러시아로 하여금 완전히 이를 승낙하도록 할 것〉이 필요하다고 자세히 보고하고 있다.[11] 모토노의 의견은 러일 협상 교섭을 이용해 장래 실시될 한국 병합에 대해서 러시아의 동의를 얻어 두는 게 득책이라고 한 것이었다. 「러일 강화 조약」에서는 한국의 지위에 대한 규정이 충분하지 않았기 때문에 러일 협상 교섭에서 다시 러시아 측의 승낙을 확인해 둘 필요가 있다고 인식하고 있었던 것이다.

이에 대해 총 4개의 조항으로 이루어진 일본 측 대안은 귀국 중이던 이토도 참가한 3월 3일 원로 회의에서 결정되었다. 러시아 측 초안의 ① (제1조) 외에 ② 청국의 독립·영토 보전, 열국 상공업의 기회 균등(제2조), ③ 만주에서 철도·전신에 관한 권리의 남북 분할(제3조), ④ 러시아에 의한 「한일 의정서」·제2차 「한일 협약」의 승인과 한일 관계의 〈이후의 발전〉을 〈방해〉하거나 〈간섭〉하지 않을 것(제4조)이라는 내용이었다.[12] 〈한국 문제〉에 관한 제4조는 이토의 의견이 강하게 반영된 것이라고 생각한다. 하야시도 제4조에 대하여 〈한국인이 헛되이 외국의 동정과 원조를 예상해 음모 술수를 시도하는 것을 방지하는 효력이 있을 것이기 때문에 제국 정부는 본 조약 가운데 이것을 규정해 일반에게 발표함이 옳다〉[13]고 동의하고 있었다. 한국에서 전개되고 있던 반일 독립 운동을 억제하기 위해서 러시아가 한국 문제에 관여하지 않을 것을 본 조약에 명문화하는 것을 득책이라고 파악하

10 위의 문서, 105쪽.
11 위의 문서.
12 위의 문서, 108~109쪽.
13 위의 문서, 123쪽.

고 있었다. 다만 모토노에 대한 훈령에서는 〈러시아가 이 안을 본 조약 안에 제시하는 것을 좋아하지 않는다면 별도의 조약으로 하거나 외교 문서로 타결하더라도 상관은 없다〉[14]고 러시아 측을 배려하는 자세도 보여 주고 있었다.

모토노는 3월 11일에 이즈볼스키와 회담했는데, 이 자리에서 이즈볼스키는 〈한국 문제〉를 다루면서 일본 측 대안 가운데 〈장래의 발전 *further development*〉이 정확하게 무엇을 의미하는지에 대해 모토노에게 질문했다.[15] 모토노가 파악하기에 이 질문에는 〈장래의 발전〉이 한국의 병합까지도 염두에 둔 것이었다는 점을 일본 측이 공언함으로써, 반대로 〈몽고 문제〉에서 양보를 끌어내려는 속셈이 있었다.[16] 모토노는 이즈볼스키가 2월 18일의 회담에서 〈장래의 발전〉이 한국 병합을 의미한다는 것을 알고 있다고 보았기 때문이다.

이상의 고찰로 명확해진 것처럼 「러일 강화 조약」이 한국의 지위를 명확하게 하지 않았다는 점이 한국의 반일 독립 운동을 활발하게 만든 하나의 원인이 되었기 때문에 러일 협상 교섭에서 〈장래의 발전〉, 즉 장래 한국 병합에 대한 러시아의 동의를 이끌어 낼 필요가 있다고 일본은 인식하고 있었다. 그리고 〈한국 문제〉에 대한 러시아의 승인 필요성을 강하게 느끼고 있던 사람이 모토노이자 이토였다. 그러나 외무성은 〈한국 문제〉를 러일 협약의 조문에 포함하는 것을 절대 조건으로 간주하고 있지 않았다. 그 이유는 무엇이었는가? 아래에서 〈한국 문제〉에 대한 이토와 외무성의 입장 차이를 검토하고, 일본의 정치 지도자층에서 나타난 대륙 정책 구상의 방향에 대한 차이점을 밝히고자 한다.

14 위의 문서, 110쪽.
15 위의 문서, 116쪽.
16 위의 문서.

〈한국 문제〉의 귀추

1907년 4월 3일 러시아 측은 만주에서 러일의 세력 범위 확정과 〈한국 문제〉에 관해서는 비밀 조약으로 하고, 새로이 제3조로 〈몽고 문제〉에 관한 일본 측의 양보를 담은 대안을 교부하였다.[17] 이러한 러시아 측의 대안에 대한 의견 조정에 즈음하여 〈한국 문제〉 처리를 둘러싸고 이토 히로부미와 고무라 주타로를 중심으로 의견이 대립했다. 주요 논점은 ① 〈장래의 발전〉의 내용이 병합임을 명시할 것인지 여부, ② 〈한국 문제〉로 러시아 측의 동의를 이끌어 내기 위해 〈몽고 문제〉에서 양보할 것인지 여부 두 가지였다.

일본이 제안한 제4조를 비밀 조약으로 한다는 러시아 측의 대안을 접수한 주러 공사 모토노 이치로는 비밀 조약으로 하는 이상 일본안 제4조 가운데 〈further development〉(〈장래의 발전〉)가 의미하는 바는 〈annexation〉(〈합병〉)을 언급하는 것이라는 점을 러시아에 분명히 말하고, 비밀 외교 문서 교환으로 병합에 대한 승낙을 얻어 둘 필요가 있다고 외상 하야시 다다스에게 상신했다.[18] 이토는 모토노의 이러한 제안에 찬동했다. 이토는 모토노가 품의한 대로 공문을 교환하여, 《〈장래의 발전〉이라는 말은 《annexation》까지도 포함한다는 취지를 분명하게 하는 것이 가장 득책〉이고, 〈한국의 형세가 지금처럼 진행된다면 해를 거듭함에 따라 《annexation》은 점점 어려움에 부딪칠 것이다〉, 따라서 〈우리로서는 한국 문제를 근본적으로 해결하는 것이 현재의 급무〉이기 때문에 〈몽고 문제〉에서는 양보하여 러시아 정부의 승낙을 받아들이도록 해야 한다는 자신의 의견을 하야시에게 전달했다.[19] 이는 러일 협약 교섭을 좋은 기회로 삼아 러시아로부터 한국 병합에 대한 동의를 얻을 것을 요구한 것으로, 모리야마 시게노리가 이토를 즉시 병합론

---

17 위의 문서, 120쪽.
18 위의 문서, 121쪽.
19 위의 문서, 124쪽.

자라고 규정한 이유도 여기에 있다. 그리고 한국 정세의 추이를 고려할 때 시간이 흐르면 흐를수록 병합에 대한 동의를 얻어 내기가 어렵다고 판단하고 있음을 보여 주었다. 즉 이토는 이때를 놓치면 러시아와의 〈한국 문제〉 해결은 어려울 것이라고 인식하고 있었던 것이다.

그러나 모토노의 품의에 대해서 하야시는 〈제국 정부가 결국 한국을 병합한다는 의견의 취지를 이때 다른 나라에 통지하는 것은 나라를 불문하고 아직 시의적절하지 않다고 생각한다. 우리의 대안 제4조에서 《장래의 발전》이라는 말에 대해 그 의의를 한정할 필요를 인정하지 않는다〉[20]고 부인했다. 하야시는 일본이 한국을 병합하려는 의사를 가지고 있다는 점을 이 단계에서 조약으로 명시하는 것이 시기상조라고 본 것이다. 결국 4월 16일에 실시된 원로가 참석한 각의 결정에서는 러시아의 동의를 얻는 것을 확신할 수 있는 단계까지는 〈장래의 발전〉이 의미하는 바에 대하여 외교 문서에 명문화하는 것을 일본 측에서 제의하는 것은 득책이 아니며, 또한 만약 협정이 성립하지 않고 끝날 경우에는 일본의 대한 정책상 장해가 될지도 모르기 때문에 협상의 성립 여부를 끝까지 지켜 보도록 모토노에게 훈령하는 내용이 포함되었다.[21] 〈한국 문제〉의 귀결에 대해서는 신중론을 취하기로 했고, 이토의 의견은 채용되지 않았던 것이다.

러시아 외상 이즈볼스키는 모토노에게 합병에 관하여 보증을 하는 것에 대해서는 다른 생각이 없음을 개인적으로 밝히고 있었지만,[22] 러시아 정부로서는 〈한국 합병 문제에 대해서 실제로 러시아 정부에서는 이의가 없더라도

---

20 위의 문서, 123쪽.
21 위의 문서, 124~125쪽. 이 각의 결정은 수상 관저에서 야마가타 아리토모, 오야마 이와오, 마쓰가타 마사요시, 전 수상 가쓰라 다로 외에 육상 데라우치 마사타케, 외상 하야시 다다스, 장상 사카타니 요시로(阪谷芳郎)가 참석해 이루어졌다(「東京朝日新聞」 1907년 4월 17일부). 인원 구성을 감안해 보면 각의라기보다 원로 회의이다.
22 『日本外交文書』 40-1, 129쪽.

무보수로 이것을 승인할 수 없는〉 형세였다.²³ 〈몽고 문제〉에 대해 일본 측으로부터 〈보수〉가 나오지 않는 이상 적극적으로 한국의 병합에 대해 동의해 줄 필요가 없다는 것이 러시아의 판단이었다.

하야시는 6월 10일 이토에게 보내는 전신에서 ① 〈몽고 문제〉로 인한 러시아에 대한 양보가 청국의 독립·영토 보전을 규정한 제2차 「영일 동맹 협약」에 반한다는 점, ② ⟨further development⟩라는 모호한 표현을 한국 병합에 대한 완전한 보증이라고 단언할 수 없다는 두 가지 이유를 들어 〈한국 문제〉와 〈몽고 문제〉를 〈러일 협약〉에서 제외하고 싶다는 의향을 전하면서 의견을 요청했다.²⁴ 고무라는 한국에 대한 〈합병 실행의 시기가 가까운 장래에 무르익지는 않을 것이기에 지금 강경하게 러시아에게 이것[한국 합병의 건]에 관해 타결을 추진하는 것이 필요하다고 믿지 않는다〉²⁵는 의견을 가지고 있었는데, 하야시도 마찬가지 판단을 하고 있었던 것으로 생각된다. 한국 병합이 구체적인 정책 일정으로 상정되지 않은 이상 러시아와 협약을 체결하는 데 〈몽고 문제〉를 〈보수〉로 할 필요는 없다는 판단이었던 것이다.

이에 대하여 이토는 11일, 수상 사이온지 긴모치 앞으로 전보를 보내 〈직접 이해관계가 있는 한국 문제를 방기하고, 도리어 간접적인 이해관계가 있는 몽고 문제에 중점을 두게 된 것은 수긍할 수 없다〉고 〈한국 문제〉를 러일 협상 교섭에서 빼려는 것에 대하여 강경하게 반대했다.²⁶ 〈한국 문제〉를 주요 의제로, 〈몽고 문제〉를 종속적인 것으로 보는 이토로서는 당연한 주장이었다. 그러나 6월 14일에 열린 원로 회의에서 이토의 의향은 받아들여지지 않았고, 내몽고를 분리하여 러시아에 양보하는 범위를 외몽고로 한정하는 방침을 결정하였다. 그에 따라 하야시는 이토에게 어디까지나 러시아

23 위의 문서, 131쪽.
24 위의 문서, 152쪽.
25 위의 문서, 133쪽.
26 위의 문서, 154쪽.

가 내몽고까지도 세력 범위에 두겠다고 주장하는 경우에는 〈한국과 몽고에 관한 사항〉을 협상안에서 빼거나 혹은 러일 협약 교섭 자체를 중지한다는 방침을 채택했다는 것을 통보함과 동시에, 〈러일 협약〉의 성립에 의해 얻을 수 있는 러일 양국의 친교에 따라 〈한국 문제〉의 해결을 도모할 수 있다는 판단을 전달하면서 동의를 촉구했다.[27] 그러나 이에 대하여 이토는 〈러일 협약 가운데 한국에 관한 사항을 완전히 삭제하기로 결정한다면 본관은 크게 고려하지 않을 수 없다〉고 하여 어디까지나 반대의 자세를 굽히지 않았다.[28]

그렇다면 이토는 왜 강경하게 〈한국 문제〉의 해결을 주장한 것일까? 애초부터 이토가 러일 협약 교섭에서 기대한 것은 〈포츠머스 조약에서 유감스럽게도 러일 양국 사이에 이의를 품을 여지를 남겨 두었으므로 이번 협상은 완전히 주안점인 한국 문제를 해결하고, 이것에 이어 만주 문제까지도 아울러 결정한다〉[29]는 점에 있었다. 즉 이토도 모토노와 마찬가지로 러일 협상 교섭에 의하여 「러일 강화 조약」에서 충분하지 않았던 〈한국 문제〉의 해결을 도모한다는 인식을 가지고 있었다. 이토가 여기에서 말한 〈이의를 품을 여지〉란 예를 들어 앞에서 기술한 주한 러시아 총영사 플랑손의 신임장 문제를 가리킨다. 따라서 러일 협상 교섭에 따라 〈한국 문제〉를 해결하지 않는 이상 〈한러 조약 존폐 문제와 같은 것도 러시아로 하여금 그 논의를 주장하게 할 여지를 남기며, 나아가 러시아와 한국 사이에 체결된 각종 협약과 계약 폐기에 이의를 제기할 수 있게 될 것이다. 덧붙여 이에 대한 승인을 얻어 놓지 않는다면 재작년[1905년] 11월 한일 협약에 대하여 언제라도 러시아는 이의를 주장할 수 있는 지위에 있다〉[30]고 파악하고 있었다. 이토는 이번 러일 협

27 위의 문서, 154~155쪽.
28 위의 문서, 157쪽.
29 위의 문서, 153쪽.
30 위의 문서, 155쪽.

상 교섭을 「러일 강화 조약」에 의해 이루어지지 않은 〈한국 문제〉의 완전하고도 최종적인 해결책으로 상정하고 있었던 것이다. 나아가 〈만약 국경이 인접하고, 이해가 가장 긴절한 러시아와 협상을 마무리하게 된다면 장래 각국과 한국에 관한 모든 문제를 해결하는 데 편리할 것이라는 점에는 의문의 여지가 없다〉[31]는 견해를 밝힌 것에서 알 수 있듯이, 이토는 한반도를 둘러싼 국제 관계와 관련된 여러 열강 가운데 러시아가 차지하는 위치를 가장 중시하고 있었다.

또 이토는 한국에서 반일 독립 운동과 관련해 〈한국 황제가 외국을 향해 운동을 펼치는 음모는 작년 이래 늘 끊이지 않는 바로서 오로지 러시아와 프랑스를 신뢰하여 독립을 회복하려는 기획이다〉[32]는 인식을 가지고 있었다. 한국 황제 고종의 헤이그 밀사 파견에 대해서도 러시아 정부가 편의를 도모하고 있다는 관측에서 〈러시아, 프랑스와도 아직 협상이 매듭지어지지 않은 것은 매우 유감이다〉[33]는 인식을 보이고 있었고(일본과 프랑스의 〈메이지 40년 협약〉의 조인은 1907년 6월 10일), 고종이 반일적 운동을 행할 수 있게 한 원인을 〈한국 문제〉가 러시아와의 사이에서 해결되지 않았다는 점에서도 찾고 있었다. 그렇기 때문에 〈한국 문제〉를 본 교섭에서 분리한다는 6월 14일의 원로 회의 결정을 전한 하야시에 대한 회답에서, 이토는 〈장래 발전의 승인〉을 러시아에 요구하는 것은 포기하더라도 최소한의 조건으로 〈현재의 상태〉를 러시아에 승인시킨다는 내용을 포함시킬 것을 요구했다.[34]

그러나 하야시는 이토와 달리 〈일본이 한국에서 완전한 《통제》를 실시하기 위해 필요한 조치를 취할 권리는 「포츠머스 조약」에서 명확하게 보증한 바〉라고 파악하고 있었다. 일본의 한국 보호국화는 「포츠머스 조약」에서 명

---

31 위의 문서, 154쪽.
32 위의 문서, 427쪽.
33 위의 문서.
34 위의 문서, 155쪽.

확하게 규정하였고, 따라서 일본으로서는 〈한국 문제〉가 러시아 측으로부터 새롭게 양보를 이끌어 내야 할 의제는 아니라고 인식하고 있었다.[35] 이러한 해결 방식은 〈몽고 문제〉에서 러시아 측에 대한 양보에 상당하는 교환 조건이 만주 전 지역에서 일본의 권익을 인정받는 것이라고 한 고무라의 인식과 일치한다.[36] 결과적으로 하야시와 고무라는 「러일 강화 조약」에서 이미 일본의 우월권을 부여받은 〈한국 문제〉를 〈몽고 문제〉의 교환 조건으로 러시아 측에 제시할 필요성을 인정하지 않았고, 그 교환 조건에 상당하는 것은 북부의 절반을 포함한 만주 전체의 권익이라고 간주하고 있었던 것이다. 또 하야시는 〈한일 협약 등에 기초한 현재의 상태〉를 러시아가 인정하게 만드는 절차를 취한다는 이토의 요구는 실제로는 한일 관계에 불합리한 상황을 초래할지도 모른다고 파악하고 있었다.[37] 그것은 러시아가 〈포츠머스 조약에 따라 일본이 한국에서 필요하다고 인정하는 지도, 보호와 감리를 취하는 데 방해하지 않을 것을 약속〉하고 있었기 때문만이 아니라, 1906년 플랑손의 허가장 문제에 대하여 러시아와 교섭하였을 때, 러시아 외상은 한국이 일본의 보호국이라는 점을 승인하였고, 또 주일 러시아 공사도 같은 해 7월 26일자 공문으로 〈러시아 정부는 일본 정부가 한국의 외교 사무를 완전히 감리할 권리를 가지고 있다는 점을 승인〉하고 있었기 때문이다. 그럼에도 불구하고 이토가 말한 것처럼 러일 협약 교섭에서 〈한일 협약 등에 기초한 현재 상태〉의 승인을 러시아에 요구하는 것은 〈이후 한국과 하등의 협약을 맺고, 이 나라에 대한 우리의 지분을 넓힐 때마다 러시아의 승인이 필요한 것 같은 결과가 발생할지도〉 모를 일이었다. 즉 하야시가 염려한 것은 불필요한 교섭을 실시하는 것이 도리어 일본의 외교 정책에 제약을 가할지도 모

---

35 위의 문서, 136쪽.
36 위의 문서, 122쪽.
37 위의 문서, 156쪽.

른다는 점에 있었다.

요컨대 〈한국 문제〉에 대한 이토와 하야시, 고무라의 의견 대립은 일본이 한국에서 행사할 권한이 「러일 강화 조약」 등에 의해 어디까지 보장되고 있는지를 파악하는 인식의 차이에 기인한다. 플랑손 문제가 발생하고 고종이 반일적 행동을 취할 수 있었던 것은 「러일 강화 조약」으로 일본의 한국에 대한 우월권을 러시아가 충분히 인정하지 않았기 때문이라고 파악한 이토는 이번 러일 협상 교섭을 〈한국 문제〉에 대한 최종 해결을 위한 것이라고 판단하고 있었기에 최후까지 자신의 주장을 고집하였던 것이다. 즉 이토가 러일 협상 교섭에서 의도한 것은 어디까지나 러시아로 하여금 한국에 대한 일본의 완전한 우위를 인정하도록 만드는 데 있었다. 따라서 여기에서 이토가 말하는 〈annexation〉이란 즉각 한국을 병합해야만 한다는 의미가 아니라 러일 협약 교섭을 기회로 장래에 시도할 병합을 인정받아 둔다고 하는 것으로, 그것을 모리야마 시게노리와 같이 즉시 병합론으로 파악하는 것은 오류이다.

러일 협약의 최종 교섭은 6월 24일부터 시작되었고, 7월 3일 회담에서 러시아는 〈몽고 문제〉에 대해서 일본의 보장을 외몽고에 그치는 데 동의했고,[38] 7월 30일에 조인이 이루어졌다.[39] 현안인 〈한국 문제〉에 대해서는 결국 비밀 조약 제2조에 〈……해당[한일] 관계가 점점 발전하는 것을 맞이하여 이를 방해하거나 간섭하지 않을 것을 약속한다〉는 완곡한 표현으로 남게 되었다.

---

38 위의 문서, 160쪽.
39 오히려 「러일 협약」 조인 직전에 체결된 제3차 「한일 협약」의 내용을 「러일 협약」에 포함시킬지의 여부를 둘러싸고 「러일 협약」의 조인 날짜로 앞당기는 것이 검토되었다. 그 상세한 내용에 대해서는 海野福壽, 『韓國倂合史の研究』, 273~274쪽 참조.

이토 히로부미에 의한 황제권 제한 책동

일본은 제2차 「한일 협약」에 기초하여 한국에 통감부를 설치하는 한편, 〈시정 개선〉 명목으로 척식 행정을 비롯해 경찰, 사법, 재정, 교육 등 각 분야에 걸쳐 한국 내정에 대한 간섭을 추진했다. 그러나 당초 예상했던 정도의 개혁이 이루어지지는 않았다. 국권 회복 운동의 성격을 강하게 띠고 있던 애국 계몽 운동이나 의병 투쟁의 고양 등, 통감부의 시정과 일본의 한국 보호국화에 대한 광범한 저항 운동이 일어났기 때문이다. 특히 통감 이토 히로부미는 고종 황제의 존재를 통감부에 의한 한국 내정 개혁의 진전을 저지하는 최대 요인으로 간주했다. 그러나 일본이 보호국으로서 한국을 통치한다는 것의 정치적 정당성은 어디까지나 〈대한제국의 황실을 확실한 친의로 안전 강녕하게 하며〉(「한일 의정서」 제2조) 〈한국 황실의 안녕과 존엄을 유지할 것을 보증〉(제2차 「한일 협약」 제5조)하는 것에 있었다. 따라서 이토는 의병 투쟁에 대해서는 무력으로 철저히 탄압하는 한편, 통감부에 의한 내정 간섭을 합리화하기 위한 수단으로 황제권을 이용하면서 실제로는 그것을 축소·제한하는 방식을 추구하였다.

이토의 한국 통치 구상을 단적으로 드러내는 것이 1907년 7월에 체결된 제3차 「한일 협약」을 전후한 시기에 이루어진 일련의 정치 개혁을 통해 형성된 통치 체제, 즉 제3차 한일 협약 체제이다. 그런데 제3차 한일 협약 체제는 이 조약에 선행하여 진행되고 있던 황제권 축소·제한 움직임의 연장선상에서 형성된 것이다. 여기에서는 제3차 「한일 협약」 체결에 앞서 실시된 궁금령(宮禁令) 제정, 이완용 내각의 성립과 내각 관제 제정 등의 각 과정을 다루면서 황제권의 처우를 둘러싸고 이토가 어떠한 대한 통치 구상을 가지고 있었는지를 밝히고자 한다.

궁금령 제정과 이토의 한국 황제관

통감 이토 히로부미는 〈시정 개선〉이라는 명목하에 한국 시정 개혁을 진행했는데, 그때 장해가 된다고 간주한 것이 황제 고종과 궁중이었다. 대한제국의 성립에 따라 황제 독재권이 확립되고 황제권이 강화되었으나[40] 이토는 궁중이 〈부중(府中)을 통제하여 정부 책임이 귀속하는 바를 상세히 하지 않고〉, 〈국가 이외에 별도로 징세 주체가 되었으며〉, 〈특별 사면을 남용해 재판의 결과를 무효로 돌리고〉, 〈종종 정부를 대신해 직접 행정권을 행사하며, 대신 이하는 팔짱을 끼고 이를 어떻게도 할 수 없는〉 상태를 초래하였다고 파악했다.[41] 즉 궁중이 행정권이나 사법권을 장악해 하나의 거대한 정치 권력이 되었기 때문에 이것을 제한하지 않으면 일본이 한국 정부로 하여금 〈시정 개선〉을 실시하도록 하는 것이 곤란하다고 파악한 것이다. 따라서 〈시정 개선〉이 결실을 거두기 위해서는 〈궁부(宮府)의 분별을 명확하게 할 필요를 인정하며, 정부를 지도해 점차 궁중의 기반(羈絆)을 벗어나, 책임 소재를 명확히 할〉 것을 목표로 하였다.[42] 이리하여 궁중과 부중을 분리하고, 궁중에 대한 정부의 독립성을 확보하는 것을 모색하였다.

궁중·부중의 분리라는 정치적 과제의 목적은 일반적으로는 황제권에 대한 정부의 독립성 확보에 있는데, 특수하게는 〈궁중을 숙정하고 협잡의 무리를 멀리함〉에 있었다.[43] 이 단계에서 이토가 궁중 숙정을 주장한 최대 이유는 일본의 한국 보호 정책에 반대하는 〈민간의 불평분자는 몰래 궁중의 세력가와 제휴하여 배일 폭동을 일으킨다〉[44]는 상황을 막기 위해서였다. 궁중·부중의 분리가 이후에도 수차례에 걸쳐 현안이 되었다는 사실에서도 살

---

40 서영희, 『대한제국 정치사 연구』(서울대학교출판부, 2003), 제1장 참조.
41 朝鮮總督府 編, 『朝鮮の保護及倂合』(朝鮮總督府, 1918), 122쪽.
42 위의 책, 123쪽.
43 위의 책.
44 위의 책.

펴볼 수 있는 것처럼 거기에는 명확한 우선순위가 존재하고 있었다. 이 단계에서 이토가 특별히 주목한 것은 고종이 비밀리에 추진한 〈주권 수호 외교〉 및 고종과 반일 독립 운동, 특히 의병과의 연계였다.[45] 이토는 궁중에 〈한일 양국의 우의를 방해하려는 잡배(雜輩)의 출입이 날로 빈번해지고〉 있고, 나아가 궁중이 의병에 자금을 대고 있는 것은 아닌가 의심하고 있었다. 따라서 이토는 고종을 알현했을 때 궁중과 반일 운동의 관계를 들추어 내면서 〈제국 정부에 보고해야 할 중대한 일에 이를 우려〉가 있다고 위압을 가했다.[46] 이토의 이러한 발언은 예를 들어 1906년 5월 말 충청남도 홍주에서 민종식(閔宗植)이 일으킨 의병이 〈궁중에 출입하는 잡배[민형식(閔炯植) 등]의 사주에 기인한〉 것이었다고 한 관헌의 보고나[47] 유생 김승민(金升旼)이 〈성상께서 말씀하시기를 섬나라 오랑캐 적신 이토와 하세가와〉라는 친서를 보관하고 있었다는 관헌 보고[48]를 근거로 한 것이었다.

이것을 기회로 삼아 1906년 7월 2일 이토는 고종을 내알한 자리에서 궁중 확청(廓淸)을 명목으로 내세워 궁정 경비를 경무 고문부가 담당하고, 〈궁금령〉을 공포해 궁정의 숙청을 도모할 것을 요구했다. 고종은 이 요구에 난색을 표했지만 이토는 1905년 11월 29일에 특파 대사로 알현했을 때 고종 자신이 제시한 각서 제5조(〈궁금 숙청 기타 여러 제도의 폐해를 교정하는

---

45 고종의 〈주권 수호 외교〉에 대해서는 金基奭(金惠榮 譯), 「光武帝の主權守護外交, 1905~1907年」(海野福壽 編, 『日韓協約と韓國併合』(明石書店, 1995); 海野福壽, 『伊藤博文と韓國併合』(靑木書店, 2004), 79~81쪽 참조. 한국 황제 고종을 내알하여 의병과의 관련성을 규탄하기 전날, 이토는 스에마쓰 겐조(末松謙澄)에게 〈음모의 원인이 궁중에 있다는 점은 의심할 바 없다. 그렇더라도 다년의 경험으로 그 증거를 용이하게 노출시키지 않는 것 또한 기가 막힌다고 해야 하는가?〉라고 써서 보내고 있다(春畝公追頌會 編, 『伊藤博文傳』下, 統正社, 1940, 716쪽). 고종을 반일 운동의 기점이라고 확신한 이토는 〈음모〉의 〈증거〉를 파악하여 고종을 견책할 기회를 엿보고 있었던 것이다.
46 金正明 編, 『日韓外交資料集成』6-上(巖南堂書店, 1964), 236쪽.
47 『駐韓日本公使館記錄』26, 276·281쪽; 『統監府文書』3, 47~56쪽.
48 『朝鮮の保護及併合』, 123쪽.

것은 모두 문명국의 모범을 본받아 궁내부에서 점차 이를 실행할 것〉)를 거론하면서 고종의 말을 수용하지 않았기 때문에 결국 고종은 이토의 요구를 받아들일 수밖에 없었다.[49] 이토는 곧바로 그날 밤 경무 고문 마루야마 시게토시(丸山重俊)에게 명하여 고문 경찰에 궁궐 경비를 맡기는 한편, 다음 날 열린 한국 대신과의 협의회 석상에서 〈궁금령〉 제정을 요구했다. 궁내부 대신 이재극(李載克)을 비롯하여 참정대신 박제순 등은 일본인에 의한 궁궐 경비에 두세 차례 반대했다. 하지만 이토는 군대에 의한 경비를 잠시 거론함과 동시에 고종의 재가를 방패 삼아 한국 대신의 요구를 거절했다.[50] 7일 〈궁금령〉이 제정되었고 황궁 출입에 새로운 문표가 사용되었는데, 이 문표의 발급·몰수는 〈사실상 경무 고문부가 일체 이것을 담당하고 형식상 시종(侍從), 주전(主殿) 양원만 그 협상에 참여할 수 있게〉 되었다.[51] 일련의 조치로 궁중과 반일 세력과의 분리를 시도한 것이다.

그러나 〈국왕을 비롯해서 움직이기만 하면 독립의 의사를 일으킴에 따라 명분을 피하고 실제를 취하는 방침을 취하고 있다〉[52]는 이토의 말대로 고종의 양위와 제3차 「한일 협약」의 체결까지 그 대응책은 전체적으로 철저하지 못한 것이었다. 한편 고종의 반일적 언동에 대처할 수 없었던 박제순 내각에 대하여 이토는 〈황제의 활동을 방관하면서 한 사람도 그 불리함을 교정하고 사직의 안위를 지키려는 자가 없는 것은 어째서인가?〉라고 비난했다.[53]

---

49 『日韓外交資料集成』 6-上, 237~238쪽.
50 위의 책, 248~252쪽.
51 『朝鮮の保護及併合』, 126~127쪽.
52 原奎一郎 編, 『原敬日記』 2권(福村書店, 1965), 226쪽.
53 「韓國施設經營事項の條擧並に對韓方針」(國立國會圖書館憲政資料室 所藏, 『伊藤博文文書』 108). 작성 연월은 명확하지 않지만 서두에 〈본년 3월, 내가 한국에 들어간 이래〉라고 한 점으로부터 통감으로서 두 번째 도한 중(1906년 6월 23일~11월 21일) 박제순 내각에 대하여 실시한 강연의 초고라고 생각한다. 제8회 시정 개선 협의회의 이토 연설과 내용적으로는 중복되지만 확증은 없다(『日韓外交資料集成』 6-上, 266~268쪽).

이와 같은 한국 내각에 대한 이토의 지탄에 호응한 사람이 이완용이었다는 사실은 후술한다.

그렇다면 이토가 주도한 〈궁금 숙청〉책은 조선 정치사에서 어떠한 역사적 의미를 갖는 것인가? 이 정책은 한국 황제와 의병 세력 사이의 관계 단절이라는 반일 운동 대책의 측면 이외에 식민지화 과정을 고려할 때 좀 더 중요하고도 본질적인 역사적 성격을 또 하나 지니고 있다고 생각한다. 그것은 바로 조선 고유의 정치 문화와의 단절이라는 측면이다. 이 점에 대해서 7월 27일 내알 당시 고종과 이토가 주고받은 대화로부터 고찰해 보고자 한다.

이 내알에서 이토는 최익현, 김승민의 처분에 즈음하여 이후에는 유생들의 의견을 받아들이지 말 것을 고종에게 요구했는데, 거기에는 정치 수법을 둘러싼 양자의 견해 차이가 명확하게 드러나 있다. 즉 〈가령 어떠한 학자가 심산 유곡 근방에서 살고 있다고 하자. 그 수목과 마주하고 앉아 있으면서 어찌 세계의 대세를 달관하고 국가를 요리하는 탁월한 식견을 가지고 있을 이치가 있겠는가?〉라고 고종의 정치 행위를 시대착오인 것으로 비판하는 이토에게, 고종은 〈유생 가운데 산림과 같은 자를 대하면 우리의 국풍(國風)은 크게 이를 존경하고, 짐이 정부 대신을 인견할 때는 반드시 자리에서 일어나는 것이 필요하지는 않더라도 유독 산림에 대해서는 짐이 자리에서 일어나 이를 맞이하는 것이 예이다. 그러므로 정부 대신도 그를 불러 장석(長席)이라고 칭한다〉고 진술하여 산림 유생들의 의견을 존경하여 받아들이는 것은 조선의 전통적 정치 수법이라고 반론했다.[54] 재야 유생의 의견을 정치에 반영할 필요성을 강조하는 고종에 대해 이토는 그러한 백성들의 의사 조달 방식을 강력하게 부정한 것이다. 물론 이러한 고종의 발언은 특히 김승민의 의견을 중용한 점이라든지, 의병과의 연계를 견책하는 이토에 대한 변명으로 여길 수도 있다. 그러나 가령 겉으로 내세우는 말이더라도 정치를

54 『日韓外交資料集成』 6-上, 313쪽.

행하는 데 있어서 재야 유생의 의견을 경청할 필요가 있다는 고종의 정치관을 무시할 수는 없다. 1905년 『형법대전』에서 상소는 법적으로 금지되었지만, 고종은 황제권이 강화된 단계에서도 상소라는 조선 왕조 이래의 민의 조달책을 유지하려고 한 것이었다.[55]

그러나 이토는 이러한 상소라는 전통적 민의 조달책을 한국 황제의 전제 군주관과 의병 투쟁과의 인과 관계를 통해 명확하게 부정했다. 이토는 내알에 앞서 한국 대신 회의에서 〈내가 여기에 부임해 온 것은 한국을 세계의 문명국으로 만들려고 했기 때문이다. 만약 산림으로부터 태공 여망(太公呂望)과 같은 자가 나와서 한국의 군신이 그자에게 귀를 기울이는 일과 같은 것이 있다면 나는 조속히 귀국할 수밖에 없다〉[56]고 말하고, 〈문명국〉이라는 명분으로 상소라는 정치 수법을 인정하지 않았다. 이토에 의한 〈궁금 숙청〉책은 일의적으로는 한국 황제를 의병과 떼어 놓기 위한 시책이었지만, 결과적으로는 상소라는 형태를 통해 민중과 황제가 원칙적으로 연결됨으로써 유교적 민본주의를 담보하고 있던 정치 논리를 단절시키게 되었다. 그러한 의미에서 〈궁금령〉을 비롯한 일련의 정책은 민의 조달의 회로를 스스로 단절시켜 가는 것이었다. 그렇다면 이토는 종래의 민의 조달 회로를 단절한 다음 새로운 형태로 민의 조달 시스템의 구축을 어떻게 구상하고 있었는가? 주지하는 대로 이토는 일본에서 의회나 정당의 창설이란 형태로 새로운 민의 조달책을 모색하였지만, 조선에서는 어떠한 형태로 민의 조달을 시도해 가고 있었는가? 상세한 것은 뒤에서 검토하겠지만, 결론부터 말하자면 이토는 결국 이러한 과제 해결에 실패하고 무단 통치에 길을 양보하지 않을 수 없었다.

이리하여 고문 경찰에 의한 철저한 궁궐 경비로 인해 궁중 세력과 반일 세

---

55 原武史, 『直訴と王權』(朝日新聞社, 1996), 201~205쪽 참조.
56 『日韓外交資料集成』 6-上, 247~248쪽.

력의 분리에는 일정한 성과를 거두게 되었다. 그러한 한편, 궁중·부중의 분리에 대해서는 철저할 수 없었다. 거기에서 1906년 12월 9일, 임시 통감 대리 하세가와 요시미치는 고종을 알현했을 때 궁중·부중의 철저한 분리를 주청했다. 그 자리에서 하세가와는 〈궁중·부중의 분리를 명확하게 하고, 부중의 일은 전적으로 참정대신에게 위임하며, 궁중의 일은 궁내대신으로 하여금 전담하도록 한다. 폐하는 오로지 그 대강을 총람하시고 또한 어명으로 발포하는 법률 칙령을 친재하시는 외에 사소한 사항, 즉 각부 판임관 임면 혹은 일개 병졸 초병의 위치까지 간섭하는 것과 같은 일은 실질적으로 시정을 개선하고 국운의 발달을 도모하는 방도가 아니다〉라고 요청하였다.[57] 이 알현을 계기로 하세가와는 수상 박제순과 협의한 다음 12월 15일 〈부중의 일에 대해서는 경이 현재 그 수반이다. 마땅히 짐의 뜻을 체화하고 관의 법규가 정한 바에 따라 조정의 관료를 이끌고 행정 제반의 책임을 맡아 동심 협력하면서 그 실적을 거두도록 하라〉는 내용의 조칙을 공포하도록 했다.[58] 고종에 대한 하세가와의 상주에서 단적으로 보이고 있는 것처럼 궁중·부중의 구별을 논하는 조칙을 내도록 한 것은 판임관의 임면 등 인사라는 〈사소한 사항〉까지 고종이 간섭하여 〈실질적으로 시정을 개선〉할 수 없는 상황을 타개하기 위한 조치였다.

박제순 내각의 경질과 이완용 내각의 성립

한편 이토는 1907년 초에 일시 귀국했던 시기에 한국의 내정 개혁 및 그와 연관되어 있던 황제권의 축소·제한책을 구상한 것으로 생각된다. 이토와 인맥이 가까운 이토 미요지(伊東巳代治)가 제3차 「한일 협약」 체결 직후,

---

57 『駐韓日本公使館記錄』 26, 400쪽; 『統監府文書』 3, 97쪽.
58 『駐韓日本公使館記錄』 27, 17쪽; 『統監府文書』 3, 5~6쪽; 『舊韓國官報』(亞細亞文化社, 1973년 복각), 1906년 12월 15일부.

〈들은 바에 따르면 이번[헤이그 밀사 사건을 말함] 사변이 없었더라도 올 가을 무렵에는 일대 비약하여 승산을 헤아리신 것도 있는 까닭〉[59]이라고 써서 보낸 서간에서 살펴볼 수 있듯이, 이토는 1907년 가을 무렵에 〈일대 비약〉, 즉 한국 통치 기구의 대개편을 기도하고 있었던 것 같다. 그러한 이토의 구상을 겉으로 드러낸 것이 이토의 사위였던 스에마쓰 겐조(末松謙澄)의 관련 사료 안에 있는 다음의 메모이다.[60]

  1. 사법권을 보통행권(普通行權)에서 분리해 독립시키고, 신민의 생명 재산의 보호를 공고히 할 것.
  2. 행정 각부의 권한을 명확히 하고 그 책임을 분담시킬 것.
  3. 입법과 행정의 주요 문제는 각의에 따라 이를 의정하고, 미리 통감의 동의를 거쳐 상주할 것.
  4. 황제는 내각의 보익에 따르지 않으면 정치상의 모든 명령을 내리지 못하게 할 것.

제4항의 존재로부터 이 메모는 내각 제도 도입 이전 1906년 말부터 다음 해 3월에 걸쳐 이토가 일시 귀국했을 때 스에마쓰에게 보여 준 것으로 생각된다. 이 메모에서 이토는 ① 사법권의 행정권으로부터의 독립, ② 행정 기관(의정부, 이후의 내각) 직제와 책임의 명확화, ③ 행정·입법권에서 각의의 비중 강화와 이에 대한 통감의 감독권 확립, ④ 내각에 의한 황제 보필 제도화를 구상하고 있다. 그렇다면 이러한 구상은 이후 어떻게 실현되어 갔는가?

---

  59 伊藤博文關係文書研究會 編,『伊藤博文關係文書』2(塙書房, 1974), 447쪽.
  60 스에마쓰 겐조 앞으로 보낸 이토 히로부미 서한(堀口修·西川誠 監修·編集,『末松子爵家所藏文書』下, ゆまに書房, 2003). 다만 쪽수는 편의적으로 필자가 붙인 것이다.

제2차 「한일 협약」 체결 직후에 성립한 박제순 내각에 대하여 1906년 중반부터 대한자강회, 서우회 등 각종 정치 단체나 「대한매일신보」 등의 언론 기관, 또 국채 보상 운동 등에 의한 격렬하고도 광범한 정부 공격이 전개되었다. 게다가 일관하여 친일적 자세를 취해 온 일진회도 정부 비판을 전개하는 등, 박제순 내각은 사면초가의 상황에 빠졌다. 이러한 동향에 따라 1907년 초가 되자 참정대신 박제순은 사임 의사를 굳히고 통감 이토 히로부미에게 그 취지를 전했다.[61] 이토의 관찰에 따르면 박제순이 사의를 굳힌 이유는 〈일반의 공격을 감당할 수 없고, 또 친일론자와의 제휴를 싫어하는 저의〉[62]가 있었기 때문이다. 여기서 말하는 〈친일론자와의 제휴〉라는 것은 구체적으로 일진회와의 제휴를 가리킨다. 이토는 현재 진행되고 있는 시정 개선이 중도에 그칠지도 모른다는 점, 종래 빈번하게 내각이 경질되어 온 전철을 현 내각이 답습해서는 안 된다는 점을 박제순에게 말하면서 유임을 촉구했다.[63] 그 후에도 이토는 사의를 표명하는 박제순을 두세 차례 만류했지만 최종적으로는 사직을 인정했다.

박제순이 사임을 아직 상주하지 않았다는 점을 기회로 본 이토는 후임 인사를 획책하고, 그 후임에 학부대신 이완용을 지명했다.[64] 게다가 조각 인사에 대해서는 〈궁중이 방해하거나 궁중의 뜻에 반하더라도 감히 물러나지 않을 용기가 있는 인물을 천거할 것〉이라는 방침을 이완용에게 부여했다.[65] 궁중에 대한 대항 의지를 기준으로 내각을 조직하라는 명령이었던 것이다. 박제순 내각의 각 대신이 황제 고종에게 제출한 사표를 수리하고, 1907년 5월 22일에 내알한 이토는 박제순의 사직이 어쩔 수 없다는 것, 후임 내각의 조

---

61 『日本外交文書』 40-1, 556쪽.
62 『駐韓日本公使館記錄』 30, 62쪽;『統監府文書』 4, 123쪽.
63 『日本外交文書』 40-1, 556쪽.
64 위의 문서, 558쪽.
65 위의 문서.

직은 이완용을 수상(참정대신)으로 지명할 것을 상주했다.[66] 고종은 이완용의 수상 취임에 대해 난색을 표했지만 결국 이토에게 동의하지 않을 수 없었고, 같은 날 이완용을 불러 새로운 내각의 조직을 명령하였다.[67] 이완용을 수상에 임명하고, 수상이 각료를 추천하여 내각을 조직하는 절차는 〈종래 당국에서 실시한 내각 대신이 전체적으로 폐하의 의사에 따라 각각 임명된다고 하는 것과 전적으로 그 취지를 달리하며, 하나의 새로운 국면을 열어 가는 것〉[68]이라고 한 것처럼 종래와는 다른 내각 편성 방식이었다. 황제의 인사권을 수반 지명으로 한정시킨 이 조치는 좀 더 친일적인 내각의 성립을 가능하게 했을 뿐 아니라 다음에 서술하는 내각 관제의 채용과 아울러 국무대신, 특히 참정대신(이후의 내각 총리대신)의 권한을 강화하는 계기가 되었다고 생각한다.

그런데 이토가 〈후임으로 이완용을 추천하는 것은 폐하의 뜻에 몹시 적합하지 않음은 물론이며, 이것은 상당히 용이한 일이 아니다〉[69]라고 자각하면서도 이완용을 후임 수상으로 지명한 것은 어째서였을까? 그것은 이완용이 〈각 대신에 앞서 단호한 결심을 보여 주고, [제2차 한일] 협약 체결에 찬조했다는〉 점, 그리고 〈그의 의지는 꽤나 강고하고, 또한 폐하에 대한 태도도 한국인 가운데 드물게 대단히 대담한 성질〉이라는 이유 때문이었다.[70] 여기에서 말하는 〈폐하에 대한 태도〉란 모리야마 시게노리가 지적한 대로, 이완용이 고종의 폐위 방침을 주장했다는 것을 가리킨다.[71] 이완용이 1906년 12월 10일 통감 대리 하세가와 요시미치를 방문해 고종의 폐위를 제안했기

66 『日韓外交資料集成』 6-上, 475쪽.
67 위의 책, 478쪽.
68 『日本外交文書』 40-1, 561쪽.
69 위의 문서, 558쪽.
70 위의 문서.
71 森山茂德, 『近代日韓關係史硏究』(東京大學出版會, 1987), 208~210쪽.

때문이다. 이완용은 〈국정 개선〉, 즉 일본이 추진하는 〈시정 개선〉을 수행하는 데 최대의 장해가 되고 있는 것이 고종이라고 파악했고, 그의 양위를 획책함과 동시에 그에 대한 일본 측의 이해를 요구했다.[72] 그것은 고종이 반일 운동의 중추적 존재라는 인식을 가지고 있던 이토 등과 이해관계가 일치했음을 의미한다. 한편 이완용이 일본 측, 특히 이토에게 접근한 이유는 보호국화를 앞서서 수용함으로써 조선의 정체를 유지하기 위해서였다고 한다.[73] 그것은 이완용 내각 성립 직후 대신 회의에서 〈일본과 제휴한다면 합병당할 우려는 없으므로, 실력을 양성할 수 있다〉[74]는 이완용의 발언에서 단적으로 나타난다. 즉 이토가 보호국론자라고 한다면 한국의 병합을 회피할 수 있다는 판단이었다고 할 것이다.

한편 새롭게 조직된 이완용 내각의 일각을 일진회 회장이었던 송병준(宋秉畯)이 차지하게 되었다. 이것은 〈무엇인가 새로운 내각에 강력한 원조를 주지 않는다면 새로운 내각은 일시에 대단히 큰 곤란과 조우하게 될 것이다. 그러므로 오히려 나아가 일진회와 제휴한다는 사실을 보여 준다면 일이 돌아가는 데 묘책을 얻을 수 있지 않겠는가?〉라는 이완용의 의향에 따른 것이었다.[75] 이토는 송병준의 입각에 대해 〈폐하로 하여금 가장 불쾌한 생각을 품게 하여 그 승낙을 얻기는 몹시 곤란하지 않겠는가? 또 일진회 이외의 정치 단체로 하여금 소란스럽게 움직이게 만드는 단초가 되니, 오히려 조속히 해야 할 큰 계획을 잃게 되는 것은 아닌가?〉라고 염려하였지만, 결국 이완용에게 동의했다.[76] 송병준의 입각까지는 상정하지 않았다고 생각되지만, 애초부터 한국 정부와 일진회 사이의 제휴는 이토가 주도한 것이었다. 이토는

---

72 『駐韓日本公使館記錄』 27, 15쪽; 『統監府文書』 3, 4~5쪽.
73 森山茂德, 『近代日韓關係史研究』, 209~210쪽.
74 『日韓外交資料集成』 6-上, 484쪽.
75 『日本外交文書』 40-1, 560쪽.
76 위의 문서.

〈현[박제순] 내각은 민간 혹은 정치 단체와 제휴하여 그 원조를 구하고, 인심 전환책을 시도할〉 것으로 문제가 있다고 제기하고, 당시 학부대신이었던 이완용에게 1906년 10월경 일진회와의 제휴 공작을 실시하도록 했기 때문이다.[77] 다만 이토가 한국 정부의 제휴 상대가 일진회여야만 한다고 생각하고 있었는지에 대해서는 유보가 필요하다. 이토가 당초 송병준의 입각에 우려하는 태도를 보였다는 점을 아울러 생각해 보면 한국 정부의 제휴 상대를 일진회라고 특별히 지정하지는 않았을 것으로 추정된다. 이토가 일진회와의 제휴에 필요조건으로 요구한 것은 〈민간〉과의 연결에 의한 〈인심 전환책〉이었고, 〈친일〉적 성격은 충분조건이었다고 보는 편이 타당할 것이다.

이리하여 송병준의 입각이라는 형태로 한국 정부와 일진회 사이에 제휴가 실현되었다. 1907년 5월 22일 이완용에게 내각 조직의 대명이 내려졌고, 25일에 각원이 임명되었다. 이토는 당초 내각의 대부분이 유임할 것이라고 관측하고 있었고,[78] 탁지부대신 민영기(閔泳綺), 법부대신 이하영(李夏榮)을 유임시킬 예정이었다.[79] 그러나 결국 두 대신이 재임에서 사퇴했기 때문에 28일 일진회장 송병준을 포함한 세 명이 새롭게 대신으로 임명되어, 이완용 내각이 성립했다. 참정대신 이완용, 내부대신 임선준(任善準), 군부대신 이병무(李秉武), 학부대신 이재곤(李載崑), 탁지부대신 고영희(高永喜), 법부대신 조중응(趙重應), 농상공부대신 송병준의 포진이었다. 내각 조직이 진행됨에 따라 이토는 〈이번 내각은 주로 친일주의, 즉 한일의 제휴를 한층 더 실현하려는 목적 아래에서 조직된 것〉[80]이라고 이완용 내각을 평가했다. 새 내각을 성립시키는 데 있어서 이토가 가장 중시한 것은 〈지금 한국의 지위를 돌아보면 한일 양국의 관계는 더욱 가까워져야 하고, 또 종전의 방침, 즉

77 위의 문서, 556~557쪽.
78 『駐韓日本公使館記錄』 30, 62쪽; 『統監府文書』 4, 123쪽.
79 『日本外交文書』 40-1, 560쪽.
80 『駐韓日本公使館記錄』 30, 63쪽; 『統監府文書』 4, 123쪽.

시정 개선의 건도 진행되어 그 실행을 목표로 해야 할 것이다〉[81]라는 점이었다. 이와 같이 〈한일의 제휴〉, 즉 친일성과 통감부하에서의 〈시정 개선〉에 적극적이라는 두 가지 기준에서 조직된 것이 이완용 내각이었다.

내각 관제의 도입

이완용 내각이 성립하고 나서 얼마 지나지 않아 종래의 〈의정부 관제〉(1905년 한국 칙령 제8호)를 폐지하고 〈내각 관제〉에 기초한 내각 제도가 1907년 6월부터 실시되었다. 〈내각의 권한을 확대하고 책임을 명확히 한다〉는 의도에 따라 작성된 내각 관제안은 6월 14일 상주되었고, 재가를 얻었다.[82] 그리고 17일에 공포된 〈내각 관제〉(한국 칙령 제35호)를 비롯해 다음 날 공포된 〈내각 소속 직원 관제〉(한국 칙령 제36호)와 〈내각 회의 규정〉(한국 칙령 제37호)으로 내각 제도를 정비하였다.

그렇다면 내각 제도의 도입 목적은 어디에 있었을까? 〈내각 관제〉의 요점은 의정부의 수반이었던 의정·참정 두 대신에 비해 내각의 수반인 내각 총리대신의 권한을 확대했다는 데 있다. 조문에 입각해 주요 개정점을 들어 보면 ① 〈의정부 관제〉에서는 의정대신이 모든 업무에 대하여 주무대신과 동시에 주선했으나 〈내각 관제〉에서는 내각 총리대신이 모든 업무를 주선하고 행정 각부의 통일을 유지한다고 변경한 점(제3조), ② 내각 주관 사무에 관한 내각 총리대신의 권한을 명확히 하고, 각령 발포권을 규정함과 동시에 소속 판임관의 전행 임면권(專行任免權)을 부여한 점(제4조), ③ 내각 총리대신에게 행정 각부의 처분 또는 명령 중지권을 설정한 점(제5조), ④ 내각 각의를 거쳐야 할 사항을 확대한 점(제7조), ⑤ 군기 군령에 관해 상주할 경우 군부대신은 다시 내각 총리대신에게 고지할 것을 규정한 점(제8조)

81 『日本外交文書』 40-1, 559쪽.
82 『朝鮮の保護及併合』, 91쪽.

등이다.[83]

〈내각 관제〉를 도입한 의도를 명확하게 드러낸 것이 〈내각 관제〉와 함께 공포된 두 가지 조칙이다.[84] 이러한 조칙에 따르면 내각 제도는 국정의 유신을 목표로 하여 〈전적으로 외국 문명의 제도를 규범〉으로 삼아 실시하는 것으로, 〈내각은 만기 친재를 보필하고, 모든 업무의 균등한 관할을 요점으로 함에 따라 현재 그 조직을 개량하여 여러 대신에게 각자 그 중책을 맡기고, 내각 총리대신으로 하여금 이를 독려하도록 하는〉 것이었다. 즉, 〈문명〉적 제도로서 내각 제도를 도입하여, 황제 보필 체제를 정비함과 동시에 내각의 권한을 강화하고, 내각 총리대신 중심으로 그 보필 책임을 지운다는 것을 말하고 있다. 이러한 조칙이 작성된 경위는 명확하지 않지만, 이 〈외국 문명의 제도〉가 일본의 것을 가리킨다는 점은 두말할 나위가 없다. 내각 관제의 도입은 직접적으로는 전년 12월 15일에 공포된 궁중·부중의 분리에 관한 조칙을 제도화한 것이었는데, 앞서 기술한 1905년 11월 29일 황제 고종의 각서 제5조와 이완용 내각의 성립 과정, 그리고 이토 히로부미가 스에마쓰 겐조에게 보여 준 메모를 아울러 고려해 보면 일련의 조치가 제도적으로 황제권 제한을 의도하고 있었다는 점은 명백하다. 예를 들면 고종이 각 대신에게 단독으로 상주하게 함으로써 대신들 사이를 교란시키는 것을 방지하기 위해 이완용 내각 성립 이후에는 참정대신이 각부 대신과 동반 알현하도록 되어 있었는데,[85] 내각 제도의 도입은 내각 총리대신에게 내각 통일의 책임과 권한을 맡기는 대재상제(大宰相制)를 채용해 황제의 내각에 대한 견제를 저지한다는 조치를 좀 더 철저하게 만들었다. 또 이토가 한국 대신들과의 협의회에서 말한 〈각 대신은 누구라도 폐하로부터 위임을 받고

---

83 統監府 編, 『韓國施政年報』(統監官房, 1908), 38~39쪽 참조.
84 「舊韓國官報」 1907년 6월 15일부 호외; 『朝鮮の保護及併合』, 91~92쪽.
85 『日韓外交資料集成』 6-上, 486~487쪽.

있기 때문에 그 권한 내의 일은 스스로 책임을 지고 이를 처리해야 한다. 작은 일에 이르기까지 일일이 군주 자신이 이를 간섭한다면 때때로 대사를 놓칠 우려가 있다〉[86]는 발언으로부터도 내각 제도의 도입을 황제권의 제한과 일체화하고 있음을 알 수 있다.[87] 이토는 〈내각을 경유하는 것은 의견이 합치하지 않으면 각의에서 가결할 것〉이라는 대한 정책 방침을 통감 부임 전부터 피력했다.[88] 이것은 앞서 기술한 하야시 곤스케의 내정 간섭책을 계승한 것이라고 생각하는데, 내각 관제로 이에 대한 제도적 뒷받침을 확립한 것이었다.

이상에서 서술하였듯이 이토는 자신의 주도에 따라, 혹은 한국 정부에 지시하여 반일적 지향을 가진 고종의 행동·권한을 제한하고 황제권의 제한·축소에 힘썼다. 그리고 이러한 지향성을 법제적으로 담보한 것이 제3차 「한일 협약」이었다.[89]

---

86 『日韓外交資料集成』 6-上, 596~597쪽.

87 그러나 도면회는 내각제의 채용이 당시 일본의 내각 제도와 유사하며, 이것에 의해 황제권이 완전히 부정되었다고 평가했다(도면회, 「일제 식민 통치 기구의 초기 형성 과정」, 『일제 식민 통치 연구 1: 1905~1919』, 백산서당, 26쪽). 이 시기 일본의 내각제와 비교해 보면 본론에서 서술한 것처럼 한국 내각에서 수상이 갖는 권한의 크기는 비교가 되지 않을 정도로 크다(百瀬孝, 『事典 昭和戰前期の日本』, 吉川弘文館, 1990, 17쪽 참조). 일본에서 대재상(大宰相) 제도는 이토의 주도하에 1885년 〈내각 직권〉으로 도입되었는데, 그 후 단독 보필제로 대체되었다(鈴木正幸, 『皇室制度』, 岩波新書, 1995, 37쪽; 安田浩, 『天皇の政治史』, 青木書店, 1998, 83~95쪽). 따라서 당시 일본의 내각 제도와 유사하다고 한 점에서 도면회의 평가는 타당하지 않지만, 황제권을 제한하기 위해서 이토가 대재상제를 한국에 도입했다고 한 점에 대해서는 본론에서 서술한 것처럼 설득력이 있다.

88 高瀬暢彦 編, 『松岡康毅日記』(日本大學精神文化研究所, 1998), 279쪽.

89 이토의 주도에 의한 황제권 제한·축소의 움직임을 고려하는 선상에서 고종이라는 특정 개인이 커다란 기능을 하고 있다는 점은 틀림없지만, 이것을 주요 요인이라고 파악해서는 안 된다고 생각한다. 어디까지나 일본, 이토가 한국의 국가 권력 해체를 어떻게 추진하려고 했는가라는 과제 안에서 이해해야 한다.

황제 고종의 강제 양위와 제3차 「한일 협약」의 체결

1907년 6월 네덜란드 헤이그에서 개최된 제2차 만국 평화 회의장에 전 의정부 참찬 이상설(李相卨), 전 평리원 검사 이준(李儁), 전 주러 공사관 참사관 이위종(李瑋鍾) 등 세 명이 한국 황제 특사 명목으로 나타나 평화 회의 참가를 요청했다. 일본의 침략 행위와 제2차 「한일 협약」 조인의 불법성을 호소하기 위해서였다. 이른바 헤이그 밀사 사건이다. 이에 대해 통감 이토 히로부미는 협약 위반이라며 고종에게 항의했다. 그리고 이 사건을 호기로 간주해 고종의 책임을 추궁함과 동시에 한층 더 한국 주권의 침탈을 획책했다. 그 결과가 고종의 강제 양위와 제3차 「한일 협약」의 체결이다. 그리고 이러한 제3차 「한일 협약」하에서 통감은 한국의 내정권을 직접 감독하였다. 제3차 한일 협약 체제를 통해 본격적인 식민지 지배를 추진하였던 것이다.

그렇다면 헤이그 밀사 사건의 사후 처리로 실시된 제3차 한일 협약 체제의 중추적 위치를 차지하는 제3차 「한일 협약」은 어떠한 경위로 체결된 것일까? 그 체결 경위에 대해 특히 황제권의 처우에 초점을 맞추어 검토한다.

헤이그 밀사 사건과 대한 처리 방침

통감 이토 히로부미는 황제 고종이 만국 평화 회의에 〈밀사〉를 보냈다는 사실을 사전에 파악하고 있었는데,[90] 외무성으로부터 사건의 제1보를 접수하자 아직 상세하게 파악하고 있지 않은 단계에서 이미 밀사 파견이 〈과연 칙명에 기초한 것이라면 우리 정부로서도 이것이 한국에 대한 국면을 일변시킬 행동을 취할 좋은 시기라고 믿는다. 즉 앞서 기술한 음모가 확실하다면 세권(稅權), 병권(兵權) 또는 재판권을 우리가 접수할 좋은 기회를 제공

---

90 『日本外交文書』 40-1, 427쪽.

하는 것이 될 것이다〉[91]라고 제3차 「한일 협약」의 내용과 연결되는 한국 주권 침략 구상을 외무대신 하야시 다다스에게 전했다. 이토는 헤이그 밀사 사건을 고종의 반일적 행동으로 고뇌하고 있던 상황을 〈일변〉시킬 수 있는 〈좋은 계기〉라고 파악한 것이다. 여기에서 〈세권, 병권 또는 재판권〉이라고 구체적으로 세 종류의 주권이 열거되어 있는데, 앞서 기술한 것처럼 이러한 주권이 황제의 권력 기반이 된다는 점을 아울러 고려해 보면 그것이 의미하는 바는 명백하다. 즉 이 사건을 구실로 이러한 주권을 빼앗고, 황제권을 현재 이상으로 축소, 제한한다는 방침을 내놓은 것이었다.

헤이그 밀사 사건에 관한 상세한 보고가 외무성으로부터 전달되자 이토는 내각 총리대신 이완용을 통해 〈그 책임은 전적으로 폐하 1인에 귀속된다는 점을 선언하며, 아울러 그 행위는 일본에 대한 공공연한 적의를 발표하여 협약 위반임을 면할 수 없다. 그러므로 일본은 한국에 대한 선전(宣戰)을 포고할 권리가 있다〉는 사실을 고종에게 전달하도록 하였다.[92] 선전 포고까지 내비치면서 고종의 책임을 추궁한 것이다. 7월 6일 이토를 방문한 이완용은 〈일이 이에 이르렀으니 국가와 국민을 유지할 수 있다면 족하다. 황제 신상의 건에 대해서는 돌아볼 겨를이 없다〉고 고종의 양위를 시사했다. 이토는 이에 대하여 〈아직 충분히 고려할 것〉이라고 답하면서 분명한 언급을 피했다.[93] 그 후 일본 여론이 악화되고 있는 상황과, 하야시가 한국에 올 것이라는 정보를 접하자 이완용 내각은 헤이그 밀사 사건의 선후책으로 〈숙제였던 황제의 양위 결행이 시의에 가장 적합한 것〉이라는 결론을 내렸다.[94] 앞서 기술한 대로 이완용은 1906년 말 시점에 고종을 양위시킬 계획을 이미 기획하고 있었는데, 한국 정부는 고종의 양위에 의해 헤이그 밀사 사건의 사후 처

91 위의 문서, 431쪽.
92 위의 문서, 454쪽.
93 위의 문서.
94 위의 문서, 465쪽.

리를 기도하려고 한 것이었다.

한국 정부에 의한 고종 양위 공작이 구체화되는 가운데 7월 7일 이토는 내각 총리대신 사이온지 긴모치 앞으로 〈이때 우리 정부에서 취해야 할 수단과 방법(예를 들자면 지금보다 일보를 전진하는 조약을 체결하고, 우리가 내정상 어떤 권리를 양여하도록 만드는 것과 같은)은 묘의를 통해 훈시가 있도록 할 것〉을 요구했다.[95] 이토 자신의 복안은 이미 정해져 있었지만 통감부, 특히 이토의 대한 정책에 비판적인 원로, 정계, 여론을 포함한 일본 국내의 대응을 확인하기 위해 일본 정부에 훈령을 청했다.[96]

이토로부터 훈령 요청을 받은 일본 정부는 10일, 야마가타 아리토모, 마쓰가타 마사요시, 오야마 이와오, 이노우에 가오루 등 각 원로와 전 수상 가쓰라 다로, 사이온지, 육군대신 데라우치 마사타케, 해군대신 사이토 마코토(齋藤實), 외무대신 하야시 다다스, 대장대신 사카타니 요시로(阪谷芳郎), 내무대신 하라 다카시(原敬)가 모여 회의를 열었다.[97] 이 원로 회의의 대한 방침은 12일 각의에서 결정하였고,[98] 재가를 얻어 이토에게 통첩하였다.[99] 그 〈대한 처리 방침〉은 다음과 같다.[100]

제국 정부는 현재의 기회를 놓치지 말고 한국 내정에 관한 전권을 장악할 것을 희망한다. 그 실행에 대해서는 실시의 정황을 참작할 필요가 있으므로 이것을 통감에게 일임할 것.

만약 위에서 기술한 희망을 완전하게 달성할 수 없는 사정이 있다면 적

---

95 위의 문서, 454쪽.
96 海野福壽,『韓國併合史の研究』(岩波書店, 2000), 296쪽.
97 原奎一郎 編,『原敬日記』2(福村書店, 1965), 249쪽; 齋藤子爵記念會 編,『子爵齋藤實傳』2(齋藤子爵記念會, 1941), 118쪽.
98 『原敬日記』2, 250쪽.
99 『日本外交文書』40-1, 455쪽.
100 위의 문서.

어도 내각대신 이하 중요 관헌의 임명은 통감의 동의로 이를 실시하고, 또 통감의 추천에 관련된 우리 나라 인물을 내각대신 이하 중요 관헌으로 임명할 것.

위에서 기술한 주요 취지에 기초하여 우리의 지위를 확립하는 방법은 한국 황제의 칙령에 의거하지 않고, 양국 정부 사이의 협약으로 할 것.

본건은 극히 중요한 문제이므로 외무대신이 한국에 가서 친히 통감에게 설명할 것.

일본 정부가 결정한 〈대한 처리 방침〉은 이 기회에 〈한국 내정에 관한 전권〉을 장악한다는 것이었다. 또한 차선책으로 〈적어도 내각대신 이하 중요 관헌의 임명은 통감의 동의로 이를 실시하고, 또 통감의 추천에 관련된 우리 나라 인물을 내각대신 이하 중요 관헌으로 임명할 것〉을 요구하고 있다. 그리고 그러한 실행에 대하여 한국의 상황을 참작할 필요가 있기 때문에 통감에게 일임하며, 한국 황제의 칙유에 따르지 말고 정부 간의 협약에 의한다고 하는 조건이 붙었다. 그리고 상세한 내용을 설명하기 위해서 하야시가 도한하게 되었다(15일 출발). 계획의 실행을 이토에게 일임하면서, 하야시의 도한이라는 조건은 〈이토 후작의 의견을 듣고 일임하지 않을 경우, 이토 후작이 이를 받아들이지 않고 갑자기 귀국하겠다고 말한다면 곤란하기 때문에 하야시 외상이나 다른 각료가 도한하여 잘 설명할 필요가 있다〉고 한 오야마의 의견에 따른 것이었다.[101]

『일본 외교 문서』에는 〈대한 처리 방침〉과 더불어 최초에 상정된 〈처리 요강안〉, 이 안과 동시에 결정된 〈제2 요강안〉과 각 안에 관한 야마가타, 데라우치 및 기타 출석자 다수의 〈찬부(贊否) 상황〉이 기록되어 있다.[102] 일본 정

---

101 『原敬日記』 2, 249쪽.
102 『日本外交文書』 40-1, 456쪽.

부 내의 대한 자세를 살펴볼 수 있는 각 요강안의 내용은 한국 황제의 양위 뿐만 아니라 주권의 탈취를 확대하기 위한 구체적 책략까지 언급하고 있다. 주권 침탈안인 〈처리 요강안〉에 대해서는 후술하고, 여기에서는 한국 황제의 양위 문제에 관련한 〈제2요강안〉에 대하여 검토한다. 일본 정부는 〈장래의 화근을 두절하기〉 위해서는 〈한국 황제가 황태자에게 양위하는 것〉을 피할 수 없다고 판단했다. 다만 〈본건의 실행은 한국 정부로 하여금 실행하도록 하는 것을 득책으로 한다〉고 하여 어디까지나 한국 정부 주도로 고종의 강제 양위를 실행해야 한다고 하고 있었다. 그러나 고종의 양위를 적극적으로 주창한 사람은 데라우치였을 뿐, 야마가타는 〈지금은 아니〉라고 했고, 또 다른 원로도 〈국왕은 이대로 존치하고, 내정의 실권을 우리가 장악하자는 말〉이라고 했다.[103] 따라서 〈대한 처리 방침〉 전체로 말할 수 있는 것이지만, 이 〈제2요강안〉도 어디까지나 〈정부 방침의 최저한을 보여 주고 그 이상은 이토 후작이 실제로 조치를 시행하는 것에 맡겨야 한다〉[104]는 것이었다. 다만 이 〈대한 처리 방침〉 부기가 『주한 일본 공사관 기록』에는 수록되어 있지 않다는 점을 아울러 고려해 보면[105] 부기의 내용에 대해 이토는 하야시가 서울에 도착할 때까지(18일 저녁 도착) 알지 못했다고 생각한다.

황제 고종의 양위

7월 6일 통감 이토 히로부미를 방문한 수상 이완용이 한국 황제 고종의 양위를 시사했다는 것은 앞서 살펴보았는데, 같은 날 열린 어전 회의에서도 농상공부대신 송병준이 〈이번 일은 책임이 폐하 일신에 있으니 몸소 도쿄에 가서 그 죄를 사죄하셔야 한다. 그렇지 않으면 하세가와 주둔군 사령관

---

103 『原敬日記』 2, 249쪽.
104 위의 책.
105 『駐韓日本公使館記錄』 31, 94~95쪽; 『統監府文書』 5, 8쪽.

을 대한문 앞에서 맞아 면박(面縛)의 예를 거행해야 한다. 양자 모두 받아들일 수 없다면 결연히 일본과 싸울 수밖에 없다. 그러나 전쟁에서 패하게 되면 국가의 존망은 미루어 알 수 있을 것〉이라고 고종을 비난했다고 한다.[106] 이완용 내각에서는 고종의 양위라는 합의가 형성되어 있었다. 외상 하야시 다다스의 도한이 임박한 가운데 16일 이완용이 알현해 〈사직을 중시하고 군주를 가벼이 해야 하는 신으로서 양위를 군주에게 권유하는 것은 충심으로 참을 수 없는 바이기는 하나, 역시 다른 방책이 없음을 어찌하겠습니까?〉[107]라고 하여 양위가 어쩔 수 없다는 취지를 주청했지만 고종은 이것을 거부했다. 다음 날인 17일 밤 대신 일동이 알현해 고종에게 양위를 재차 요구했다.

내각의 양위 주청에 대항하기 위해 18일 밤 고종은 이토를 불러 헤이그 밀사 사건에 관해 변명한 다음 양위 문제에 대해 하문했다. 그러나 이토는 한국 황제에 관한 중대 사건에 대해서는 〈폐하의 신료가 아닌 제가 옳고 그름을 거론하여 감히 답하거나 여기에 간여하는 것은 합당하지 않습니다〉라고 냉담하게 상신하는 데 그쳤다. 나아가 황제 양위에 대해 한국 대신으로부터 상담을 받은 적은 없다고 시치미를 뗐다.[108] 황제 양위라는 한국 정부의 선후책에 대해 이토는 어디까지나 가만히 지켜본다고 가장했지만, 그것은 〈양위 같은 것은 본관이 깊이 주의하고, 한인으로 하여금 경거망동하여 일을 그르치고 그 책임을 일본에게 귀속시키는 것과 같은 일은 단호하게 용납할 수 없는 것〉[109]이라고 지적하였듯이 일본에 부담을 주는 일을 극력 피하기 위해서였다. 이완용 내각도 고종의 양위에 대해서는 〈힘써 본관[이토]의 조력 혹은 동의를 구하는 것을 피하고 자력으로 단행할 것을 목표로〉했

---

106 春畝公追頌會 編, 『伊藤博文傳』下(統正社, 1940), 753~754쪽.
107 위의 책, 758~759쪽.
108 『日本外交文書』40-1, 465~466쪽.
109 위의 문서, 454쪽.

다.¹¹⁰ 황제 고종의 양위는 어디까지나 한국 정부가 자주적으로 행하는 것이고, 일본 측의 의도에 의한 것은 아니라고 가장했던 것이다. 그러나 이토는 〈이대로 추진한다면 도저히 황제의 음모 책략을 두절할 근거가 없다고 믿는다〉고 고종의 양위를 고려한 의견을 이미 일본 정부에 피력했고,¹¹¹ 이완용에게 고종의 양위에 대해 은밀히 동의한다는 뜻을 전한 것으로 추측된다. 그 때문에 이토는 알현할 때 계속하여 자신을 보좌하도록 의뢰한 고종의 요청을 거부했다.¹¹² 그리고 이러한 이토의 거절은 한국 내각에 의한 고종 양위 감행의 계기가 되었다.

하야시가 서울에 도착한 18일 밤, 대신 일동이 알현해 고종에게 재차 양위를 요구하자 고종은 각원에게 일본의 요구에 저항하여 자신을 지키라고 명령함과 동시에 원로를 소집해 최후의 저항을 시도했다. 그러나 19일 오전 1시 2~3차의 요구에 대항하지 못하고 마침내 고종은 양위 요구를 받아들여 내각이 기초해 둔 조칙을 재가하고, 관보 호외로 양위를 공포했다.¹¹³ 조칙에는 〈양위는 짐의 충심에서 나왔다. 감히 다른 권고나 협박에서 나온 것이 아니다〉라고 하여 양위가 어디까지나 자발적인 것이었다는 점이 강조되었다. 다만 〈군국의 대사를 황태자로 하여금 대리하도록 한다〉고 하여 양위는 명문화되지 않았다. 한국 정부는 한국의 관례로는 이러한 문구가 양위를 표현하는 것이라는 설명을 통감부 측에 전했지만,¹¹⁴ 후에 서술하는 것처럼 문제를 일으키게 된다.

다음으로 한국 정부는 고종 양위의 국제적 환경을 정비하기 위해 7월 19일부로 공문을 통감부에 통첩하고, 외무성을 통해 황제 양위를 각국에 성

110 위의 문서, 465쪽.
111 위의 문서, 454쪽.
112 金正明 編, 『日韓外交資料集成』 6-中(巖南堂書店, 1964), 606쪽.
113 『日本外交文書』 40-1, 466쪽.
114 위의 문서.

명한다는 취지를 조회했다.[115] 이 조회를 받은 통감부는 황제가 양위했고, 그 양위는 일본의 요청이 아니라 일본의 요구가 확대될 것을 예상한 한국 정부가 그 완화책으로 실시한 것이라는 점을 주일 각국 대사·공사 그리고 헤이그 주재 대사 츠즈키 게이로쿠(都筑馨六)에게 통고하도록 외무성에 요청했다.[116] 이를 접수한 외무성은 20일 황제 양위의 전말을 미국, 영국, 프랑스, 독일, 이탈리아, 벨기에, 네덜란드, 청국, 러시아 주차 대사·공사에게 통보했다.[117] 이리하여 고종의 양위를 국제적으로 기정사실화하려 했다.

한편 고종의 양위를 접하고 서울 시내에서는 철시나 집회가 일어나고 〈한국 병사의 한 부대(약 한 개 중대)가 병영을 이탈하여 종로에 나타나 총을 쏘고 보조원 등(우리 순사)을 습격〉하고, 이완용의 저택이 방화되는 등 불온한 상황을 보이고 있었다.[118] 이토는 이러한 상황에 대하여 〈우매한 신민이 그 주의를 오해하고 쓸데없이 분개하거나 폭동을 기도하는 일이 없다고 보장할 수 없다. 통감에게 의뢰하여 이러한 자들을 제지하거나 시의에 따라 진압할 것을 위임한다〉는 내용의 칙지를 한국 황제 순종의 명의로 내도록 하고,[119] 19일 한국 주차군 사령관 하세가와 요시미치에게 서울 시내의 치안 유지를 명령함과 동시에[120] 21일에는 수상 사이온지 긴모치에게 혼성 여단의 파견을 요청했다.[121] 또 근위병에 의한 국무대신의 살해를 저지한다는 명목으로 주차군이 궁정 주위에 배치되었다.[122] 이리하여 일본군에 의

---

115 위의 문서, 467쪽.
116 위의 문서.
117 위의 문서, 472~473쪽.
118 위의 문서, 468·471쪽.
119 위의 문서, 468쪽. 또 「신문지법」(한국 법령 제1호, 1907년 7월 24일), 「보안법」(한국 법률 제2호, 1907년 7월 27일)이라는 치안 관계 법령이 제3차 「한일 협약」과 아울러서 제정되었다.
120 위의 문서.
121 위의 문서, 477쪽.
122 위의 문서, 469쪽. 그러나 이토는 이러한 근위병에 의한 국무대신 살해 계획은 고종이 뒤

한 계엄 태세가 이루어지는 가운데 7월 20일 양위식이 감행되었고, 저녁에 실시된 조현식(朝見式)에는 한국 황족, 대신과 더불어 통감부 문무관과 주한 각국 총영사도 참석, 알현했다.[123] 이토는 사이온지에게 양위식이 종료되었음을 보고함과 동시에 새로운 황제의 즉위를 축하하는 뜻을 표시하는 천황의 친전(親電)을 한국 황제 앞으로 보내 줄 것을 주청했는데[124] 이것도 고종의 양위를 기정사실화하기 위한 조치였다.

그러나 양위 후에도 고종의 저항은 계속되었다. 양위의 조칙에는 〈군국의 대사를 황태자로 하여금 대리하도록 한다〉고 했는데 한국의 선례에서는 이 문구가 양위를 의미하는 것이라고 일본 측에 설명했다는 점은 앞서 기술했다. 이 문구는 양위의 의미를 명확하게 언급할 것을 요구한 한국 대신들의 의견을 배제하고 고종이 채용했다고 한다. 대신들은 이것을 고종이 섭정의 의미로 파악하여 〈훗날 군권을 회복하기 위해서 미리 기반을 만들어 두려는 속마음에 의한〉 것이라고 인식하고 있었다.[125] 이리하여 〈군주의 자리를 차지하기 위한 내란 상태〉[126]가 출현했다. 이러한 일련의 절차에 대해 당시 일본에 망명해 있던 유길준은 황실 전례상 〈황제가 오히려 살아 있으면서 왕위를 황태자에게 준다〉는 전위(傳位)와 〈황제가 병이나 기타의 사유로 친히 정무를 볼 수 없을 경우에 한하여 황태자로 하여금 대신 섭정하도록 한다〉는 대위(代位)가 있는데, 〈현재 각신 어느 누구도 예전(禮典)에 밝지 않고, 쓸데없이 가볍고 성급하게 일을 도모하였다〉고 비난하고, 〈이것을 모르는 각신의 어리석음은 오히려 가련히 여기고 웃어야 한다〉고까지 서술하고 있

에서 조종하고 있다고 보았다.
 123 위의 문서, 471쪽.
 124 위의 문서, 470쪽.
 125 위의 문서, 480~481쪽.
 126 위의 문서, 481쪽.

다.¹²⁷ 선례에 비추어 볼 때 일련의 조치는 〈대위〉였고, 〈전위〉, 즉 양위는 성립하지 않았다고 해석할 수 있는 것이었다.

이러한 상황에 대처하기 위해 이완용 내각은 일본의 물리적 위력에 의거하면서 고종의 책동을 봉쇄할 대항 조치를 내놓았다. 이완용, 법부대신 조중응, 학부대신 이재곤이 21일 알현해 ① 인심진무(人心鎭撫)의 조칙을 새 황제의 이름으로 발포할 것, ② 궁내대신 박영효나 시종경 이도재(李道宰), 몇몇 군인을 면관 체포할 것, ③ 새 황제의 명의로 고종에게 태상 황제의 칭호를 부여한다는 취지의 조칙을 발포할 것을 주청했다.¹²⁸ 고종은 새 황제 순종 편에서 상주에 관여하고, 다른 두 가지 상주에 대해서는 받아들였지만, ③의 태상 황제 칭호를 받는 것에 대해서는 강경하게 반대했다. 이완용 등은 남아 있는 각료를 고무시켜 재차 주청하고, 결국 〈태상 황제의 상(上)이라는 글자를 빼고 태황제의 칭호를 받기로 동의를 얻어 곧바로 그 취지를 새 황제를 통해 조칙을 발포〉하게 되었다.¹²⁹ 이리하여 선황제 고종에게 태황제의 칭호를 부여하는 것(「舊韓國官報」 1907년 7월 22일부 호외)과 인심진무(같은 자료, 23일부)를 내용으로 하는 두 조칙을 각각 발포함과 동시에 박영효나 이도재를 비롯한 궁중 세력의 숙청에 성공했다.¹³⁰ 그 후 8월 2일에 개원식을 거행해 광무(光武)에서 융희(隆熙)로 개원함과 동시에¹³¹ 27일에

127 「東京朝日新聞」 1907년 7월 23일부.
128 『日本外交文書』 40-1, 482쪽.
129 위의 문서.
130 7월 24일 궁내부대신 박영효, 시종원경겸내대신 이도재, 교무과장 이갑, 시종무관 어담, 시종보병대 대장 임재덕과 원로 남정철이 음모의 혐의를 받아 체포되었다(『日本外交文書』 40-1, 491쪽). 박영효, 이도재, 남정철 이 세 명은 8월 21일 최고 재판소인 평리원의 심의로 태 80대에 처한다는 취지가 선고되었다(『駐韓日本公使館記錄』 30, 292쪽; 『統監府文書』 4, 89쪽). 또한 이갑, 어담은 전 무관 이기동과 아울러서 무죄 방면되었다(『駐韓日本公使館記錄』 30, 302쪽; 『統監府文書』 4, 94쪽). 그 후 박영효는 다시 구속되었고, 「보안법」 제5조에 의하여 제주도로 유배되었다(『駐韓日本公使館記錄』 30, 298~299쪽; 『統監府文書』 4, 93쪽).
131 『日本外交文書』 40-1, 521쪽.

는 돈덕전에서 즉위식을 거행했다.[132] 〈한번 왕위에 오른 국왕이 존재하는 가운데 새 국왕은 별도로 즉위식을 실시하지 않는다〉[133]는 선례에서 보자면 즉위식을 거행한 것은 분명히 이례적이었다. 이것은 태황제의 칭호를 받았다는 것과 아울러 고종의 정치적 권력을 억제하기 위한 조치에 다름 아니었다.

또 8월 8일에 신구 두 황제를 알현한 이토는 고종에게 〈양위 이후에 구제(舊帝)의 지위는 전적으로 정치와는 무관합니다. 그런데 이에 구애되지 않고 구제가 음으로 양으로 정치상 간섭하는 것과 같은 일이 있다면 이것으로 양위가 유명무실해집니다. 그러므로 그때에는 부득이하지만 구제(舊帝)를 멀리 떨어진 지역으로 옮기는 등의 조치 이외에 다른 방법이 없습니다〉라고 고종의 저항 활동을 다시 견제했다.[134] 실제로 고종을 일본으로 이송하는 계획도 있었기 때문에[135] 이것은 단순한 협박이 아니었다. 고종을 일본으로 이송하는 구상은 제3차 「한일 협약」 교섭 과정에서 보류되었고, 결국 〈신구 양 황제는 강제적으로라도 별거하도록 만들 것〉이라는 두 황제의 격리책이 취해졌다.[136] 일본에 의한 격리 공작은 그 후 거듭 고종의 저항을 받았지만 결국 고종의 영향력을 배제하기 위해서 11월 13일 순종을 황후, 황태자와 함께 경운궁에서 창덕궁으로 이어시키는 것으로 매듭을 지었다.[137] 그러나 그 후에도 조선 사회에서는 일본이 고종을 일본으로 이송한다는 소문이 계속 이어졌다. 조선 민중의 근황 대상은 여전히 계속 고종이었던 것이다.

---

132 朝鮮總督府 編, 『朝鮮の保護及併合』(朝鮮總督府, 1918), 107쪽.
133 『日本外交文書』 40-1, 466쪽.
134 『日韓外交資料集成』 6-中, 646쪽.
135 『日本外交文書』 40-1, 491쪽.
136 위의 문서, 496쪽. 다만 그후에도 고종의 일본 이송이 계획되었던 것 같다. 결국 이 계획도 한국의 치안 악화 때문에 보류되었다(1907년 9월 8일부 데라우치 마사타케 앞으로 보낸 하세가와 요시미치 서한, 國立國會圖書館憲政資料室 所藏 『寺內正毅關係文書』 38-26).
137 『朝鮮の保護及併合』, 107쪽.

제3차 「한일 협약」 체결

한편 일본 정부의 독촉에도 불구하고 통감 이토 히로부미는 한국 황제의 양위 문제가 결정될 때까지 「한일 협약」의 체결 교섭을 개시하지 않았다.[138] 한국 〈내각 대신은 오직 일본의 후원에 의지할 수 있을 뿐이며 달리 신뢰할 실력이 없다. 그러므로 우리의 보호가 없을 때에는 현 내각원은 결국 선제(先帝)의 음험한 수단 때문에 멸망할 수밖에 없기〉 때문에 일본의 병력으로 간섭하고, 〈우리 원조에 의하여 수립된 내각을 보호하고, 새 황제를 옹립하도록 하여 선제가 음모 수단을 실시할 방도를 차단하고 정부의 지위를 견고하게 하여 우리 세력을 확장한다〉는 것이 상책이라고 이토가 인식하고 있었기 때문이다.[139] 즉 조일 간에 협약을 체결하는 데 있어 일본의 군사적·정치적 원조도 괴뢰 정권의 기반을 굳히는 것이 선결 문제가 되었다. 이토는 이완용 내각의 정치적 기반이 극히 취약하다는 점을 명확하게 인식하고 있었고, 그 때문에 일본 정부에 군대 파견을 요청했다는 것은 앞서 살펴본 대로이다. 결국 한국 정부와 교섭이 시작된 것은 7월 23일 밤이었다.

앞서 기술한 것처럼 일본 정부는 7월 12일 이토의 요청에 응하여 〈대한 처분 방침〉을 전했는데, 그 내용은 한국 내정에 관한 전권을 장악하는 것을 제일의 방침으로 하면서 차선책으로 내각 대신 이하 중요 관헌의 임명은 통감의 동의를 거칠 것, 또 통감이 추천하는 일본인을 내각 대신 이하 중요 관헌에 임명해야 한다는 것이었다. 또 〈대한 처분 방침〉을 결정할 때에 의제로 올려, 도한한 외상 하야시 다다스가 이토에게 전달했다고 추정되는 〈처리 요강안〉, 〈제2요강안〉에서의 한국 주권 침탈안은 각각 다음과 같다.[140]

---

138 『日本外交文書』 40-1, 486쪽. 일본의 정치 지도자들 사이에서는 이토가 좀처럼 협약 교섭을 개시하지 않는 것에 대하여 특히 야마가타 아리토모를 중심으로 반발이 강했다(『原敬日記』 2, 251쪽).
139 『日本外交文書』 40-1, 481쪽.
140 위의 문서, 455~456쪽. 그러나 〈처리 요강안〉 제3안은 7월 3일부 외상 하야시 다다스

처리 요강안

제1안 한국 황제로 하여금 그 대권에 속하는 내치 정무의 실행을 통감에게 위임할 것.

제2안 한국 정부로 하여금 내정에 관한 중요 사항은 모두 통감의 동의를 얻어 이를 시행하고, 또 시정 개선에 대하여 통감의 지휘를 받는다는 것을 약속하도록 할 것.

제3안 군부대신, 탁지대신은 일본인으로 임명할 것.

제2요강안

(전략) 국왕과 정부는 통감의 부서(副署) 없이 정무를 실행할 수 없다 [통감은 부왕(副王) 혹은 섭정의 권한을 가질 것].

각 성(省) 가운데 주요 부서는 일본 정부가 파견하는 관료로 하여금 대신 혹은 차관의 직무를 실행하도록 할 것.

하야시는 18일 밤 서울에 도착하여 이토와 「한일 협약」 안에 대해서 협의했다. 그때 제시된 이토의 의견(이하 이토안이라고 줄여서 표기)은 다음과 같다.[141]

1. 한국 황제 폐하의 조칙은 미리 통감에게 자순(諮詢)할 것.
2. 한국 정부는 시정 개선에 관하여 통감의 지도를 받을 것.
3. 한국 정부의 법령 제정과 중요한 행정상의 처분은 미리 통감의 승인을 거칠 것.

앞으로 보낸 통감 이토 히로부미 전보 제55호 가운데 〈세권, 병권 또는 재판권을 우리가 접수할 좋은 기회〉(『日本外交文書』 40-1, 431쪽)를 수용했던 것으로 생각된다.
141 위의 문서, 492~493쪽.

4. 한국의 사법 사무는 보통 행정 사무와 구별할 것.
5. 한국 관리의 임면은 통감의 동의를 거쳐 실행할 것.
6. 한국 정부는 통감이 추천하는 일본인을 한국 관리로 임명할 것.
7. 한국 정부는 통감의 동의 없이 외국인을 용빙하지 않을 것.
8. 메이지 37년 8월 22일 조인된 한일 협약 제1항은 폐지할 것.

앞서 보았던 일본 정부의 〈대한 처리 방침〉 등과 이토안을 대조해 보면 한국 내정에 관한 중요 사항에 대하여 통감의 동의·지도를 수용한다는 〈처리 요강안〉 제2안과 내용적으로 일치한다. 하야시는 이러한 이토안에 〈협상을 매듭짓고자 한다면 다소의 수정을 미리 예상해야만 한다〉는 단서를 첨부해 수상 사이온지 긴모치에게 보냈다.[142] 하야시가 〈통감의 의견〉이라고 서술한 것처럼 여기에서 보이는 「한일 협약」안은 어디까지나 이토의 복안이었을 가능성이 높다.

『주한 일본 공사관 기록』에 수록된 세 가지의 「한일 협약」 체결 조회안[143] 가운데 7월 22일 이전에 작성된 것으로 추정되는 제1안[144]에서 한국 정부에 대해 〈약정을 요구〉하는 항목은 다음과 같다.

1. 한국 정부는 시정 개선에 관하여 통감의 지휘를 받을 것.
2. 한국 정부의 입법과 중요한 행정상의 처분은 미리 통감의 승인을 거쳐 시행할 것.
3. 한국 관리의 임면은 통감의 동의를 거쳐 시행할 것.
4. 현행 고문 제도를 폐지하고 통감이 추천하는 일본인을 한국 관리에

---

142 위의 문서, 493쪽.
143 『駐韓日本公使館記錄』 31, 150~171쪽; 『統監府文書』 5, 35~41쪽.
144 『駐韓日本公使館記錄』 31, 170~171쪽.

임명할 것.

이러한 제1안과 이토안을 비교 대조해 보면 제1안 제4항이 이토안 제6항부터 제8항에 걸쳐 구체화된 것 이외에는 거의 같은 내용으로 이토안에 반영되어 있다.

이토는 7월 23일 밤 수상 이완용, 농상공부대신 송병준에게 이토안을 〈이후 협약해야 할 조건〉이라고 하여 은밀히 보여 주고, 상세하게 설명했다.[145] 다시 24일 정오 조회 공문과 함께 한국 정부에 〈협약서〉와 ① 한국인과 일본인으로 조직된 재판소 신설, ② 감옥의 신설, ③ 군비 정리, ④ 고문과 참여관 명의로 한국에 용빙된 자의 해고, ⑤ 중앙 정부와 지방 관청에서 한국 관리로 일본인을 임명하는 「한일 협약 규정 실행에 관한 각서안」을 제시하고, 담판을 개시했다.[146] 한국 정부에 대한 조회에서 〈본건은 몹시 긴요한 사항이므로 속히 승낙 여부의 답변을 받았으면 합니다. 본관은 이미 제국 정부로부터 언제라도 위의 약정에 조인할 권한을 위임받았습니다〉[147]라고 하여 즉시 체결을 재촉했다. 제3차 「한일 협약」의 체결 이유는 한국 정부에 대한 조회문에 따르면 다음과 같다.[148]

일본 제국 정부는 지난 메이지 38년[1905] 11월 한일 협약 체결 이래로 점차 양국의 교의(交誼)를 존중하고, 성실하게 조약상의 의무를 수행했음에도 불구하고, 한국은 누차 배신하는 행동을 감행했다. 이 때문에 자못 제국의 인심을 격앙시켰고, 또한 한국의 시정 개선을 저애하는 바가 몹시 많아서 장래 이러한 행위의 재연을 저지함과 동시에 한국의 부강을 도모

145 『日本外交文書』 40-1, 491·493쪽.
146 위의 문서, 491쪽, 493~496쪽.
147 『日本外交文書』 40-1, 494쪽.
148 위와 같음.

하고 한국민의 행복을 증진시키고자 한다.

이토의 진의는 앞부분에서 드러난다. 한국이 중대한 〈배신 행위〉로 일본의 대한 감정을 악화시킴과 동시에 한국의 〈시정 개선〉을 저해했기 때문에 그것을 방지할 목적으로 제3차 「한일 협약」을 체결한다는 것이다. 이토가 당초 이완용 등에게 보여 준 조회 공문안에서는 〈배신 행위〉를 한 주체를 〈한국〉이 아니라 〈한국 황제 폐하께서〉라고 특정했지만 결국 삭제하였다.[149] 한국 황제 고종의 양위가 실시된 이상 주체를 분명하게 언급하는 것을 피하기 위해서였다고 추정된다.

이러한 이토안에 대하여 23일 밤 내부적으로 논의하는 단계에서는 이미 한국 내각 내에서 반대론이 부상하고 있었다. 한국 주차군 사령관 하세가와 요시미치에 따르면 〈내각 대신 가운데 두 사람은 이에 동의를 표시하지 않은〉[150] 상황이었다. 반대자는 학부대신 이재곤과 군부대신 이병무 두 명이었다.[151] 24일 오후 3시를 전후해 통감부에서 일본 정부로 발신된 전보에는 〈정부 내에 이미 이의를 주장하는 자가 있다는 취지에 대하여 두 황제의 재가를 얻기가 지극히 어렵다는 것은 충분히 예견 가능한 일이다. 결국 이것을 거절할 때에는 본관이 곧바로 귀국하여 묘의의 결정을 요청할 것〉(오후 2시 55분 타전),[152] 〈결국 우리가 극단적인 수단을 취해야 하는 어쩔 수 없는 상황에 이르렀는지도 모르겠다〉(오후 3시 20분 타전)[153]고 교섭이 난항을 겪고 있음을 전하고 있다. 그리고 〈결국 우리가 극단적인 수단을 취하는〉,[154]

---

149 『駐韓日本公使館記錄』 31, 150~171쪽; 『統監府文書』 5, 35~41쪽.
150 『日本外交文書』 40-1, 491쪽.
151 「隆熙改元秘事」(金正柱 編, 『朝鮮統治史料』 4, 韓國史料研究所, 1970, 198쪽); 黑龍會 編, 『日韓合邦秘史』 上(原書房, 1966년 복각), 326쪽.
152 『日本外交文書』 40-1, 493쪽.
153 위의 문서, 496쪽.
154 위의 문서.

즉〈협약에 국왕이 동의하지 않을 때에는 합병의 결심〉[155]도 상정하면서 교섭을 진행하였다. 교섭 과정은 명확하지 않지만 교섭이 난항을 겪게 된 최대 원인은 이토안 제1항〈한국 황제 폐하의 조칙은 미리 통감에게 자순할 것〉에 있었다고 한다.[156] 한국 측은〈군신의 의로서 이를 군주에게 다그쳐 감히 재가를 구하는 것은 참기 어렵다고 하여 이 조항의 삭제를 애처롭게 호소〉하기를 반복했다. 이토는 이러한 호소를 받아들여 결국 이토안의 제1항을 삭제하고, 덧붙여 제5항〈한국 관리의 임면〉을〈한국 고등 관리의 임면〉이라고 수정하여 24일 밤 전문과 전 7조로 된「한일 협약」에 이토 히로부미와 이완용이 기명 조인했다.[157] 이토는 외무차관 진다 스테미(珍田捨己) 앞으로 보낸 오후 11시 37분 전보에서 조인의 종료를 통보함과 동시에 한국 정부가〈매우 신속히 본 협약의 발포를 희망〉한다는 취지를 접수했다고 하면서〈한시라도 빨리 발포 절차를 밟을 것〉을 상신했다.[158] 또 제3차「한일 협약」으로부터 조금 지체되었지만 이토와 이완용은「한일 협약」부속〈각서〉를 조인하였다.[159] 〈각서〉의 내용에서는 일본인 사법 장관의 채용에 대해 법부대신 조중응이 반대했고,[160] 군대 해산에 대해서는 군부대신 이병무가 강력하게 반대했다고 한다.〈각서〉는 하야시가 일본에 직접 가지고 돌아가게 되었고,[161] 일본 정부에 곧바로 알려지지는 않았다. 일본에서는 다음 날인 25일 9시부터 원로를 포함한 임시 각의가 개최되었고,[162] 이어서 오후 1시에 시작된 추밀원 회의의 결정을 거쳐 제3차「한일 협약」전 7조를 같은 날 오후「관

155 위의 문서, 456쪽.
156 『朝鮮の保護及併合』, 114쪽.
157 『日本外交文書』40-1, 497쪽.
158 위의 문서.
159 위의 문서, 498쪽.
160 「隆熙改元秘事」(『朝鮮統治史料』4, 199쪽).
161 『日本外交文書』40-1, 498쪽.
162 『原敬日記』2, 251쪽.

보」 호외에 공시하였다. 한국에서도 같은 날 오후 「관보」로 이 협약을 공포하였다.

조약 체결을 접수한 외무성은 한국의 조약국에 주차하는 일본 대사·공사에게 제3차 「한일 협약」 조문을 통첩했다.[163] 그러나 일본 정부에 의한 제3차 「한일 협약」 조문을 부임국 정부에 알리라는 통첩 훈령에 대해 주영 대사 고무라 주타로는 제3차 「한일 협약」은 어디까지나 일본의 대한 보호권 행사의 연장선상에 있으며, 한국과 열강 각국과의 관계에 영향을 미치지 않기 때문에 열강 각국에 통고할 필요가 없다고 하였다. 뿐만 아니라 통고는 도리어 장래의 외교 정책에 불리하다고 우려를 표명하고, 영국 정부에는 내부적으로 제시하는 데 그쳐야 한다고 회답했다.[164] 고무라 주장의 핵심은 제2차 「한일 협약」으로 규정된 대한 보호권의 형식을 개편하는 것은 일본의 재량 범위 안에 있고, 각국에 통고하지 않아도 된다는 것이었다. 이러한 고무라의 자세는 러일 협약 교섭 당시에 취했던 자세와 논리적으로 일관되는 것으로, 이 교섭에서 외무성도 고무라와 마찬가지 자세였다는 점은 앞서 기술한 대로이다. 제3차 「한일 협약」을 둘러싼 고무라와 이토 사이의 차이는 제3차 한일 협약 체제에 의하지 않는다면 충분한 식민지 통치가 가능하지 않다고 여긴 이토와, 보호국인 한국에 대해 어떠한 통치를 실시할 것인가는 〈능보호국〉인 일본의 재량 범위에 있다고 파악한 고무라 사이의 보호 제도에 대한 견해의 본질적 차이였다. 이러한 고무라의 상신에 대해 외무성은 〈이번 한일 협약은 38년[1905] 11월 17일 협약에 대한 추가의 성질을 가진 것으로…… 저번 협약은 공공연히 한국의 조약국에 통고했기 때문에 그것의 추가인 본 협약도 동일하게 통고하기로 결정할 것이다〉라는 선상에서 영국

---

163 『日本外交文書』 40-1, 500~501쪽.
164 위의 문서, 503쪽.

정부에 공식 통고할 것이라고 회훈했다.[165] 이 시점에서 외무성이 제3차 「한일 협약」을 각국에 통고한 것은 한편으로 헤이그 밀사 사건에 의해 각국의 시선이 집중되는 가운데 일본의 대응을 명확하게 하기 위해서였고, 다른 한편으로 동시 병행하고 있던 러일 협약 교섭에서 러시아를 견제한다는 의미가 담겨 있었다고 생각한다.

하지만 앞서 기술한 것처럼 제3차 「한일 협약」은 극히 단기간 내에 교섭이 이루어지고 체결되었다. 운노 후쿠주는 이 조약의 조인 전에 협약안 문구에 정부의 승인과, 천황의 재가가 없고 원로 회의 및 각의에서 통감에게 일임한다는 결정, 재가만으로 조인 후에 보고된 협약을 사후 승인했다는 점에서 일본의 조약 절차 관례로 보더라도 이례적인 조치가 취해진 조약이었음을 지적하고 있다.[166] 일본 정부에 이토의 의견으로서 협약안이 전달된 것은 7월 23일이었는데 그다음 날에 제3차 「한일 협약」이 조인되었으므로 속성이라는 느낌을 지울 수 없다.[167] 그러나 앞서 기술한 세 가지 「한일 협약」 조회안 가운데 제1안에서는 교섭 개시로부터 조인까지 최대 1주일을 상정하고 있었다는 점에서[168] 당초에는 일정한 절차를 밟을 예정이었던 것

---

165 위의 문서, 503쪽.

166 海野福壽, 『韓國倂合史の硏究』, 304쪽. 이 책에서 운노는 제3차 「한일 협약」이 한국 황제의 재가를 거치지 않았다고 했지만, 『伊藤博文と韓國倂合』(靑木書店, 2004)에서 이것을 수정했다(같은 책, 98쪽). 다만 그 전거는 명확하지 않다.

167 이완용이 고종에게 한 설명은 겨우 40분이었고, 이것은 〈만약 폐하께서 일본의 요구에 이의를 품거나 저항하시는 경우에는 일본의 태도를 미리 헤아릴 수 없습니다〉라고 상주한 것이었다고 한다(『東京朝日新聞』 1907년 7월 27일부). 이것은 「隆熙改元秘事」의 기사와도 일치한다. 그러나 제3차 「한일 협약」은 본론에서 밝힌 것처럼 이토가 일찍부터 준비하고 있던 제3차 한일 협약 체제 구상에 법제적 뒷받침을 부여한 것에 불과하다고 볼 수 있다. 그러한 의미에서는 조약 체결이 〈속성〉이었더라도 통치 구상 자체가 속성으로 이루어진 것은 아니라는 점은 두말할 필요가 없다.

168 『駐韓日本公使館記錄』 31, 150쪽; 『統監府文書』 5, 35쪽. 다만 난(欄) 바깥에 〈2일〉이라는 주기(主記)가 있고, 검토 과정에서 방침 전환을 기도했다는 점을 엿볼 수 있다.

으로 보인다. 이토가 사이온지에게 한 제3차「한일 협약」의 체결 보고와 더불어 〈강제 수단을 취할 필요〉상 즉시 파병을 재차 요청했다는 점[169]을 감안하면 제3차「한일 협약」의 이례적인 절차는 이토가 당초 상정하고 있던 것 이상으로 황제 양위 후에 한국의 치안이 악화되었다는 정세 판단에 기초한 것이었다. 실제로 제3차「한일 협약」반대 투쟁은 해산된 군인들이 의병으로 참가했다는 점과도 맞물려 이전보다 수적으로 늘어났고, 또한 고양되고 있었다.

제3차 한일 협약 체제의 성립과 이토 히로부미의 한국 병합 구상

통감 이토 히로부미는 고종을 양위시킴과 동시에 한국과 제3차「한일 협약」을 체결하는 것으로 헤이그 밀사 사건의 사후 처리를 마무리하였다. 나아가 한국의 내정권을 통감이 직접 감독한다는 것 등을 규정한 제3차「한일 협약」과 관련 조약을 체결함에 따라 한국에 대한 식민지 통치를 좀 더 강고하게 하는 통치 체제=제3차 한일 협약 체제를 성립시키는 데 성공했다. 그러나 이토는 이 단계에서 한국을 병합하지 않았다.

그렇다면 왜 이 시점에서 이토는 고종의 양위와 제3차「한일 협약」에 의한 한국 내정권의 장악에 그치고, 한국을 병합하지 않았을까? 이 점에 관하여 종래의 연구에서는 한반도를 둘러싼 국제 정세, 특히 러시아의 의향이 병합 실행의 저해 요인이었다고 설명해 왔다. 그러나 이토가 합의에 의한 지배를 중시했기 때문에 이 단계에서는 병합이 실행되지 않았다는 운노 후쿠주의 지적도 고려할 필요가 있다.[170] 그렇다면 이토가 지향하는 한국 통치 구상

169 『日本外交文書』 40-1, 498쪽.
170 海野福壽, 『韓國併合史の硏究』(岩波書店, 2000), 315쪽.

은 어떠한 것이었고, 그 구상에서 합의를 통한 지배의 획득은 어떻게 이루어져야 한다고 생각한 것일까? 이토의 한국 병합 구상과 제3차 한일 협약 체제와의 관련성을 검토하면서 이 문제를 고찰해 본다.

일본인의 대량 용빙과 제3차 한일 협약 체제의 성립

1907년 7월 31일 경성 일본인 구락부에서 신문 기자와 통신원에 대하여 강연을 하는 가운데 통감 이토 히로부미는 〈일본은 한국을 합병할 필요가 없다. 합병은 몹시 성가시다. 한국은 자치를 해야만 한다. 그렇지만 일본의 지휘 감독이 없다면 건전한 자치를 달성할 수 없다〉고 해 〈합병〉을 부정하고, 일본의 지휘 감독에 의한 〈자치〉의 필요성을 말했다. 그때 최대의 주안점은 〈한국이 항상 일본과 제휴해야 한다〉는 것이었다.[171] 병합을 일단 부정하면서 한일 제휴를 전제로 한국에 대한 일본의 지도 감독은 긴밀한 연관성을 가지는 것이었다. 이토가 여기서 말하는 〈자치〉는 공민 자치 *self-government*를 의미하지 않는다. 메이지 헌법 체제 확립기에 〈자치〉라는 용어는 〈중앙 자치〉를 부정하는 측면과 〈지방 자치〉가 중앙 정부에 의한 〈지방 행정〉 수단으로 설정되는 측면을 아울러 갖게 되었다. 이것은 자유 민권 운동에 대한 대항 관계 속에서 지방을 비정치화하고, 지방 자치에 한정하기 위해 독일어 *Selbstverwaltung*의 번역어로서 선택적으로 사용·정착된 용어였다.[172] 대일본 제국 헌법의 통합 원리와의 관련성에서 말하자면 메이지의 지방 자치제는 기층 지방 사회에서 형성되어 가고 있던 하나의 계약적 질서가 국가적으로 전화되는 동향을 차단하기 위해서 이에 대항하는 헌법 체계 근간의

---

171 平塚篤 編, 『續 伊藤博文秘錄』(春秋社, 1930), 231쪽.
172 〈자치〉의 용법에 대해서는 石田雄, 『自治』(三省堂書店, 1998), 20~21쪽 참조.

하나로 도입되었다.[173] 즉, 이토가 여기에서 사용하고 있는 〈자치〉라는 용어는 〈중앙 자치〉가 아니라 중앙 집권 통치를 담보할 수 있는 매개로서의 〈지방 자치〉를 의미하는 것으로 해석해야 한다. 일본의 지도 감독하에 보장되는 〈자치〉란 일본의 한국에 대한 〈관치〉이고, 종속적 지배를 의미하는 것이었다.[174]

제3차 한일 협약 체제는 운노 후쿠주가 정리하였듯이 ① 한국의 일개 행정 기구로서 통감부와 한국의 정치 권력이 〈교착〉하는 권력 상태이고, ② 병합으로 가는 과도기적 권력 구조라는 성격을 지니고 있다.[175] ①에 대하여 말해 보자면 종래의 황제권 제한·축소책과 친일 괴뢰 내각의 편성에 더해 제3차 「한일 협약」에 의해 〈내정의 거의 전부에서 한국 주권의 작용에 대해서는 일본 대표자가 간섭하는 것〉[176]으로 되었다. 종래 한국 행정에 대한 통감부의 입장은 「한일 의정서」와 제2차 「한일 협약」 체결 후 일련의 조치에 기초한 한국 내정에 대한 〈충고〉(「한일 의정서」) 혹은 내부 〈지도〉(1905년 11월 28일 알현)였는데 제3차 「한일 협약」의 체결로 종래의 정책과는 차원을 달리하게 되었다. 즉 통감이 한국 내정을 전반적으로 지도·감독하고, 또 조선인과 일본인 관리의 주요 인사를 장악함과 동시에 일본인이 한국 정부

---

173 奧村弘,「明治地方自治制と大日本帝國憲法から近代日本を考える」(『憲法と歷史學 ― 憲法改正論爭の始まりに際して』, ゆまに書房, 2004); 同,「大日本帝國憲法の基本原理について ― 憲法義解を中心に」(『日本史硏究』)550, 2008).

174 海野福壽,「韓國司法及監獄事務委託ニ關スル覺書·韓國警察事務委託ニ關スル覺書(解說)」(海野福壽 編集·解說 『外交史料 韓國併合』下, 不二出版, 2003, 500쪽). 실제로는 모리야마 시게노리도 《〈자치〉란 이토에 따르면 《일본의 지도와 감독이 없다면 건전한 자치를 수행하기 어렵다》고 하는 성격의 것이다》(森山茂德, 『近代日韓關係史硏究』, 東京大學出版會, 1987, 214쪽)라고 했듯이 본문에서 서술한 것과 같은 의미에서의 자치였다는 점은 염두에 두고 있었다. 그러나 실증 과정에서 이 점이 심화되지 않았기 때문에 〈자치 육성〉 정책 = 병합의 부정이라는 틀로 파악하게 되었다.

175 위의 책, 501쪽.

176 『樞密院會議議事錄』 11(東京大學出版會, 1984), 257쪽.

내 중요한 자리를 차지하게 되었다. 이른바 〈차관 정치〉다. 이토는 이전부터 보필 책임을 온전히 하지 않고 〈시정 개선〉책이 지체되는 상황을 거론하여 한국 대신을 질책하면서 〈도저히 한국인만으로는 성취할 기미가 없는 사항이 다수이기에…… 일본인이 이를 원조하도록 할 수밖에 없다〉[177]고 언급해 왔는데, 제3차 「한일 협약」을 계기로 이것을 실현하고, 차관에 일본인을 채용하였다. ②에 대하여 말하자면 이토는 추밀원 회의에서 통감부 관제 개정안 제출에 대해 설명하는 가운데 〈장래의 발전에 따라서는 다시 개정을 필요로 하는 것도 있을 것이다. 지금은 과도기이기 때문에 사정이 어쩔 수 없는 것〉이라고 말했는데[178] 〈장래의 발전〉, 즉 장래의 병합을 염두에 둔 가운데 제3차 「한일 협약」과 관련 조약에 적합한 형태로 〈과도적〉 조치로서 통감부를 포함한 대규모의 한국 행정 개혁을 단행했다. 이와 같이 이토 주도 하에 「통감부급이사청관제」(칙령 제239호)나 각부의 관제, 지방 관제 등 다수의 관제를 1907년 11월부터 12월 중순까지 개정하였다.[179]

「통감부급이사청관제」의 주요 개정점은 ① 통감의 직권을 확장하고 일본 정부를 대표해 한국의 제반 정무를 총괄한다(제3조), ② 부통감(친임)을 설치하고 통감을 보좌하도록 하여 통감에게 사고가 있을 때에는 그 직무를 대리한다(제10조의 2), ③ 참여관(칙임)을 설치(전임 2명, 궁내부와 각부 차관 겸임 합계 9명)한다(제11조 제1항)는 것이었다.[180] 이러한 개정은 각각 제3차 「한일 협약」과 「한일 협약 규정 실행에 관한 각서」에 따라 획득한 권리·권한에 대응하기 위한 것이었다.

그리고 부통감[소네 아라스케(曾禰荒助)]과 참여관[전임 — 이시츠카 에이조(石塚英藏), 나베지마 가쓰라지로(鍋島桂次郎), 겸임 — 기우치 시

---

177 金正明 編, 『日韓外交資料集成』 6-中(巖南堂書店, 1964), 597쪽.
178 『樞密院會議議事錄』 11, 258쪽.
179 原田豊次郎, 『伊藤公と韓國』(同文館, 1909), 39~43쪽.
180 『韓國施政年報』(統監官房, 1908), 9~10쪽.

게시로(木內重四郎), 오카기 시치로(岡喜七郎), 다와라 마고이치(俵孫一), 고미야 미호마츠(小宮三保松), 아라이 겐타로(荒井賢太郎), 구라토미 유자부로(倉富勇三郎), 마루야마 시게토시(丸山重俊), 마쓰이 시게루(松井茂), 나가하마 세이조(長浜盛三)]의 배치는 동시에 한국 행정을 감리하기 위한 조치였다. 특히 부통감의 설치 목적은 한국 중앙 행정을 원활하게 하려는 데 있었다. 통감부 창설 이래 이토는 한국 정부와의 사이에서 〈시정 개선에 관한 협의회〉(시정 개선 협의회)를 열었는데, 제3차 한일 협약 체제 성립 이후에는 이 협의회를 정기적으로 주최하였다.[181] 이 협의회에는 통감뿐만 아니라 부통감, 참여관 등도 참가했고, 사실상 최고 집행 기관으로 기능해 나갔다. 그리고 통감 부재 시에는 규정에 근거하여 부통감이 이 협의회를 주최하도록 했다.[182] 종전의 관제 제13조에서는 총무 장관 혹은 〈한국 수비군의 사령관〉이 통감을 대리하도록 했지만 그때에는 협의회를 개최하지 않는 것이 통례였다.[183] 이토가 부재할 때 통감 대리직이었던 한국 주차군 사령관

---

181 〈시정 개선에 관한 협의회〉는 1906년 3월 13일부터 1909년 12월 28일 사이에 97회 개최되었는데, 제3차 「한일 협약」 체결 이전에는 21회 개최된 데 반해 그 이후에는 76회 개최되었다. 단순히 계산하자면 전자가 3주에 1회 정도임에 반해(이토 부재시를 감안하면 2주에 1회), 후자는 3주에 2회 개최된 셈이다. 이 조약 체결까지 이토 부재 시에는 협의회가 열리지 않았다는 점을 아울러 생각해 보더라도 이 협의회와 한국 내각의 위치가 변화했다는 점을 엿볼 수 있다. 즉 한국 정부가 그때까지의 황제에 대한 자문 기관으로부터 집무 기관으로 바뀌는 가운데 통감이 주최하는 이 협의회가 통치 체제의 중핵을 차지하게 되었다.
182 이토는 으뜸가는 원로, 게다가 제실 제도 조사국 총재(그 후 다시 제실 제도 조사국의 잔무를 취급하라는 명령을 받아 1908년 1월까지 재임)이기도 해서 한국에 부재하곤 했다. 이토의 통감 재임 중 부통감 소네 아라스케가 협의회를 대리 주최한 것은 56회 개최 가운데 41회를 상회한다.
183 하세가와 요시미치는 부통감의 설치와 통감 부재시의 부통감에 의한 협의회 주최라는 조치를 〈군기상〉의 관점에서 환영했다(1907년 9월 25일부 데라우치 마사타케 앞으로 보낸 하세가와 요시미치 서한, 國立國會圖書館憲政資料室 所藏, 『寺內正毅關係文書』 38-28). 하세가와가 주차군 사령관이 통감 대리직을 겸임하는 것에 대한 불만을 데라우치에게 두세 차례에 걸쳐 써서 보냈기 때문이다. 운노 후쿠주는 하세가와가 통감직을 노리고 있었다고 했으나(『伊藤博文と韓國倂合』, 靑木書店, 2004, 115쪽) 하세가와가 데라우치에게 보낸 서간을 검토한 한에서는 오

하세가와 요시미치는 이토가 〈제반 행정 사무는 부재 중일 경우 현상을 유지하면서 아무것도 실행하지 말라는 한 마디를 남기고 곧바로 귀국 길에 올랐다〉는 점에 불만을 품고 있었는데[184] 종래 이토는 한국에 체재할 때 한국 정부에 〈시정 개선〉의 방침을 부여하였고, 부재 시에는 현상 유지를 하도록 취지를 말해 두는 경우가 많았다. 그러나 이 협의회가 사실상 각의의 성격을 가지게 된 이상 통감 부재 시에 사무가 지체되지 않도록 할 필요가 있었다.

그러한 한편 통감부에서는 통감부 총무 장관과 각 참여관이 참여관 회의를 개최하였고, 실질적인 정책 결정은 참여관 회의가 담당했다고 생각한다. 예를 들어 제23회 시정 개선 협의회 의사록에서 일본인 각 참여관이 작성한 관제안을 한국 정부 각 대신에게 통지하는 모습을 확인할 수 있다.[185] 이와 같은 사례는 각부의 관제를 실질적으로 일본인 차관이 입안·결정하고 있었음을 보여 준다. 따라서 한국 대신이 참석하는 협의회는 참여관 회의에서 구체적 정책을 한국 대신에게 통지하는 연락 회의라는 성격을 가진 것이었다고 생각한다.

아울러 이토는 「한일 협약 규정 실행에 관한 각서」에 기초해 각 한국 행정 관청에 다수의 일본인을 고빙했다. 제3차 「한일 협약」에 따라 〈일본인에게 한국 정부 내의 적당한 지위를 얻게 해 해당 국가의 정치를 본국인이 실시하도록〉[186] 했다. 한국 국정의 중추를 일본인이 차지하고 한국 국정에 참여할 수 있게 된 것이다. 이토가 많은 일본인을 한국 정부에 고빙한 것은 〈한국

히려 통감 취임을 기피하고 있었다고 보아야 한다. 하세가와가 무관 통감론을 주장하고 있었다는 점은 제1장에서 밝혔던 대로인데, 하세가와 자신이 통감 취임을 노리고 있었는지의 여부는 별개의 문제이다.

184 1907년 9월 8일부 데라우치 마사타케 앞으로 보낸 하세가와 요시미치 서한(『寺內正毅關係文書』38-26).

185 『日韓外交資料集成』6-中, 664~676쪽.

186 『朝鮮の保護及倂合』, 119쪽.

정부에 송부할 것이 아니〉라는 단서 조항이 붙은 각서 〈부속 이유서〉에 따르면 〈종래의 한국 관리는 법률 정치에 관한 사상이 부족하고, 더불어 임면이 일정하지 않으므로 사무에 연속성이 없다. 그러므로 한국 관리에게 모범을 보여 사무 취급의 민활함을 달성하기 위한 것〉[187]이었다. 즉 〈시정 개선〉을 진행하여 원활한 행정 사무를 실시하기 위해서는 일본인을 채용해야 한다는 것이다. 표 2-1은 각 부의 일본인 채용 상황이다.[188] 많은 일본인이 고빙되어 있는데 특히 탁지부, 법부, 농상공부에서 일본인의 비율이 높다. 탁지부는 세무 감독국, 세무서의 징세 기관을, 법부는 재판소 관련 기관을 포함하고 있기 때문이다. 또 1908년부터 1909년에 걸쳐 내부의 직원이 일본인과 한국인 모두 대폭으로 증가하고 있는데, 이것은 지방 행정 관청에 다수의 주사(주요 관아에는 일본인 주사)를 임용했기 때문이다.[189] 이리하여 농상공부대신 송병준이 두세 차례 이의를 제기했음에도 불구하고[190] 「한일 협약 규정 실행에 관한 각서」의 규정을 크게 넘어서는 수의 일본인이 한국 정부와 지방 관청에 채용되었다. 다른 한편 이 각서 제4조에 기초해 종래 개별 계약에 따라 한국에 고빙된 고문, 참여관은 해임되고, 통감의 감독하에 일원적으로 재편성되기에 이르렀다.

그렇다면 고종을 강제 양위시킨 후 한국 통치 기구에서 한국 황제의 위치는 어떻게 변질되었는가? 혹은 그 권한은 어느 정도까지 억제된 것일까? 내각 관제의 채용, 한국 황제 양위, 그리고 제3차 「한일 협약」의 체결에 의한 제3차 한일 협약 체제의 성립에 따라 한국 정부에서 중요 사항의 결정 과정은 황제의 정치적 의사가 형해화되었다는 의미에서 대폭 변질되었다.

187 『日本外交文書』 40-1, 496쪽.
188 『外交史料 韓國倂合』 下, 506쪽.
189 朝鮮總督府 編, 『第三次施政年報 明治四十二年』 (朝鮮總督府, 1911), 34쪽.
190 『日韓外交資料集成』 6-中, 673~675쪽.

표 2-1 한국인·일본인별 한국 정부 직원 수

		1908년 6월 말 현재	1909년 6월 말 현재			1910년 6월 말 현재		
		판임 이상	판임 이상	판임 대우 이하	계	판임 이상	판임 대우 이하	계
宮內府	한국인	463	310	12	322	291	29	326
	일본인	26	28	33	61	27	73	100
	계	489	338	45	383	324	102	426
內閣	한국인	53	48	12	60	(각 부에 포함)		
	일본인	13	14	3	17			
	계	66	62	15	77			
軍部 親衛府	한국인		144	10	154	78	3	81
	일본인			5	5			
	계		144	15	159	78	3	81
中樞院	한국인	34	(기재 안됨)					
	일본인	0						
	계	34						
內部	한국인	927	1,036	2,781	3,817	1,253	3,867	5,120
	일본인	327	503	2,037	2,540	689	2,205	*2903
	계	1,299	1,539	4,818	6,357	1,942	6,072	*8023
度支部	한국인	808	893	479	1,372	924	605	1,529
	일본인	819	1,123	489	1,645	1,244	550	1,794
	계	1,627	2,016	968	2,984	2,168	1,155	3,323
法部	한국인	89	309	206	515	(1909년 10월 31일 폐지)		
	일본인	293	420	210	630			
	계	382	729	416	1,145			
學部	한국인	340	405	52	*458	433	77	510
	일본인	114	144	18	162	189	38	227
	계	454	549	70	*620	622	115	737
農商工部	한국인	107	108	31	139	124	38	162
	일본인	205	235	108	343	272	130	402
	계	312	343	139	482	396	168	564
合計	한국인	2,866	3,253	3,583	6,836	3,109	4,619	7,728
	일본인	1,797	2,467	2,903	5,370	2,421	2,996	*5426
	계	4,663	5,720	6,486	12,206	5,530	7,615	*13154
俸給年額 (円)	한국인		1,268,730	395,562	1,664,292	1,176,222	303,467	1,479,689
	일본인		2,769,842	1,331,250	4,101,092	2,501,973	800,581	3,302,554
	계		4,038,572	1,726,812	5,765,384	3,678,195	1,104,048	4,782,243

출전 『統監府統計年報』 제2~4차 (海野福壽 編, 『外交史料 韓国併合』에 의함).
* 표시는 원문 그대로.

이 체제 성립 이전 일본 측의 의향은 이토가 내알현에서 고종에게 개혁안의 성립을 요구해 대신 회의에 자문한 후 한국 대신의 내주, 재가라는 절차를 밟았다고 생각한다. 〈각 대신들이 협의하고 결정하여 성안(成案)을 만들고, 수시로 재가를 거쳐 하나씩 실행에 편하도록 할 것〉을 요구한 이토에게, 고종은 이토와 협의를 거친 후 한국 대신이 〈그 결과로 매번 상주한다면 짐이 이것을 자세히 듣고 재가를 하는 등 시의에 맞는 조치를 실행하겠다〉고 답하고 있다.[191] 통감 중심의 통치 체제를 구축하려는 이토의 요구를 거절하고 어디까지나 한국 황제 중심의 통치 체제를 유지하려 한 것이다. 그러나 제3차 한일 협약 체제 성립 이후에 통감 중심의 정치 의사 결정이 이루어지게 되었다. 그리고 〈현 황제 폐하는 어떠한 일이라도 듣고 허락을 하시니 신료가 도리어 위축되지 않을 수 없을 정도이다. 총리대신이 주청한다면 어떠한 일이라도 곧바로 재가하지 않는 것이 없다〉고 송병준이 교묘하게 말한 것처럼 한국 황제의 위치는 단순한 재가 기관으로 전락했다. 이것에 대해 이토도 〈선제[고종]의 시대라면 총리대신의 주청을 재가하지 않는 것도 있었다. 현 황제[순종]에게 이와 같은 일은 있을 리가 없다〉고 표현하고 있다.[192] 고종 양위와 제3차 「한일 협약」의 성립이 한국 황제를 순수한 재가 기관으로 만들고, 수동적 군주성을 확립했다는 점을 명확하게 인식하고 있었던 것이다. 또 제3차 한일 협약 체제 성립 이전의 통감 알현과 내알현이 예를 들어 앞에서 기술한 〈궁금령〉의 제정 과정에서 전형적으로 보이는 것처럼 고종과의 정치 교섭까지도 목적으로 했던 것과 비교하면 이후 순종에 대한 그것은 의례적인 것에 그쳤다고 생각한다.『일한 외교 자료 집성(日韓外交資料集成)』 6권(전 3책)에 수록된 사료 가운데 고종에 대한 알현과 내알현이 24회(안에 양위 이후 3회 포함)에 이르렀던 것에 비해 순종에 대한 그것은

191 『日韓外交資料集成』 6-上, 124쪽.
192 『日韓外交資料集成』 6-中, 898쪽.

겨우 5회에 지나지 않았다는 사실은 그 성격이 변화했다는 점을 단적으로 보여 준다. 따라서 친일 괴뢰 정권을 편성하는 일이 가능해진 상황에서 중앙 행정 차원에서는 일본의 〈시정 개선〉에 기초하여 원활하게 시행되었다고 할 수 있을 것이다.

이리하여 일본의 한국 속국화를 의미하는 〈시정 개선〉이 친일 괴뢰 정권을 편성하고 한국 황제를 순수한 재가 기관으로 개편하는 한편 일본인을 중심으로 하여 수행되는 식민지 통치 체제로서의 제3차 한일 협약 체제가 형성되었다.

이토 히로부미의 한국 병합 구상

제3차 한일 협약 체제가 성립함에 따라 한국의 통치 체제는 통감을 정점으로 하는 것으로 개편되었다. 그렇다면 통감 이토 히로부미의 주도로 성립한 이 통치 체제는 한국 병합과 어떠한 관계가 있었는가?

이토가 한국을 병합할 의향을 가지고 있었다는 점은 앞서 기술한 대로이지만 이토는 제3차 「한일 협약」을 체결한 단계에서 병합 단행을 고려하고 있지 않았다. 그것은 한국 황제의 양위 공작이 한창 진행되는 가운데 한국 주차군 사령관 하세가와 요시미치가 〈대일본 황제 겸 한국 왕〉의 실현을 진언했음에도 불구하고 이토는 〈현재 국왕을 은퇴시키지만 오히려 왕실은 존치〉한다고 말하면서 하세가와의 의견을 물리쳤다는 점에서도 명백하다.[193] 한편으로는 한국의 병합을 지향하면서 다른 한편으로는 〈왕실을 존치〉시킨다는 일견 상반되는 이토의 발언을 어떻게 파악해야 좋을까? 어떠한 정치 체제 혹은 병합 형태라면 일견 모순되는 이토의 이러한 발언을 정합적으로

---

193 1907년 7월 16일부 데라우치 마사타케 앞으로 보낸 하세가와 요시미치 서한(國立國會圖書館憲政資料室 所藏, 『寺內正毅關係文書』 38-27).

평가할 수 있겠는가?

　종래 일본이 이 시기에 한국을 병합하지 않은 것은 러시아로부터 양해를 얻지 못했기 때문이라고 이해해 왔다. 즉 러시아가 한국 병합을 승인하지 않았다는 국제적 조건을 바탕으로 이토가 즉시 병합론에서 보호국론으로 그 주장을 바꾸었다는 이해이다.[194] 그러나 실제로는 러시아를 비롯한 열강의 의향이라는 요소는 연구사에서 중시해 올 정도로 중대한 것은 아니었다고 생각한다. 1907년 7월 21일에 열린 주러 공사 모토노 이치로와 러시아 외무대신 이즈볼스키의 회담에서는 한국이 〈조만간 공법상 자격이 변경될 것〉에 대하여 러시아 측으로부터 암묵적인 양해를 얻어 두었다.[195] 또 헤이그 밀사 사건의 처리안을 건의하기 위해서 유흥회(猶興會) 대표로 도한한 오가와 헤이키치(小川平吉)의 회상에 따르면, 오가와 등의 병합 요구에 대해 이토는 〈현재의 국제 정세는 우선 순조로우므로 나도 [유흥회의 〈한일 병합 건의〉는] 타당한 안건이라고 생각한다. 다만 여러 모로 한국은 대만과 달리 장구한 역사를 가진 나라이므로 지금 성급하게 합병하는 것이 득책일지, 아니면 점차적으로 추진해 나가야 할지가 문제인데 결국 합병한다는 점에 대해서는 다른 생각이 없다〉고 답했다고 한다.[196] 즉 제3차 「한일 협약」 체결 당시 한국을 둘러싼 국제 정세, 특히 러시아의 의향이 일본에게 반드시 가혹하지는 않았고, 이토도 그렇게 파악하고 있었다.

　이토가 병합을 단행하지 않은 주요인이 국제적 조건이 아니었다면 도대체 어떠한 이유였을까? 한국 병합에 대해 특히 이토가 두려워했던 것은 일

194　森山茂德, 『近代日韓關係史硏究』(東京大學出版會, 1987) 참조.

195　『日本外交文書』 40-1, 484쪽. 이 전보는 통감부에 타전되었다(『駐韓日本公使館記錄』 31, 171~173쪽; 『統監府文書』 5, 30~31쪽).

196　對支功勞者傳記編纂會 編, 『續 對支回顧錄』 下(原書房, 1973년 복각), 1129쪽. 인용 가운데 〈한일 병합 건의〉는 유흥회가 일본 정부와 이토에게 제출한 대한 처리책이다. 제1안에서는 한국 병합책, 제2안에서는 한국 황제 양위와 통치권의 일본 위임을 건의했다(『日本外交文書』 40-1, 461쪽; 小川平吉文書硏究會 編, 『小川平吉關係文書』 2, みすず書房, 1973, 25쪽).

본에 대한 부담 증가였다. 이토는 통감 부임 전에 이미 사이온지 긴모치 내각에게 〈한국 몫과 우리 나라 몫에 재정의 혼효(混淆)를 막고 모국으로부터의 반입은 힘써서 감소시킬 것〉[197] 혹은 〈한국 내의 비용은 한국의 세입으로 지출하여 처리하고, 가급적 일본의 국고에 누를 끼치지 않을 방침〉[198]을 시사했다. 또 한국 대신에게도 일본이 한국을 병합하지 않는 것은 〈거액의 경비를 소비하여 스스로 이를 통치할 우려를 학습하기보다는 오히려 한국을 진작시켜 융성의 길로 이끌고 한국인으로 하여금 완전히 자국을 방위할 수 있도록 하며 이와 동맹함으로써 우리 나라의 안전을 도모하려 하기〉 때문이라고 연설했다.[199] 나아가 제3차 「한일 협약」 체결 다음 날인 7월 25일에 통감부 간부에게 실시한 담화에서도 항간의 한국 병합 요구를 견제하여 〈비상한 부담을 일본에 증가시키게 된다는 것은 두말할 필요가 없다. 묘의에서도 제반의 고려는 충분히 하여 그 의견을 결정한 것이므로 이러한 논의와 같이 다시 논의할 여지는 없다〉[200]고 하여 역시 재정 부담을 이유로 거론하면서 당면한 병합 단행을 명확하게 부정했다.

그리고 이러한 이토의 한국 재정 독립 방침은 호리 가즈오(堀和生)에 따르면 일본 정부로부터 일시 차입금을 도입하면서도 기본적으로 한국 내에서의 재정 수입 확대를 도모함에 따라 달성되어 갔다. 일본 정부 일반 회계의 세출 총액에서 조선 관계 지출비의 비율은 표 2-2에서 나타나는 것처럼 1907~1908년(각각 4.2%, 4.9%)과 1910년(4.5%)을 정점으로 하여 2~4%의 추이였고, 오히려 점차 감소하는 경향이었다.[201] 즉 조선 재정의 일본 재정

197 高瀨暢彦 編, 『松岡康毅日記』(日本大學精神文化研究所, 1998), 279쪽.
198 原奎一郎 編, 『原敬日記』 2(福村書店, 1963), 167쪽.
199 金正明 編, 『日韓外交資料集成』 6-上(巖南堂書店, 1964), 237쪽.
200 『駐韓日本公使館記錄』 31, 209쪽; 『統監府文書』 5, 10쪽; 『日韓合邦秘史』 上, 330~333쪽. 게다가 朝鮮總督府 編, 『朝鮮の保護及併合』(朝鮮總督府, 1918), 119~120쪽에도 이 문서가 수록되어 있다.
201 堀和生, 「日本帝國主義の朝鮮植民地化過程における財政變革」(『日本史研究』 217, 1980).

의존도는 이른바 보호국기와 한국 병합 시기를 정점으로 병합 이후에는 시기가 지남에 따라 낮아졌다. 이와 같은 재정 구조를 만든 것이 1907~1908년의 재정 재편이었고, 호리는 이것을 식민지적 재정 구조 성립의 계기라고 평가했다. 호리의 이러한 지적은 제3차 한일 협약 체제 성립기에 이토의 한국 병합 구상이 중요한 주축으로 설정하고 있던 재정 독립을 보장할 수 있는 재정 재편이 이루어졌다는 점을 뒷받침한다.

표 2-2 일본 정부 일반 회계 중 조선 관계 지출 비목

연도	재외공관경비	철도투자액	통신사업비	통감부경비	한국정부대부금	일반회계보충금	군사비	합계(A)	A/세출총액
1897	153						126	279	0.1%
1898	167						126	293	0.1
1899	228						448	676	0.3
1900	234						386	620	0.2
1901	253						372	625	0.2
1902	254						361	615	0.2
1903	280						361	641	0.3
1904	279						361	640	0.2
1905	263			273	1,500		4,225	11,731	1.3
1906		2,122	1,251	2,097	1,769		10,224	25,064	4.2
1907		10,238	688	2,145	5,259		15,441	31,119	4.9
1908		7,661	591	2,167	4,653		10,358	21,205	4.0
1909		3,017	423	2,754	2,600	2,885	10,193	25,835	4.5
1910		6,144	53	3,960					
1911						12,350	9,652	22,002	3.8
1912						12,350	8,984	21,334	3.6
1913		조선 총독부 특별 회계				10,000	8,233	18,233	3.2
1914						9,000	7,069	16,069	2.5
1915						8,000	6,971	14,971	2.6
1916						7,000	8,774	15,774	2.7
1917						5,000	11,208	16,208	2.2

출전 堀和生, 「日本帝国主義の朝鮮植民地化過程における財政變革」(『日本史研究』217).

그렇다면 1907년 4월 단계에서 이토가 한국의 병합을 확실히 염두에 두고 있었다는 점을 어떻게 이해해야 하는가? 그것을 명확하게 하기 위해서는 이토가 한국 병합을 어떻게 구상하고 있었는지를 검토할 필요가 있다. 앞서 본 대로 한국이 일본과 〈제휴〉하고 그 지도 감독에 따라 〈자치〉 육성을 도모한 후 어떠한 형태로 병합하려 한 것일까? 아니면 그러한 〈자치〉는 병합과 어떠한 관련이 있었는가?

이러한 점에 기초하여 이토의 병합 구상을 살펴볼 때 주목해야 할 것이 1907년 7월 29일 신문 기자단 앞에서 행한 강연이다. 이 강연에서 이토는 〈프러시아의 뷔르텐베르크, 독일의 바바리아와 같이 일본은 한국에 대하여 아량을 보여 줄 필요가 있다. 한국도 역시 병력을 양성할 필요가 있다. 재정도 행정도 한국 자신이 할 필요가 있다. 일본은 어디까지나 한국을 부식(扶植)해야 한다〉고 연설했다.[202] 『이토 히로부미전(伊藤博文傳)』 등에는 실려 있지 않으나 이 강연에서 이토는 더욱이 〈이번[헤이그] 사건으로 한국과 합병해야 한다는 주장도 있지만 합병할 필요는 없다. 합병은 도리어 성가신 일만 증가시킬 뿐 아무런 효용이 없다. 모쪼록 한국으로 하여금 자치 능력을 양성시키는 편이 좋다. 가령 한국을 이끌어 부국강병이 결실을 거두더라도 도저히 일본에 대포를 쏠 시대가 도래할 우려는 없다. 게르만 연방의 뷔르텐부르크처럼 한국을 지도해 세력을 양성하고 재정 경제, 교육을 보급하여 결국 연방 정치를 실시할 수 있도록 이를 지도하는 것이 우리에게 이익이다〉[203]고 〈게르만 연방〉의 〈뷔르텐부르크〉, 〈독일〉의 〈바바리아〉를 한국에 견주어 〈연방〉제 구상을 언급했다.[204] 이러한 신문 기자단에 대한 강연에서 〈연방〉

202 小松綠 編, 『伊藤公全集』 2(昭和出版社, 1928), 459~460쪽; 平塚篤 編, 『續 伊藤博文秘錄』(春秋社, 1930), 231쪽.
203 『東京朝日新聞』 1907년 8월 1일부. 인용 사료는 다소의 자구 차이가 있지만 原田豊次郎, 『伊藤公と韓國』(同文館, 1909), 30쪽 등에도 인용되어 있다.
204 뷔르텐부르크 왕국, 바이에른 왕국과 독일 연방(1815~1866)과 독일 제국과의 관계에

제에 대한 언급은 필자가 살펴본 바에 따르면 이토가 〈연방〉 구상을 피력한 유일한 것인데, 사료에 따르면 이토의 한국 병합 구상은 〈자치 육성〉으로 재정 독립을 달성한 후 〈연방〉제 형식으로 한국을 병합하는 것이었다고 볼 수 있다. 여기서 말하는 〈뷔르텐부르크〉라는 것은 독일 남부의 뷔르텐베르크 왕국을, 또 〈바바리아〉는 바이에른 왕국을 각각 가리킨다. 뷔르텐베르크와 바이에른은 두 나라 모두 독일 연방(1815~1866)과 독일 제국의 주요 구성국이었다.[205] 독일 남부에 위치한 두 나라는 빈 체제하에 성립한 39개국으로 구성된 독일 연방에서 프로이센, 작센 등과 나란히 5왕국에 포함되는 유력한 국가였다. 두 나라 모두 1820년대까지 의회, 헌법이 설치되어 있었다. 독일 통일의 기운이 고조되는 가운데 소독일주의를 취한 프로이센이 주도하여 1867년에 북독일 연방이 성립했다. 그리고 프로이센 재상 비스마르크의 주도하에 남독일 여러 나라와의 제휴를 도모하였고 보불 전쟁을 거쳐 1870년 말에 바덴, 헤센, 뷔르텐부르크, 바이에른이 개별적으로 가입하는 것으로 1871년 독일 제국(이른바 제2제정)이 성립했다. 독일 제국에서는 그때까지의 독일 연방과는 달리 주권은 독일 제국 정부에 이양했지만 뷔르텐베르크, 바이에른 두 나라는 전자가 우편 전신, 후자가 철도 등에 대하여 특별한 주권을 가지고 있었고, 독일 국제(國制)에서 예외적인 지위에 있었다. 특히 바이에른은 1870년에 독일과 체결한 조약에 기초해 평시에는 바이에른 국왕이 바이에른 군대에 대한 권한을 가졌다.[206] 즉 뷔르텐베르크, 바이에른 두 나라는 연방제를 채용한 독일 제국에서도 반주권국으로서 성격을 여전히 남

대해서는 木村靖二 編, 『ドイツの歷史』(有斐閣アルマ, 2000); 林健太郎 編, 『新版 ドイツ史』 (山川出版社, 1977) 참조.

205 그러나 국제법의 견지에서 보면 독일 연방은 국가 연합, 독일 제국은 연합 국가, 즉 연방으로 규정된다.

206 독일 제국의 형성 과정과 바이에른이 가진 광대한 권한을 근거로 독일 제국이 국가 연합인가, 아니면 연합 국가인가라는 논쟁이 있었다(中村進午, 『國際公法論』, 淸水書店, 1916, 207~209쪽).

기고 있었으며, 이토의 연설은 이러한 점에 근거한 것이었다고 생각한다. 1871년부터 1873년에 걸쳐 이와쿠라 사절단에서, 그리고 1881년 헌법 조사로 독일 제국의 성립 과정을 직접 견문한 이토로서는 독일에서 배운 대로 한국의 결합 구상을 하는 것이 그렇게 파격적인 발상은 아니었을 것이다.

그러나 한국 정부의 괴뢰화를 강력하게 추진한 점, 연방으로 편성된 이전의 독일 각 나라와 한국과의 정치 체제 차이 등 이토의 〈연방〉제 구상을 독일의 경우에 견주어 이해하는 데는 어려움이 있다.[207] 또 한국 군대 해산을 단행한 단계에서의 발언으로 그 정치적 의도까지도 감안해야만 할 것이다. 오히려 이토가 스에마츠 겐조 앞으로 보냈다고 생각되는 각서 가운데[208] 다음과 같은 내용이 있다.

한국 8도로부터 각각 10명의 의원을 선출하여 중의원을 조직할 것.
한국 문무 양반 가운데 50명의 원로를 호선으로 선출하고 상원을 조직할 것.
한국 정부 대신은 한국인으로 조직하고 책임 내각으로 할 것.
정부는 부왕의 배하(配下)에 속한다.

위의 내용을 고려해 보면 그 병합 구상은 〈본국 정부 스스로 특별한 기구를 설치하여 직접 식민지 통치를 담당하는〉 직접 통치 가운데서도 〈대의제를 인정하고 그 주민에게 입법 참여권을 부여하더라도 아직 책임 내각제가 없고, 그 행정과 사법은 오히려 본국 정부의 감독하에 있는 관리에 의해 실시하는〉 자치 식민지 Self-governing Colonies에 유사한 통치 형태에 의한 병

---

207 따라서 여기서 말하는 〈연방〉제는 삼권 분립에 더하여 지역적으로 고도의 정치 권력을 보장하려는 근대 정치학상의 개념인 연방제와는 다른 것이라고 보아야 한다.
208 堀口修·西川誠 監修·編集, 『末松子爵家所藏文書』 下(ゆまに書房, 2003), 389쪽.

합이었다고 유추할 수 있다.[209]

이 각서 제4항에 있는 〈부왕〉은 1907년 7월 10일 원로 회의에서 결정된 〈제2요강안〉 가운데 〈통감은 부왕 혹은 섭정의 권리를 가질 것〉[210]이라는 문구를 감안해 보면 통감을 가리킨다고 보아도 좋을 것 같다. 이토의 각서에 있는 〈책임 내각〉제 구상이므로 전형적인 자치 식민지의 양상과는 다른 것처럼 보이지만 〈부왕〉, 즉 통감 아래에 내각이 편성된 이상 순수한 책임 내각이라고는 말하기 어렵다. 그리고 한국 〈국왕〉을 보좌하는 〈부왕〉으로서 통감 아래에 한국 정부와 식민지 의회로서 〈중의원〉과 〈상원〉을 편성한다는 구상이다. 나아가 이토는 한국 군대의 해산을 맞이해 〈장래에는 징병법을 시행해 정예 군대를 양성하도록 한다〉[211]고 말하고 있기 때문에 장래에는 식민지군의 편성도 구상했던 것으로 보인다. 그러나 식민지군의 창설은 실현되지 않았고 1909년 8월에는 군부도 친위부(親衛府)로 개편되었다.[212] 그러나 한국 병합 이후 1944년까지 조선에서 징병제를 실시할 수 없었다는 사실을 고려해 보면 이토가 이 시점에서 식민지군 편성을 구상했다는 점은 주목할 만하다. 그것은 이토의 병합 구상과 결코 무관하지 않았다고 생각하기 때문이다.

이토의 병합 구상을 사료상으로 이 이상으로 심화시킬 수는 없지만 앞에서 검토해 온 사실로부터 실제로 시행된 병합과는 다른 병합 구상을 이토가 하고 있었다는 점은 틀림없다. 한국 병합을 견지하는 한편, 일본과의 〈제휴〉를 긴밀하게 하여 한국 황제를 존속시킨 채로 일본의 지도 감독으로 〈자치〉를 달성한다는 이토의 병합 구상이 의미하는 것은 병합의 부정으로서 보호국이 아니라 재정 건전화를 달성하기 위한 〈과도적〉 통치, 즉 병합을 향한 이행 단계로서의

209 堀眞琴, 『植民政策論』(河出書房, 1939), 150쪽.
210 『日本外交文書』 40-1, 456쪽.
211 『日本外交文書』 40-1, 496쪽.
212 海野福壽, 『韓國併合史の硏究』(岩波書店, 2000), 317쪽.

보호국이란 규정이다. 거기에서 구상된 병합은 한국 병합으로 시행되었던 직접 통치에 의한 식민지 통치 형태와는 다른, 식민지군의 편성까지도 염두에 둔 자치 식민지와 유사했다고 평가할 수 있다.[213] 그리고 그것은 다음 장에서 상세하게 검토할 것처럼 지배의 합의를 조달하고, 병합 과정의 연성 착륙을 목표로 했다는 의미에서도 합리성을 가지고 있던 병합 구상이었다.

소결론

일본은 제2차「한일 협약」으로 한국을 보호국화하고 통감부를 설치했다. 초대 통감으로 부임한 이토 히로부미는 기본적으로 점진주의를 취하면서도 정치적 변혁의 기회를 엿보고 있었다. 그때 이토가 중시한 것은 황제권의 억제와 괴뢰 정권에 의한 국가적 종속 관계의 구축이었다. 황제권의 제한에 대해서는 고문 경찰에 의한 궁정 경비나 궁금령, 궁중·부중의 분리에 관한 조칙을 공포하는 등의 조치를 취했다. 또 1907년 5월에 친일 괴뢰 정권을 세우기 위해 이완용 내각을 성립시킴과 동시에, 한편으로는 황제의 권한을 억제하기 위해 대재상제를 채용한 〈내각 제도〉를 같은 해 6월에 도입하는 등 관제 개혁을 시행하였다. 이토는 한국 식민지화를 추진하기 위해서 제2차「한일 협약」에 의한 외교권 탈취로부터 한층 더 나아가 한국을 속국화할 것을

---

213 필자는 예전 원고에서 이토 히로부미의 한국 병합 구상과 관련해 1910년에 성립한 남아프리카 연방과 같은 통치 형태를 구상하고 있었다고 지적한 적이 있다(拙稿,「統監伊藤博文の韓國併合構想と第三次日韓協約體制の形成」,『靑丘學術論集』25, 2005). 그러나 남아프리카 연방은 식민지를 도입한 자나 아프리카인이 연방제를 채용한 것이고, 이토의 병합 구상이 이와 유사하다고 상정하기에는 무리가 있다. 이토의 병합 구상을 구미 열강의 식민지 편입 사례로부터 끌어오는 것에는 오히려 검토가 필요하므로 남아프리카 연방에 견준 예전 원고의 지적을 철회한다. 여기에서는 이토가 실제로 실시한 병합과는 다른 병합 구상을 가지고 있었다는 점을 지적하는 데서 그치며, 그에 대한 본격적인 검토는 이후의 과제로 삼고자 한다.

목표로 하고 있었는데, 그와 같은 이토의 한국 병합 구상을 가속화한 역할을 초래한 것이 6월에 일어난 이른바 헤이그 밀사 사건이었다.

이토는 헤이그 밀사 사건을 계기로 반일적 언동을 반복하고 있던 한국 황제 고종을 양위시킴과 동시에 제3차 「한일 협약」과 〈한일 협약 규정 실행에 관한 각서〉에 따라 일본은 한국 내 정권에 간섭할 법적 근거를 획득했고, 통감과 통감부의 식민지 권력 기구화를 진전시켰다. 제3차 「한일 협약」으로 행정 지도권, 입법 승인권, 인사 동의권 등 통감의 권한을 강화하는 한편, 〈한일 협약 규정 실행에 관한 각서〉에 따라 일본인이 정권 중추를 장악할 방책을 얻었다. 이른바 〈차관 정치〉다. 한국의 주권을 침탈하면서도 한국 황제의 존속을 추진하며 일본의 지도·감독에 의해 식민지 재정 독립을 기조로 하는 한국의 〈자치〉 육성을 기대하였다. 이와 같은 내용을 가진 한국 통치 체제의 성립은 1906년 말부터 구상하고 있었는데 통감부의 식민지 기관화, 통감부를 중심으로 한 일본인에 의한 한국 정권 중추의 장악, 황제권의 제한과 친일 괴뢰 정권에 의한 국가적 종속화를 시도하는 결절점이 되었던 제3차 「한일 협약」의 역사적 역할에 주목해 보면 이 협약을 전후로 한 시기에 성립한 통치 체제를 제3차 한일 협약 체제라고 부를 수 있을 것이다. 이러한 이토의 병합 구상에 입각하여 한국 통치 구조＝제3차 한일 협약 체제가 성립했다.

제3차 한일 협약 체제는 이토의 한국 병합 구상에 기초한 과도기적 지배 체제였고, 그러한 이토의 병합 구상은 예를 들어 〈연방〉제를 언급하고 있었다는 점에서 살펴볼 수 있듯이 복합 국가의 형식으로 한국을 일본에 편입한다는 것이었다. 구체적으로는 자치 식민지 형식으로 한국을 일본에 편입하려 한 것이라고 생각한다. 그리고 그러한 전제에 입각해 한국의 식민지 지배가 실시되어 갔다. 그러한 의미에서 제3차 한일 협약 체제야말로 이토의 한국 병합론을 그대로 보여 주는 것이었다.

아울러 그러한 이토의 병합 구상은 조선 민중으로부터 지배의 합의를 얻어 내는 것을 중시하였다. 그 구체적 전개가 근대적 문명 정책의 수행이었고, 황제 권위의 이용이었다. 그렇다면 그러한 이토의 생각은 관철되었을까?

제3장 이토 히로부미의 병합 구상 좌절과 조선사회의 동향

들어가며

　이전 장에서 살펴본 것처럼 제3차 「한일 협약」을 계기로 성립한 제3차 한일 협약 체제는 통감 이토 히로부미의 한국 병합 구상을 구현한 것이다. 그렇다면 이 체제하에서 전개된 일본의 대한 정책은 이토의 의도대로 전개되었는가? 그리고 조선 사회는 일본의 정책에 어떻게 반응했을까?
　이 점을 살펴보기 전에 짚어 두어야 할 점은 1909년 6월 이토의 통감 사임과 7월 일본 정부의 한국 병합 방침 결정이라는 일련의 동향이다. 게다가 다음 해인 1910년 한국 병합이 실시된 것을 아울러 고려해 보면 이토의 한국 병합 구상은 그 의도대로 전개되지 않았다고 할 수 있다. 그렇다면 왜 이토의 한국 병합 구상이 좌절되었는가? 앞서 기술한 대로 제3차 한일 협약 체제는 러일 전쟁 후 동아시아 국제 체제의 일익을 담당함과 동시에 병합에 앞서 조선 사회로부터 지배의 합의를 얻어내고자 했던 것인데 그러한 조건에 어떠한 변화가 생겼는가?
　이 장에서는 제3차 한일 협약 체제에서 이토가 추진한 정책의 전개와 그 좌절 과정을 다루면서 대내외적 측면에서 그 요인을 밝히려 한다. 그때 이 체제의 중추가 되는 근대적 문명화 정책과 황제 이용책이라는 두 가지 주축 가운데 전자에 대해서는 통감부에 의한 한국 사법 제도 개혁을, 후자에 대해서는 1909년 초부터 실시된 한국 황제의 남북 순행을 각각 다루면서 구체적인 전개 과정을 검토한다.

제3차 한일 협약 체제의 전개와 좌절: 한국 사법 제도 개혁의 전개 과정을 사례로

여기에서는 제3차 한일 협약 체제의 일환으로 전개된 통감부에 의한 사법 제도 개혁 과정에 대해 검토한다. 사법 제도 개혁은 제3차 한일 협약 체제에서 이토 히로부미가 가장 중점을 둔 정책 중 하나였다. 그것은 단순히 근대적 사법 제도를 한국에 도입한다는 차원에 그치는 것이 아니라 종래 조선 사회에서 경찰권이나 군사권, 징세권이라는 광범한 재량권을 보유하고 있던 관찰사나 군수 등 지방관으로부터 그러한 권한을 박탈하려 한 과정이기도 했다. 즉 통감부에 의한 사법 제도 개혁은 중앙 집권 체제 형성의 움직임과 연동되어 있었던 것이다.

한편 사법 제도 개혁의 동향은 한반도를 둘러싼 국제 관계에 의해서도 크게 영향을 받았다. 통감부 시정 당시의 한국에는 여러 열강에 의한 영사 재판권이 존재했기 때문이다. 영사 재판권은 일본을 포함한 열강 여러 나라가 불평등 조약에 의해 조선을 억압하는 치외법권의 일부를 형성하고 있었는데, 그것의 철폐는 일반적으로 보호 관계의 성립이 아니라 국내에서 구미적 사법 제도의 정비를 필요조건으로 했다.[1] 따라서 통감부가 한국에서 열강의

---

1 立作太郎,「保護關係ノ成立ト保護國ノ條約上ノ權利義務」(『法學志林』 8-7, 1906), 5쪽.

영사 재판권 철폐를 추진하려고 하여 사법 제도를 정비할 때 열강의 동향은 무시할 수 없게 된다.

즉 통감부에 의한 한국 사법 제도 개혁의 전개 과정에 대해 검토한다는 것은 대내적으로 일본이 사법권 등의 권한을 재지 사회로부터 박탈해 일원화하려는 동향을 밝히는 것이며, 대외적으로는 제국주의 국가 간의 제반 권리를 한국으로부터 배제·통합하려는 동향을 다루는 것에 다름 아니다.

통감부의 한국 사법 제도 개혁: 제3차 한일 협약 체제하의 사법 제도

통감부에 의한 사법 제도 개혁의 개시

통감부는 〈시정 개선〉의 명목으로 한국에 대한 내정 간섭을 추진했는데, 사법 제도에 대해서도 예외는 아니었다. 근대적 사법 제도의 도입은 행정권으로부터의 분리를 일반적 내용으로 했는데, 통감부에 의한 한국 사법 제도 개혁이 개별적이고 특수한 목적으로 이루어졌다는 것은 무엇이었을까? 우선 통감부에 의한 사법 제도 개혁의 전개 과정을 개관하고 그 목적을 대내적, 대외적 두 측면에서 파악해 본다.

조선 왕조 시기에는 사법권이나 징세권 등 다양한 권한이 행정관의 손에 폭넓게 주어져 있었다. 조선 시대의 지방 행정 제도는 국왕에게 직속하는 대표 부서인 한성부, 예전 도읍 등의 유수부, 그리고 일반 도와 도 아래의 부, 대도호부, 목, 도호부, 군현이 있고, 대부분의 경우 도·현과 같이 2층 구조로 되어 있었다. 1865년 시점에 한성부, 4유수부, 8도와 5부, 5대도호부, 20목, 75도호부, 77군, 148현이 있었다고 한다. 그리고 한성부에 판윤, 유수부에 유수, 도에 관찰사, 부에 부윤, 대도호부에 대도호부사, 목에 목사, 도호부에 도호부사, 군에 군수, 현에 현령 또는 현감이 각각 배치되었고, 부윤 이하 현감에 이르는 지방관을 일반적으로 수령이라고 칭했다.

지방에서는 수령에게 군사·경찰권이나 사법권 등의 시정 일반에 관한 권한이 부여되는 한편, 자의적인 행사를 막기 위해 관찰사를 비롯한 상관의 감시나 임기 제한 등의 방책이 도입되었다. 특히 임기 제한이라는 제도는 수령의 토착화를 막기 위한 방책이었는데 관제상 수령의 시정권이 토착 문벌 세력이나 수령의 수하인 이속·향리와 분리되는 결과를 초래하는 요인이 되었다고 한다.[2]

아울러 사법권은 수령뿐만 아니라 재지 세력에 의해서도 행사되었다. 통감부가 시정을 개시한 시점에서는 초심 재판소인 한성 재판소와 종심 재판소인 평리원만이 독립적인 재판소로 기능하고 있었고, 이 단계에서는 재판소뿐만 아니라 관찰사나 군수 등의 행정관도 사법권을 행사했다. 또 경무청, 더욱이 지방 주둔 군대인 진위대에서도 재판 사무가 이루어지고 있었다.[3] 또 재판을 할 때 법부에 보고해 지휘를 요청한다거나 상급 판사가 하급 판사의 담당 사건에 간섭한다거나 하는 일도 있었다. 게다가 궁내부에서 부당한 체포나 자의적 석방을 실시하는 등, 사법권이 다양한 주체에 의해 다원적으로 행사되는 상황이었다.[4] 따라서 통감부가 지방 지배를 확립하려고 한다면 사법 제도뿐만 아니라 관찰사를 비롯한 지방 관리의 광범한 직무 권한을 어떻게 배제·제한할지가 초미의 문제가 되었다.[5] 즉 통감부의 사법 제도 개혁은 지방 제도 개혁과 밀접하고도 불가분의 관계에 있었다.

조선에서 이른바 근대적 사법 제도가 도입된 것은 1894년 갑오개혁을 통

---

2 이상 지방 행정 제도의 개요에 대해서는 姜再鎬, 『植民地朝鮮の地方制度』(東京大學出版會, 2001), 10~11쪽, 13~14쪽 참조.
3 朝鮮總督府 編, 『朝鮮の保護及併合』(朝鮮總督府, 1918), 170쪽.
4 岩井敬太郎 編, 『顧問警察小誌』(韓國內部警務局, 1910), 135쪽.
5 松田利彦, 「朝鮮植民地化の過程における警察機構(1904~1910)」(『朝鮮史研究會論文集』 31, 1993), 136쪽. 통감부의 지방 제도 개혁에 관한 연구로는 姜再鎬, 『植民地朝鮮の地方制度』; 尹海東, "統監府設置期" 地方制度의 改定과 地方支配政策」(『韓國文化』 20, 서울대학교 한국문화연구소, 1997) 등이 있다.

해서였다. 1장에서 살펴본 대로 이 개혁은 일본의 영향을 강하게 받으면서 실시되었는데, 사법 제도에서는 지방 관청의 직무 권한으로부터 사법권이 분리되었고 재판소가 창설되었다. 또 5종 2심제를 취한 〈재판소 구성법〉(1895년 조선 법령 제1호)을 시행하고 사법권을 행정권으로부터 독립시킨다는 점이 거론되었다. 그러나 각부 관찰사가 각 지방 재판소 판사의 직무를, 각부 참사관이 검사의 직무를 각각 겸임하고, 또 군수가 관내 소송에 대하여 초심의 재판 사무를 겸임하는 등 사실상 행정 관청이 사법 사무를 집행하는 상황이 여전히 계속되었다.[6]

더욱이 1899년 「재판소 구성법 개정」(한국 법령 제3호)에서는 사법 근대화에 역행하는 움직임을 보여 주었다.[7] 일본의 한반도로부터의 퇴조와 궤를 같이하여 갑오개혁이 실패했기 때문이기도 한데, 이러한 일련의 동향은 위로부터의 근대화, 그리고 중앙 집권화를 시도한 갑오 정권에 대한 재지 사회의 저항 혹은 상대적 강인함을 시사하는 것이기도 했다.

통감부에 의한 한국 사법 개혁은 우선 1906년 9월에 실시된 일련의 지방 관제 개정과 아울러 실시되었는데 그때 본격적인 제도 개혁은 당면해 시행되지 않았고, 일본인 참여관의 고빙에 따라 실시한다는 방침이 취해졌다.[8] 법부에 둔 일본인 참여관[참여관 노자와 다케노스케(野澤武之助), 참여관 촉탁 마쓰데라 다케오(松寺竹雄)]이 사법 행정 사무에 참여하는 한편, 법령 개정의 직무를 담당하게 되었다.[9] 동시에 평리원, 한성 재판소, 각 관찰도 재판소, 각 개항장 재판소와 제주도 재판소에 법무 보좌관 또는 법무 보좌관보의 명목으로 일본인 각 1명을 배치하였다.[10] 법무 보좌관 또는 법무 보좌

---

6 姜再鎬, 『植民地朝鮮の地方制度』, 30쪽.
7 전봉덕, 「일제의 사법권 강탈 과정의 연구」(『애산학보』 2, 1982), 164~174쪽.
8 『朝鮮の保護及併合』, 171쪽.
9 統監府 編, 『韓國施政年報』(統監官房, 1908), 91쪽.
10 법무 보좌관 제도에 대해서는 李英美, 『韓國司法制度と梅謙次郞』(法政大學出版局, 2005)

관보는 〈가령 관찰사 등의 명의로 판결을 내리더라도 사실상 재판 사무는 여러분[법무 보좌관과 법무 보좌관보]의 손안에 있다〉[11]는 통감 이토 히로부미의 훈시에서 단적으로 드러나는 것처럼 각 재판소에서 재판 사무의 실무 담당자가 될 것을 의도하면서 배치하였다. 이러한 일본인 법무 보좌관의 채용은 이미 경무 분야에서 다수의 일본인을 통감부와 한국 정부에 임용·고빙시켜 놓았고, 조선인 재판관과 일본인 검찰관 사이에 갈등이 생기는 상황에 대응하기 위한 것이었다.[12]

이리하여 1907년 1월 20일 법무 보좌관 임명을 두고 사법 제도를 개혁했으나 관찰사나 군수 등 지방관에 의한 사법권 행사의 제한에는 착수할 수 없었다.[13] 그것은 위에서 본 이토의 훈시가 관찰사의 사법권 행사를 반드시 부정하지 않았다는 점에서도 명확하다. 그 때문에 6월 14일 통감 관사에서 개최된 법무 보좌관 협의회에서 보좌관의 의견이 실제 사법 사무상 채용되지 않는다는 등의 불만이 속출했다.[14] 그러나 이토는 이 시점에 재판소의 계급과 민·형사 사무의 구별을 분명히 하도록 지시하는 데 그쳤다.[15] 6월 25일에 개최된 한국 내각과의 협의에서도 지방 행정관과 재판관을 구별해야 한다는 한국 측 제의에 대해 이토는 그 방침은 인정하면서도 〈현재 경비가 없

참조.
  11 友邦協會 編, 『朝鮮における司法制度近代化の足跡』(友邦協會, 1966), 11쪽.
  12 金正明 編, 『日韓外交資料集成』 6-上(巖南堂書店, 1964), 181~182쪽; 『朝鮮における司法制度近代化の足跡』, 12쪽; 松田利彦, 「朝鮮植民地化の過程における警察機構(1904~1910)」, 137쪽.
  13 『韓國施政年報』, 55쪽. 그러나 이 개혁에서 종래의 「재판소 구성법」은 폐기되지 않았고, 다시 「재판소 구성법 개정」(1906년 한국 법률 제6호)에 따라 관찰사의 사법권 행사를 추인하였다.
  14 『朝鮮における司法制度近代化の足跡』, 16~27쪽.
  15 金正明 編, 『日韓外交資料集成』 6-中(巖南堂書店, 1964), 526쪽. 그러나 이토의 이러한 지시에 기반해 기초·공포된 것이 「민사 형사의 소송에 관한 건」(1907년 한국 법률 제1호)이었다. 이 법은 종래 「재판소 구성법」 바깥에 있던 군수에 의한 사법 사무의 범위를 한정하려는 목적도 가지고 있었다(『韓國施政年報』, 92~93쪽).

기 때문에, 특히 사법관을 임명할 수 없으므로 겨우 지방관의 직무를 행정, 사법과 구분한 것에 불과하다. ……장래의 사정이 허락하는 한 민법, 형법, 민사 소송법, 형사 소송법의 제정에 힘쓰고, 특별한 사법관, 검찰관을 임명하는 데 도달해야 한다〉[16]고 태도를 보류했다. 재정적 관점에서 행정과 사법의 엄격한 구별은 나중을 기약해야 했다.

제3차 한일 협약 체제하의 사법 정책

사법 제도 개혁의 방침이 명확해진 것은 1907년 7월에 체결된 제3차「한일 협약」에서였다. 통감 이토 히로부미는 제3차「한일 협약」에서 행정과 사법의 분리를 제시했다. 제3차「한일 협약」체결 교섭에서 한국 정부에 제시한 복안에서 행정과 사법의 분리를 규정한 조항을 삽입한 것이다. 이 조항은 그대로 조약 제3조가 되었는데, 이것은 우메 겐지로(梅謙次郎)의 회상에 따르면 이토의 발의로 삽입되었다.[17] 이에 대하여 이토는 한국에서 행정관이 사법권을 행사하고 있는데, 사법권을 독립시키지 않으면 〈개인의 선정은 실시되더라도 도저히 전체적으로 시정의 개선을 기약할 수 없는〉 폐해를 초래하기 때문에 이를 〈시정 개선〉의 최우선 과제로 설정하고, 제3차「한일 협약」에 1개 조항을 설정했다고 설명하고 있다.[18] 일본인 법관에 대한 연설이기 때문에 사법 제도의 중요성이 필요 이상으로 강조되어 있을 가능성은 부정할 수 없으나 제3차「한일 협약」과 동시에 체결된 각서에는 한국 재판소에 대하여 일본인 법관의 대량 채용을 포함하는 구체적 사법 개혁안이 보이

---

16 『日韓外交資料集成』6-中, 553쪽.
17 梅謙次郎,「伊藤公と立法事業」(『國家學會雜誌』24-7, 1910, 42쪽); 同,「韓國の法律制度に就て(下)」(『東京經濟雜誌』1514, 1909, 7쪽). 그 후 사법 제도 개혁을 이토가 강력하게 추진했다는 점, 제3차「한일 협약」과 함께 체결된 각서의 내용을 아울러 고려해 보면 우메의 회상은 타당하다.
18 辛珠栢 編,『日帝下支配政策資料集』8(高麗書林, 1993), 15~16쪽.

고 있다.[19]

일본인 법관의 대량 채용 이유에 대해서 이토는 다음과 같이 설명했다. 즉 하루빨리 법 제도와 사법 제도 개혁을 실시할 필요가 있는데 〈법률의 제정, 법관의 양성은 하루아침에 기약할 수 없다. 그러므로 현재 응급의 수단으로 한편에서는 한국민의 목숨과 재산을 보호하고, 다른 한편으로는 한국인으로 하여금 재판 사무를 실제로 연습시킬 목적으로 한일 양국인으로 조직하는 재판소를 신설하도록 한다〉[20]는 것이었다. 일본의 지도하에 있기는 한데 조선인의 생명·재산을 보호함과 동시에 장래에는 조선인에 의해 재판 사무를 담당시킨다는 것을 염두에 두고 있었다. 제3차 한일 협약 체제하에서 모리야마 시게노리의 이른바 〈자치 육성〉 정책에 기초한 구상이다.[21] 우선 제3차 「한일 협약」이 체결되기 겨우 전 달이 될 때까지 사법 제도 개혁은 후일을 기약하고 있다는 점을 확인했는데, 이 조약에 따라 〈일본인을 한국 관리에 채용하고, 경찰을 확장하며, 재판을 독립시키는 것에 대해서는 도저히 한국의 세입으로 그 세입을 채우기가 충분하지 않으므로 매년 일본으로부터 3백만 엔 정도 한국 재정을 보조한다〉[22]는 것이 되었고, 사법·경찰 제도 개혁의 예산이 전망된다고 하여 방침의 전환을 꾀하였다.

제3차 한일 협약하의 사법 제도 개혁도 역시 지방 제도 개혁과 연동해 진행되었다. 1907년 12월에 공포, 시행된 「각부 관제 통칙 개정(各部官制通則改正)」(한국 칙령 제36호), 「지방관 관제 개정(地方官官制改正)」(한국 칙령

19 『日本外交文書』 40-1, 495쪽.
20 위의 문서.
21 森山茂德, 『近代日韓關係史研究』(東京大學出版會, 1987); 海野福壽, 『韓國併合』(岩波新書, 1995), 201쪽.
22 『日韓外交資料集成』 6-中, 650쪽. 고빙 일본인에 대한 봉급, 수당, 여비를 주요 목적으로 하여 5년 반액으로 1,968만 2,623엔을 일본 정부로부터 한국 정부로 대여해 주는 안을 1908년 4월 14일 제37회 시정 개선 협의회에서 제시하였고, 같은 해 3월 20일부로 계약하였다(『日韓外交資料集成』 6-中, 803~805쪽; 統監府 編, 『第二次韓國施政年報』, 統監府, 1910, 79~80쪽).

제40호) 외에 일련의 중앙과 지방 관제 개혁에 따라 관찰사 등의 지방관으로부터 징세권, 경찰권, 사법권이 박탈 또는 제한되었다.[23] 다음으로 〈종래의 제도를 일신하고 완전히 문명국의 범례에 따라 완비할 재판소를 설치한다〉[24]는 취지에 따라 「재판소 구성법」(한국 법령 제8호), 「재판소 구성법 시행법」(한국 법령 제9호), 「재판소 설치법」(한국 법령 제10호)이 공포, 시행되었다. 이러한 「재판소 구성법」은 우메 겐지로가 입안한 것으로,[25] 이에 따라 대심원(1개소), 공소원(3개소), 지방 재판소(8개소)와 구(區)재판소(113개소)로 이루어진 4종 3심제를 채택하였고, 1908년 1월 1일부터 시행하였다(8월 1일 사무 개시). 종래 내부 소관이었던 감옥 사무는 법부로 이관되었다. 또 이른바 〈차관 정치〉에 따라 한국 내정의 중추를 일본인이 차지하게 되었는데, 재판소에도 일본인 사법 관계자가 다수 채용되었고, 대심원·공소원·지방 재판소·구재판소 직원 총 274명 가운데 81.8퍼센트에 해당하는 224명을 일본인이 차지했다.[26] 〈문명국의 범례〉란 명목하에 진행된 일련의 사법 개혁 조치는 어디까지나 일본인 주도로 이루어졌던 것이다.

보호국의 영사 재판권 철폐 방식 두 종류와 제3차 한일 협약 체제하의 한국 사법 정책의 연관성

한편 통감부에 의한 한국 사법 제도 개혁의 동향은 조선을 둘러싼 국제관계로도 강력하게 규정되었다. 여기에서는 시선을 대외 관계로 돌려 그 외재적 요인에 대하여 검토한다.

제2차 「한일 협약」에 따라 한국을 보호국으로 삼은 일본은 한국과 통상조약을 체결한 관계 각국에 이 조약을 통고함과 동시에 제2차 「한일 협약」

23 『韓國施政年報』, 56~57쪽.
24 위의 책, 94쪽.
25 梅謙次郎, 「伊藤公と立法事業」, 43쪽.
26 『統監府統計年報』 1907년판, 450~451쪽.

에 저촉하지 않는 범위에서 각국의 대한 통상 조약을 현상 그대로 유지한다고 선언했다.[27] 일본이 한국을 보호국화하면서 여러 열강과 조선 정부가 체결한 통상 조약에 의해 이미 한국에는 일본을 비롯한 각국의 광범한 영사 재판권이 존재했다. 하지만 일본은 각국이 한국에서 가지고 있던 영사 재판권을 포함한 치외법권이나 특허 조약 등의 권리가 이어지도록 할 것을 승인했다. 그러나 통감부에 의한 한국 사법 제도 정리 사업은 각국에 대한 선언에 반하고, 관계 각국의 한국에서의 영사 재판권을 철폐할 것을 명확하게 의도하고 있었다. 그것은 통감부가 각국의 영사 재판권의 존재가 일본의 한국 보호 정책에 지장을 초래한다고 인식했기 때문이다.

그렇다면 어떠한 의미에서 보호 정책에 지장을 초래하였는가? 그것은 예를 들어 한국에서 이루어지는 각 열강 국민의 행동이 한국의 반일 세력과 결부될 것에 대한 두려움이었고, 또 그러한 언론 활동에 의하여 열강의 대일 감정을 자극하는 것에 대한 경계였다. 또 영사 재판권을 가진 각국 국민에 대한 일본의 대응 자체가 조약으로 보장된 권리를 침해한다는 염려와 두려움 때문에 열강 국민의 대일 감정도 악화될 수 있었다. 구체적으로는 토지 소유권 문제나 구미인 선교사의 사립 학교에서의 활동 등이 거론되었는데,[28] 영사 재판권 철폐에 큰 동기를 제공했다고 여겨지는 것은 영국인 베델E. T. Bethell을 발행인으로 한 「코리아 데일리 뉴스Korea Daily News」와 「대한매일신보」의 반일적 언동이었다. 영국이 한국에서 지닌 영사 재판권 때문에 통감부는 「대한매일신보」의 반일적 언동을 단속하기가 몹시 곤란했고, 그 때문에 한국에서 여러 열강의 영사 재판권 철폐를 강하게 의식하지 않을 수

---

27 外務省 編,『小村外交史』(原書房, 1966년 복각), 728쪽.
28 토지 소유권 문제에 대해서는 졸고,「日本の韓國司法權侵奪過程 ——「韓國の司法及監獄事務を日本政府に委托の件に關する覺書」をめぐって」(『文學研究論集(明治大學大學院)』11, 1999) 참조.

없었다고 본다.[29]

그렇다면 왜 영사 재판권 철폐가 한국 사법 제도 개혁과 연관성을 갖는 것일까? 이 점에 대해 국제법학자 아리가 나가오(有賀長雄)는 〈피보호국을 문명으로 이끌고 싶으면 각종 새로운 제도를 설립할 필요가 있다. 이러한 새 제도를 힘써 실시하기 위해서는 그 법규에 재판을 붙여 놓을 필요가 있다고 해도 그 재판은 피보호국에 대해 치외법권을 가지는 제3의 여러 나라의 동의를 얻을 수 없다면 이것을 외국인에게 집행하기 어려워진다〉[30]고 설명하고 있다. 피보호국 거류 외국인의 영사 재판권이 사법 제도 개혁의 전개, 더욱이 보호 정책의 진전을 저해하는 요인으로 명확하게 규정되어 있다. 즉 어느 정도 근대적 사법 제도를 도입하더라도 영사 재판권의 존재가 그 제도를 형해화시킬지도 모르는 일이었다. 그렇다면 어떠한 방법에 따라 피보호국에서 영사 재판권의 철폐가 가능하게 되었는가? 일본이 한국을 보호국(피보호국)으로 삼은 당시 피보호국에서 영사 재판권 철폐의 방법을 둘러싸고 서로 대립하는 두 가지 구상이 있었다. 하나는 〈자국의 문명 재판 제도를 피보호국에 실시하여 제3의 여러 국가로 하여금 치외법권을 철회하도록 만든다〉는 〈프랑스주의〉이고, 다른 하나는 〈토착의 사법 제도를 개량하도록 하여 문명 재판을 스스로 실시할 능력을 구비할 때까지 기다려 각국을 향하여 영사 재판의 철폐를 요구하는〉 〈영국주의〉이다.[31] 논리적으로는 〈프랑스주의〉가 피보호국에서 보호 국민과 피보호 국민을 법적으로 이원화하는 것에

---

29 졸고, 「日本の韓國保護政策と韓國におけるイギリスの裁判權 — ベッセル裁判を事例として」(『駿台史學』110, 2000); 同, 「日本の韓國保護政策と韓國におけるイギリスの領事裁判權 — 梁起鐸裁判をめぐって」(『文學硏究論集(明治大學大學院)』13, 2000) 참조.

30 有賀長雄, 『保護國論』(早稻田大學出版部, 1906), 302쪽.

31 위의 책, 303쪽. 아리가는 이집트와 튀니지를 각각 〈영국주의〉와 〈프랑스주의〉의 전형적인 사례로 꼽았으며, 당시 국제법학계에서도 일반적인 유형으로 인식되고 있었다. 그러나 식민지 통치 방식에서 영국주의와 프랑스주의 등의 혼동을 피하기 위해 이 책에서는 한국법주의, 일본법주의라는 용어를 주로 사용한다.

비해 〈영국주의〉는 피보호 국민뿐만 아니라 보호 국민에게도 피보호 국법을 궁극적으로는 일원화하여 적용하는 것이다. 이것을 보호국 한국에 대한 일본의 사법 정책에 적용해 보자면 법 형식에 주목해 〈영국주의〉에는 〈한국법주의〉, 〈프랑스주의〉에는 〈일본법주의〉의 용어를 적용할 수 있을 것이다. 영사 재판권의 철폐 방침을 둘러싸고 한국에서 영사 재판권을 가진 일본을 포함한 여러 열강 국민에 대하여 한국법을 적용하는 방향으로 사법 제도 개혁을 진행할 것인가, 아니면 일본법을 적용할 것인가라는 사법 제도 개혁의 방향성을 둘러싼 문제가 발생한다.

일본 정부가 한국에 대한 여러 열강의 영사 재판권을 철폐할 필요를 인식하게 된 것은 공식 문서상으로는 1905년 4월 8일의 각의 결정이 최초이다. 한국과의 보호 조약 체결을 결정한 이 각의 결정에서 영사 재판권의 철폐와 보호권의 확립은 불가분하다고 간주되었다. 〈치외법권에 관하여 제국은 모쪼록 어느 시기에 적당한 사법 제도를 한국에 반포하여 외국인에 대한 법권을 장악한다〉[32]는 방침이 제출되었다. 즉 한국의 사법 제도 개혁을 실시하고 여러 열강의 영사 재판권을 철폐할 것을 기약한 것이다. 그러나 여기에서는 영사 재판권을 철폐하기 위해서 사법 개혁을 실시한다는 총론이 보이는 데 그치고 있었고, 구체적으로 어떠한 사법 개혁을 실시할 것인지 각론은 분명하지 않았다.

그 방침이 명확해진 것은 제3차 「한일 협약」을 통해서였다. 앞서 기술한 것처럼 통감 이토 히로부미는 제3차 「한일 협약」에서 행정과 사법의 분리를 천명했는데, 이 협약 각서에 부속한 일본 정부에 대한 설명에서 〈재판소의 구성〉으로서 영사 재판권의 철폐와 한국 사법 개혁과의 관련성을 다음과 같이 설정했다.[33]

32 『日本外交文書』 38-1, 519~520쪽.
33 『日本外交文書』 40-1, 495쪽.

만약 현재의 시세대로 진행된다면 영사 재판 제도의 특전을 향유하는 외국인이 속속 내지에 진입하여 거주하고, 각종 업무에 종사하더라도 한국의 법권은 이러한 종류의 인민에게 미칠 수 없다. 따라서 저들은 한국에 대한 의무를 부담하는 일 없이 그 권리를 행사하게 될 것이다. 이로써 보건대 현재의 급무는 하루라도 빨리 법률의 제정, 재판의 개량을 꾀하여 최종 목적인 영사 재판권 철폐의 방침을 강구해야 한다. 그렇더라도 법률의 제정, 법관의 양성은 하루아침에 기대할 수 있는 것이 아니다. 그러므로 현재 응급 수단으로서 한편으로는 한국민의 생명과 재산을 보호하고, 다른 한편으로는 한국인으로 하여금 재판 사무를 실제로 연습하도록 할 목적으로, 한일 양국인으로 조직하는 재판소를 신설하도록 한다.

한국 사법 제도 개혁의 목적을 궁극적으로는 한국에서 여러 외국의 영사 재판권의 철폐에 두고, 이를 위해 법전을 정비하고 재판 제도를 개량한다고 정의하고 있다. 아울러 재판소의 정비를 추진함과 동시에 법전을 정비했다. 1907년 12월 새롭게 설치된 법전 조사국은 법부차관 구라토미 유사부로를 위원장, 우메 겐지로를 고문으로 하여 민법, 형법, 민사 소송법, 형사 소송법과 부속 법령의 기초를 담당했다.[34] 이러한 법률은 한일 양국민은 물론 영사 재판권이 철폐된 시점에서는 한일 양국민 이외의 외국 국민에게도 적용되어야 할 것으로 편찬되었다고 한다.[35] 법령 적용 대상을 한국 국민으로 할지, 아니면 한국에 거주하는 모든 외국 국민으로 할 것인지의 문제는 한국에서 영사 재판권 철폐 방침과 크게 관련되어 있었는데, 이토는 다음과 같은 사법 제도 개혁 구상을 피력했다.[36]

---

34 『韓國施政年報』, 103쪽.
35 梅謙次郎, 「韓國の法律制度に就て(下)」, 10쪽.
36 『日韓外交資料集成』 6-上, 225쪽.

한국도 장래에 조약을 개정하고 치외법권과 같은 것을 철거하는 방책을 강구해야만 한다. 치외법권을 철거하려고 한다면 우선 법률을 제정해 재판 제도를 개선해야 한다. 그리고 그 법률을 제정할 때 쓸데없이 내외인의 구별을 두어 내국인에 대해 적용할 법률과 외국인에 대해 적용할 법률을 다르게 하는 것과 같은 것이 있다면 도저히 치외법권의 철거는 기대할 수 없을 뿐만 아니라 한국의 법치는 난잡함이 거의 극에 달하게 될 것이다.

이토는 내외 국민 공통으로 적용되는 한국 독자의 법전을 편찬한 다음 영사 재판권의 철폐를 기약한다는 지론을 제3차 「한일 협약」 이후 적극적으로 전개하려고 했다. 앞의 용어법에 입각하여 말하자면 한국법주의를 채용하려 한 것이다.

그리고 이러한 사법 개혁 방침은 결코 이토 개인에 국한되지는 않았다고 본다. 제3차 「한일 협약」 체결 이후 1907년 10월 14일부로 기안된, 한국의 사법 제도 개혁을 실시한 다음 여러 열강의 영사 재판권 철폐를 목표로 한다는 의견서가 「외무성 기록(外務省記錄)」에 수록되어 있다.[37] 그것은 〈한국의 현행 여러 조약을 개정하고 일찍이 열강에게 양여했던 영사 재판권을 회수하기 위해서는 한국의 사법 제도가 개선된 이후에 제국 대외 관계의 순조로움에 편승하여 서서히 조약 개정의 담판을 개시할 수밖에 없다. 해당 담판의 개시에 이를 때까지는 적어도 5년의 시간을 필요로 한다〉는 의견이다. 이 의견서에서는 인용 앞 부분에 프랑스 보호 통치하의 튀니지에서 영사 재판권 철폐 사례[38]를 배제하고, 〈한국은 면적과 위치 모두 튀니지에 비할 바

---

37 「清韓兩國ニ於ケル發明意匠商標及著作權相互保護ニ關スル日米條約締結一件」第3卷 (外務省外交史料館 所藏 「外務省記錄」 2·6·1·16).

38 국제법학계에서는 이 시기 보호국에서 영사 재판권의 철폐 사례로 튀니지를 다수 거론하고 있었다. 예를 들어 江木翼, 「突尼斯ニ於ケル領事裁判權撤去ト韓國ニ於ケル同問題」(『法學協會雜誌』 26-7, 1908); 長岡春一, 「チュニスに於ける領事裁判權の撤回事情」(『國際法雜誌』

가 아니다. 열국의 한국에서의 이해 관계 역시 심한 간섭이 적지 않다. 하물며 제국의 전후 경영, 특히 한국 경영의 앞길에서 열국은 의구심으로 이를 관망하는 데 있지 않겠는가?〉라고 결론지었다. 여기에서는 여러 열강의 이해가 착종하는 한국에서 튀니지와 같은 영사 재판권 철폐 방법을 취하기는 어려우므로 시간은 걸리겠지만 사법 제도를 정비한 후에 〈조약 개정〉을 실시한다는 방침을 명시하고 있다. 이 방침은 앞서 본 이토의 보호국 구상과 궤를 같이한다. 이와 같이 한국에서 근대적 법 제도를 도입한 다음 영사 재판권의 철폐를 꾀한다는 방침이 제3차 한일 협약 체제 성립 후 통감부 사법 정책의 특색이었다.

제3차 한일 협약 체제하의 사법 제도 개혁의 차질:
지적 재산권을 둘러싼 미국의 재한 영사 재판권 철폐를 계기로

그렇다면 이러한 내외 국민 공통으로 적용되는 한국 법 아래에서 영사 재판권의 철폐를 꾀한다는 한국법주의에 기초한 사법 제도 개혁의 시도는 관철되었는가? 결론을 말하면 1909년 7월 12일에 체결된 「한국의 사법과 감옥 사무 위탁에 관한 각서」에 따라 한국법주의를 완전히 포기하기에 이르렀다. 그렇다면 왜 한국법주의에 기초한 사법 제도 개혁이 좌절된 것일까? 다음으로 일본에 의한 구미 열강의 대한 영사 재판권 철폐 교섭에 대하여 미일 간 교섭을 구체적으로 다루면서 한국법주의에 기초한 사법 제도 개혁이 좌절되는 배경을 고찰한다.

한국의 지적 재산권 보호와 영사 재판권의 갈등
1900년을 전후로 한 시기 일본을 포함한 여러 열강의 중국 침탈이 격해지

5-7, 1907).

는 한편으로 여러 열강 국민이 중국 시장에서 사용하는 상표의 도용 사건이 이어졌다. 그것은 청국이 지적 재산권을 보호하는 국제 조약에 미가맹국이었고, 지적 재산권에 관한 청국의 법제도가 정비되어 있지 않았기 때문임과 동시에 청국에서 각 열강이 각각 영사 재판권을 보유하고 있었기 때문이다. 각국은 청국 정부에게 상표 도용을 금지하는 조례를 제정하도록 하는 한편, 각국 사이에 개별적으로 조약을 체결해 재청 자국민의 상표와 상호의 보호를 꾀하게 되었다.[39] 「공업 소유권 보호 동맹 조약(파리 조약)」(1883년)이나 베르누 조약(1886년) 등 지적 재산권을 보호하는 국제 조약이 아직 충분하게 정비되어 있지도 않았고, 조약 가맹국 사이에도 그러한 〈판도〉 바깥에서는 효력을 가지지 않았으며,[40] 영사 재판권의 존재가 상표권의 철저한 보호를 방해할지도 모르는 일이었다. 그것은 〈상표 보호에 관한 법제는 그 성질상 일국 내에서 두 개 이상이 관련된 것의 병존을 허용하지〉 않기 때문에 자국민의 상표권에 대하여 예를 들어 한국에서는 〈각국 정부는 한국에서 어느 정도 일정한 상표법을 승인하고, 이에 따라 자국 신민의 상표권을 완전히 보호하도록 할지, 아니면 조약에 따라 획득한 영사 재판권을 고수하여 위의 일정한 법제를 승인함을 거부하면서 자국 신민의 상표권을 희생할지 양자택일해야 하는 지위에 있었던 것〉[41]이라고 일본의 외무 당국이 분석하고 있던 대로였다.

위와 같이 각국이 청국 시장에서 상호 보호 조약을 체결하는 가운데, 1905년을 전후로 영국, 미국, 프랑스 각국이 청국에서 상표 보호 조약의 체결을 일본에게 요구해 왔다. 재청·재한 일본인에 의해 구미 여러 나라의 상

39 『樞密院會議議事錄』 12(東京大學出版會, 1985), 150쪽.
40 菊池駒次, 「淸韓兩國ニ於ケル發明, 意匠, 商標及著作權ノ保護ニ關スル日米條約釋義」(『國際法雜誌』 7-2, 1908).
41 1906년 8월 16일부 통감 이토 히로부미 앞으로 보낸 외상 하야시 다다스의 전보(「淸韓兩國ニ於ケル發明 意匠 商標及著作權相互保護ニ關スル日米條約締結一件」 第1卷, 外務省外交史料館 所藏 『外務省記錄』 2·6·1·16). 이하 이 사료로부터의 출전 표기에 대해서는 「日米條約一件」이라고 줄여서 표기하고, 권수를 원 속에 들어간 숫자로 표시한다.

표침해 사건이 이어지고 있었기 때문이다.[42] 그리고 그때 영미 양국은 상표 보호 조약의 범위를 한국으로 확장할 것을 제안했다. 게다가 1906년 6월 18일, 미국은 공문으로 청국과 한국에서 상표 보호를 일본에 다시 제안했다.[43] 미국의 제안이 일본의 관심을 끌게 된 것은 주일 대사 라이트Luke E. Wright가 비공식적이기는 하지만 〈조약상의 재판권을 포기하고, 한국에서의 일정한 법제에 복종할 것을 각오하더라도 미국 인민의 상표권 보호를 획득할 것, 미국 정부에 득책이라고 생각한다는 취지를 언명〉[44]했기 때문이다. 미국은 한국에서 상표에 관한 영사 재판권을 철폐한다는 조건으로 일본 정부에 미국 국민의 상표 보호를 요구한 것이다.

이러한 미국의 제안에 대하여 외무대신 하야시 다다스는 〈본건을 이용하여 한국에서 제국의 법권을 확장함으로써 훗날 한국 재류 외국인에 대한 법권 전부를 우리가 거두어들이는 하나의 계제로 삼는다면 그 결과로 우리는 한편에서 정당한 상표의 보호자라는 이름을 얻고, 다른 한편으로 우리의 대한 경영상 백척간두의 상황에서 한발 나아갈 수 있는〉[45] 것으로 이어진다는 기대를 통감 이토 히로부미에게 표시했다. 게다가 하야시는 상표 보호 조약 체결에 따라 한국에서 미국의 영사 재판권 일부를 철폐하는 것이 장래 영사 재판권 회수를 향한 첫걸음이 된다는 점에 기대를 품고 외무성 고문 데니슨

42 위의 문서.
43 그러나 특수하게 미국은 지적 재산권 보호에 관한 다국 간 조약에는 참가하지 않고, 예를 들어 저작권 보호에 관하여 일정한 절차를 필요로 하는 방식을 취하면서, 두 국가 간 조약을 각국과 체결하여 저작권을 보호한다는 사정이 있었다. 1909년의 시점에 미국은 41개국과 양국 간 조약을 체결하고 있었다고 한다(半田正夫, 『著作權法槪論』, 一粒社, 1994, 제7판, 40쪽). 덧붙여 말하자면 일본은 조약 개정의 전제 조건으로 다국 간 조약에 가입하고(베르누 조약, 파리 조약 모두 1899년 가입), 미국과는 「日米間著作權保護ニ關スル條約」(1905년 11월 10일 서명 조인, 1906년 5월 11일 공포)을 별도로 체결했다.
44 1906년 8월 16일부 통감 이토 히로부미 앞으로 보낸 외상 하야시 다다스 전보(「日米條約一件」①).
45 위의 문서.

H. W. Denison과 협의를 거쳐 협약안을 작성했다.[46]

협약안의 내용은 일본의 상표법에 입각해 한국에서 효력이 있는 상표 조례를 한국에서 제정하고, 조약에 따라 상표권에 관한 영사 재판권을 포기하도록 만든다는 것이었다. 그 조례의 적용 범위는 갑―영사 재판권을 포기하고 이 상표 조례를 승인하는 국가의 국민(여기에서는 미국 국민), 을―재한 일본 국민에 대하여 ① 갑자 사이, ② 을자 사이, ③ 갑을 사이와 ④ 갑 또는 을자와 한국 국민 사이에 일어난 상표 사건이라고 규정했다. 더욱이 한국 정부에게 위와 동일한 조례를 발포하도록 하여 한국 국민 간의 계쟁 사건(係爭事件)에 적용시킨다는 내용이었다. 한국 정부에게 한국 법에 의한 조례를 공포시키는 것은 〈한국 정부로 하여금 한국 신민에게 관계되는 한에서는 자국의 법제에 따르도록 한다는 허명(虛名)에 기꺼이 복종하도록 만들기〉 위해서였다.[47] 이 협약안은 영사 재판권을 포기하고 한국에서 일본 법의 적용을 승인한 국가의 국민을 일본의 영사 관할권 아래에 둔다고 하였다. 요컨대 한국에서 일본의 영사 재판권을 재편하는 것이었다. 다만 여기에서 가령 〈허명〉이라고는 해도 한국 국민에 대한 적용은 한국 법에 따른다는 한국법주의가 존중되고 있다는 점에서 유의할 필요가 있다. 그 후 전개된 〈자치 육성〉 정책에 대응하는 방침이었기 때문이다. 따라서 이토도 〈한국 정부로 하여금 특히 조례를 발포하도록 하는 편이 좋겠다〉고 외무성안에 동의했다.[48]

오히려 한국 정부에서 동일한 상표 조례를 공포한 것은 설령 일본 법이 한국에 실시되었더라도 그것을 적용할 수 있는 것은 일본 국민뿐으로, 한국 국민과 제3국 국민에게는 효력이 미치지 않았기 때문이다.[49]

46 위의 문서.
47 위의 문서.
48 1906년 8월 31일부 외상 하야시 다다스 앞으로 보낸 통감 이토 히로부미 전보 機密統發 제13호(「日米條約一件」①).
49 1906년 10월 30일부 수상 사이온지 긴모치 앞으로 보낸 외상 하야시 다다스, 내상 하라

외무성은 10월 9일 「청국과 한국에서 제국과 미국 사이에 상표의 상호 보호를 약속하기로 한 건에 대한 각서」[50]를 주일 미국 대사에게 건네고 교섭을 실시했는데, 주일 미국 대사는 일본의 협약안에 동의를 표시하고 상표권에 관해 미국은 영사 재판권을 포기하라는 제안을 승낙했다. 게다가 상표권뿐만 아니라 특허권, 의장권이나 저작권이라는 지적 재산권에 대해서도 일본의 재판 관할권 아래에서의 보호를 요구했다.[51] 그 후 이 문제는 〈현재 한국의 정황에 비추어 볼 때 위의 미일 협약에 관련하는 한일 교섭은 그 시기를 얻지 못하였으므로 해당 협약의 상의 진행은 위의 내용을 포함하여 가급적 이를 원만하게 하는 것이 좋겠다〉[52]는 이토의 판단에 따라 일시 정체되었다. 이것은 한국 황제가 밀사를 파견했다는 정보를 손에 넣은 이토가 당시 정비되고 있던 제3차 한일 협약 체제하의 대한 정책과의 정합성을 고려했기 때문으로 보인다. 그러나 「런던 타임스」에 보도된 재청 일본인의 제 외국 상표 침해 사건을 접하고, 미국은 청국과 한국에서 공업 소유권과 저작권 보호 조약의 체결을 일본에 재차 압박했다.[53] 거기에서 외무성은 이토와 한국 정부의 교섭 결과에 따라서는 한국을 분리하고, 청국에서 공업 소유권과 저작권 상호 보호 조약을 미국과 체결하는 것을 서두르자는 구상을 보여 주었다.[54]

한편 한국에서 영사 재판권을 가진 것은 일본도 마찬가지였다. 따라서

다카시(原敬), 농상무상 마츠오카 야스코와(松岡康毅)의 請議(「日米條約一件」①).

50 1906년 10월 6일부 주일 미국 대사 앞으로 보낸 외상 하야시 다다스 각서(「日米條約一件」①).

51 1906년 10월 29일부 통감 이토 히로부미 앞으로 보낸 외상 하야시 다다스 보고(「日米條約一件」①).

52 1907년 6월 1일부 통감 이토 히로부미 앞으로 보낸 외상 하야시 다다스 기일 보고(「日米條約一件」①).

53 위의 문서.

54 1907년 6월 21일부 통감 이토 히로부미 앞으로 보낸 외상 하야시 다다스 전보 제113호(「日米條約一件」①).

재한 일본 국민의 상표권 등의 보호에 대해서도 역시 양자택일의 상황에 놓여 있었다. 거기에서 공업 소유권이나 저작권의 보호 사무를 한국으로부터 일본에 위탁하려는 움직임이 나타났다. 지적 소유권 보호의 각 담당 대신[내무대신 하라 다카시(原敬), 농상무대신 마쓰오카 야스코와(松岡康毅)]과 하야시가 연명으로 〈한국에는 지금 공업 소유권 보호의 법제가 아직 존재하지 않으므로 한국과 앞서 기술한 제반 권리의 상호 보호를 약속할 수 없습니다. 또 가령 한국으로 하여금 새로이 이에 관한 법규를 제정하도록 하더라도 한국의 재판 제도가 완전히 개선되지 않은 현재로서는 그 집행에 관한 재판권은 제국 정부에서 행사하는 것이 필요하다고 사료됩니다. …… 이때 앞서 기술한 네 가지[특허, 의장, 상표, 저작] 권리를 일제히 보호하는 것이 가장 시의에 적합하다고 봅니다〉[55]라고 내각 총리대신 사이온지 긴모치에게 청원하고, 전 7조로 된 상호 보호 조약의 체결을 주청했다. 이것은 일본 상공업계의 요청에 기초한 것이기도 했다.[56] 결국 이 초안 자체는 〈한일 간에 어떤 식으로든 협약이 체결될 경우 한국 정부로 하여금 한국이 지금도 여전히 국제 조약을 체결할 권리가 있다는 등의 감상을 품게 할 우려가 있다〉[57]는 이토의 반대로 빛을 보지 못했다. 이토는 한국이 아직 조약 체결권을 가지고 있다고 각국에 접수되어 있을지도 모른다는 점을 우려하고 있었다.

그 후 정체되어 있던 미일 교섭은 1907년 말부터 다시 진전되어, 1908년 5월 19일 워싱턴에서 주미 대사 다카히라 고고로(高平小五郎)와 미국 국무

---

55 1907년 3월 2일부 수상 사이온지 긴모치 앞으로 보낸 외상 하야시 다다스, 내상 하라 다카시, 농상무상 마쓰오카 야스코와 機密送 제26호(「日米條約一件」①).
56 1907년 6월 12일부 외상 하야시 다다스 앞으로 보낸 공업 소유권 보호 협회 회장 기요우라 게이고(清浦奎吾) 건의서(「日米條約一件」①).
57 1907년 7월 10일부 외상 하야시 다다스 앞으로 보낸 통감 이토 히로부미 전보 제59호(「日米條約一件」①).

차관 베이컨Robert Bacon 사이에 「한국에서 발명, 의장, 상표와 저작권의 보호에 관한 미일 조약」(이하 「미일 조약」이라고 줄여서 표기)과 「청국에서 발명, 의장, 상표와 저작권의 상호 보호에 관한 미일 조약」 등 두 가지 조약이 조인되었다. 그때 미국 국무성은 조약 전문에 〈일본국 황제 폐하가 다음의 《또한 한국 황제의 이름으로also in the name of the Emperor of Korea》라는 한 구절을 삽입하도록 한다〉는 문구의 삽입을 요구했다. 그러나 다카히라는 이러한 제의를 〈제국 정부가 한국을 위해 조약을 비준하는 경우 비준서 문구 가운데 이러한 종류의 문구를 하등 삽입하지 않았던 전례에 반한다〉고 하여 거절했다. 결국 제2차 「한일 협약」에 따라 위탁된 권한으로 한국을 대신하여 일본 정부가 체결한다는 취지의 공문을 교환하는 것으로 결론이 났다.[58] 미국 측은 두 개의 조약 조인 후인 21일 대통령 루스벨트T. Roosevelt의 비준 요구에 응하여 미국 상원(원로원)이 승인했다.[59]

일본은 관련 법규의 제정에 시일이 걸려 7월 30일 추밀원의 자순을 받아 같은 날 재가, 8월 6일에 비준서를 교환했다. 「한국에서 발명, 의장, 상표와 저작권의 보호에 관한 조약」과 「청국에서 발명, 의장, 상표와 저작권의 상호 보호에 관한 일미 조약」은 「한국 특허령」, 「한국 의장령」, 「한국 상표령」, 「한국 상호령」, 「한국 저작권령」, 「관동주와 제국이 치외법권을 행사할 것을 획득한 외국에서 특허권, 의장권, 상표권과 저작권의 보호에 관한 건」, 「통감부 특허국 관제」(칙령 제196~202호) 등의 관련 법령과 동시에 8월 13일 공포, 같은 달 16일 시행되었다. 한국에 관한 「미일 조약」 관련 법령은 예를 들어 「한국 특허령」에서는 제1조에 「특허법」에 따라 특허에 관한 절차를 규정

---

58 1908년 5월 23일부 통감 이토 히로부미 앞으로 보낸 외상 하야시 다다스 전보 機密送 제23호(「日米條約一件」 ②); 1908년 5월 20일부 외상 하야시 다다스 앞으로 보낸 다카히라 주미 대사 전보 No.84(「日米條約一件」 ②).

59 1908년 5월 23일부 통감 이토 히로부미 앞으로 보낸 외상 하야시 다다스 전보 機密送 제23호(「日米條約一件」 ②).

하는 〈법률의 의용(依用)〉⁶⁰ 형식을 취하고 있다. 이것은 청국에 관한 칙령이 일본의 법률을 청국(〈제국이 치외법권을 행사할 수 있는 외국〉)에서 시행한다는 취지만을 정해 둔 것과 비교해 보면 복잡한 절차로 되어 있었다. 이것은 하야시 다다스에 따르면 한국 내에서 재판을 처리한다는「미일 조약」제2조의 규정도 있어서 특허국의 심의를 일본의 대심원으로 가지고 가지 않으려는 조치였고, 일본 국내의 법률을 개편하여 칙령으로 제정할 필요가 있었기 때문이다.⁶¹ 그러나 이러한 법령이 칙령이란 형식으로 제정되었다는 점에 유의해야 한다. 애초부터 법 형식적으로는「대일본제국 헌법」에 기초해 일본 국민의 권리에 관련된 지적 소유권의 보호는 법률로 규정해야 했고, 또 특허법 등의 법률을 칙령에 따라 개편하는 것으로도 연결되기 때문에, 법률 우선의 원칙에 반하게 될지도 모르는 일이었기 때문이다. 일본 정부는 한국이 제국 영토 바깥의 사항에 속한다고 하여 위헌으로 내용이 의심스럽다는 점(違憲疑義)에 대해서는 부정했다.⁶² 그러나 한국에서「미일 조약」시행 법규는 긴급 칙령이 아니라 일반 칙령으로 재한 일본인의 권리 내용에 대해서 규정했다는 점에서 재한 일본인의 사법 사무를 규정한 1906년 법률 56호와 비교해 보면 법 형식적으로는 간략해졌다.

---

60 中村哲,「植民地法」(鵜飼信成 外編,『講座 日本近代法發達史』5, 勁草書房, 1958), 198~200쪽. 의용(依用)이란 하나의 법이 다른 내용을 차용하는 것을 말하며, 특히 한국 병합 후 조선에서 시행된「조선 민사령」을 의용 민법이라고 불렀다는 점은 잘 알려져 있다. 이것은 〈내지〉의 민법 내용이 제령(制令)인「조선 민사령」에 기초해 조선에서 시행된 것이며, 민법이 규정하는 내용의 근거 법은 조선에서는 민법이 아니라「조선 민사령」이었다. 본 사례에서도 그 근거 법은「특허법」이 아니라「한국 특허령」이며,「특허법」가운데 대심원을 통감부 법무원으로 바꾸어 두는 등의 조치가 취해졌다.

61 『駐韓日本公使館記錄』32, 401쪽;『統監府文書』5, 392쪽.

62 1908년 5월 25일부 수상 사이온지 긴모치 앞으로 보낸 외상 하야시 다다스 전보 機密送 제78호(「日米條約一件」③).

미일 조약의 체결과 적용 법 문제

여기에서「한국에서 발명, 의장, 상표와 저작권의 보호에 관한 미일 조약」의 제1조, 제2조를 거론해 보면 다음과 같다.[63]

  제1조 일본국 정부는 발명, 의장, 상표와 저작권에 관하여 일본국에서 실시하는 것과 동일한 법령이 본 조약의 실시와 동시에 한국에서 실시하도록 할 것.
  위 법령은 한국에서 미국 인민에 대해서도 일본국 신민과 한국 신민에 대한 것과 동일하게 적용하도록 한다. [후략]
  제2조 미국 정부는 미국 인민이 한국 내에서 보호를 받아야 할 특허 발명, 등록 의장, 등록 상표 또는 저작권을 침해하는 것이 있을 경우에 상기의 미국 인민이 본건에 관하여 한국에서 일본국 재판소의 재판 관할권에 전속할 것을 약속하며, 합중국의 치외법권은 이 사항에 관하여 포기하도록 한다.

「미일 조약」제2조에서 재한 미국 국민의 공업 소유권과 저작권 보호는 한국에서 일본국 재판소, 즉 통감부 법무원 등의 재판 관할권에 전속한다는 점이 규정되었다. 그러나 제1조에 게재된 한국에서 실시되는 법령을 어떠한 법규에 따라 제정할 것인가라는 문제에 대하여 조약은 명확하게 하고 있지 않다. 재한 일본재판소에 의한 미국 국민의 공업 소유권과 저작권 보호는「미일 조약」이 정의한 바였지만 그 권리를 보장하는 법규를 구체적으로 일본 법으로 할지, 아니면 한국 법으로 할지에 대해서는 일본의 재량 범위로 되어 있었다. 권리 보장을 어떠한 법규로 실시할 것인지의 문제는「미일 조약」의 실시뿐만 아니라, 이후 영사 재판권 철폐의 방침을 좌우할지도 모르

63「官報」1908년 8월 13일부.

는 것이었다. 외상 하야시 다다스가 통감 이토 히로부미에게 보여 준 것처럼 〈한국에 관한 미일 신조약 제1조에서 말하는 한국에서 실시하는 것으로 해야 할 여러 법령을 일본국 법으로 정할지, 장차 한국 법으로 제정할 것인지는 본 조약 실시상 선결 문제일 뿐만 아니라 한국에서 여러 외국의 치외법권 문제의 앞날에도 중대한 관계가 있다〉[64]는 것이었기 때문이다. 「미일 조약」 시행 법규의 법 형식을 둘러싸고 일본은 종래대로 한국법주의에 의한 영사 재판권 철폐 정책을 유지할지, 아니면 방침을 전환할지의 기로에 서게 되었다.

여기에서 상정 가능한 일본이 취할 수 있는 방침은 다음 세 가지이다. 즉, ① 한·미·일 삼국민에게 한국 법을 적용(한국법주의), ② 일본 법을 적용(일본법주의), ③ 미일 양 국민에게는 일본 법, 한국 국민에게는 한국 법을 적용.

①은 데니슨과 부통감 소네 아라스케가 적극적으로 주장했다. 데니슨의 주장은 다음과 같다.[65]

[미일] 조약 제1조의 시행 법령을 일본 국법으로 정하는 것은 재한 미일 양 국민과 한국 신민으로 하여금 일률적으로 일본 국법 아래에 복종시키는 것이므로 한국이 체면상 좋아하지 않을 뿐만 아니라, 머지않아 여러 외국 정부와 교섭을 개시해야 하는 한국 내지 부동산 문제에 대하여 일본인, 외국인이라고 하더라도 모두 한국인과 마찬가지로 한국 법에 복종해야 함을 협정하도록 한다는 사상과 완전히 배치되므로, 본 조약의 시행에 대해서도 한국 법으로 위의 시행 법령을 제정할 필요가 있다.

64 1908년 6월 9일부 통감 이토 히로부미 앞으로 보낸 외상 하야시 다다스 전보 제93호(「日米條約一件」③).
65 위의 문서.

데니슨은 〈일본인, 외국인이라고 하더라도 모두 한국인과 마찬가지로 한국 법에 복종해야 함을 협정하도록 한다〉는 제3차 한일 협약 체제하의 사법 정책과의 정합성을 유지하기 위해서라도 한국 법으로 여러 권리를 보호하는 법령을 제정할 것을 주장했다. 사료 안의 〈한국 내지 부동산 문제〉란 것은 당시 현안이었던, 외국인의 한국 내 토지 소유권을 어떠한 형식으로 취급할 것인가 하는 문제이다. 통감부는 「토지 가옥 증명 규칙」(1906년 칙령 제65호) 등에 따라 토지 소유권에 관한 증명 제도를 실시했지만, 이 규칙에 따라 〈한국인 사이의 토지 건물 소유권의 이동은 한국 관헌의 증명을 받도록 하여 당사자의 일방이 외국인이 될 때에는 이에 더하여 우리 이사청의 조사와 증명만으로 충분한 것〉[66]이 되었다. 이로 인해 거류지와 거류지로부터 10리 이내에 종래 한정되어 있던 외국인의 토지 소유 제한이 폐지되었고, 이제까지 불법적으로 진행되어 온 일본인을 비롯한 외국인의 토지 소유가 합법화되었다.[67] 이 규칙은 재한 일본인의 토지 소유를 합법화해 그것을 법적으로 보호하려는 일본의 의도에서 제정된 것인데,[68] 동시에 일본인 이외의 재한 외국인에게도 그 규정이 적용되었다.

이토는 이 규칙의 제정 이전에 외국인에 대한 토지 소유를 묵인하고 있는 현재 상황에서 치외법권을 회수하는 것보다 〈나아가 외국인에 대하여 공공연히 토지 소유권을 허여(許與)할 수밖에 없다. 단지 이것을 허가하는 이상, 토지에 관해서는 치외법권을 철회하고, 외국인이더라도 한국의 국법 아래에서 이를 소유하도록 해야 한다〉고 말했다.[69] 즉 외국인에 의한 토지 소유가 기정 사실화된 이상 외국인의 토지 소유권을 적극적으로 인정하고, 그 대신 그 소유권을 한국 법에 따라 규정해야 한다고 보았던 것이다. 그러나 일은

66 友邦協會 編, 『朝鮮における司法制度近代化の足跡』(友邦協會, 1966), 14쪽.
67 宮嶋博史, 『朝鮮土地調査事業史の硏究』(東京大學東洋文化硏究所, 1991), 368~369쪽.
68 위의 책, 370쪽.
69 金正明 編, 『日韓外交資料集成』 6-上(巖南堂書店, 1964), 326~327쪽.

생각대로 진행되지 않았고, 실제로는 외국인에 의한 거류지 바깥의 토지 소유만이 해당되었으며 이것을 한국 법규에 따라 통제할 수 없었다. 그렇기 때문에 이 문제에 대하여 이토는 〈한국 내지에 거주하는 외국인으로 하여금 내국인[조선인]과 마찬가지로 부동산에 대한 과세, 기타의 공적 과세는 물론, 농상공업에 관한 과세와 단속 규정을 준수하도록 하기 위해서 의정서 혹은 취급서를 체결해 둘 필요〉가 있다고 하여 한국의 조약 체결국과의 교섭을 실시하도록 외무성에 의뢰했다.[70] 외교 교섭을 통해 한국 법으로 외국인의 한국 토지 소유권을 인정하는 대신 납세 등의 의무를 요구하도록 한 것이다. 소네의 견해도 데니슨과 마찬가지였고, 〈정략상〉 한국 법에 따라 특허국 등의 기관을 한국 정부에 설치해야 한다는 주장이었다.[71]

②는 일본 법의 형식으로 시행하는 것이고, 하야시 다다스에 따르면 내각이나 추밀원에서 주장했다.[72] 그 구체적인 주장은 사료를 통해 확인할 수 없지만 일본의 영사 재판권 철폐에 대한 반대가 커다란 이유였다고 생각한다. 즉 재한 일본인에게 한국 법을 적용하는 것에 대한 저항감에 따른 것이었다.

③은 일본의 영사 재판권 재편이라고도 할 수 있는 것으로, 재한 미일 양 국민에게는 일본 법, 한국 국민에게는 한국 법을 각각 적용한다는 이원적 법 적용론이다. 〈미일 양국인에게는 특허, 의장, 상표와 저작권에 관한 법규를 제국 칙령으로 정한 것을 적용하고, 또 이것을 한국인에게 적용하기 위해서는 한국 정부의 칙령으로 한국인이 위의 법규를 준수하도록 한다는 취지를 공포한다〉[73]는 내용이며, 한국 국민에게는 한국 칙령에 따라 일본 법에 복종

---

70 1907년 7월 1일부 외상 하야시 다다스 앞으로 보낸 통감 이토 히로부미 전보 機密統發 제73호(「韓國ニ於ケル列國人ノ內地住居並不動産所有者ニ對スル課稅及取締ニ關シ條約國ト協定一件」, 外務省 外交史料館 所藏「外務省記錄」2·6·2·9).

71 『駐韓日本公使館記錄』 32, 391쪽; 『統監府文書』 5, 387쪽.

72 1908년 6월 15일부 통감 이토 히로부미 앞으로 보낸 외상 하야시 다다스 전보 제97호(「日米條約一件」③).

73 위의 문서.

하게 만든다는 취지를 규정한 것이다. 앞서 기술한 1906년에 외무성이 작성한 협약안은 이러한 ③에 해당한다. 일본 국민에게 한국 법을 적용하는 것이 절차상 어렵다는 판단에서 일본법주의의 채용으로 기울었던 외무성에 대해 일본법주의로의 방침 전환에 강력하게 반대한 소네는 〈만약 부득이하게 일본 법을 재한국 미일 양국인에게 적용하더라도 한국인에 대해서는 한국 정부로 하여금 별도로 한국 법률 또는 칙령으로 동일한 규정을 만들도록 할〉[74] 것을 건의하고, 한국 국민에게 일본 법을 적용하는 것은 최후까지 반대했다. ③은 가령 그 내용이 일본 법과 동일하더라도 준수 근거를 한국 법에 두기 때문에 한국 국민에 대한 적용이라는 면에서는 ①과 공통적이었고, 일본 법을 적용한다는 ②와는 대립하기 때문이다. 오히려 한·미·일 삼국민이 동일한 법령에 복종시켜야만 했던 이유가 논리적으로는 영사 재판권이 존재하는 이상 〈양자택일〉의 상황이 창출되었기 때문이라는 점은 앞에서 기술했다. 그러나 구체적으로는 예를 들어 한국 국민을 이용하여 일본 국민이 상표권 등을 침해할지도 모른다는 우려를 당국자가 누설하고 있었다.[75]

이러한 의견 대립에 최종적으로 결론을 내린 것은 이토의 판단이었다. 이토는 〈일본의 법령을 그대로 한·미·일 세 나라 국민에게 동등하게 적용하는 것이 타당하다고 인정하며, ……일본 법령을 전부 그대로 한국에 실시할 방침〉[76]으로 법령을 준비하도록 하야시에게 지시했다. 이 시점에서 이토는 ①의 한국법주의를 포기하고 ②의 일본법주의를 선택하였다. 그렇다면 이토가 한국법주의를 포기한 이유는 무엇이었을까? 그것은 이토가 6월 22일

74 『駐韓日本公使館記錄』32, 398쪽;『統監府文書』5, 390쪽.
75 「統監府ニ於テ施行又ハ計畵シタル主要事務ノ槪要調書」(外務省 外交史料館 所藏 『外務省記錄』1·1·2·55).
76 1908년 6월 30일부 외상 하야시 다다스 앞으로 보낸 통감 이토 히로부미 전보 제91호(「日米條約一件」③).

부로 한국 정부에 조회한 문서에서 명확하게 나타난다.[77] 이토가 한국 정부에게 한 주장의 요점은 한국 재판소의 정비가 미비하다는 것이었다. 한국 재판소에서도 〈문명국 인민〉을 재판할 수 있도록 사법 개혁을 진행해 왔지만, 여전히 그 수준에 도달하지 않았다는 점을 구실로 하여 한국법주의를 포기한 것이다. 또 법 이론적으로 미일 조약에 의한 재판 관할권이 일본에 있는 이상 한국법주의를 취할 수는 없다고도 설명했다.[78]

〈문명〉의 이름을 빌려 피침략국에 각종 요구를 들이민 것은 제국주의적 침략자의 상투적 수법인데, 이토의 한국 정부에 대한 이 요구는 동시에 자신의 한국법주의에 의한 한국 사법 제도 개혁 구상의 포기까지도 의미했다. 결국 이토는 한국의 사법 제도 개혁보다 일부분이기는 해도 영사 재판권 철폐를 우선시한 것이다. 이토가 말하는 〈문명〉적 시정의 본질을 단적으로 보여 준다고 할 수 있다. 이토로서도 한국에서 일본의 배타적 독점권 보유가 가장 중요한 과제였고, 이토의 대한 정책은 여기에 저촉되지 않는 한에서의 한국 〈자치〉 육성책이었다. 게다가 그러한 대한 정책은 어디까지나 제국주의 체제의 국제 협조 틀을 유지하는 것으로 설정되었다.

그런데 「미일 조약」은 형식적으로는 제2차 「한일 협약」으로 위탁된 한국 외교권을 외무성이 행사한 것이다. 그렇다면 위탁된 외교권을 외무성이 행사할 때 한국 정부와 교섭할 필요는 없었는가? 하야시는 미국과 교섭을 진행할 때 이 문제에 대해서 누차 이토의 판단을 요청했다. 그렇지만 이토는 한국의 외교권을 외무성이 행사할 때마다 한국 정부와 협의한다는 선례를 만들면 일본의 외교 정책에 장해가 되므로 일방적인 통고로 충분하다고 하

---

77 1908년 6월 30일부 외상 하야시 다다스 앞으로 보낸 통감 이토 히로부미 전보 제92호[機密銃發 제745호](「日米條約一件」③).
78 1908년 6월 10일부 외상 하야시 다다스 앞으로 보낸 통감 이토 히로부미 전보 제66호(「日米條約一件」③).

야시에게 회답했다.[79] 결국 「미일 조약」의 체결 문제에 대하여 이토가 한국 정부와 교섭을 실시한 것은 관견하는 한에서는 1907년 6월의 제19회 한국 대신 협의회에서의 설명과, 조약 체결 후 정식으로 한국 정부에 조회서를 보낸 다음에 실시된 1908년 6월의 제43회 협의회에서의 설명 두 차례뿐이었다.[80]

그러나 「미일 조약」의 시행법이 일본 법에 의한 것이었다고 한다면 한국 국민에게 일본 법을 적용할 근거는 도대체 어디에 있는가란 문제가 발생한다. 〈(제2차) 한일 협약의 조약문에 따르면 한국민을 일본의 법령에 따라 구속하는 것은 정면에서 이를 주장할 수 없다〉[81]고 한 것처럼 조약상으로는 한국 국민에게 일본 법을 적용할 근거가 존재하지 않았기 때문이다. 따라서 「미일 조약」 등이 공포될 때 일본에서는 일본의 칙령을 한국 국민에게도 적용해야 하기 때문에 가까운 시일 안에 양국 정부로부터 일본의 법령에 한국 국민이 복종한다는 것을 규정한 조약을 공포한다는 억측도 떠돌았다.[82] 또 저작권 등에 관한 한일 위탁 조약 체결의 준비가 일본 정부 내에서 진행되고 있었다는 점은 앞서 기술한 대로이다. 그러나 이토는 그러한 조약을 체결하는 방책을 취하지 않았다. 이토는 「미일 조약」을 조회할 때 한국 정부에 〈위 법령 전부를 따라서 통첩해야 하는 것에 대하여 한국인도 인정하여 이를 준수할 의무가 있다고 고시했으면 한다〉[83]고 요구한 점, 즉 저작권령

---

79 1907년 6월 22일부 외상 하야시 다다스 앞으로 보낸 통감 이토 히로부미 전보 제53호(「日米條約一件」 ①).
80 그러나 모리야마 시게노리가 통감 이토 히로부미의 〈자치 육성〉 정책 아래에서 사법 정책의 성격을 규정한 사료는 이토가 일본법주의의 채용을 한국 정부에 설명한 제43회 시정 개선 협의회 석상의 발언이었고(森山茂德, 『近代日韓關係史硏究』, 東京大學出版會, 1987, 215쪽), 여기에서의 검증을 아울러 생각해 보면 이토의 사법 제도 정비 구상을 평가하는 선상에서 적절하다고 말하기는 어렵다.
81 『樞密院會議議事錄』 12, 153쪽.
82 「東京朝日新聞」 1908년 8월 24일부.
83 1908년 6월 30일부 외상 하야시 다다스 앞으로 보낸 통감 이토 히로부미 전보 제92호[機密統發 제745호](「日米條約一件」 ③).

등 일본의 법령을 한국 국민이 〈준수〉하도록 한국 정부가 〈고시〉한다는 방책에 따라 한국 국민에 대한 일본 법 적용이라는 문제의 해결을 꾀한 것이다. 이러한 조치에 따라 〈[제2차] 한일 협약으로부터 한발 더 나아가 한국에서 한국민까지도 일본의 법령에 복종하도록 하는〉[84] 상황이 출현했다. 따라서 이러한 〈고시〉 방식에 따라 한국 국민에게 일본 법을 적용할 길이 열렸다. 1908년 이후 한국 정부의 고시에 따라 한국 국민에게 적용된 일본의 법령은 3백 개 이상이었는데[85] 한국 국민에 대한 일본 법의 적용이라는 의미에서도 「미일 조약」 시행법 문제의 귀결은 한국 보호 정책의 커다란 전기가 되었다.

통감부에 의한 사법 정책의 전환

1909년 7월 12일 일본은 한국과 「한국의 사법과 감옥 사무 위탁에 관한 각서」(이하 사법 각서라고 줄여서 표기)를 체결하여 사법권을 일본에 〈위탁〉했다. 이 각서에 따라 한국에서 재판 관할권은 새로이 설치된 통감부 재판소로 귀속되었다. 제3차 한일 협약 체제하에서 통감부의 한국 사법 제도 개혁은 일본의 지도하에서 사법과 입법 사무에 대하여 한국 정부에게 일정한 독자성을 부여하면서 사법 제도를 개혁한다는 것이었는데, 사법 각서로 한국 사법권을 박탈하고 일본의 재판 관할권 아래에 두게 되었다. 이것은 일본 법을 본위로 하는 사법 제도를 채용한 것으로 한국에서 여러 열강의 영사 재판권을 철폐하려 한 것이었으며, 사법 각서를 계기로 통감부의 한국 사법 정책은 한국법주의로부터 일본법주의로 완전히 전환되었다.

그러나 통감부의 사법 정책 전환은 앞서 기술했듯이 이미 한국에서 영사

---

84 『樞密院會議議事錄』 12, 153쪽.
85 鄭肯植, 『統監府法令 體系分析』(韓國法制硏究院, 1995), 71쪽.

재판권을 둘러싼 미일 교섭의 과정에서 이루어졌다. 그렇다면 「미일 조약」은 통감부의 사법 제도 개혁을 일본법주의로 전환시키는 선상에서 어떻게 기여했는가? 다음에서는 사법 각서의 체결 과정을 검증하고, 「미일 조약」의 귀결이 사법 제도를 어떻게 전환시켰는지 살펴본다.

「한국의 사법과 감옥 사무 위탁에 관한 각서」의 체결

1909년 6월 통감직에서 사임한 이토 히로부미는 사무 인계를 위해서 한국에 건너왔다. 그때 이토는 7월 3일 한국 사법 사무와 감옥 사무를 일본 정부에 위탁한다는 취지의 의견서와 사법 각서 조약안을 내각 총리대신 가쓰라 다로 앞으로 송부했다.[86] 이 의견서와 조약안은 7월 6일 각의 결정을 거쳐 재가를 받았다.[87] 7월 5일 서울에 도착한 이토는 다음 날인 6일에 한국 황제 순종과 태황제 고종을 알현했다.[88] 다시 10일에도 입궐한 이토는 〈한국 장래의 정치상 시설〉에 대해서는 한국 총리대신 이완용에게 상세하게 설명했음을 황제에게 아뢰었다.[89] 그리고 이날 밤 통감 관저에서 이토, 신임 통감 소네 아라스케와 수상 이완용, 내부대신 박제순 사이에 사법 각서 체결에 관한 예비 교섭이 실시되었다. 다음 날 통감 관저에서 실시된 각의에서 법부대신 고영희와 학부대신 이재곤으로부터 반대 의견이 나왔지만, 최종적으로

---

[86] 『伊藤博文傳』에는 각의 결정 「한국 병합에 관한 건」을 접수하고, 이토가 일본 정부의 속내를 담은 사법 각서를 체결하도록 한 것처럼 되어 있는데(春畝公追頌會 編, 『伊藤博文傳』下, 統正社, 1940, 847쪽), 실제로는 본문에 있는 것처럼 이토의 의견서를 받은 일본 정부가 그것을 추인했다. 다만 사전에 이토·가쓰라·고무라 사이에 사전 협의가 이루어졌을 가능성을 부정하지는 않는다.

[87] 『日本外交文書』 42-1, 179쪽.

[88] 『伊藤博文傳』下, 846쪽. 그런데 『日本外交文書』에 따르면 이토는 7월 3일에 한국 황제를 알현하게 되었다(『日本外交文書』 42-1, 180쪽)고 나오는데, 이는 오류이다. 7월 2일 밤 시모노세키에 도착한 이토는 3일에 여기서 위의 의견서를 가쓰라에게 송부했다.

[89] 『日本外交文書』 42-1, 182쪽.

제1조에 〈한국의 사법과 감옥 사무가 완비되었음을 인정할 때까지〉라는 단서를 단 수정 의견을 삽입해 황제에게 상주했다. 그리고 필요한 조치를 취해 이 각서를 체결한다는 취지의 칙명을 얻고, 다음 날인 12일 통감 소네 아라스케와 한국 내각 총리대신 이완용의 서명으로 체결되었다.[90] 그 조약의 형식은 〈장래를 걱정하여 각서의 형식을 취한다〉[91]고 했다. 이 각서의 내용은 한국 사법·감옥 사무의 일본 위탁(제1조), 재한국 일본 재판소 판·검사에 한국인과 일본인의 임용(제2조), 한국 국민에 대한 한국 법의 원칙적 적용(제3조), 사법 경찰 사무에 관한 재한 일본 재판소의 지휘 명령권(제4조), 사법과 감옥 사업 경비에 대한 일본의 부담(제5조)이었다.[92] 이러한 내용은 구체적으로는 후술할 「통감부 재판소령」을 비롯한 일련의 법적 조치에 따라 실시되었다.

그렇다면 왜 이 시점에서 일본은 한국 사법·감옥 사무를 위탁하도록 만들었는가? 이제까지 서술한 것처럼 통감부의 사법 정책은 한국에서 열강의 영사 재판권 철폐를 강하게 의식하고 있었다. 따라서 사법 각서에 의한 한국 사법 사무의 위탁과 마찬가지로 영사 재판권의 철폐를 의도했음은 의심할 여지가 없다. 그러나 모리야마 시게노리가 말한 것처럼 〈병합을 한다면 조선에는 일본의 법률이 적용되며, 게다가 구미 열강과의 관계는 일본과의 관계와 다르지 않게 되어 치외법권은 동시에 소멸될 터였다〉[93]고 한다면 사법 각서를 1909년 단계에서 체결한 의미는 명료해지지 않는다. 모리야마의 지적에 따르면 이전의 사법 사무 위탁 절차를 취하지 않더라도 한국의 병합에 따라 자동적으로 한국 사법권은 일본에 편입되기 때문이다. 즉 한국의 병합

---

90 朝鮮總督府 編, 『朝鮮の保護及併合』(朝鮮總督府, 1918), 251~252쪽.
91 1909년 7월 13일부 외상 고무라 주타로 앞으로 보낸 통감 소네 아라스케 전보 제52호(「韓國併合ニ關スル書類」, 國立公文書館 2A-1-(別)139).
92 『日本外交文書』42-1, 182쪽.
93 森山茂德, 『近代日韓關係史研究』(東京大學出版會, 1987), 218쪽.

과는 별도로 이 단계에서 한국 사법권을 일본에 위탁해야만 하는 사정이 있었으므로, 그 논리를 검토할 필요성은 여전히 남아 있다. 그렇다면 다음으로 사법 각서 체결을 주도한 이토의 사법권 위탁에 관한 인식을 명확하게 밝혀 보도록 한다.

앞서 기술한 대로 이토는 7월 3일 도한하는 도중 시모노세키에서 가쓰라 다로에게 의견서를 송부했다. 4월 10일에 가쓰라 및 고무라 주타로와의 회담에서 이토는 이미 한국 병합 방침을 승인한 바 있지만, 가쓰라 앞으로 보낸 의견서의 전문에는 병합 방침 승인 후 이토의 대한 정책 방침이 단적으로 드러나고 있다.[94] 이 단계에서 이토의 대한 정책 구상은 한국 보호국화를 한층 더 추진하기 위해서 일본이 한국에 〈상당한 보조〉를 하고, 〈저들이 해야만 할 사항〉을 일본에 〈위탁〉시켜 그것을 일본이 직접 실시한다는 것이었다. 한국의 주권을 하나씩 박탈하면서도 어디까지나 〈부식(扶植) 유발의 방법을 강구할〉 것을 기도한 이토의 대한 보호 정책 방침이 이 의견서에 드러나고 있다. 즉 사법 사무 위탁을 둘러싸고 이토에게 병합 방침과 보호 정책의 추진은 여전히 모순되지 않았다. 그리고 〈유익하다고 인정하는 사항〉으로서 가장 우선시한 것이 한국 사법 사무와 감옥 사무를 일본에 〈위탁〉하는 것이었다. 그렇다면 어째서 사법 사무와 감옥 사무의 위탁을 우선시했을까?

이 의견서 안에서 이토는 사법 사무 위탁의 필요성에 대해 대략 다음과 같이 설명했다.[95] 사법 사무를 위탁하는 최대의 목적은 〈조약 개정〉, 즉 한국에서 여러 열강의 영사 재판권을 철폐하는 것이다. 철저한 보호 정책을 위해서는 영사 재판권의 철폐가 반드시 필요했고, 종래의 시책도 그 목적에 합치해

---

94 『日本外交文書』 42-1, 178쪽. 다만 이것은 사전에 가쓰라와 고무라의 승인을 얻은 것이라고 생각한다. 이토는 사법권의 위탁과 더불어 군부의 폐지를 제안했다(『日本外交文書』 42-1, 179쪽).

95 위의 문서.

야만 했다. 그러나 한국의 법 제도 정비가 완료되기를 기다리고 있었기 때문에 영사 재판권의 철폐를 꾀하는 것은 〈형세의 추이에 따라 끝내 그 목적을 달성하지 못하게 될지 아직 알 수〉 없는 일이었다. 그 때문에 이때 일본 정부에 사법 사무를 위탁해 영사 재판권을 철폐하는 〈조약 개정〉을 향한 준비를 해야 한다고 주장한 것이다. 감옥 사무의 위탁 이유에 대해서도 마찬가지였다.[96] 게다가 이토는 재정적 측면에서도 사법 사무 위탁을 정당화했다. 1907년부터 6년(실제로는 5년 반) 동안 1,960여 만 엔을 무이자·무기한으로 일본 정부가 한국 정부에 이미 대부했는데, 이것은 실질적으로 교부금이었다. 더욱이 이러한 대부금이 만기를 맞이하더라도 도저히 보조금을 완전히 폐지할 수 없기 때문에 오히려 사법 각서에 따라 일본 정부에 사법·감옥 사무를 위탁할 때 그 경비까지도 일본 정부가 부담하기로 했고, 〈한국에 있는 재판소를 명실공히 일본 재판소로 하는 것과 같지는 않다〉고 규정했다.[97] 즉 조속한 영사 재판권 철폐와 한국 정부의 경비 절감을 위해서 사법 사무와 감옥 사무를 일본에 위탁한다는 것이다.

그리고 이토는 수상 이완용 등과의 예비 교섭에서 영사 재판권을 철폐하기 위해서 한국 사법 제도의 정비가 급무임을 주장하면서, 일본에 한국 사법권을 위탁하도록 다음과 같이 요구했다.[98]

한국의 현재 재판은 도저히 현행 조약을 개정하여 조약 체결국의 국민을 복종하도록 만들 수 없을 것 같다. 이를 일본에 위탁하고, 경비 또한 모두 일본의 부담으로 하면 한편으로 조약 개정의 준비를 완성함과 동시에, 다른 한편으로는 재정상의 여유가 생겨 식산흥업의 발달에 밑천으로 삼

---

96 위의 문서.
97 위의 문서.
98 『朝鮮の保護及併合』, 251~252쪽.

을 수 있을 것이다. ……지난번의 상표 저작권과 같이 이미 미국정부는 일본의 재판이 아니라면 치외법권의 철회를 승낙하겠는가? 게다가 최근 우리 나라 인민의 한국 내왕은 나날이 그 수가 증가하고 있다. 이를 역시 한국인과 동일한 재판에 복속시켜야 할 필요가 있다. 그러므로 사법 감옥 사무의 위탁은 도저히 움직일 수 없는 확정의 논의로, 또한 현재 한국 재판은 그 실제가 다수의 일본인을 판관으로 하여 시행되고 있는 것을 장래에 명실공히 이를 일본에 위임하는 데 지나지 않는다.

이토는 현재 한국 사법 제도로는 영사 재판권을 철폐할 수 없으므로 그 준비를 위해서 사법 사무를 일본에 위탁하도록 하고, 일본의 직접 관할하에 〈조약 개정의 준비를 완성한다〉는 것으로 규정했다. 이토의 설명을 통해서 명확해진 것처럼 일본에 한국 사법권을 위탁하는 것은 가까운 장래의 영사 재판권 철폐를 가능하게 한다고 여기고 있었다. 그리고 이토가 사법 각서의 체결을 합리화하기 위해서 거론한 것은 〈조약 개정〉의 선행 사례로서 「미일 조약」, 즉 앞에서 다룬 「한국에서 발명, 의장, 상표와 저작권의 보호에 관한 미일 조약」이었다. 이토는 「미일 조약」의 사례에 입각해 한국에서 일본의 재판 관할권 아래가 아니라면 영사 재판권 철폐에 각국이 동의하지 않을 것이라고 이완용 등에게 설명했다. 일본의 재판 관할관에 따라 미국이 영사 재판권의 일부 철폐에 동의했다는 사실이 사법 사무를 위탁하도록 만드는 유력한 근거가 된 것이다. 그리고 그에 더하여 재한 일본인의 증가라는 상황을 아울러 보더라도 한일 양국민의 사법 사무는 통일해야 한다고 주장했다. 또한 이미 실질적으로는 일본인이 판사로서 사법 사무를 운영하고 있는 이상 이것을 명목상으로도 통일해야 한다고 했다. 이러한 사법 각서에 따라 종래의 사법 정책을 포기하고, 한국 사법 사무를 일본에 위탁하게 되었다. 일본의 국제법학계에서는 일찍부터 프랑스가 튀니지에서 영사 재판권을 철폐한 사례에서 배운 〈프랑스주의〉적인 영사 재판권 철폐 방침을 제창하고 있었는데,[99] 일련의 절차는 그러한 〈프랑스주의〉적 방침으로의 전환을 꾀하는 것이었다. 종래 〈영국주의〉적 영사 재판권 철폐 방침을 취해 온 이토로서도 그 방침을 전환한 것이다.

그렇다면 이토는 왜 스스로 사법 제도 개혁 방침을 전환하였는가? 사법 각서가 체결된 직후인 7월 6일 일본 정부에서는 「한국 병합에 관한 건」이 각의 결정을 거쳐 재가를 받았다. 이것은 가까운 장래에 한국을 병합한다는 것을 정식으로 정부 방침으로 삼은 결정이었고, 따라서 큰 틀에서 보면 사법 각서가 한국 병합 계획의 확정에 입각해 체결되었다고 보는 것이 확실히 가능하다. 또 가쓰라 다로는 1909년 7월 13일 야마가타 아리토모에게 보낸 서한에서 전날 사법 각서가 체결되었다는 점을 받아들이고, 〈국가를 위한 천년의 계획을 축하하기에 이르렀습니다. 이후 이러한 상태로 착착 진행된다면 도달점에 이르게 될 것〉[100]이라는 인식을 보이고 있었다. 그러나 동시에 사법 각서가 「미일 조약」의 체결을 계기로 일본법주의를 채용하면서 발생한 한국 사법 제도 개혁의 내재적 모순을 최종적으로 해결하는 것이란 측면을 간과해서는 안 된다. 일본법주의의 전면적 채용은 병합 결정에 수반하는 단순한 노선 변경이란 성격에 그치지 않는다. 이 점에 대하여 다음으로 사법 제도 개혁 방침에 관한 통감부 내부의 구상을 검토해 보도록 한다.

「미일 조약」의 체결을 계기로 한국법주의를 포기함에 따라 비록 일부이기는 하나 영사 재판권의 철폐를 달성하게 되었다는 점은 사법 정책의 방향성을 둘러싸고 통감부의 사법 정책 담당자들에게 커다란 영향을 끼쳤다. 외무

---

99 江木翼,「突尼斯ニ於ケル領事裁判權撤去ト韓國ニ於ケル同問題」(『法學協會雜誌』26-7, 1908); 長岡春一,「チュニスに於ける領事裁判權の撤回事情」(『國際法雜誌』5-7, 1907) 등 참조.

100 尙友俱樂部山縣有朋關係文書編集委員會 編,『山縣有朋關係文書』1(山川出版社, 2005), 357쪽.

대신 하야시 다다스가 「미일 조약」 시행법의 형식에 대해 〈한국에서 제 외국의 치외법권 문제의 앞날에도 중대한 관계가 있다〉[101]고 보았던 점은 앞서 기술했는데(제2항 참조), 법부 차관이었던 구라토미 유자부로(倉富勇三郎)의 의견서 「한국에서 재판 사무에 관한 건」[102]은 「미일 조약」 공포 후 〈자치 육성〉 정책이나 사법 각서와는 다른 방향에서 영사 재판권의 철폐를 기약한 사법 개혁 구상이었고, 한국 사법 제도 개혁 방침과 「미일 조약」과의 연관성을 단적으로 드러내는 것으로서 주목된다. 이 의견서는 별지에 기재된 관련 법률의 시행일이 〈메이지 42년 4월 1일〉이라고 되어 있는 점으로부터 1908년 말이나 1909년 초에 구라토미가 기안하고 이토에게 상신한 것으로 보인다.[103]

본 의견서는 재한 일본인의 재판 제도에 대하여 한국 재판소가 용빙한 일본인 법관으로 전관하는 일본 재판소를 조직하고, 재한 일본인에 관한 사법 사무를 통감부 법무원 등으로부터 신설 재판소로 이관시킬 것을 상신한 것이다.[104]

한국의 재판 제도를 보면 초창기에 속하며 갖추어지지 않고 정리되지 않은 바가 많으므로 애초부터 면하기 어려운 점이 있다. 그렇기는 하나 재판소의 구성은 대략 일본의 현행 제도와 같으며, 그 직원의 다수 역시 일본에서 용빙되었으므로, 재판을 실질적으로 반드시 일본의 재판소와

101　1908년 6월 9일부 통감 이토 히로부미 앞으로 보낸 외상 하야시 다다스 전보 제93호 (「淸韓兩國ニ於ケル發明意匠商標及著作權相互保護ニ關スル日米條約締結一件」 第3卷, 外務省外交史料館 所藏 「外務省記錄」 2·6·1·16).

102　「韓國ニ於ケル裁判事務ニ關スル件」(國立國會圖書館憲政資料室 所藏, 「倉富勇三郎文書」 30-19; 海野福壽 編·解說 『外交史料 韓國倂合』 下, 不二出版, 2003, 568~572쪽).

103　우메 겐지로의 의견서인 「韓國ニ於ケル裁判制度改正ニ關スル卑見」(『梅謙次郎文書』, 「韓國立法事務擔任當時ニ於ケル起案書類」, 法政大學圖書館 所藏) 74쪽부터 이 의견서를 구라토미가 작성했음을 확인할 수 있다.

104　「韓國ニ於ケル裁判事務ニ關スル件」(『外交史料 韓國倂合』 下, 569쪽).

견주기에 어렵지는 않다. 그렇더라도 한국의 법률은 지극히 완비되지 않았으므로 한국에 있는 일본인으로 하여금 갑자기 한국의 재판권에 복종하도록 만들기란 물론 어렵다. 법률의 제정은 용이한 작업이 아니므로 조금이라도 이후 2~3년의 시간이 지나지 않는다면 그 완비를 기약하기 어려울 것이다. 그러므로 현재는 한국에 있는 일본인에 관한 소송은 한국에 용빙된 일본 법관으로 하여금 일본 재판소를 구성하도록 하고, 일본의 법률에 따라 심판하도록 하는 것이 제일 편리하다.

이 의견서는 재한 일본인에 대한 영사 재판의 폐지를 전제로 하고 있는데, 일본인이 다수 고빙되어 있다는 점을 가지고 한국 사법 기관의 질을 평가하는 한편으로 법률 제정 사업이 지체되어 아직 완성에 이르지 못했다고 현상을 파악했다. 즉 구라토미가 문제삼은 것은 사법 제도가 아니라 입법 제도의 불비였다. 그 때문에 한국 재판소가 고빙하고 있는 일본인 사법관을 이용해 전관할 재판소의 개설을 제기했다. 일본인 전관 재판소를 한국에 설치한다는 점에서는 사법 각서와 변함이 없었지만 사법 기관의 통일을 반드시 기대하지 않았다는 점에서 다르다. 즉 이사청에 의한 사법 사무의 행사라는 영사 재판의 연장선에 있는 종래의 제도를 폐지하고, 보호국인 한국에서 현지 재판소와는 다른 일본인의 전관 재판소를 조직하려 한 계획이었다. 이것은 이토가 사법 각서의 예비 교섭에서 지적하고 있었던, 재한 일본인의 증가라는 현실에 대응하는 선상에서도 유효하다고 생각했음을 보여 준다. 그 위에서 구미 열강의 영사 재판권 철폐에 대해 다음과 같이 전망했다.[105]

게다가 한국에서 전담할 일본 재판소를 설치함에 이르러서는 특허, 의장, 상표 등에 관한 미일 협약의 사례를 확충하고, 재한국 외국인으로 하

105 위의 문서.

여금 일체의 소송에 대해 일본 재판소의 재판권에 복종하도록 하더라도 역시 지극히 어려운 일은 아닐 것이다. 만약 외국인으로 하여금 일본의 재판권에 복종하도록 한다면 직접적으로 한국에 대한 치외법권을 철거하지 않더라도 실제로는 이것을 철거하는 것과 동일한 효과를 얻게 될 수 있으므로, 한국을 위해서 도모하더라도 역시 지극히 편리한 일이라고 하지 않을 수 없다.

구라토미는 재한 일본인을 〈전담할 일본 재판소〉를 설치하는 것으로 한국에서 각국의 영사 재판권 철폐가 실현 가능하다고 판단했다. 그러나 그러한 영사 재판권 철폐의 내용은 일본을 포함한 열강의 한국에서의 영사 재판권 전반을 폐지하는 것을 목표로 한 것이 아니라, 일본을 제외한 열강의 영사 재판권을 철폐하려 한 것이었다. 즉 한국에서 일본의 영사 재판권에 각국의 영사 재판권을 편입한다는 구상이다. 따라서 그 결과 한국의 법제도와 일본의 영사 재판 아래에서 각국의 영사 재판권을 관할하는 일본의 법제도가 한국에서 병존하게 된다. 튀니지와 같이 완전한 〈프랑스주의〉하의 영사 재판권 철폐라는 설정이다. 그리고 여기에서 바로 「미일 조약」에 의한 영사 재판의 일부를 철폐하는 데 성공했다는 사실을 지적하였다. 구라토미 의견서도 역시 「미일 조약」으로 영사 재판권이 철폐되었다는 사실에 기초해 한국법주의의 전면적 포기와 일본법주의의 채용을 지향했다.

그러나 이러한 일본법주의의 채용은 이토가 제3차 한일 협약 체제 아래에서 한국 사법 제도 개혁을 실시하는 목적으로서 영사 재판권 철폐를 염두에 두는 한 논리적으로는 당연히 발생할 수 있는 문제였다. 그것은 이토가 〈재판소의 설치를 첫째로 하고, 법전의 편찬을 둘째로 두고자 한다〉[106]는 방침을 취하고 있었기 때문이다. 따라서 영사 재판권의 철폐를 노리면서 법전 정

---

106 辛珠栢 編, 『日帝下支配政策資料集』 8(高麗書林, 1993), 16쪽.

비작업을 추진하는 한, 그 진척 상황의 여하에 따라서는 선행하여 정비되고 있던 근대적 사법 기관의 운용을 반드시 한국 법에 따라 실시해야 할 근거는 부족해지게 된다. 그러한 의미에서 철저한 한국법주의의 시행보다 영사 재판권의 철폐를 우선시하는 한, 이토의 한국 사법 제도 개혁 방침이 좌절되는 것은 필연이었다.

게다가 이러한 의견이 한국의 병합 방침을 각의에서 결정하기 전에 통감부 내부에서 검토되고 있었다는 사실은 한국법주의로는 각국의 영사 재판권 철폐가 곤란하다는 인식이 정책 차원에서 드러나고 있었음을 보여 준다. 즉 한국 병합의 결정이라는 요인은 어디까지나 별도의 차원에서 사법 정책의 전환을 꾀할 필요성이 제창되고 있었을 가능성이 매우 높다. 이 점에 대해서 더욱이 국제법학자이자 육군대신 데라우치 마사타케의 법률 고문이었던 아키야마 마사노스케(秋山雅之介)가 1910년 5월에 당시 통감으로 내정되어 있던 데라우치에게 제출한 의견서를 검토해 보자.

아키야마는 한국의 병합과 영사재판권 철폐의 관련성에 대하여 대략 다음과 같이 정리했다.[107] 여러 외국은 조약상 한국에 대하여 영사 재판권을 가지고 있고, 〈한국 합병〉을 결행할 때에는 합병 결행의 순서로서 각국과 교섭한 다음 영사 재판 제도를 철폐할 필요가 있다. 선행 사례로서 프랑스가 보호국 튀니지에서 실시한 정책을 참조할 수 있다. 프랑스는 프랑스법에 따라 재판소 구성법을 실시함과 동시에 튀니지 칙령에 따라 영사 재판소를 철폐한 조약국 국민을 프랑스 재판소에서 프랑스 국민과 동일한 재판을 받을 수 있도록 사법 제도를 정비하고, 그 위에서 각국과 영사 재판권 철폐 교섭을 실시했다. 일본은 사법 각서에 따라 한국 사법 사무를 위탁했지만 통감부 재판소가 심리하는 민형사 사건과 비송 사건은 아직 한일 양국인에 관한

---

107 「韓國合併ニ關スル件」(韓國併合ニ關スル書類」 수록). 아키야마 의견서의 성격에 대해서는 다음 장에서 상세히 서술한다.

것에 그치고 있었다. 따라서 〈외교상의 수완에 따라서는 이러한 절차를 밟지 않고, 곧바로 합병을 결행하여 영사 재판권을 당연히 소멸시킬 수 있을 것〉이라고 유보하면서도 한국 병합에 선행하여 〈통감부 재판소는 한국에서 영사 재판 제도를 철거한 국가의 신민 또는 인민에 관계된 민형사의 재판과 비송 사건을 관장한다. 이러한 경우에는 일본 법규를 적용한다〉는 칙령을 공포함과 동시에 〈외무성이 한국의 조약국과 교섭하여 그 영사 재판권을 포기〉하도록 만드는 것이 지당하다는 결론을 내렸다.

아키야마는 어디까지나 한국이 조약을 체결한 각국과의 사전 교섭에 따라 영사 재판권을 철폐한다는 것을 기본으로 삼고 있었다. 아키야마의 의견서에 전형적으로 드러나고 있는 것처럼 영사 재판권의 철폐와 한국의 병합은 어디까지나 별도의 차원으로 간주해야 할 문제였다. 즉 영사 재판권의 철폐는 병합에 의한 것이 아니라 교섭에서 별도로 실시해야 한다는 것이 전제되었다. 반대로 말하자면 영사 재판권의 철폐는 한국의 병합과는 분리해 해결할 수 있는 것이었고, 도리어 그러한 교섭을 가능하게 하기 위한 제도적 뒷받침이 필요했다. 이러한 점이야말로 병합에 앞서 사법권을 침탈한 이유를 찾을 수 있게 한다.

통감부, 특히 이토는 종래 한국법주의에 기초한 사법 제도 개혁에 따라 한국의 법 제도를 정비하고, 그다음에 〈조약 개정〉을 실시한다는 방침을 취해 왔다. 그러나 「한국에서 발명, 의장, 상표와 저작권의 보호에 관한 미일 조약」에 따라 영사 재판권의 일부를 철폐하는 데 성공한 것을 계기로 〈자치 육성〉 정책에 기초한 사법 제도 개혁 구상의 구조적 모순이 드러났다. 일본의 재판 관할권에 따르지 않으면 영사 재판권의 철폐를 실시할 수 없다는 현실에 직면했기 때문이다. 그러한 이유로 영사 재판권의 철폐를 서두른 이토와 통감부는 각국 영사 재판권을 일본의 영사 재판권에 편입할 것을 구상했다. 이것이 구라토미 의견서이자 사법 각서였다. 적어도 이토의 주관에서 그러한 구상은 병합의 실행과는 직접적으로 연관성을 가지지 않는 차원에서 한국의 조약국과 영사 재판권 철폐 교섭을 실시할 조건을 정비한다는, 대한 보호 정책에 적합한 정책이었다.

그러나 여기에서 강조해 두고 싶은 점은 일본법주의 혹은 한국법주의에 의한 사법 제도 개혁 구상의 차이는 어디까지나 영사 재판권 철폐 방침을 둘러싸고 발생한 것이었고, 일본의 대한 정책 방침을 둘러싼 대립에 지나지 않는다는 점이다. 즉 이러한 틀에서는 일본에 의한 한국에서 열강의 영사 재판권 철폐를 둘러싼 동향을 분명히 할 수는 있다. 하지만 일본에 의한 근대적 사법 제도의 도입이 조선 사회에 어떠한 영향을 미쳤는지, 바꾸어 말하면 일본의 조선 식민지 통치에서 사법 정책이 어떠한 위치를 차지하고 있었는지에 대해서는 접근할 수 없다.[108] 서장에서 살펴본 것처럼 예를 들어 사법 제도 개혁의 방식을 둘러싼 차이를 일본의 대한 정책의 본질로 간주하는 시각에서는 식민지 지배를 구조적으로 이해할 수 없다.

한국 사법 제도의 개편

다음으로 한국 사법 사무 위탁 이후 통감부의 사법 정책에 대하여 그 제도적 변천을 간단하게 정리해 본다.

한국 사법권을 일본에게 이양함에 따라 1909년 10월 말에 법부가 폐지되었고(한국 칙령 제85호 「법부 관제 폐지」), 사법 사무는 새롭게 신설된 통감부 사법청이 실시하게 되었다(칙령 제242호 「통감부 사법청 관제」). 사법청 장관에는 법부 차관이었던 구라토미 유자부로가 취임했다. 게다가 「통감부

---

108 李英美, 『韓國司法制度と梅謙次郎』(法政大學出版局, 2005)나 淺野豊美, 「保護國下韓國の條約改正と帝國法制」(岩波講座 「帝國」日本の學知」 1, 岩波書店, 2006)로 대표되는 최근의 연구에서는 이러한 점을 간과하고 있다. 이러한 연구는 식민지 사회의 동향이나 식민지 지배가 갖는 폭력성을 경시하고, 통치자의 동향에만 관심이 쏠려 있다. 이와 같은 접근이 식민지주의적 언설을 재생산할지도 모른다는 점은 서장에서 보았던 대로이다.

재판 소령」(칙령 제236호), 「통감부 재판소 사법 사무 취급령」(칙령 제237호)을 비롯한 일련의 사법 관계 법령이 제정되었고, 통감부 재판소가 설치되었다. 통감부 설치 이후 재한 일본인에 대한 사법 사무를 규정한 「한국에서 재판 사무에 관한 건」(1906년 법률 제56호)이 폐지됨과 동시에 한국에서 일본의 영사 재판은 철폐되었고(칙령 제235호 「한국에서 재판 사무에 관한 건 폐지」), 재한 일본인의 사법 사무도 통감부 재판소로 이관되었다. 그리고 11월 1일 「사법과 감옥 사무 위탁의 결과 일본국에서 공포한 법령 등 각 건」(한국 내각 고시 제34호)이 공포되었고, 통감부 재판소에 의한 사법 사무가 개시되었다. 통감부 재판소는 통감에게 직속하며, 한국에서 민사·형사 재판과 비송 사건에 관한 사무를 실시한다고 규정하였으나(「통감부 재판 소령」 제1조), 각급 재판소와 검사국의 구성은 1907년의 「재판소 구성법」과 큰 차이가 없는 삼심제를 채용했고, 종심 기관인 대심원을 고등법원으로 하는 등 명칭을 변경하는 데 그쳤다.[109] 재판과 검사의 채용에 대해서는 일본의 「재판소 구성법」에 기초하여 구한국 재판소의 조선인 판사·검사도 통감부 재판소에 임용하였다.[110] 그러나 조선인 판사·검사의 직무 권한은 민사에서는 원고, 피고 모두에서 한국 국민인 경우에, 형사에서는 피고가 한국 국민인 경우로 각각 한정되었다.[111]

사법 사무의 적용법에 대해서는 원칙적으로 일본 법에 따른다고 규정했으나, 〈한국의 법규 관습도 역시 이를 무시할 수 없는 사정〉이었으므로 칙령 제238호 「한국인에 관계된 사법에 관한 건」에 따라 특별한 규정이 있는 경

---

109 李熙鳳, 「韓末法令小考」(『學術院論文集(人文·社會科學編)』 19, 1980), 174쪽. 그러나 외국인의 문관 임용이 대일본제국 헌법에 저촉된다는 점을 미연에 방지하기 위해 한국인의 판·검사 채용은 특례로 해야 한다는 견해를 취했다(『樞密院會議議事錄』 12, 東京大學出版會, 1985, 376쪽).
110 朝鮮總督府 編, 『第三次施政年報』(朝鮮總督府, 1911), 48쪽.
111 위의 책.

우를 제외하고 한국 국민에게는 한국 법을 적용하며, 한국 국민과 비한국 국민 사이의 민사 사건에 대해서는 일정한 조건을 붙여 일본 법을 적용하고, 다만 한국 국민에 대한 재판 집행은 한국 법률로 시행한다고 설정했다.[112] 이러한 방침에 따라 종래 실시되어 온 법전 편찬 사업도 〈이번에는 일본인에게 일본의 법률이 적용되고 한국인에게는 한국의 법이 적용되며, 조약 또는 법령에 특별한 규정이 없는 한에서는 일본인에게 한국의 법률을 적용하지는 않으므로 새롭게 기초할 민법은 전적으로 한국인만을 위해서 실시하는 것〉[113]이 되었다. 즉 제도적으로는 한국 국민과 재한 일본인은 동일한 사법 기관 아래에 놓이게 되었으나 한편으로는 일본 법규, 다른 한편으로는 한국 법규가 적용되면서 하나의 사법 기관 아래에 두 개의 법 제도가 존재하게 되었다. 통감부는 이러한 사법 사무에서 법 제도의 이중화에 의거하여 한편으로는 재한 일본인의 기득 권익을 보호하고, 다른 한편으로는 닥쳐오게 될 영사 재판권의 철폐를 준비했다.

통감부의 사법 정책에 대한 조선 사회의 대응

그렇다면 이러한 통감부의 사법 정책에 대해서 조선 사회는 어떻게 보고 있었는가?

통감부는 일본의 사법 제도 도입에 대하여 조선 민중이 비교적 호의를 가지고 받아들이고 있다고 인식했다. 예를 들어 1909년 8월 통감 소네 아라스케의 보고서는 다음과 같이 정리하고 있다.[114]

새로운 재판소에 대한 한국 인민의 감상은 자못 양호하여 그 청렴함과

---

112 위의 책, 48~49쪽.
113 梅謙次郎,「韓國の法律制度に就いて(下)」(『東京經濟雜誌』1514, 1909), 10쪽.
114 『日本外交文書』42-1, 187~188쪽.

공평함을 신뢰한다는 데는 의심할 바가 없을 것 같다. 새로운 재판소의 개청 이전에 소송인 등이 강력하게 소장의 영수증을 청구하고, 소장 제출 후에도 아침저녁으로 접수처 앞에 모여들어 그것이 이루어졌는지를 관망하며, 누차 재판의 개정을 독촉했다. 그 종결을 보기 전까지는 요구해도 없어지지 않을 것 같았던 나쁜 풍습도, 개청 후 하루도 지나지 않아 모두 그 종적을 감춘다. 또 상사에게 서면을 제출하여 판결의 변경을 애소하는 폐습 등도 근래에는 근절되어 없어지게 된 것은 현저한 증거 사례이다. 특히 민사 소송의 당사자가 재판소로부터 임검 비용의 선납을 명받았을 때 일본 법관의 임검이라면 기꺼이 그 비용을 미리 지불하더라도, 한국 법관의 임검이라면 이에 응하기 어렵다고 말했던 사실 등을 통해 일본 법관의 신용이 어떠한지를 알기에 충분하다.

통감부의 지도하에 새롭게 설치된 재판소의 활동에 대하여 그 〈청렴함과 공평함〉 때문에 사람들이 신뢰하게 되었다는 인식이 보이고 있다. 일본에 호의적이었다고 판단한 근거로 거론되는 것은 소장 접수를 둘러싼 시위 행동이 없어졌다는 점이나, 고등 사법 기관을 향한 애소(哀訴)에 따라 재판 변경을 보여 주는 사례가 없어졌다는 점, 그리고 특히 임검 비용의 접수를 둘러싸고 한국인 법관보다도 일본인 법관을 신뢰하고 있다는 점 등이었다. 사법 제도의 근대화라는 가치 기준을 조선 민중도 받아들이고 있다는 평가였다.

그러나 실무에 관계하고 있던 일본인 관료는 비교적 냉정하게 조선 사회의 반응을 관찰하고 있었다. 예를 들어 인천 경찰서장 다치 테이이치(舘貞一)는 사람들이 통감부의 사법 제도에 대하여 호의적 태도를 보이고 있는 것은 〈가장 열등한, 한국 재판 이후를 경험한 대조 위에서의 반향에 다름 아니기〉 때문이라고 설명했다.[115] 사법 제도에 대하여 조선 민중이 호의적이었

---

115 『駐韓日本公使館記錄』40, 503쪽; 『統監府文書』10, 596쪽.

다고 한 통감부의 평가는 종래 조선의 사법 제도와 비교하는 경우 상대적인 것에 불과하다는 것이다. 이러한 관찰이 위의 소네 보고서보다도 조선 민중의 사법 제도를 파악하는 방식에 있어서 좀 더 정곡을 찌른 것이라는 점은 사법 각서에 의한 한국 사법권의 박탈에 대한 민중의 반응이 상징적으로 보여 준다. 다치 테이이치는 사법 각서를 체결할 때 〈각 개인의 실익에 직접 관계가 없는 국권의 축소, 즉 사법권의 위임 등과 같은 것에 대해서는 그 인상이 의외로 냉담하여 소수의 일부 인사를 제외하고 본 문제에 대해서는 거의 상관하지 않는 것 같다〉[116]고 관찰했다. 헌병대의 조사에 따르면 〈중류 이하의 자〉 사이에서는 한국이 병합된다고 주장하거나, 한국의 재정 부족 때문에 사법권 위탁을 실시한 것이며, 이후 관리는 모두 일본인을 쓰게 된다고 주장하는 유언비어(평양 헌병 분대 관내)가 떠돌고 있다든가 〈사법권 위임과 같이 자못 환영하는 상태〉(영산포 헌병대 분대 관내 목포 관구) 혹은 〈국민의 권리에 지대한 관계가 있더라도 오히려 공명한 재판을 갈망하는 현재 상황에서 적당한 처치라고 생각하고 있는 자가 많다〉(천안 헌병 분대 관내)고 하는 상황이었다는 등 다양한 반응이 나타나고 있었다. 전체적인 경향으로는 같은 해 2월 새로운 세법(가옥세법, 주세법, 연초세법)의 공포 당시에 비교해 보면 사법권이 박탈당할 때에는 그다지 저항이 일어나지 않았다고 한다.[117] 이러한 반응은 민중의 생활주의적 입장에서 사법권의 행사 주체가 특별히 중시되지 않았음을 시사한다.

그러나 좀 더 중요한 것은 위의 소네 보고서 가운데 나타난 조선 민중의 동향을 정제된 근대적 주체로 파악하는 것이 과연 타당한가의 여부에 있다. 재판소 앞에서 시위 행동이 소멸했다는 현상은 새로운 사법 제도의 의의를 조선 민중이 이해한 다음 여기에 따랐다기보다는 오히려 새로운 재판소에

116 위의 문서.
117 『駐韓日本公使館記錄』 37, 421~434쪽; 『統監府文書』 10, 345~353쪽.

대해 민중이 불신을 표시한 것으로 파악해야 할 것이다. 즉 조선 민중은 새로운 제도에 기초하여 설치된 재판소에 제소하더라도 자신들의 주장이 받아들여지지 않는다는 점, 혹은 실현되지 않을 것을 감지하고 있었다고 본다. 이러한 점에 대해서 신창우는 일본의 근대적 통치가 종래의 조선 민중이 호소할 수 있는 장을 총체적으로 부정했기 때문에 합의 형성의 장이 상실되었다는 점을 포괄적으로 논하고 있는데,[118] 예를 들어 다음의 보고로부터도 일본이 새로운 제도를 도입했기 때문에 혼란이나 불만이 조선사회에 축적되어 있는 양상이었음을 엿볼 수 있다.[119]

종래에는 소송 절차상 형식이 중시되지 않았던 데 반하여 새로운 제도는 그 형식이 완전히 일본의 그것과 큰 차이가 없으므로 아직 법률 사상에 유치한 한국의 사법 제도에 대하여 여전히 면밀한 형식을 요구하기 위해서 소장을 제기하려고 한다면 모두 대서인에 의지하지 않을 수 없다. 그런데 대서인 역시 이러한 형식에 밝지 않기 때문에 용이하게 소장(訴狀)을 수리되도록 하지는 못하므로, 어떤 재판소에서는 현재 많이 바쁘다고 하여 소장을 거절하는 것이 한두 번에 그치지 않아 그 불친절함을 규탄하는 소리가 없지 않다.

새로운 제도의 소송 절차 형식이 엄격했기 때문에 대서인의 정비 등의 운용이 따라가지 못해 소장의 불수리가 계속되었고, 이에 따라 조선 사회에 불만이 생겼다는 것이다. 아니면 일본인 사법관의 대다수가 한국어를 이해하지 못하고, 풍토·인정에 정통하지 않기 때문에 〈시비의 판별을 그르칠 우

---

118 愼蒼宇, 『植民地朝鮮の警察と民衆世界』(有志舍, 2008) 제6장 참조.
119 『駐韓日本公使館記錄』 40, 490쪽; 『統監府文書』 10, 588쪽.

려가 없지 않다〉[120]고 의심하는 시선이 새로운 사법 제도로 향해 있었다. 사법 사무의 현장에서 그 공평함을 평가하는 의견도 보이는 한편, 그것도 일본식 사법 제도를 급진적으로 도입함에 따라 새롭게 발생한 모순이 축적되어 있었다는 점도 엿볼 수 있다.

그리고 일본인이 〈근대적〉 시선을 가지고 일방적으로 조선 민중을 파악하려 했던 점은 법 정비를 위해서 실시된 구관 조사(舊慣調査)에서도 나타났다.[121] 예를 들어 구관 조사 보고서를 작성할 때 구관 조사에 따라 신구 법령을 감안했으나 그 조사는 조선인에게 자문하고 대답을 촉구하는 방식으로 실시되었기 때문에 〈산만하고 통일성이 없으며 모순된 결과를 얻은 것에 지나지 않으며〉, 참조한 신구 법령에 대해서도 〈대전회통과 개국 503년[1894] 이후의 법령과 대명률, 청률, 주자가례의 종류로서 드물게 구대전을 인용한 것도 있기는 했지만 관습과 법규를 혼동한 것이 많았다.〉 그러나 재판소는 이러한 관습 조사 보고서 이상의 지식을 가지고 있지 않은 상황이었다고 한다.[122] 즉 일본인 조사자의 〈근대적〉 시야에 입각하면서 누락이 많은 관습 조사에 기초해 정비된 법제도에 따라 조선 민중이 사법의 장에서 재단되는 경우가 많았던 것이다. 그리고 이후에도 조선 민중의 대다수가 이러한 제도를 접하면 접할수록 불만을 느낄 수밖에 없는 구조가 형성되었다고 본다.

이러한 모순에 대해서는 제3차 한일 협약 체제 아래의 사법 제도 개혁을 비판한 우치다 료헤(內田良平)의 관찰이 예리하다. 우치다는 〈한국인과 일본인은 풍속과 관습을 달리할 뿐만 아니라 지식의 정도도 상당한 차이가 있으므로 일본인에게 적용하는 양호한 제도라도 한국인에게는 적합하지 않습니다. 그러므로 일본인과 한국인 사이의 관습 지식의 현격함을 법률 시행

120 『駐韓日本公使館記錄』 40, 491쪽; 『統監府文書』 10, 588쪽.
121 內藤正中, 「韓國における梅謙次郎の立法事業」(『島大法學』 35-3, 1991).
122 淺見倫太郎, 『朝鮮法制史稿』(巖松堂書店, 1922), 380~381쪽.

절차 설명서로 묶어 두려는 것은 나무에서 물고기를 찾는 것보다 불가능한 일입니다. 그런데 이러한 것에는 조금도 유의하지 않고, 일본을 표준으로 하는 법령의 빗발침을 당하게 되는 한국인은 이를 감당할 수 없습니다〉[123]라고 비판했다. 더욱이 〈무지한 인민은 눈앞에 쫓기는 생활의 어려움 때문에 유생·관리·정객 등 실의에 빠진 자로부터 선동을 당해, 일본이 한국을 취하여 이와 같은 곤란에 이르게 되었다고 곡해하고, 서로 이끌려서 폭동을 일으키게 됩니다. 그러므로 그 수가 몹시 많은데 이대로 진행시킨다면 전 국민을 폭도로 간주하고 처분하는 것 외에 다른 방법은 없게 됩니다〉[124]라고 통감부의 〈문명주의〉적 정책 자체가 반일 투쟁을 격화시킬 뿐만 아니라, 최종적으로는 조선 사회 전체를 치안 대상으로 간주할 수밖에 없다는 점을 간파했다. 이것은 앞서 본 일본 치안 당국의 의병관과 겹치는 것이며, 조선 사회와 민중에 대한 멸시관은 어쩔 수 없었으나 이토 히로부미의 대한 정책이 조선 사회의 정치 문화에 본질적으로 용납되지 않았다는 점을 날카롭게 집어낸 비판이었다. 그러한 한에서 정곡을 찌른 지적이었다.

소결론

이상에서 살펴본 것처럼 통감부의 사법 제도 개혁, 특히 제3차 한일 협약 체제 아래에서의 개혁은 〈문명〉의 명목하에 행정과 사법을 분리하려고 했는데, 그 시도는 지방에서 수령을 비롯한 종래의 정치 구조를 해체하려고 한 것이다. 또 행정과 사법을 분리하려는 움직임은 근대적 법 제도의 정비와 아울러 한국에서 여러 열강의 영사 재판권을 철폐하려는 〈조약 개정〉의 성격

123　內田良平文書硏究會 編, 『內田良平關係文書』 1(芙蓉書房出版, 1994), 59쪽.
124　위의 책.

을 가지고 있었다. 그리고 이러한 사법 제도 개혁은 통감 이토 히로부미의 주도하에 추진되었다. 제3차 「한일 협약」 체결을 계기로 한편에서는 일본인 법관을 대량으로 고빙하였는데, 한국의 재정 독립을 지향하는 이토의 〈자치〉 정책에서는 조선인 사법관의 육성도 기대하였다. 그리고 〈조약 개정〉의 방침으로는 한국법주의를 취하였다. 그러나 지적 재산권을 둘러싼 영사 재판권의 철폐를 실현하려고 하면 일본법을 한국에 시행한다는 일본법주의를 채용하게 된다. 제국주의적 협조 체제를 우선시하는 이토는 종래의 한국법주의를 포기하였는데, 이러한 방침 전환은 제3차 한일 협약 체제를 근저에서부터 변질시켰다.

통감부의 한국 사법 제도 개혁은 재한 외국인의 영사 재판권 존재에 크게 규정되고 있었는데, 「미일 조약」을 계기로 한국 사법 제도 개혁은 한국법주의에서 일본법주의로 이동했다. 「미일 조약」의 시행 법규에서 일본법주의의 채용은 종래의 〈자치 육성〉 정책 아래에서의 사법 개혁과 정합성을 결여하게 되었으며, 통감부에게 한국 사법 정책의 전환을 재촉하였다. 일본은 한국의 사법 기관에 대다수의 일본인을 보냈는데, 한국에서 일본의 재판 관할권 하에서 재한 미국인의 영사 재판권 일부를 포기한다는 「미일 조약」의 체결은 설령 사법 사무 담당자의 대다수가 일본인이더라도 재판 관할권을 한국이 가지는 한 영사 재판권 철폐는 도저히 달성할 수 없다는 점을 인식하게 만들었다. 그리고 그러한 일본법주의로의 이행은 한국법주의에 기초한 한국 사법 개혁을 추진해 온 이토의 판단에 따라 실시되었다.

그러나 「미일 조약」의 시행 법규에서 일본법주의의 채용은 종래의 〈자치 육성〉 정책 아래에서의 사법 개혁과 논리적으로 모순되었고, 통감부에게 한국 사법 제도 개혁의 전환을 촉구하게 되었다. 결국 이러한 모순은 한국법주의의 완전한 포기, 즉 재판 관할권을 일본으로 위탁하면서 해소되었다. 일본의 재판 관할권 아래에서 일부는 있다고 하더라도 영사 재판권을 철폐할 수 있다는 사실이 〈프랑스주의〉에 기초한 사법 제도의 채택이라는 정책적 판단을 되돌릴 수 없게 만들었다. 이러한 사법 정책에서의 〈자치 육성〉 정책은 한국에서 구미의 영사 재판권 철폐=일본으로의 회수가 실현되는 가운데 붕괴되어 갔다. 그것은 논리적으로 이토의 〈자치 육성〉 정책적 사법 제도 개혁 구상은 영사 재판권 철폐가 현실성을 가지지 않는 단계에서만 성립할 수 있다는 기만성을 아주 잘 보여 준다.

한편 사법 제도 개혁이 일본의 제도 도입에 의한 일방적인 〈근대화〉였고, 조선 사회의 관습 등을 기본적으로 무시한 이상 종래의 공론 양상과는 근본적으로 어긋남을 초래하게 된다. 일본은 스스로 제도의 근대성을 자랑했지만, 그 때문에 대다수의 조선 민중은 하소연할 곳을 잃어버리고 말았다.

통감 이토 히로부미의 민심 귀속책과 조선의 정치 문화: 황제의 남북 순행을 둘러싸고

앞 장에서 통감 이토 히로부미의 한국 병합 구상에서 한국 황제가 중요한 위치를 차지하고 있다는 점을 지적했다. 그렇다면 이토의 병합 구상에 한국 황제는 어떻게 상정되었을까? 아니면 이토에게 황제가 한국을 지배하는 선상에서 어떻게 다루어지고 있었는가? 이 점과 관련해 운노 후쿠주는 일본의 한국 지배를 한국 〈국민〉에게 합의하도록 만드는 조건을 결여하고 있었다고 판단했기 때문에 이토가 제3차 「한일 협약」 체결 시점에서 병합을 회피했다는 중요한 지적을 하였다.[125] 그것이 혜안이기는 하나 그 구체적 내용을 충분히 전개하지는 않았기에, 예를 들어 이토의 황제 이용이라는 관점에서부터 그 내용을 검토해 볼 필요가 있다.

---

125 海野福壽, 『韓國併合史の研究』(岩波書店, 2000), 315쪽.

이토는 헤이그 밀사 사건을 처리할 때 한국 황제를 존속시켰는데 그 이유는 다음의 두 가지 사실에서 드러난다. 이토는 헤이그 밀사 사건의 선후책을 구상하면서 〈대일본 황제 겸 한국 왕〉의 실현을 기대한 한국 주차군 사령관 하세가와 요시미치의 제언을 무시했다.[126] 또 가쓰라 다로, 고무라 주타로에 의한 한국 병합에 대한 제언을 승인한 1909년 봄의 시점에서도 야마가타 아리토모의 한국 황제 폐지 안에는 오히려 반대했다.[127] 이러한 사실은 이토가 제3차 「한일 협약」 체결 시점에서 한국 병합을 단행하지 않았다는 점과 양위라는 형식으로 선후책을 강구하여 제도로서는 황제를 존속시켰다는 점이 직접적인 연관성이 있었음을 보여 준다. 이토가 황제를 존속시킨 것은 제3차 「한일 협약」을 체결할 때 다시 타오른 의병 투쟁을 진무하기 위해서 칙지나 선유사를 보냈다든가, 아니면 재가 기관으로서 황제를 설정했다든가 하는 점을 고려해 보면 이데올로기 장치로서 황제를 중시하고 있었기 때문이라고 본다. 즉 이토는 황제의 권위를 통해 일본에 의한 한국 지배의 정당성을 획득하려고 한 것이다. 그때 이토가 지배 이데올로기로 주목한 것은 쓰키아시 다쓰히코(月脚達彦)가 지적한 것처럼 갑오개혁 이후에 함양된 〈충군 애국〉 의식이었다고 생각한다.[128] 그리고 이토가 통감을 사임하기 직전에 실시한 한국 황제의 남북 순행은 한국 황제의 권위를 이용한 이토의 민심 귀속책의 정점이었다.

그러나 1909년 7월 초순에 각의로 결정된 한국 병합 방침을 접수하여 외무대신 고무라 주타로가 작성한 의견서에서는 한국 병합과 동시에 한국

---

126 1907년 7월 16일부 데라우치 마사타케 앞으로 보낸 하세가와 요시미치 서한(國立國會圖書館憲政資料室 所藏, 『寺內正毅關係文書』38-27).

127 信夫淳平, 『外交側面史談』(聚芳閣, 1927), 360쪽; 葛生能久, 『日韓合邦秘史』下(原書房, 1966년 복각), 71~72쪽.

128 月脚達彦, 「〈保護國期〉における朝鮮ナショナリズムの展開 — 伊藤博文の皇室利用策との關連で」(『朝鮮文化研究』7, 2000).

〈황실로 하여금 명실공히 정권에 전혀 관계하지 않도록 하여 한국인이 달리 도모할 근본을 잘라 낼 것〉이라는 한국 황제의 처우가 방침으로 세워졌다.[129] 병합할 때 〈한국인이 달리 도모할 근본〉이 되는 황제를 정치적으로 무력화하고, 그 내셔널리즘을 단절시키려는 의견이었고, 이토의 황제 이용책의 명확한 부정이었다. 그렇다면 어떠한 의미에서 황제가 〈한국인이 달리 도모할 근본〉이었는가? 아니면 그러한 황제 의식은 어떠한 배경으로부터 일본의 정치가층에서 생겨났을까?

한국 병합 과정에 관한 기존 연구에서는 1909년 초에 실시된 한국 황제의 순행 직후에 이토가 통감을 사임했다는 점, 다음으로 일본 정부가 한국 병합 방침을 결정했다는 점을 가지고 이토가 〈자치 육성〉 정책을 포기하는 계기가 되었다고 황제 순행을 파악해 왔다.[130] 민심 귀속을 꾀하려고 한 황제 순행이 순행처에서 조선 민중의 강력한 반발 때문에 실패로 끝났다는 점에서 이토가 자신의 대한 정책을 포기하고 한국 병합으로 방침을 전환했다고 이해했기 때문이다. 민중의 반발 때문에 이토가 자신의 대한 정책을 포기하게 되었다는 평가 자체는 어쨌든 이러한 순행을 계기로 종래 일본의 대한 정책, 특히 이토의 황제 이용책이 일본 정부 내에서 명확하게 부정당했다는 점은 틀림없다. 그러나 그때 검증할 필요가 있는 것은 일본의 식민지 지배에 대해 생겨난 조선 사회의 내셔널리즘이 질적으로 어떠한 것이었는가란 점이다. 즉 황제 순행을 둘러싼 조선 사회의 어떠한 동향이 일본의 식민지 지배 방식의 전환을 규정했는지 밝힐 필요가 있다.

그렇다면 황제 순행에서 표출되고, 이토의 황제 이용책을 좌절시킨 내셔널리즘은 도대체 어떠한 것이었을까? 이 점에 관하여 우선 주목해야 할 것

---

129 外務省 編, 『小村外交史』(原書房, 1966년 복각), 842쪽.
130 森山茂德, 『近代日韓關係史研究』(東京大學出版會, 1987); 同, 『日韓倂合』(吉川弘文館, 1992); 海野福壽, 『韓國倂合史の硏究』.

이 일본에 의한 보호국화와 순행을 계기로 갑오개혁 이후 독립협회가 추진하고 있던 국민 창출 정책, 그리고 실력 양성 운동하에 배양된 〈충군 애국〉 관념이 민중에게 순화되는 가운데 〈항일 내셔널리즘〉이 성립하고, 이토의 자치 육성 정책을 파탄나게 만들었다고 보는 쓰키아시의 평가이다.[131] 쓰키아시는 대한제국기에 함양된 충군 애국적 내셔널리즘이 민중으로까지 확산되고, 일본과 대치해 갔다고 평가했다. 특히 이토의 황제 이용책을 대한제국에서 배양된 충군 애국 관념과의 상관관계에서 파악한 지적은 시사하는 바가 많다. 특히 민중에게 있어 내셔널리즘 생성의 평가를 둘러싸고 쓰키아시와 첨예하게 대립하는 것이 〈일군만민〉적 근왕[근황(勤皇)] 사상에 기초한 민중의 시원적 내셔널리즘이 황제 순행을 계기로 고양되었다고 본 조경달의 평가이다.[132] 조경달은 일본이 한국을 보호국화한 시기에서는 갑오농민전쟁 그리고 대한제국기 민중의 개혁 운동을 거쳐 일군만민적 관념이 광범위하게 미치고 있었고, 그러한 상황 아래에서 황제권을 이용하는 것은 일본과 친일 괴뢰 정부를 향한 민중의 투쟁을 가열차게 만들었을지도 모르며, 또 순행은 그러한 상황을 다시 일으키게 했을지도 모른다고 평가했다.

일본의 식민지 지배에 대한 대항 관계에서 강화되어 간 조선 내셔널리즘의 기원을 둘러싸고 국민 국가 형성 운동에서 함양된 근대적 내셔널리즘이 민중에게 침투해 갔다고 간주한 쓰키아시와, 전통적으로 배양된 일군만민적 황제관에 기초한 것이라고 파악한 조경달의 논리는 정반대의 평가를 하고 있다고 말할 수 있다. 쓰키아시의 항일 내셔널리즘 형성 과정에 대한 평가는 위로부터의 내셔널리즘이 민중을 사로잡아 갔다는 베네딕트 앤더슨의 국민 국가론에 적합하며, 이른바 식민지적 내셔널리즘colonial nationalism의 기점으로서 황제 순행을 상정했다. 그러나 이른바 제3세계 연구에 대한

---

131 月脚達彦,「〈保護國期〉における朝鮮ナショナリズムの展開」.
132 趙景達,『異端の民衆反亂』(岩波書店, 1998), 종장.

국민 국가론의 적용에 대해서는 이미 다수의 논자가 의문을 제기하였고,[133] 또 그 분석은 오로지 애국 계몽 단체나 학생 등 지식인의 언설에 대한 것이었다는 의미에서 일면적이다. 한편 조경달이 파악한 방식은 근대 국가의 성격을 규정하는 전통 사회의 양상에 주목하면서 국민 형성 과정을 구조적으로 보려 한 것이며, 비교사적 확장성을 가지고 있다. 다만 순행 과정을 둘러싼 민중의 내셔널리즘 발양에 관한 조경달의 평가는 전망에 그치고 있으므로 다시 황제 순행을 둘러싼 조선 민중의 동향에 대해 구체적으로 검토할 필요가 있다.

이러한 작업을 수행하면서 일본에 의한 조선 식민지 지배 체제의 형성 과정을 동태적으로 파악할 수 있을 것이다. 지금부터는 한국 황제의 남북 순행에 대한 조선 민중의 반응을 검토하면서 이토의 한국 통치 정책이 좌절되어 간 과정을 살펴보겠다.

이토 히로부미의 반일 운동관과 반일 운동의 동향

반일 운동의 여러 양상과 이토 히로부미의 대응

우선 일본에 의한 한국 통치 정책 아래에서 고양된 반일 운동에 대하여 통감 이토 히로부미가 어떠한 인식을 보이고 있었는지에 대하여 살펴보자.

이토는 일본에 의한 〈시정 개선〉 정책을 수행하는 가운데 애국 계몽 운동을 포섭한 것에 일정한 보람을 느끼고 있었다. 조경달이나 쓰키아시 다쓰히코가 지적한 것처럼 근대 문명 지상주의적 성격을 가진 애국 계몽 운동이 당시 유행하고 있던 사회 진화론을 수용함에 따라 일본의 침략에 타협적인 측면을 가지고 있었기 때문이다.[134] 애국 계몽 운동은 신채호나 박은식 등 국권

---

133 趙景達,『朝鮮民衆運動の展開』(岩波書店, 2002), 7쪽 참조.
134 趙景達,「朝鮮における日本帝國主義批判の論理の形成 ─ 愛國啓蒙運動期における

신장을 지향하는 부류와, 아시아와의 연대를 도모하려 한 동양주의를 주장한 부류로 크게 나누어지는데, 후자는 다시 ① 동맹론, ② 보호국론, ③ 합방론의 부류로 세분된다. 그리고 이토의 한국 보호국론(한국 병합론)이 〈자치론〉의 환상을 퍼트림에 따라 애국 계몽 운동 세력 안에서는 일본의 침략에 대한 비판력이 약화되었는데, 여기에 영합하는 자까지 나타났다. 그러한 정점에 일진회가 있었음은 주지의 사실이다.

그러나 유력한 애국 계몽 단체였던 대한협회 등의 간부 또한 이토가 주장한 〈자치론〉과 〈근대화〉 정책에 포섭된 자가 많았다. 통감 사임 이후이기는 하나 1909년 9월 우치다 료헤에게 이토는 〈현재로서는 일진회만이 친일파가 아니다. 다른 당파라고 해도 일본의 세력에 의지할 필요를 인식하고 있다〉고 하여 애국 계몽 단체가 일본의 통치에 따르고 있다는 인식을 피력했다고 한다.[135]

실제로 이토의 이러한 인식은 완전히 근거가 없는 것은 아니었다. 이토의 한국 보호국론이 애국 계몽 운동 세력을 현혹했다는 점은 일진회의 합방 청원 운동을 둘러싸고 대한협회가 보여 준 한일 합방 반대 「성명서」에서도 엿볼 수 있다. 상세한 내용은 제4장에서 다루겠지만, 일진회의 한일 합방 청원에 대한 대한협회의 반대는 보호국론의 입장에 입각해 있었기 때문이다. 대한협회는 일본의 지도에 따른 한국의 〈개명부강(開明富強)〉화만이 아니라 장래 한국 국민이 일본과 한국의 〈합방〉을 바라게 될 것이라고 보았고, 이토가 말하는 한국 보호국론 → 한국 병합론을 내면화하고 있었다. 또 대한협회의 전신인 대한자강회는 제3차 「한일 협약」에서 규정한 통감의 내정 감독권 내용과 관련하여 통감이 한국 내각의 〈폭정을 남용하여 행사하려고

文明觀の相克」(『史潮』新25, 1989); 同, 「朝鮮近代のナショナリズムと文明」(『思想』808, 1991); 月脚達彦, 「愛國啓蒙運動の文明觀・日本觀」(『朝鮮史研究會論文集』26, 1989) 참조. 이하 본문에서의 애국 계몽 운동의 성격 규정에 대해서는 위의 논고에 따랐다.

135 葛生能久, 『日韓合邦秘史』下(原書房, 1966년 복각), 107쪽.

할 때에는 이를 방지한다〉는 것에 대한 기대까지 보여 주었다고 한다.[136] 이러한 사례로부터 명확해지는 것처럼 이토는 애국 계몽 단체가 일본의 근대 문명적 시책에 기대를 품고 있었고, 일본이 한국 〈국민〉으로부터 지배의 합의를 장래에는 얻을 수 있다고 명확하게 상정했다.

그러나 한편으로 이토는 의병 투쟁에 대한 대응에 고심했다. 의병, 특히 1906년에 의병장으로 봉기한 최익현에게서 전형적으로 보였던 것처럼 반일의 논리가 위정척사론, 즉 화이사상에 기초한 문명관으로부터 구축되어 있었기 때문이다.[137] 위정척사론적 입장에 선 의병 투쟁은 〈충애〉와 〈신의〉라는 유교적 도의·규범을 따르지 않는 일본을 비판한다는 논리에 입각해 이루어졌다. 이것은 제2차 「한일 협약」에 의한 한국 보호국화에 대해 봉기한 의병장이 그때까지 독립 보장을 주장하고 있던 일본의 식언을 문제로 삼았다는 점에서 잘 드러난다. 13도 창의 대장이었던 이인영(李麟榮)이 일본 관헌의 심문 당시 〈시모노세키 조약[청일 강화 조약]에 따라 한국의 독립과 황제의 안전을 도모할 것〉[138]을 일본에 대한 요구로 거론한 것이 좋은 사례이다. 한국 보호국화는 1895년의 〈청일 강화 조약〉이나 대러 선전 조칙 등에서 두세 차례 일본이 공언하고 있던 한국의 독립 보장을 침해한다고 보았던 것이다.

이러한 의병의 반일 투쟁에 대해서도 이토는 당초 일본이 통치를 추진하는 과정에서 곧 진정되리라는 견해를 가지고 있었다.[139] 의병 투쟁의 추세에 대하여 지방 제도 개혁의 실행 시기를 언급하는 가운데 〈현재 이것[의병]의 진무에 관하여 좋은 안은 없다. 그러나 언젠가 이러한 폭동도 잠잠해질

---

136 『日本外交文書』40-1, 573쪽.
137 최익현의 사상에 대해서는 糟谷憲一,「甲午改革後の民族運動と崔益鉉」(『旗田巍古稀記念 朝鮮歷史論集』下, 龍溪書舍, 1979) 참조.
138 金正明 編,『朝鮮獨立運動』1(原書房, 1967), 43쪽.
139 森山茂德,『日韓併合』(吉川弘文館, 1992), 159~160쪽.

것〉[140]이라고 낙관하고 있었다. 다만 그러한 한편으로 이토가 기본적으로 무력에 의한 탄압 방침을 시정 당초부터 일관하여 포기하지 않았다는 점을 강조하지 않을 수 없다. 이토가 문관이라는 선입관이 강했기 때문인지 대다수의 선행 연구가 이러한 점을 경시해 왔기 때문이다.[141] 이토는 의병의 고양에 대하여 〈저들의 자포자기가 결국 우리로 하여금 어쩔 수 없이 정복하도록 만들지 않을까란 우려를 품게 했다〉[142]고 차가운 시선을 보여 주었다. 이러한 이토의 의병에 대한 무력적 탄압 방침에 대해, 의병 투쟁이 고양됨에 따라 이토가 한국 통치에 비관적 자세를 보여 주게 되었기 때문에 이러한 방침을 채택하게 되었다고 보는 견해도 있다.[143] 그러나 의병에 대한 냉담한 태도를 보여 주는 위의 사료가 제3차 한일 협약 체제 성립 직후의 것이었다는 점을 고려해 보면 마쓰다 도시히코나 신창우가 지적한 것처럼 의병에 대한 무력 탄압에 대해서 이토와 재한 일본군 수뇌부 사이에 차이가 없었다고 봐야 한다.[144]

조선 사회에서 사회 정의 희구의 향방

그러한 무력 탄압의 한편에서 황제의 권위를 이용한 귀순책도 계속해서 실시되었다. 의병에 대한 귀순책으로서는 선유사(선무사, 위무사, 안무사라고도 한다)의 이용이 거론되었다. 선유사란 조선 왕조 시대에 재해나 사변

---

140 金正明 編, 『日韓外交資料集成』 6-中(巖南堂書店, 1964), 678쪽.
141 森山茂德, 『近代日韓關係史研究』(東京大學出版會, 1987); 海野福壽, 『伊藤博文と韓國併合』(青木書店, 2004). 다만 모리야마 시게노리는 그 후 이토의 의병 대책에서 무력 진압을 강조하였다(森山茂德, 『日韓併合』, 160쪽).
142 『駐韓日本公使館記錄』 30, 456쪽; 『統監府文書』 4, 212쪽.
143 森山茂德, 『日韓併合』, 161쪽.
144 松田利彦, 「朝鮮植民地化の過程における警察機構(1904~1910)」(『朝鮮史研究會論文集』 31, 1993); 愼蒼宇, 「抗日義兵鬪爭と膺懲的討伐」(田中利幸 編, 『戰爭犯罪の構造』, 大月書店, 2007).

이 일어났을 때 민심을 진무하기 위해 국왕이 파견한 관리이다. 19세기 중엽 임술민란(1862년)을 일으킨 조선 민중은 징벌을 각오하면서도 가렴주구에 자신들의 생활 실태를 선유사들을 통해서 국왕에게 전하려고 했다.[145] 조선 민중은 선유사를 국왕·황제와 직결되는 대상으로 여기고 있었기 때문이다. 일본은 이미 러일 전쟁 단계에서 한국 정부에 선유사를 파견하도록 요구했는데, 통감부 시정하에서도 진무책으로서 다소 이용했다. 그러나 선유사라는 종래의 정치 수법에 기초한 시책은 일본의 의도대로 기능하지는 않았다. 이것은 예를 들어 〈그 조칙이라고 칭하는 것이 과연 진짜라면 단기(單騎)로 의병에게 효유해야 한다. 그러나 이를 하지 않고, 주막의 파발로 보낸다〉[146]면 군대를 이끌고 선유하러 온 사자를 의병장이 거꾸로 타이르는 경우에서 단적으로 나타난다. 본래 문치적으로 선유가 이루어져야 하나 선유사가 군대를 인솔해 온다는 종래의 정치 수법에 위배되는 행위가 이루어지고 있다고 하여 여기에 의병이 반발한 것이다. 이러한 선유사의 행동은 조칙의 진위에 의심을 품게 하기에 충분했다. 황제와 직결된다고 볼 수 있는 선유사에 대하여 의병은 귀순하기는커녕 도리어 선유사에게 훈유를 실시한다는 역전 현상을 보여 주는 일조차 있었다.

그렇다면 선유사에 의한 위무란 정치 수법이 충분히 기능하지 않게 된 것은 의병이 선유사, 더욱이 황제에게 정치적 정당성을 인정하지 않게 되었기 때문일까? 확실히 이 시기에 종래의 정치 문화 양상이 동요하고 있었음에는 틀림없다. 그러나 의병은 그러한 정치적 정당성을 어디까지나 황제에게서 구하고 있었다. 의병은 선유사 파견의 배후에 일본의 의향이 존재한다는 점을 알면서도 〈거짓 명령이라고는 해도 이미 선유라고 칭했다. 참작해야 할

---

145 趙景達, 『朝鮮民衆運動の展開』(岩波書店, 2002), 제2장.
146 琴秉洞 解說, 『秘 暴徒檄文集』(綠陰書房, 1995), 262쪽. 보발(步撥)은 조선 시대의 전령이다.

바가 없지 않다. 아직 이 때문에 살길을 열어 두고 알릴 바가 있다. 바라건대 모름지기 재빨리 생각하여 몸을 빼내고, 여기로 귀순하여 모두 적총(賊叢)에서 불사름을 당하지 않도록 해야 한다〉[147]고 선유사에게 호소하고 있었기 때문이다. 이 사료로부터는 의병의 두 가지 정치관을 읽어 낼 수 있다. 첫 번째로 지적할 수 있는 것이 설령 거짓 명령이었다고는 해도 선유라고 칭한 이상 그것은 황제의 사자임을 참작한다는 정치관이다. 즉, 황제를 추대한 질서 형성에 대한 지향성은 여전히 기능하고 있었던 것이다. 이것은 최익현이 〈천병(天兵)에게 저항한다면 반역이다. 우리가 거병한 애초의 뜻이 아니다. 그러므로 투항할 수 있을 뿐〉[148]이라고 한 황제관이나 근왕 의식과 일치한다. 그러나 두 번째로 지적할 수 있는 것은 선유사에 대하여 도의를 같이하여 반일 의병 투쟁에 가담하도록 호소한다는, 유교적 민족주의에 기초한 의병의 행동 논리이다. 거기에 있는 것은 황제에게 정치적 정당성을 인정하면서도 현재 사회 정의를 대변하고 있는 것은 어디까지나 의병이라는 확고한 신념이다.

이러한 논리는 앞에서 본 것처럼 의병에게 귀순을 요구하는 선유사가 군대를 이끌고 위무를 실시하려고 한 종래의 정치 수법에서는 보이지 않던 행위를 실시한 것에 대한 의병의 반발, 또 의병의 선유사에 대한 〈지금 선유한다고 하는 자는 과연 주상의 명인가, 이것이 히로부미·요시미치의 명인가, 애초부터 완용·병준의 명인가?〉[149]라는 응답에서도 쉽게 간파할 수 있다. 일본이라는 정치 문화가 다른 세력이 지분을 구축하는 가운데 선유사의 배후에 일본과 친일 괴뢰 정권의 의향이 존재하고 있었고, 그 파견이 황제의 의사에 따른 것이 아니라는 점을 쉽게 파악하였다. 그러나 이러한 의병의 일

---

147 위의 책, 329~334쪽.
148 岩井敬太郎 編, 『顧問警察小誌』(韓國內部警務局, 1910), 122쪽.
149 『秘 暴徒檄文集』, 329~334쪽.

본 비판은 협소한 내셔널리즘에 기초하지 않았다는 점도 지적해 두고자 한다. 의병이 일본의 지배에 복종하지 않은 것은 〈위태로운 나라에 들어가지 않고, 어지러운 나라에 있지 않으며, 이것을 맡지 않으려는 것은 아니다. 도(道)에서 유래하지 않음을 싫어하는 것〉[150]이었기 때문이다. 즉 도의적·문명주의적 논리에서 출발하는 일본 비판이었다. 위에서 본 선유사에 대한 의병의 응답에서 엿볼 수 있는 것처럼 왕조 말기의 정치적 혼란 상황, 그리고 일본에 의한 조선 침략을 계기로 이전에는 일치해 있던 정치적 정당성의 소재와 그것을 담당하는 자가 분열했다. 이러한 의병 투쟁의 구체상에서부터 종래의 정치 문화가 동요하는 가운데 종래의 근왕주의적 정치관에 기초하면서 질서 회복을 꾀하려는 아래로부터의 동태적 양상을 파악할 수 있다.

그리고 사회 정의를 희구하는 움직임은 조선 민중에서도 의병 투쟁과는 조금 차원을 달리하면서 전개되었으며, 소박한 형태로 민중의 내셔널리즘이 발현되어 나갔다. 러일 전쟁 중 재한 일본군은 철도 용지·군용지의 강제 수용을 비롯해 식량 징발 등 각종 부담을 조선 민중에 강요하는 한편, 이른바 군율 체제를 부과하여 일본군에게 여러 형태로 따르지 않는 민중에게 사형을 포함한 엄벌을 가했다. 일본의 군사적 지배에 대하여 불복종이나 기피 등 민중의 반발이 확산되어 갔다. 이러한 민중의 자율적 움직임은 일본군에게 〈치안〉 문란으로 간주되었는데, 이윽고 의병에 의한 반일 투쟁과 공명·합류·확산되어 갔다.[151] 의병 투쟁은 1907년 제3차 「한일 협약」 체결로 수반된 한국 군대 해산에 따라 더욱 고양되었는데, 그 전개 과정에서 투쟁의 담당자로서 종래의 유생을 중심으로 하는 의병만이 아니라 이른바 평민 의병

---

150 위의 책, 335쪽.
151 양반이라는 신분적 명칭이 아니라 유교적 보편주의를 체현한 〈사(士)〉 의식이 근대 이행기로부터 일본의 식민지 통치하에 걸쳐 민중에게 확산·체현되어 간 과정과 그 동향을 초래한 동학의 역할에 대해서는 趙景達, 『異端の民衆反亂』(岩波書店, 1998); 同, 『朝鮮民衆運動の展開』가 상세하다.

이 등장했다. 그러한 추세는 앞에서 서술한 것과 같은 민중 동향의 일단을 보여 준다고 생각한다.[152] 군대가 해산당하고, 생활의 터전을 일본에게 빼앗긴 사람들이 일본에 대한 반발을 의병이라는 형태로 표현한 것이다.[153]

다만 이것을 민중이 반일 운동을 주체적으로 담당하게 되었다고 파악하는 것은 단순하고도 일면적인 평가일 것이다. 민중의 반일 운동, 특히 의병 투쟁에 대한 관련은 오히려 일반적으로는 소극적이기까지 했기 때문이다. 예를 들어 〈인민은 적도(賊徒)가 다시 세력을 얻게 된다면 여기에 세력으로 원조하려는 의향을 아직도 품고 있다〉[154]는 기회주의적 측면은 부정할 수 없다. 또 의병을 음양으로 지원하는 조선 민중에게도 그 자세는 〈인민이 폭도 봉기 이래로 완전히 납세하지 않고 오늘날에 이른 것은 폭도 덕분이다. 항상 폭도의 배회를 희망하고 있다〉[155]는 관헌 보고에서 살펴볼 수 있는 것처럼 생활 방위적이었다. 민중의 의병 지원에는 납세 기피, 예를 들어 1909년에 시행된 세 개의 새로운 세금(가옥세법, 주세법, 연초세법)에 대한 반발이라는 측면이 강했다. 그러나 그렇다는 것이야말로 자신의 생활 기반을 파괴하는 것으로서 일본의 지배를 실감하면 할수록 민중은 의병 투쟁에 가탁하게 된다. 민중은 스스로 정치적 주체성을 드러낼 수 없기 때문에 의병에게

---

152 의병 투쟁을 둘러싼 최근의 연구 성과로서 愼蒼宇,「無賴と倡義のあいだ ― 植民地化過程の暴力と朝鮮人「傭兵」」(須田努・趙景達・中嶋久人 編, 『暴力の地平を越えて』, 靑木書店, 2004 수록)을 들 수 있다. 친일파라고 지목된 헌병 보조원에서 의병으로 변신한 강기동(姜基東)이라는 인물을 다루면서 그 의적의 성격에 주목하여 병합 전후 조선 민중의 심성을 실증적으로 밝히고 있다.

153 愼蒼宇,「憲兵補助員制度の治安維持政策的意味とその實態 ― 1908年~1910年を中心に」(『朝鮮史硏究會論文集』39, 2001). 다만 평민 의병이 증가하는 한편으로 전통적 지식인의 논리에 기초하여 의병 진영에서 유생이 퇴거한다고 한 신창우의 지적도 아울러 고려해 보아야 한다(愼蒼宇, 『植民地朝鮮の警察と民衆世界』, 有志舍, 2008, 제7장 참조). 그것은 내셔널리즘의 확산이 전통 사회에 의하여 규정되면서 불균등하게 전개되었음을 보여 준다.

154 『駐韓日本公使館記錄』36, 332쪽; 『統監府文書』10, 329쪽.

155 위의 문서.

사회 정의의 대리 집행을 희구하게 된 것이다. 게다가 일본군의 탄압에 의해 의병 투쟁이 차단되어 가자 일반적으로는 친일파라고 지탄을 받은 헌병 보조원에게 사회 정의의 실현을 기대하는 상황조차 나타났다.[156]

이와 같이 민중이 사회 정의에 대한 희구를 급진화시키는 가운데 재래의 엘리트에게 대리 집행자가 되어 줄 것을 요구하는 사례는 일반적으로 존재했다. 예를 들어 제2차 「한일 협약」 체결에 즈음하여 민영환이 이 조약을 파기할 것과 체결에 찬성한 5대신을 배척할 것을 상소했으나 이것이 받아들여지지 않자 자결한 유명한 사건도 그러한 하나의 사례로 재해석할 수 있다. 이 사건은 민영환의 민족성을 보여 주는 것으로서 민족 운동사 연구에서도 높이 평가되어 왔다. 하지만 민영환의 이러한 행동은 자신의 신념에 기초한 것이라기보다는 민중의 급진성에 떠밀린 타율적 행동이었다고 볼 수 있다. 민영환은 5대신 배척 상소에서 〈실행의 어려움을 알고 이를 거부하더라도 군중이 굳게 고집하여 움직이지 않은 결과 위 상소를 바치기에 이르렀다〉고 했다.[157] 즉 주저하는 민영환에게 상소를 강요한 것은 민중이었다. 이러한 민중의 행동은 민란에서 일반적으로 보인 패턴이었고,[158] 이러한 민중과 엘리트층과의 상호 호혜 관계가 유교적 민본주의를 담보했다고 본다. 따라서 일본이 조선 사회에서 사회 정의의 양상을 고려하지 않은 채 새로운 통합 원리를 제시하더라도 생활 기반을 붕괴시킬지도 모르는 시책을 실시하는 가운데 일본의 통치는 민중에게 받아들여지지 않았고, 일본에 대한 민중의 반발은 좀 더 확산·강화되어 가거나 아니면 잠재화되어 갔다. 이리하여 일본의 통치에 대한 민중의 소박한 반발로서 시원적 내셔널리즘이 환기된 것이다.

---

156 愼蒼宇,「無頼と倡義のあいだ」.
157 『駐韓日本公使館記錄』 25, 361쪽; 활자판 24권, 433쪽.
158 趙景達, 『朝鮮民衆運動の展開』, 제3장 참조.

한국 황제 순행의 기도와 좌절

이토 히로부미의 황제 이용책과 한국 황제의 남북 순행

1909년 초 한국 황제 순종의 순행이 두 차례에 걸쳐 실시되었다. 1월 7일부터 13일까지의 일정으로 대구, 부산, 마산 등 조선 남동부를 돈 남부 순행과 1월 27일부터 2월 3일까지의 일정으로 평양, 신의주, 의주, 정주, 황주, 개성 등 북서부를 돈 서북 순행이었다. 순행에는 통감이나 각 대신 외에 한일 양국의 여러 관리 2백 명 정도가 배종했고, 순행처에서는 지방 치적의 하순(下詢), 효자나 정절에 대한 정표(旌表), 고령자와 내외국인의 사알(賜謁), 각 단체에 대한 은사금, 순국자 치제의 명령 등 은사 행위가 이루어졌다.[159] 또 한일 양국민에 의한 환영회나 제등 행렬의 개최, 군수나 양반, 유생 인견 등 각종 관제 행사가 실시되었다. 게다가 한국 황제에 의한 일본 황실과의 친전(親電) 교환이나 일본 군함 방문, 군사 연습 관람 등 한일의 우호 관계를 연출하는 행사들이 개최되었다.

남부 순행은 이토 히로부미가 발의하였는데, 그 목적은 〈이번 남북 순시는 그 효과를 조금밖에 얻을 수 없더라도 바라건대 남북의 한국민으로 하여금 일거에 우리를 신뢰하는 것 이외에 다른 방법이 없음을 알도록 했으면 한다〉[160]는 것이었다. 이토는 남부 순행을 하면서 〈시정 개선을 하려는 큰 결심으로 [융희] 원년(1907) 종사에 서고하였으니 두려워하면서 감히 조금도 태만히 해서는 안 된다. 생각건대 지방의 소요는 오히려 진정되어야 한다〉[161]는 조칙을 발표하도록 했다. 여기에서 명백하게 드러나는 것처럼 순행은 일본의 지도에 기초한 〈시정 개선〉의 진의를 이해하지 않은 채 전개되고

---

159 『日本外交文書』 42-1, 183쪽.
160 春畝公追頌會 編, 『伊藤博文傳』 下(統正社, 1940), 823쪽.
161 『舊韓國官報』 1909년 1월 4일부 호외.

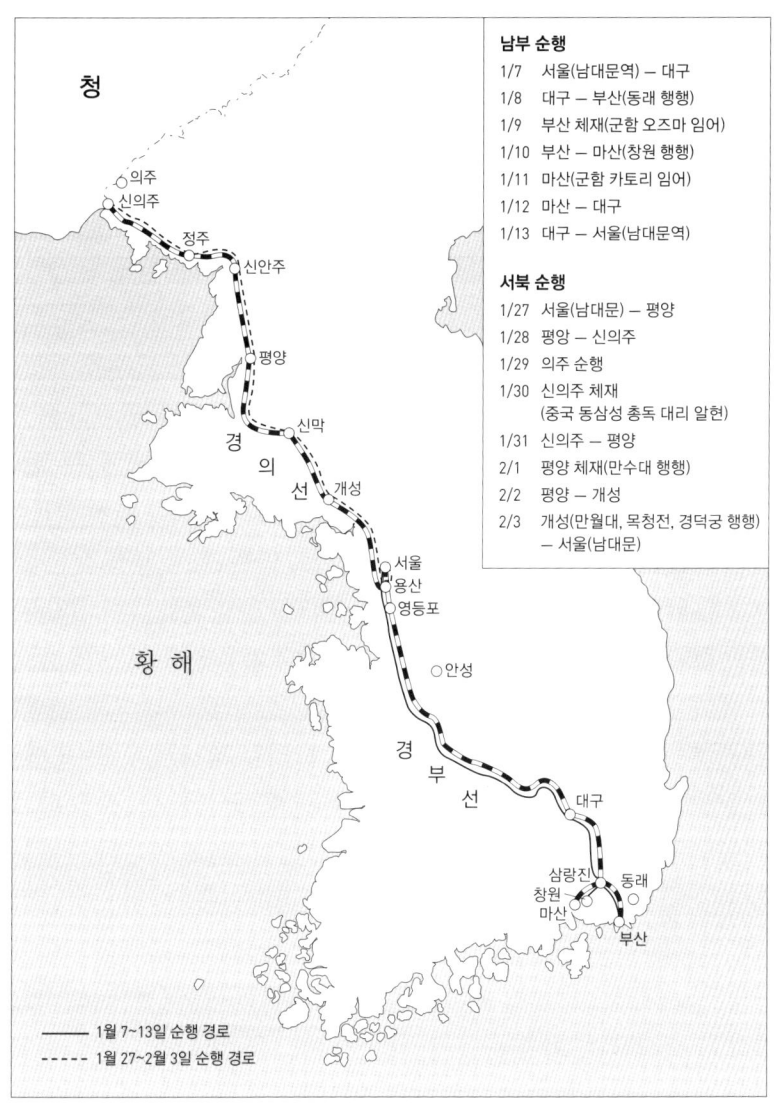

순종 순행 일정과 경로(1909년)

순행 경로는 原武史, 『直訴と王權』(朝日新聞社, 1996)에서 전재.

있던 〈지방의 소요〉, 즉 의병 투쟁을 위무하고 일본의 지도성을 조선 민중에게 인식시키기 위한 조치였다. 따라서 이토는 순행처에서 실시한 연설 안에서 〈이곳[한국]의 영토와 인민을 무력으로 정복하더라도 인민의 마음이 편안해지지 않는다면 이를 다스릴 수 없다. 이른바 손해가 있을 뿐 무익한 일에 불과하다면 도리어 이것을 부식(扶植)하는 것만 못하다. 한국이 부강해지도록 한다면 장래에 힘을 합쳐 동양의 형세를 유지하는 데 좋은 조건이 될 것이다〉[162]라는 환상을 퍼트렸다. 제3차 한일 협약 체제하에서 일본에 의하여 한국 개발이 이루어졌다는 점을 말하면서 민심 수습을 꾀한 것이다.

그때 이토는 일본에 의한 한국 지도의 정당성을 조선 민중에게 알리기 위해 한국 황제의 권위를 최대한 이용하려 했다. 순종을 배종한 이토는 한국 황제가 〈본관에게 위임하시어 보익(輔翼)의 직임을 다하도록 하신 것은 한일 양국의 화친을 깊이 생각하셨기 때문〉이고, 또한 〈한제(韓帝) 폐하께서는 두루 인심의 평온을 회복하고, 우리의 지도에 따라 한국이 부강해질 것을 간절히 바라셨던〉 것이라고 하여 한국 황제의 의사에 따라서 일본이 〈시정 개선〉을 실시한다는 점, 게다가 〈폐하의 뜻은 한일 국민의 친목하는 마음까지도 수습하시려는 데 있고, 지방 민심은 아직 평온하지 않기 때문에 인민은 평안하게 업무에 종사하도록 한 것이다. 특히 한국인 제군에게 바라는 것은 조금이라도 일본의 후의를 의심하는 바가 있더라도 일본인과 한국인의 일치는 현재의 급무〉라는 점을 강조하면서 순행처의 각지 환영회에서 연설을 반복했다.[163] 또 순행 후에는 이토의 배종에 순종이 감사하고 있다는 취지의 칙어를 발표하도록 했다.[164] 이토는 황제의 의사가 한일 융화에 있으며 한국민도 그러한 황제의 뜻에 따라야 한다고 주장했으며, 황제의 권위를

162 『伊藤博文傳』下, 818쪽.
163 『駐韓日本公使館記錄』35, 35~36쪽; 『統監府文書』9, 220쪽; 小松綠, 『朝鮮併合之裏面』(中外新論社, 1920), 52쪽.
164 「舊韓國官報」 1909년 2월 7일부 호외.

이용하면서 일본의 한국 지배를 정당화하려고 했다.

게다가 조칙이나 칙어, 연설 이외에 황제의 단발과 대원수의 군장(軍裝)과 같이 눈으로 볼 수 있는 형태의 순치책까지도 전개되었다. 쓰키아시 다쓰히코가 지적한 것처럼 제3차 「한일 협약」 체결 이후 급속하게 추진된 황제의 〈가시화〉에 의한 통합책을 순행처에서도 전개했다.[165] 황제의 단발 모습은 〈저번 폐하께서 단발하신 풍체를 실지에서 견문하여 크게 깨달은 바가 있었다. 종래대로 구관에 젖어 있다면 황제 폐하의 뜻에 거스르게 된다〉(부산)[166]고 보았다. 그리고 〈황제 폐하께서도 이미 단발하셨음에도 불구하고 우리들 신민되는 자가 단발을 싫어하고 기피하는 것은 도리어 폐하의 뜻에 어긋난다〉고 하여 그때까지 단발을 거부하고 있던 경상도 사람들 안에서부터 다수 단발하는 자가 나왔다고 보고되었다.[167] 순행을 계기로 한 단발에 대해서는 당국으로서는 눈으로 볼 수 있는 성과였기 때문인지 구체적인 수치를 거론하면서 다른 지방으로부터도 마찬가지의 보고가 다수 들어왔다. 그러나 단발자가 속출한다는 보고의 한편에서 관직을 버리더라도 단발하지 않겠다고 호소한 군수의 존재가 보도되고 있었다.[168] 또한 단발자 속출의 배경에는 후술하는 것처럼 일본에 영합한 관찰사 등에 의한 강제가 있었다고 본다. 따라서 이것을 과대평가할 수는 없겠지만 한 가지 사례를 들어 보자면 평양 이사청 내에서는 서북 순행에 즈음하여 평양에서 약 5백 명, 진남포에서 250명, 안주군에서 약 250명, 기타까지 합쳐서 약 1천5백 명 정도의 단발자가 나왔다는 보고가 있었다.[169] 또 황제의 군장에 대해서도 〈폐하께서

---

165 月脚達彦, 「〈保護國期〉における朝鮮ナショナリズムの展開 ― 伊藤博文の皇室利用策との關連で」, 『朝鮮文化硏究』 7, 2000), 63~64쪽.
166 『駐韓日本公使館記錄』 35, 178쪽; 『統監府文書』 9, 264쪽.
167 『駐韓日本公使館記錄』 36, 36~37쪽; 『統監府文書』 10, 263쪽.
168 「大韓每日申報」 1909년 1월 9일부 「愛髮郡守」.
169 『駐韓日本公使館記錄』 35, 128쪽; 『統監府文書』 9, 341쪽.

군복을 입으신 모습이므로 너희들도 시세에 따라 구사상을 개신하라는 윤음의 취지에 대하여 장연좌식(長煙坐食)의 낡은 꿈에서 각성한 자가 많다〉[170]는 보고에서 엿볼 수 있는 것처럼, 근대화의 전범을 보여 주는 시각적 매체로서 황제에게 일정한 기능을 기대하고 있었다고 할 수 있다.

황제 순행에 대한 조선 사회의 반응

그렇다면 이러한 이토의 의도에 대한 조선 사회의 반응은 어떠했을까? 당국은 〈한인 관민은 이번 순행으로 천재일우가 성사되었다고 하여 숙성(熟誠)한 충성심으로 봉영 준비에 분주하고······ 일반 한인 측은 상하가 기다리면서 숙성한 봉영을 하기 위한 의향으로, 한국도 이로부터 점차 개명의 영역에 도달하게 될 것이라고 환희〉[171]했다고 순행의 성공을 자랑했다. 또한 사정에 통달한 자가 〈충군 애국의 사상을 주입, 환기시키는 데 지대한 효과가 있는〉 것으로 인식했다고 보고하였다.[172] 이번 순행이 〈충군 애국〉 의식을 고양시켰고, 그러한 의식을 지렛대 삼아 근대화를 추진할 필요성을 조선 사회에 인식하도록 만들었다고 평가한 것이다. 확실히 일진회를 비롯한 친일 단체는 물론, 서북학회 등 애국 계몽 단체도 황제의 순행을 환영했다. 또 대한협회에서는 1월 5일 윤효정(尹孝定)의 집에서 오세창(吳世昌), 권동진(權東鎭), 장지연(張志淵) 등의 간부가 모여서 순행에 대한 대응을 협의했는데, 순행을 실시하는 것 자체에는 반대하지 않았다. 결국 대구·금산·직산·부산·마산 등 각 지회에 환영의 뜻을 표시하도록 전보로 명령함과 동시에, 7일 출발할 때에는 남대문에 모여서 황제를 배웅하기로 결정했다고 한다.[173] 또 평양에 있는 미국 선교사 등은 〈이번 행행(行幸)이 한국의 계발에 커다란 이

---

170 『駐韓日本公使館記錄』 35, 41쪽; 『統監府文書』 9, 285쪽.
171 『駐韓日本公使館記錄』 35, 103쪽; 『統監府文書』 9, 328쪽.
172 『駐韓日本公使館記錄』 35, 100쪽; 『統監府文書』 9, 283쪽.
173 『駐韓日本公使館記錄』 36, 10~11쪽; 『統監府文書』 10, 245쪽.

익이 된다〉고 하여 소속 신도를 모으고, 환영 준비를 진행했다.[174] 다음에서 볼 국기 게양 사건과 같이 애국 계몽 단체에 의한 반일 운동도 물론 전개되었지만, 애국 계몽 단체에서 적어도 간부층에서는 그 〈충군〉 의식을 매개로 순행을 계기로 삼은 이토의 민심 귀속책에 포섭되어 간 자가 많았다고 평가할 수 있을 것 같다.

한편 순행에 적극적으로 반대 의향을 표명하고, 또 치안 당국이 반일 세력으로 경계하고 있던 것은 안창호 등 기독교계 집단이었고, 그 일단을 보여주는 것으로 잘 알려진 것이 평양에서 일어난 국기 게양 사건이다. 국기 게양 사건이란 환영에 즈음하여 한일 양국 국기를 휴대하라고 한 관찰사의 명령에 대하여 안창호 등의 기독교계 학교 교원이나 생도가 〈이토 통감은 폐하의 수행원이므로 특별히 일본 국기를 휴대하고 경의를 표시할 필요가 없다〉고 주장하면서 반발했으며 국기를 휴대하지 않았을 뿐 아니라 환영, 환송회에도 참가하지 않은 것이다.[175] 안창호 등의 이러한 행동은 쓰키아시가 지적한 것처럼 애국 계몽 운동에서 함양된 충군 애국적 민족의식에서 비롯된 내셔널리즘의 발양으로 볼 수 있다.[176] 또 이때 일어난 히노마루 소각 사건 등이 일본에서 보고되자 반한 감정이 고조되었다.[177] 1907년 황태자 요시히토(嘉仁)가 한국을 순계(巡啓)할 때 나온 우치다 료헤의 다음과 같은 우려는 이러한 충군 애국적 내셔널리즘의 고양에 대응한 것이었다고 할 수 있다.[178] 우치다는 황태자 순계를 맞이하여 〈한국의 신민은 그 군주가 우리 의장병에게 둘러싸인 엄용(嚴容)함을 보거나 아니면 한국 병사를 철수시켜 우리 의장을 사용하는 것은 주상이 우리에게 구금된 것과 같다고 비관함이 없

174 『駐韓日本公使館記錄』 35, 111쪽;『統監府文書』 9, 326쪽.
175 『駐韓日本公使館記錄』 35, 126쪽;『統監府文書』 9, 339쪽.
176 月脚達彦,「〈保護國期〉における朝鮮ナショナリズムの展開」, 68쪽.
177 海野福壽,『韓國倂合史の硏究』(岩波書店, 2000), 337쪽.
178 原武史,『直訴と王權』(朝日新聞社, 1996), 209~210쪽 참조.

지는 않을 것이다. 그러나 우리가 한국 황제를 소중히 하는 것이 지대함을 보고 생민이 점차 황제의 존엄함을 알고, 나아가 순행에 가치를 두고, 매번 그 면모를 숭배함에 따라 사민(士民)이 모두 스스로 애군(愛君)의 생각을 하게 될 것이다. 한국에서는 즐거워해야 할 현상이라고는 해도 한국민을 충군 애국으로 교화하는 것은 우리의 보호 아래로부터의 독립을 가르치게 된다〉[179]고 관찰했다. 충군 애국적 황제관을 이용하려는 이토에 대하여 일본 측에서 비판이 있었고, 또 후술하는 순행에 대한 조선 민중의 반응을 아울러 생각해 보면 일본의 의장병에 의한 한국 황제의 호위가 조선 민중의 눈에 황제의 구금으로 비칠지도 모른다는 관찰은 예리하다. 국기 게양 사건은 이러한 황제 이용책이 야기한 문제성을 드러내는 것이었음은 분명하다. 쓰키아시가 전망한 것처럼 충군 애국 의식으로부터 〈애국〉 의식이 분리·순화되는 가운데 일본의 식민지 지배에 대한 저항이 강렬해졌고 〈항일 내셔널리즘〉이 성립한 것으로 이해할 수 있기 때문이다.[180] 그러나 우치다 쓰키아시의 이러한 평가는 후술하는 것처럼 조선에서 〈일군만민〉 사상의 확산을 무시한 선상에서만 성립할 수 있다.

순행이라는 진무책이 지방 관리나 일부 단체 등 극히 한정된 층으로만 침투했고, 당국이 자랑할 정도로 조선 사회에 영향을 미칠 수 없었다는 것은 국기 게양 사건과 같은 명확한 반일 운동뿐만 아니라 민중이 보여 준 각양각색의 동향이 시사하고 있다. 특히 이토 히로부미나 이완용 등 한일 고관의 호소를 일반 민중은 냉정한 태도로 받아들였다. 예를 들어 이토의 연설에 대하여 〈진중한 한인은 통감 연설의 진위가 장래의 통감 정치의 실제에 비추어 본 후가 아니라면 용이하게 판정하기 어렵다〉(평안남도 경찰부)고

---

179 葛生能久, 『日韓合邦秘史』 上(原書房, 1966년 복각), 355쪽.
180 月脚達彦, 「〈保護國期〉における朝鮮ナショナリズムの展開」.

평가했다거나[181] 또는 〈통감, 이 총리의 연설을 청취한 한인은 겨우 10명에 지나지 않으며 일반에게 널리 알려지지〉 않았을 뿐 아니라 〈청취자의 다수는 입을 다물고 말하지 않았다〉(경기도 경찰부)[182]고 하는 상황이었다 한다. 더욱이 평양에서는 군수 채수현(蔡洙鉉)이 〈이토 통감은 세계의 정치가로서 문필이 있다고 들었다. 이번 연설은 별도로 다른 사람보다 낫다는 말을 듣지 못했다〉는 평가가 보고되었다.[183] 이완용의 연설에 이르러서는 서북학회 회원으로부터 〈구 양반 가정에서 성장했지만 원래 정식 교육을 받지 않은 자라면 지난번 구락부에서 한 연설과 같은 것도 특히 언사가 화려하여 도리어 연설의 요령을 몰각했다고 평가하고〉, 〈이 총리의 연설은 모두 어구가 완전히 자기주의로 흘러서 귀를 기울일 가치가 하나도 없다〉고 매도하는 소리까지 나왔다.[184] 또한 그 연설을 평가하는 경우에도 〈통감 연설의 뜻을 헤아려 본 자와 같이 한일 관계상 오해를 풀고 더욱이 한일 인민의 화친을 꾀하려는 성의에서 나온 것〉[185]이라고 한 것처럼 이토의 뜻에 입각했다는 점이 강조되는 등 이완용 자신을 평가한 것은 결코 없었다. 일찍이 이완용 내각이 성립했을 때 정3품의 위계에서 대신에 취임한 자가 많았기 때문에 〈3품 내각〉이란 평가가 각 지방에서 성행했는데,[186] 사람들의 이러한 인식이 이완용에 대한 냉담한 평가로 이어졌다고 본다.

그러나 그 이상으로 강조해야 할 것은 각 이사청이나 치안 당국에서 보고된 〈하류〉 조선인의 반응이 없었다는 점이 아닐까 한다. 〈중류 이상의 사회에서는 주상의 생각이 있는 바와 이번 행행의 성사는 통감 지도의 은사로서

---

181 『駐韓日本公使館記錄』 35, 201쪽; 『統監府文書』 9, 284쪽.
182 『駐韓日本公使館記錄』 35, 199쪽; 『統監府文書』 9, 282쪽.
183 『駐韓日本公使館記錄』 35, 125쪽; 『統監府文書』 9, 338쪽.
184 『駐韓日本公使館記錄』 35, 129~130쪽; 『統監府文書』 9, 342쪽.
185 위의 책.
186 『日本外交文書』 40-1, 567쪽.

전적으로 유신의 은택에 따른 것이라고 하여 통감 정치를 신뢰해야 함을 깨닫게 된 자가 많았고〉, 〈중류 이상의 노인 가운데는 감격한 나머지 자손에게 가르쳐 주상의 생각에 거스르지 않도록 맹세하게 하고, 마침내 단발을 결행하게 한 자가 있었다〉[187]고 순행의 성공을 전하는 보고로부터 반대로 순행이라는 행사에 대하여 민중이 반드시 반응한 것만은 아니라는 상황을 엿볼 수 있다. 순행이 〈중류 이상〉의 조선 사회에만 영향을 미쳤다는 것을 당국은 인정할 수밖에 없었고, 압도적 다수의 민중을 무시하지 않고서는 순행의 성공을 자랑하기는 불가능했다.

한편 황제 순행은 일본에 아부하는 자에 대한 조선 민중의 불평·불만을 더욱 고조시키는 계기가 되었다는 성격도 아울러 가지고 있었다. 환영 준비에 즈음하여 평안남도 관찰사 이진호(李軫鎬)는 일반 기부금을 모금해 연회비나 도로 수선비를 염출하려 했고, 더욱이 순행에 즈음해 통행의 편리를 꾀할 〈한인 가옥 약 2백 채의 울타리를 잘라 냈기〉 때문에 민중의 불평을 초래했다. 관찰사의 이러한 행동에 대해 통감부가 보상을 실시하도록 하거나 준비를 축소하도록 하는 등 일본 측이 억제하는 방향으로 우회하도록 만들 수밖에 없었다.[188] 순행은 일상생활을 영위하는 민중에 폐를 끼치는 것이었다. 또 순행에 즈음하여 개성 관찰도 임시 사무소에서 폭파 사건이 일어났다. 그 사무소는 새롭게 개성 군수로 임명된 박우진(朴宇鎭)이 소유한 빈집이었는데 당국은 이 폭파 사건에 대하여 박우진이 〈일본인 관리에게 아첨하여 군수로 임명〉된 것에 대한 사람들의 질투 때문에 일어나지 않았을까라고 보고했다.[189] 원칙상 황제에게 임명된다는 형태를 취하는 지방관에 대해서도

---

187 『駐韓日本公使館記錄』 35, 141·143쪽; 『統監府文書』 9, 349~350쪽.
188 『駐韓日本公使館記錄』 35, 79~80쪽; 『統監府文書』 9, 291~292쪽.
189 『駐韓日本公使館記錄』 35, 123쪽; 『統監府文書』 9, 335쪽. 이 폭발을 둘러싸고 이토 히로부미를 암살하려는 것이었다는 유언비어가 퍼져 있었다(黃玹, 『梅泉野錄』, 國史編纂委員會, 1955, 483쪽).

일본이라는 중간 세력이 개입함에 따라 민중과 괴리되어 있었다는 점을 엿볼 수 있다. 더욱이 순행에 즈음해 실시된 하사금이 배부되지 않은 점에 대한 불만의 목소리가 서북학회 등에서 고조되는 등[190] 애국 계몽 운동 단체의 순행에 대한 평가도 결코 방치할 수 없었다. 황제 순행은 총체적으로 제국주의의 새로운 차별 체제를 조선 사회에 유입해 가는 계기였다고도 평가할 수 있을 것이다.

더욱 주목해야 할 것은 순행이 조선에서의 정치 문화를 한층 더 부정하는 계기가 되었다는 점이다. 순행에 즈음하여 치안 당국에 의한 경비는 극히 엄중해졌다. 남부 순행, 서북 순행 모두 경무부장으로부터 관계 경찰부장 앞으로 동일한 내용의 통첩이 발송되었는데, 거기서부터 하라 다케시(原武史)가 강조한 것처럼 질서 있게 배치된 공간을 만들어 내려는 명확한 의도를 읽어 낼 수 있다.[191] 순행의 배관에 즈음해 행렬을 가로지르지 못하게 한 것이나 모자, 두건, 갓 등을 벗을 것, 〈술 취한 자, 정신병자, 백치〉에게는 간호인을 붙여서 배관 장소에 접근하지 않도록 할 것, 노인이나 환자, 농아자에게는 보호인을 붙여 둘 것, 행렬을 2층에서 내려다보지 않도록 하라는 주의가 내려졌다.[192] 따라서 남북 순행에 즈음해서도 황제에 의한 자문이나 알현 등이 실시되었지만 그것은 관제 행사의 일환에 불과했고, 결코 자유롭게 거행되지는 않았다. 이러한 치안 당국의 엄중한 경비는 조선에서 직소(直訴)라는 정치 문화의 봉쇄를 초래했다.

조선에서는 서장에서 서술한 것처럼 행행에 즈음해 국왕에게 직소를 하는 것이 비교적 가능했고, 특히 영조·정조의 군권 강화책 안에서 다수의 민소(民訴)가 이루어졌다. 민소의 시대라고 불리는 이유이다. 세도 정치 아래에

---

190 『駐韓日本公使館記錄』 35, 115쪽; 『統監府文書』 9, 340쪽.
191 原武史, 『直訴と王權』, 제2장 참조.
192 松田利彦 監修, 『韓國「倂合」期警察資料』 3(ゆまに書房, 2005), 110~111쪽.

서 그러한 민소는 현실적으로 봉쇄되어 갔고(따라서 민란이라는 실력 행사를 통하여 민중은 사회 정의의 실현을 희구하였다), 원칙상으로 직소를 하는 것이 유교적 민본주의의 이상에서는 당위였다. 1905년 『형법대전』에 의해 직소는 금지되었으나 그러한 조치로 인하여 정치 문화 혹은 민중의 정치에 대한 기대가 쉽게 없어지지는 않았다. 남북 순행 때에도 민중은 직소라는 정치 수단을 취하려 했다. 예를 들어 다음과 같은 보고가 이루어졌다. 이병하(李秉夏)라는 인물이 상주문과 같은 것을 휴대하고 있었기 때문에 당국이 체포해 취조했을 때, 그 서면에는 부친을 독살한 범인을 사형이 아니라 유형에 처하도록 청구한 문구나 〈자기의 가택명을 은사(隱士)라고 판서하고 3~4대 충신 중하에게 존칭을 내려 주십시오〉 등의 문구가 쓰여 있었는데, 그의 거동으로 미루어 〈발광한 자로 인정되었기 때문에 마산 경찰서에서 보호를 하고〉, 신원을 조사했다고 한다.[193] 그 외에도 신용원(申用源)이라는 인물이 장인에게 효행을 지극하게 한 모친을 효자 열녀의 예에 추가해 표창해 줄 것을 직소한 사례도 보고되었다.[194] 일찍이 민소의 내용은 네 가지로 제한되어 있었는데, 민소의 증가를 수용해 18세기 초에 ① 자손이 조부를 위해, ② 처가 지아비를 위해, ③ 동생이 형을 위해, ④ 노비가 주인을 위해서라고 하는 새로운 네 가지 건으로 칭하는 대리신소(代理申訴)의 조치가 꾀해졌다.[195] 따라서 이병하나 신용원의 행동은 전통적인 민소의 논리에 기초하여 직소를 하려 했다고 이해할 수 있다. 하지만 이러한 행위는 일본적인 의례 공간 안에서 명확하게 부정되었다.

---

193 위의 책, 179~180쪽.
194 위의 책, 253~254쪽.
195 李泰鎭(六反田豊 譯), 『朝鮮王朝社會と儒教』(法政大學出版局, 2000), 307~308쪽; 原武史, 『直訴と王權』, 30~31쪽.

조선 사회의 집합 심성의 소재: 황제 순행에서 소문의 분석을 둘러싸고

그렇다면 조선 민중은 황제 순행을 어떻게 파악하고 있었을까? 이 점에 대해 치안 당국이 수집한 유언비어를 검토하는 것으로 그 일면을 살펴보도록 한다. 무엇보다 유언비어는 사실 자체의 존재 여부를 보여 준다기보다, 그것을 이야기해 전달해 가는 민중의 심성 양상을 드러낸다. 그렇기 때문에 민중이 권력에 어떻게 대응했는지를 단적으로 보여 준다.[196]

우선 순행의 목적을 조선 사회가 어떻게 파악하고 있었는지에 대해 검토해 본다. 대표적인 소문으로서 ① 단발을 장려하기 위한 순행이라고 파악한 양상을 들 수 있다. 또한 ② 한국 정부의 괴뢰성을 야유하는 소문이나, ③ 한국 병합의 준비로 실시되었다고 이해한 보고가 있었다.

①의 경우 한국 황제가 단발한 모습은 한일 융화의 상징으로 간주되었으며, 당국이 단발자의 속출을 그 성과로 자랑했다는 점은 앞에서 확인했다. 그러나 예를 들어 〈서쪽 행행은 단발을 권장하는 데 있다〉[197]는 소문은 수단과 목적을 전치하여 이해하고 있었음을 보여 준다. 민중은 순행이 단발을 강요하기 위해서 이루어졌다고 파악했다. 이와 관련해 쓰키아시 다쓰히코는 제도적으로 단발을 조속히 할 것이 요구된 신식 학교의 학생이 장기 휴학에서 돌아왔을 때 의병에게 습격을 당하지 않도록 하기 위해서 휴가가 가까워지면 학교에서 단발을 면제하도록 요청했다는 점이나, 군수로부터 단발의 순회 지휘를 하라고 명령을 받은 면장이 자신에게 위험이 미칠 것을 두려워하여 그 명령을 거부했다는 흥미로운 사실을 발굴했다.[198] 단발한 자로서도 그 태도는 기회주의적이었고, 단발에 대한 사회적 저항감은 여전히 강력했음을 엿볼 수 있다.

---

196 G. ルフェーヴル(二宮宏之 譯), 『革命的群衆』(岩波文庫, 2007), 제2장; 二宮宏之, 『全體を見る眼と歷史家たち』(平凡社ライブラリー, 1995), 제2부 참조.
197 『駐韓日本公使館記錄』 35, 200쪽; 『統監府文書』 9, 284쪽.
198 月脚達彦, 「「保護國期」における朝鮮ナショナリズムの展開」, 66쪽.

②의 사례로는 당시 항간에서 떠돌고 있던 한국 내각 경질설을 회피하기 위해서 이토의 환심을 사려고 한 내각원이 순행을 실시하도록 했다는, 서울 안에서의 풍문을 들 수 있다.[199] 다른 대다수의 소문이 순행 기획의 주체를 통감부에서 찾고 있는 가운데 이완용 내각의 괴뢰성을 비판했기 때문에 흥미롭다.

③의 범주에는 예를 들어 다음과 같은 것이 있다. 서북 순행할 때 〈인민의 질곡을 살피신다면 철종 대왕(25대 국왕, 재위 1849~1863년)과 같이 하라. 어찌 다수의 수행원을 이끌고, 다대한 금을 소비하여 헛되이 국고를 탕진하는 것이 필요하겠는가?〉[200]라고 재정 부담을 강요하는 순행의 실시에 대해 비판하는 목소리가 높았다. 당시 일본에 차관 변제를 하기 위해서 애국 계몽 운동 단체를 중심으로 국채 보상 운동이 전개되고 있던 점을 생각해 보면 이러한 비판이 고조되는 것은 당연하다고 할 수 있다.[201] 또 기독교 신도들 사이에서는 〈일본이 무력으로 한국을 탈취하려 한다면 열국이 지켜보고 있기 때문에 불가능할 것이다. 그러므로 재정을 피폐하게 하여 결국 목적을 달성하려고 한다. 이렇게 무익함을 기도하고 있다〉[202]는 소문이 유포되었다. 한국 병합을 획책하고 있는 일본이 한국 재정을 파탄나도록 하기 위해서 황제 순행을 계획했다고 이해한 것이다. 혹은 〈이번 행행은 폐하의 의사가 아니라 동양 척식 회사를 창립해 약 4백만 명의 일본인을 도한시킴에 따라 이토 통감은 폐하에게 행행을 권유하여 그 지리를 순찰하려는 것이다〉[203]라는 풍

---

199 『駐韓日本公使館記錄』 36, 50쪽; 『統監府文書』 10, 272쪽. 다만 이토는 당시 내각 불일치를 회피하는 것까지도 순행의 목적 가운데 한 가지로 거론하였다(『駐韓日本公使館記錄』 35, 33쪽; 『統監府文書』 9, 238쪽).

200 『駐韓日本公使館記錄』 35, 118쪽; 『統監府文書』 9, 334쪽.

201 국채 보상 운동에 대해서는 田口容三, 「李朝末期の國債報償運動について」(『朝鮮學報』 128, 1988) 참조.

202 『駐韓日本公使館記錄』 35, 118쪽; 『統監府文書』 9, 334~335쪽.

203 『駐韓日本公使館記錄』 35, 122쪽; 『統監府文書』 9, 334쪽.

문에서는 일본에 의한 경제적 식민지화가 본격화되는 것에 대한 저항감을 읽어 낼 수 있다.

위에서 거론한 ③까지는 구체화되지 않았지만 황제 순행 이후 정치적, 사회적 변동을 민중이 눈치챘음을 시사하는 몇 가지 소문도 수집되어 있다. 예를 들어 함경북도에서는 〈이번은 만승(萬乘)의 신분으로 멀리 목책 바깥으로 순행하셨다. 혹시라도 하등의 재해가 발생한 것은 아닐까라고 위구하는 자〉가 있었고,[204] 또한 평안북도 의주에서는 〈하류 인민으로서 사리에 통달하지 못한 자들 가운데 폐하는 늘 황궁에 계심에도 불구하고 급격하게 이렇게 몹시 추운 때가 되어 이[서북] 지방에 행행하신 것은 반드시 국민에게 동란이 있기 때문에 피난하시려는 것이 아닌가〉라고 이해하는 자가 있었다고 보고되었다.[205] 민중은 황제 순행을 재해나 동란이 발생할 징조로 이해하였다. 이러한 재해나 동란의 발발이라는 풍문은 민중의 막연한 불안이나 공포를 드러낸다고 볼 수 있으며, 이야말로 앞에서 본 소문의 유인이었다고 생각한다.[206] 또 거기서부터 천견사상(天譴思想)을 읽어 낼 수 있다. 〈동란〉의 내용에 대하여 위의 보고는 구체적이지 않지만 예를 들어 의병장 연기우(延起羽. 延基宇, 延基羽라고도 기재됨)가 서울 근교의 양주(楊州), 적성(積城), 영평(永平), 포천(抱川), 마전(麻田), 삭녕(朔寧) 각 군에서 이 시기에 배포한 통문에 〈오늘 들은 바에 따르면 우리 황상께서는 머지않아 폐위되신다는 이야기가 있다. ⋯⋯이미 강토는 침략당하였고, 게다가 황제까지도 폐위된다면 이 이상의 국민적 치욕은 없을 것이다〉[207]라고 하는 문구 등을 아울러 생

204 『駐韓日本公使館記錄』 35, 197쪽; 『統監府文書』 9, 281쪽.
205 『駐韓日本公使館記錄』 35, 101쪽; 『統監府文書』 9, 327쪽.
206 스다 츠토무는 장 도류모에 의거하면서 공포와 강한 연관성을 가진 풍문이 나오게 된다고 지적하였다(須田努, 『「惡黨」の一九世紀』, 靑木書店, 2002, 제3장).
207 『駐韓日本公使館記錄』 36, 34~35쪽; 『統監府文書』 10, 262쪽. 그러나 연기우는 이은찬(李殷瓚)과 행동을 함께하고 있던 구한국 군인 출신의 의병장이다.

각해 보면 한국의 폐멸을 의미하고 있었다고 본다.

그리고 이러한 민중의 이해를 현저하게 드러낸 것이 순행의 목적을 한국 황제를 일본으로 데려간다고 본 소문이다. 이하에서 이 소문에 대하여 상세하게 검토해 본다. 남부 순행을 할 때 대구의 학생들 가운데는 〈한국 황제 폐하가 통감 때문에 일본국으로 납치된다고 의심하여 철로를 베개로 삼아 이를 저지하려고〉 기도하는 자가 있었다고 한다.[208] 또 〈철도에 인접한 길의 민정(民情)은 간간히 폐하가 일본으로 납치되신다는 황당무계한 말을 하는 자가 없지 않다〉(경기도)는 상황이었고, 〈행행의 명분에 그치며 그 내용은 여지없는 사정 아래에서 일본으로 납치되시므로, 폐하를 뵙는 것이 이것이 공전절후(空前絶後)의 기회가 된다고 하여 차창을 보고 이별의 눈물을 흘리면서 아쉬워하는 자〉나 〈완명한 사상을 품은 양반 유생들은 행행이 일본의 압박에 의해 도일을 하시게 되는 것이라고 추측하여 불쾌한 감정을 야기한〉(충청북도) 자가 속출했다.[209] 경무국장 마쓰이 시게루(松井茂)의 조사 보고에 따르면 동일한 소문은 그 외에도 충청남도, 전라남도, 경상남북도, 황해도, 함경남도에서도 확인된다.[210] 헌병대 경기도 김포 분견소장은 서울 근교의 김포군에서 소문의 발생원을 〈배일파〉인 김포 군수라고 특정하는 조사를 보고하는 등[211] 이러한 소문을 〈배일파〉가 주도하려 한 것으로 보았다.

그러나 좀 더 중요한 점은 그러한 풍문을 수용하는 민중의 심성이다. 이러한 풍문의 내용과 그 지역적 확산에서 간파할 수 있는 것은 조선 민중이 행행을 한일 친선의 의례로 여기지 않았고, 황재 존속의 위기를 초래한다고 보았던 점이다. 게다가 그러한 이해가 순행로 주변에 한정적으로 나타난 것이 아니라 광범한 지역에 걸쳐 이루어졌다는 사실이다. 이러한 지역적 확산

---

208 『駐韓日本公使館記錄』 35, 175쪽; 『統監府文書』 9, 263쪽.
209 『駐韓日本公使館記錄』 35, 194~195쪽; 『統監府文書』 9, 279~280쪽.
210 『駐韓日本公使館記錄』 35, 194~197쪽; 『統監府文書』 9, 279~282쪽.
211 『駐韓日本公使館記錄』 36, 31쪽; 『統監府文書』 10, 254쪽.

이라는 점과 관련하여 쓰키아시는 남부 순행에 대한 저항 운동이 〈일군만민〉적 황제관에 기초하여 발생한 반면, 서북 순행은 〈충군 애국〉적 황제관에 기초해 전적으로 실시되었다고 성격을 구분했는데,[212] 일군만민적 황제관의 민중적 확산을 시야에 넣지 않았다는 의문이 남는 평가이다. 그 평가는 서북 순행에서의 반일 운동을 앞서 기술한 국기 게양 사건으로 대표하여 다룬 것이고, 여기에서 본 것과 같은 유언비어가 예를 들어 남부 순행을 할 때에도 북서부 지역이나 순행이 실시되지 않은 지역으로까지 확산되었다는 사실을 간과했다.

그리고 이러한 민중의 위기 의식은 메이지 천황이 한국 황제의 순행에 경의를 표시했다는 명목으로 이토가 부산과 마산으로 파견시킨 제1, 제2함대로 한국 황제가 임행(臨幸)함으로써 더욱 고조되었다. 함대 파견은 한일 황실의 친목을 연출함과 동시에 〈한국 상하의 인심에 영향을 끼치는 데 의심할 바 없다〉[213]는 이토의 메이지 천황에 대한 상주에서 명확한 것처럼, 일본의 위용을 조선 관민에게 과시하기 위해서 실시된 것이었다. 이러한 의례에 대한 부산의 민정에 대하여 치안 당국자는 다음과 같이 보고했다.[214] 제2함대 기함 오즈마(吾妻)에 임관할 때 《《무엇 때문에 군함이 왔는가?》, 《혹은 폐하를 일본으로 연행하기 위해서가 아닌가?》라는 의혹을 일동이 품고 있었던 것 같으며, [1월] 8일 밤 12시 이후 행재소[황제의 숙박 시설] 앞에서 꿇어앉아 밤을 새려고 하여 경찰의 훈계를 듣고 물러갔는데, 군중 가운데는 《이것이 곧바로 이별이 될지도 모르기 때문에 무슨 일이 있더라도 오늘밤은 밤을 새야 한다》고 말하는 자도 있어서 저들이 이별 운운하는 말은 폐하가 일본에 납치되신다는 뜻을 내포하고 있다〉는 상황이었다고 한다.

212 月脚達彦,「「保護國期」における朝鮮ナショナリズムの展開」, 69~70쪽.
213 『駐韓日本公使館記錄』35, 28쪽; 『統監府文書』9, 232쪽.
214 『駐韓日本公使館記錄』35, 178~179쪽; 『統監府文書』9, 264쪽.

이러한 상황에 대해 남부 순행을 수행한 중추원 의장 김윤식(金允植)은 〈이날 밤 부민들은 어가(御駕)가 승선하는 것을 의심하여 혹시 일본으로 건너가게 될지도 모른다는 와언(訛言)이 있었다. 부민은 결사대 450명을 모집하여 밤이 되자 궁을 수비했다. 궁내 대신은 만방으로 효유했지만 끝내 해산하지 않았다. 순검을 지휘하여 이들을 쫓아냈다. 민정이 어리석기는 해도 또한 소중하다〉[215]고 기록했다.「대한매일신보」도 한국 황제를 일본으로 도항시킨다고 의심하여 4천 명 정도가 결사대를 조직했다고 하는 소식이나, 승선하려고 한 황제를 저지하기 위해 의복을 도로에 벗어 막으려 했던 일, 준비한 60척의 목선으로 군함을 포위한 사실 등을 보도했다.[216] 또『매천야록』에 따르면 항구에 모여서 황제의 어가를 호위하는 시위 운동을 실시한 부산의 백성과 상민은 수만 명을 상회했다.[217] 시위 운동에 참가한 인원 수는 사료에 따라 크게 차이가 있으나, 그 숫자의 차이보다도 좀 더 중요한 것은 이토가 일본의 부강을 과시하기 위해서 파견한 일본의 군함이 황제를 일본으로 데려가기 위한 수단으로써 민중의 눈에 비쳤다는 점이다. 이러한 민중의 움직임을 목격하고 이토는 황제를 승선시켜 부산만 내를 항해하려던 계획을 포기할 수밖에 없었다.[218] 위용을 과시해 일본의 한국〈지도〉를 정당화하려 한 이토의 의도는 민중의 황제 환상 앞에서 완전히 정반대의 결과를 낳은 것이다.

이러한 황제의 도일, 납치라는 소문에 민중이 시위 운동을 일으킨 것에 대하여 치안 당국은〈10일, 지체하지 말고 마산으로 어가를 출발하도록 하여 앞서 말한 의혹을 완전히 해소하고, 일반 지방의 민정을 시찰하시는 행행이

215『續陰晴史』下(국사편찬위원회, 1960), 277쪽.
216「大韓每日申報」1909년 1월 17일부「釜民獻忠」.
217『梅泉野錄』, 483쪽.
218『續陰晴史』下, 277쪽.

있다는 사실에 환희하고 있다〉고 하여[219] 행행을 지체하지 말고 진행해 민중의 〈의혹〉을 풀고 행행을 환영하도록 했다고 보고했다. 그러나 이러한 당국의 이해는 낙관에 지나지 않았다. 예를 들어 다음 순행지인 마산에서 민중의 〈분하고 답답해하는 마음〉에 직면한 이토는 도중에 연설을 중단하지 않을 수 없었다.[220] 서북 순행에서도 마찬가지의 〈의혹〉이 민중에게서 다시 부상했기 때문이다. 서북 순행을 할 때에도 〈결국에는 일본으로 연행하려는 준비로서 한국 황제의 의지가 아니며 여지없이 일본을 위해 하게 된다〉[221]는 이해가 빈발했다. 더욱이 〈평양에서 북한 행행은 일본인이 정략상 꾀어 낸 것이므로 이로부터 다시 원산에 순행하실 것을 권하고, 이 지역에서 일본으로 선박을 이용하여 폐하를 연행하려는 것〉이었기 때문에 〈결사대를 조직하여 평양 이북의 순행을 중지할 것을 도모〉 한 사실이 보고되었다.[222] 순행 도중 원산에서 일본으로 황제를 연행하려 한다고 보아 의주로의 순행을 저지하려 하여 평양에서 결사대를 결성하려 한 것이다.

이러한 서북 순행에서 결사대 결성의 움직임에 대해서는 어느 정도 보고가 이루어지고 있었다. 예를 들어 경기도 양주군에서 활동하고 있던 의병장 김봉수(金鳳洙), 이규찬(李奎瓚)은 이 지역의 유목동장(柳木洞長)을 모아서 한국 황제가 서북 순행을 할 때 〈우리 의병은 이번에 황제 폐하가 의주로 행행하시므로 결사대를 조직하고 행행을 중지시킬 행동을 하려고 한다. 그

---

219 『駐韓日本公使館記錄』 35, 179쪽; 『統監府文書』 9, 264~265쪽. 그러나 김윤식도 〈어가가 전함에서 내리자 의혹이 곧바로 풀렸고, 민정이 흡족해 했다〉(『續陰晴史』 下, 228쪽)고 기록했다.
220 「大韓每日申報」 1909년 1월 17일부 「馬港民氣」.
221 『駐韓日本公使館記錄』 36, 55쪽; 『統監府文書』 10, 276쪽.
222 『駐韓日本公使館記錄』 35, 117쪽; 『統監府文書』 9, 329쪽. 『伊藤博文傳』은 이토가 서북 순행을 주청했다고 했는데(『伊藤博文傳』 下, 822쪽), 서북 순행은 이토가 아니라 한국 황제와 한국 정부의 발의에 따라 실시되었다고 본다(『日韓外交資料集成』 6-下, 1156쪽; 『駐韓日本公使館記錄』 35, 73쪽; 『統監府文書』 9, 288쪽).

러지 않으면 이번에 반드시 일본으로 도항하시게 되지 않겠는가? 그럴 때 대한국은 완전히 파멸에 이를 것이다〉[223]라고 연설했다. 또 평양에서는 한인 상업 회의소(韓人商業會議所)나 태서 학교(泰西學校), 기타 기독교계 중학교에서도 결사대 결성의 의견이 나왔다고 한다.[224] 평양 이사청 이사관은 조사 결과 결사대 결성의 움직임은 단순한 소문에 지나지 않았다고 보고했다.[225] 하지만 여기서 주의했으면 하는 점은 황제의 도일 저지라는 명목으로 의병과 애국 계몽 단체가 함께 결사대를 결성하려는 움직임을 보여 주었다는 사실이다. 한국 민족 운동사의 입장에서는 이 단계에서 일반적으로 의병 투쟁과 애국 계몽 운동이 합류하지 않고 오히려 서로 비판하는 관계였다는 점을 지적해 왔다. 그러나 위에서 본 의병, 애국 계몽 운동 단체의 양 진영이 함께 결사대를 결성하려는 움직임을 보여 준 것은 황제 환상을 매개로 하여 양자를 관통할 수 있는 광범한 민중적 기반이 존재했을 가능성을 시사한다.

그리고 일본에 대한 민중의 불신감은 순행에서 돌아온 후에도 〈이번에 서남 지방으로 순행하고 무사히 돌아오신 것도 일본인의 계략으로, 한국인으로 하여금 의심하는 마음을 없애고 그런 이후에 국외로 데려가려는 것〉[226]이라는 소문을 낳았다. 또 태황제 고종을 일본으로 데려가려는 포석으로서 우선 순종을 순행시켰다는 소문도 동일한 집합 심성에 기초했다고 본다.[227] 이러한 소문을 통해서 민중이 가진 황제 이미지에서 선제(先帝) 고종과 순종 사이에는 명확한 우선순위가 존재했다는 점을 엿볼 수 있다. 1919년에 일어난 3·1 독립 운동이 고종의 장례를 계기로 발생했다는 점이 상징하는 것처

---

[223] 『駐韓日本公使館記錄』 36, 46쪽; 『統監府文書』 10, 270쪽.
[224] 『駐韓日本公使館記錄』 36, 53~54쪽; 『統監府文書』 10, 274~275쪽; 『駐韓日本公使館記錄』 35, 110쪽; 『統監府文書』 9, 326쪽.
[225] 『駐韓日本公使館記錄』 35, 121쪽; 『統監府文書』 9, 333쪽.
[226] 『駐韓日本公使館記錄』 35, 142쪽; 『統監府文書』 9, 350쪽.
[227] 「大韓每日申報」 1909년 1월 12일부 雜報 「韓皇陛下의 地方巡狩하시는 理由」.

럼 고종에 대한 황제 환상은 여전히 계속해서 잠복해 있었다고 생각하기 때문이다. 민중은 이토를 비롯한 대다수 일본인이 배종한 황제 순행이라는 일대 사건으로부터 정치적 변동을 예상할 수밖에 없었으며, 오히려 일본을 향한 반발이 강해졌다고 할 수 있다. 민심이 서서히 일본의 시정에 따르게 되었다는 일본 측의 견해는 완전히 희망적 관측에 지나지 않았다.

  게다가 일본에 의한 황제 납치라는 소문은 남북 순행을 할 때 일어난 일반적인 현상이 아니라, 아마도 보호국 시기를 거치면서 계속 퍼져 나갔다고 생각한다. 1907년 헤이그 밀사 사건의 선후책으로서 고종이 양위를 당했을 때에도 마찬가지의 풍문이 떠돌고 있었다는 보고가 있었기 때문이다. 서울에서는 동우회(同友會)라는 단체가 결사대를 조직하고 선후책을 강구하기 위해서 한국으로 출장을 나와 있던 외상 하야시 다다스가 귀국할 때 한국 황제를 일본으로 데리고 가게 된다면 그것을 저지한다는 선언문을 발표하고, 실력 행동을 취하겠다고 했다.[228] 또 부산 이사청으로부터의 보고에서는 〈길가의 와전(訛傳)을 종합해 보면 전 황제 폐하의 소재가 불명이라 하며, 또 이미 통감 관저에 유폐되었다고 한다. 또는 일본으로 데려간다고 불평을 하고 잠시 그 이야기를 유포시키고 있다〉[229]고 한 상황이나, 〈김해군 김해읍에서 한국 황제 폐하는 일본으로 도항하실 것이 결정되어 초량까지 내려오셨다는 풍설이 등장했다. 때문에 일시에 지방 인심의 동요를 초래했고, 우매한 한인은 술을 마시고 일을 쉬며, 유사시에 응할 각오를 다지는 무리나 비관을 말하는 자가 있다〉[230]는 상황이 전해지고 있었다. 황제 양위를 계기로 고종이 일본으로 연행된다는 소문이 부산 관내에서 널리 퍼졌고, 조선 왕조 시대, 국정에 대한 항의 행동으로 누차 실시된 시위 행동으로서 철시 등의

---

228 戶叶薰雄·楢崎觀一, 『朝鮮最近史』(蓬山堂, 1912), 123~124쪽.
229 『駐韓日本公使館記錄』 31, 34쪽; 『統監府文書』 3, 413쪽.
230 『駐韓日本公使館記錄』 31, 28쪽; 『統監府文書』 3, 418쪽.

항의 활동이 이루어졌다. 한국 주차군 하세가와 요시미치를 중심으로 고종의 일본 연행이 검토되었지만, 이때의 황제 납치라는 소문은 그러한 일본의 동향과는 관련성을 갖고 있지 않았으므로, 아마도 자연 발생적으로 퍼졌을 것이다. 게다가 그러한 소문을 계기로 한 폭동도 발생했다. 서울에서는 7월 18일 밤, 고종이 양위하자 다음 날 아침 종로에 운집한 군중 가운데 일부가 시위 보병 제1연대 제3대대의 병영으로 가서 〈황제는 오늘 일본으로 옮겨 가시게 되므로 인천으로 향하는 도중이다〉라고 주장하고, 여기에 호응한 병사 약 1백 명이 종로의 순사 파출소를 습격하고 경찰관을 사격했다. 더욱이 20일에 〈폐하는 오늘 일본으로 출발하신다고 운운〉하면서 결사회란 하나의 단체가 시위 운동을 벌이는 사건이 발생했다.[231]

1907년 황제 양위와 1909년 남북 순행에서 공통된 민중의 이러한 움직임은 근왕(근황) 사상이 광범위하게 퍼져 있었고, 황제의 위기 의식을 매개로 저항 운동이 전개되고 있었음을 보여 준다. 그렇다면 이렇게 조선 사회에서 광범하게 보인 근왕 사상과 한국 황제의 권위를 이용한 이토의 조선 민중 지배와의 관계를 어떻게 이해해야 하는가? 남북 순행 후 4월 30일에 압수된 「신한민보(新韓民報)」의 기사 가운데 〈황실은 국가를 멸망시키는 이기(利器)가 아니다〉는 요지로부터 이 문제를 생각해 보고자 한다.[232] 이 기사는 영국 황실과 한국 황실을 비교하면서 〈한인은 주권이 있은 연후에 비로소 군주가 있다는 이치를 이해하지 못하며, 황실 국가를 혼동하여 결국 국가를 멸망시킨다〉고 하여 한국에 근대적 국가 개념이 결여되어 있음을 비판했다.

---

231 「朝鮮暴徒討伐誌」(金正明 編, 『朝鮮獨立運動』 1, 原書房, 1967, 137쪽). 외국 세력에 의한 황제의 연행이라는 풍문은 임오군란 당시 청국에 의한 대원군 연행이라는 역사적 경험에서 기인했다고 볼 수도 있다.

232 『駐韓日本公使館記錄』 34, 506~507쪽; 『統監府文書』 10, 520쪽. 〈황태자에게 일본 여자를 배필로 삼게 한다〉는 문구를 고려해 보면 『大韓每日申報』 1909년 1월 8일부 「東宮許婚」에서 기인한 기사로 보인다.

그러한 다음 〈간적(奸謫)인 일본놈(日奴)은 이러한 어리석음을 기화로 삼아 군주를 사로잡으면 인민에게 명령을 할 수 있다고 했다. 강제로 체결한 조약, 일진회 강령에서 황실 존엄의 문자를 덧붙였고, 이토 히로부미는 황실을 한국의 서남 지역으로 연행하면서 황실과의 친밀함을 보여 주었다. 황태자에게 일본 여자를 배필로 삼도록 했고, 충분강개(忠憤慷慨)한 민심을 농락하는 묘안을 내놓았다〉고 정리했다. 한국에서 민중의 황제 환상이 강력함과 국가 관념의 결여를 비판하고, 거기에 일본이 교묘하게 이용할 여지가 있다고 본 계몽주의적 입장의 논설이다. 이토의 황제 이용책에 담긴 저의를 꿰뚫어본 것이었고, 그러한 한에서 통감부에 대한 비판이었다. 그러나 그러한 우민관과 황제관은 이토의 그것과 궤를 같이하는 것이었고, 그것만으로 제국주의 비판이 될 수는 없었다. 그렇기는커녕 오히려 앞에서 본 충군 애국적 황제관을 이용하려고 한 이토의 정책에 대한 우치다 료헤의 비판과 논리적으로 일치하게 되었다. 조선 민중의 국가 관념이 허약함을 문제시하는 그 견해는 사회 진화론적 국가관의 입장에서 비롯되었으며, 국가의 존재 의의를 도의(道義)의 실현보다 국권의 확장에 두고 있었기 때문이다.

이러한 계몽주의적 입장에서는 당시 전개되고 있던 의병 투쟁의 저항 논리는 완전히 시야에 들어오지 않는다. 예를 들어 서북 순행을 할 때 의병장 이은찬(李殷瓚), 윤인순(尹仁順) 두 사람은 경기, 강원, 황해 각도의 의병에게 통문을 보내 순행에서 돌아오는 황제를 경기도 포천군에서 맞이하고, 〈우리들은 이대로 국가를 위해 애쓰고 있다는 취지〉를 상주하자고 호소했다.[233] 여기서 보이는 것은 어디까지나 근황 의식에 기초해 의병 투쟁을 수행하고, 더욱이 도의를 실현하려는 스스로의 입장을 상소에 입각해 정당화하려는 의병의 자세이다. 「신한민보」의 기사에서는 이러한 의병의 정치적 논리를 파악할 수 없다. 「신한민보」 기사 집필자가 비판하려 한 황제와 국가를

---

233 『駐韓日本公使館記錄』 36, 60~61쪽; 『統監府文書』 10, 280쪽.

일체화한 국가상은 일본의 식민지 통치가 조선 민중의 생활을 잘게 쪼개는 가운데 도리어 이 시기에 유교적 민본주의에서 시작하는 일군만민적 황제 환상을 지렛대 삼아 급속하게 민중 차원으로 퍼져 나가고 있었다고 보아야 할 것 같다. 중개 세력 일본과 친일 괴뢰 정권의 지배가 가혹해지면 가혹해 질수록 그러한 황제 환상에 기초해 민중은 마음속에 그리는 사회 정의의 최종 실현을 황제에게 기대하게 된다. 그러나 순행 당시의 여러 소문이 시사한 것처럼 일본에 구속된 황제상이란 이해는 망국으로 가는 태동을 감지하게 만들었고, 민중의 황제에 대한 위기 의식이 국가 의식을 고양시켰다.

소결론

통감부의 시정에 대해 의병 투쟁이나 애국 계몽 단체에 의한 구국 운동 등 광범한 저항 운동이 전개되었다. 이러한 동향에 대해 통감 이토 히로부미는 제3차 한일 협약 체제에 기초하여 근대화 정책을 추진하는 한편, 〈군주를 사로잡는다면 인민에게 명령을 내릴 수 있다〉(「신한민보」)고 간주해 한국 황제의 권위를 이용한 민심 수습책을 추진해 나갔다. 그러한 이토의 황제 이용책은 왕조 말기의 정치적 혼란과 대외 위기감의 고양에 따라 종래의 통합 이념이 동요하는 가운데 갑오개혁 이후 추진된 국민 창출 운동으로 함양 되었던 〈충군 애국〉적 황제관을 일본의 지배에 적합하게 재편하려 했다. 1909년 초에 실시된 남북 순행은 그러한 황제 이용책의 정점이었다고 평가할 수 있다. 이토의 대한 정책은 조선 민중과 공유할 수 있는 통합 이념을 창출하려 했고, 물리적 폭력에 전적으로 의존한 식민지 통치 방식은 아니었다는 의미에서 3·1 독립 운동 이후에 제3대 조선 총독 사이토 마코토(齊藤實)가 실시한 문화 정치의 선구적 형태로 자리매김할 수 있다. 국기 게양 사건에서 보이듯이 충군 애국 의식을 순화함에 따라 일본에 대한 저항을 강화하는 방향성도 물론 존재했지만, 이러한 정책으로 근대적 문명주의에 타협적인 애국 계몽 단체 등의 일부를 포섭하는 데 성공했다.

그러나 황제 순행을 통해 이토는 귀순을 꾀하려 했던 의병뿐만 아니라 조선 민중의 다양한 형태의 반발과 조우하게 되었다. 황제와 민중이 유교적 민본주의를 매개로 원칙적으로 직접 연결된다는 일군만민적 근왕(근황) 사상이 갑오농민전쟁과 대한제국기에 이루어진 민중의 변혁 운동으로 조선 사회에 널리 수용되었기 때문이다. 이러한 가운데 황제의 권위를 이용한 지배를 실시한 것은 일본에게 양날의 검이었다. 그것은 「신한민보」가 지적하였듯이 국왕 환상에 기초한 이데올로기 지배를 성립시킬 수 있는 광범한 기반이 존재했음을 의미하는 한편, 유교적 민본주의가 농후하고 뿌리 깊었던 조선 사회에서 황제의 이용은 중개 세력에 대한 민중의 투쟁을 격렬하게 만들지도 모르는 일이었기 때문이다. 이러한 일군만민적 황제 환상을 뒷받침한 것은 민중의 사회 정의 실현에 대한 희구였고, 그것은 일본의 통치가 가혹해질수록 좀 더 첨예해질 수밖에 없었다. 이토가 조선 민중의 민심 귀속을 꾀하려 한 황제 순행은 황제가 일본으로 납치된다는 소문이 암시하는 것처럼 일본에게 구속된 황제상을 사람들에게 가시화시켰다. 또한 그 구속은 망국을 향한 태동이라고 이해하게 되면서 민중의 시원적 내셔널리즘을 끌어냈다. 황제에 대한 위기 의식이 국가 의식의 고양으로 흘러들어 간 것이다.

이리하여 충군 애국적 논리에 기초한 황제의 지배 이데올로기를 민심 수습책으로 이용하려고 한 이토의 시도는 조선 사회에서 깊이 스며들어 있던 일군만민적 황제관 앞에서 좌절되어 갔다. 따라서 한국을 병합할 때 제3차 한일 협약 체제를 좌절시킨 조선 민중의 내셔널리즘의 원천을 단절시켜야 한다는 것을 일본의 정치가가 통감하게 만들었다. 그것을 단적으로 보여 주는 것이 서두에서 본 고무라 의견서이다. 고무라가 한국 병합에 즈음해 한국 황제를 정치적으로 무력화하려 한 이유는 바로 일군만민적 황제관과 조선 민중의 내셔널리즘 사이의 연관성이 일본에 대한 저항을 전 사회적인 문제로 만드는 것에 대하여 그 싹을 잘라 내기 위해서였다. 물리적 폭력에 의한 탄압을 실시하는 한편 새로운 통합 이념을 제시해 민심을 수습하려 한 이토의 통치 구상이 전통적인 정치 문화에 기초한 민중의 반발 앞에서 좌절된 이상, 그 통치 방식은 물리적 폭력으로 일원화되어 가게 된다.

따라서 고무라의 의견은 조선 사회로부터 지배의 합의를 얻어 내려고 한 회로를 완전히 무시한 것이었다. 그리고 그러한 민심 수습을 도외시한 통치책은 이미 러일 전쟁 중 의병 탄압 과정에서 나타난 것처럼 조선 사회 전체를 〈치안 유지〉의 대상으로 삼을 수밖에 없게 만들었다. 이리하여 조선 민중의 질서 회복을 향한 모든 행동을 일본은 〈치안 문란〉으로 파악해 나갔다. 여기에 한국 병합 이후에 무단 통치가 등장하는 배경이 있다. 무단 통치 등장의 원인을 일본의 지배에 저항한 의병 투쟁 등의 민족 운동이 강고했다는 점에서 찾는 것만으로는 충분하지 않다. 유교적 민본주의로 뒷받침되어 있던 조선의 정치 문화가 그러한 민족 운동을 아래로부터 지지를 받아 좀 더 강고하게 만들었던 것이다.

제 4 장 병합론의 상극

들어가며

1910년 8월 일본은 대한제국을 병합했다. 러일 전쟁 이후 한국에 대한 실효적 지배를 추진해 온 일본이었는데 이 시점에 한국을 폐멸시켜 일본으로 편입했다. 그렇다면 일본은 어떠한 과정을 거쳐 한국 병합을 단행하였는가?

이 문제를 고려하는 데 있어 파악해 두어야 할 점은 ① 그때까지의 통감 이토 히로부미의 대한 정책과 한국 병합의 연관성을 어떻게 파악할 것인가, ② 일본의 정치 지도자들이 한국 병합을 당연하게 여기고 있었는지 여부의 문제이다. ①에 대해서는 1909년 6월에 그때까지 대한 정책의 최고 책임자였던 이토 히로부미의 통감 사임이 일본의 한국 병합 과정에서 일대 전기가 되었다는 점은 종래 대다수의 연구에서 지적해 왔다.[1] 그리고 ②에 대해서는 모리야마 시게노리의 연구 이후 일본 정치 지도자의 한국 병합에 대한 의향

---

1 森山茂德, 『近代日韓關係史硏究』(東京大學出版會, 1987); 同, 『日韓倂合』(吉川弘文館, 1992); 海野福壽, 『韓國倂合』(岩波新書, 1995); 同, 海野福壽, 『韓國倂合史の硏究』(岩波書店, 2000) 참조.

을 둘러싸고 이토의 보호국론에 기초하여 전개된 〈자치 육성〉 정책이 붕괴되는 과정에서 한국이 병합되었다고 파악한 견해가 일반적이다. 그러나 ②에 대해서 말해 보자면 이제까지 밝혀 온 것처럼 일본의 정치 지도자층에서는 한국 병합이라는 궁극의 목표에 대한 근본적 대립이 존재하지 않았다. 그리고 본론에서 상술할 것처럼 ①에 대해서도 일본의 정치 지도자층에서 복수의 한국 병합 구상이 존재했지만 1910년 초의 단계에서도 여전히 이토의 영향을 받은 한국 병합 구상이 우세했다.

따라서 한국 병합 과정을 고찰할 때 특히 ①에 대해서 1909년 단계에 존재하던 복수의 병합 구상이 어떻게 실제로 실행된 한국 병합 계획으로 수렴해 갔는지에 대해 재검토할 필요가 있다. 종래의 한국 병합 과정에 관한 연구에서는 애초부터 복수의 병합 구상이 존재했다는 점에 대해서는 등한시해 왔고, 병합 구상의 차이에 대해서 지적은 하더라도 그러한 한국 병합을 둘러싼 방법론상의 차이가 어째서 발생했는지에 대해서는 거의 관심을 기울이지 않았다. 복수의 병합 구상 대립축이 무엇에 기인했는지를 명확하게 하지 않는다면 일본의 한국 병합 과정과 식민지 지배를 동태적으로 파악하기가 어려워진다. 한국 병합 구상상의 차이는 병합에 앞서 극복해야 할 조건이 어떠한 것이었는지를 둘러싸고 발생했다고 보기 때문이다. 바꾸어 말하면 한국 병합 시점에 대한 인식의 차이가 그 기저에 가로놓여 있었고, 필연적으로 거기에서 취할 정치 수법도 달라지게 된다.

이러한 병합 구상을 둘러싼 방법론상의 차이에 대하여 본 장에서는 〈무단파〉, 〈문치파〉 혹은 군부, 문관파라는 일본 정부 내의 인맥상 분류 등이 아니라, 각각의 병합 구상이 병합 시기를 어떻게 조망하고 있었는가라는 점에 주목해 고찰해 보겠다. 제3차 한일 협약 체제 성립 이후의 대한 정책을 둘러싼 의견 대립은 어디까지나 병합 방법을 둘러싸고 발생했다고 보기 때문이다. 그리고 이러한 시각을 취하는 것은 각각의 병합 구상이 국가 권력을 어떻게 인식했는가란 점에 대해서도 문제를 제기하게 만들며, 더욱이 그 작업을 통해 각각의 조선 민중관까지도 그릴 수 있게 되기 때문이다. 여기에서는 최종 목표인 한국 병합을 〈점진〉적으로 추진했는가, 아니면 〈급진〉적으로 달성하려고 했는가에 따라 병합 구상, 병합론을 크게 나누고, 각각 점진적 병합론, 급진적 병합론이라는 용어를 사용해 분석한다.

그리고 최종적으로 급진적 병합론, 좀 더 정확하게 말하면 즉시 병합을 단행한다는 즉시 병합론이 점진적 병합론을 압도했다는 것은 한국 병합과 더불어 성립한 식민지 통치 기관의 양상, 즉 조선 총독부가 강력한 군사력과 절대적인 권력을 아울러 가졌다는 특징까지도 규정했다고 생각한다. 조선 총독부는 대일본제국의 다른 식민지 통치 기관과 비교해 볼 때 감독 기관이 존재하지 않았고, 천황에 대해서만 책임을 지는 등 특별한 직권을 지닌 존재였다. 이러한 권한을 부여받은 것이 복수의 한국 병합 구상이 하나로 수렴해 간 과정과 어떠한 연관성을 가지고 있었는지를 탐색하는 것도 이 장의 과제이다. 식민지 권력의 특징을 피종속 지역이 일본으로 편입되는 과정으로부터 다시 파악하는 시각이 필요할 것이다.

이하 이 장에서는 이토의 통감 사임과 일본 정부가 한국 병합 방침을 결정한 1909년 7월 6일 각의 결정「한국 병합에 관한 건」이후 한국 병합 구상이 전개되어 가는 과정에 대하여 국가 권력 해체의 관점에서 밝혀 보려 한다.

이 장과 제5장에서 참조하는 사료 가운데「한국 병합에 관한 서류(韓國併合ニ關スル書類)」[국립 공문서관 2A-1-(別)139]에 대하여 보충해 둔다.「공문별록(公文別錄)」에 수록된 이 사료는 장단(長短) 38편, 괘지(罫紙) 약 3백 매의 서류로 구성되었고, 한국 병합 당시의 내각(내각총리대신 = 가쓰라 다로, 내각 서기관장 = 시바타 가몬) 아래에서 수집된 사료군이다. 각의 결정이나 전보 등과 더불어 각종 의견서가 편철되어 있으며, 이후 한국 병합사 연구를 하는데 있어서 기본 사료가 될 것이다. 이 서류는 가베 마사오(我

部政男), 히로세 요시히로(廣瀨順皓)의 편집에 의하여 마이크로필름으로 제작되어 있다[我部政男, 廣瀨順皓 編, 『公文別錄』(ゆまに書房, 1998~2001), R124].

이토 히로부미의 통감 사임과 한국 병합을 둘러싼 일본 정부의 동향

3년 반에 걸쳐 최고 책임자로서 대한 정책에 종사해 온 통감 이토 히로부미는 1909년 6월 14일부로 추밀원 의장으로 전직했고, 후임으로 부통감이던 소네 아라스케가 취임했다. 다음으로 7월 6일 각의 결정에서 일본 정부는 한국을 병합할 것을 정식 방침으로 결정했다. 그렇다면 이토의 통감 사임은 통감부의 정책, 나아가서는 일본의 대한 정책에 어떠한 영향을 미쳤는가?

종래의 연구에서는 이토의 통감 사임에 대하여 이제까지의 〈점진주의〉적 보호 정책을 포기하고, 이후 일본은 한국의 병합 방침으로 직진했다는 견해가 지배적이었다.[2] 모리야마 시게노리는 이토가 자신의 〈자치 육성〉 정책의 차질을 시인할 수밖에 없었고, 통감 사임 이후는 가쓰라 다로 등의 한국 병합론을 받아들였다고 보았다.[3] 그 후의 연구에서도 예를 들어 그 사임을 이

---

2 예를 들어 『伊藤博文傳』을 비롯하여 무수히 많다. 연구사상으로도 예를 들어 모리야마 시게노리, 『近代日韓關係史硏究』(東京大學出版會, 1987)를 비롯한 다수의 연구가 이토의 통감 사임을 일본 정부가 한국 병합 방침으로 전환한 계기로 평가했다. 한편 카미가이토 겐이치(上垣外憲一)나 운노 후쿠주는 이토가 어디까지나 한국 보호국론을 주장했고, 한국의 병합에 반대했다는 견해를 취하고 있다(上垣外憲一, 『暗殺·伊藤博文』, ちくま新書, 2000; 海野福壽, 『伊藤博文と韓國倂合』, 靑木書店, 2004). 그러나 이토의 대한 정책과 한국 병합을 어디까지나 대립적 관계로 파악한다는 의미에서 종래의 연구와 논리적으로 공통된다. 그 점에서 이토의 대한 정책과 한국 병합이 논리적으로 모순되지 않는다고 파악한 필자의 견해와는 크게 다르다.

3 森山茂德, 『近代日韓關係史硏究』, 225쪽.

토의 〈개종〉이라고 평가한 운노 후쿠주 등 대체로 모리야마의 견해를 수용하고 있다.[4] 즉 이토의 통감 사임은 그의 한국 보호 정책의 좌절이었고, 그에 따라 일본의 대한 방침은 보호국으로서의 통치에서 병합으로 이동했다고 이해해 왔던 것이다.

그러나 제2장에서 살펴본 것처럼 이토는 제3차 한일 협약 체제에 따라 한국의 병합을 원활하게 추진하려고 했으며, 이토를 단순하게 보호국론자라고 볼 수는 없다. 애초부터 한국 병합에 관하여 이토가 〈개종〉했다고 간주하는 입장은 『이토 히로부미전』의 편자들(특히 고마쓰 미도리나 구라치 데츠키치)의 이해에 기초한 것이다. 이토의 방침 전환에 대해서 『이토 히로부미전』은 1909년 7월 6일 각의 결정에 앞선 4월 10일에 실시된 가쓰라 등과의 한국 병합 방침에 관한 회담에서 이토가 가쓰라, 고무라 주타로의 한국 병합 방침을 받아들였다는 점을 가지고 〈의외로 여기에 다른 생각이 없다는 뜻을 언명했다〉고 인식했다.[5] 이토가 병합 방침에 찬성한다는 뜻을 보인 것을 〈의외〉로 보았기 때문에 이토의 통감 사임은 〈점진주의〉(한국 보호국론)가 후퇴하고, 이후 〈급진주의〉(병합론)가 채용된 전기가 되었다고 논리적으로 구성한 것이다.

그렇다면 과연 이러한 이토에 대한 평가는 적확한가? 혹시 그러한 평가가 타당하지 않다면 종래의 한국 보호 정책과 한국 병합을 정식으로 방침화한 각의 결정과의 정합성에 대하여 이토는 어떻게 파악하고 있었는가? 이 절에서는 이토의 통감 사임 후 일본 정부의 대한 정책 구상을 다루면서 이토의

---

4 海野福壽, 『韓國併合』(岩波新書, 1995), 207쪽.
5 春畝公追頌會 編, 『伊藤博文傳』 下(統正社, 1940), 838쪽. 『伊藤博文傳』 편찬 주간이었던 고마쓰 미도리는 〈조선 문제는 이 나라를 우리 나라에 병합하는 것 이외에 해결할 방법이 없다는 뜻을 알린다면 이토 통감께서는 의외로 그것에 지극히 동감하시지 않겠는가〉(小松綠, 『朝鮮併合之裏面』, 中外新論社, 1920, 11쪽)라고 기록했다. 따라서 『伊藤博文傳』의 이러한 기록은 고마쓰의 인식에 따른 것으로 보인다.

통감 사임과 일본 정부의 한국 병합 방침 결정과의 연관성에 대하여 재검토해 보도록 한다.

이토 히로부미의 통감 사임과 각의 결정 「한국 병합에 관한 건」

이토 히로부미의 통감 사임과 한국 병합 방침 결정

1908년 말부터 통감 사임을 암시하고 있던 이토 히로부미[6]는 1909년 1월 초순부터 2월 초순에 걸쳐 실시한 한국 황제 순행의 수행을 마치자 2월 10일 서울을 출발하여 17일 오이소(大磯)에 도착했다. 24일 한국 시정 개선과 한국 황제 남북 순행에 관한 복명서를 휴대하고 입궐하여 보고를 했다.[7] 그 후 3월경에 통감 사임의 의향을 굳힌 이토는 5월 25일 내각 총리대신 가쓰라 다로를 통해 천황에게 사표를 제출했다.[8] 천황은 이것을 각하했지만 이토가 6월 11일에 사표를 다시 제출하자 6월 14일부로 통감 사임을 인정하고 같은 날 추밀원 의장에 임명했다.[9] 후임 통감은 부통감이었던 소네 아라스케가 임명되었다.[10]

---

6 原奎一郎 編, 『原敬日記』 2(福村出版, 1965), 351쪽.

7 春畝公追頌會 編, 『伊藤博文傳』 下(統正社, 1940), 836쪽. 다만 『明治天皇紀』에 따르면 「韓國內閣會議書」와 「韓皇巡幸誌」를 제출한 것은 2월 27일이다(宮內廳 編, 『明治天皇紀』 12, 吉川弘文館, 1975, 188쪽).

8 小松綠, 『朝鮮併合之裏面』(中外新論社, 1920), 57쪽; 『伊藤博文傳』 下, 841쪽. 1909년 4월 17일부 야마가타 아리토모 앞으로 보낸 가쓰라 다로 서간(尙友俱樂部山縣有朋關係文書編纂委員會 編, 『山縣有朋關係文書』 1, 山川出版社, 2005, 355쪽)에는 통감 인사를 다룬 기사가 있으며, 이토, 가쓰라, 고무라 세 명의 회담이 실시된 4월 10일 시점에 이토는 통감사임의 의향을 가쓰라에게 전했다고 생각한다.

9 『伊藤博文傳』 下, 841쪽; 『明治天皇紀』 12, 231~232쪽, 241~242쪽. 다만 6월 3일 현재 이토의 통감 사임, 소네의 통감 취임이라는 후임 인사는 이미 확정되어 있었기 때문에(『原敬日記』 2, 356~357쪽) 천황에 의한 이토의 사표 각하는 이미 형식적이었다.

10 「大韓每日申報」 1909년 1월 8일부에서는 이토가 통감을 퇴임하고, 그 후임으로 데라우치 마사타케가 내정되어 있었다고 하는 기사를 보도하였다.

한편 4월 10일 가쓰라와 외무대신 고무라 주타로는 휴양지인 도고 온천(道後溫泉)에서 귀경한 이토를 방문하여 〈한국의 현상에 비추어 장래를 고려해 보니 한국을 병합하는 것 이외에 다른 방책은 없다〉는 것을 제안해 한국 병합안을 보여 주고 이토의 동의를 얻었다. 그때 이토는 〈이것 때문에 중대한 외교 문제를 야기하지 않도록 미리 손을 써둘〉 것을 가쓰라, 고무라에게 지시했다고 한다.[11] 이 회담 후 가쓰라 등은 후임 통감으로의 취임이 유력했던 소네로부터도 이 안에 대하여 찬성한다는 뜻을 얻어 내는 한편,[12] 원로 야마가타 아리토모에게도 동일한 대한 방침을 보여 주고 승낙을 얻었다.[13] 이와 같이 1909년 4월 단계에서 한국을 병합한다는 합의 형성이 정치 수뇌부 사이에서 기도된 것이다.

그러나 이토의 통감 사임, 한국 병합 방침의 확정을 두고 일본 정부의 한국 병합 계획이 실행 단계에 돌입했다고 판단하는 것은 섣부르다. 예를 들어 한국 병합 방침 결정 후에도 종래의 한국 보호 정책과 정합적으로 대한 정책이 취해졌다고 한다면 이토의 통감 사임을 가지고 대한 정책이 〈점진주의〉에서 〈급진주의〉로, 즉 보호국 통치에서 병합으로 노선 변경이 이루어졌다고 하는 구도는 성립하지 않기 때문이다.[14] 그러므로 다음에서는 일본 정부가 결정한 한국 병합 방침의 내용을 검토하고, 그 각의 결정이 종래의 대한 정책과 어떠한 관계에 있었는가에 대하여 고찰해 본다.

---

11 『伊藤博文傳』下, 837~838쪽.
12 倉知鐵吉 述, 「韓國併合の經緯」(廣瀨順皓 監修·編, 『近代外交回顧錄』 2, ゆまに書房, 2000, 264쪽).
13 위의 책.
14 이 책을 탈고한 후 松田利彦, 『日本の朝鮮植民地支配と警察』(校倉書房, 2009)를 열람할 기회를 얻었다. 이 책과 마찬가지로 이토의 통감 사임 후에도 소네가 점진적 병합 노선을 계승했다고 보고 있다(같은 책, 제1장 제4절 참조).

각의 결정 「한국 병합에 관한 건」과 한국 병합 문제의 추세

일본 정부는 1909년 7월 6일 「한국 병합에 관한 건」을 각의에서 결정하고, 같은 날 재가를 받았다.[15] 이 각의 결정에 따라 한국 병합을 공식적인 정부 방침으로 삼았다. 전문 제1항과 제2항으로 된 이 문서는 전문에서 〈러일 전쟁 개시 이래로 한국에 대한 우리의 권력은 점차 커졌고, 특히 재작년[1907년] [제3차] 한일 협약의 체결과 동시에 이 나라에서의 시설은 크게 모습이 개선되었다〉고 종래의 한국 통치 정책, 즉 제3차 한일 협약 체제에 대해 일정한 평가를 내렸다. 그다음, 한국에서 〈우리 세력은 아직 충분하게 실현되는 데 이르지 않았고, 이 나라의 관민과 우리의 관계 역시 아직은 완전히 만족할 수 없기〉 때문에 대내외적으로 통일된 통치 기구를 수립해야만 한다고 규정했다. 그 때문에 제1항에서 일본 정부가 이 시점에 〈적당한 시기에 한국의 병합을 단행한다〉는 방침을 확인하고, 한국을 병합함에 따라 한반도를 명실공히 일본의 지배하에 편입하고, 한국과 각국과의 조약 관계를 소멸시키기로 했다. 즉 종래의 한국 보호 정책에서는 조선에서 일본의 세력을 수립하기도, 한국 관민으로부터 지배의 정당성을 획득하기도 곤란하므로 한국 병합을 단행한다는 것이다.

그러나 제1항의 한국 병합 방침의 결정 이상으로 중요한 것은 제2항에 〈적당한 시기가 도래하지 않는 동안에는 병합의 방침에 기초하여 우리의 제반 경영을 추진하고, 그리하여 반도에서 우리 실력의 확립을 기약하는 것이 필요하다〉고 규정한 것처럼 한국을 병합하는 데 적당한 시기가 도래할 때까지는 병합 방침에 따르는 형태로 당면한 대한 정책을 수행한다고 규정하고 있다는 점이다. 이것은 이 단계에서 취할 수 있는 대한 정책이 어디까지나 한국의 병합을 지상 명령으로 하는 〈점진〉적인 것으로 할 수밖에 없었음을 의미한다. 따라서 이 각의 결정은 실제로 한국 병합을 공식적으로 결정했다

---

15 『日本外交文書』 42-1, 179~180쪽.

고 하는 이상의 의미를 갖지 않으며, 이토에 의한 기존의 대한 정책을 결코 부정하지는 않았다.

그것을 명확하게 드러낸 것이 「한국 병합에 관한 건」과 동시에 각의에서 결정된 「대한 시설 대강(對韓施設大綱)」이다.[16] 이 대강은 〈병합의 시기가 도래할 때까지 큰 요체는 다음의 항목에 따라 이를 실행한다〉는 방침을 내걸면서 한국에서 일본의 군사력 증강 및 헌병과 경찰관의 증파(제1항), 한국에 관한 외교 교섭 사무의 접수(제2항), 한국 철도의 한국 철도원으로의 이관과 남만주 철도와 제휴한 통일적 대륙 철도의 구축(제3항), 일본인의 한국으로의 이민 활성화(제4항), 그리고 중앙 정부와 지방 관청에서 일본인의 권한 확장(제5항)을 주장했다. 이 대강은 종래 통감부의 정책을 부정하는 것이 아니라 오히려 그 연장선상에서 입안되었다고 할 수 있다. 예를 들어 제3항이 규정한 한국 철도에 대해 말해 보자면 1909년 12월 철도원 관제 개혁(칙령 제336호)에 따라 한국 철도는 일본의 철도원 소관으로 넘어갔다.[17] 「대한 시설 대강」에 대응한 대한 정책이 수행되었음을 알 수 있다.

그렇다면 각의 결정 「한국 병합에 관한 건」과 「대한 시설 대강」은 어떠한 경위를 거쳐 성립하였는가? 당시 외무성 정무국장이었던 구라치 데츠키치의 각서에 따르면 이 각의 결정의 원안이 되었던 한국 병합의 「방침서와 시설 대강서(方針書及施設大綱書)」는 고무라의 지시로 구라치가 작성하고, 고무라가 수정을 가한 것이다. 그리고 1909년 3월 30일에 고무라가 가쓰라에게 이 서류를 제출했고, 4월 10일 이토와의 회견에서 그의 동의를 얻었다고 한다.[18] 가쓰라, 고무라가 이토에게 보여 주었다고 한 「방침서」는 두 개의 항목으로 되어 있는데, 제1항과 제2항은 「한국 병합에 관한 건」 전문과 제

---

16 위의 문서, 180쪽.
17 朝鮮總督府 編, 『第三次施政年報』(朝鮮總督府, 1911), 7쪽. 그러나 한국 병합 시기에 조선 철도는 제국 철도원으로부터 분리되어 조선 총독부 안에 설치된 철도국 소관이 되었다.
18 『伊藤博文傳』 下, 1012~1013쪽; 小松綠, 『朝鮮併合之裏面』, 15쪽.

1항에 각각 대응한다. 이 두 가지를 비교해 보면 「한국 병합에 관한 건」에는 병합을 전제로 하면서도 보호 정책의 연장을 시사하는 제2항 항목이 새롭게 덧붙여졌다. 구라치의 각서에는 「방침서」 외에 「시설 대강서」가 부속되어 있다고 하는데, 고마쓰 미도리는 이 대강서에 대하여 〈병합의 시기가 급히 도래하지 않는 경우의 정책을 보여 주는 데 그쳤고, 실제로는 그다지 가치가 없다고 했다. 도리어 지금의 외교 관계에 비추어 이것을 발표하기를 꺼렸던 사정이 있다〉[19]는 이유로 그 내용을 분명하게 하지 않았다. 그 때문에 「한국 병합에 관한 건」 제2항이 어떠한 경위로 추가되었는지에 대해서는 사료상으로 확인할 수 없다. 다만 〈병합의 시기가 급히 도래하지 않는 경우〉에 실행된다고 한 고마쓰의 평가로부터 유추해 본다면 「시설 대강서」는 각의 결정 「대한 시설 대강」과 유사한 내용으로 볼 수 있다. 그리고 「시설 대강서」가 보여 주는 내용을 명시하기 위해서 「한국 병합에 관한 건」에 제2항이 더해졌다고 한다면, 이토의 의향을 반영하기 위해서 이를 추가했다고 파악하는 것도 부자연스럽지는 않다. 또한 다음 항목에서 검토하는 가쓰라 내각의 체신대신 고토 신페이에 의한 각서가 「대한 시설 대강」과 동일한 논리로 구성되어 있다는 것을 고려해 본다면 이 단계에서 일본 정부 수뇌부의 병합론은 여전히 점진적이었다고 보아야 할 것 같다.

 그런데 소네 아라스케가 통감에 취임할 때 가쓰라 다로는 야마가타 아리토모에게 보낸 서한 안에서 〈저번에 말씀드린 [통감] 진퇴 문제는 필연적으로 긴박해졌으므로 알려드려야 한다고 생각하게 되었습니다. 그러므로 이른바 시기를 조속하게 앞당기는 것은 오히려 유력자를 필요로 하지 않으며, 저들이 한국 황제와 정부 당국자들의 과오를 만들도록 하는 것이야말로 이후의 정책상 가장 묘를 얻을 수 있는 방책이 되지 않을까라고 생각합니다. 단연코 그 뜻[방점은 원문 그대로]을 받아들여 소네 자작을 그 후임에 추천

---

19 小松綠, 『朝鮮倂合之裏面』, 86쪽.

하도록 하는 편이 좋겠습니다〉[20]라고 통감 인사를 평가했다. 당초에 가쓰라는 이토의 후임으로 데라우치 마사타케를 생각하고 있었던 것 같은데, 소네를 후계자로 지명한 것은 〈내각의 형편〉[21] 때문만이 아니라, 간교한 계책으로 포장하여 한국의 조기 병합 실현을 기대하고 있었기 때문이다. 아마도 가쓰라가 기대한 것은 예를 들어 헤이그 밀사 사건의 재발이었고, 그와 같은 〈한국 황제와 정부 당국자들의 과오〉에 의해 〈시기를 앞당기는 것〉이 가능해진다고 생각했기 때문일 것이다. 이렇게 한국 측의 잘못을 물어 병합을 단행한다는 계략은 가쓰라뿐만 아니라 일본의 정치지도자에게는 예정되어 있던 계획이었다. 이토도 병합에 신중한 자세를 보이는 한편으로, 〈예측하기 어려운 변이 발생하여 한인이 망동을 할 때에는 물론 여기에 한정하지는 않는다〉[22]고 주일 영국 대사 맥도널드Claude M. MacDonald에게 말했기 때문이다. 그러나 이것은 반대로 말하면 병합의 구실이 될 것 같은 한국 측의 실정 아니면 〈망동〉 없이는 한국의 조기 병합이 곤란하다고 인식하고 있었음을 의미한다.[23] 즉 이 시점에 한국을 병합한다는 국가 차원의 의사는 명백했으나 그 실행에는 여전히 넘어서야 할 장애물이 존재하였다.

이토가 통감을 사임할 때 이토, 가쓰라, 소네의 3자 회담에서 〈시기를 보아 조선을 합병하는 방침을 확정〉하는 각서를 교부하는 한편,[24] 〈조선의 현

20 『山縣有朋關係文書』 1, 355쪽.
21 『原敬日記』 2, 357쪽.
22 『韓國支配政策史料集』 16(국학자료원, 1996), 90쪽.
23 한국 측이 이토 암살을 〈시기를 앞당긴〉 사건으로 파악했다는 것은 쉽게 상상할 수 있다. 따라서 〈한국 황제와 정부 당국자들의 과오〉로 하지 않기 위해서라도 한국 정부는 재빨리 여기에 대응했다. 한국 황제가 이토 암살 이틀 후인 10월 28일에 조속히 통감 관저를 방문해 조의를 표했으며, 조칙을 내려 이토에게 시호를 부여함과 동시에 의친왕을 장례에 특파한다는 것(그 후 일본 정부와의 교섭을 거쳐 궁내부 대신 민병석을 파견하기로 결정)을 통감부에 전달한다는 대책을 취했다(朝鮮總督府 編, 『朝鮮の保護及併合』, 朝鮮總督府, 1918, 254~255쪽).
24 『原敬日記』 2, 395쪽.

상, 열국의 관계, 일본의 내정 이 세 가지로부터 출발해 명분을 버리고 실리를 취하며, 7~8년간은 형세를 지켜보아야 한다〉는 이토의 제언을 수용한 밀약이 이루어졌다고 한다.[25] 이것은 가쓰라가 신임 통감 소네에게 〈이토 전 통감의 방침을 체화하여 그 유업을 크게 달성한다는 취지를 이토가 앉아 있던 장소에서 훈시했다〉[26]는 기사와도 일치한다. 또 1910년초에 귀국한 후 위암 때문에 병상에 있던 소네가 병문안으로 방문한 흑룡회 회원 오미다 다카요시(小美田隆義)에게 한국은 병합하지 않게 되었다고 말한 것까지도 전해진다.[27] 소네의 말을 전해 들은 가쓰라는 〈소네가 그런 말을 하고 있던가?〉라고 시치미를 떼고 있었는데, 1909년 7월 6일 각의 결정을 소네가 몰랐다고는 생각되지 않는 이상, 소네가 병상에서 한 발언이 의미하는 바는 당분간 한국을 병합하지 않는다는 정치적 합의의 존재이다. 또 소네는 한국 부임 전 우치다 료헤에게 〈한국 문제에 대한 근본적인 대방침은 정부가 논의하고 결정한 바를 기초로 삼아 진행할 수밖에 없다. 목적지가 신바시(新橋)의 정거장이라고 한다면 각지로 가는 길은 다르다고 해도 도달할 장소는 하나가 될 것이다〉[28]라고 말했다 한다. 일진회와 함께 한국의 조기 병합을 꾀하며 활동하고 있던 우치다에게 한 이러한 발언은 소네, 그리고 일본 정부의 대한 방침의 소재를 잘 드러내 주고 있다. 즉 방법은 다르더라도 한국 병합이라는 목적은 우치다 등과 다르지 않았으나 소네 자신은 한결같이 정부의 논의에서 보여 준 방침, 즉 이 시점에서는 각의 결정 「한국 병합에 관한 건」, 특히 제2항의 방침에 따라서 대한 정책을 수행한다는 의미였다. 그리고 그것은 이토 노선의 계승을 의미했다. 즉 1909년 7월 단계에서는 〈명분을 버리고 실리를 취하며 7~8년간은 형세를 지켜보아야〉 하기 때문에 한국 병

25 葛生能久, 『日韓合邦秘史』 下(原書房, 1966년 복각), 617~618쪽.
26 外務省 編, 『小村外交史』(原書房, 1966년 복각), 840쪽.
27 小森德治, 『明石元二郞』 上(原書房, 1968년 복각), 306~307쪽.
28 『日韓合邦秘史』 下, 207쪽.

합을 실행한다는 점진적 병합론을 이토, 가쓰라, 소네 삼자를 기축으로 하여 채용한 것이다.

이제까지 검토해 온 것처럼 각의 결정「한국 병합에 관한 건」은 ① 한국의 병합 방침을 인정하지만 ② 병합의 시기는 미정이며, 따라서 ③ 그 전까지는 병합 방침에 기초한 정책을 실시한다는 내용이었다. 즉 총론인 ①의 귀결은 ②라고 하는 변수로 규정되며, 그에 대응하여 각론 ③이 도출된다는 논리 구성이 된다. 그리고 ③을 구체화한 것이 각의 결정「대한 시설 대강」이다. 그렇다고 하면 여기에서 문제가 되는 것은 ③과 이토의 대한 정책이 어떠한 관계에 있었는가란 점이다. 즉 ③이 이토 노선의 부정을 바탕으로 하여 성립한 것이라면 확실히 이토의 대한 정책의 후퇴 혹은 좌절이라고 평가할 수 있을 것이다. 그러나 ③이 제3차 한일 협약 체제와 정합적인 내용이라고 한다면 7월 6일의 각의 결정이 갖는 의미는 통설과는 달라지게 된다. 그리고 다음에서 보는 것처럼 당시 일본 정부도 ②를 어떻게 상정하고 있었는가에 대해서 이 시점에서는 하등의 구체적인 계획을 가지고 있지는 않았다. 이토의 통감 사임에 대하여 『고무라 외교사(小村外交史)』의 주요 저자인 시노부 준페이(信夫淳平)는 〈이토가 안심하고 한국의 이후 판도를 가쓰라 내각에 양보할 시기라고 인정했기 때문에 사의를 좀 더 굳혔을 뿐〉[29]이라고 평가했다. 이토에게 다소 호의적이긴 한데 정확한 견해라고 생각한다. 따라서 각의 결정「한국 병합에 관한 건」은 이 단계에서는 어디까지나 이토의 노선을 재확인하는 것이었고, 이 각의 결정의 역사적 의미는 이토 노선이 포기되었는가의 여부가 아니라 장래에 한국 병합을 단행한다고 하는 국가적 의사의 확립이라는 점에서 찾을 수 있다.

---

29 信夫淳平, 『外交側面史談』(聚芳閣, 1927), 365쪽.

한국 병합론의 전개

앞에서 살펴본 것처럼 1909년 7월 6일 각의 결정에 따라 일본 정부는 한국 병합을 정식 방침으로 삼았다. 이에 따라 다음으로 초점이 된 것은 언제 한국을 병합할 것인가라는 시기를 둘러싼 문제였다. 이 시기 일본의 정치 지도자층은 병합 시기를 둘러싸고 견해 차이를 보인다. 그러한 차이는 대한제국을 병합하기까지 어느 정도 해체할 것인가, 아니면 어느 정도로 이용할 것인가, 그리고 어떠한 형태로 한국을 일본으로 편입할 것인가란 문제를 둘러싸고 발생했다고 본다. 즉 병합 시기는 한국의 국가 권력 해체 정도와 병합 후 통치 형태와의 연관성 안에서 규정된 것이다.

그렇다면 1909년 시점에서 한국의 병합 시기를 둘러싸고 일본 정부 내에서는 인식의 차이가 얼마나 존재하고 있었는가? 여기서는 한국 병합 방침에 대한 각의 결정 이후 일본의 정치 지도자층에 존재하고 있던 한국 편입 구상을 둘러싼 대립 축을 추출해 보겠다. 그때 핵심이 되는 것은 한국 황제의 처우를 어떻게 할 것인가라는 점이며, 게다가 거기서 필연적으로 발생하는 한국에서의 식민지 통치 기구를 어떻게 설정할 것인가란 문제이다. 따라서 여기서는 이 두 가지 점에 주목해 한국 병합 구상을 검토해 본다.

점진적 병합론

우선 점진적 병합론의 내용부터 확인한다. 이토 히로부미가 구상한 한국 병합론은 제2장에서 자세히 기술했듯이 보호 정책의 진전에 따라 한국이 일본에 의존하는 경향이 강해지도록 하며, 그러한 선상에서 예를 들어 〈연방〉제 아니면 자치 식민지에 유사한 형식으로 한국을 일본에 편입한다는 것이었다. 이토의 병합론은 장래에 일본이 조선 민중으로부터 지배의 정당성을 획득할 수 있다는 점을 전제로 하였고, 그러한 의미에서 그의 조선 민중관은 지극히 낙관적이었다.

그리고 이토는 자신의 병합 구상을 기본적으로 최후의 시기까지 바꾸지 않았다고 생각한다. 1909년 7월 사법권을 위탁할 때 보호 정책을 철저히 할 것을 그 목적으로 거론했음은 앞에서 살펴보았다. 이토는 하얼빈에서 암살당하기 직전까지도 한일 합방 운동을 설명하기 위해 방문한 우치다 료헤에게 〈현재 한국을 병합하게 된다면 열강에 의한 간섭 때문에 종전보다도 한층 더 선정(善政)을 베풀어야만 한다. 따라서 이것의 실행은 제반 기관을 정비한 이후에 하지 않으면 안 된다〉고 말하고 있었기 때문이다.[30] 이 사료에서는 보호론자로서 이토의 입장을 강조하기 위해서 흑룡회가 꾸며 냈을 가능성을 부정하기는 어려우나, 조선 민중에게 〈선정〉을 실시하기 위해 한국 통치 기관을 정비한 다음 병합을 실시한다는 제3차 한일 협약 체제의 핵심적 구상을 1909년 가을의 시점에서도 이토가 견지하고 있었음을 엿볼 수 있다. 또한 1909년 봄, 이토가 야마가타 아리토모와 회담하던 당시, 〈곧바로 일본 천황께서 한국 황제 폐하를 겸직하시는 것은 어떠한가?〉라고 〈한일일제론(韓日一帝論)〉을 주장한 야마가타를 반박했고, 이토는 〈그것은 시기가 아직 이르다〉고 대답했다고 한다.[31] 통감 사임이 결정되고 한국 병합 방침에 동의하고 있던 단계에서 이토의 이러한 발언이 의미하는 바는 오히려 한국 통치에서 황제의 이용 가치를 인정하고 있었다는 점이다. 시노부 준페이가 말한 것처럼 이토는 〈병합이 국면을 매듭짓는 대방침이므로 예전부터 마음속에 품고 있었지만, 단지 이것을 결행하기가 쉽지 않아서 깊이 우려하

---

30 葛生能久, 『日韓合邦秘史』 下(原書房, 1966년 복각), 109쪽. 스기야마 시게마루(杉山茂丸)는 우치다 방문 후 9월 15일 이토를 방문하여 〈한국 문제의 대처분〉에 대하여 이토의 동의를 얻었다고 했다(葛生能久, 『日韓合邦秘史』 下, 114쪽). 그러나 우치다에게 말한 이토의 언사, 이토의 동의라고 한 것은 서간 등의 인용이 아니라, 『日韓合邦秘史』의 지면에 기술되어 있다는 점을 아울러 생각해 보면 이토의 동의는 어디까지나 스기야마의 희망적 관측으로 보인다.

31 『日韓合邦秘史』 下, 71쪽; 信夫淳平, 『外交側面史談』(聚芳閣, 1927), 360쪽.

는 바가 있었〉³²던 것으로 보아야 할 것 같다. 그리고 이토 암살 후에도 이토의 한국 병합 노선이 중단되지는 않았다. 그것의 최대 계승자가 통감 소네 아라스케였다는 점은 앞에서 서술한 대로이다.

소네 이외에도 정우회(政友會)의 일부 인사에게서 이토 노선을 계승한 부류의 존재를 발견할 수 있다. 그 동향을 엿볼 수 있는 것이 『오가와 헤이키치 문서(小川平吉文書)』에 수록되어 있는 「일한 합병책(日韓合倂策)」(미완성 원고)³³이다. 오가와 헤이키치가 1910년 3월 중순에 정우회로 복당했다는 점,³⁴ 하라 다카시(原敬)가 가쓰라 다로에게 보여 준 〈부통감으로 하여금 조선 내각의 총리를 겸임하도록 한다〉³⁵고 한 한국 정부 개혁론과 내용상 중복된다는 점, 그리고 무엇보다도 정우회가 이토의 정치적 기반이었다는 점을 아울러 고려해 보면 이 의견서는 정우회의 일부 인사가 작성한 것으로 생각된다.³⁶ 다만 이 의견서는 앞뒤 내용이 일관되지 않으며, 복수의 인물들을 통해 검토 과정을 거친 것이다. 또한 그 내용에서 짐작컨대 일진회에 가까운 인물이 관여하고 있었을 가능성도 배제할 수 없다.

「일한 합병책」은 병합의 시기를 〈조약 개정 이후 가급적 신속하게 합병의 명분을 주장〉하기로 했기 때문에, 그러한 한에서 다음에 검토할 급진적 병합론의 범주에 속한다. 그러나 한편으로 〈메이지 50년 천황 폐하의 즉위 50주년을 봉축하는 세계 박람회가 개최될 때까지 합병의 실질을 달성한다〉는 점을 거론하고 있다. 형식적인 병합을 조약 개정 달성에 가까운 시기에

32 信夫淳平, 『外交側面史談』, 360쪽.
33 小川平吉文書硏究會 編, 『小川平吉文書』2(みすず書房, 1973), 32~36쪽.
34 「政友會復黨案內狀」(『小川平吉文書』 2, 24쪽).
35 原奎一郎 編, 『原敬日記』2(福村書店, 1965), 395쪽.
36 구체적 작성자는 특정할 수 없으나 그 내용이 상세하고도 여러 갈래에 걸쳐 있다는 점을 고려해 보면 정우회(政友會) 창설 위원의 한 사람이었고, 통감부 총무 장관(1905년 12월 ~1908년 10월)이나 한국 궁내 차관(1907년 8월~)을 역임한 츠루하라 사다키치(鶴原定吉)가 그 중심인물로 추정되나 추정하나 확실치는 않다. 이후의 과제로 하고자 한다.

실시하는 한편(조약 개정은 1911년), 실질적인 병합은 〈메이지 50년〉, 즉 1917년까지 달성해야 한다고 설정했다. 〈합병 후 조선은 즉위 50년 봉축의 최대 헌상품이 된다〉고 한 것처럼 〈메이지 50년〉이라는 시기 자체에는 상징적 의미밖에 없으나[37] 적어도 실질적인 병합의 달성에는 7년에서 8년 정도가 걸린다고 여긴 점은 주목할 만하다. 그것은 이 의견서의 최대 특징인데 〈메이지 50년〉이라는 시기를 설정하고 그때까지 달성해야 할 시책을 구체적이고도 명확하게 규정했기 때문이다.

그렇다면 이 의견서에 보이는 대조선 정책, 통치 방침은 어떠하였는가? 그 내용을 〈메이지 50년〉 이전에 달성해야 할 것, 그 이후에 채용할 것으로 분류한다면 다음과 같다. 〈메이지 50년〉 이전에 실행할 것으로는 ① 2개 사단의 주둔, ② 전국의 지질 조사 실시, ③ 일본 민단, 일본인회, 학교 조합의 존속, ④ 치외법권의 철폐, ⑤ 1백만 명 이상의 이민 실시(광업 이민 10만 명, 수산 이민 10만 명, 농업 이민 1백만 명), ⑥ 수출 1억, 수입 1억 합계 2억 엔까지 무역액 달성, ⑦ 내외채 8천만 엔 모집으로 5개 구간 8백 마일 이상의 철도 부설 등이다. 〈메이지 50년〉 이후에 실시해야 할 시책으로는 ① 각도에서 「귀족원 다액 납세 의원 호선 규칙(貴族院多額納稅議員互選規則)」과 「중의원 의원 선거법(衆議院議員選擧法)」의 시행, ② 국회를 개설해 국가 예산을 의결하고, 또한 도회(道會)를 개설해 도의 예산을 의결할 것, ③ 한일 인민의 고등관에 「문관 임용령」의 적용, ④ 일본의 세제(稅制) 적용, ⑤ 군제(郡制), 읍제(邑制), 면제(面制) 제정 혹은 그 개정에 따른 자치제의 실시, ⑥ 의무 교육 시행, ⑦ 한일 인민을 동일한 지방 제도 아래에 둘 것 등이다.

---

37 메이지 50년에는 일본 대박람회를 개최하기로 되어 있었다. 이 대박람회는 당초 1912년(메이지 45년)에 시행하기로 되어 있었으나(1907년 칙령 제102호), 1917년으로 연기되었다(1908년 칙령 제207호)[明治編年史編纂會 編, 『新聞集成明治編年史』 13, 財政經濟學會, 1936, 470쪽].

이 의견서는 〈메이지 50년〉까지를 종래의 국가 권력 기구를 해체, 재편하기 위한 이행 기간으로 간주하여 실질적 병합 후에는 참정권이나 의무 교육 등의 제반 권리를 조선인에게 부여하고 국민 통합의 달성을 지향하는 등, 〈내지 연장주의〉적 통합책을 이념형으로 제시하면서 제도적으로는 거의 전면적으로 일본화(내지화)한다는 2단계 병합 구상이다. 〈메이지 50년〉 이전에 실시해야 할 시책 가운데 이른바 2개 사단 증설 문제로서 전개된 ①이나 ②와 관련하여 1918년에 완료된 토지 조사 사업 등「일한 합병책」의 내용은 한국 병합 후의 실제 정책 전개와 미묘하게 일치한다는 것을 보여 준다. 이것은 이 의견서의 선견성을 보여 준다기보다는 한국 병합 이후 〈실질적 병합〉을 달성하기 위해서는 일정한 시일이 필요하다고 생각했음을 시사한 것으로 파악해야 할 것 같다. 바꾸어 말하면 이러한 사실은 한국 병합이 조숙하게 실시되었다는 일면을 보여 준다.

그때 가장 중시하고 〈합병의 실질을 달성하기에 충분하다〉고 본 것이 〈메이지 15년〉 이전에 달성되어야 할 항목 ⑤의 1백만 이민이었다는 점은 중요할 것 같다. 그것은 〈정복〉 식민지와 비교해서 〈이민〉 식민지 편이 상대적으로 통합에 용이하다고 생각했기 때문이다.[38] 이 부분에 주목해 본다면 대만 총독부 민정국장, 남만주 철도 주식회사 총재를 역임하고, 제2차 가쓰라 다로 내각의 체신대신이었던 고토 신페이(後藤新平)가 남긴 메모가 동일한 사고방식을 보여 준다.[39] 그것은 한국 경영을 예산과 시기라는 관점을 고려하여 계획적으로 실시해야 한다는 내용인데, 그 가운데 〈(즉 향후 10년 안에)

---

38 이민 사회를 중심으로 한 식민지 형성의 내용에 대해서는 平田雅博,『イギリス帝國と世界システム』(晃洋書房, 2000) 참조.

39 鶴見祐輔,『後藤新平』3(後藤新平伯傳記編纂會, 1937), 303쪽.『後藤新平文書』에 따르면 각서의 집필 연대는 1909년경이다(水澤市立後藤新平記念館 編,『後藤新平文書』, 同 刊行, 1980, 목록, 70쪽). 각서의 내용은 그 자체로는 연대를 특정할 수 없으나, 〈보호국의 위신이 아직 침윤하지 않았다〉는 문언을 고려해 보면 보호국화 후 일정 시기를 거친다는 점은 틀림이 없고,『後藤新平文書』편찬자의 고증은 타당하다고 생각한다.

이민 50만, 소와 말의 축산 각각 1백만〉이라고 언급하고 있고, 〈향후 10년〉에 달성해야 할 이민이나 척식 사업의 수치와 목표를 제시하고 있다는 점에서 「일한 합병책」과의 공통성을 상기시켜 준다. 애초부터 대만이나 관동주에서 재정 계획에 기초한 식민지 경영 구상을 입안, 실행해 온 고토로서는 이와 같은 발상이 당연했을 것이다.[40] 오히려 고토의 메모가 점진적 병합론과의 관계에서 주목되는 것은 제3항에서 〈한국 외교권을 우리가 접수한 이상 가급적 내지(內地)는 국왕과 더불어 한국민이 하던 대로 맡기고, 가령 그 행위가 한국 국민에게 해가 되더라도 그다지 간섭을 시도하지 않는 것을 득책으로 한다〉고 정리하고 있다는 점이다. 1909년 시점에서 점진적 병합론을 내용으로 하는 제3항을 당시의 각료가 기록하고 있었다는 사실은 일본 정부 내의 병합론이 반드시 급진화되지 않았음을 의미한다.

그렇다면 「일한 합병책」은 병합 후의 통치 시스템, 특히 한국 황제의 처우에 대해 어떻게 구상하고 있었을까? 이 의견서의 앞부분에서 병합 후의 조선을 〈일본의 정삭(正朔)을 사용함〉과 동시에 〈조선에서 외교, 군비, 재판, 통신, 교통과 더불어 작위, 훈장, 영전 수여의 대권〉을 천황이 모두 행사하며, 그 위에서 〈한국 황제를 조선 국왕으로 삼으며, 천황은 국왕에게 조선의 내정, 민정, 재정, 학정(學政)의 행정권을 위임〉한다고 정의했다. 즉 천황의 통치권 아래에서 그 위임을 받은 범위에서 〈조선 국왕〉이 일정한 행정권을 행사한다는 구상이다. 따라서 국왕에게 〈상주 재가를 거쳐 임시 긴급의 경우 조선에서 법률의 효력이 있는 명령을 발포한다. 또 조선에서 시행할 흠령(欽令)을 발포할〉 권한과 더불어 〈그 어새를 날인할 수 있다〉는 점을 인정했다. 한국 황제의 지위 등에 관한 한에서 「일한 합병책」은 〈일본의 정삭〉, 즉 일본의 연호를 사용한다는 것이나 한국 황제를 〈조선 국왕〉으로 한다는 점

---

40 고토 신페이의 식민지 경영 구상에 대한 상세한 내용은 小林道彦, 『日本の大陸政策 1895~1914』(南窓社, 1996) 참조.

등, 후술하는 일진회 회장 이용구의 「정합방(政合邦)」 구상과 공통되는 점이 많다. 황제권에 관한 이 내용과 앞서 검토한 〈내지 연장주의〉적 통합책은 그 국가 권력론의 견지에서 모순을 초래했고 사료적 통일성을 결여하고 있다. 이 의견서가 복수의 집필자에 의해 검토 과정을 거쳤다고 보는 이유는 바로 여기에 있다. 그러나 가령 그렇더라도 이 사료는 〈내지 연장주의〉적 통합책의 방향성이나 천황의 통치권 아래에서, 한국 황제에서 조선 국왕으로 재편당한 왕에게 일정한 행정권을 인정해 주면서 조선 통치를 구상한다는 다양한 병합 구상이 존재했음을 엿볼 수 있게 한다는 점에서 중요하다.

필자가 살펴본 한도 내에서 가장 체계적이고도 구체적인 내용을 포함한 점진적 병합론은 육군 참사관이자 데라우치 마사타케의 측근이었던 국제법학자 아키야마 마사노스케(秋山雅之介)가 작성한 「한국의 시정에 관한 건(韓國ノ施政ニ關スル件)」,「한국 합병에 관한 건」과 표제가 없는 의견서 세 건이 언급하는 〈제1방안〉이다.[41] 이 아키야마 의견서에 대해서는 다음 장에서 상세하게 검토할 예정인데, 여기서는 논의와 관련된 내용을 다루어 보도록 한다.

〈제1방안〉은 한마디로 병합의 전제로서 통감의 권한을 확대함과 동시에 한국 정부의 개편 및 해체를 꾀한다는 것이다. 한국 통치 기관의 개편안은 대략 다음과 같다. 통감부의 존속을 전제로 한 다음 통감관방, 외무부, 법무부만을 남기고 통감부의 조직 자체는 축소한다. 그리고 〈황제 아래에 제국 대표자로서 한국의 지도 감리와 보호의 임무를 맡은 통감을 당연히 행정 각

---

41 「韓國ノ施政ニ關スル件 / 韓國併合ニ關スル件」(「韓國併合ニ關スル書類」,『公文別錄』國立公文書館 2A-11-(別)139 수록), 또 하나의 표제가 없는 의견서는 山口縣立大學附屬圖書館 「寺內文庫」 소장 「韓國併合ニ關スル件」 수록. 이하 각각 제1의견서, 제2의견서, 제3의견서라고 줄여서 표기한다. 이러한 의견서는 부분적으로 海野福壽 編·解說 『外交史料 韓國併合』 下(不二出版, 2003)에 채록되어 있다. 이하 아키야마 의견서로부터의 인용은 『外交史料 韓國併合』에 채록되어 있는 것만을 주를 붙여서 인용처를 기록했다. 특히 주를 붙이지 않은 것은 「韓國併合ニ關スル書類」에서 인용하였다. 또한 제3의견서는 본문 가운데 동그라미를 붙인 숫자로 표시했다.

부의 총리로 한다. 한국 법령은 모두 어명어새(御名御璽) 아래에 통감이 부서(副署)를 하여 공포한다. 중추원을 존치해 정략상 한국 원로를 일정한 인원에 한하여 고문으로 삼고 망라하여 정무를 자순하는 부로 두는 이외에는 내각과 대신을 폐지〉하는 것이었다. 그런 선상에서 한국 정부를 총무부, 내무부, 재무부로 나누어 통감 아래 설치하고, 더욱이 궁내부에 대해서도 〈궁내부의 기관을 축소해 단순히 소수의 세력이 없는 인원을 여기에 두며 의식 등을 관장하는 데 필요한 것을 제공하는 데 그친다는 방침을 채택한다〉고 설정했다. 의견서에서 구상되고 있는 한국 정부의 개편, 해체 후의 한국 통치 기구는 표 4-1에서 보여 주는 대로인데, 요컨대 내각을 폐지해 재편한 한국 정부를 통감 아래로 일원화해 보호 정치의 확충과 철저함을 도모한다는 계획이다. 그리고 병합은 〈통감부, 한국 정부와 이 나라 궁내부의 조직을 일신하며〉 한국 정부로부터 더욱이 주권을 탈취한 다음 최종적으로 실시하는 것으로 규정하였다.

　그렇다면 왜 이러한 개편을 실시하였는가? 그 이유는 ① 경비 절감, ② 영사 재판권 철폐, ③ 〈양반 정치의 숙청〉에서 찾을 수 있다. 통감부를 포함한 한국 통치 기구를 긴축한 다음 절감한 경비를 지방 제도와 경찰 제도의 개선으로 돌리고, 〈통감 스스로 헌병 경찰을 지휘하고, 학교를 통할하여 인민의 생활과 재산을 편안하고도 공고하게 하며, 그 교육 방침을 확정함과 동시에 한국 정부를 편달하여 인민의 생활 상태를 개량하는 정책을 채택한다. 그럼으로써 민심을 수습〉한 후에 한국의 병합을 결행해야 한다는 설정이다. 즉 제3차 한일 협약 체제에 기초한 민심 수습책으로는 충분치 않으며, 일본의 지배에 대한 합의를 얻어 내기 위해서는 다시 통감 중심의 통치 기구로 개편할 필요가 있다는 것이다. 그러나 재정 건전화, 대외 관계 정리, 근대화 정책의 추진이 제3차 한일 협약 체제의 골격을 이루고 있다는 점은 지금까지 보아온 대로이다.

• 한국 관아

```
                    ┌─ 서무국 ─┬─ (1) 법령, 기타 문서의 발수신 보관에 관한 사항
                    │         ├─ (2) 법령의 심사 제정에 관한 사항
                    │         ├─ (3) 제관청(諸官廳) 고등관 인사에 관한 사항
                    │         └─ (4) 상훈시표(賞勳施表)와 은급 연금에 관한 사항
                    │
           ┌─ 총무부 ─┼─ 경무국 ─┬─ (1) 행정 경찰에 관한 사항
           │        │         ├─ (2) 치안 경찰에 관한 사항
           │        │         └─ (3) 도서 출판과 저작에 관한 사항
           │        │
           │        └─ 학무국 ─┬─ (1) 교육 제도에 관한 사항
           │                  ├─ (2) 관공 사립학교에 관한 사항
           │                  └─ (3) 학예 기능의 시험에 관한 사항
           │
           │        ┌─ 지방국 ─┬─ (1) 지방 행정에 관한 사항
           │        │         ├─ (2) 종교 사사(宗敎寺社)에 관한 사항
황제 ─ 통감 ─┼─ 내무부 ─┤         ├─ (3) 토목 지리에 관한 사항
           │        │         └─ (4) 위생에 관한 사항
           │        │
           │        └─ 식산국 ─┬─ (1) 농사 산업에 관한 건
           │                  ├─ (2) 상사 공업에 관한 사항
           │                  └─ (3) 임야 광업에 관한 사항
           │
           │        ┌─ 주계국 ─┬─ (1) 세입 세출의 계산에 관한 사항
           │        │         ├─ (2) 금전과 물품 회계의 통일에 관한 사항
           │        │         ├─ (3) 화폐 지폐와 국채에 관한 사항
           └─ 재무부 ─┤         └─ (4) 국고의 출납 관리와 지방 재무의 감독에 관한 사항
                    │
                    └─ 사세국 ─┬─ (1) 국세의 부과 징수에 관한 사항
                              ├─ (2) 세무의 관리 감독에 관한 사항
                              └─ (3) 세관에 관한 사항
```

• 궁내부

```
황제 ─ 통감 ─┬─ 시종직
           ├─ 식부직
           └─ 내장직
```

제1방안의 한국 행정 기구 개혁안(「한국의 시정에 관한 건」 부표)

330

〈제1방안〉을 채용하는 최대 이유는 〈군주와 정부는 실권을 잃게 되더라도 그 군주와 정부를 명의만으로라도 존속시키는 이상 이 나라가 제국의 보호국인 명칭을 계속할 수 있다는 것〉(③)에 있었다. 「대러 선전의 조칙」이나 「한일 의정서」, 제2차 「한일 협약」에서 일본이 한국 황실의 안녕과 존엄의 유지를 보장하고 있는 이상 〈지금 괜히 파문을 일으켜 제국 정부가 하등의 한국 관민 보호에 관한 실적의 단서조차 보여 주지 않으면서, 죄가 없는 한국 황제를 폐지하고 한국 정부를 폐쇄하여 이를 제국의 영토로 만드는 것은 열강에 대한제국의 영원한 위신상〉 문제가 있었기 때문이다.[42] 즉 〈제1방안〉을 적극적으로 평가한 것은 한국을 보호국으로 삼아 통치한다는 종래의 국제 조약, 선언 등과의 균형으로부터 일본이 나아가 한국을 병합하는 것은 국제 사회에서 신의를 잃게 될지도 모르며, 한국의 모든 실권을 탈취해 가면서도 명목상 한국이라는 명칭을 남긴다는 편의상 이유 때문이었다. 그리고 의견서에는 〈제1방안〉에 기초한 한국 통치 기관 개편 이후의 한국은 국제법상 속국 Etat dépendant으로 규정되었다. 여기서 말하는 〈속국〉이란 〈본국의 주권 아래에 두고, 대외 관계는 물론 그 대내 관계에서도 본국의 주권으로부터 독립해 별개의 주권을 갖지 않기 때문에 엄정하게 말하면 이것을 국가라고 칭할 수 없으므로 식민지 또는 일개 행정 구역과 같은 본국 영토의 일부에 다름 아니다. 그렇더라도 본국 정부의 허가를 얻거나 또는 묵인에 의하여 그 토지와 인민은 자기 고유의 정치 기관을 갖는다. 본국 정부를 위해 특별히 허가 또는 묵인되는 범위 내에서 스스로 정무를 실시하는 것〉(③)이었다. 그 구체적인 예로는 1809년부터 1905년까지 러시아의 핀란드, 영국의 인도나 캐나다, 프랑스의 알제리나 마다가스카르 등을 거론하였다.[43]

그러나 〈제1방안〉에 기초한 한국 통치 기구의 개편이 통감의 권한에 대해

---

42 『外交史料 韓國併合』下, 689쪽.
43 秋山雅之介, 『國際公法 平時』(法政大學, 1902), 135쪽.

서도 한층 확대할 것을 기도하고 있었다는 점에 주의할 필요가 있다. 〈한국이라는 명칭을 존속시키면서 이 나라 정무의 실권을 모두 제국에서 장악하고, 한국을 완전한 제국의 속국, 즉 실제로는 제국의 영토와 동일하게 하고, 통감으로 하여금 이 나라의 시정을 통일하도록 한다〉는 〈혁명〉을 실시하기 위해서는 〈통감으로 하여금 문무의 권력을 병용하도록 하고, ……통감은 헌병 사령관을 지휘해 한국에서 헌병과 경찰관을 통할하도록 한다. 그럼으로써 한국인의 생명과 재산의 안전을 보장함과 동시에 불령한 무리를 처분할 필요가 있다면 물론 주차 군대를 각 요소에 나누어 주둔시키고, 스스로 이를 통솔하여 헌병 경찰관과 더불어 반항하는 자를 진정시킬 필요가 있다〉고 규정하고 있었다.[44] 즉 한국 통치 기관의 개편, 그리고 속국화를 추진할 때에도 군사적 제압이 필요 불가결하게 된 것이다. 따라서 〈제1방안〉을 선택할 때에도 〈청일 및 러일 전쟁 이후의 실제 경험에 따라 제국 육해군을 두려워해야 함을 알게 된 국민을 통할하고, 5백년 이래의 정부에서 대혁명을 실시하고자 한다면 병력을 장악한 무관의 손에서 이를 결행하도록 할 것, 저들로 하여금 우리 육해군에게 반항하기가 쉽지 않았다는 점을 생각하도록 하여 그 반항을 주저하도록 만듦과 동시에 통감과 부하인 문관 양쪽에서 한국 관민의 원수가 되는 것을 피하도록 해야 한다〉는 것이 긴요하다고 규정했다.[45] 청일, 러일 두 전쟁의 경험을 통하여 결국 무력적 위복(威服)으로만 조선에서 민심 수습을 도모할 수 있다고 명확하게 인식하고 있었으며, 그 귀결로서 무관 통감론을 주장하게 된다. 그리고 〈제1방안〉에서 구상된 병합 후의 통치 기구는 〈제국 헌법 기타 일체의 법제를 곧바로 이 나라에서 시행할 수 없는 사정이 있기 때문에 합병 후에는 대만에서와 같이 여기에 총독부를 두고 문무의 직권을 장악한 총독으로 하여금 그 정무를 통할하도록 하고,

---

44 『外交史料 韓國倂合』下, 690쪽.
45 위의 책.

특별 회계 제도를 설치하여 그 내정을 정비하고 문화를 향상시켜 점차 내지와 동화시켜야 한다〉는 것이며, 실제로 병합 이후의 통치 기관과 차이가 거의 없었다.

그러나 통합 방침과 관련해 〈한국 인민을 제국으로 동화시키는 것은 대만의 토인보다도 오히려 신속해야 한다〉고 한 것처럼 대만인에 비교해서 조선인은 일본으로의 동화가 가능하다고 여기고 있었다. 이러한 인식은 예를 들어 조선인의 동화는 교육으로 충분히 가능하다고 본 하라 다카시의 견해와 일치한다.[46] 따라서 장래에는 〈그 진보의 정도에 따라서 지방 자치 기관을 세운다. 그 진보 여하에 따라서는 한국 전 지역의 대표 기관을 반도에 설치한다〉는 식민지 의회 설치 구상뿐만 아니라 〈더 나아가 내지와 직접 회계법상의 관계가 생기는 경우에는 프랑스가 베트남 지방에서 한 것처럼 한국 지방으로부터 약간 명의 대의사(代議士)를 제국 의회에 받아들일 수 있어야 한다. 그 내지와의 관계가 한층 더 밀접해질 때에는 영국이 아일랜드에서 한 것처럼 결국 헌법과 기타의 법제를 내지와 동일하게 할 필요〉를 주장했다. 「일한 합병책」과 비교해 볼 때 〈제1방안〉에서는 조선 민중의 국민 통합은 좀 더 곤란하다고 보고 있었으나, 국민 통합의 실시 자체를 부정하지는 않았다. 그리고 그것은 궁극적으로는 〈내지 연장주의〉에 기초해 식민지 통치를 실시해야 한다는 설정이었다. 〈제1방안〉에 대응시켜 이토의 병합 구상을 자리매김해 본다면 그 〈연방〉제 혹은 자치 식민지라는 통치 형태는 〈내지 연장주의〉에 기초한 통합으로의 단계적 형태로 볼 수 있을 것 같다.

이상에서 본 것처럼 점진적 병합론은 한국을 완만하게 병합하기 위해서 민심 수습을 중시했으며, 그렇기 때문에 병합 실행에는 오히려 7~8년 정도의 시간이 걸린다고 설정하였다. 그리고 논자에 따라 정도 차이가 있지만 궁극적으로 〈내지 연장주의〉 정책의 수행을 가능하게 하는 조건을 정비하기

---

46 『原敬日記』 3, 131쪽.

위해서 제창되었다고 정리할 수 있을 것 같다. 점진적 병합론은 가까운 장래에 민심의 귀속을 달성할 수 있다고 본 낙관적 통치론이었다. 다만 그 경우에도 무력적 위력에 따른 복속은 필요 불가결하다고 보았다. 그것은 이토가 제3차 한일 협약 체제하에서 근대 문명주의적 통치책을 전개하는 한편으로 의병들에 대한 무력 탄압을 일관되게 실시했다는 것과 상관관계에 있다. 즉 이토로 대표되는 점진적 병합론도 그 통치에서는 문명적인 민심 수습책이 아니라 〈응징〉론적 민심 수습책을 병존시키고 있었던 것이다.

급진적 병합론

한편 1909년 단계의 일본 정치 지도자층 사이에서 급진적 병합론에 입각한 병합 계획은 의외로 구체성을 결여하고 있었다. 제2장에서 언급한 대한 강경책, 특히 흑룡회의 급진적 병합론은 재야 활동으로서 이루어졌던 것이고, 병합 추진파로 보인 야마가타 아리토모나 데라우치 마사타케 등이 어떠한 병합론을 가지고 있었는지에 대해서는 사료에서 그 흔적을 찾기 어렵다. 물론 야마가타 등이 한국의 병합에 적극적이었다는 점은 틀림없다. 야마가타가 이토 히로부미에게 자신의 「일한일제론(日韓一帝論)」을 피력했다는 점은 앞서 기술한 대로이다. 또한 가쓰라 다로는 1909년 7월 13일 야마가타에게 보낸 서한 속에서 전날 체결된 사법 각서와 관련해 〈국가를 위한 천년의 계획에 경하드립니다. 이후 이러한 조건으로 착착 진행한다면 도착점에 도달할 수 있을 것〉[47]이라는 인식을 보여 주었다. 그리고 야마가타도 이

---

47 尙友俱樂部山縣有朋關係文書編集委員會 編, 『山縣有朋關係文書』 1 (山川出版社, 2005), 357쪽. 모리야마 시게노리는 1909년 7월의 각의 결정 직후에 일본 정부가 병합에 착수하려 했다고 평가했는데, 그것은 인용 사료 가운데 〈到着点〉을 〈刻暑迄〉로 독해했기 때문이다 (森山茂德, 『近代日韓關係史硏究』, 東京大學出版會, 1987, 225쪽). 본 절에서 검토한 내용을 아울러 생각해 보면 『山縣有朋關係文書』 편자의 번각에 따라야 할 것이다.

서한에 대한 답신에서 가쓰라의 의견에 동의했다.[48] 그러나 이러한 가쓰라의 인식은 사법 각서라는 사법권의 침탈을 한국의 병합 프로그램상 하나의 단계로 상정했음을 보여 주는 것 이상은 아니다. 그것은 이 시점에서 점진적 병합론이 주류이자 현실적이었기 때문이며, 급진적 병합론에서 병합 계획, 특히 식민지 행정 기관에 관한 구상이 아직 구체화되지 않았기 때문이라고 본다.

1909년 7월의 시점에서 유일한 구체적 병합 계획으로 평가할 수 있는 것은 외무대신 고무라 주타로가 작성한 병합 의견서이다. 그렇다면 이 고무라의 의견서는 어떠한 내용을 담고 있었는가? 고무라는 7월 6일의 각의 결정「한국 병합에 관한 건」을 접수하고, 병합 실행의 시기는 〈내외의 형세에 따라 결정해야 할 문제에 속하며, 지금은 이것을 예측할 수 없다〉고 하면서도 병합 방법, 순서 등을 골자로 한 한국의 병합 기초안을 작성했다. 〈병합 선포〉, 〈한국 황실의 처분〉, 〈한반도 통치〉, 〈대외 관계〉 등 네 항목에 걸친 「병합 방법 순서 세목(倂合方法順序細目, 對韓細目要綱基礎案)」이 바로 그것이다.[49] 다만 이러한 고무라의 의견서는 언제 병합이 실현되더라도 좋을 수 있도록 어디까지나 장래의 병합 실행에 대비한 복안으로 작성되었다는 점에 유의해야 한다. 고무라 자신은 한국의 병합 시기를 이미 교섭 과정에 들어가 있던 조약 개정(1911년 완료)의 동향을 주시하는 가운데 결정해야 한다고 보았기 때문에,[50] 아무리 빠르다고 해도 조약 개정 이후를 상정하고 있었다고 보아야 할 것 같다.

각의 결정 「한국 병합에 관한 건」의 내용이 고무라의 지시에 기초해 외무성 정무국장 구라치 데츠키치가 입안했다는 내용은 앞서 기술했는데, 「병합

---

48 1909년 7월 13일부 가쓰라 다로 앞으로 보낸 야마가타 아리토모 서한(國立國會圖書館憲政資料室 所藏, 『桂太郎關係文書』 70-114).

49 外務省 編, 『小村外交史』(原書房, 1966년 복각), 841~843쪽; 「韓國併合ニ關スル書類」.

50 『小村外交史』, 859쪽.

방법 순서 세목」 또한 고무라가 지시한 방침 아래에서 구라치가 입안, 작성하였다. 이것은 고무라의 수정을 거쳐 7월 하순, 내각 총리대신 가쓰라 다로에게 제출되었다.[51] 「병합 방법 순서 세목」 가운데 한국 황제의 처우 및 식민지 통치 기구와 관련된 항목을 추출해 보면 다음과 같다.

제1. 병합의 선포
[중략]
(2) 위 [병합 실행의] 조칙에서는 오히려 한반도의 통치가 완전히 천황대권(天皇大權)의 행동에 속한다는 취지를 보여 주어 반도의 통치가 제국 헌법의 조항에 준거해야 함을 필요로 하지 않는다는 점을 명확하게 하고 훗날의 쟁의를 예방할 것.

제2. 한국 황실의 처분
(1) 한국의 병합과 동시에 황실로 하여금 명실공히 전혀 정권에 관계하지 않도록 하여 한국인이 딴마음을 가질 근본을 없앨 것.
(2) 한국 황제는 완전히 이를 폐위시키고 현 황제를 대공전하(大公殿下)로 칭할 것.
[중략]
(7) 병합을 실행할 때 한국 황제에 속하는 재산으로 황실 사유의 성격을 가지고 있는 것은 이를 대공가(大公家) 또는 공가(公家)의 소유로 삼고, 사유의 성질을 갖지 않는 것은 이를 제국 정부의 소유로 이전할 것.

제3. 한반도의 통치

---

51 『小村外交史』, 841~843쪽; 春畝公追頌會 編, 『伊藤博文傳』下(統正社, 1940), 1014쪽; 小松綠, 『朝鮮併合之裏面』(中外新論社, 1920), 16쪽.

(1) 중앙 관청의 건 [생략]
(2) 지방 관청의 건 [생략]
(3) 재판소의 건 [생략]
[이하 생략]

　통치 시스템의 관점에서 주목해야 할 내용은 병합 이후의 한국 통치를 천황 대권에 기초하여 실시하며, 또한 한국 황제가 일절 정치에 관여하지 못하게 한다는 두 가지 사항에 있다. 특히 한국 황제의 위치 설정에 대해 말하자면 예를 들어 「일한 합병책」이나 후술할 일진회의 「정합방」론과 비교했을 때 그 차이는 확연하다. 고무라 의견서에서는 한국 황제를 이미 통치 기구의 일단으로 여기지 않았음은 물론, 더 나아가 〈한국인이 딴마음을 가질 근본〉이라고 명확하게 규정했다. 따라서 병합할 때 조선 민중에게 내셔널리즘의 결절점이 되는 한국 황제를 왕이 아니라 〈대공전하〉로 개칭하고, 도쿄로 이주시켜서 정치적으로 무력하게 만들면서 그 내셔널리즘의 회로를 차단할 것을 명확하게 규정했다. 앞 장에서 본 것처럼 황제의 남북 순행에서 민중의 시원적 내셔널리즘이 발현하고 있었다는 점을 아울러 생각해 보면 조선 민중의 〈일군만민〉 의식을 단절시키기 위한 조치라고 할 수 있을 것이다.
　그리고 7월 하순 고무라 의견서를 각의에서 승인하였다. 『공작 가쓰라 다로전(公爵桂太郞傳)』에 따르면 그 각의에서 〈병합의 방법〉, 〈병합의 선포〉, 〈외국에 대한 선언〉 등 세 항목에 걸친 「한국 병합의 방침 대강(韓國倂合の方針大綱)」을 결정하였다고 한다.[52] 앞의 고무라 의견서 「병합 방법 순서 세목」과 각의 결정 「한국 병합의 방침 대강」을 비교해 보면 각의 결정 「한국 병합의 방침 대강」은 전문의 후반부와 제1항에 특색이 있다. 「한국 병합의 방침 대강」에서는 모두에서 양국 간의 조약에 따라 〈한국이 임의로 제출한 형

52　德富蘇峰 編, 『公爵桂太郞傳』坤券(原書房, 1967년 복각), 459~463쪽.

식에 따라 병합을 실행한다〉는 것을 최선책으로 상정하고, 그것이 곤란할 경우에는 일본이 한국에 대하여 병합을 선언해 실행하기로 하여 국가 병합의 형식을 검토하고 있다. 그다음 제1항에서 〈한국은 완전히 그 존립을 상실하고 순수한 제국 영토의 일부가 된다〉는 국가 결합의 형식에 대해서도 언급했다.

그러나 이 각의 결정 「한국 병합의 방침 대강」은 그 내용이 어찌되었든 간에 한국의 병합이라는 정책 결정에 미친 영향력을 과대평가할 수 없다. 그것은 다음의 두 가지 이유 때문이다. 첫 번째는 사료상의 문제이다. 확실히 이 각의 결정은 고무라의 의견서를 각의에 부치고, 각원 일동이 여기에 찬성함과 동시에 일방적인 선언으로 한국을 병합할 것까지도 염두에 둔 국가 병합의 방법에 대해서도 검토가 이루어졌다고 한 『고무라 외교사』의 기사[53]와도 일치하는 점이 많다. 그러나 이 각의 결정의 구체적 내용에 대해서는 『공작 가쓰라 다로전』과 『공작 야마가타 아리토모전(公爵山縣有朋傳)』 모두 도쿠토미소호(德富蘇峰)가 편찬에 관여한 전기에서만 확인이 가능하다. 또한 국립 공문서관에 소장된 「한국 병합에 관한 서류」에 7월 6일의 각의 결정 「한국 병합에 관한 건」과 「대한 시설 대강」, 1909년 가을에 제출된 고무라 의견서(제3항의 내용도 포함한 「병합 방법 순서 세목」. 이하 1909년 7월 단계의 의견서를 고무라 ①안, 같은 해 가을의 안을 고무라 ②안이라고 줄여서 표기한다)가 수록되어 있음에도 불구하고, 이 각의 결정 「한국 병합의 방침 대강」이 포함되어 있지 않다는 점은 확실히 부자연스럽다. 1909년 7월 하순에 실시된 각의에서 제3항을 제외한 고무라 ①안을 승인하였고, 또 국가 병합의 방법에 대해 검토를 했다는 점은 사실로 보아도 좋다. 하지만 명문화된 「한국 병합의 방침 대강」과 같은 각의 결정의 존재는 의문스럽다.[54]

53 『小村外交史』, 843쪽.
54 이것은 졸속으로 각의 결정을 한 것으로 추측된다. 그러나 본문에서 서술하는 것처럼 점

그리고 두 번째 점은 좀 더 근본적인 문제인데, 고무라 의견서 「병합 방법 순서 세목」에서 고무라 ①안의 제3항 〈한반도의 통치〉가 생략되어 있다는 것의 의미이다. 운노 후쿠주는 이러한 생략에 대하여 7월 하순 단계에서는 행정 기구에 관련하여 여전히 검토 중이었기 때문이고, 『고무라 외교사』 편찬자의 의도에 의한 것은 아니라고 추측하였다.[55] 각의 결정 「한국 병합의 방침 대강」이 행정 기구에 대하여 언급하고 있지 않다는 것, 고무라 ②안에 〈42년 가을 외무대신 안으로 각의를 거치지 않은 것〉이라는 난외(欄外)의 주(註)가 있으며, 고무라 ②안과 고무라 ①안과의 차이가 다소의 자구 차이를 제외하면 제3항 〈한반도의 통치〉 유무에 있다는 것을 아울러 생각해 보면 운노의 추측은 타당하다. 이것은 반대로 말하면 병합 이후의 통치 기구에 관한 구상은 1909년 가을의 단계까지 만들어지지 않았음을 의미한다.

그것은 어쨌든 병합의 시기가 확정되지 않은 1909년 7월 단계에서 나온 고무라 의견서가 어디까지나 장래의 병합을 실행한다는 선상에서 시안(試案)의 영역을 벗어나지 않았으며, 급진적 병합론은 이 단계에서 정책론으로서 아직 점진적 병합론과 대립할 수 있는 수준이 아니었다. 결국 이 시점에는 일본 정부 내에서 급진적 병합론은 임의의 시기에 한국을 병합한다는 방침을 도출하는 데 그쳤고, 구체성을 결여하고 있었다고 할 수 있다.

이상의 검토로부터 분명해진 것처럼 점진적 병합론, 급진적 병합론의 차이로서 중요한 것은 한국 황제를 어떻게 설정할 것인가란 점에 있었다. 이토의 병합론이나 「일한 합병책」에서 한국 황제는 중요한 통치 기관으로서 상정되었다. 하지만 고무라 의견서에서는 한국 황제를 한국 통치에 이용하기는커녕 그 존속은 내셔널리즘을 환기할지도 모른다고 하여 위험하게 보았

진적 병합론이 여전히 현실적이었던 단계에서는 원칙상 이토 히로부미 등의 동의를 얻는다고 하더라도 정책 차원에서는 대항할 수 있는 내용을 갖는 것은 아니었다고 본다.

55 海野福壽, 『韓國倂合史の硏究』(岩波書店, 2000), 363쪽.

고, 조선 민중과의 단절을 꾀하기 위해서 황제를 폐지해 일본으로 이주시킨다고 설정하였다. 즉, 그러한 병합 구상은 기본적으로 민심 수습을 도외시한 것이다.

〈한일 합방〉론의 봉쇄: 일진회 이용구의 〈정합방〉 구상과 천황제 국가 원리와의 상극

앞 절에서 일본 정치 지도자의 한국 병합 구상을 검토했는데 한국을 어떠한 형태로 일본에 편입, 통합할 것인가라는 문제는 본래 일본의 전권 사항이 아니다. 그 병합은 한국이라는 상대를 필요로 하는 이상, 일본으로의 편입이 이루어지는 방향을 둘러싸고, 또 한편의 당사자인 조선 측의 의향이 반영될 여지가 있었을 것이다. 그렇다면 조선에서 일본으로의 편입 구상은 어떠한 것이었는가? 조선 지식인을 중심으로 전개된 애국 계몽 운동에서는 한일 연대론이 중요한 위치를 차지하고 있으며 합방론이나 보호국론으로 전개되었다. 가장 유명한 것이 친일 단체 일진회의 한일 합방론이다. 우선은 친일 매국노 단체로서 연구사적으로 본격화되지는 않았지만 니시오 요타로(西尾陽太郎)나 김동명(金東明) 등 몇 명의 주목할 연구가 진행되어서 독자의 합방 구상이 밝혀졌다.[56] 여기에서는 1909년 12월 4일에 실시된 합방 청원서의 제출을 정점으로 하는 일진회 합방 운동의 내실을 통해 조선 측의 편입 구상을 규정한 사상 구조를 밝힌 다음, 그러한 구상에 대해 일본 정부가 어떻게 반응했는지를 고찰한다.

---

56 西尾陽太郎, 『李容九小傳』(葦書房, 1977); 金東明, 「一進會と日本 ―「政合邦」と併合」(『朝鮮史研究會論文集』31, 1993).

일진회의 합방 청원 운동과 조선 사회의 반응

일진회의 합방 청원 운동

1909년 9월초 일진회 회장 이용구의 주도로 일진회, 대한협회, 서북학회의 3파가 대동단결을 꾀하는 이른바 3파 제휴 운동을 개시하였고, 9월 23일 3파의 제휴를 발표하였다. 3파 제휴는 일진회 주도하에 반(反)이완용 내각이라는 점에서 일치하여 성립했는데, 일진회의 의도는 3파 제휴로 한일 합방의 원동력을 만드는 데 있었다고 한다.[57]

3파 제휴 운동을 진행하는 한편 일진회는 합방 청원서 제출을 향해 움직이기 시작했다. 그런데 일진회가 합방 청원서를 제출하는 준비를 진행하고 있던 11월 말, 「대한매일신보」가 잡보란에 〈속방선언설(屬邦宣言說)〉(11월 27일), 〈일진회행동(一進會行動)〉(같은 달 28일)이라는 제목으로 일진회의 한일 합방 운동 계획을 보도했고, 또 대한협회도 일진회와의 연합에는 한일 합방의 의사가 없다는 내용을 포함한 「양회 연결주지 성명서 초안(兩會聯結主旨聲明草案)」을 기관지 「대한민보」나 「대한매일신보」 등에 일방적으로 발표해 일진회를 견제했다.[58] 양 단체가 제휴했을 때 협정은 하고 있었으나

---

57 林雄介, 「一進會の後半期に關する基礎的硏究 ─ 1906年 8月~解散」, 『東洋文化硏究』 1, 1999, 278쪽. 다만 서북학회 대표 정운복(鄭雲復)은 대한협회 간부이기도 했고, 하야시가 지적한 것처럼 실태는 2파 제휴였다. 또한 대한협회 평의원 장지연(張志淵), 현은(玄檃)은 일진회와의 제휴에 반대해 평의원을 사퇴했다고 한다(『駐韓日本公使館記錄』 37, 509~510쪽; 『統監府文書』 10, 387쪽).

58 위의 논문, 279쪽. 1909년 11월 26일부 스기야마 시게마루(杉山茂丸) 앞으로 보낸 기쿠치 타다사부로(菊地忠三郎)의 전보에는 〈정운복이 비밀을 누설한 모양이고, 대한협회의 일부가 동요하게 되더라도 걱정할 정도는 아니다. 그러나 비밀을 누설한 이상 신속하게 움직이는 편이 좋지 않겠는가〉(內田良平文書硏究會 編, 『內田良平關係文書』 1, 芙蓉書房出版, 1994, 173쪽)라고 했으며, 서북학회의 정운복으로부터 일진회의 합방 건의의 동향이 전해졌기 때문에 합방 청원서 제출을 서두르도록 획책한 모습을 엿볼 수 있다. 한편 이용구 자신은 대한협회가 〈대부분은 연방 문제에 복종하는 자〉라고 보고 있었고, 이제는 〈연방을 명분으로 해야 할지, 합방을 명분으로

합의에 이르지 않은 선언서에는 〈양 회는 연방 제도를 배척하고, 오로지 한국의 자치를 기약한다〉고 했기 때문이다. 합방 청원서 제출로 움직인 〈일진회의 기도를 파괴〉하기 위해 대한협회는 11월 말부터 정견 위원회의 개최를 일진회 측에 몇 번이고 재촉했다.[59] 결국 12월 3일 밤, 종로 상업 회의소에서 실시된 정견 위원회에서 일진회와 대한협회와의 연합은 붕괴했다. 대한협회와의 정견 위원회 결렬 후 일진회는 그대로 회원 2백 명을 소집해 임시 총회를 개최하고, 이용구가 시국에 대한 소견을 말한 후 합방 문제를 제기하여 만장일치로 가결했다.[60] 그리고 다음 날 일진회는 한국 황제, 통감, 한국 총리대신 앞으로 각각 합방 청원서를 제출했고, 게다가 성명서를 발표하기에 이르렀다.[61] 성명서는 4일부 「국민신보」 호외와 다음 날 같은 신문의 잡보란에 「정합방의 대문제(일진회의 소원)」라는 기사로 게재되었다.[62] 또 「황성신문」, 「대한매일신보」의 각 지면에도 합방 청원서, 성명서가 실렸다. 일단 수령된 합방 청원서는 한국 황제와 한국 내각 총리대신 앞으로 보내는 것에 대해서는 통감 소네 아라스케의 의향에 따라 8일에 각하되었고, 9일의 재청원(그날 각하)을 거쳐 결국 16일 세 번째 건의로 수령이 이루어졌다.

〈3파 연합〉 결렬의 원인은 일진회와 대한협회가 제휴할 때 의제가 된 선언서에 드러나 있는 것처럼, 대한협회가 현재의 보호 상태, 즉 〈한국의 자치〉를 계속할 것을 바라고 있었던 데 반해 일진회가 합방론, 특히 〈정합방〉을

해야 할지〉 정도의 문제가 되었다는 견해를 가지고 있었다고 한다(1909년 11월 9일부 송병준 앞으로 보낸 이용구 서한, 같은 책, 156쪽; 葛生能久, 『日韓合邦秘史』 下, 原書房, 1966년 복각, 159쪽).

  59 『駐韓日本公使館記錄』 40, 194쪽; 『統監府文書』 8, 39~40쪽.
  60 朝鮮總督府 編, 『朝鮮の保護及併合』(朝鮮總督府, 1918), 306쪽; 「韓國一進會日誌」(金正柱 編, 『朝鮮統治史料』 4, 韓國史料研究所, 1970), 801~802쪽.
  61 『駐韓日本公使館記錄』 40, 159·194쪽; 『統監府文書』 8, 41·49쪽.
  62 金東明, 「一進會と日本 ─ 〈政合邦〉と併合」(『朝鮮史研究會論文集』 31, 1993), 108쪽.

주장한 점에서 찾을 수 있다.[63] 일본의 보호 정책에 대한 태도를 둘러싸고 대한협회와 일진회가 대립한 것이다. 대한협회, 특히 그 간부는 문명 지상주의적 견지에서 일본의 보호 지배 아래에서의 개혁 실시를 우선시하고 있었는데[64] 일진회, 특히 이용구는 현재 일본이 실시하고 있는 것과 같은 보호 지배가 계속되는 상황에 위기감을 느꼈다. 그것은 11월 26일 합방 건의로 향하는 일진회의 움직임을 논박한 대한협회 총무 윤효정(尹孝定)에게 이용구가 이야기한 다음의 말에 집약되어 있다.[65]

> 우리나라는 일본의 보호국이 되더라도 외형상으로 독립국과 같다. 그러므로 국민의 대다수는 이를 오해하여 변란을 일으킨다. 이 때문에 일본의 분노를 불러일으켜 국권은 점차 추락한다.
> 가령 국권을 10단계로 한다면 현재의 위치는 3위가 된다. 그런데 이것까지도 장차 모두 없어지도록 할 것이다. 그러므로 우리 양 회는 서로 호응하여 6, 7위 사이로 국권을 진전시킨다. 그리고 황제를 왕으로 하여 일본에 이를 청구한다면 현재 상황보다 낫지 않겠는가?

이용구는 국권의 〈추락〉이 한층 심해지는 것을 피하고, 실추하고 있는 국권을 회복하기 위해서야말로 일본에 자발적으로 한일 합방을 청원하는 것이 필요하다고 주장했다. 이용구의 주관으로는 한일 합방 제의는 보호 지배 아래에서 진전되고 있던 일본의 한국 식민지화를 벗어나기 위한 최종 수단이었다. 반이완용 내각에는 뜻을 함께했던 양 회도 일본의 보호 정책을 둘러싸고는 현상 유지를 기대하는 대한협회와 변혁, 즉 일본과의 〈합방〉을 지향하는

63　위의 논문, 107쪽.
64　趙景達, 「朝鮮における日本帝國主義批判の論理の形成 — 愛國啓蒙運動期における文明觀の相克」(『史潮』新25, 1989) 참조.
65　『駐韓日本公使館記錄』40, 194쪽; 『統監府文書』8, 39~40쪽.

일진회는 분명히 방향을 달리했다. 제3차 한일 협약 체제하에 한국의 국가 권력 해체를 추진하는 일본의 보호 정책의 진의를 친일 단체인 일진회가 오히려 좀 더 적확하게 간파하고 있었다는 점은 역사의 아이러니가 아니겠는가?

합방 청원서와 성명서의 내용: 〈정합방〉의 논리

그렇다면 일진회가 주장한 일본과의 합방론, 특히 〈정합방〉 구상이란 도대체 어떠한 것이었을까?[66] 다음에서 「합방 상주문(合邦上奏文)」, 「상통감 합방 청원서(上統監合邦請願書)」, 「상총리 이완용 합방 청원서(上總理李完用合邦請願書)」(이하 세 청원서라고 표기)와 「성명서」 등 네 가지 합방 청원서를 검토한다. 그런 다음 이용구의 이른바 〈정합방〉 구상의 내용을 밝혀 보겠다.

우선 사료상으로 지적해 두어야 할 부분은 세 청원서든 「성명서」든 작성자와 작성 경위에서 그 성격을 달리한다는 점이다.[67] 세 청원서는 아마 9월 하순부터 10월 상순에 걸쳐 도쿄에 있던 우치다 료헤와 송병준이 대강을 작성한 다음에 흑룡회 회원인 가와사키 사부로(川崎三郎)와 쿠즈 요시히사[葛生修亮(能久)], 그리고 우치다 세 명이 문안을 작성했다.[68] 이 문안은 흑룡회 고문인 스기야마 시게마루(杉山茂丸)가 수상 가쓰라 다로의 승인을 받은 후 다시 이토 히로부미나 다른 원로의 승인까지도 받았다고 한다.[69] 그

---

66 여기서 기술하는 일진회의 〈정합방〉 구상은 일진회 본부의 것이며, 지방 지부가 반드시 여기에 찬성한 것만은 아니라는 데 유의할 필요가 있다(林雄介, 「一進會の後半期に關する基礎の研究」, 280쪽).

67 金東明, 「一進會と日本」, 108쪽.

68 『日韓合邦秘史』下, 155쪽. 문안 작성 일시는 이토 히로부미의 만주행 출발이 10월 14일이었다는 점으로부터 추정했다.

69 西尾陽太郎, 『李容九小傳』(葦書房, 1977), 123쪽; 『日韓合邦秘史』下, 155쪽. 다만 니시오가 지적한 것처럼 이토의 만주행 직전, 즉 10월 중순의 시점에서는 합방 청원서 제출 방침을 보여주는 데 지나지 않았고, 구체적인 내용을 담고 있지는 않았다고 본다.

리고 우치다 등의 문안을 기초로 11월 중순에 다케다 한시(武田範之)가 합방 청원서를 완성했다.[70]

이러한 경위에서 분명히 나타나듯이 세 청원서의 작성에는 우치다 등 흑룡회계 인사, 즉 일본 측의 의향이 강하게 작동하고 있었고, 따라서 그 내용에도 저들의 합방 구상이 반영되어 있었다고 생각한다. 반대로 말하면 한국에서 일진회를 지휘하고 있던 이용구의 합방 구상은 이러한 내용에서 명확하게 드러나지 않았다고 보아야 한다. 실제로 합방 청원서의 문안 작성 단계에서는 합방 형식을 둘러싸고 우치다와 송병준, 이용구가 불일치를 보여 주었다. 〈[한국] 황제의 존치와 [한국] 내각의 계속, 즉 정권 전부를 통감에게 위임하고, 중복되는 정치 기관을 철폐하여 구독일과 같은 연방으로 만든다. 나아가서는 이를 만주와 몽고, 중국, 기타의 동양 각지에 이르는 모범을 만들〉 것을 의도한 이용구에 비해, 송병준은 〈정말로 합방을 하는 이상은 이 기회에 철저히 떨어지지 않도록 하고, 이와 같은 우려를 근절해 두어야만 한다. 즉 합방은 한국 황제가 총람하는 통치권의 전부를 가져다 일본 천황 폐하에게 양도해야 한다〉고 주장했기 때문이다.[71] 이용구가 한국 황제나 한국 정부의 존치를 의도한 반면, 송병준의 합방론은 한국 황제가 전체적인 통치권을 천황에게 양도함에 따라 합방이 이루어진다는 논리였다. 그 후 양자는 몇 번

70 川上善兵衛(市井三郎·瀧澤誠 編), 『武田範之傳』(日本經濟評論社, 1987), 373~375쪽.
71 『日韓合邦秘史』下, 156~157쪽. 다만 이것은 『日韓合邦秘史』의 입장에 입각한 문장이라는 점에 주의해야만 한다. 이것은 〈당시 왕복 서간은 그 후 이완용의 흥변이 있었을 당시 대다수 이를 파기했기 때문〉(같은 책, 159쪽)이라고 했는데, 예를 들어 1909년 11월 9일부 송병준 앞으로 보낸 이용구 서간 등에는 그와 같은 내용이 보이지 않는다(『內田良平關係文書』 1, 156~159쪽; 『日韓合邦秘史』下, 159~164쪽). 송병준의 견해로 되어 있는 것은 송병준 개인의 의향이라기보다 우치다 등 일본 측의 의향을 대변한 것으로 보아야 할 것이다. 『日韓合邦秘史』를 비롯한 흑룡회 계열의 사료가 지닌 문제점은 사쿠라이 료주(櫻井良樹)가 지적한 대로이며(櫻井良樹, 「日韓合邦建議と日本政府の對應」, 『麗澤大學紀要』 55, 1992, 32~34쪽), 사료를 인용할 때는 『內田良平關係文書』를 주로 사용했다. 그리고 중복되는 것에 대해서는 『日韓合邦秘史』의 해당 부분을 병기했다.

이고 문서를 왕복해 의견을 교환했으나 결국 우치다가 〈한국 황제의 존치, 내각의 계속과 같이 기타 합방의 요건에 관해서는 오직 일본 천황 폐하의 생각에 따라 결정해야 한다. 한인이 바쳐야 할 합방 건의서 안에 일절 기재해서는 안 된다〉는 취지로 이용구를 설득했다고 한다.[72] 따라서 세 청원서에는 합방 형태를 명확하게 언급하고 있지는 않다. 이 점에서도 세 청원서가 타협의 산물이었음을 살펴볼 수 있다. 한편 세 청원서와는 달리 「성명서」에는 〈정합방〉이라는 이용구의 합방 구상이 삽입되었다. 이상의 고찰로부터 분명해진 것처럼 일진회가 주장하는 합방론에는 이용구가 주창하는 〈정합방〉론과 우치다와 송병준이 구상한 한일 합방론의 두 가지가 존재하고 있었다.[73]

그렇다면 세 청원서[74]와 「성명서」에 대하여 그 논리 구성을 밝히고, 각각의 합방론이 어떠한 것이었는지를 검토해 보자. 세 청원서는 한국 황제, 통감과 한국 총리대신 등 그 송부 대상에 따라서 문구가 각각 다르지만 기본 논리 구성은 같다. 세 청원서는 한국의 현 상황을 이미 국가 체제를 유지하지 못하고 있다고 파악한 다음 ① 우승 열패(優勝劣敗), ② 동아의 평화, ③ 한일의 동조 동문(同祖同文)이라는 공통된 세 요소를 교차하면서 〈한일 합방을 창립할 것〉(상통감 합방 청원서)을 정당화했다. 상기 문서의 목적은 〈우리 황실이 만세에 존귀하고 영화로울 것을 생각한다〉는 것과 〈민생의 복리가 일등국의 예를 넘어서기를 바란다〉는 두 가지에 있었다(상통감 합방 청원서). 즉 한국 황실의 보전과 한국 국민의 권리 보장이었다. 그러나 〈한일 합방〉의 방법에 대해서는 우치다가 이용구를 설득할 때 결정된 것처럼

---

72 『日韓合邦秘史』下, 158쪽.
73 그러나 일진회의 합방 건의에 대하여 한국 언론계에서는 〈문자상으로는 감히 비난할 수 없다고 하더라도, 이 글 가운데 정합방이라는 세 글자를 깊이 연구하고 해석을 할 때는 그 안에 다양한 의미가 있으며, 우리 한국의 망멸(亡滅)이 그 세 글자 안에 포함되어 있다〉고 하여 세 청원서보다도 〈정합방〉론에 비판을 집중하였다(『駐韓日本公使館記錄』 40, 196쪽; 『統監府文書』 8, 50쪽).
74 상서(上書)의 원문은 한문이다. 번역문은 『朝鮮の保護及併合』, 309~317쪽 참조.

반드시 명확하지는 않았다. 그것은 통감 소네 아라스케가 가쓰라 앞으로 〈합방의 의미는 연방이 되는 것처럼, 또는 합병이 되는 것처럼 보여 아주 명확하지 않다〉[75]고 보고한 내용으로부터도 엿볼 수 있다. 겨우 〈옛날에 독일 연방이 분열되어 있을 적에 프랑스에 짓밟혔지만 독일 연방으로 통합된 뒤에는 유럽 대륙의 패권을 쥐게 되었다〉(상총리 이완용 합방 청원서)고 독일 연방제를 언급하고 있는 데 지나지 않는다.

한편 「성명서」도 한국 황실의 보전과 한국 국민에게 일본 국민과 동등한 정치적 권리, 대우를 부여할 것을 요구하는 점에서는 세 청원서와 다르지 않았다. 그러나 「성명서」의 특색은 〈정합방〉이란 방법에 따라 이러한 요구를 충족하기로 명시했다는 점에 있다. 〈우리 대한의 보호가 열등함에 있다는 수치(羞恥)를 해탈하고, 동등한 정치적 권리를 획득해야〉한다는 〈정합방〉은 이토 히로부미 암살을 계기로 일본의 여론이 주장하고 있던 〈근본적 해결〉(=한국 병합)에 대한 방위책이고, 한국 황실의 안전을 보장하며, 한국 인민에게 〈1등 대우의 복리〉를 향유하도록 하기 위해서 〈일대 정치 기관〉을 성립하도록 할 것을 목적으로 하고 있었다고 설정되어 있었다.[76] 다만 성명서에서는 〈정합방〉의 구체적 내용까지 다루고 있지는 않다. 1909년 12월 3일 일진회 총회에서는 〈한국 황실을 영원히 안전하게 할 것. 한국 정부를 폐지하고 일본 정부에서 직접 정령을 시행할 것. 통감부를 폐지할 것. 일진회만을 존치하고 기타 단체는 일체 해산할 것〉을 일본 정부에 제안하기로 의결하였다고 한다.[77] 한국 황실을 유지하면서 한국 정부를 폐지하고 일본 정부가 직접적으로 통합한다는 일진회 총회의 합방 구상은 여기서 검토하는 〈정합방〉론의 내용과 아울러 고려해 볼 때 이용구가 평소에 가지고 있던

75 『駐韓日本公使館記錄』 40, 160쪽 ; 『統監府文書』 8, 49쪽.
76 『駐韓日本公使館記錄』 40, 349~352쪽 ; 『統監府文書』 8, 47쪽. 성명서도 많은 사료에 인용되어 있는데, 예를 들어 『朝鮮の保護及併合』, 307~309쪽에 실린 사료에는 빠진 부분이 있다.
77 『朝鮮の保護及併合』, 306쪽.

뜻이 아니라 다른 합방 청원서와의 정합성을 꾀한 것이었다고 생각한다. 따라서 성명서의 발표 단계에서는 〈일본의 보호에 따라 한국의 사직을 영원히 안전하도록 한다〉[78]는 것으로 후퇴했는데, 일본 관헌의 내부 정탐 조사에 따르면 〈정합방〉 구상의 구체적 내용은 다음과 같다.[79]

1. 대한국을 한국이라고 칭할 것.
2. 황제를 왕으로 칭할 것.
3. 왕실은 지금 그대로 한국에 존치함.
4. 국민권은 일본 국민과 동등하게 할 것.
5. 정부는 현재와 같이 존립시킬 것.
6. 일본 관리는 모두 용빙하기로 하며, 현재부터 그 수를 감소시킬 것.
7. 인민의 교육, 군대 교육을 진흥할 것.
8. 본 문제는 한국 정부가 직접 일본 정부와 교섭할 것.

제3항, 제4항은 「성명서」의 내용과 공통되는데, 주목해야 할 것은 제2항과 제5항이다. 특히 제2항의 내용은 이용구가 윤효정에게 별도의 기회에 주장했다는 점은 앞에서 기술했다. 그렇다면 한국 황제를 왕으로 삼기로 하고, 또 한국 정부를 존치한다는 합방 구상은 어떠한 모양의 국가 결합 형태로 이해해야 좋겠는가?

이용구와 우치다 료헤의 한일합방론은 일찍이 일진회의 한일 합방론으로서 일괄적으로 다루어진 적이 많았는데, 니시오 요타로나 김동명은 양자의 한일 합방론에는 미묘한 차이가 있다고 지적하였다.[80] 특히 김동명은 우치다

---

78 위의 책, 307쪽.
79 『駐韓日本公使館記錄』 40, 193쪽; 『統監府文書』 8, 39쪽.
80 西尾陽太郎, 『李容九小傳』, 123~124쪽; 金東明, 「一進會と日本」, 111~112쪽.

등의 합방 구상이 한국의 천황제 국가로의 편입을 꾀하려 한 것이라고 했음에 비해, 이용구의 〈정합방〉 구상은 오스트리아·헝가리 2중 제국을 전범으로 하면서 〈정치적 합방 국가〉 조약 체제를 구축해 한국 황제를 왕으로 삼아 존속시키고, 한국 정부가 독자적으로 내정을 실시하는 것으로 한국의 식민지화를 회피하려 했음을 지적했다.[81] 동시에 합방 운동을 추진한 이용구와 우치다의 합방론이 〈공수표〉로 끝났다고 한 김동명의 지적에는 분명히 혜안이 있다. 그러나 김동명은 이용구, 우치다 양자의 합방론이 〈공수표〉가 될 수밖에 없었던 이유에 대해서는 분명히 하지 않았다. 그것을 명확하게 하지 못한 것은 이용구의 〈정합방〉 구상을 검토할 때 국제법적 틀을 무분별하게 적용하고, 이용구가 갖고 있던 국가관, 왕권관을 간과했기 때문이다.

이 점과 관련해 일진회의 활동에 크게 관계한 다케다 한시가 〈정합방〉론을 다루면서 우치다에게 써서 보낸 〈이번 [한일 합방 청원] 문제는 공법상 의례에 들어맞지 않으므로 새롭게 공법학상으로 새로운 의례를 개설할 수밖에 없습니다〉[82]라고 한 총괄은 확실히 기존의 국가 결합 형식으로 〈정합

---

81 金東明,「一進會と日本」, 110쪽. 김동명의 지적에 따르면 〈정합방〉 구상은 국제적으로는 단일한 주체인데, 구성 국가가 오히려 내부적으로 독자성을 유지하는 국가 결합 형태인 물적 동군 연합(物的同君連合, 物上連合, *Real Union*)을 지향했다는 것이 된다. 물적 동군 연합은 역사적으로 군주국에 대하여 성립하는 국가 결합 형태인데, 실질적으로 국제법상의 연방(연합국가, *Federal State*)과 유사하기 때문에(高野雄一,『新版 國際法槪論』上, 弘文堂, 초판 1960년, 신판 1969년, 99쪽) 일견『日韓合邦秘史』가 언급하는 〈연방〉 제도 물적 동군 연합으로서 이해할 수 있는 것처럼 보이기도 한다. 그러나 〈정합방〉론에서 이용구가 견주었던, 한국 황제를 존속시키고 정권을 통감에게 위임하는 형태로 한국 내각을 계속하도록 한다는 〈구독일 같은 연방〉이란 복수의 국가가 조약에 기초하여 결합하고, 일정 범위의 국가 기능(특히 외교 능력)을 공동으로 행사하는 조직체인 국가 연합(*Confederation, Confederated States*)으로 이해해야 할 것 같다(역사적으로는 1781년부터 1789년까지 미국 연합이나 1815년부터 1866년까지의 독일 연방 등의 예가 있다). 이 책이 고찰 대상으로 삼는 시기의 국제법학계의 용법으로는 국가 연합의 의미에서 〈연방〉이라는 용어를 사용하고 있고, 연합 국가 *Federal State*를 가리키는 〈합중국〉과는 구별하고 있기 때문이다.

82『內田良平關係文書』1, 120쪽.

방〉 구상을 이해한다는 방법론상의 한계를 지적한 것이었다. 〈정합방〉 구상을 〈새로운 의례〉로서 이해해야 한다면 오스트리아·헝가리 2중 제국 등에 견준 김동명의 평가는 성립하지 않는다. 오히려 합방론이 왜 〈공수표〉로 끝났는지를 일본과 조선의 사상 구조의 차이라는 측면에서 재검토할 필요가 있을 것 같다. 이용구와 우치다의 일견 미묘하게 보이는 지향성의 차이는 일본의 아시아주의와 조선의 아시아주의 사이에 놓인 사상 구조적 차이를 부각시키기 때문이다.

그런데 예전부터 동아시아의 근대 사상 수용의 문제가 지적되었고, 한국사에서도 갑신정변 100주년을 전후해 이 문제를 심화시켰는데,[83] 이용구의 합방 구상에 대해서도 한국사의 문맥에서 이해할 필요가 있을 것이다. 종래 일진회의 합방 청원 운동은 우치다 료헤를 비롯한 흑룡회계 인사가 직간접적으로 일진회의 운동에 관여했기 때문에 일본의 아시아주의 연구에서 주요 논제 가운데 하나가 되어 왔다.[84] 특히 우치다에 대한 평가를 둘러싸고 거기서 아시아와의 연대 계기를 찾으려고 한 다케우치 요시미(竹內好)로 대표되는 견해와, 일진회를 우치다의 괴뢰 분자로 규정해 우치다 등의 행동이 아시아 침략에 가담했다고 파악한 하츠세 류헤(初瀨龍平)에게 전형적으로 보이는 평가가 첨예하게 대립해 왔다.[85] 그러나 이러한 양자의 견해는 일본의

---

[83] 「甲申政變百周年」 특집호인 『朝鮮史硏究會論文集』 22, 1985에 수록된 카스야 켄이치(糟谷憲一), 조경달, 하라다 타마키(原田環)의 각 논문과 미야지마 히로시(宮嶋博史), 「開化派硏究의 今日的意味」(『季刊三千里』 40, 1984) 참조. 한편 최근에는 야마무로 신이치(山室信一), 『思想課題よしてのアジア』(岩波書店, 2001)를 기점으로 하여 구조가 아닌 전파로서의 사상 양태에 주목한 연구가 유행하고 있다. 하지만 이러한 관점에서 이루어지는 연구는 아시아 정체론을 재생산할지도 모르는 연설이기 때문에 우려스럽다.

[84] 우치다 료헤를 비롯한 흑룡회계 인사에 대해서는 初瀨龍平, 『傳統的右翼內田良平の硏究』(九州大學出版會, 1980) 참조.

[85] 竹內好, 「アジア主義の展望」(同 編解說, 『アジア主義』, 筑摩書房, 1963). 初瀨龍平, 『傳統的右翼內田良平の硏究』.

아시아주의를 밝히려고는 했으나 연대 혹은 침략의 대상인 조선 측의 사상이나 행동은 거의 검토하지 않았다. 즉 어디까지나 일본의 자기인식과 상대적 관계에 있는 한에서의 아시아 인식으로서 자기 완결적으로 아시아주의를 파악했다는 문제를 내포하고 있다. 조선 등에서 아시아주의와의 관련성에서 일본의 아시아주의를 재검토할 필요성이 요청되고 있는 까닭이다.[86] 요컨대 거기에는 일본과 조선을 〈아시아주의〉라는 틀에서 일원적으로 파악해도 좋은가, 그렇지 않은가란 문제가 놓여 있다. 그때 중요한 것은 일본의 아시아주의가 예를 들어 쑨원(孫文)이 말하는 인의, 도덕에 기초한 왕도(王道)로서의 〈대아시아주의〉에서 보이듯이 아시아주의가 본래 가질 수 있는 보편적 원리와 어떠한 관계에 있는가라는 점이다.[87] 그렇다면 아시아주의의 보편성은 어떠한 지표를 가지고 평가할 수 있겠는가? 이에 대해 조경달이 채택한 〈도의〉라는 시각을 도입하는 것이 유효하다.[88] 쑨원의 〈대아시아주의〉가 단적으로 보여 주고 있듯이 〈아시아주의〉가 서구로부터 받은 충격 *western impact*과의 대항 관계에서 구상되었다는 경위를 따라가면서 국가주의보다 문명주의를 우선하는 양상이야말로 논리적 설득력을 갖는다고 보기 때문이다.

그리고 조경달은 조선의 아시아주의를 소국주의(小國主義)와의 관련성

---

86 平石直昭,「近代日本の'アジア主義'」(溝口雄三 外編,『アジアから考える』5, 東京大學出版會, 1994).
87 아시아주의가 지닌 보편성에 대해서는 小路田泰直,『日本史の思想』(柏書房, 1997)에서 큰 시사를 얻었는데, 헤게모니론적 관계성을 강조하는 고지타의 분석 방법에는 의문이 남는다. 또 아시아주의를 일원적으로 파악하는 점에서 문제가 있다. 오히려 요시노 마코토(吉野誠)가 구분한 것처럼 근대주의적 아시아주의의 조류와 원리주의적 아시아주의의 조류라는 두 가지 아시아주의를 염두에 두면서 아시아주의의 보편성을 이해할 필요가 있을 것이다(吉野誠,「『大東合邦論』の朝鮮觀」,『文明硏究』4, 東海大學文明硏究會, 1985).
88 趙景達,「近代日本における道義と國家」(中村政則 外著,『歷史と眞實』, 筑摩書房, 1997).

에서 파악하는 틀을 제시하고 있다.[89] 조선에서 소국 구상은 책봉 체제와 〈만국 공법〉 체제의 균형 위에서 스스로의 진로를 모색하는 〈자강〉론에 기초한 중립화 구상에서 출발하는 소국주의로 전개되었는데, 청일 전쟁의 결과 일원적으로 〈만국 공법〉 체제로 편입되는 가운데 아시아주의라는 소국 구상이 일반화되고 소국 사상이 표출되는 방식이 이원화했다는 것이다. 국제 환경 아래에서 소국을 자처한다면 아시아주의라는 형태로 소국에 의한 연합 구상이 당연히 성립할 수 있다. 그리고 이러한 조경달의 지적을 부연해 보자면 조선에서 아시아주의의 형성에는 책봉 체제적 발상이 깊은 그림자를 드리우고 있었고, 이용구의 합방론 또한 소국 구상으로서의 아시아주의라는 문맥에서 다시 파악해 볼 필요가 있을 것이다. 그렇다면 이용구의 아시아주의적 발상, 즉 일본과의 연대 구상은 어떠한 것이었을까? 이용구는 우치다 앞으로 보낸 서한에서 다루이 도키치(樽井藤吉)의 『대동 합방론(大東合邦論)』을 통해서 한일 연대책의 시사를 얻었다는 점을 서술한 후 다음과 같이 말했다.[90]

어쨌든 다행히도 귀국[일본]은 능히 타파(頹破)의 지주(砥柱)가 될 것이다. 맑음을 끌어올려 혼탁함을 격렬하게 하고, 대의(大義)를 우주에 펼쳐서 <u>패권을 동양에서 차지하며</u>, 난폭함을 징벌하여 약함을 구제한다. <u>덕과 의는 나란히 비추며</u>, 선생[우치다 료헤]의 고명함으로 시국을 통찰하시고 우리 나라에 손님으로 오셨다. 우리들이 바라는 바는 창문을 열어 계몽하고, 그 문명 발달을 지도하며, 그 식산의 부원(富源)을 진흥하는 데 있다. 민당(民黨)을 부식하고, 정치를 개선하며, 귀국과 우리 나라 양국의

---

89 趙景達, 「近代朝鮮の小國思想」(菅原憲二・安田浩 編, 『國境を貫く歷史認識』, 靑木書店, 2002), 142쪽. 同, 「アジアの國民國家構想」(久留島浩・趙景達 編, 『アジアの國民國家構想』, 靑木書店, 2008), 22~26쪽.

90 『內田良平關係文書』 1, 162쪽; 『日韓合邦秘史』 上, 43~44쪽.

마음을 아우르고 힘을 합친다면 곧 러시아는 감히 남하하지 못할 것이며, 따라서 동양은 유지될 것이다.

일진회의 사상 경향에 대해서는 종래 일본의 근대적 물질 문명으로의 경도만이 강조되었으나, 여기서는 이용구가 일본의 〈덕의〉를 강조하고 있다는 점에도 유의해야 한다. 이용구는 〈난폭함을 징벌하여 약함을 구제하는〉 〈덕과 의〉를 체현한 것으로서 일본을 간주했고, 그러한 선상에서 한일의 제휴를 도모할 것을 기대하였다. 물론 이 서한이 우치다에게 영합한 것이라는 점을 전제로 해야 함은 물론이기는 하나, 천황에 의한 지배 아래에서 한국 황제를 왕으로 삼고, 한국 정부가 계속 유지되도록 하여 한국 국민의 권리를 일본 국민과 동등하게 한다는 〈정합방〉 구상을 책봉 체제적 문맥에서 해석하는 것은 결코 비약하는 논리가 아닐 것이다. 요컨대 이용구는 일본의 동아시아에 대한 제국주의적 팽창에 대해 책봉 체제를 국제법으로 합리화하면서 위치를 설정하려 한 것으로 보인다. 중화의 대상을 중국 황제에서 천황으로 교체하면서 한일 합방을 해석한 것이다. 그것은 국제 관계에 대한 이해가 친일적이었기 때문에 제국주의 비판을 결여하고 있었다기보다도, 일본의 제국주의적 대외 팽창에 대해 지극히 낙관적으로 조선적인 문명 해석을 한 것으로 볼 수 있을 것 같다. 〈정합방〉론을 〈새로운 의례〉로 설정한 다케다의 평가는 정말 조선적인 사유 아래에서 제국주의가 재해석되었음을 인정한 것에 불과하다.

이상에서 본 것처럼 일진회의 합방 청원 운동은 일본 측의 의향에 영합했다는 성격을 부정할 수는 없으나, 이용구의 주관에서는 일본의 한국 국가 권력 해체 정책에 대한 대항 조치로 실시된 것이다. 점차 주권을 탈취하고 한국 통치 기구의 주요 부분을 일본인이 차지한다는 상황을 일본에 의한 한국의 병합에 앞서서 합방을 청원하여 일거에 만회하려 한 것이다. 그리고 그

〈정합방〉 구상은 종래 이야기되어 온 국제법상의 동군 연합(同君連合) 혹은 연방제로서의 국가 결합을 목표로 한 것이라기보다 구래의 동아시아 국제 질서였던 책봉 체제를 근대 국제법적으로 합리화하려 한 것이었다고 생각한다. 책봉 체제 아래에서는 조공 관계를 취함으로써 상대적으로 독립을 유지할 수 있기 때문이다.[91] 그리고 거기서 핵심 개념이 되는 것은 예전의 중화 황제로부터 천황으로 향하게 되는 〈덕의〉이다. 〈정합방〉론은 일본과 천황의 〈덕의〉에서 통합 원리를 구하고, 그 아래에서 왕권 유지, 조선 인민의 〈일등 대우의 복리〉 보장을 기도했다. 제국주의를 향한 비판력이 약했다는 점은 부정할 수 없지만, 이용구의 발상 자체는 일본에 〈왕도〉적 통치를 요구하였고, 그러한 의미에서 국가주의 위에 문명주의를 설정하는 〈도의〉라는 아시아주의의 보편성을 구비했다.

한편 우치다 료헤 등 일본 측 인사에게 〈한일 합방〉은 〈합방이든 위임이든 그 실질을 영구적인 계약으로 하고, 한국민으로 하여금 독립의 생각조차 그 마음에서 싹틀 여지를 갖지 못하도록〉 하는 계기였고, 〈그런 다음 우리에게 동화되도록 하지 않는다면 진정한 동화는 가망이 없을〉[92] 것으로 여겼다. 우치다 등의 조선 통치 구상은 하츠세 류헤가 단적으로 정리한 것처럼 이민족 지배를 의문시하지 않고, 천황을 향한 무한의 신앙을 천황제에 대한 절대적 신뢰와 밀착시킨 것이며,[93] 〈일시동인(一視同仁)〉에 기초한 천황제 지배와 하등의 차이가 없었다. 그것은 일방적으로 이민족에게 〈동화〉, 〈황화(皇化)〉를 다그치고, 그 위에서 천황과의 관계에 계층화를 기도한 것이다. 그 구상은 천황제 국가로의 통합에 무한정 접근해 가며, 최종적으로는 동양 맹주론으로 귀결되어 버리고 만다.[94]

91　浜下武志,『朝貢システムと近代アジア』(岩波書店, 1997).
92　『內田良平關係文書』 1, 120쪽.
93　初瀨龍平,『傳統的右翼內田良平の硏究』, 114~115쪽.
94　따라서 우치다가 나중에 실시한 일본 정부 비판은 천황의 〈의(義)〉를 묻는다는 지평에는

따라서 이용구와 우치다의 합방 구상이 모두 천황의 〈덕의〉, 〈생각〉에 의거했다고 해도 이용구와 우치다의 합방론은 그 발상의 전제가 원칙적으로 서로에게 용납되지 않았기 때문에 동상이몽으로 끝날 수밖에 없었다. 그렇기 때문에 합방 청원서 작성 과정에서 이용구의 의향은 우치다, 다케다 등에게 저지된 것이며, 이용구에 의한 아시아주의의 시도는 다음에 기술할 일본 정부에 의한 배제뿐만 아니라 저들 흑룡회계 인사들에 의해 봉쇄되었다. 나중에 스마(須磨)의 병상에서 이용구가 우치다에게 말했던 〈우리들은 바보였습니다〉라는 발언은[95] 일본 정부와 우치다 등에 의한 이중의 배신을 탄식한 것으로 해석해야 할 것이다. 따라서 친일파와 일진회의 비애는 토착 사회와 일본의 국가 권력으로부터 배제되었을 뿐만 아니라 〈동지〉로 활동을 같이한 일본인과도 단절되었다는 점에서도 찾을 수 있다. 그러한 의미에서 일정하게 유보를 하면서도 우치다를 아시아주의자로 규정한 다케우치 요시미의 아시아주의 평가[96]는 보편주의로서 아시아주의란 양상에서 비판해야만 한다.

일진회 합방 청원에 대한 반대 운동

일진회의 합방 청원에 대하여 한국 내에서는 반대 목소리가 높아졌고, 〈이 회는 거의 고립 상태에〉 있었다.[97] 국민 대연설회[98]를 비롯해 〈크게 상하의 민심을 선동하고, 세상의 소요가 점점 극에 달해 한성의 정계 역시 어지러워지

원칙적으로 입각할 수 없었기 때문에 단순한 개량 운동에 그칠 수밖에 없었다.
95 內田良平, 「日韓合邦」(竹內好 編, 『アジア主義』, 237쪽).
96 竹內好, 「アジア主義の展望」, 36~37쪽.
97 『朝鮮の保護及併合』, 318쪽.
98 국민 대연설회는 1909년 12월 5일, 서대문 내 원각사에서 개최된 일진회의 합방 청원 운동 규탄회였고, 원로 민영소(閔泳韶) 등을 중심으로 대한협회, 서북학회, 한성부민회 회원들이 모여서 개최하였다. 그 후 국민 연설단회를 조직했다(『駐韓日本公使館記錄』 40, 197~199쪽; 『統監府文書』 8, 51~52쪽).

는 상태를 노정〉했다고 한다.[99] 일진회의 합방 청원서 제출에 의하여 〈이번 합방 문제와 같이 이러한 배일파에 대해 민심을 자극할 좋은 조건을 부여했다는 것은 자연스러운 형세가 될〉[100] 상황이 발생했다. 일본의 대한 정책에 가장 큰 저항을 보여 준 의병 투쟁은 〈남한 대토벌〉로 인하여 가차없이 진압되었다. 또 민중도 유효한 대항 수단을 강구하지 못하는 가운데 이러한 반대 운동이 이루어졌음을 한편에서는 고려해야만 하는데, 일진회에 대한 반대 운동 가운데 여기에서는 일본의 보호 정책에 대한 입장의 차이를 명확하게 하기 위해 대한협회의 반대 운동 내용을 검토해 본다. 다만 여기서는 어디까지나 대한협회 중앙 간부의 반대 내용만을 밝힐 수 있었음을 부언해 둔다.[101]

대한협회는 일진회의 합방 청원이 공적으로 이루어지자 간부 회의를 소집해 장효근(張孝根)의 제의에 기초하여 12월 6일 서울 각 단체에게 〈비합방의 대여론을 결의〉(국민 대회 발기문)할 것을 호소하는 통문을 발송함과 동시에 12일에 한성부민회 구내에서 국민 대회를 개최하기로 결정했다.[102] 게다가 오가키 다케오(大垣丈夫)가 초안을 작성한 일진회의 합방 문제에 대한 성명서를 국민 대회와 각 신문 지상에 공표하기로 결정했다.[103] 결국 국민 대회 개최는 당국의 저지에 따라 이루어지지 않았고, 또한 성명서도 발표되지 않았다. 단순히 대한협회 회장 김가진(金嘉鎭), 부회장 오세창(吳世昌), 총무 윤효정(尹孝定), 고문 오가키 다케오 네 명이 의해 성명 결정을 내리는 데

---

99 『朝鮮の保護及倂合』, 318쪽.
100 『駐韓日本公使館記錄』 28, 322쪽; 『統監府文書』 2, 268쪽.
101 『駐韓日本公使館記錄』에 실려 있는 1909년 12월부터 이듬해 1월에 걸친 관헌 보고를 보는 한에서는 일진회에 대한 반대 운동이 산발적으로만 일어났다. 이것은 오히려 의병 탄압 후 한국 내의 정치 상황을 엿볼 수 있게 해준다. 당시 지방의 상황에 대해서는 별도의 검토가 필요하다.
102 『駐韓日本公使館記錄』 40, 201쪽, 203~204쪽; 『統監府文書』 8, 57~58쪽.
103 『駐韓日本公使館記錄』 40, 190쪽; 『統監府文書』 8, 100쪽.

그쳤다.[104] 또 20일경 각도 지회에 대해서도 신중한 자세를 취하도록 지시를 내렸는데[105] 이것은 오가키의 의향을 강하게 받아들인 것이었다고 생각한다. 오가키가 한국에서 퇴거당할 때 〈지방 지부로부터 어떠한 반대의 교섭을 제기하더라도 이때 신중한 태도를 고수하고, 다만 시국의 경과를 방관하는 데 그치며, 내가 전보를 치지 않는다면 국내를 동요시키는 것과 같은 행동은 결코 이루어질 수 없다〉고 대한협회 간부를 타이르고 있었기 때문이다.[106]

그렇다면 대한협회에서 일진회의 합방 청원서에 반대한 내용은 대체 어떤 것이었을까? 12월 4일 밤, 대한협회 본부에서 〈정합방〉 반대 이유로 의결된 것은 다음의 내용이다.[107]

1. 현재 한국의 형세를 보았을 때 합방되지 않는다면 통치하기 어려운 상황은 아니다. 만일 이후 그 형세가 험악해지는 경우에는 군정(軍政)을 실시하는 것도, 또는 합방하는 것도 자연의 형세에 맡겨야 한다. 그렇지만 <u>현재 합방을 부르짖는 것은 민심을 어지럽게 만들 뿐이므로</u> 지금은 그 시기가 아니다.

2. 한일 협약 가운데 일본의 보호는 한국이 부강의 실제를 달성하기를

---

104 『駐韓日本公使館記錄』 40, 259쪽; 『統監府文書』 8, 102쪽.
105 『駐韓日本公使館記錄』 40, 383쪽; 『統監府文書』 8, 176쪽. 그러나 예전 논문에서는 종래 연구에 기초해 대한협회에 대해서 〈중앙, 지방 모두 조용히 지켜보는 태도를 흐트러트리지 않았다〉(졸고, 「一進會の日韓合邦請願運動と韓國倂合 ──「政合邦」構想と天皇制國家原理との相克」, 『朝鮮史硏究會論文集』 43, 2005, 194쪽)고 평가했다. 하지만 마쓰다 도시히코로부터 대한협회 지방 지회의 동향에 입각한 평가가 아니라는 비판을 받았다(松田利彦, 「伊藤博文殺害事件の波紋 ── 警察資料に見る朝鮮人社會の狀況」, 伊藤之雄·李盛煥 編, 『伊藤博文と韓國統治』, ミネルヴァ書房, 2009, 234쪽). 본문에서도 밝힌 것처럼 필자의 검토는 중앙 간부의 동향에 그치고 있음에도 불구하고 기존 연구의 평가를 안이하게 원용한 것은 오류이므로 예전 논문의 평가는 철회한다.
106 『駐韓日本公使館記錄』 40, 355쪽; 『統監府文書』 8, 178쪽.
107 『朝鮮の保護及倂合』, 318쪽.

기약하는 데 있다. 그렇지만 한국이 이후 개명 부강을 달성한다고 해서 곧바로 일본에게 보호 해제를 청구할 수 있겠는가? 아마 군비 확장과 기타 부채의 상환 등으로 갑자기 커다란 부담이 될 것이므로 이를 청구하기란 도저히 불가능하게 된다. <u>자연의 형세로 한국인 전부가 합방이 득책임을 주장하는 것은 명백해진다. 이러한 시기가 되어 합방하더라도 오히려 늦지는 않는다.</u>

대한협회의 〈한일 합방〉에 대한 기본 태도는 시기 상조론이었고, 사료에서 명확하게 나타나는 것처럼 장래의 〈합방〉 자체를 부정하지는 않았다. 그것은 일진회의 합방 문제에 대한 성명서에서도 명료하게 드러난다. 이 성명서에는 〈만약 국민의 개명과 국가의 발달을 달성하여 국민의 행복상 다수의 희망에 따라 상응하는 방식으로 한일 관계를 개정하는 데는 무엇보다도 동의하는 바이다〉라고 장래의 〈합방〉에 대해서는 염두에 두면서도 현재의 과제는 〈지금이야말로 보호 정치가 착착 진행되고, 국정이 차츰 양호해지며, 우리 국민의 사상은 현재 한일 관계를 표준으로 삼아 양국 정부의 정치 경제가 상호 밀접해지며, 양국 국민의 이해 그리고 행복과 불행이 상호 공통되므로 결코 편중되지 않음을 자각하도록 한다. 선진국의 선량한 지도에 따라 충실한 민지(民志)와 양호한 국정(國情)을 조성한다. 그리하여 문명 부강의 영역에 도달하며, 양국 협약의 취지를 수행하는 데 노력할〉 것, 즉 한일 양국의 제휴 아래에서 한국의 자강을 꾀한다는 것임에도 불구하고, 일진회가 〈우리 국정을 돌아보지 않는 경거망동으로 다수의 민의에 반하는〉 한일 합방을 갑자기 제의하고, 그 결과 〈국민의 반항심을 도발하고, 나아가 양국의 친교와 국가의 진보에 악영향을 끼칠〉 것을 우려했다.[108] 오가키가 작성한 성명서 초안에는 〈이를 요약하면 시기와 방식의 문제로 절대 인정하지 않겠

---

108 『駐韓日本公使館記錄』 40, 260~261쪽; 『統監府文書』 8, 103쪽.

다는 의미가 아니다〉고 했고,[109] 점진적 병합론과 거의 차이가 없었다. 이토 히로부미의 한국 병합 구상인 제3차 한일 협약 체제의 유지를 당면 과제로 삼고 있던 대한협회에게 일진회의 합방 운동은 〈충실한 민지와 양호한 국정을 조성할〉 것을 위협할지도 모르는 것이었으며, 그러한 한에서의 합방론 비판이었다.

합방 청원 운동에 대한 일본 정부의 대응

그렇다면 일진회의 합방 청원 운동은 일본 정부가 추진한 한국 병합과 어떠한 관련성이 있었는가? 일본 정부에 의한 한국 병합 방침 결정과 일진회의 합방 청원 운동 제출과의 관계성을 둘러싸고는 ① 합방 청원 운동에서 일본 정부의 관여, ② 일본 정부의 한국 병합 결정과 이 운동과의 상관관계, 이 두 가지 점이 연구사상의 논점이 되어 왔다. 강재언의 논고에서 전형적으로 보이고 있는 것처럼 일진회의 합방 청원 운동을 이용해 일본 정부가 한국 병합을 실행했다는 견해가 다수를 차지하고 있는 한편,[110] 양자의 관계성을 맨 먼저 부정한 것은 야마베 겐타로였다.[111] 야마베는 합방 청원에 선행하는 1909년 7월 단계에서 한국 병합 방침이 각의 결정되었다는 점을 중시하며, 일진회의 〈진언(進言)〉과는 관계없이 일본의 조선 병합 방침은 일찍부터 결정되어 있었다〉고 평가했다. 야마베의 견해는 일진회에 대한 도식적 이해가 선행되고 있을 뿐만 아니라, 〈유령 단체〉설 등은 실증적으로 부정하고 있는

109 『駐韓日本公使館記錄』 40, 190쪽; 『統監府文書』 8, 101쪽.
110 姜在彦, 「朝鮮問題における內田良平の思想と行動 ― 大陸浪人における'アジア主義'の一典型として」(『歷史學硏究』 307, 1965); 西尾陽太郞, 『李容九小傳』(葦書房, 1977). 강재언이 일진회 독자의 병합 구상을 인정하지 않은 데 비해 니시오가 일본 정부의 병합 구상과 일진회의 합방 구상의 차이를 강조하는 점에서 차이가 있다. 하지만 한국 병합 과정에서 일진회의 합방 청원 운동과 일본 정부와의 연결을 중시하는 점에서 양자의 견해는 공통적이다.
111 山辺健太郞, 『日韓倂合小史』(岩波新書, 1966), 229~234쪽.

데, 합방 청원 운동과 일본 정부와의 연관성을 부정하는 평가 자체는 사쿠라이 료주(櫻井良樹)에게 계승되었다.

사쿠라이는 관계 사료를 널리 수집해 가쓰라 다로 등 일본 정치 지도자의 동향을 검토하고 야마베의 실증적 결함을 극복했다. 합방 청원서 제출에 대한 일본 정부의 자세에 대하여 정부의 동향을 저해하지 않는 범위에서는 일진회의 합방 청원 운동을 묵인하고 있었지만 그것을 적극적으로 이용해 병합까지 추진하려는 의도까지는 필요하지도 않았고, 따라서 일진회의 운동은 한국 병합과 연관성을 가진 것이 아니었다고 평가했다.[112] 합방 청원 운동에서 일본 정부의 적극적 관여를 부정하는 사쿠라이의 견해는 실증적으로도 설득력이 있으며, 현재의 연구 수준을 보여 준다.

그러나 사쿠라이의 평가는 앞서 제시한 논점 ①에 대해서는 대체로 인정할 수 있으나, 논점 ②에 대한 견해에는 의문의 여지가 남아 있다.

합방 청원 운동을 추진하는 일진회의 이용을 일본 정부가 고려하고 있지 않았다는 점과 한국 병합 과정에서 합방 청원 운동이 초래한 영향, 즉 그 역사적 역할이라는 것은 그 평가의 차원을 달리하기 때문이다. 환언하자면 〈병합 시기〉가 확정되지 않은 단계에서 합방 청원 운동이 실시되었다는 점과 〈병합 시기〉의 결정과의 연관성을 어떻게 다룰 것인가라는 문제가 여전히 남아 있는 것이다. 이 점을 고려할 때 중요한 것은 각의 결정 「한국 병합에 관한 건」에 대한 역사적 평가인데, 종래의 연구는 그 연관성을 인정하든 그렇지 않든 간에 이 각의 결정을 전제로 하여 일진회의 합방 청원 운동을 평가했고 사쿠라이도 예외는 아니었다.

그러나 앞에서도 기술한 것처럼 이 각의 결정은 실제로 한국을 병합한다는 총론을 정한 데 지나지 않았고, 언제 어떠한 형태로 한국을 병합할 것인지에 대해서는 반드시 명확하지는 않았다. 한국 병합이라는 틀을 결정한 일

---

112 櫻井良樹,「日韓合邦建議と日本政府の對應」(『麗澤大學紀要』55, 1992), 51쪽.

본 정부가 다음으로 검토해야 할 과제는 병합 형태의 문제였는데, 1910년 초까지는 이토 히로부미의 점진적인 병합 구상이 여전히 유력했다고 본다. 그러나 그 후 직할 식민지라는 통치 형태에 의한 한국 병합의 실행이 야마가타 아리토모, 가쓰라 다로, 데라우치 마사타케를 중심으로 결정되었다. 이러한 일본 정부 내의 움직임과 거의 병행해 일진회 내치기가 실시되었다는 점은 일진회의 이용 등과는 별도의 차원에서 일본 정부의 한국 병합을 향한 움직임과 일진회의 합방 청원 운동이 연관성을 가지고 있었을 가능성을 보여 준다. 여기에서는 한국 병합 결정에 관한 1910년 전반기 일본 정부 동향의 배경을 이해하기 위해서 일진회의 합방 청원 운동에 대한 일본 정부의 대응에 대해 고찰하고, 일본 정부에서 즉시 병합론이 급부상한 배경을 검토해 본다.

야마가타 아리토모와 데라우치 마사타케의 한일 합방 청원 운동 관여

일진회의 합방 청원서 제출을 일본 정부나 일본 관헌이 배후에서 조종하고 있다는 이야기는 한국 내에서도 많이 부상하였는데[113] 합방 청원 운동에 일본의 정치 지도자는 어느 정도 관계하고 있었는가? 그것은 합방 청원서의 수령과 각하가 반복되는 12월 4일부터 16일까지 일본 정부와 통감부가 주고받은 일련의 움직임 속에서 잘 드러난다.

일진회의 합방 청원서 제출에 대해 호의적이었던 사람은 원로 야마가타 아리토모와 육군대신 데라우치 마사타케였다. 야마가타는 우치다 료헤로부터 11월 29일부로 서한을 받자 12월 2일 데라우치에게 이 서한을 보냈다.[114] 야마가타의 의향을 접한 데라우치는 12월 3일 〈일진회가 앞서 기술한 것처럼 [한일 합방] 청원을 하려는 경우에 통감은 태연하게 이를 수령하고,

---

113 朝鮮總督府 編, 『朝鮮の保護及併合』(朝鮮總督府, 1918), 321쪽.
114 櫻井良樹, 「日韓合邦建議と日本政府の對應」, 40~41쪽.

단순히 참고용으로 제공해야 한다는 취지로 답해 둔다. 한편 한국 정부에 효유하여 본건 청원과 같은 것은 현재 한국의 정황상 일개의 정치적 의견이라고 볼 수밖에 없으므로 온건하게 이를 수령하도록 조치를 취하도록 해야 한다〉[115]고 통감 소네 아라스케에게 권고했다. 데라우치는 야마가타에게 보낸 13일부 서한에서 합방 청원서 각하라는 통감부의 대응에 대해 〈다소의 고려를 다한 3일의 전보는 한 치의 효과도 없이 끝나서 정말로 유감〉[116]이라고 정리했는데, 이 점으로부터도 데라우치 등의 합방 청원 운동에 대한 입장을 읽어 낼 수 있다.

한편 통감부, 특히 소네는 일진회의 합방 청원 운동에 대해 불쾌감을 드러냈다. 수상 가쓰라 다로에게 보낸 전보에서 소네는 〈한편으로는 육군대신[데라우치]으로부터 미리 청원을 제출한다는 보고도 있었고, 아울러 내각에서 간접적으로 알고 있는 것처럼 추측되기는 한다. 하지만 다른 한편으로는 하는 방식이 상황도 고려하지 않고 어떻게 보더라도 경거망동이므로 본관은 진심으로 의심스러워 마지않는다〉[117]고 불만을 숨기지 않았다. 합방 청원서 제출을 〈원래 이러한 대사를 일진회와 같은 자들의 행동에 기초하여 오늘 실행하려고 하는 것은 쓸데없이 평지풍파를 일으켜 그 국면을 통제하지 못하고 끝나게 될 것〉이라고 파악한 소네가 가장 위험시한 것은 〈속성으로 하고자 하여 대성(大成)함을 망가뜨리게 되는 것은 필연일 뿐만 아니라, 더 나아가 우리 폐하의 위엄을 손상케 하는 것〉[118]이었다. 소네는 합방 청원 운동이 일본 정부의 한국 병합 방침의 장래에 누를 끼칠까 봐 두려워했을 뿐만 아니라 천황의 〈위엄을 손상케 하는 것〉을 우려하였다. 그것은 앞서 본 것처럼 합방 청원서가 일진회의 요구를 충족시키는 형태로 한일 합방을 실행

---

115 『駐韓日本公使館記錄』 40, 157쪽; 『統監府文書』 8, 40쪽.
116 德富猪一郎 編述, 『公爵山縣有朋傳』 下(原書房, 1969년 복각), 751쪽.
117 『駐韓日本公使館記錄』 40, 180쪽; 『統監府文書』 8, 88쪽.
118 『駐韓日本公使館記錄』 40, 160쪽; 『統監府文書』 8, 50쪽.

할지 말지에 대한 판단은 최종적으로 천황의 의사에 귀속되는 것과 같은 구조로 되어 있었기 때문이다.

제출된 합방 청원서를 수령한 소네는 12월 5일 합방 청원서를 돌려보내려 한다는 한국 정부의 의향을 나고야로 출장을 나와 있던 가쓰라에게 전하고 지시를 내려 줄 것을 청했다.[119] 가쓰라가 한국 정부의 의향에 동의하자[120] 소네는 한국 대신과의 협의회에서 〈전날 왔던 이 총리대신과 협의한 일진회의 상소문은 내각에서 희망하는 대로 돌려보내야 한다〉는 취지를 한국 정부 측에 전달했고,[121] 그에 따라 한국 정부는 12월 7일 합방 청원서를 각하했다.[122] 가쓰라와 소네가 보여 준 일련의 행동에 대해 데라우치는 〈소네 씨의 얕은 생각과 더불어 여기에 수상이 경솔하게 전보로 회신한 것은 일종의 실수였음을 말씀드립니다〉고 비판하는 언사를 야마가타에게 써서 보냈다.[123] 이것은 반대로 말하면 스기야마 시게마루가 일본 정부 수뇌부에게 합방 청원 운동의 승인 공작을 실시하고 있었음에도 불구하고, 일본 정부, 특히 가쓰라의 의향은 일진회의 의향과 일치하지 않았다는 말이다. 우치다가 가쓰라를 병합 추진파가 아니라 중간파로 여긴 것은 이 점에서 유래했을 것이다.[124]

일진회의 합방 청원서 제출에 대한 일본 정부의 본격적 대응은 나고야와 오사카에 출장 가 있던 가쓰라가 12월 8일에 귀경하면서부터 이루어진다. 이때 스기야마나 우치다는 각하된 합방 청원서를 수령하도록 하기 위해서 야마가타나 데라우치에게 손을 쓰고 있었는데,[125] 데라우치는 귀경한 가쓰라에게 12월 3일부 소네 앞으로 보내는 전보안을 보여 줌과 동시에 야마가

---

119 위의 문서.
120 『駐韓日本公使館記錄』 40, 161쪽; 『統監府文書』 8, 56쪽.
121 金正明 編, 『日韓外交資料集成』 6-下(巖南堂書店, 1965), 1357쪽.
122 『駐韓日本公使館記錄』 40, 170쪽; 『統監府文書』 8, 67쪽.
123 『公爵山縣有朋傳』 下, 751쪽.
124 內田良平, 「日韓合邦回想錄」(葛生能久, 『日韓合邦秘史』 下, 原書房, 1966년 복각, 775쪽).
125 櫻井良樹, 「日韓合邦建議と日本政府の對應」, 41쪽.

타의 지시를 전했다. 논의한 결과 〈청원서를 각하하지 말고 보관해 두도록 조치하라는 취지〉를 소네에게 타전하게 되었다.[126] 이 논의를 접수한 가쓰라는 같은 날 〈저번에 귀관이 취임할 때 훈시했던 것처럼 제국에 대한 정략상의 방침은 일정불변하게 결정했기 때문에 그 시기의 여하를 따지지 않는다. 정말로 한인으로 하여금 제국 정부의 방침에 동일한 의견을 갖도록 할 때에 정부는 이를 수령할 각오를 필요로 한다는 것은 당연〉하며, 〈서면을 각하하여 도리어 반대의 기세를 고조시키는 것은 시정의 방침에 반하기 때문에 각하를 그만두도록〉 조치하라고 소네에게 훈시했다.[127] 합방 청원서 수령을 둘러싼 가쓰라의 방침 전환이었다. 다시 가쓰라는 9일 오전 귀경해 있던 한국주차군 사령관 오쿠보 하루노(大久保春野)에게 통감부에 대한 내훈을 건넸다(13일 귀임).[128] 가쓰라가 오쿠보에게 명한 내훈은 오쿠보가 이해한 바로는 다음과 같았다.[129]

1. 한 번 각하된 일신회(一新會 — 원문 그대로)의 건백서는 이번에 꼭 수리해 두도록 처리했으면 한다.
2. 현재 일신회를 배척하자는 소리가 고조되고 있으며, 따라서 배일 친일(밑줄은 원문 그대로)의 세력에게 심한 불균형이 발생했다. 이때 통감은 불편부당한 체도(體度 — 원문 그대로)로서 조금이나마 <u>일신회의 세력을 회복할 수 있도록 편의를 제공하는 데</u> 진력했으면 한다.

126 『公爵山縣有朋傳』下, 751쪽.
127 『駐韓日本公使館記錄』40, 171~172쪽; 『統監府文書』8, 67쪽.
128 『公爵山縣有朋傳』下, 751쪽; 『駐韓日本公使館記錄』40, 173~174쪽; 『統監府文書』8, 82쪽.
129 1910년 1월 6일부 데라우치 마사타케 앞으로 보낸 오쿠보 하루노 서한(國立國會圖書館 憲政資料室 所藏, 『寺內正毅關係文書』222-17). 사쿠라이 료주는 인용 사료를 가쓰라의 내훈 그 자체로 취급하지 않고, 오쿠보의 이해에 의한 것이었다고 했는데(櫻井良樹, 「日韓合邦建議と日本政府の對應」, 41쪽), 하단의 검토에서 볼 때 타당한 견해이다.

합방 청원서의 수령과 함께 청원서 제출 후 한국 정세를 진정시키기 위해서 〈불편부당의 체도〉를 취하는 것이 긴요하다고 하고 있다. 그러나 그것을 오쿠보가 일진회의 세력 회복을 꾀하는 것이라고 이해했기 때문에 이후 문제가 된다. 또한 가쓰라는 오쿠보에게 준 내훈과는 별도로 9일부로 〈현재의 형세로는 귀관의 입장에 신중함이 필요하기 때문에 전적으로 불편부당한 위치를 유지할 것〉을 소네에게 회훈(回訓)했다.[130] 따라서 합방 청원서 제출 후 한국 정세에 대한 일본 측 대응은 〈불편부당〉책을 기조로 했다고 볼 수 있다. 합방 청원 운동을 둘러싼 법률 문제[131]까지도 고려해 일본 정부의 방침이 드러날 때까지는 〈가급적 제출 각하를 거듭하며, 또한 쥐락펴락하면서 소일하도록 하는〉[132] 방침을 취하고 있던 통감부였지만 13일에 귀임한 오쿠보가 소네와 회담을 실시한 후 16일에 제출된 청원서를 수령하게 되었다.

이상의 검토에서 밝혀진 것처럼 당초 통감부에 의한 합방 청원서 각하 방침에 동의를 하고 있던 가쓰라가 수령의 방침을 전환하는 데 야마가타, 데라우치가 가쓰라에게 손을 쓰는 작업이 이루어졌다. 그러나 이러한 사실을 가지고 일본 정부, 특히 야마가타, 데라우치가 일진회의 합방 운동을 이용하려고 했다고 보기에는 성급하다. 『일한합방비사(日韓合邦秘史)』는

---

130 『駐韓日本公使館記錄』 40, 173쪽; 『統監府文書』 8, 82쪽.
131 합방 청원 운동을 둘러싼 법률 문제란 한국 황제에 대한 합방 청원이 국체(國體)의 변경을 촉진하는 것이며, 이것은 모반률(謀叛律)에 해당하지 않는가란 의문이다(『駐韓日本公使館記錄』 40, 160쪽; 『統監府文書』 8, 49쪽). 가쓰라는 이에 대하여 12월 8일, 〈한국 고래의 관례는 어찌되었든 현재 제국이 한국을 보호하며, 현재 통감을 두어 통치할 때에는 자연히 정체에도 변화를 미치게 되므로 하등의 구관(舊慣)을 고려할 필요가 없다〉(『駐韓日本公使館記錄』 40, 171쪽; 『統監府文書』 8, 67쪽)고 실태론에 입각해 회답했을 뿐이다. 원칙론에서 보자면 가쓰라의 회답은 불충분하며, 따라서 사료에 게재되어 있듯이 소네는 재차 청훈을 했으나 그에 대한 일본 정부의 회훈은 확인할 수 없다. 그것은 〈불편부당〉책이라는 현실적 해결책을 취하는 선상에서 무시되었다는 점만이 아니라, 이 문제가 한국 통치권이 어디에 있는지를 표면화시킬지도 모른다는 점을 두려워했기 때문이 아닐까라고 생각한다.
132 『駐韓日本公使館記錄』 40, 180쪽; 『統監府文書』 8, 87쪽.

1909년 9월에 일진회 고문에 취임한 스기야마가 11월 중순 일진회의 합방 청원에 대해 야마가타, 가쓰라와 데라우치를 방문해 승인 운동을 실시했다는 것을 기록하고 있다. 그러나 사쿠라이 료주에 따르면 일본 정부 당국자가 합방 운동에 대해 찬동하는 의사를 표명한 것을 보여 주는 사료는 우치다 가에 남아 있는 문서 가운데에는 존재하지 않는다. 일본 정부 당국자의 견해라고 되어 있는『일한합방비사』의 기록은 어디까지나 스기야마의 각서이다.[133]

데라우치는 11월 15일 스기야마에게서 다케다 한시가 기초한 상주문을 받아보았고, 일진회의 합방 청원 수순에 대해 설명을 들었을 당시 스기야마와 각서를 교환했다.[134] 그 각서에 드러난 일진회의 합방 청원에 대한 일본 정부의 태도는 〈시종 태연하고 속으로 간과하면서 점차 청원서의 제출을 기다려 이를 처리한다면 충분할 것 같다고 하더라도, 역시 사전에 장래 열강에 대한 처치 등을 심사숙고하여 이러한 계책을 강구해 둘 필요가 있다〉는 것이었다. 따라서 데라우치는 〈본 사건은 만사에 어긋날 우려가 없도록 충분히 고려하고, 또한 확실해진 다음이 아니라면 조속히 실행하는 데는 신중할 필요가 있음〉[135]을 스기야마에게 전했다. 이것은 합방 운동에 대해 일본 정부가 적극적으로 관여하지 않는다는 표면상의 방침을 드러낸 것이다. 실제로 일진회 측의 의향을 어디까지나 들어 둔다는 자세를 데라우치는 견지하였다. 그것은 이 각서의 하단에 보이는 〈훗날 기회가 오면 우리가 나서서 이것을 처리하더라도 역시 무방할 것〉이라는 말에서 상징적으로 드러난다. 그

---

133 櫻井良樹,「日韓合邦建議と日本政府の對應」, 38쪽.

134 內田良平文書研究會 編,『內田良平關係文書』1, 芙蓉書房出版, 1994, 241쪽;『日韓合邦秘史』下, 202~205쪽. 다만 이 각서에서 데라우치는 일진회가 행동을 신중하게 하도록 지시함과 동시에, 만약 일진회가 합방 건의를 하지 않더라도 훗날 일본 정부는 이와 무관하게 〈처리를 하더라도 무방하다〉는 점을 알리고 있다. 데라우치의 이 회답으로부터 일진회를 소극적으로만 이용하려 했다는 자세를 엿볼 수 있다.

135 위의 문서.

것은 한국 병합에 관한 일본 정부의 정책 결정이 일진회의 합방 운동으로 영향을 받지 않는다는 자세를 보여 준 것이었다.

일본 정부의 일진회 내치기

또 일본 정부가 적극적으로 합방 운동을 이용할 의향이 없었다는 점은 합방 청원 운동의 수습책에서도 드러난다. 일본 정부의 수습책이 〈불편부당〉을 기축으로 하고 있었다는 점은 앞에서 살펴보았다. 그러나 사쿠라이 료주가 지적한 것처럼 〈불편부당〉이 의미하는 바는 모호하다. 일진회가 배격당하고 있는 현실에 입각하여 수상 가쓰라 다로의 속내를 〈일진회의 세력을 회복하도록 편의를 제공하는 데〉 진력하는 것이라고 여겨 여론을 일진회의 합방론에 동조시킬 것, 이완용이나 중추원의 합방론 공격을 억제하려고 기도한 한국 주차군 사령관 오쿠보 하루노의 대응에서부터 통감 소네 아라스케와 같이 배일 운동 고양의 원인을 일진회의 행동에서 찾고 이를 억압하려고 한 자세에 이르기까지 〈불편부당을 주안으로 하여 배일이나 친일 세력의 균형을 획책〉하는 방법은 다양하게 해석될 수 있었다.[136] 결국 선후책으로서 일진회의 배후에 있던 우치다 료헤와 일진회 배격의 급진적 선봉으로 여겨지던 대한협회 고문 오가키 다케오 등 두 사람이 한국에서 쫓겨남과 동시에 오쿠보의 여론 유도의 일환으로 재한 기자단의 선언서가 발표되었다.[137] 그러나 이러한 여론 유도 공작에 대하여 육군대신 데라우치 마사타케는 〈저희들의 생각으로는 기자 등의 준비를 기다려 착수하려는 것과 같은 생각은 추호도 없으며, 정부가 필요하다고 볼 때는 즉시 마음대로 안을 나누어야 한다고 결심했음을 말씀드립니다〉라고 오쿠보를 힐난했다. 그러나

---

136 櫻井良樹,「日韓合邦建議と日本政府の對應」, 42~43쪽.
137 1909년 12월 15일부 데라우치 마사타케 앞으로 보낸 오쿠보 하루노 서간 부속 甲號(『寺內正毅關係文書』 222-17). 재한 기자단의 선언서에 대해서는 山辺健太郎,『日本の韓國併合』(太平出版社, 1966), 253~256쪽 참조.

다음 〈저들 일진회의 거동과 같이 애초부터 청원서를 내는 것은 희망하지도 않았지만, 이미 저들이 제출하기로 결정했다면 굳이 저지하지는 않을 것입니다. 다만 태연하게 이를 수령하는 처분을 할 수 있다는 것이 제 의견입니다〉라는 데 불과했고, 재한 기자단을 이용할 생각은 없기 때문에 가급적 이를 해산시키든지 해서 조용히 지켜보아야 한다고 써서 보냈다. 게다가 〈이 점에서 통감께서는 오히려 경솔하게 하여 실패하지 않도록 할 것〉[138]이라고까지 썼다.

여기서 보이는 것처럼 데라우치도 일진회의 합방 운동에 대해 청원서를 접수하는 데 반대하지는 않았지만, 그 이상 적극적으로 관여하지 않고 오히려 가쓰라가 말하는 〈불편부당〉책으로서 소네가 취한 대응에 동조했다. 반대로 데라우치는 일진회의 합방 청원서 제출을 계기로 한국 여론에서 합방 문제가 정치 문제로 비화하는 것을 두려워했다. 결국 일진회의 합방 청원 운동에 대한 일본 정부의 관여는 합방 청원서를 한국 정부가 수령하도록 만든다는 한 가지 지점에서 그쳤다. 그리고 일본 정부에게 일진회의 존재는 이미 성가실 뿐이었다. 일본 정부가 일진회 내치기를 꾀한 이유이다.

1910년 2월 2일 가쓰라를 방문한 스기야마 시게마루는 그 면전에서 일진회에게 교부하기 위한 각서를 작성하고 허락을 얻었다고 한다.[139] 스기야마가 〈일진회의 대승리〉라고 여긴 가쓰라와의 각서는 다음과 같다.[140]

---

138 1910년 1월 4일부 데라우치 마사타케 앞으로 보낸 오쿠보 하루노 서한 부속 데라우치 斷簡(『寺內正毅關係文書』 222-17). 일자는 사쿠라이 료주의 추정에 따랐다(櫻井良樹, 「日韓合邦建議と日本政府の對應」, 55쪽).
139 『日韓合邦秘史』 下, 571쪽. 관헌 조사에 따르면 이 〈내훈은 총리가 스기야마에게 구두로 말했다고는 하지만 구두로는 증명이 곤란하므로 가쓰라 후작의 면전에서 필기하고, 총리의 인증을 받게 되었다〉고 한다(『駐韓日本公使館記錄』 40, 455쪽; 『統監府文書』 10, 570쪽).
140 『駐韓日本公使館記錄』 40, 456~457쪽; 『統監府文書』 10, 570쪽; 『日韓合邦秘史』 下, 573쪽.

1. 일진회와 기타 합방 의견서는 그 당시에 수리하도록 하고, 합방 반대 의견은 모두 각하해 둘 것을 승인할 것.
　2. 합방론에 귀를 기울이지 않는다는 것은 일본 정부의 방침 활동 여하에 있기 때문에 추호도 한국민의 간섭을 허락하지 말 것.
　3. 일진회가 다년간 친일적 의지로 괴로운 시기를 견디고, 온건하게 통일된 행동을 취하여 두 나라를 위해 진력해 온 성의는 잘 알고 있을 것.
　위의 세 조항은 오히려 당국의 오해가 없도록 그 대강에는 내훈(內訓)을 발표해 둘 것.

　각서의 내용은 일본 정부가 종래에 취해 온 일진회에 대한 대응책을 넘어서지 않았다. 오히려 중요한 것은 제2항에 드러난 〈추호도 한국민의 간섭을 허락하지 말 것〉이라고 한 조항이었다. 이 방침 자체는 1909년 11월 데라우치, 스기야마 각서에서도 언급되어 있는데, 합방 청원서 제출의 전후에는 그것이 가리키는 배후의 사정이 자연스레 달라지게 된다. 합방 청원서 제출 이전에 그것은 합방 청원 운동에 대해 일본 정부가 적극적으로 관여하지 않는다는 정도의 의미였던 데 반해, 청원서가 제출된 이후에는 합방 청원 운동 자체에 대한 부정을 의미했다. 따라서 이 각서는 하츠세 류헤가 평가했던 것처럼 일진회의 한일 합방 운동을 〈승인〉함과 동시에 병합 문제로부터 일진회의 퇴각을 명한 것이라고 보아도 좋다.[141]
　일본 정부가 일진회의 완전한 분리를 검토하기 시작한 것은 일진회에게 호의를 보이고 있던 데라우치가 1910년 1월 10일의 일기에 〈우치다 료헤가 내방. 일진회와 기타 사정의 상세함을 알았다. 장래의 처분, 크게 고려를 필요로 하는 바가 있다〉[142]고 기록되어 있는 점을 아울러 고려해 보면 1910년

141　初瀨龍平, 『傳統的右翼內田良平の硏究』(九州大學出版會, 1980), 108쪽.
142　山本四郎 編, 『寺內正毅日記』(京都女子大學, 1980), 476쪽.

에 들어서부터라고 보이는데, 1910년 2월 2일에 가쓰라가 각서를 교부한 시점에서 일본 정부와 일진회와의 단절은 결정적인 것이 되었다. 그리고 4월 21일에 스기야마가 데라우치를 방문해 한국 사정을 이야기했을 때도 데라우치는 〈당분간 이를 방기해 두는 것이 좋겠다는 취지〉로 회답하는 데 그쳤으며,[143] 6월에는 송병준의 방문조차 거절했다고 한다.[144] 결국 일본 정부는 한국 병합 계획을 추진하는 데 있어서 일진회의 합방 청원 운동을 이용하려 한 자세를 일관되게 보여 주지 않았다.

위에서 서술해 온 대로, 일본 정부로서는 일진회의 합방 청원 운동을 이용해 한국 병합 계획을 추진할 의향이 없었다. 합방 청원 운동에 비교적 호의적인 태도를 보이고 있던 야마가타 아리토모, 데라우치 마사타케도 합방 청원서 제출과 그 수락을 인정하기는 했으나, 이를 한국 병합과 직결하려는 적극적 자세를 보이지는 않았다. 적극적 의미, 즉 일진회의 한일 합방 운동이 일본 정부의 한국 병합 계획과 연동했던 것이며, 또한 일본 정부가 이것을 이용해 병합을 추진하려고 했다는 의미에서는 일진회의 합방 청원 운동과 일본 정부의 한국 병합과의 연관성을 파악할 수 없다. 일진회는 가쓰라 다로가 말한 〈저들로 하여금 지원(志願)적으로 합병을 원하여 제출하도록 해야 할〉[145] 대상은 아니었던 것이다.[146]

143 위의 책, 502쪽.
144 「大韓每日申報」1910년 6월 19일부 잡보 「三次拒絶」.
145 「日韓合併處分案」(國立國會圖書館憲政資料室 所藏, 『桂太郞關係文書』 書類 112).
146 애초부터 『日韓合邦秘史』가 왜 〈비사〉인가라는 점에 한국 병합 과정에서 일진회 평가의 본질이 드러난다. 이 책은 〈합방 논의가 전년[1909년] 7월 중에 결정되었다는 것은 전혀 있을 수 없는 일〉(『日韓合邦秘史』下, 777쪽)이라고 우치다가 강조해 말하고 있는 것처럼 한국 병합 당시의 외무 당국자였던 고마쓰 미도리(통감부 외무부장) 등의 회상에 대한 반론으로서 작성되었다는 성격을 갖고 있다. 거기에는 한국 병합 수행에 대한 흑룡회 인사의 공명심을 쉽게 읽어 낼 수 있으며, 그러한 문맥에서 한국 병합 당시 일진회의 합방 청원 운동에 대한 과대평가가 이루어지게 되었다.

그렇다면 합방 청원 운동이 일본 정부의 한국 병합 계획에 미친 역사적 역할을 완전히 부정해야만 하는가? 그렇지는 않으며, 합방 청원 운동이 한국 병합 시기의 결정에 일정한 역할을 담당했다고 평가해야 할 것 같다. 소극적 의미, 합방 청원 운동에 대한 반작용이라는 의미에서 한국 병합 시기의 결정에 기여했다고 볼 수 있기 때문이다. 종래의 연구에서는 예외 없이 1909년 7월 6일의 각의 결정을 한국 병합의 결정적 전기라고 보았는데, 그 때문에 합방 청원 운동이 일본 정부의 한국 병합 계획에 미친 영향을 간과하게 되었다. 이 각의 결정은 어디까지나 한국 병합 방침을 총론적으로 결정한 데 지나지 않았으며, 병합 시기는 병합 후의 통치 형태(병합 형태) 문제와 깊이 관련되어 있기 때문에 결정되어 있지 않았다. 그러한 가운데 실시된 일진회의 합방 청원 운동은 특히 〈정합방〉이라는 합방 구상을 명확하게 상정해 실시한 것이며, 일진회에 찬동하는 단체가 내놓은 의견서도 〈그 목적으로 하는 바가 모두 연방 혹은 정권 위임〉을 주장하는 내용이었다.[147] 또한 한국 내에서 그에 대한 반대 운동에서도 합방론, 병합론이 첨예해졌다. 합방 청원서 제출을 계기로 한 이와 같은 정치 문제의 발생이 역설적으로 일본의 한국 병합 문제의 동향에 강력한 영향을 미쳤다고 생각한다.[148]

147 1910년 6월부 데라우치 마사타케 앞으로 보낸 우치다 료헤의 서한(『內田良平關係文書』 1, 83쪽).
148 필자와 마찬가지로 일진회의 합방 청원 운동이 종래와는 다른 의미에서 한국 병합으로의 전환에 기여했다고 평가한 연구로 松田利彦, 「日帝의 韓國'倂合' 直前에 있어서의 韓國統監府의 政治的 動向―曾禰荒助 統監의 倂合路線을 中心으로」(抗日歷史國際學究討論會報告, 2002, 중국 하얼빈. 이후 松田利彦, 『日本の朝鮮植民地支配と警察』, 校倉書房, 2009 수록)가 있다. 그러나 일진회의 합방 청원 운동과 한국 병합과의 연관성에 대하여 천황에게 덕의(德義)의 실천을 요구하는 조선적 사유가 천황제 국가 원리의 비판으로 이어졌기 때문에 일본 정부가 이것을 봉쇄하려는 가운데 한국 병합이 결정되었다고 한 필자의 견해는 마쓰다 도시히코로부터 비판을 받았다(松田利彦, 『日本の朝鮮植民地支配と警察』, 96〜97쪽). 이 점에 대하여 필자의 견해를 서술해 두고자 한다. 마쓰다는 위에서 보인 필자의 주장에 대하여 조선적 사유가 천황제 국가 원리를 비판하는 것이라고 일본 정부가 인식하고 있었다고 한 논거가 부족하고, 또 그것을 실증하기도

그리고 이 점에서 일본 정부가 병합과 동시에 일진회를 내친 이유를 찾을 수 있을 것이다. 앞서 기술한 대로 〈정합방〉 구상은 조선적 사유에 기초해 일본에 〈덕의〉의 실천을 요구한 것이었는데, 이것이야말로 천황과 일본 정부에 대한 본질적 비판으로 이어질지도 모르는 것이었다. 일본 정부에게 합방 청원 운동은 무오류성을 자랑하는 천황의 〈위엄을 손상케〉 할지도 모르는 것으로 관념화되었기 때문이다. 이 구상은 〈덕의〉의 명분하에 천황, 일본 정부의 조선 식민지 지배를 제한할 요소를 내포하게 만들었다. 이 점이야말로 한국 병합 계획이 실행 단계로 이행한 시점에서 일본 정부가 일진회를 내치고, 또 한국 병합 후에 다른 단체와 마찬가지로 일진회가 해산당한 이유가 숨어 있다. 설령 친일파라고 하더라도 〈추호도 한국민의 간섭을 허락하지 않고〉 조선에서 공론의 존재를 인정하지 않는 지배 형태, 바꾸어 말하면

어렵다고 비판했다. 이 비판은 실증적 절차와 사상사적 절차라는 두 가지 차원에서 문제를 초래했다. 우선 실증적 절차에 대하여 말하자면 필자는 조선적 사유가 결과로서 천황제 국가 원리를 비판하게 된다는 것을 일본의 정치 지도자층이 인식하고 있던 논거로서, 통감 소네 아라스케가 합방 청원서에 대하여 〈우리 폐하의 위엄을 손상케 할 것〉을 우려했다는 점을 거론했다. 그러나 그러한 필자의 논거를 부인하는 이유를 제시하지 않은 채 논거가 부족하다고 하면서 필자의 견해를 부정했다. 확실히 그것을 야마가타 아리토모나 가쓰라 다로가 승인했다는 것까지는 보여 줄 수 없으나 개개의 정책이 어떤 과정을 거쳐 최종적인 국가 의사를 형성하게 되었는지를 직접적으로 실증하는 것은 실제로 정치사 일반에서 몹시 곤란한 과제인 것처럼 보인다. 이 점은 역사의 우연성과 필연성이라는 역사학의 방법론과 두드러지게 관련된 문제이다. 그리고 이 점과도 강하게 관련되는데, 사상사적 접근의 차원과 관련해 말하자면 천황의 무오류성을 침해할 수 있는 것에 대한 일본 정부의 과잉된 반응이라고 한 필자의 틀이 이른바 마루야마 정치학, 특히 후지타 쇼조(藤田省三), 『天皇制國家の支配原理』(未來社, 제2판, 1974)의 논의에 입각했다는 점은 두말할 나위가 없을 것이다. 마루야마 정치학의 구조적 이해 방법은 역사의 우연성을 필연적으로 만드는 구조가 어떠한 것이었는지를 추구하려고 할 때 크게 시사를 받았다. 역사학이 그러한 틀을 금과옥조처럼 취급하는 것은 상당히 신중해야만 하지만, 본론에서 전개한 것처럼 일정한 절차를 밟은 다음이라면 방증적으로 밝힐 수밖에 없는 역사적 현상을 이해하는 선상에서는 오히려 필요한 절차가 될 것 같다. 그 점을 부정하는 것은 사상사를 전면적으로 부인하는 것과 마찬가지다. 마쓰다가 명확하게 한, 일진회의 합방 청원 운동이 통감부에서 점진적 병합론의 존립 기반을 축소시켜 가는 과정에 대한 검증은 많이 되었다. 하지만 일진회의 합방 청원 운동이 가진 역사적 위치를 일본 정치 사상사적 틀에서 구조적으로 이해할 필요성은 여전히 남아 있을 것이다.

정치 문화의 단절 아래에서 〈동화(同化)〉를 다그친 지배 형태야말로 일본 정부 그리고 우치다 료헤 등 일본의 〈아시아주의〉자들의 공범 관계 아래에서 추진된 〈일시동인〉적 천황제 식민지 지배의 본질이었다.

소결론

제3차 한일 협약 체제의 성립 이후, 대한 정책 방침을 둘러싼 일본 정치 지도자들 사이의 논점은 한국을 병합할지 말지가 아니라 언제 한국을 병합할 것인가로 옮겨 갔다. 일본의 정치 지도자층에는 점진적 병합론과 급진적 병합론으로 크게 나누어지는 두 가지의 병합 구상이 존재했는데, 그러한 차이는 단순하게 병합 시기를 어떻게 설정할 것인가란 관점에서 발생하지는 않았다. 그것은 복수의 국가가 결합해 하나의 국가를 형성한 이상 결합 후 통치 형태를 어떻게 구상하고, 병합까지 한국의 국가 권력을 어느 정도 개편할 것인가라는 점에서 도출되었다.

1909년 이토 히로부미가 통감을 사임하는 시점에서도 점진적 병합론이 여전히 유력했다. 점진적 병합론은 구래의 국가 권력과 통감부를 개편, 해체한 다음 한국의 병합을 지향하는 것이었고, 형식적으로 황제 등의 정치 권력을 개편하는 가운데, 예를 들어 자치 식민지라고 하는 편입 방식이 검토되었다. 이러한 병합 구상이 주장된 배경으로는 한반도를 둘러싼 국제 관계에 대한 배려만이 아니라 지배의 정당성 확보를 기대하였다는 점을 거론할 수 있다. 식민지 지배에서 민심 수습이 가능하다고 본 점에서 낙관적인 통치관이었음을 지적할 수 있다. 한편 종래의 정치 권력을 이용하는 것에 대해 소극적이거나 아예 이를 도외시하는 급진적 병합론에서는 황제가 반일 내셔널리즘의 구심적 존재로 관념화되기 때문에 이를 폐위해 국가도 폐멸시킨다는, 일개 지방으로 만드는 편입 방식을 상정하였다. 거기에는 식민지에서 지배의 합의가 성립하지 않는다는 비관적이고도 현실적인 통치관이 가로놓여 있었다. 오히려 급진적 병합론에서는 일본이 가진 또 하나의 외교 안건이었던 조약 개정을 저해하지 않는 범위에서 병합 시기를 설정했다.

이러한 일본의 두 가지 병합 구상에 대해 조선 사회 내부에서 일어난 움직임으로는 일진회의 한일 합방 운동을 들 수 있다. 러일 전쟁 시기부터 일관되게 친일적 행동을 취해 오던 일진회는 1909년 12월 초에 한일 합방을 요구하는 청원서를 제출했다. 그러한 합방 청원 운동은 일본 측의 의향에 영합했다는 성격을 부정할 수는 없지만, 일진회 회장 이용구의 주관에서는 일본에 의한 한국의 국가 권력 해체 정책에 대한 대항 조치로 실시되었다. 그리고 그 〈정합방〉 구상은 구래의 동아시아 국제 질서였던 책봉 체제를 근대 국제법적으로 합리화하려 했던 것이고, 흠모해야 할 〈덕의〉를 예전의 중국 황제에서 천황으로 돌린다는 발상이었다. 제국주의에 대한 비판력이 취약했음은 부정할 수 없으나 그 발상 자체는 일본에게 〈왕도(王道)〉적 통치를 요구한 것이었다고 평가할 수 있다. 그러나 천황제 국가 원리에서 그러한 요구를 들이미는 것 자체가 불경의 대상으로 간주되었고, 일진회는 일본 정부로부터 정치 무대에서 퇴장하라는 명령을 받게 되었다. 일본 정부는 친일 단체에게조차 조선의 공론이 존재하는 것을 허용치 않았던 것이다.

이렇게 한국 병합을 둘러싼 조선 공론의 고양과 일본에 의한 억압이라는 움직임과 궤를 같이하여 1910년 2월 말까지 일본 정부는 한국 병합의 단행을 결정했고, 병합 계획이 실현 단계에 돌입했다. 그러한 병합 시기의 결정에는 모리야마 시게노리가 일찍이 지적하였듯이 국제 관계론적으로는 미국의 만주 중립화 구상에 대한 러일의 접근이라는 요소가 결부되어 있었는데, 한일 관계론의 관점에서는 조선의 공론 봉쇄란 요소가 영향을 미치고 있었다고 할 수 있을 것이다.

제 5 장 한국 병합

들어가며

　일본 정부가 일진회 내치기를 꾀한 1910년 2월을 전후한 시기에 야마가타 아리토모, 가쓰라 다로, 데라우치 마사타케를 중심으로 한국 병합을 곧바로 단행한다는 즉시 병합론이라고 칭해야 할 의견이 급부상했다. 종래 방침이었던 점진적 병합론을 전환해 이러한 즉시 병합론을 정식으로 정부 방침으로 삼은 것이 1910년 6월 3일의 각의 결정 「병합 후 한국에 대한 시정 방침 결정의 건」[1]이다. 이 각의 결정에 기초해 1910년 8월에 일본은 한국을 병합했다.
　이 각의 결정은 전년 7월 6일의 각의 결정 「한국 병합에 관한 건」의 연장선상에 놓여 있음과 동시에 그것의 부정이란 측면까지도 아울러 갖고 있었다. 전년도의 각의 결정이 갖고 있던 두 가지의 축, 즉 ① 장래의 병합과 ② 병합을 향한 현실적 보호 정책 가운데, ②의 〈보호의 실권(實權)을 거두는〉 것의 포기를 의미했기 때문이다. 따라서 6월 3일의 각의 결정에 따라 이미

---

1 『日本外交文書』 43-1, 660쪽.

개시되어 있던 제2차 러일 협상 교섭의 동향, 즉 국제 환경의 조정 단계에서 일본이 한국 병합을 실현할 조건이 정비되었다. 앞에서 본 것처럼 1909년 단계에서도 오히려 점진적 병합론이 합리적이고도 현실적인 선택지였는데 그것이 전환된 것이다. 그렇다면 어떠한 과정을 거쳐 점진적 병합론이 포기되고 즉시 병합론이 부상하게 되었는가?

모리야마 시게노리는 이 문제에 대해, 일본이 만주에서 행동을 억제하는 의미에서 이루어진 미국의 만주 중립화안에 위기감이 높아진 러일 양국이 접근하는 과정에서 1910년 시점의 한국 병합이 결정되었다고 설명했다.[2] 즉 〈만주 문제〉의 재긴장화가 한국 병합의 시기를 결정했다는 견해이다. 제1장에서 살펴본 대로 〈만주 문제〉란 틀은 일본의 한국 종속화 구상을 강력하게 규정하고 있었고, 또한 제2장에서 밝힌 것처럼 제3차 한일 협약 체제는 동아시아 국제 체제의 일익(一翼)을 담당했다. 그렇다고 한다면 1909년부터 시작된 미국의 만주 중립화 구상이 러일 전쟁 이후 체제를 변화시켰다고 한 모리야마의 설명은 충분히 수긍할 수 있다. 무엇보다도 국제 관계론의 입장이기는 하나 모리야마의 이러한 설명은 일본이 왜 한국을 병합했는가라는 과제를 실증적으로 설명하려 했던 점에서 유일하다고 해도 좋을 것이다.[3] 그러나 그 연구사적 성과를 인정하더라도 한국 병합이란 역사적 사건을 한일 관계사의 관점에서 파악하지 않고 국제 관계론의 관점만으로 설명하는 것은 역시 일면적이라고 하지 않을 수 없다. 예를 들어 러일의 접근을 강조한다면 일본 정부가 2월 중순에는 한국 병합 단행을 결정했다는 내용과의 정

2 森山茂德, 『近代日韓關係史硏究』(東京大學出版會, 1987), 244~249쪽.
3 이 점과 관련하여 한국 병합 이후이기는 하지만 松田利彦, 「日本陸軍의 中國大陸侵略政策과 조선—1910~1915년」(『韓國文化』 31, 2003. 이후 松田利彦, 『日本の朝鮮植民地支配と警察』, 校倉書房, 2009 수록)이 육군 출선을 중심으로 만한 문제를 연관시키려고 한 움직임이 있었다는 점을 지적했다. 마쓰다는 1910년 초기부터 만몽 지역의 확보와 조선의 치안 유지와의 연관성을 강하게 의식하면서 대륙 경영 기관으로서 조선 총독부란 성격 부여가 이루어졌다는 점을 밝혔다.

합적인 설명이 필요해진다. 일본 정부는 1910년 3월에 새로운 러일 협약 체결 방침을 각의로 결정해 러시아의 의향을 명확하게 확인하기 이전에 한국의 병합을 급거 결정했다고 보기 때문이다. 이것은 모리야마가 중시하는 한국 병합에 관한 러시아의 의향이 충분조건이기는 하나 필요조건은 아니었을 가능성을 시사한다. 일본이 한국의 병합 단행을 결정할 때는 한반도를 둘러싼 국제 관계뿐만 아니라 한일 관계사의 요인까지도 포함한 복수의 요인이 관련되어 있었기 때문이며, 그 가운데 하나가 앞 장에서 본 일진회의 합방 청원 운동을 둘러싼 조일 양국의 동향이었다.

이 장에서는 1910년 초부터 한국 병합에 이르기까지의 과정을 밝히면서 일본 정부가 즉시 병합론을 결정한 정책 논리가 어떠하였으며, 병합 후의 조선 통치를 어떻게 구상했는지에 대해 검토해 본다. 구체적으로는 한국의 병합 형식과 한국 병합 이후의 통치 형태를 어떻게 구상하고 있었는지에 주목하면서 일본의 한국 병합 과정을 밝혀 보려 한다.

한국 병합 계획의 개시

한국 병합 단행을 결정한 1910년 6월 3일의 각의 결정에 앞서 5월 제3대 통감으로 취임이 내정되어 있던 데라우치 마사타케에게 〈한국의 시정에 관한 건〉, 〈한국 합병에 관한 건〉이란 제목이 붙은 의견서가 제출되었다. 아키야마 마사노스케(秋山雅之介)가 작성한 이 의견서는 단순한 정책 의견서가 아니라 이미 결정되어 있던 병합 단행을 이론화하기 위한 것이었는데, 그 서언은 다음과 같이 정리되어 있다.[4]

4 「韓國ノ施政ニ關スル件/韓國倂合ニ關スル件」(「韓國倂合ニ關スル書類」, 『公文別錄』, 國立公文書館 2A-11-(別)139 수록).

본안과 한국 합병의 형식에 관한 건은 올해[1910년] 당초의 복안인데, 우선 제1방안으로 통감부와 한국 정부 및 궁내부에 대한 긴축 쇄신을 결행한 후 합병을 결행하는 것이 좋다고 하더라도, 이 안을 취하고 곧바로 제2방안의 합병을 결행하더라도 한국 관민 가운데 반항이 있을 것은 동일하다. 그러므로 합병에 관한 건 가운데 명언했던 것처럼 관계된 여러 외국의 의향까지 헤아리고, 이때 한국 정부를 폐쇄하며 이 나라를 제국에 합병한다. 그 결과로서 미국이 하와이국을 합병한 것과 마찬가지로 종래 한국과 여러 외국 사이에 존재한 조약을 당연히 소멸시키고, 영사 재판권을 비롯한 조약상의 특권과 특전을 포기하도록 할 수 있는 외교상의 관계가 된다면 이때 곧바로 제2안을 취하더라도 그다지 불가능하지는 않을 것 같다.

의견서는 〈제1방안〉, 〈제2방안〉 중 어느 방안을 취하더라도 한국 관민의 반발을 초래하게 된다면 〈통감부와 한국 정부 및 궁내부에 대한 긴축 쇄신을 결행한 후 합병을 결행한다〉는 〈제1안〉이 아니라 〈관계된 여러 외국의 의향까지 헤아리면서〉, 〈한국 정부를 폐쇄하고 이 나라를 제국에 합병〉하는 〈제2방안〉을 선택해야 한다고 주장하였다. 1910년 5월 시점에서 한국 병합의 단행이 명확하게 정책화되었음을 살필 수 있다. 그러나 여기서 주의해야 하는 점은 1910년 초에 통감부를 포함한 한국 통치 기구를 개편한 후 어느 단계에서 한국을 병합한다고 하는 제1방안의 선택을 당연하게 여기고 있었다는 점이다. 1910년 초까지는 〈제1방안〉이라는 한국 통치 기관의 재편, 즉 한국 보호 정책의 계속이 현실적인 정치적 선택으로 간주되었음에 반해, 같은 해 5월 단계에서는 한국 병합의 단행을 제창하기에 이르렀다. 그리고 좀 더 중요한 점은 어느 방안이더라도 일본의 통치에 대하여 〈한국 관민 가운데 반항〉이 있기는 마찬가지이므로 〈제1방안〉을 부정한다고 하는 논리 구조가 되었다는 점이다. 이것은 병합 단행을 결정할 때 점진적 병합론이 중시하고 있던 민심 수습이 부정 혹은 경시되기에 이른 것이다. 그렇다면 민심 수습을 부정한 다음 병합 후의 조선 통치는 어떻게 구상하였는가?

즉시 병합론의 대두

즉시 병합론이 급부상한 배경을 천착하기 위해 여기서는 「한국의 시정에 관한 건(韓國ノ施政ニ關スル件)」, 「한국 합병에 관한 건(韓國合併ニ關スル件)」이라는 두 의견서와 표제가 없는 의견서까지 세 개의 사료를 검토한다(이하 제1의견서, 제2의견서, 제3의견서라고 각각 표기한다. 또한 아키야마 의견서라고 총칭한다).[5] 제1·2의견서는 육군 참사관 아키야마 마사노스케가 1910년 5월에 기초하고, 차기 통감으로 내정된 육군대신 데라우치 마사타케에게 제출한 서류이다.[6] 육군성 괘지 40매에 걸친 장문으로 말미에는 「조선 총독부 관제」안이 붙어 있으며, 한국 병합 방침이 상당히 구현된 단계에 집필되었음을 알 수 있다. 제3의견서도 제1·2의견서가 논하는 〈제1방안〉, 〈제2방안〉이 여러 군데에서 참조되어 있다는 점에서 역시 아키야마가 작성했다고 본다. 아키야마 의견서는 아키야마의 개인적 정책 제언으로 기초된 것이 아니라, 당시 정부 내에서 부상하고 있던 즉시 병합론을 이론적으로 뒷받침하기 위해서 작성된 것으로 추정된다.

아키야마 의견서의 목적은 통감부를 포함한 한국의 행정 기관 개혁을 거쳐 일정 기간 통치를 실시한 다음 병합을 실시한다는 2단계적 병합론으로

---

5 또 하나의 표제가 없는 의견서는 야마구치 현립대학 부속 도서관 「寺內文庫」 소장 「韓國併合ニ關スル件」 수록. 그런데 이 의견서는 부분적으로 海野福壽 編集·解說 『外交史料 韓國併合』 下(不二出版, 2003)에 채록되어 있다. 이하 여기에서 아키야마 의견서로부터의 인용은 『外交史料 韓國併合』에 따른다. 다만 이 책에서 생략되어 있는 부분에 대해서는 「韓國併合ニ關スル書類」에서 인용하고, 본문 가운데 마이크로필름대로 번호를 기록했다.
6 渡辺淸, 『秋山雅之介傳』(秋山雅之介傳記編纂會, 1941), 129쪽.

서 〈제1방안〉을 배척하고, 한국 정부를 곧바로 폐지하여 한국을 병합하는 〈제2방안〉을 채택해야 한다고 논한 점에 있다.[7] 한국을 병합할 전제를 어떻게 설정할 것인가를 둘러싸고 병합론이 두 가지로 크게 나누어진다는 점은 앞에서 밝혔는데, 〈제1방안〉은 병합에 적당한 시기가 올 때까지 가급적 병합에 즉시 대응하는 형태로 한국을 개편해 간다는 점진적 병합론의 범주에 속한다. 한편 〈제2방안〉은 급진적 병합론에 속하는 의견으로 보이는데, 상세하게 검토해 보면 이미 급진적 병합론의 논리적 귀결도 아니며, 즉시 병합론이라고 불러야 할 내용으로 되어 있다. 이하에서는 아키야마 의견서에 담긴 즉시 병합론의 내용을 검토해 본다.

〈제1방안〉에 의한 한국 통치 기구 개편론과 한국의 병합

아키야마 의견서는 〈제1방안〉, 즉 점진적 병합론을 부정하고, 즉시 병합론인 〈제2방안〉의 채택을 주장한다는 논리로 구성되어 있다. 따라서 아키야마 마사노스케는 우선 점진적 병합론에 의한 한국 행정 기관의 개혁안을 검토했다. 그 내용에 대해서는 앞서 기술하였으므로, 여기서는 통치 기관과 즉시 병합론에 관련된 문제를 몇 가지 추출해 보도록 한다.

〈제1방안〉은 한국 통치 기관의 정리, 긴축을 실시하는 통감 아래에 한국 정부와 궁내부를 편성하고, 헌병 경찰이나 학교의 정비를 도모하여 민심을 수습함과 동시에[8] 한국에 있는 각국의 영사 재판권을 포기시킨 다음 한국을 〈합병〉한다는 구체적 내용을 가진 구상이다.[9] 아키야마 의견서는 종래의

---

7 『外交史料 韓國倂合』下, 685쪽.
8 그러나 아키야마에게 수습해야 할 민심의 대상은 〈원래 한국에서 양반의 환심 여하를 고려할 겨를 없이…… 이들 무리로서 인망을 얻고 있는 자는 중추원에 망라하여 이들에게 의식을 제공해 줌과 동시에, 양반 전반의 의향 여하에 중점을 두지 않는다〉고 한 점에서부터 알 수 있듯이 양반 등 구래의 엘리트층이 아니라 신흥 엘리트층이었다.
9 『外交史料 韓國倂合』下, 686쪽.

〈통감 통치〉 그 자체의 부정을 전제 조건으로 하고 있으며, 따라서 즉시 병합을 제언하는 〈제2방안〉은 물론, 가령 〈제1방안〉을 선택하는 경우라도 그것은 현 통치 체제의 유지를 의미하지 않으며, 어디까지나 통치 기구의 개편을 필연으로 보았다.

그렇다면 왜 통치 기구의 개편이 필요하다고 하였는가? 그것은 통치 기구의 간략화라고 하는 개혁안에 명확하게 제시되어 있는 것처럼, 통감부나 한국 정부를 비롯해 〈한국에서는 제국의 주권을 행사할 제국 관아와 한국의 주권에 기초한 이 나라의 관아를 병존〉(644)하도록 한다는 점에서 찾을 수 있다. 즉 한국에서 주권의 교착 상황을 해소해야 한다는 것이다. 애초부터 아키야마는 〈한국 인민이 수백 년 이래로 폭정 때문에 도탄의 고통 속에 빠져 있는〉 상태를 거꾸로 이용해 〈종래의 통감 정치로 하여금[〈한국민으로 하여금 제국의 조치를 구가(謳歌 — 원문 그대로)하도록〉 하는] 이 정책을 내놓아 한국민으로서 그 덕을 누리고 있는 실적〉이라도 있다면 〈한국 관민의 커다란 반항에 조우할 일〉이 없으며, 따라서 열강 각국의 간섭을 초래할 가능성도 낮아지기 때문에 용이하게 한국 〈합병〉을 달성할 수 있다고 평가했다(642~643). 그러나 주권을 달리하는 여러 관청이 병존함에 따라 종래 통감부의 대한 정책은 통일적으로 실시되지 않았고, 그렇기 때문에 〈통감 제도 실시 이래로 5년이 지난 현재에 아직 충분한 치적을 거론할 수 없다〉(644)고 파악하게 되었다. 따라서 〈제1방안〉은 어디까지나 〈현재 우리나라가 갑자기 그 황제를 폐지하고, 정부를 폐쇄하여 이 나라의 관민 사이에 커다란 반대가 없을 것처럼 우리의 은혜를 보급할 수 없는 사정〉(646)에 입각해 선택될 차선책이었다. 통감부에 의한 종래의 시정으로는 지배의 정당성을 획득할 수 없다는 점을 충분히 인식했기 때문에 병합을 장래의 목표로 하면서 오히려 지배의 합의를 얻도록 한 것이다.

그리고 그것은 아키야마가 제1의견서와 제2의견서에서 가장 중시한 바인데 열강 각국이 한국에서 영사 재판권을 포기하도록 하기 위해서도 필요한 조치였다. 〈제1방안〉은 한국 국내외에서 병합에 대한 장벽을 넘어서기 위해서 주장된 것이며, 그 정책의 핵심은 〈한국 합병의 결행을 용이하게 하고, 이 나라 관민의 커다란 반항을 피함과 동시에 여러 외국으로 하여금 그 합병에 대하여 유력한 의의를 갖게할 여지가 없도록 한다〉(659)는 점에서 찾을 수 있다. 〈제1방안〉, 즉 점진적 병합론의 정책적 합리성은 앞에서 기술한 것처럼 지배의 정당성을 쟁취하는 데 놓여 있었으며, 정당성의 획득은 열강의 간섭을 막기 위해서도 필요한 조치였다. 따라서 이 관점에서 아키야마는 전년에 실시된 일진회의 합방 청원 운동을 강력하게 비판했다. 한국 통치의 실적도 보여 주지 않은 채 모험주의적 대륙 낭인의 의향을 받아들인 일진회의 친일적 언동에 곧바로 응하여 한국을 병합한다면 대외적으로는 일본의 국제적 신용을 현저하게 훼손함과 동시에 그 조치 때문에 한국 관민의 반항을 초래한다고 했다.[10] 즉 기회주의적인 한국의 병합은 명확하게 부정한 것이다.

그렇다면 왜 이 시점에 한국 통치 기관을 개편할 필요가 있었는가? 아키야마는 개혁을 서둘러야 하는 이유를 〈이후 10년이 지나지 않아 앞서 언급한 나라[미국, 독일] 등 여러 강국에서 유력한 해군을 우리 근해에 파견할 경우, 그들은 한국에 재류하는 자국 인민들의 이해 문제에도 간섭할 것이다. 이 경우에 만약 제국과 영국 간 동맹이 존속하고 있더라도 구미와 본국 사이의 국교에 직접 영향을 끼칠 시기이므로 영국은 동양 문제 때문에 우리 나라의 주장을 지지하는 것이 지금과 같이 용이하지 않을 사정이 있다. 그와 동시에 우리 나라도 역시 여러 열국에 대하여 외교상으로 이번 만주 중립에 관한 미국의 제의와 동일하게 보조를 맞추기는 어려울 것〉(652)이라고 설명했다. 열강 각국의 동아시아 진출이 좀 더 활발해지리라고 예상하는 가운데 열강의 생각이 다시 한국에 대해서도 미치게 될지 모른다는 정세를

10 위의 책, 691쪽.

우려한 것이다. 그리고 그러한 우려가 만주 중립화 문제[11]에 대한 대응에서부터 발생했다는 점을 엿볼 수 있다. 한국 통치 기관을 개혁한다는 정책이 동아시아, 특히 만주 지역을 둘러싼 국제 정세의 변화와 연관성을 가지면서 구상되었다는 점에 유의할 필요가 있다. 모리야마 시게노리가 이미 지적한 것처럼 국제 관계론의 관점에서는 미국의 만주 중립화 구상 저지를 목적으로 하여 러일 양국이 접근하는 가운데 한국 병합의 추세가 결정되었다고 보아 왔기 때문이다.[12] 모리야마의 지적은 상당 부분 수긍할 수 있으며, 필자도 동아시아 국제 정세의 변화가 한국 병합이란 정책 결정에 중요한 역할을 담당했다고 생각한다. 그러나 그러한 한편으로 정책적 논리로서는 그러한 국제 정세의 변화가 지척으로 가까워진 한국 병합으로 직결되지는 않으며, 한국 통치 기관의 개편에 따라서 대응할 수 있다고 보았던 점에는 주의가 필요하다.

그렇다면 일본 정부는 대체 어떠한 법적 근거에서 한국 통치 기관의 개혁을 실시할 수 있다고 보았는가? 통감부 개혁은 일본 칙령에 기초한 관제 개혁에 따라 일본이 독자적으로 실시할 수 있었는데, 한국 정부를 해체해 통감 아래에 재편하기 위해서는 예를 들어 사법 사무 위탁에 관한 각서와 같은 일정한 법적 절차가 필요하지 않을까란 의문이 당연히 생기기 때문이다. 그러나 아키야마는 새로운 조약을 체결하면서 내정권(內政權)의 위탁을 실시하지 않고, 〈제1방안〉에 기초한 개혁을 전개할 수 있다고 하였다. 그것은 「한일 의정서」나 제2차 「영일 동맹 협약」, 「러일 강화 조약」의 조문에 기초하여 〈제국 정부는 다른 나라의 간섭을 불러오지 않고, 종래 이 나라에서 실시한 정치상의 각종 개량을 실행할 수 있기〉 때문이었다. 그리고 더욱이 제3차 「한일 협약」에 기초하여 〈통감부의 긴축은 물론, 한국 정부와 궁내부의 기

---

11 寺本康俊, 『日露戰爭以後の日本外交』(信山社, 2000) 참조.
12 森山茂德, 『近代日韓關係史研究』(東京大學出版會, 1987), 제2부 제2장 참조.

관 개혁은 통감이 한국 정부에게 하는 약간의 지도로 이를 실행할 수 있기〉 때문이었다(662~663). 제3차「한일 협약」이 가진 역사적 역할의 일단을 엿볼 수 있게 하는 견해이다.

또한「제1방안」의 채용은 종래 한국을 둘러싼 국제 관계의 경위에서도 타당하다고 보았다. 그것은 일본 정부에 의한 한국의 독립 보장과 한국 황제의 보전이란 관점에 기초하였다. 1905년 제2차「영일 동맹 협상」이나「러일 강화 조약」, 1907년의「불일 협약」, 제1차「러일 협약」등에서 한국의 독립 보장은 언급되지 않았으나 1902년 제1차「영일 동맹 협약」에서는〈청 제국 및 한 제국의 독립과 영토 보전을 유지할 것〉(전문)이 거론되고 있을 뿐만 아니라 러일 선전의 조칙에서도〈제국의 중점을 한국의 보전에 두는 것은 하루아침의 이유만은 아니다. 이것은 양국 누대의 관계에서 기인했을 뿐만 아니라 한국의 존망은 실로 제국의 안위와 결부되어 있는 바이다. ……러시아는 이미 제국의 제의를 받아들이지 않았고, 한국의 안전은 바야흐로 위급해졌으며, 제국의 국가적 이익은 장차 침박당할 것〉이라고 했다. 게다가 1904년의「한일 의정서」에서는〈대한제국의 독립과 영토 보전을 확실하게 보증할 것〉(제3조)과 동시에〈대한제국의 황실을 확실한 친의(親誼)로써 안전 강녕(安全康寧)하게 할 것〉(제2조)을 규정하고 있었다. 따라서 어떠한 명분도 없이〈제국 정부에서 한국 관민의 보호에 관한 하등의 실적 단서조차 보이지 않고 죄 없는 한국 황제를 폐지하고 한국 정부를 폐쇄하며, 이를 제국의 영토로 만드는 것은 열국에 대한제국의 영원한 위신상 불가하다. 이때 제국 정부가 한국 통치의 실권을 장악하더라도 적어도 한국이라는 명칭을 존속시키는 것을 득책으로 한다〉고 한다면〈한국의 명의는 여전히 존속하기 때문에 종래 제국의 선언과 한일 양국 간 협약 등에 비추어 보아도 명문상 하등의 모순이 없으므로 이 나라 시정의 통일을 기약할 수 있을 것〉이기 때문에〈제1방안〉을 채용하고, 한국을 일본의 속국으로 삼아야 한다고 설정했다.[13] 내각 총리대신 가쓰라 다로가 이토 히로부미 이후의 통감 인사를 둘러싸고 한국 정부의 실정을 기대하고 있었다는 점은 앞에서 살펴본 바 있는데, 이것도 일본 정부의 수뇌부가 명분 없는 병합은 곤란하다고 인식하고 있었음을 보여 준다. 〈제1방안〉은 지배의 정당성 획득을 지향했다는 점에서만이 아니라 일본 정부가 종래 한국의 독립을 보장하고 한국 황제의 보전을 형식적으로 유지한다는 국제 관계의 측면에서도 설득력을 가진 구상이었다.

즉시 병합론으로서 〈제2방안〉

〈제1방안〉은 한국 안팎으로부터 일본의 한국 지배 정당성을 획득하기 위해서 한국 통치 기관의 개편을 실시한 다음 한국을 병합한다는 내용이었고, 통치 기관의 개편이란 단계를 거치는 이상 필연적으로 병합까지는 일정한 시간이 필요하게 된다. 그렇기 때문인지 아키야마는 아예 방향을 바꾸어 〈제1방안〉을 취하지 않고, 〈제국 정부로서는 이 방안[제1방안]으로 진행하기보다도, 오히려 당초부터 단호한 조치를 취해 한국 황제를 폐지하고 정부를 폐쇄하여 제국에 합병할 것을 결행하며, 일거에 한국 인민으로 하여금 독립 부활의 관념을 근절하게 할〉 내용의 〈제2방안〉 채용을 주장했다.[14] 한국 황제를 폐지하고 정부를 폐쇄해 한국을 〈합병〉한다는 내용이다.

그러나 〈제2방안〉은 당연히 커다란 문제를 내포하게 된다. 〈제1방안〉은 지배의 정당성을 확보하고, 안팎의 동의를 얻은 다음 한국을 병합한다는 구상이다. 이에 반해 〈제2방안〉은 〈제국 정부에서 아직 한국 관민에게 제국 보호의 실적을 그 단서조차 보여 주지 못하고, 한국민의 의향을 무시하며, 그 반항은 병력으로 억압한다. 또한 여러 외국에 대해서는 한국의 현재 상황에

---

13 『外交史料 韓國併合』下, 689~690쪽.
14 위의 책, 687쪽.

서 각국이 본국 인민의 보호상 제기해야 할 다소의 이의에 중점을 두지 않고, 이를 강제하여 그 영사 재판권을 비롯한 조약상 여러 종류의 특권과 특전을 포기하도록 만드는 것〉(663)이 될지도 모르는 일이었기 때문이다. 즉 〈제2방안〉의 선택은 한국을 병합할 때 지배의 정당성을 도외시한다는 것을 의미했다. 그리고 지배의 정당성을 얻지 못한 단계에서 병합을 단행하기 위해서는 한국 민중의 의향을 무력적으로 압살함과 동시에 대외적으로는 각국의 조약상 특권을 강제적으로 포기하도록 하는 수단을 취할 수밖에 없게 된다. 따라서 그 실행에는 〈곧바로 한국을 제국에 합병하더라도 한국 관민의 커다란 반항 없이, 또 한국의 조약국인 여러 외국에도 종래 통감 정치의 시정과 한국에서 제국 재판소 및 감옥 등의 설비에 비추어 이 나라에서 자국 인민의 보호상 여기에 장애를 주장하지 않도록 할 자신이 있으므로〉 실시해야만 한다는 한정적 조건이 붙게 된다.[15] 즉 ① 병합에 대한 한국 민중의 반발이 근소할 것, ② 한국과 조약을 체결한 국가가 한국의 병합을 비난하지 않을 것이라는 두 전제 조건이 필요했다. 반대로 말하면 한국 관민의 반항을 초래하지 않고, 또 한국의 조약국으로부터 반발을 초래하지 않는다는 두 조건을 충족시킬 기미가 있다면 논리적으로는 병합을 실행할 수 있게 된다.

그렇다면 곧바로 한국을 병합할 이유는 도대체 어디에 있었을까? 기묘한 점은 이 점에 대하여 아키야마 의견서에 명확하게 나타나 있지 않다는 것이다. 고마쓰 미도리에게 〈점진론〉이라는 비판을 받았기 때문이다. 고마쓰는 병합의 시기에 대하여 〈[데라우치 마사타케] 통감과 가장 가깝고 친한 부하 가운데 유력한 한 사람으로부터 점진설이 나왔다〉[16]고 기록했다. 그 〈점진설〉의 내용은 〈우선 한국에서 시설의 개선을 수행하고, 한국민이 우리에게 귀복(歸服)한 후에 병합을 실행하는 것을 득책으로 한다〉는 「제1방안」이었

---

15 위의 책, 686쪽.
16 小松綠, 『朝鮮併合之裏面』(中外新論社, 1920), 81쪽.

고, 고마쓰가 말하는 〈부하 가운데 유력한 한 사람〉이 아키야마였다는 점은 의심할 여지가 없다.[17] 고마쓰는 이러한 〈점진론〉에 반대해 〈점진과 속단 사이에는 아마 분요(紛擾)에서 완급의 차이가 있을 것이다. 그렇지만 천천히 하려면 오래 걸리고 화근이 점차 민심에 만연하여 끝내 제거하지 못하게 될 우려가 있다. 이에 반해 서두른다면 가령 격렬한 분요를 일으키더라도 그것은 일시에 중지시킨다는 이점이 있다. 지금은 과감하게 결정하고 단행해야 할 시기이므로 좋은 기회를 진정 놓칠 수 없다〉[18]고 서술했다고 한다. 조선 민중의 반항은 완급 어느 쪽의 병합론에서도 일어날 수 있는 이상 〈화근이 점차 민심에 만연하여 제거하지 못하게 될 우려〉를 회피하기 위해서도 곧바로 병합을 실행해야 한다는 의견이었다.

그러나 본 절의 모두에서 확인한 것처럼 실제로는 아키야마도 고마쓰와 같은 의견이었다. 아키야마가 〈제1방안〉을 배척한 명확한 이유는 자가당착인 감도 있으며, 반드시 적극적으로 병합을 추진할 이유가 되지는 않겠지만, 모든 주권의 행사를 다른 나라에 위임하는 것은 국가의 소멸을 의미한다는 국제 법리론에서 찾고 있었다. 또 〈제1방안〉은 한국 황제를 폐지하지 않는다는 점에서 〈가령 명의상으로만 한국 황제가 존속할 때는 황제가 항상 음모의 부서가 되리라는 점은 의심할 수 없으므로, 매번 기회가 있을 때마다 제국 관헌에 대한 한국민의 분요가 있을 것〉[19]에 대한 우려가 컸다고 본다. 제3차 한일 협약 체제의 성립으로 황제의 권한이 크게 제한되고, 그 정치적 실권이 거의 형해화되었음에도 궁정 복마전(宮廷伏魔殿)설과 유사하다는 이유에서 〈제1방안〉을 배척하였다. 그러나 이것은 또한 황제의 남북 순행에서 일본이 직면한 〈일군만민〉적 황제관에 기초한 민중의 내셔널리즘 확산에

---

17 小松綠, 『明治史實外交秘話』(中外商業新報社, 1927), 434쪽.
18 小松綠, 『朝鮮併合之裏面』, 83쪽.
19 『外交史料 韓國併合』下, 690쪽.

대한 공포를 정면에서 다룬 의견이기도 했다. 〈한국민의 분요〉가 황제를 매개로 일어난다는 것을 명확하게 상정하고 있었기 때문이다.

그러나 이제까지의 서술에서 밝힌 것처럼 아키야마 의견서는 〈제2방안〉, 즉 즉시 병합론의 채용이란 아키야마의 주장에 반해 오히려 점진적 병합론인 〈제1방안〉의 타당성을 조사하고 확인한 것이 되었다. 이것은 1910년 5월 단계에서도 정책적 합리성은 여전히 〈제1방안〉에 있었음을 보여 준다. 바꾸어 말하면 즉시 병합론은 지배의 정당성 확보란 정책적 논리가 아니라, 지극히 정치적인 판단에 기초하여 부상했다고 할 수 있다.

이상에서 본 것처럼 이러한 〈제1방안〉, 〈제2방안〉이란 두 병합론으로부터 파악할 수 있는 것은 국가 권력에 대한 이해의 차이다. 점진적 병합론과 급진적 병합론, 나아가 즉시 병합론 사이의 차이는 그 정당성을 쟁취할 수 있다고 보는 낙관론에 서 있는가, 아니면 쟁취할 수 없다고 보는 비관론에 서 있는가란 점에서 발생했다. 따라서 통치할 때 무력을 행사할지 여부는 통치의 본질이 아니라, 어디까지나 이차적인 방법론에 따른 것이었다. 조선 총독 데라우치 마사타케 아래에서 조선 통치가 이른바 무단 통치의 성격을 농후하게 띠게 된 것은 조선 민중에게서 지배의 정당성을 획득할 수 없다고 본 비관론에 서 있었기 때문이다. 지배의 정당성을 쟁취할 수 없는 채로 상대적으로 안정된 지배를 지향하게 된다면 군사력에 의거하지 않을 수 없기 때문이며, 그것은 아키야마 의견서에서도 파악되었던 점이기도 하다. 즉 지배의 정당성 소재를 둘러싸고 국가 권력 혹은 통치 기구를 어떻게 구상할 것인가란 정치 수법의 차이가 부상한 것이다.

그리고 한국을 병합한 다음 최대의 문제가 된 것은 아키야마 의견서에서 읽어 낼 수 있는 한에서 말하자면 ① 한국 민심의 수습, ② 한국과 조약을 체결한 각국의 병합에 대한 동의, 이 두 가지이다. 그리고 그러한 내용은 일본 정부가 체결해 온 여러 국제 조약 등에서 규정되어 있는 것이기도 했다.

그렇다면 이러한 조건을 충족하기 위해서 일본 정부는 어떠한 대응을 기도하고 있었는가? 다음에서 한국 병합 준비 과정을 검토하고, 앞서 기술한 두 문제에 대해 일본 정부가 어떻게 대처했는지를 고찰해 본다.

일본 정부에 의한 한국 병합 실행 계획의 추진

한국 병합 준비 계획의 개시

그렇다면 일본 정부는 한국의 병합 단행을 언제 결정하였는가? 필자는 다음에 보는 사실로부터 1910년 2월 중에 결정되었다고 본다. 1909년 12월 22일에 개회된 제26차 제국 의회에서는 통감 정치에 대한 비판이 분출했고, 통감 정치를 이대로 속행할지 아니면 한국 병합을 실시할지에 대하여 대한 정책의 확정을 요구하는 목소리가 일본 정부에서 터져 나왔다.[20] 이러한 가운데 1910년 2월 18일 내각 총리대신 가쓰라 다로는 귀족원 의장 도쿠가와 이에다츠(德川家達)의 요구에 응해 개최한 예산 위원회 비밀회에서 〈대(對)한국 시설의 대방침이 묘당에서 크게 정해졌고, 근본적 해결이 머지않았다〉고 언명했다.[21] 비밀회에서라고는 해도 〈근본적 해결〉이 머지않은 시기에 이루어진다는 의사를 제국 의회에 표명한 것이다. 〈대(對)한국 시설의 대방침〉이란 전년 7월 6일의 각의 결정 「한국 병합에 관한 건」을 가리키는 것으로 보이는데, 여기서 중요한 것은 통감 정치에 대한 국내의 비판을 받아 그러한 방침이 묘의에서 결정되었다는 점, 〈근본적 해결〉이 머지않은 장래에 실시된다는 점이 제국 의회에서 드러났다는 사실에 있다. 이것은 정부 수뇌부 사이에서는 한국에 대한 〈근본적 해결〉의 실행이 2월 18일 전에 결정되었음을 시사한다.

20 海野福壽, 『伊藤博文と韓國倂合』(靑木書店, 2004), 182~185쪽.
21 尚友俱樂部·廣瀨順晧 編, 『田健治郎日記』 1 (芙蓉書房出版, 2008), 318쪽.

그리고 부통감의 선임에 관한 일본 정부 내의 인사상 움직임도 이러한 동향을 뒷받침한다. 1910년 초에 귀경한 통감 소네 아라스케는 그 후 하야마(葉山)의 자택에서 병상에 누어 이후 한국으로 돌아가지 못했다(9월 13일 사망). 소네의 병상 악화와 병행하여 1월 중에 정부 수뇌부 사이에서 부통감 인사가 진행되었는데,[22] 그 후로 그 인사가 진전된 흔적은 없다. 그러나 4월 하순이 되자 다시 부통감의 설치 문제가 부상한다.[23] 〈제1방안〉에 기초한 한국 통치 기관 개혁론이 〈올해 당초의 복안〉이었다고 한, 앞에서 기술한 아키야마 의견서의 지적에 따르면 1월 중과 4월 하순의 두 번에 걸친 부통감 인사는 완전히 다른 성격을 가지고 있었음을 알 수 있다. 전자가 아키야마 의견서가 말하는 〈제1방안〉에 기초한 조치임에 반해, 후자는 한국 병합 계획의 단행이 시작되었음을 의미하기 때문이다. 1월 초에 이루어진 가쓰라 다로·하라 다카시의 회담에서 하라는 부통감이 한국 총리대신을 겸직하자는 안을 주장했고, 가쓰라도 여기에 동조했다고 한다.[24] 그 자리에서 가쓰라는 하라에게 〈일진회 등의 합방론을 달성할 기회로 삼아 조선의 재가권(裁可權)을 우리가 거두어 왕위를 무용지물(虛器)로 만들지, 지금은 잠시 이대로 둘 것인지는 미정이다〉라고 말했다.[25] 〈왕위를 무용지물로 만든다〉고 한 것으로부터 적어도 실제로 이루어진 한국 병합을 의미하는 것이 아니며, 따라서 이 단계에서는 병합 단행도 아직 결정되지 않았다고 추측할 수 있다. 가쓰라가 남긴 각서에는 〈부통감을 임명할지의 여부, ……통감부의 조직은 지

---

22 1910년 2월 2일부 가쓰라 다로 앞으로 보낸 야마가타 아리토모 서한에는 〈미리 비밀 이야기가 있었고, 부통감 인물의 건도 다각도로 고려하였지만, 확정할 인물을 아직 찾지 못했습니다. 그러나 요시하라(사부로인가? — 인용자)는 재고하셨으면 합니다〉(國立國會圖書館憲政資料室 所藏, 『桂太郞關係文書』 70-118)라고 했다. 2월 초순의 단계에서 구체적인 인선까지 진행되고 있었음을 알 수 있다.
23 山本四郎 編, 『寺內正毅日記』(京都女子大學, 1980), 503쪽.
24 原奎一郎 編, 『原敬日記』 2(福村出版, 1965), 395쪽.
25 위의 책.

금과 같이 그대로 둘 것인지의 여부, 통감부의 개정이 필요하다면 그 후 조직은 어떻게 할 것인가?〉[26]라고 하여 부통감의 임명과 통감부의 개정이 짝이 되어 검토되었다. 게다가 이토 미요지(伊東巳代治)는 통감부 총무장관 사무를 취급하던 이시츠카 에이조(石塚英藏) 앞으로 보낸 서한의 초고에서 〈당초에 부통감으로 임명하는 것은 새로이 총무장관을 둘 필요 없으므로 노형[이시츠카]의 대리권을 해제함과 동시에 결원(欠員)인 채로 두며, 아리요시 츄이치(有吉忠一)는 단순히 내무부장에 임명한다는 내정이 있을 것입니다〉[27]라고 통감부의 인사를 관측했다. 이러한 사실을 아울러 생각해 보면 1월 중에 진행된 부통감 인사는 아키야마 의견서가 말한 〈제1방안〉에 입각한 한국 통치 기관 개편책의 일환이었다고 할 수 있다.[28] 그에 반해 4월 하순의 부통감 인사는 이후 기술할 것처럼 병합 실행 계획에 따라서 추진되었다.

또 외교적 측면에서 일본 정부의 동향도 2월 중에 한국 병합 결정이 이루어졌음을 보여 준다. 2월 28일, 외무대신 고무라 주타로는 영국 주차 대사 등에게 1909년 7월 6일의 「대한 병합 방침과 시설 대강에 관한 각의 결정」 전문을 첨부한 공신(公信)을 송부했다.[29] 그 공신 안에 〈당분간 현상을 유지〉하고, 〈병합을 단행할 때까지는 아직 다소의 시일이 있을 것〉이라고 하단에서 부언하고 있다. 그러나 일본 정부가 한국 병합의 의향을 각국에 통고했다는 의미는 크다. 그것은 일본 정부의 한국 병합에 대한 의지를 대외적으로 언명한 것이기 때문이다. 따라서 이 시점에서 각국 정부를 향한 통고는 한국 병합의 실행 방침 확정을 의미한 것에 다름 아니다.

26 「日韓合倂處分案」 수록, 두 번째의 각서(『桂太郞關係文書』 書類112).
27 1910년 6월부 이시츠카 에이조 앞으로 보낸 이토 미요지 서한 초고(大石眞, 廣瀬順晧 解說, 『伊東巳代治關係文書』 마이크로필름판, 北泉社, 1995).
28 1910년 1월 17일부 가쓰라 다로 앞으로 보낸 소네 아라스케의 서한에서 언급하고 있는 〈알려 드릴 한 개 조항〉(『桂太郞關係文書』 52-20)은 제1방안의 실행을 가리키는 것으로 추측되나 확실한 증거는 없다.
29 『日本外交文書』 43-1, 659~660쪽.

이러한 사실로부터 알 수 있는 것처럼 일본 정부 내에서는 2월 중에 한국 병합을 둘러싼 방침을 장래의 어느 시점에 병합한다는 것에서 병합 조기 단행으로 전환했다. 다만 3월 중에는 어디까지나 한국 병합을 실행할 방침이 확정된 단계에 머물러 있었다.[30] 그것은 아직 한국 병합에 대한 열강의 의향이 명확하지 않았기 때문이다. 다음에서 밝힐 것처럼 러일 협약 교섭에서는 러시아로부터 한국 병합에 대한 의사를 확인하기 시작하면서 병합 계획을 실행에 옮기게 된다. 따라서 일본 정부가 한국 병합 계획을 진행하기 시작한 것은 러시아의 의향이 명확해진 4월 중순 이후일 것이다.[31] 야마가타 아리토모는 4월 27일부 데라우치 마사타케 앞으로 보낸 서한에서 데라우치의 의견서에 대하여 〈일도양단의 시기에 도달했습니다〉라고 써서 보냈고, 계획의 확정을 지시했다.[32] 이리하여 4월 말에는 한국 병합 계획이 실행 단계에 접어들었다.

각의 결정 「병합 후 한국에 대한 시정 방침」과 한국 병합 계획의 구체화

3월 24일 제26차 의회가 종료되자 4월 5일 데라우치 마사타케는 수상 가쓰라 다로로부터 통감에 취임하라는 내밀한 제의를 받았다.[33] 데라우치의

---

30 1910년 3월 20일, 야마가타 아리토모와 데라우치 마사타케가 가쓰라 다로를 방문하여 소네의 통감 경질, 합방 단행의 두 가지 안을 권고했다고 하는데(小森德治, 『明石元二郎』 上, 原書房, 1968년 복각, 351쪽) 같은 날 데라우치의 일기에는 그러한 기사가 보이지 않는다. 본문에 보이는 것처럼 3월 단계에서 러시아를 비롯한 열강의 의향은 명확하지 않았고, 가령 야마가타와 데라우치의 권고가 사실이라고 하더라도 어디까지나 방침에 그친 것이었다고 생각한다.

31 가쓰라는 4월 중순 카이노 코우조(改野耕三)에게 한국 병합을 가을 무렵에 결행할 것을 누설하고 있다(『原敬日記』 3, 21쪽). 또 『江木翼傳』에 따르면 가쓰라는 4월 에키 다스쿠에게 한국 병합 방침을 전함과 동시에 식민지 제도의 조사를 명했다고 한다(江木翼君傳記編纂委員會 編, 『江木翼傳』, 江木翼君傳記編纂委員會, 1939, 43쪽).

32 1910년 4월 27일부 데라우치 마사타케 앞으로 보낸 야마가타 아리토모 서한(國立國會圖書館憲政資料室 所藏, 『寺內正毅關係文書』360-79).

33 『寺內正毅日記』, 498쪽. 데라우치의 통감 취임에 대해서는 가쓰라 다로, 야마가타 아리토

통감 취임이 내정되자 가쓰라와 데라우치는 4월 중순에 통감 소네 아라스케를 각각 방문했다. 소네는 4월 22일부 가쓰라 앞으로 보낸 서한에서 진퇴에 대해 문의했고,[34] 5월 초에 통감 경질에 동의한 다음 사표를 제출했다.[35] 또 데라우치가 육군대신을 겸임한다는 것도 있었던 것 같은데, 부통감의 설치가 4월 하순에 검토되었다.[36] 가쓰라는 하라 다카시에게 내각에서 부통감을 선발한다는 의향을 흘리고 있었는데,[37] 5월 11일 데라우치는 전 체신대신이었던 야마가타 아리토모의 양자 야마가타 이사부로(山縣伊三郎)에게 부통감 취임을 요청했고, 13일에 승낙을 얻었다.[38] 천황에 대한 내주(內奏)는 5월 12일에 실시하였다.

병합을 포함한 대한 기본 구상은 야마가타, 가쓰라, 데라우치 세 사람을 축으로 추진되었는데,[39] 5월 30일에 데라우치가 육군대신 겸임으로 통감에 취임하자 한국 병합 계획은 급격히 가속도가 붙었다. 일본 정부는 5월 27일과 30일에 실시된 각의에서 데라우치가 제출한 의견서에 기초하여 한국 문제를 협의했는데 30일에 대체적인 의안을 정했고,[40] 6월 3일의 각의에서 「병

모, 데라우치 마사타케, 고무라 주타로가 4자회담으로 결정했다고 한다(『明石元二郎』上, 309쪽).

34 1910년 4월 22일부 가쓰라 다로 앞으로 보낸 소네 아라스케 서한(『桂太郎關係文書』 52-21).

35 1910년 5월 1일부 가쓰라 다로 앞으로 보낸 소네 아라스케 서한(『桂太郎關係文書』 52-22); 『原敬日記』 3, 24쪽.

36 『寺內正毅日記』, 503쪽.

37 『原敬日記』 3, 24쪽. 반면 하라 다카시는 부통감을 고토 신페이로 지목했다.

38 『寺內正毅日記』, 507쪽. 부통감으로 내정된 야마가타 이사부로는 체신차관 나카쇼지 렌(仲小路廉)에게 총무장관으로 취임하도록 교섭하고 있었는데, 조율하지 못하고 끝났다(『寺內正毅日記』, 510~511쪽). 결국 6월 초순에 총무장관으로 아리요시 츄이치(有吉忠一), 내부장관으로 우사미 가츠오(宇佐美勝夫)의 취임이 내정되었다(1910년 6월 8일부 가쓰라 다로 앞으로 보낸 데라우치 마사타케 서한, 『桂太郎關係文書』 62-15).

39 海野福壽, 『韓國併合史の研究』(岩波書店, 2000), 380~381쪽.

40 齋藤子爵記念會 編, 『子爵齋藤實傳』 2(齋藤子爵記念會, 1941), 121쪽;「明治四十三年通

합 후 한국에 대한 시정 방침」 13가지 항목을 결정하였다.[41] 이 각의 결정에서 일본 정부는 한국 병합 이후의 행정 제도, 재정 제도 등의 방침을 결정했다. 이 각의 결정은 5월 24일에 〈조건〉으로 야마가타와 가쓰라에게 데라우치가 제시한 「한국 처분의 의견서」와 동일한 내용이었고,[42] 각의 결정 당일의 일기에 〈예전에 제출한 조서의 전부 승인을 얻었다〉[43]고 기술한 대로이며, 데라우치의 의향이 강력하게 반영되었다. 그 가운데서도 데라우치가 주장한 것은 조선 총독부의 회계를 〈특별 회계로 이전할 것〉과 조선 철도를 총독부 소관으로 할 것 등 두 가지였다.[44] 조선에서 특별 회계 제도에 의한 재정 독립을 확립하고, 조선 총독부가 정치 권력으로서의 자립성을 높이는 것이 그 최대 목적으로 추측된다.[45]

한편 가쓰라는, 일진회와도 관계가 있었고 중의원 의원이기도 했던 오가와 헤이키치(小川平吉)에게 병합 의견서를 제출하도록 했다.[46] 이 의견서는

信日記」(水澤市立後藤新平記念館 編, 『後藤新平文書』, R78, 雄松堂フイルム出版, 1980); 『寺内正毅日記』, 511~512쪽.

41 『日本外交文書』 43-1, 660쪽.
42 「韓國併合ニ關スル書類」(『公文別錄』, 國立公文書館 2A-11-[別]139); 『寺内正毅日記』, 510쪽.
43 『寺内正毅日記』, 513쪽.
44 위의 책. 앞에서 기술한 것처럼 조선 철도의 관할에 대해서는 애초부터 1909년 7월 6일의 각의 결정에서 〈한국 철도를 제국 철도원의 관할로 이관하고, 철도원의 감독 아래에서 남만주 철도와의 사이에 밀접한 연락을 취하여 우리 대륙 철도의 통일과 발전을 도모할 것〉이라고 되어 있었다. 조선 철도를 총독부 관할 아래에 두는 것에 대하여 체신상 고토 신페이와의 의견 대립 끝에 수상 가쓰라 다로의 조정을 거쳐 데라우치의 주장이 관철된 경위가 있다(小林道彦, 『日本の大陸政策 1895~1914』, 南窓社, 1996, 195쪽; 1910년 5월 31일부 가쓰라 다로 앞으로 보낸 데라우치 마사타케 서한, 『桂太郎關係文書』 62-15). 이것은 조선의 재정 독립이라는 데라우치의 의향을 시사한다.
45 小林道彦, 『日本の大陸政策』, 213쪽 참조.
46 「明治四十三年一月桂首相ト寺内統監トニ交付セル韓國併合ニ關聯セル施設概要」(小川平吉文書研究會 編, 『小川平吉關係文書』 2, みすず書房, 1973, 30쪽). 이 서류는 국립 국회 도서관 헌정 자료실 소장 『小川平吉文書』 가운데 같은 문서가 세 개 있다. 그 가운데 가장 실물에 가

표제가 〈1910년 1월 제출〉이라고 되어 있는데, 『오가와 헤이키치 문서(小川平吉文書)』에 수록된 의견서 「한국 병합에 관련한 시설 개요(韓國併合ニ關聯セル施設槪要)」의 편집 상황, 『데라우치 마사타케 일기(寺內正毅日記)』의 기사[47]와 잡지 『조선(朝鮮)』 1910년 5월 호에 게재된 〈지금은 동지들 사이에서도 합병론을 운운하기보다는 합병한 이후를 어떻게 할 것인가에 대하여 연구하고 있다〉고 한 오가와의 논문[48] 등에 의거해 생각해 보면 가쓰라, 데라우치에게 제출된 시점은 5월 초로 보아야 한다. 그 내용은 실제로 이루어진 한국 병합의 내용과 크게 다르지 않았다. 이것은 오가와 등의 의견이 한국 병합 계획에 반영되었다기보다는 일본 정부가 한국 병합에 대한 반대 세력의 동향을 확인하기 위해서 가쓰라 등이 오가와 그룹 등의 병합 구상에 대해 탐색을 실시하고, 정부의 병합안과 큰 차이점이 거의 없다는 점을 확인하기 위한 것으로 보인다.[49] 고무라 안이 이미 전년 중에 구상되었다는 점을

갑다고 생각되는 등사판의 서류는 〈4월 제출〉이다. 『小川平吉關係文書』 2권에 채록되어 있는 〈1월〉 교부 서류라고 되어 있는 것에는 〈(합방 7개월 전)〉이란 부기가 있다는 점, 또 데라우치 〈통감〉에게 교부했다는 기술로 생각해 볼 때 나중에 관계자가 전기 사료를 작성할 때 편찬한 것 같다.

47 『寺內正毅日記』, 505쪽.
48 小川平吉, 「故伊藤公の合倂論と予の合倂論」(『朝鮮』 27, 1910년 5월), 10쪽.
49 모치즈키 고타로(望月小太郞)의 추도 좌담회에서 오타니 마사오(大谷誠夫)의 발언 가운데 이 사정에 대하여 다룬 대목이 있다. 조금 길기는 하지만 인용한다. 〈[가쓰라 다로는] 과연 지금 누구도 아직 병합을 주장하지 않는데, 여러분[모치즈키 고타로, 시바 시로(柴四郞), 오타니 칸이치(大竹貫一), 이오키 료조(五百木良三), 오가와 헤이키치 등]께서 이렇게 와주셨습니다. 병합에 대해서는 저도 같은 의견이기 때문에 반드시 합니다. 단지 병합한 후에는 어떠한 조직으로 해야 좋을지, 부하인 자에게 명하더라도 다른 나라를 취한 역사가 없기 때문이라고 하여 누구에게도 쓸 수 없었습니다. 한 가지 그 관제를 써보았으면 합니다─라고 하는 것이었습니다. 그리고 조속히 다케시바관(竹芝館)에 들러서 송병준인가 하는 자도 와서 대강의 일을 썼습니다. 군인을 총독으로 할 것, 위력이 필요하다는 것, 일본인을 대신으로 한다면 차관에는 조선인을 데리고 오며, 조선인이 대신이라면 일본인을 차관으로 한다는 식으로 했습니다. 각지를 감찰하도록 하여 호소를 들도록 한다는 것과 같은 내용이 있었습니다. 송병준과 모치즈키 군이 주축이 되어 했는데, 그자를 가쓰라의 처소로 데리고 간다면 이것으로 안심이다. 이 정도의 골격이라도 있다면 이

아울러 생각해 볼 때, 오가와 그룹의 의향을 반영시킬 필연성은 없었기 때문이다.

또 이러한 움직임과는 별도로 1895년 민비 살해 사건 당시 주한 공사였던 미우라 고로(三浦梧樓)는 5월 17일부 데라우치 앞으로 보낸 서한의 부속서로「합방 처분안」을 보냈다.[50] 이 안에서 〈친왕(親王)이 통솔하는 아래에 한만대도독부(韓滿大都督府)를 평양에 설치할 것〉과 〈군정하에 한국 통감을 두고 한국의 민정을 총재하도록 할 것〉 등을 제언했다. 이 의견서는 〈한만대도독부〉 아래에 민정 기관으로서 〈한국 통감〉을 재편할 것을 제기했고, 제1장에서 본 만한 통일(滿韓統一)적 식민지 통치 기관 설립 구상의 계보에 넣을 수 있다. 이러한 통일적 대륙 경영 기관의 설치라는 의견은 실제 병합에는 반영되지 않았다. 하지만 러일 전쟁 직후 육군의 대륙 경영 구상이 한국 병합을 할 때에도 재차 주장되고 있었다는 점에서 유의해 둘 필요가 있을 것 같다.[51]

6월 3일의 각의 결정을 접수하고 내각, 법제국, 척식국 등 각 관계 관청 실무 관료들이 6월 하순부터 7월 상순에 걸쳐 구체적인 병합 실행 계획을 협의하였다. 이것이 바로 병합 준비 위원회이다. 그 일원이었던 고마쓰 미도리에 따르면 이 위원회는 〈병합 후에 만약 본국 정부 내부에서 각종 이의가 발생해 일관된 정책의 수행을 방해하지〉 않도록 〈대강뿐만 아니라 세목에 이르기까지 미리 명확하게 결정하고, 장래에 논의를 허용할 여지를 막기 위해서 일일이 개별 조서를 만들어 정식의 각의 결정을 요구해 둔다〉고 한 데라우

후의 자질구레한 관제와 같은 것은 누구라도 할 수 있으므로 이것으로 합시다. 이렇게 말했다〉(須永元 編, 『楞堂言行錄』, 政教社, 1939, 120~121쪽).

50 1910년 5월 17일부 데라우치 마사타케 앞으로 보낸 미우라 고로의 서한(『寺內正毅關係文書』163-4).

51 이이지마 미츠루(飯嶋滿)는 조선 총독부가 애초부터 대륙 통치 기관으로서 구상되었음을 시사하고 있는데(飯嶋滿, 「戰爭·植民地支配の軍事裝置」, 山田朗 編, 『戰爭 II』, 靑木書店, 2006), 일본의 대륙 정책에서 조선 총독부의 위상을 고려하는 데 있어서 흥미로운 지적이다.

치의 의향에 따라 조직되었다.[52] 이 위원회에서 외교 관계 사항에 대해서는 외무성 정무국장 구라치 데츠키치(倉知鐵吉), 한국 관계 사항에 대해서는 통감부 외무부장 고마쓰 미도리가 각각 원안을 작성하고, 그것에 대하여 협의, 결정했다.[53] 참가자는 내각 서기관장 시바타 가몬을 의장으로 하고, 구라치, 고마쓰, 법제국장 야스히로 반이치로(安廣伴一郎), 척식국 부총재 고토 신페이, 법제국 서기관 나가니시 세이치(中西淸一), 척식국 서기관 에키 다스쿠(江木翼), 통감부 회계과장 고다마 히데오(兒玉秀雄), 통감부 참사관 나카야마 세이타로(中山成太郎)였다.[54] 그러나 척식국은 6월 22일 중앙 집권적 식민지 감독 기관이자 내각외국(內閣外局)으로서 개설되었으며, 대만·사할린과 한국에 관한 사무를 총괄하여 처리하고 외교 사무 이외의 관동주에 관한 사무도 관장하는 기관이었다. 초대 총재는 가쓰라 다로가 겸임했는데, 척식국은 애초부터 한국 병합을 당면한 목적으로 하여 설치했다고 한다.[55] 「한

---

52 小松綠, 『朝鮮倂合之裏面』(中外新論社, 1920), 88쪽. 고마쓰의 회상은 가쓰라 다로에게 〈여러 종류의 준비를 하지 않고 합병을 발표하고 이에 착수한다는, 이른바 오사카진(大阪陣)에 빠지는 것은 아닌지 의심스럽다〉(『桂太郎關係文書』 書類 112)라고 상세한 병합 계획의 입안을 요구하고 있던 데라우치 마사타케의 의견을 아울러 생각해 볼 때 타당하다.

53 위의 책, 89쪽.

54 위의 책, 89~90쪽. 그러나 재정에 관해서는 대장차관 와카츠키 레이지로(若槻禮次郎)와 한국 탁지부 차관 아라이 겐타로(荒井賢太郎)가 담당하고 있었으므로(若槻禮次郎, 『古風庵回顧錄』, 讀賣新聞社, 1950, 153쪽). 두 명이 병합 준비 위원회에 참가했다고도 볼 수 있다.

55 『江木翼傳』, 49쪽. 애초부터 적극적 대륙 정책을 추진하기 위해 가쓰라 다로-고토 신페이 라인에서 식민지 통치를 일원화할 기관으로서 〈척식성(拓殖省)〉을 설치한다는 것이 구상되었고, 척식국은 척식성을 지향하면서 잠정적으로 설치하였다(小林道彦, 『日本の大陸政策』, 193~196쪽; 1910년 6월 9일부 「拓殖局官制審査報告」, 「審査報告書 明治四一年~四三年」, 國立公文書館 2A-15-7[樞]C13). 고토는 척식무성(拓殖務省) 설치 구상을 대만 민정장관 시대부터 주장했는데(小林道彦, 『日本の大陸政策』, 97~98쪽), 만철 총재 시대에도 이노우에 가오루(井上馨)에게 척식무성을 설치하여 대만, 관동주와 만주에 관한 통일적 식민지 행정을 실시할 필요성을 피력했다(1907년 10월 10일부 이토 히로부미 앞으로 보낸 하야시 다다스 서한, 『伊藤博文關係文書』 6, 塙書房, 1978, 412~413쪽). 이와 같이 당초에는 가쓰라-고토 라인에서 척식국의 창설을 구상하였지만 1910년에 들어서 협의를 거듭하는 가운데 데라우치와 야마가타의 의향을 수용

국 병합에 관한 서류」에 수록된 사료 가운데 병합 준비 위원회에서 심의한 것으로 보이는 문서의 대다수는 척식국에서 작성했던 것으로 생각된다.

병합 구상의 구현: 헌법 시행 문제를 초점으로

한국 병합에 관한 실무적 문제는 병합 준비 위원회에서 검토했는데, 거기서는 어떠한 형태로 한국을 일본에 편입할 것인가란 병합 형태를 둘러싼 문제에 대해서도 논의가 이루어졌다고 한다. 그렇다면 한국을 병합할 때 일본 정부 내에서는 병합 형태에 대해서 어떠한 논의가 전개되고 있었는가? 이 문제에 대하여 특히 헌법 시행 문제에 초점을 맞추어 검토를 실시한다. 헌법 시행 문제에 주목하는 것은 이것이 일본의 통치 구조에서 병합 이후의 식민지 조선을 어떻게 설정할 것인가란 점을 단적으로 보여 준다고 생각하기 때문이다.

일반적으로 식민지에 대한 헌법 시행 문제는 식민지 통치 기관에 대한 입법권의 일반적 위임과 식민지에 대한 법률 시행 형식을 둘러싸고 논의가 이루어진다. 이것이 한국 병합 당시에 이미 대만 총독에 대한 입법권 위임을 둘러싸고 의회만이 아니라 법학계에서도 널리 논의되고 있던 63법(六三法) 문제이다. 63 문제란 식민지인 대만에서 제국 헌법의 시행 여부를 둘러싸고 발생한 법제상의 문제이다. 제국 헌법에서는 〈천황은 제국 의회의 협찬으로 입법권을 시행한다〉(제5조)고 했고, 입법권의 행사에는 의회의 협찬이 필요하다고 이해하였기 때문에 의회의 권한이 기본적으로 미치지 않는 형태로 행정관인 대만 총독에게 입법권을 위임하는 것이 헌법상으로 허용되는지의

하여 결국 데라우치가 주도권을 장악하게 되었다고 본다(『寺內正毅日記』, 「明治四十三年通信日記」의 1910년 1월~5월 해당 부분). 고토 등의 목적은 고바야시 미치히코의 논고에 따르면 육군 주도의 식민지 통치를 견제하는 데 있었다고 생각되는데, 이 점에 대해서는 좀 더 고찰이 필요하기 때문에 이후의 과제로 삼고자 한다.

여부가 최대 쟁점이었다. 63 문제의 명칭은 대만 총독에게 법률의 효력이 있는 명령(율령)을 발포할 권한을 인정한 1896년 법률 제63호 「대만에서 시행할 법령에 관한 법률」에서 기인한다. 식민지 대만에서 헌법 시행 문제에 관해서는 이제까지 정책 입안 과정을 중심으로 나카무라 사토루(中村哲)나 하루야마 메이테쓰(春山明哲), 에바시 다카시(江橋崇) 등이 실증적 연구를 축적해 왔다.[56] 게다가 최근 일본 제국 법제의 구조에 대하여 국적법, 선거법 등의 공법이나 「내외지관섭법(內外地關涉法)」이란 관점에서 연구가 축적되고 있다.[57] 그러한 한편으로 조선에서의 헌법 시행 문제에 대해서는 제국 의회에서의 논의에 대하여 사료를 소개하는 정도로 언급한 것이 산견되기는 하나,[58] 정책 입안 과정에 관한 실증적 연구는 부족하다. 사료상의 제약이 그 최대 이유인데 문제의 기본적 구조가 63 문제와 동일하다고 보아 조선에 대한 헌법 시행 문제를 개별적으로 고찰하지 않았다는 점도 하나의 원인일 것이다. 확실히 한국을 병합할 때 조선 총독에게 입법권 위임이 이루어지는 한편 정부 견해로는 병합 후 조선에서 대만 등과 동일하게 헌법을 시행한다는 것이 표출되었다. 그러나 일본 정부는 당초 각의 결정에서 병합 후 조선에서는 헌법을 시행하지 않고, 천황 대권에 따른 통치를 실시한다는 방침을 채용하고 있었다. 최종적으로는 다른 식민지와 마찬가지로 헌법을 시행한다는

---

56 中村哲, 『植民地統治法の基本問題』(日本評論社, 1934); 同, 「植民地法」(鵜飼信成 外編, 『講座 日本近代法發達史』5, 勁草書房, 1958); 春山明哲, 「近代日本の植民地統治と原敬」(春山明哲·若林正丈, 『日本植民地主義の政治的展開 ― 1895~1934年』, アジア政經學會, 1980); 江橋崇, 「植民地における憲法の適用 ― 明治立憲體制の一側面」(『法學志林』82-3·4, 1985).

57 水野直樹, 「國籍をめぐる東アジア關係」(古屋哲夫·山室信一 編, 『近代日本における東アジア問題』, 吉川弘文館, 2001); 田中隆一, 「帝國日本の司法連鎖」(『朝鮮史研究會論文集』38, 2000) 등.

58 新井勉, 「朝鮮制令委任方式をめぐる帝國議會の奇態な情況について ― 第27議會における緊急勅令の法律への變更」(『法學紀要(日本大學法學部)』36, 1995; 崔錫榮, 『일제의 동화이데올로기의 창출』(서경문화사, 1997), 20~29쪽.

공식적인 견해로 수렴했는데, 당초의 한국 병합 실행 계획은 조선에서 헌법을 시행하지 않는다는 방침이었다.

그렇다면 조선에 대한 헌법 시행을 둘러싸고 일본 정부의 견해는 왜 변화했는가? 필자는 그 변천 과정에서 조선을 식민지화할 때 고유한 문제군이 드러났다고 생각한다. 결과적으로 다른 식민지와 마찬가지로 문제가 처리되었지만 그것이 문제의 구조까지 동일함을 의미하지 않는다는 점은 두말할 나위가 없다. 헌법을 식민지에서 시행할 것인가 말 것인가라는 63 문제의 일반적 논점과 더불어 조선에 앞서 일본의 식민지가 된 대만·사할린에 대한 헌법 시행에 관한 종래의 정부 견해를 답습하지 않고, 어째서 조선에 대하여 헌법을 시행하지 않는 것이 한국 병합 구상에서 당초부터 제창되었는가란 개별적 논점을 검토할 필요가 있을 것 같다.

그렇다면 조선에서의 헌법 시행에 관한 개별적 논점이란 대체 무엇이었는가? 그것은 일본이 한국을 어떠한 형태로 병합할 것인가란 병합 형태를 둘러싼 문제였다. 결과적으로는 다른 식민지와 마찬가지 형태로 일본에 편입되었지만, 이제까지 서술해 온 것처럼 한국을 일본으로 편입할 때에는 그 방식을 둘러싸고 다양한 선택지가 존재했다. 그리고 병합 형태를 둘러싼 논의는 헌법 시행 문제와 연관성을 가지고 있었을 가능성이 높다. 구체적으로 말하자면, 한편으로는 일본이 한국을 〈강제적〉으로 병합할 것인가 아니면 〈임의적〉으로 병합할 것인가란 병합 형식을 둘러싼 문제들이 있고, 다른 한편으로는 병합 이후의 한국을 예로 들어 연방제 등의 형태로 편입할 것인가 말 것인가라는 〈국가 결합, 국가 병합〉을 둘러싼 문제들이 있다. 이하에서는 이러한 개별적 논점까지도 고려해 가면서 조선에 대한 헌법 시행 문제를 검토해 본다.

한국 병합 계획에서 헌법 시행론의 동향

먼저 한국 병합을 준비하는 과정에서 헌법 시행 문제가 일본 정부 내에서 어떻게 논의되었는지를 검토해 본다. 6월 3일의 각의 결정 「병합 후 한국에 대한 시정 방침 결정의 건」 13항목 가운데 식민지 조선의 법 제도에 관련한 조항을 제시해 보면 다음과 같다.[59]

    1. 조선에는 당분간 헌법을 시행하지 말고 대권(大權)에 따라 이를 통치할 것.
    1. 총독은 천황에게 직례(直隷)하며, 조선에서 일체의 정무를 총괄할 권한을 가질 것.
    1. 총독에게는 대권의 위임에 따라 법률 사항에 관한 명령을 발포할 권한을 부여할 것. 단 본 명령에 별도로 법령 또는 율령 등 적당한 명칭을 붙일 것.

이 각의 결정에서 병합 후 조선의 통치 원리는 제국 헌법에 따르지 않고 천황의 대권에 따른다는 것을 확인했다. 또 조선 총독에게 광범한 행정권을 부여함과 동시에 입법권을 위임하기로 결정했다. 이러한 각의 결정이 데라우치 마사타케의 의향을 강력하게 반영한 것이었다는 점은 앞에서 기술했는데, 데라우치는 병합 후 조선에 대한 헌법 시행에 대하여 〈본국과 완전히 사정을 달리하는 새로운 영토에서 헌법을 시행하기가 시정(施政)상 몹시 불편하다〉[60]고 주장했다. 데라우치는 1907년 사할린을 민정으로 이행할 때 〈이 섬[사할린]의 장관에게 재판을 비롯한 일체를 위임할 것을 주장하고, …… 육군은 대만의 소규모로 규정하려고 하는〉[61] 의향을 드러내어 내무대신 하라 다카시와 대립한 경위가 있으며, 식민지에 대한 헌법 비시행론(憲法非施

---

59 『日本外交文書』 43-1, 660쪽.
60 小松綠, 『朝鮮倂合之裏面』(中外新論社, 1920), 94쪽.
61 原奎一郎 編, 『原敬日記』 2(福村出版, 1965), 183~184쪽.

行論)을 평소의 지론으로 삼고 있었던 것으로 생각된다. 그러나 대만 총독에게 입법권이 위임되었다고는 해도 정부의 공식 견해로는 헌법은 시행하도록 했던 대만 등과 비교했을 때 〈당분간 헌법을 시행하지 않는다〉고 규정한 6월 3일의 각의 결정은 확실히 종래의 정부 견해와는 정합성을 결여하고 있다. 그렇다면 대만 등과의 정합성은 문제가 되지 않았는가? 또 종래의 정책과 정합적이지 않다고 한다면, 그러한 부정합성에서 발생할 수 있는 정치적 어긋남을 어떻게 해소하려고 했는가? 이 점에 대하여 가쓰라 다로 내각 각료의 견해를 보도록 하자.

내각 총리대신 가쓰라 다로도 헌법 비시행론을 상정했다는 점은 데라우치와 면밀하게 사전 교섭을 실시했다는 것, 그리고 송병준 의견서[62]에 대한 회답 메모에서 〈헌법은 무용(無用)〉[63]이라고 적은 점으로부터도 엿볼 수 있다. 외무대신 고무라 주타로도 헌법 비시행을 주장했다. 고무라는 1909년 7월 6일의 각의 결정에 따라 작성하고, 가쓰라에게 제출한 의견서에서 병합을 실행할 때 〈조칙으로는 오히려 한반도의 통치 전부가 천황 대권의 행동에 귀속한다는 취지를 보여 준다. 그럼으로써 반도의 통치가 제국 헌법의 조항에 의거할 필요가 없다는 점을 분명히 하여 훗날의 쟁의를 예방하는 것〉[64]이 긴요하다고 했다. 조선 통치가 천황 대권에 속한다고 하고 제국 헌법의 조항, 즉 실정 헌법전에 따르지 않기 때문에 그것을 한국 병합 당시에 조칙에 따라 선언해야 한다고 했다. 그리고 그 조칙에 따라 〈훗날의 쟁의〉,

62 宋秉畯, 「日韓合邦ノ先決問題」(「韓國併合ニ關スル書類」, 『公文別錄』, 國立公文書館, 2-A-11[別]139, 수록). 그러나 이 의견서는 일진회가 합방 청원서를 제출한 〈이래로 아직 수개월이 되지 않았다〉고 했고, 1910년에 들어서부터 제출한 것이다. 『寺內正毅日記』에는 4월 11일에 스기야마 시게마루가 송병준 의견서를 지참했다는 기사가 있고(山本四郞 編, 『寺內正毅日記』, 京都女子大學, 1980, 500쪽), 이 의견서가 본 의견서에 해당한다고 보이는데 상세한 내용은 명확하지 않다.
63 「日韓合倂處分案」(國立國會圖書館憲政資料室 所藏, 『桂太郞關係文書』 書類112).
64 外務省 編, 『小村外交史』(原書房, 1966년 복각), 842쪽.

즉 조선에 관한 헌법 시행 문제의 야기를 봉쇄할 필요성을 주장했다.[65] 체신대신 고토 신페이도 마찬가지로 헌법 비시행론이었던 것 같다. 고토의 각서에도 헌법 비시행 방침의 이유를 엿볼 수 있는 부분이 있다.[66]

1. 3천 년 이래로 군민의 관계와 동일한 관계를 새로운 판도의 인민에게 부여해야 하는가?
1. 대권 통치라고 해야 하는가?
1. 주권자의 의지 발표를 기다려 비로소 새로운 영토에 시행하도록 해야 한다.
1. 종래 일의 경과는 헌법이 당연히 새 영토에 실시된다고 해석한 것에 다름 아니다.
1. 종래 정부의 의견은 불가하다고 하여 취소할 것.
1. 절충설로 한국에서 시행하지 않을 방법.
1. 한국은 토지와 인민이 모두 점령되어야 한다. 그러므로 대만, 사할린과는 동일하지 않다.

각서의 작성 일시는 명확하지 않지만 아마도 6월 3일 각의 결정에 관련된 것으로 보인다. 본 각서가 어떠한 의도로 작성되었고, 또 각 항목이 서로 관련성을 갖고 있다고 말할 수 있는지 여부에 대해서도 의문이 남는다. 그러나 해군대신 사이토 마코토(齊藤實)의 메모를 아울러 검토해 보면, 각 항목이 각각 관련성을 가지고 있었다고 파악하는 것이 타당하다.[67] 고토의 각서로부터 〈3천년 이래로 군민의 관계와 동일한 관계〉, 즉 일본 본국의 법 제도

---

65 덧붙여 이 의견서를 접수했다고 한 1909년 7월 하순의 각의 결정에서는 이 항목이 빠져 있다(德富蘇峰 編,『公爵桂太郎傳』坤, 原書房, 1967년 복각, 460~463쪽).
66 鶴見祐輔,『後藤新平』3(後藤新平伯傳記編纂會, 1937), 307쪽.
67 國立國會圖書館憲政資料室 所藏,『齋藤實關係文書』53-11.

를 새 영토의 인민에게 부여하는 것에 대한 의문에서 식민지 조선에 대한 헌법 시행을 부정하고 있음을 확인할 수 있다. 그러나 대만, 사할린에 대한 종래의 정부 견해에서는 헌법이 시행된다고 해석할 수밖에 없기 때문에 이것을 불가하다고 하여 취소해야 한다고 결론 내렸다. 조선에 헌법을 시행하지 않는 것은 한국이 일본에 의해 〈토지와 인민이 모두 점령되어야 한다〉, 즉 〈강제적 병합〉[68]이 이루어지기 때문이다. 조약에 따라 일본에 할양(국가의 일부를 임의로 병합)된 대만이나 사할린과 비교해 볼 때 조선이 〈강제적 병합〉으로 〈점령〉된다면 헌법을 시행할 필연성은 낮아진다고 보았다. 〈관례, 선례, 역사와 연혁에 따르면 하나[제국 헌법을 새로운 영토에서 실시할 것]에 따른다고 해석할〉 수밖에 없는 종래의 의견에 대하여 〈오류를 바로잡는 이외에 다른 방도는 없다〉고 한 사이토의 메모에서도 대만·사할린과 조선과의 차이를 역시 〈토지와 인민을 가져오기 때문에 다른 것으로 한다〉는 점에서 찾고 있었다. 여기서 종래 정부 견해와의 정합성을 고려하지 않고 헌법 비시행론을 정당화할 수 있는 최대 이유를 찾으려 했음을 살필 수 있다. 다만 고토의 각서에서 〈절충설〉에 의한 헌법 비시행론도 고려하였다는 점에는 유의할 필요가 있다. 헌법 안에서 시행할 부분과 시행하지 않을 부분이 있다고 한 견해인데, 후술할 것처럼 최종적으로는 이 절충설로 정부 견해가 수렴되었기 때문이다.

위의 고무라 의견서와 고토 각서의 논리를 좀 더 명확하게 보여 준 것이 「〈비(秘)〉 합병 후 반도 통치와 제국 헌법과의 관계」(이하 헌법 의견서라고 표기)라는 의견서이다.[69] 야마모토 시로(山本四郎)에 따르면 이 의견서의 필

---

68 〈강제적 병합〉과 〈임의적 병합〉에 대해서는 立作太郎, 『平時國際法論』(日本評論社, 1932), 343~346쪽; 海野福壽, 『韓國倂合』(岩波新書, 1995), 221~223쪽 참조.
69 山本四郎 編, 『寺內正毅關係文書 首相以前』(京都女子大學, 1984) 수록. 이하 본 의견서에서 한 인용은 본문에 쪽수만 기재한다. 이 사료는 「韓國倂合ニ關スル書類」에도 수록되어 있다.

자는 불명이지만[70] 육군성 괘지에 기재되었다는 점, 앞서 검토한 「한국 시정에 관한 건」, 「한국 합병에 관한 건」과 필적이 흡사하다는 점, 그리고 그 내용의 세 가지 점으로부터 아키야마 마사노스케의 손을 거쳤다고 보아도 틀림이 없다. 헌법 의견서는 데라우치의 헌법 비시행설을 이론적으로 뒷받침하기 위해서 기초되었고, 「한국 시정에 관한 건」, 「한국 합병에 관한 건」과 거의 같은 시기에 데라우치에게 제출되었다고 본다. 헌법 의견서의 내용은 대략 다음과 같다.

　의견서에 따르면 우선 병합 후 조선에서 〈제국 내지의 법률 규칙 일체를 합병과 동시에 여기에 적용할 수 없음은 물론이며, 이 반도에 대해서는 그 민정, 풍속과 관습 등에 비추어 문화의 정도에 따라서 주민의 행복을 증진시키고, 그 지식을 개발하며, 점차 내지 인민에게 동화시키는 데 적절한 법제를 여기서 반포하고, 내지와 동화될 때까지는〉 일본 내지와는 다른 특별 법제에 기초한 통치를 실시할 필요가 있다고 했다(63쪽). 그런 다음 유럽의 여러 식민국도 각 식민지에 본국과 동일한 법률, 법규를 모두 적용할 수 없기 때문에 〈특별한 입법과 행정을 시행하는 제도〉를 설치했다는 일반론이 적혀 있다. 그리고 각국이 어떠한 식민지 행정, 법 제도를 부설했는지는 자국의 헌법으로 규정된다고 서술했다. 즉 영국, 프랑스, 독일 각국에서는 헌법의 해석상 의회가 식민지에 대한 입법권을 장악하고 있었는데, 식민지에 직접 적용할 법률을 제정하는 일정한 권한을 의회에 남겨 두는 한편, 법률에 따라 황제 또는 정부에게 입법권을 위임하였다. 그것은 대만 통치에서 법률 사항을 칙령과 율령으로 규정한 제도와 다를 바 없었다. 1896년 법률 제63호에서는 내지 법률이 칙령으로 대만에서 시행된다는 형식을 취했는데, 1906년 법률 제31호와 1907년 법률 제25호로 〈법률의 위임에 따라 [일본] 정부는 대만과 사할린에서 법률 사항을 칙령으로 규정함과 동시에 대만에

70　위의 책, 해제, 3쪽.

서는 제국 의회의 협찬을 받은 법률로 직접 그 입법을 할 수 있게〉(66쪽) 되었다. 1910년 단계에서는 내지의 법률 가운데 그 전부 혹은 일부를 칙령에 따라 시행하는 이외에 대만, 사할린에서 시행할 것을 목적으로 하는 법률에 대해서는 제국 의회가 이러한 식민지에도 입법 협찬권을 직접 행사할 수 있었다.

그러나 의견서는 여기서 〈한국을 합병하여 제국의 영토 일부로 삼는 경우에 제국 헌법의 해석상 한반도에 대해서도 당연히 통용되도록 한다. 그 지역의 법률 사항에 대해서는 제국 의회에서 이러한 협찬권을 갖는 것은 흡사 현재 대만 및 사할린에서와 동일하게 할 필요가 있는가?〉(66~67쪽)라고 하는 의문에 대해 다음과 같이 반론한다. 우선 헌법상 주권자로서 의회가 큰 권한을 가진 영국·프랑스·독일과 일본은 〈정체와 국체〉가 다르고, 천황은 일본의 주권을 대표하는 것이 아니라 〈제국의 주권은 천황과 일체를 이루며, 천황은 주권을 친히 장악하고 있으며, 제국 의회는 단순히 헌법에 규정된 권한 내에서 제국 입법상의 협찬 기관에 지나지 않는다〉(67쪽)는 것으로 제국의회가 설정되었다. 즉 입법 기관으로서 다대한 권한을 가진 영국·프랑스·독일 각국의 의회와는 다르며, 〈황위 주권설(皇位主權說)〉의 입장에서 제국 의회는 입법권의 협찬 기관에 지나지 않는다고 보았고, 의회가 식민지에 입법권을 행사하는 것에 대하여 적극적으로 의의를 인정하지 않았다. 더욱이 제국 헌법 시행 당시 이 헌법 조항에 따라 통치해야 할 지역으로 대만, 조선 등이 포함되어 있지 않다는 점은 명확했기 때문에 〈이것의 적용을 대만, 사할린, 관동주와 한반도로 확장하려는 것에 대해서는 제국 주권자가 그 의사를 표명하도록 하여 내지 이외의 제국 영토에서 그렇게 적용하는 것이 당연하다고 말하지 않을 수 없다〉(68쪽)고 규정했다. 즉 새로운 영토에서 제국 헌법 조항을 적용하는 것에 대해서는 주권자의 의사 표명이 필요하다고 규정한 것이다.

일본 식민지의 경우 대만이나 조선과 같이 본국에 인접하고, 또 민정과 풍속 등이 거의 유사하기 때문에 주권자가 새로운 영토에 헌법을 시행한다는 의사를 표명할 필요성에 대해서 의심스러운 점이 남아 있다. 하지만 이것이 유럽 식민지와 같이 아프리카 등을 식민지로 삼는다고 한다면 〈누가 되든지 간에 그 식민지 통치에 관하여 제국 헌법의 규정을 모두 여기에 적용해야 한다고 주장하지는 않을 것〉(68쪽)이란 점에는 이의를 품지는 않을 것이다. 그러므로 〈유독 조선에 대해서만 종래 정부의 방침과 전혀 반대되는 견해를 채택하여 이 반도에 한해서는 대권으로 직접 통치한다고 헌법의 해석을 두세 가지로 하여 논리가 일관되지 않는다는 비난이 없을 수는 없다. 그러나 이러한 비난이 유력하다고는 할 수 없다〉(68쪽)고 정의하고, 대만과의 정합성에 따라 조선에 대한 헌법 시행론을 거부했다. 제국 헌법 가운데 모든 조항을 영토에서 시행할지 여부는 주권자인 천황의 대권에 속하기 때문에 〈조선의 통치에 대해서는 이를 대권으로 직접 통치하게 하더라도 이론상 대만과 사할린에 관한 실제 사례와 추호도 저촉될 바가 없다〉고 여기게 된다. 그러나 〈종래 대만에 대해서는 때때로 각의 결정이 있었음에도 불구하고 결국 그 결정이 자연히 소멸된 선례도 있다. 그러므로 만약 본 견해와 같이 조선에 대하여 대권으로 직접 통치한다는 주의를 채택한다면 각의 결정의 형식으로는 불가하며, 반드시 조서(詔書)로 이를 언명〉(69쪽)해야 한다고 헌책했다. 조선에 대한 헌법 비시행이란 정치적 결정은 대만, 사할린의 사례와 이론상으로는 저촉되지 않지만 병합 이후 조선에 대권 통치를 실시하고, 실정 헌법전을 조선에서 시행하지 않도록 하기 위해서는 대만의 〈선례〉를 아울러 고려해 각의 결정이 아니라 조칙에 의거하여 조선에 대한 헌법 비시행을 선언해야 한다고 정리하였다.

헌법 의견서는 대만에 대한제국 의회의 입법 협찬권을 인정하는 등 식민지에 헌법을 시행해서는 안 된다고 주장하고 있었던 것은 아니다. 또한 어째서 조선에 헌법을 시행하지 않는가란 점에 대해서 반드시 명확히 한 것만도 아니다. 이것은 헌법 의견서가 조선에 대한 헌법 비시행이란 명제를 법 이론적으로 정당화한다는 구체적 정책 판단에 따라서 집필되었다는 목적과 아마도 관계가 없지는 않다. 그러나 유럽 식민국의 법 제도와의 비교에 따라 헌법 비시행론을 주장했다는 점으로부터 헌법 의견서의 목적이 의회의 관여를 배제하려는 데 있었음을 쉽게 파악할 수 있을 것이다. 본 의견서의 정책 제언은 식민지 조선에 대한 의회 관여의 배제, 조칙에 의한 대권 통치의 선언 등 정부 당국자의 견해와 일치했으며, 무엇보다도 대만과의 논리적 정합성을 배제한 점에서 데라우치의 입론을 옹호한 것이었다.

헌법 시행론으로의 전환

병합 준비 위원회에서도 조선에 대한 헌법 시행을 둘러싸고 논의가 어지럽게 전개되었으나 데라우치의 의향도 있어서 헌법을 시행하지 않는다는 방침이 유력했다고 한다.[71] 당사자의 한 사람이었던 고마쓰 미도리의 회상에 따르면 헌법 시행을 둘러싸고 두 가지 의견이 대립했다. 하나는 〈헌법은 발포 당시의 제국 신민을 예상하면서 제정했기 때문에 메이지 초년 시대 일본인의 문화 정도에도 이르지 못한 새로운 부속 인민에게 그것을 적용하는 것은 단지 불편할 뿐만 아니라 헌법 제정의 정신에도 부합하지 않는다〉고 한 의견이었다. 다른 하나의 의견은 〈헌법 시행 지역에는 하등의 제한이 없다. 정말로 새로운 영토가 제국의 판도로 편입되는 이상 새로운 영토도 역시 제국이므로, 제국에서 실시해야 할 헌법은 당연히 새로운 영토에도 미친다〉는 것이었다. 그러나 1871년에 알자스 로렌 지방이 독일에 편입되었을 당시에 취해진 헌법 절차를 참조해 〈헌법 제정 당시에 예상하지 못한 새로운 영토에 대해서는 별도의 절차를 밟지 않는다면 헌법이 자연스럽게 시행

---

71 小松綠, 『朝鮮併合之裏面』, 94~95쪽.

될 리가 없다는 논의가 다수를 차지하여〉위원회에서는 조선에 대한 헌법 비시행론에 거의 합의했다. 여기서 보이는 헌법론은 이른바 63 문제의 기본 논점을 답습하였으며, 특별히 새롭지도 않았다. 그러나 특별한 절차를 밟지 않고 자동적으로 헌법이 식민지에서 시행되지 않는다는 의견이 다수를 차지했다는 점은 중요하다. 앞서 기술한, 조칙에 의거한 식민지로의 헌법 시행 절차의 필요성과 일치하는 견해였기 때문이다. 오히려 병합 준비 위원회의 답변을 받고 7월 8일에 각의 결정된 「병합 실행 방법 세목」은 개별적인 정책 사항에 관한 실무적 내용이 주를 이루었고, 헌법 시행 문제는 다루지 않았다. 단순히 〈조선인의 국법상 지위〉란 항목에서 조선인은 원칙적으로 내지인과 동일한 지위를 갖는다고 했을 뿐이다.

헌법 시행 문제에 대해 각의에서는 7월 1일과 2일 이틀에 걸쳐 집중적으로 심의를 했다.[72] 그 심의 내용은 명확하지 않으나 7월 2일의 각의 결정 「헌법의 석의(釋義)」에서는 〈한국을 병합한 다음에 제국 헌법은 당연히 이러한 새 영토에서 시행되는 것으로 해석한다. 그렇지만 사실상 새 영토에 대하여 제국 헌법의 각 조항을 시행하지 않는 것이 적당하다고 인정되므로 헌법의 범위에서 제외 법규를 제정해야 한다〉는 방침이 나왔다.[73] 즉 헌법을 〈새로

---

72 山本四郎 編, 『寺內正毅日記』(京都女子大學, 1980), 515쪽; 齋藤子爵記念會 編, 『子爵齋藤實傳』2(齋藤子爵記念會, 1941), 122쪽; 「明治四十三年通信日記」(水澤市立後藤新平記念館 編, 『後藤新平文書』, R78, 雄松堂フィルム出版, 1980), 1910년 7월 2일조, 1910년 7월 2일부 데라우치 마사타케 앞으로 보낸 가쓰라 다로 서한, 國立國會圖書館憲政資料室 所藏, 『寺內正毅關係文書』104-14). 그러나 『寺內正毅關係文書』 목록에 따르면 104-14 서한은 1909년 7월 2일부인데, 이상의 사료와의 검토를 통해서 1910년의 것으로 판단했다.

73 「韓國併合ノ上帝國憲法ノ解釋」(「韓國併合ニ關スル書類」, 수록), 小松綠, 『朝鮮併合之裏面』, 106쪽과「總督府施設歷史調查書類」(『寺內正毅關係文書 首相以前』, 178~179쪽)에서는 「헌법의 석의(釋義)」 통첩과 6월 3일의 각의 결정 13항목 가운데 9항에 대한 재확인이 7월 12일의 각의에서 이루어진 것으로 되어 있다. 그러나 「韓國併合ニ關スル書類」와 1910년 7월 2일부 데라우치 마사타케 앞으로 보낸 가쓰라 다로의 서한으로부터 「헌법의 석의」의 각의 결정과 데라우치에 대한 통첩이 7월 2일에 이루어졌다는 점은 분명하다. 7월 12일에도 각의가 실시되었으나

운 영토〉에서 시행한다고 〈해석〉했으나, 실제로는 헌법 각 조항의 적용을 실시하지 않았고, 헌법 범위 내에서 제외 법규를 제정한다는 결정이었다. 앞에서 본 대로 6월 3일 각의 결정에서는 조선에 대한 헌법 비시행론이 채택되었는데 7월 2일의 각의 결정에서는 헌법 조항, 즉 헌법의 실정 법전 부분을 시행하는 것을 부정하지는 않으면서도 일변하여 헌법 자체는 〈당연히 이러한 새로운 영토에서 시행할 것〉이라고 〈해석〉하게 되었다. 즉 정부는 헌법의 해석에 따라 헌법 비시행론과 시행론에 가교를 설치해 이 문제의 해결을 꾀한 것이다. 이것은 확실히 고토의 각서에 있었던, 절충설에 의거한 헌법을 〈한국에 시행하지 않는 방법〉이었다. 이러한 각의 결정의 변경에 대해서 고마쓰는 다음과 같이 설명했다.[74] 1898년 6월 24일 대만 총독 앞으로 보낸 내무대신 요시카와 아키마사(芳川顯正)의 훈령에서 〈제국 헌법은 대만에서 시행하기로 한다〉고 한 이상 조선에서 헌법 비시행으로 해서는 안 된다는 의견이 나왔다. 그 때문에 〈새로운 영토에는 이론상 당연히 헌법이 시행된다고 하고, 실제로는 그 조항을 실행하지 않으면서 헌법 범위 내에서 특별법을 제정〉한다는 방침을 취했다고 한다. 즉 헌법의 범위 내에서 입법권의 일반적 위임을 실시하는 〈특별법〉을 제정한다는 것으로 전환한 이유는 대만

해군대신 사이토 마코토의 당일 일기에는 〈1시 반부터 수상 관저에서 각의. 예산 방침 변경〉(『齋藤實關係文書』 208-40)이라고 되어 있고, 「總督府施設歷史調査書類」에 있는 7월 12일의 결정은 각의 결정이 아니라 원로 회의에서의 결정을 가리킨다고 생각한다(『寺內正毅日記』, 517쪽 참조). 6월 3일과 7월 2일의 각의 결정을 동일한 내각원이 재확인할 필연성은 없기 때문이다. 외사과장 겸 중추원 서기관장이었던 고마쓰 미도리는 「總督府施設歷史調査書類」의 편집 작업에도 관계했던 것으로 보이며, 이러한 일시의 혼란은 아마도 고마쓰의 착오 때문일 것이다. 이후의 전기류도 모두 고마쓰의 회상에 기초하고 있으며, 이러한 착오를 계승하고 있기 때문에 감히 한마디 해둔다. 또 『朝鮮倂合之裏面』 106쪽에는 본 서류가 〈가쓰라 수상으로부터 데라우치 총독 앞으로 보낸 통첩〉으로 실려 있다. 이것은 본 서류에 데라우치의 화압(花押)이 없다는 점과 데라우치 앞으로 보낸 가쓰라 서한을 아울러 생각해 보면 7월 2일의 각의 결정에 데라우치가 결석했기 때문에 특별히 데라우치에게 보여 주었던 것으로 추정된다.

74 小松綠, 『朝鮮倂合之裏面』, 95~96쪽.

과의 정합성에서 찾을 수 있다.

대만과의 정합성에 의거해 조선에서도 헌법을 시행하게 되었다는 고마쓰의 회상은 제27차 의회의 귀족원 특별 위원회에서 수상 가쓰라 다로가 한 답변[75]으로 뒷받침되는 점이 있다. 특별 위원회에서 가쓰라는 다음과 같이 설명했다. 한국 병합 이후 조선에서 헌법을 시행하지 않는다는 견해가 다수였다. 그러나 대만을 점령하면서 〈정부는 우리의 새 영토에 헌법을 시행한다는 해석을 채택하여〉 1896년 법률 제63호를 제정했으며, 또 사할린을 편입했을 때에도 여기에 헌법을 시행한다는 해석을 취한 경위가 있다. 대만과 사할린에서 헌법을 시행한다는 것은 각각의 〈정부〉(대만·제2차 이토 내각, 사할린·제1차 사이온지 내각)에서 나온 견해였다. 〈두 개의 정부〉로부터 나온 견해임에도 불구하고 이것을 무시하고 〈조선 병합, 즉 우리 새 영토에 대해서까지 다시 이 견해를 달리한다고 말하는 것은 좋지 않다고 생각하고 있으므로, 헌법을 시행하도록 한다는 방향의 견해를 채택〉했다고 가쓰라는 답변했다. 즉 종래의 정부에 의해 대만과 사할린에서 각각 헌법을 시행한다는 견해를 취해 왔기 때문에 그러한 정부 견해와 정합성을 유지했다는 설명이다. 〈우리의 새 영토에 대하여 다시 이 견해를 달리할〉 것을 의도한 것은 다름 아닌 가쓰라를 비롯한 정부 당국자였고, 견강부회한 말이라고 할 수밖에 없지만 조선에서의 헌법 시행에 대하여 대만 등과의 정합성이 의회에 대한 주요한 설명 원리가 되었다는 점을 확인할 수 있다.

그러나 대만과의 정합성에 따른 노선 변경이라고 한 고마쓰의 설명에는 몇 가지 의문이 남는다.[76] 대만과의 정합성은 당초부터 자명할 터였다. 또 헌

75 『帝國議會貴族院委員會議速記錄(明治篇)』 27(東京大學出版會, 1987), 225쪽.
76 실제로 대만과의 논리적 정합성이 궁극적으로는 설득력을 얻지 못한 사례로 제27차 의회에 참석하기 위해 귀국해 있던 조선 총독 데라우치 마사타케와 사이온지 긴모치의 회담을 들 수 있다. 1910년 11월 25일 데라우치가 사이온지와 회담할 때 사이온지가 조선에서 헌법 시행론을 다루면서 조선을 〈헌법의 바깥에 두더라도 무방하지 않겠는가?〉라고 회답했다고 한다. 가쓰라

법 시행론이더라도 대만에서는 실제로 헌법의 각 조항은 시행되지 않았고, 실태(實態)로서는 헌법의 비시행 상태와 큰 차이가 없었다. 그럼에도 불구하고 일본 정부는 어째서 당초에 비시행론을 취했는가? 위에서 본 것처럼 대만과의 정합성에 의한 헌법 시행론은 설명 원리에 지나지 않는다. 그렇다면 정부가 종래의 헌법 비시행론에서 헌법 시행론으로 전환한 이유는 무엇이었는가?

헌법 비시행이라고 하는 6월 3일의 각의 결정이 7월 초순에는 헌법 시행론으로 전환되었는데, 정부에 대한 직접적 반론자로 상정할 수 있는 대상은 의회, 야마가타 아리토모를 제외한 원로(특히 이노우에 가오루, 마쓰가타 마사요시), 추밀원이었다. 그러나 시기상의 문제에서 전자의 둘은 배제되었기 때문에[77] 생각할 수 있는 것은 추밀원의 정부에 대한 견제이다. 국립 공문서관 소장 추밀원 의사록 등에서는 해당 기사를 확인할 수 없지만, 추밀원에서는 6월 25일 전후에 조선에 대한 헌법 시행 문제를 검토하였고,[78] 이러한 논의의 동향이 7월 2일 각의 결정에 직접적으로 이어졌다고 생각한다. 조선

다로에게 이 이야기를 들은 하라 다카시는 〈무언가 오해일지도 모르겠다〉고 기록하고 있는데(『原敬日記』 3, 63~64쪽), 사이온지의 회답은 조선에 대한 헌법 비시행론이 대만과의 정합성으로 반드시 규정되지는 않았음을 보여 준다.

77 한국 병합에 관한 원로 회의는 7월 12일, 야마가타 아리토모의 주선으로 데라우치 송별회 전에 야마가타, 이노우에 가오루, 마쓰가타 마사요시, 오야마 이와오, 가쓰라 수상, 고무라 외상, 데라우치가 관저에서 실시하였다. 이 원로 회의에서 한국 병합의 개요와 장래의 목적을 논의했다(1910년 7월 10일부 가쓰라 다로 앞으로 보낸 야마가타 아리토모 서한, 『桂太郞關係文書』 70-127; 『公爵桂太郞傳』 坤, 488쪽; 『寺內正毅日記』, 517쪽). 가쓰라는 1910년 7월 11일부 야마가타 앞으로 보낸 서한 속에서 〈실은 기정의 [한국 병합] 방침을 수행할 터인데, 이 때 다른 논의가 나오더라도 어쩔 수 없습니다. ……다행히 여러 원로의 찬성을 얻었으므로 더할 나위 없이 행복한 일임을 말씀드립니다〉(『公爵桂太郞傳』 坤, 489쪽)라고 하였다. 야마가타 이외의 원로와의 연락은 헌법 시행 문제도 포함해 비밀이 아니었던 것으로 추정되며, 헌법 시행 문제에 관하여 원로의 반대라는 요소는 배제되었다. 또 의회도 폐회 중이었고 직접적인 반대자는 없었다.

78 1910년 6월 25일부 가쓰라 다로 앞으로 보낸 야마가타 아리토모 서한(『桂太郞關係文書』 70-125).

에 대한 헌법 시행 문제에 관한 각의 결정이 이루어진 7월 2일 밤 체신상 고토 신페이가 추밀원 고문관 요시카와 아키마사, 가토 히로유키(加藤弘之), 이토 미요지와 회담했는데[79] 이러한 사실은 헌법 시행 문제에서 추밀원 측의 견제가 존재했을 가능성을 보여 준다. 마스다 토모코(增田知子)에 따르면 국무에 관한 조칙으로 정치적 대립을 해소한다는 수법은 1900년 체제의 확립에 따라 이 시기에는 취하지 않게 되었다.[80] 식민지에 대한 헌법 시행에 관한 두 가지의 정부 견해가 이미 존재했으며, 정부가 조선에 대한 헌법 비시행을 관철하기 위해서는 조칙에 의한 헌법 비시행 선언이 필요했다는 것은 아키야마 마사노스케와 외상 고무라 주타로의 의견서에서 살펴본 대로이다. 따라서 일본 내에서 정치적 의사 결정의 양상이란 관점에서 볼 때 조칙을 통하여 조선에서 헌법을 시행하지 않는다는 정치 수법이 추밀원의 반대를 받게 되리라는 점은 쉽게 상상할 수 있다.

병합 형식과 헌법 시행론의 연관성

그러나 추밀원의 견제라는 요소만으로 정부의 방향 전환을 설명하기는 역시 충분치 않다. 대만 등과의 정합성에 따른 전환을 설명할 수 있더라도 당초에 헌법 비시행론을 주장한 점을 설명할 수 없기 때문이다. 거기서 다음으로 헌법 시행을 둘러싸고 한국 병합에서 고유한 요인이 무엇이었는지를 검토해 보겠다.

한국을 일본으로 편입할 때 어떠한 형식으로 일본에 병합할 것인지를 정부 내에서 논의하였다. 한국 병합 당시 외무성 정무국장이었던 구라치 데츠키치는 한국 〈병합〉이란 용어를 사용한 이유를 설명하기 위해서 조선 총독부 외사국장 고마쓰 미도리에게 나중에 보낸 각서 안에서 다음과 같이 당시

---

79 「明治四十三年通信日記」, 1910년 7월 2일조.
80 增田知子, 『天皇制と國家』(靑木書店, 1999), 59쪽.

를 회상했다.[81]

당시 우리 관민 사이에서 한국 병합 논의가 적지 않았지만, 병합의 사상(思想)은 아직 충분히 명확하지 않았다. 혹은 일한 양국을 대등하게 합일한다는 것과 같은 사상도 있었다. 또는 오스트리아 헝가리 제국 같은 종류의 국가를 만든다는 의미로 풀이하는 자도 있었다. 따라서 합방(合邦) 혹은 합병(合倂) 등의 문자를 사용한다던가 했는데, 나는 한국을 완전히 폐멸(廢滅)로 이끌어 제국 영토의 일부로 삼는다는 의향을 분명히 했다…….

이 각서에 따르면 일본 정부는 한국을 〈완전히 폐멸로 이끌어 제국 영토의 일부〉로 삼는다는 것을 당초부터 의심할 바 없는 전제로 삼았다. 또 1909년 7월 말의 각의 결정 「한국 병합의 방침 대강」에서도 〈한국은 완전히 그 존립을 상실하고 완전히 제국 영토의 일부가 될 것〉[82]이 결정되어 있었다고 했기 때문에 이러한 사료에 따르면 한국 병합은 병합 이후의 한국을 일본의 일개 지방으로 삼는 병합 형식만이 존재한 것처럼 볼 수밖에 없다. 그러나 1910년 초에 이르러서도 복수의 병합 구상이 존재하고 있었다는 점은 앞에서 본 대로이다. 그리고 병합 준비 위원회에서도 국가 연합이나 연방제 등의 국가 결합과 강제적 병합, 임의적 병합이란 국가 병합의 형식을 검토한 흔적이 있다. 타이프라이터로 작성된 전체 53항에 이르는 「〈秘〉 국가 결합 및 국가 병합 유례(國家結合及國家倂合類例)」[83]란 서류가 그것인데, 아마도 에키 다스쿠를 중심으로 척식국에서 편찬한 것으로 보인다.

고토 신페이의 각서에서 한국의 〈토지와 인민 모두 점령〉할 것, 즉 〈강제

---

81 春畝公追頌會 編, 『伊藤博文傳』下(統正社, 1940), 1013쪽.
82 『公爵桂太郎傳』坤, 460쪽. 다만 앞서 기술한 것처럼 이 각의 결정이 실제로 존재했는지는 의문이다.
83 「國家結合及國家倂合類例」(「韓國倂合ニ關スル書類」 수록).

적 병합〉이 헌법 비시행을 정당화할 커다란 이유가 되었다는 점은 앞서 기술했다. 「〈秘〉 국가 결합 및 국가 병합 유례」에서는 국가의 병합 방법에 대하여 크게 〈평화적 수단〉과 〈강제적 수단〉 두 가지로 나누었는데, 〈평화적 수단〉을 더욱이 ① 병합 조약에 의한 것과 ② 피병합국의 병합 선언을 병합국이 수락하는 것으로 분류했다.[84] 일본 정부의 한국 병합 구상에서는 〈강제적 병합〉을 취할 경우에도 무력적 정복은 상정하지 않았는데, 그 내용은 〈우리 일방의 행위에 따라 제국 정부에서 한국을 향해 병합을 선언한다〉[85] 는 것이었다. 〈평화적 수단〉의 ②에 상당하는 조치였다. 〈강제적 병합〉이나 〈임의적 병합〉이란 병합 형식에서 병합 이후의 통치 형태가 축차적으로 대응하지는 않지만, 앞에서 본 대로 한국을 〈점령〉한다는 명목이 헌법 비시행론의 유력한 이유가 되었다. 그러나 〈강제적 병합〉론이 후퇴하는 가운데[86] 헌법 비시행론을 강변하기가 어려워지게 되었다는 점은 쉽게 상상할 수 있다. 그리고 최종적으로 한국 병합은 한국 황제가 천황에게 일체의 한국 통치권을 완전하고도 영구히 양여한다는 조약 형식으로 이루어지게 된다.

그렇다면 한국 병합 이후의 통치 형태, 즉 국가 결합을 둘러싼 논의는 헌법 시행 문제와 어떠한 관련성을 가지고 있었는가? 병합 준비 위원회에서 논의된 헌법 시행론의 내용은 고토 신페이의 메모[87]에 따르면 다음과 같은 것으로 보인다.

1. 일본 황제 겸 조선 황제가 아니다. 일본 황제의 치하로 합병하고, 특별한 주제(州制)를 만들 것.
1. 헌법은 조선에 시행하도록 한다. 그런데 곧바로 실행하기는 곤란하

---

84 「國家結合及國家併合類例」, 7쪽.
85 『公爵桂太郎傳』坤, 460쪽.
86 海野福壽, 『韓國併合史の研究』, 357쪽.
87 『後藤新平』3, 307~308쪽.

다는 점을 인정하기 때문에 대권에 위임해야 한다. 그리고 헌법의 시행은 언제라도 대권의 발동에 따라 시행을 선언할 수 있도록 한다.

여기서 유의해야 할 점은 헌법 시행에 관한 논의와 동시에 천황의 한국 황제 겸임을 부정하였다는 내용이다. 앞서 검토한 대로 일진회의 〈정합방〉론은 병합 구상이 구체화한 시점에서는 배제되었지만, 「국가 결합 및 국가 병합 유례」에서는 오스트리아 헝가리 제국과 같은 〈동군 합동(同君合同, Real Union)〉이나 독일 연방과 같은 〈연방(聯邦, Confederation)〉제, 미합중국과 같은 〈집합국(集合國, Federal State)〉 등의 국가 형태가 검토되었다. 조선의 일개 지방화라는 선택지 이외에 가장 실현될 가능성이 높았던 것은 고토의 각서 내용을 아울러 고려해 볼 때 〈여러 나라 내부의 조직, 입법과 행정을 원칙적으로 서로 다르게 하고, 각자 하나의 국가를 이루면서 공동의 군주를 추대하며, 여러 나라의 공동 사무를 공동으로 처리하는 기관을 두고, 외부에 대해서는 단일한 국제법상의 인격을 갖는〉[88] 〈국제법의 주체인 동군 합명〉이었다. 〈내부의 조직, 입법과 행정을 원칙적으로 서로 다르게〉 하기 때문에 당연히 헌법 시행은 문제가 되지 않을 터였다. 그러나 〈동군 합동〉의 형식에 의한 병합도 부정하는 가운데 헌법 시행 문제와의 정합성까지도 도모할 필요성이 생겨났다고 생각한다.

이 점에 대하여 일본 정부 내부의 논의와는 별도로 국제법학자 아리가 나가오(有賀長雄)의 견해를 참조하면서 논점을 정리해 본다. 한국 병합을 지척에 두고 일본의 언론계에서는 대한 정책 의견을 다양하게 표출하였는데, 그러한 가운데 아리가는 한국 병합 직전 한국의 병합 형식과 헌법과의 관련성에 대해 다음과 같이 서술했다.[89]

88 「國家結合及國家倂合類例」, 2쪽.
89 有賀長雄, 「合邦の形式」(『政友』 120, 1910년 7월), 41쪽. 아리가에 의한 한일 합방 형식의

우선 한국과의 〈합방〉에는 대등, 비대등의 방법이 있는데 기왕의 한일 역사를 고려해 보면 비대등만 문제가 된다고 하여 대등의 〈합방〉을 배제했다. 따라서 앞서 검토한 동군 연합, 국가 연합, 연방제 등의 편입 방식은 검토 대상이 되지 않았다. 그다음 비대등의 〈합방〉 방식에는 (I) 속방으로서 합방, (II) 식민지로서 합방, (III) 일개 지방으로서 합방한다는 세 가지 종류가 있는데, 그때 ① 〈합방되는 나라에 종래 존재한 군주의 처분〉, ② 〈합방한 나라의 헌법과 피합방국과의 관계〉, ③ 〈합방자인 나라의 법률과 여러 외국이 체결한 조약과 피합방국과의 관계〉란 관점에서 검토할 필요가 있다. I의 속방의 경우에는 한국 황제는 그대로 존속시킬 수 있고, 또 한국에만 적용할 지방 헌법을 만들 수 있으나, 일본 법률이나 일본이 맺은 조약은 한국에 적용된다. 그러나 한국 황제에게 정치적 권리를 부분적으로라도 부여하는 것은 문제가 있기 때문에 I의 방식은 채용하지 않도록 한다. II로 식민지화하는 경우 (i) 직할 식민지와 (ii) 자치 식민지라는 두 가지 방식이 있을 수 있는데, i의 직할 식민지라면 종래의 통치 기구는 완전히 부정되며, 또 본국의 헌법은 거의 시행되지 않고, 법률과 각종 조약의 적용은 상당히 제한된다. 또한 ii의 자치 식민지의 경우에는 〈자치 헌법이 있고, 자치 의회를 개설하며, 자치 법률을 만든다. 모국의 조약에 명문을 설정하나 이를 적용하지 않는 경우가 많다〉고 평가했다. i은 기존의 대한 정책과 어긋남을 초래하며, 또 ii는 검토할 가치조차 없다고 아리가는 일축했다. III의 일개 지방화의 경우 홋카이도 등과 마찬가지이며, 헌법·법률·조약은 당연히 적용하나 헌법에 대해서는 예를 들어 참정권 문제 등의 조항을 적용하도록 하기 위해서 개헌이 필요하게 된다.

　아리가 자신은 합방 형식의 선택은 헌법 시행 문제에 비추어 보면 어려운

유형에 대해서는 운노 후쿠주가 간결하게 정리했다. 海野福壽 編集·解說 『外交史料 韓國倂合』 下(不二出版, 2003), 619~621쪽.

문제라고 지적했을 뿐, 결국 무엇을 취해야 하는가에 대해서는 태도를 유보하고 있다. 여기서 짚어야 할 것은 병합 형식의 선택에서 특히 군주의 취급과 헌법 문제가 밀접하게 연관되어 있다고 본 점에 있다. I의 경우는 군주의 존속, 속방만의 헌법 제정, 따라서 본국 헌법의 비시행, II의 i에서는 군주의 폐지 헌법의 원칙적 비시행, II의 ii에서는 군주가 아니라 자치 정부에 의한 통치, 자치 식민지에서의 헌법 제정, 따라서 본국 헌법의 비시행, III에서는 군주 폐지, 헌법 시행(다만 개헌을 수반)으로 정리할 수 있을 것이다. 이때 I의 검토에서 부분적으로 황제권의 존속을 문제로 삼았다는 점이 중요하다.

이상에서 살펴본 것처럼 병합 이후 조선에 대한 헌법 시행 문제는 식민지에서의 헌법 시행 문제라는 일반적 논점만이 아니라, 어떠한 형식으로 한국을 일본에 편입할 것인가란 개별적 논점까지도 포함하면서 전개되었다. 결국 일본의 일개 지방화란 편입 방식을 취하는 가운데 대만과 마찬가지로 헌법 시행론을 선택하기에 이르렀다.

한국 병합을 둘러싼 국제 관계의 조정

일본 정부는 한국의 병합 준비를 진행하는 한편으로 병합할 때 열강이 병합에 동의를 할 것인지 여부를 걱정하고 있었다. 동맹국인 영국은 애초부터, 특히 러시아로부터 병합에 대한 동의를 얻어 내는 것을 중시했다는 점은 한국 병합 실시의 시기를 둘러싸고 가쓰라 다로가 각서에서 〈현재 교섭 중인 러시아와의 사건이 종료된 이후 가장 가까운 시기에 선택함이 적당함〉[90]이라고 상정한 것으로부터도 살펴볼 수 있다. 따라서 양국으로부터 동의를 얻

---

[90] 「日韓合併處分案」 가운데 제4문서 「韓國始末ノ要領」(國立國會圖書館憲政資料室 所藏, 『桂太郎關係文書』 書類 112), 德富蘇峰 編, 『公爵桂太郎傳』 坤(原書房, 1967년 복각)에서도 이 서류를 게재하고 있다. 오히려 「日韓合併處分案」 가운데 세번째 각서와 동일한 내용인데 문구가 다소 다르다.

어 내는 것이 한국 병합 단행의 신호가 된다. 여기에서는 한국 병합 준비 계획과 동시 진행으로 추진된 제2차 「러일 협약」 교섭에서 〈한국 문제〉가 어떻게 다루어졌는지를 검토하고, 또한 한국 병합을 둘러싼 영일 교섭에 대해서 언급한다.

제2차 「러일 협약」 체결

1910년 4월 5일부터 제2차 「러일 협약」 교섭이 개시되었다. 이 교섭은 1909년 12월에 미국이 일·러·영·불 각국에 제기한 만주 철도 중립안에 대한 거절을 계기로, 만주에서 공통 이익의 옹호를 둘러싸고 러일 양국이 접근했다는 점을 수용하였다.[91] 그리고 이 교섭을 이용해 일본 정부는 일본이 한국을 병합하는 것에 관한 러시아 정부의 의향을 탐색했다. 이하에서는 「러일 협약」 교섭에서 〈한국 문제〉가 어떻게 다루어졌는지에 대해 고찰한다.[92]

1910년 3월 5일, 외무대신 고무라 주타로는 야마가타 아리토모, 이노우에 가오루, 오야마 이와오 등 각 원로가 참석한 각의에서 만주 문제의 해결을 목표로 한 「러일 협상에 관한 각의 결정안」을 제출하고, 대체적인 내용에 대하여 승인을 받았다.[93] 3월 19일 고무라는 귀국 중이던 주러 대사 모토노 이치로(本野一郎)에게 각의 결정의 내용을 전달함과 동시에 임시 협약안을 교부했고, 귀임 후 러시아 정부와 의견 교환을 실시하도록 훈령했다.[94] 모토노가 귀임하자 4월 5일 이후 러시아 외무대신 이즈볼스키, 대장대신 코코프초프Vladimir N. Kokovtsov, 총리대신 스톨리핀Petr A. Stolypin과 러일

---

91 森山茂德, 『近代日韓關係史硏究』(東京大學出版會, 1987), 248~249쪽.
92 제2차 「러일 협약」의 교섭 전반에 대해서는 寺本康俊, 『日露戰爭以後の日本外交』(信山社, 2000), 470~498쪽; 海野福壽, 『韓國倂合史の硏究』(岩波書店, 2000), 358~360쪽; 外務省 編, 『小村外交史』(原書房, 1966년 복각), 797~830쪽 참조.
93 『小村外交史』, 820~822쪽; 山本四郎 編, 『寺內正毅日記』(京都女子大學, 1980), 490쪽.
94 『小村外交史』, 822쪽.

협약의 건에 대해 협의했다.[95]

이 회담에서 이즈볼스키는 〈한국 문제〉에 관심을 보이며 〈일본국이 한국에서 현재 상황을 변경하는 조치를 취할 경우에는 이번에 실시하려는 협상의 미래에 관해 크게 우려를 금치 못한다〉는 의사를 강하게 표출했다. 그리고 일본 정부가 〈한국의 사태를 변경하려는 것〉에 대해서는 〈가장 신중하게 주의를 환기해 둘 필요를 인정〉한다는 내용을 모토노에게 전하면서 일본을 견제했다. 이에 대해 모토노는 개인적 견해라고 단언하면서도 일본 정부가 한국을 병합할 방침이라는 점을 분명히 말했다. 게다가 한국 문제가 새로운 「러일 협약」 체결의 장해가 될지 그렇지 않을지, 또 이 문제를 러일 협약 교섭 논의의 단초로 삼을지 말지에 대하여 러시아 측의 의향을 탐색했다. 이즈볼스키는 〈이 문제가 신협약 체결의 방해물이 되거나 아니면 선결 문제로 인정하기를 바라지 않는다〉고 회답했고, 모토노의 질문을 부인했다. 러시아 측의 우려는 일찍이 보스니아와 헤르체고비나 두 지역을 오스트리아가 병합했을 때와 같이 일본의 한국 병합이 러시아 여론을 강경하게 만들지도 모른다는 점에 있었다.[96] 모토노는 스톨리핀과 회견했을 때에도 〈한국 문제〉에 대한 러시아 측의 태도를 탐색했는데, 스톨리핀은 〈일본국이 장래에 한국을 합병하려는 것은 물론 어쩔 수 없으며, 러시아로서도 이에 대하여 별도로 이의를 제기할 이유도 권리도 없다〉고 병합에 대한 동의를 넌지시 드러내면서도 병합 실행의 시기에 대해서는 일본 측의 고려를 요구했다.[97] 다시 모토노는 20일 러시아 외무차관 사조노프Sergei D. Sazonov와 회담을 했다. 그 자리에서 사조노프는 신협약에 대하여 〈대체적인 정신에 대해서는 러시아 정부로서도 완전히 동의하기 때문에 그 성립을 보기가 어렵지는 않

---

95 『日本外交文書』 43-1, 110쪽.
96 위의 문서, 111쪽.
97 위의 문서, 112쪽.

을 것〉이라고 하면서도 〈한국 문제〉를 다루면서는 병합 시기에 대하여 일본 측에 주의를 촉구했다.[98]

그 후 이즈볼스키가 기초한 신협약안을 5월 18일 모토노에게 제시하였고, 이것을 기초로 문구 수정을 하였다. 일본에서는 6월 18일에 협약 최종 문안을 승인했고, 러일 양국 정부는 영국, 프랑스 정부에 이러한 사실을 통지한 후 7월 4일, 제2차 「러일 협약」(전체 3개 조항, 비밀 협약 6개 조항)을 페테르부르크에서 조인하였다.[99]

〈한국 문제〉는 제2차 「러일 협약」에서 구체적인 조문으로 드러나지 않았지만, 일련의 교섭 결과로부터 일본 정부는 러시아 정부가 한국의 〈병합 그 자체에 대하여 하등의 다른 생각을 품을 이유가 없음을 언명〉[100]했다고 판단했다. 러시아 수상과 외상 담화가 있었고, 또한 모토노가 한국을 병합한다는 일본 정부의 의향을 러시아 정부에 통지했으므로 일본 정부는 러시아 정부가 한국 병합의 실행을 묵인했다고 보았다. 즉 일본 정부는 4월 중순 단계에서 러시아가 일본의 한국 병합에 대하여 적극적으로 항의할 리가 없다는 판단을 내린 것으로 보인다. 이리하여 러시아로부터 동의를 얻음에 따라 일본의 한국 병합 계획은 실행 단계에 돌입한다.

한국 병합을 둘러싼 영국과의 이해 조정

한편 영국과의 관계에서 문제가 된 것은 영국을 비롯한 한국의 조약국이 가지고 있던 제반 특권의 처리였다. 영국은 일본이 한국 병합을 실행하는 것 자체에는 일찌감치 동의를 표시했다. 5월 19일 본국 정부의 훈령을 접수하고, 일본 정부의 의향을 탐색하기 위해 외상 고무라 주타로를 방문한 주일영

---

98 위의 문서, 118쪽.
99 海野福壽, 『韓國倂合史の研究』, 360쪽.
100 『日本外交文書』 43-1, 659쪽.

국 대사 맥도널드는 〈영국 정부로서도 물론 병합에 대하여 다른 생각이 없으리라고 믿는다. 하지만, 갑자기 병합을 실행하는 것과 같은 일이 있게 된다면 동맹의 관계상 바람직하지 않다〉[101]는 취지를 개진했다. 또 영국 외무대신 그레이Edward Grey는 주차 영국 대사 가토 다카아키(加藤高明)와 회담하는 자리에서 〈한국에서 일본국이 세력을 키우는 것에 대하여 영국 정부로서는 하등 반대할 이유가 없다〉[102]는 점을 전했다. 즉 영국도 병합 시기에 대해서는 일본 측의 고려를 촉구하면서도 병합 자체에는 동의를 표시했다.

영국 정부가 가장 관심을 가진 것은 〈한국 병합 이후 이 나라는 완전히 일본국의 일부가 될 것인가, 또는 이 나라와 다른 나라 사이에 체결된 조약은 병합과 동시에 폐멸되고 마는 것인가〉란 점, 그리고 만약 한국과 제3국 사이의 조약이 소멸한다면 〈이 나라와의 협정 세율도 역시 소멸할 것인가〉[103]라는 점에 있었다. 당시 일본 정부는 관세 자주권 회복을 목표로 한 통상 조약 개정 교섭을 각 조약국과 추진하고 있었고,[104] 〈일본국의 새로운 세율은 또한 조선에도 실시하게 될 것인가〉[105]란 점을 영국이 우려했기 때문이다. 따라서 그레이는 일본의 한국 병합에 이해를 표시하는 한편, 한국과 제3국과의 조약이 병합에 의하여 소멸한다는 일본 정부의 의향에 대해 난색을 표했다. 제3국과의 조약에는 변경을 가하지 않는다고 선언한 보호국을 병합해 조약을 소멸시킨다는, 일찍이 프랑스가 마다가스카르를 병합할 때의 사례에서 배운 일본의 견해는 〈프랑스로부터는 전년의 관계상 위와 같은 권고를 해올 일은 없겠지만, 미국 혹은 대륙의 어떤 나라들로부터는 권고를 받게 될지도 모르며〉, 그때 영국 정부는 여론의 비판을 받아 궁지에 몰릴지도 모

101 위의 문서.
102 위의 문서, 663쪽.
103 위의 문서, 662~663쪽.
104 『小村外交史』, 871~879쪽 참조.
105 『日本外交文書』 43-1, 663쪽.

른다고 생각하고 있었기 때문이다.[106] 그러한 선상에서 〈일본국 정부가 합병 후에도 조선에서 외국인의 권리에 대해 하등의 변동을 가하지 않는다고 선언한다면 가장 좋을 것이다. 그렇지 않다면 합병 후에 일정 기간 *considerable period* 여기서 하등의 소멸을 가하지 않는다는 취지를 보장해 줄 것〉을 제안했다.[107] 한국을 병합하더라도 한국과 제3국과의 조약 관계를 변경하지 않기를 희망한 것이다. 그레이의 회답은 협정 관세율뿐만 아니라 영사 재판권의 유지 등까지도 포함하고 있었는데, 경제적인 이유 말고는 영국이 일본의 한국 병합에 반대해야 할 이유는 없느냐고 가토가 추궁하자 그레이는 〈저만의 생각으로는 경제상 이외의 점에 대해서는 장애가 발생하지 않을〉 것을 언명했다.[108] 결국 이후의 영일 교섭에서는 관세율에 관한 문제가 초점이 되었다.

그리고 수차례의 교섭을 거친 후 7월 17일 각의 결정 「병합 실행 방법 세목」을 접수하고, 고무라는 가토를 통하여 다음과 같은 일본 정부의 견해를 영국 정부에 통고했다.[109] 그것은 머지않아 한국을 병합할 것, 병합 후에는

---

106 『日本外交文書』 43-1, 664쪽. 〈대륙의 어떤 나라들〉이란 구체적으로는 독일을 상정하고 있는 것으로 생각된다.
107 위의 문서.
108 위의 문서.
109 위의 문서, 665쪽. 그러나 『日本外交文書』 43-1에 수록된 한국 병합 관계 기사 가운데 병합에 의한 피병합국과 제3국 간 조약 소멸에 대하여 일본 정부가 이것을 기정 방침으로 한 기사는 7월 6일부 주영 대사 가토 다카아키 앞으로 보낸 전보 제101호 가운데 고무라의 주일 영국 대사에 대한 회답이 처음이다(『日本外交文書』 43-1, 662~663쪽). 그리고 내전(來電) 150호(같은 책, 663~664쪽) 가운데 영국이 프랑스의 마다가스카르 병합 사례로 언급하여 일본의 한국 병합을 견제하려고 한 질의에 대한 회답을, 7월 17일부 주영 대사 가토 다카아키 앞으로 보낸 전보 제109호에서 〈일본 정부는 마다가스카르의 사례에 관한 영국과 프랑스 간의 논의에서 일반적으로 병합의 결과로 발생할 수 있는 결과에 대해 어떤 의문도 도출되지 않지만, 그러한 일치가 보이고 있는 것은 병합이 피병합국이 가진 현존하는 모든 조약을 폐기한다는 원칙을 승인하고 있다는 점에 있다〉(같은 책, 666쪽)고 한 판단을 각각 전하고 있다. 종래의 병합 사례와 아울러서 보더라도 국제법적으로 병합에 의하여 피병합국과 제3국간의 조약이 폐기될 수 있다고 판단한 모

한국과 제3국과의 조약을 폐기할 것을 분명히 한 다음 조약 소멸에도 불구하고 ① 〈조선과 외국 간의 수출입 화물과 조선 항구로 들어오는 외국 선박에 대해서는 당분간 수출입세와 톤세를 현재와 같이 두도록 하며, 일본 관세법을 적용하지 않는다. 또 조선과 일본 사이에 출입하는 화물과 조선 항구로 들어오는 일본 선박에도 위와 동일한 세율의 과세를 실시할 것〉, ② 〈종래의 한국 개항장은 마산을 제외하고 여전히 개항장으로 한다. 또한 새로이 신의주를 개항장으로 추가할 것〉, ③ 〈조선 개항장 간, 조선 개항장과 일본 개항장 간의 연해 무역은 당분간 이를 외국 선박에게 허용할 것〉, 즉 병합 후에도 일정 기간은 〈일본 관세법〉을 적용하지 않고 현행 관세율로 둔다는 취지를 각국에 선언한다는 것이었다. 니시하라 차관으로 유명한 니시하라 카메조(西原龜三)는 일본 정부의 이러한 조치에 대하여 〈관세는 10년간 현행 세율로 부과하게 되었다. 실로 무의미한 합병이라고 해야 한다〉고 비판하는 기술을 남겼는데,[110] 일본 정부는 경제 관계에 대해서는 양보하면서도 한국의 병합에 대하여 여러 나라의 양해를 얻어 내는 것을 우선시했다.

이리하여 일본 정부는 8월 초까지는 한국 병합에 수반하는 관세 조치에 대해 영국 정부와의 기본 합의를 얻어 냈다. 그리고 한국과 제3국과의 조약이 폐멸됨으로써 발생하는 문제, 즉 조선 주재 영국 국민의 영사 재판권 철폐, 차지권(借地權)이나 각국 거류지 처분 등 산적한 문제는 병합 후에 처리 교섭을 하게 되었다. 영사 재판권은 1911년 1월에, 각국거류지는 1914년 3월에 각각 철폐하였다.[111]

이렇게 한국 병합을 둘러싼 영일 간의 최대 현안이 처리됨에 따라 7월에

습을 살펴볼 수 있다.
110 山本四郎 編, 『西原龜三日記』(京都女子大學, 1983), 22쪽.
111 졸고, 「日本の韓國司法權侵奪過程 ──「韓國の司法及監獄事務を日本政府に委托の件に關する覺書」をめぐって」(『文學研究論集(明治大學大學院)』11, 1999); 同, 「朝鮮における各國居留地撤廢交渉と條約關係」(『文學研究論集(明治大學大學院)』14, 2001).

체결된 제2차 「러일 협약」과 맞추어 일본 정부는 한국 병합을 둘러싼 국제적 조정을 기본적으로 마쳤다.

한국 병합 단행

「한국 병합에 관한 조약」 체결 과정

다음으로 「한국 병합에 관한 조약」의 체결 과정을 검토할 것인데, 이에 대해서는 운노 후쿠주의 상세한 연구가 있으므로[112] 여기서는 필요할 경우에만 최소한으로 언급하는 데 그치며, 국가의 명칭과 왕의 명칭을 둘러싼 문제에 초점을 맞추어 한국 병합과 왕권의 문제에 대해 고찰해 본다.

우선 조약 체결 과정은 한국 병합 후 조선 총독 데라우치 마사타케가 내각 총리대신 가쓰라 다로에게 제출한 보고서 「한국 병합 시말(韓國倂合始末)」을 참조하면서 개략적으로 서술해 본다.[113] 5월 30일 통감에 취임한 데라우치는 바로 착임하지는 않고, 부통감 야마가타 이사부로를 먼저 파견하는 한편, 앞서 기술한 것처럼 실무 관료로 편성된 병합 준비 위원회에서 상세한 병합 계획을 입안하도록 했다. 그런 다음 7월 15일에 신바시역(新橋驛)을 출발하여 23일 착임했다. 데라우치는 7월 8일부로 가쓰라로부터 〈적당한 시기에 한국 병합을 단행할 취지〉[114]를 통첩받았는데, 착임 후에 잠시 동안

---

112 海野福壽, 『韓國倂合史の硏究』(岩波書店, 2000), 제5장 제2절 참조.
113 1910년 11월 7일부 수상 가쓰라 다로 앞으로 보낸 조선 총독 데라우치 마사타케 보고서 「韓國倂合始末」(『明治四十三年公文雜纂 卷19』, 國立公文書館, 2A-13-1157) 수록, 海野福壽 編, 『韓國倂合始末 關係資料』(不二出版, 1998). 이하 「韓國倂合始末」로부터의 인용은 이 책에 따랐으며, 본문 중에서는 쪽수만 기재한다.
114 「韓國倂合ニ關スル書類」(『公文別錄』, 國立公文書館 2A-11-[別]139).

은 눈에 띄는 행동을 하지 않고, 한국 정세를 탐색함과 동시에 한국 정부에 일본의 의향을 간접적으로 전달하는 등 수면 아래에서의 교섭을 추진했다(9~10쪽).[115] 데라우치가 한국 병합에 관한 조약 체결 교섭에 착수한 의향을 보인 것은 8월 13일부터였다. 이날 데라우치는 새로이 한 주가 시작하는 16일경부터 한국 병합 단행에 착수하고, 그 주 내에 조약 체결까지 달성하겠다는 의향을 외무성에 전했다.[116] 「한국 병합 시말」에 따르면 이완용 내각은 일본 측이 이 내각을 경질하여 새롭게 송병준 내각을 조직하고 새로운 내각과 병합 교섭을 실시할 것을 두려워하고 있었는데, 통감부 측이 그러한 의향을 가지고 있지 않다는 점을 보장함에 따라 교섭을 개시하였다(9~11쪽).

데라우치는 8월 16일 오전 9시 반, 같은 달 13일부터 간토(關東)를 비롯한 넓은 범위에서 발생한 수해를 위문한다는 명목으로 통감 관저를 방문한 수상 이완용에게 정식으로 한국 병합을 제의했다. 데라우치는 〈현재와 같이 복잡한 제도〉로는 한국 황제의 안전 보장과 한국 국민 전반의 복리 보호를 달성할 수 없기 때문에 한국을 병합한다고 설명했다(14~15쪽). 일본 측이 당초 작성한 병합 조약안 전문에는 〈한국의 현재 제도로는 공공의 안녕 질서를 유지하기가 불충분하다고 인정되므로, 근본적으로 이를 개선하는 것이 급무임을 고려한다. 또 한국 인민으로 하여금 영구히 강녕(康寧)을 향유케 하고, 선정(善政)의 덕을 입으며, 생명 재산의 완전한 보호를 얻도록 하고자 한다. 이러한 목적을 달성하는 데 있어서 한국 전체를 일본국에 병합할 수밖에 없음을 확신〉했기 때문에 한국을 병합한다고 했고,[117] 이러한 내용에 기초한 제안이었다고 추측된다. 즉 제3차 한일 협약 체제에 기초한 과도적 식민지 통치 체제에 대한 명확한 부정이었다.

115 오히려 고마쓰 미도리에 따르면 수면 아래에서 교섭을 담당했던 자는 이인식(李人植)이란 인물이었다고 한다(小松綠, 『明治史實外交秘話』, 中外商業新報社, 1927, 438~451쪽).
116 『日本外交文書』 43-1, 675쪽.
117 「韓國併合ニ關スル書類」.

그때 데라우치는 종래의 한일 관계와 장래의 〈양 국민의 친목을 도모한다〉고 하는 목적에서 위압이나 일방적 선언을 말하는 방법이 아니라 〈합의에 의한 조약으로 상호 의사를 표시하는〉 형식으로 한국을 병합할 의향을 전했다(12~13쪽). 프랑스의 마다가스카르 병합이나 미국의 하와이 병합 등의 형식이 아니라 어디까지나 한일 양국이 합의한 다음 병합을 실시한다는 형식을 갖추려 한 것이다. 이것은 가쓰라의 메모에 있던 〈저들로 하여금 지원하여 합병의 청원을 제출하도록 할〉 방법의 일환으로 설정되었다.[118]

게다가 데라우치는 한국 정부 내에서 협의의 편의를 도모하기 위해서 각서를 이완용에게 건넸다. 각서에는 「한국 병합에 관한 조약」 제3조부터 제7조의 내용에 반영된, 한국 병합 당시에 일본이 한국에 보장해야 할 5개 항목의 내용을 비롯하여 병합 단행의 이유, 병합에 수반한 한국 황제나 한국 황족, 내각 등의 고관, 일반 인민의 처우, 병합 조약 체결의 순서를 제시하였다.

교섭하는 자리에서 이완용은 한국의 병합에 대하여 어쩔 수 없다는 취지를 표명했는데, 병합 후의 국가 명칭과 황제의 존칭(국왕 호칭)에 대해서는 이의를 제기했다(24~25쪽). 그 후 각서를 가지고 돌아간 이완용은 한국 내각에서 협의한 결과를 같은 날 오후 9시, 농상공부 대신 조중응(趙重應)을 통해서 데라우치에게 전했는데, 그때 국가 호칭과 국왕 호칭 문제에 대한 재고를 촉구했다. 다시 이완용은 다음 날 한국 정부의 의견을 정리한다는 조건으로 국가 호칭과 국왕 호칭에 관해 자신의 의견을 받아들이도록 데라우

---

118 國立國會圖書館憲政資料室 所藏, 『桂太郎關係文書』 書類112; 德富蘇峰 編, 『公爵桂太郎傳』 坤(原書房, 1967년 복각), 465쪽. 종래에 이 〈지원하여 합병 청원을 제출하도록 할 것〉을 일진회의 합방 청원 운동으로 보는 동향이 있었지만 이것은 오류이다. 하단에 〈현재 교섭 중에 있는 러시아와의 사건〉이라고 되어 있고, 러일 협상 교섭 중의 각서라는 점에서 1910년 5월경에 작성되었던 것으로 보인다. 특히 『桂太郎關係文書』 書類112의 네 번째 문서는 사쿠라이 료주에 따르면 데라우치 마사타케가 집필한 부전(付箋)이 붙어 있으므로(櫻井良樹, 「日韓合邦建議と日本政府の對應」, 『麗澤大學紀要』 55, 1992), 통감 취임의 내밀한 제의 이후에 가쓰라, 데라우치 사이에 주고받은 것임을 보여 준다.

치에게 전했다(34쪽). 이완용에게는 국가 호칭과 국왕 호칭의 유지가 최대 현안이었던 것이다. 뒤에서 기술할 것처럼 일본은 이완용의 주장 가운데 한국이란 국가 호칭의 유지에 대해서는 일찌감치 거절했으나 국왕 호칭 문제에 대해서는 승낙했다. 이것이 한국을 병합할 때 한일 간에 이루어진 유일한 교섭 사항이었다.

　18일 데라우치는 이완용에게 한국 정부 측의 요구를 일본 정부가 수령했다는 뜻을 전달함과 동시에 조약 체결 교섭의 전권 위원으로서 이완용을 임명한다는 칙어안과 조약안을 제시했고, 조약 체결 교섭을 개시하도록 재촉했다(35~36쪽). 이것을 받아들여 같은 날 이완용은 각의를 개최하고 일본 측의 병합 요구에 대해 협의했다. 병합을 받아들이는 데 난색을 표시한 내부대신 박제순(朴齊純)과 탁지부대신 고영희(高永喜)는 설득할 수 있었다. 하지만 학부대신 이용식(李容植)은 최후까지 반대했기 때문에 나중에 개최될 예정이었던 어전 회의에 참석시키지 않기 위해서 수해 위문이란 핑계로 일본에 특파할 것을 결정했다(그 후 이용식은 건강이 좋지 않다는 핑계로 특파와 어전 회의 출석을 중지했다). 그 후 이완용은 데라우치의 조력을 얻으면서 어전 회의를 개최할 준비를 했고, 22일 오후 2시에 어전 회의를 개최해 「한국 병합에 관한 조약」안의 재가를 받았다. 그리고 이완용은 오후 4시에 통감 관저를 방문해 이 조약안에 기명 조인했다. 그때 이완용은 〈국민의 생계 마련 방법〉, 〈왕실에 대한 대우〉, 〈국민 교육〉 등 세 가지 항목에 대해 데라우치의 주의를 촉구했다(38~52쪽). 이러한 경위를 거쳐 「한국 병합에 관한 조약」을 체결하였고, 29일 한국과 조약을 체결한 여러 나라를 향해 「한국 병합에 관한 선언」과 한일 양국 황제의 조서와 조칙, 「조선 총독부 설치에 관한 건」을 비롯한 각종 칙령 등을 공포하였다.

　통감부가 한국 병합 조약의 체결을 교섭할 당시 특히 주의한 것이 한국의 치안 문제였다. 1910년 6월 24일에 체결된 「한국 경찰 사무 위탁에 관한 각서」로 한국으로부터 경찰권을 탈취한 일본은 유명한 헌병 경찰 제도를 정비하는 한편, 5월경부터 통감부는 재한 일본군을 서울에 이동시키기 시작해 병합을 할 때 상정되는 〈소란〉에 대응하기 위한 치안 유지망을 정비했다.[119]

여기서 주목해야 할 점은 한국 병합 당시에 한국군의 해산이 보류되었다는 점이다. 제3차 「한일 협약」 당시에 겨우 친위대가 남겨졌고, 한국군이 해산되었으나 병합을 맞이해서는 오히려 군대 해산을 실시하지 않았다. 제3차 「한일 협약」을 체결할 때 〈한국 정부가 지방에 주둔한 진위대 전부와 시위대 대부분을 해산시킴에 따라 비상한 소란이 발생했고, 해산하라는 명령에 따르지 않고 강력하게 저항을 시도했다. 또 해산한 병사를 이끌고 폭도에 투탁하는 자 역시 적지 않은〉(57쪽) 상황이었기 때문이다. 이러한 동향은 이 시기의 황해도, 강원도의 〈폭도 토벌〉 계획의 중지[120]와 상응해 취해졌을 것이다. 헌병 경찰 제도의 정비에 기초하여 〈지방 민심을 진압하고, 아울러 폭도로 하여금 준동할 여지를 남기지 않도록〉[121] 봉쇄하는 작전과 동시에 〈항상 그[한국 군대] 행동을 감시하고, 만일의 사변에 대비할 준비를 하도록 한다〉(59쪽)는 재한 일본군의 철저한 감시 아래에서 병합 당시의 치안 유지에 대비했다. 즉 재한 일본군은 조선 민중뿐만 아니라 한국군까지도 그 치안 대상으로 하면서 한국 병합을 실시한 것이다. 이러한 치안 유지망의 정비에 대해 데라우치는 〈유독 경성만이 아니라 지방에서도 지극히 평화롭고 조용하여 폭도의 동시 발생을 볼 수 없는 것은 크게 경하해야 한다. 그렇지만 한편으로는 군대, 경찰의 위력과 부단한 경비가 간접적으로 다대한 효과를 보여 주었다는 점은 역시 논쟁할 필요가 없는 사실이다〉[122]라고 통감 취임 이후의 치안 유지 방침이 주효하여 한국 병합이 큰 문제 없이 실시되었

---

119 海野福壽, 『韓國併合史の研究』, 368~380쪽.
120 위의 책, 379쪽.
121 金正明 編, 『朝鮮駐箚軍歷史』(巖南堂書店, 1967), 347쪽.
122 寺內正毅, 「韓國倂合ト軍事上ノ關係」(『韓國倂合始末 關係資料』), 78쪽.

다고 자랑했다. 이와 같이 일본은 압도적인 군사력을 배경으로 하여 한국 병합을 단행한 것이다.

다만 이러한 〈평화롭고 조용함〉은 조선 사회의 측면으로부터도 읽어 낼 필요가 있을 것 같다. 일본군에 의한 의병 탄압 작전이 병합 당시까지 전개되었고, 대일 무장 세력에 의한 저항이 막혀 있던 상황이었음과 동시에 황제 순행 당시 등에서 조선 민중이 일면 보여 준 것과 같은 황제 혹은 국가에 대한 손님 의식(客分意識), 아니면 고종과 순종에 대한 황제 환상의 차이가 병합을 할 때 조선 사회가 〈평화롭고 조용함〉을 유지하는 데 강한 영향을 미치고 있었던 것으로 보인다. 특히 후자의 황제 환상의 차이에 대해 단순히 비교할 수는 없겠지만, 조선 사회에서는 한국 병합보다도 고종이 퇴위당한 제3차 「한일 협약」 쪽이 위기 의식의 차원에서 좀 더 본질적이었다는 점을 시사한다고 할 수 있다. 그것은 1919년에 전국적으로 전개된 3·1 독립 운동이 고종의 죽음을 계기로 발발했다는 점과 결코 무관하지 않다.

국가 호칭과 국왕 호칭을 둘러싼 교섭

다음으로 한국 병합을 교섭할 때 문제가 된 국가 호칭과 국왕 호칭을 둘러싼 동향에 대하여 검토한다. 이것들은 병합 후 한국을 일본 제국에서 어떻게 설정할 것인가란 문제와 강력하게 관련되기 때문이다.

데라우치 마사타케는 이완용과의 8월 13일 최초 교섭에서 한국 병합 후 한국 황실의 취급에 대하여 현재의 궁정 경비를 유지하고, 일본 황족으로서 예우함과 동시에 황제에 대해서는 〈태공(太公)〉으로 하고, 황태자에 대해서는 〈공(公)〉으로 삼아 태공가(太公家)를 세습시키는 한편, 태황제는 1대에 한하여 〈태공〉이란 호칭을 부여할 것을 제의했다. 그리고 〈태공〉, 〈공〉의 존칭에 대해서는 〈현재보다 약간 강등되는 것 같기는 하지만 역사를 살펴보면 이 나라의 역대 왕조는 시종 정삭(正朔)을 이웃 나라로부터 받았고, 가까이는 청일 전쟁 전후까지 국왕 전하라고 칭했으며, 그 후 일본국의 비호로 인하여 독립을 선포하고 비로소 황제 폐하라고 칭하게 된 데 지나지 않으므로 지금 태공 전하로 삼아 일본 황족의 예우를 하는 것은 이것을 십수 년 전의 지위와 비교해 보더라도 반드시 열등하다고는 할 수 없다〉고 설명했다(17~21쪽). 청일 전쟁 이전은 책봉 체제하에서 왕이란 호칭은 사용하였으나 병합 후에는 국왕 호칭이 아니라 〈태공〉 호칭을 사용한다는 것이다. 이러한 〈태공 grand duke〉 호칭은 고마쓰 미도리에 따르면 외무성의 제안이었는데[123] 애초부터 1909년 7월 6일 각의 결정 「한국 병합에 관한 건」에 따라서 작성한 고무라 주타로의 의견서 「병합 방법 순서 세목」에서 〈대공(大公)〉, 〈공〉의 호칭으로 변경한다고 규정하였다.[124]

그렇다면 일본은 왜 〈태공〉 호칭을 주장했는가? 데라우치가 이완용에게 건넨 각서에서 태공 호칭으로의 변경을 가지고 〈수백 년 이래의 존엄을 급격하게 변경하는 것을 인정하도록 하는 것은 몹시 터무니없다〉(19쪽)고 한국 측으로부터 비판을 받을 가능성에 대해 기선을 제압했다는 점을 고려해 보면 새로운 존칭을 사용하도록 하면서 종래 왕권과의 연속성을 단절시킬 것을 기대했다고 생각한다. 또한 〈이것[왕위]을 존속시킬 때는 도리어 장래에 화근을 배태할〉(26쪽)지도 모른다는 데라우치의 설명은 고무라 의견서에서 〈황실로 하여금 명실공히 완전히 정권에 관계하지 않도록 하여 한인이 다른 생각을 할 근본을 없앤다〉는 의도와 일치한다. 즉 〈태공〉의 호칭은 한국 황제를 정치적으로 무력하게 만듦과 동시에 전통적 왕권의 양상으로부터 분리시키기 위한 조치로 본다.

이러한 데라우치의 요구에 대하여 이완용은 〈일찍이 한국이 청국에게 예

---

123 小松綠, 『朝鮮倂合之裏面』(中外新論社, 1920), 90쪽.
124 外務省 編, 『小村外交史』(原書房, 1966년 복각), 842쪽.

속되었던 시대에도 오히려 국왕의 칭호를 존속한 역사〉가 있고, 〈일반 인민의 감정에 영향을 주는 바가 확실히 적지 않다〉고 하여 국왕 호칭을 주장했으며, 〈종실의 제사를 영구히 존속시킬〉 것을 요구했다(25쪽). 한편 각서에는 국가 호칭에 관한 기술은 없으나 앞서 기술한 대로 데라우치의 제언과 각서를 받은 이완용은 국가 호칭에 대해서도 유보를 요청했기 때문에 이 회담에서 국가 호칭에 관한 제언이 이루어졌다는 점은 틀림없다. 그러나 다음에서 보는 조중응과 데라우치의 회담 내용을 아울러 생각해 보면 7월 8일 각의 결정 「병합 실행 방법 세목」에서 결정된 조선이란 국가 호칭을 변경한다는 방침은 전해지지 않은 것으로 보인다. 이 자리에서 이완용은 여전히 한국이란 국가 호칭의 사용을 요구했다. 그리고 같은 날 밤 조중응을 통해 보낸 회답에서 이완용은 한국 정부와 원로를 설득하기 위해서도 국가 호칭과 국왕 호칭의 유지를 재차 요청했다.[125]

국왕 호칭에 대해서는 〈다른 교섭 사항을 원활하게 진행하도록 하고, 가급적 온화하게 본건을 매듭짓기 위해서는 저들의 주장을 수용하는 것이 득책〉[126]이라고 하여 양보할 의향을 보였다. 다만 여기서 주의가 필요한 것은 데라우치에 의한 〈이왕(李王)〉 등의 제안이 이완용 등 한국 측으로부터 〈조선 왕〉이란 요구가 나올 것을 예방하기 위해서였다는 점에 있었다.[127] 데라우치는 한국 황제가 병합 후 국왕 호칭을 칭하는 경우에도 〈조선 왕으로 칭하지 말고 단순히 이왕(李王)의 융칭(隆稱)을 내리더라도 장래에 하등의 지장이 없을 것〉(35쪽)이라고 했다. 최근 한국 병합 당시에 공포된 조서에서 〈짐이 천양무궁의 비기(조基)를 넓히고 국가의 비상한 격식을 구비하고자 하여 전 한국 황제를 책봉하여 왕으로 삼고, 창덕궁 이왕이라고 칭한다. 사

---

125 『日本外交文書』 43-1, 678쪽.
126 위의 문서.
127 1910년 8월 23일부 서기관장 시바타 가몬과 통감 비서관 고다마 히데오 앞으로 보낸 전보 61호(「韓國倂合ニ關スル書類 着電」, 國立公文書館, 2A-34-3[單]1691).

후 이 지위를 세습하도록 하여 그 종사를 받들도록 한다. 황태자와 장래의 후사를 왕세자라고 하고, 태황제를 태왕이라고 하며, 덕수궁 이태왕이라 칭한다. 각 배필을 왕비 태왕비 또는 왕세자비로 한다. 아울러 대우하기를 황족의 예로 하여 특별히 전하(殿下)라는 경칭을 사용하도록 한다〉고 한 내용을 근거로 하여 일본이 조선을 책봉 체제하에 편입했다고 이해하고 있다.[128] 책봉 체제라고 하는 동아시아에서의 전통적 국제 관계와 국제법 체제의 경합으로부터 한국 병합을 읽어 내려는 그 의도는 이해할 수 있다. 하지만 애초부터 일본 측이 국왕 호칭을 배제하고 태공의 호칭을 사용하려 한 점이나 작호(爵號)에 지역명 혹은 민족명을 붙인다는 책봉 체제 아래의 일반적 군주 호칭을 사용하지 않고, 황족에 준한다고는 해도 단순히 이왕가의 연장으로 대우하려 한 점을 아울러 생각해 보면 종래 의미에서의 책봉 체제라고 단순하게 비정(比定)하기는 무리일 것 같다.

한편 국가 호칭에 대하여 이완용은 〈고래의 역사에 비추어 보더라도 국호까지도 잃어버리는 것은 현저히 한국 상하의 감정을 해치며, 소란이 발생하지 않는다고 보장하기 어려우며〉, 또 국왕 호칭에 대해서도 〈고래의 역사에 비추어 예전에 청국에게 예속했던 시대에 사용하던 칭호를 그대로 답습하도록 하는 것일 뿐이다. 태공이란 칭호는 세계의 사례로부터 보자면 아름답기는 하겠지만 한국의 사정은 이와 다른 바가 있다〉고 조중응을 매개로 하여 주장했다(30~33쪽). 이에 대하여 데라우치는 국가 호칭에 대하여 〈제국 정부에서도 이를 조선이라고 바꾸면 이 점에 관하여 피아 간에 현격(懸隔)함은 없다〉고 설명했는데, 조중응은 〈조선의 명칭이 존치된다면 정말로 다행이다〉(32~33쪽)고 대답했다고 한다. 앞서 기술한 13일의 교섭에서 한국이란 국가 호칭의 존치를 요구하고 있던 이완용이 왜 조선이란 국가 호칭을

---

128 吉野誠, 『明治維新と征韓論』(明石書店, 2002), 228쪽; 山室信一, 『日露戰爭の世紀』(岩波新書, 2005), 30쪽.

받아들였는지는 명확하지 않으나, 〈청국에게 예속했던 시대에 사용한 칭호를 그대로 답습하도록 하는 것〉에 지나지 않는다는 국왕 호칭에 관한 주장과 아울러 생각해 보면 청국과의 종속 관계 유추에서 병합을 받아들이는 것이 허용 범위였다고 생각한다. 이리하여 데라우치는 조중응에게 〈1. 한국의 국호를 지금부터 조선으로 바꿀 것. 2. 황제를 이왕 전하, 태황제를 태왕 전하 그리고 황태자를 왕세자 전하로 칭한다〉고 일본 정부에 품의한다는 점을 전하고, 이완용과의 교섭을 타결했다(33쪽).

그렇다면 어째서 일본은 한국이란 국가 호칭을 조선으로 개칭하도록 했는가? 그 최대 이유가 대한제국이란 국가를 폐멸시킴에도 불구하고 국호를 그대로 남겨 두는 것은 병합의 실질을 훼손할지도 모르는 것이었기 때문이라는 점을 쉽게 상정할 수 있다. 이 점과 관련하여 아키야마 마사노스케는 그의 의견서에서 다음과 같이 서술했다.[129]

> 제1방안과 같이 한국 황제를 존속시키고 적어도 명의상 한국 정부를 존속하는 것에서는 제국의 속국으로서 한국이라는 명칭을 존속시킬 수는 있다. 그렇다고는 해도 한국 황제를 폐지하고 이 정부를 폐쇄하며 제국 관아에서 그 토지와 인민을 통치하는 이상 한국은 속국으로서 존속시킬 수 없기 때문에 한국이라는 명의를 존속하도록 할 수는 없다.

한국 병합은 한국을 일본의 식민지로 편입하는 것이었고, 「제1방안」과 같이 속국으로서 존속시키지 않는 이상, 한국이란 국호도 폐지하지 않을 수 없었다.

그렇다면 왜 일본은 조선이라고 개칭한 것일까? 1910년 6월부터 7월에 걸쳐 개최되었던 병합 준비 위원회에서는 병합 이후의 호칭에 대하여 〈남해

---

129 山口縣立大學附屬圖書館, 「寺內文庫」 소장 「韓國併合ニ關スル件」.

도(南海道)〉나 〈고려(高麗)〉로 하자는 안이 나왔다. 고마쓰에 따르면 〈한국을 병합하여 제국의 일부로 삼는 이상 그 명칭을 남해도라고 하는 것이 좋겠다는 이야기도 나왔지만, 대만의 옛 명칭을 존속시킨 예에 따라 조선으로 하기로 결정했다〉[130]고 한다. 대만과의 정합성에서 〈옛 명칭을 존속시켜〉 조선으로 결정했다는 회상이다. 그러나 대만과의 정합성에서 〈옛 명칭〉을 사용한다면 〈한국〉이란 〈옛 명칭〉을 배제할 필연성에 대해서는 의문의 여지가 남게 된다. 한편 〈고려〉를 주장한 것은 체신대신 겸 척식국 부총재였던 고토 신페이였다. 고토는 〈한인의 역사적 심리를 고려하여 고려로 칭하자는 제의가 나왔는데 가쓰라, 데라우치 등의 찬동을 얻지 못했다. 논의 끝에 결국 국호를 《조선》으로 하기로 결정했다〉[131]고 한다. 〈한인의 역사적 심리〉를 배려한다는 차원에서 옛 명칭인 〈고려〉를 선택한다는 것이었기 때문에 반대로 말하면 〈조선〉이란 호칭은 조선인의 〈역사적 심리〉를 유린하려 한 의도에 기초해 선택했다는 말이 될 것이다. 고토의 〈고려〉안에 찬동하지 않은 사람이 가쓰라 다로, 데라우치 마사타케였다는 회상이 시사하는 것처럼 조선이란 호칭을 강력하게 주장한 이는 데라우치였다고 생각한다. 일본 정부가 〈한국을 개칭하여 조선으로 할 것〉을 각의 결정한 것은 7월 8일인데, 이미 6월 3일의 각의 결정 「병합 후 한국에 대한 시정 방침 결정의 건」에서는 예를 들어 〈조선에는 당분간 헌법을 시행하지 않는다〉고 한 문구에서 드러나는 것처럼 〈조선〉이란 호칭을 이미 사용하고 있었다. 그리고 이 각의 결정의 원안을 작성한 이가 데라우치였음은 앞서 기술한 대로이다. 또 데라우치가 같은 해 4월에 야마가타 아리토모에게 제출한 의견서에도 〈조선 사정〉이라는 제목이 붙어 있으며,[132] 의식적으로 〈조선〉이란 호칭을 사용하고 있음을

130 小松綠, 『明治史實外交秘話』(中外商業新報社, 1927), 432쪽.
131 『小村外交史』, 846쪽.
132 1910년 4월 27일부 데라우치 마사타케 앞으로 보낸 야마가타 아리토모 서한(國立國會圖書館憲政資料室 所藏, 『寺內正毅關係文書』 360-79).

알 수 있다.

 그렇다면 왜 데라우치는 조선이란 호칭을 사용했는가? 그 이유로 다음의 두 가지를 생각할 수 있다.

 우선 앞서 기술한 것처럼 조선인의 〈역사적 심리〉를 적극적으로 부정할 필요가 있었다. 조선이란 호칭에 대해 병합 이후 일본 언론계에서는 〈저들의《조선》이란 명칭은 지나의 속국과 같은 상태에 빠져 있을 때 지나인이 사용하던 명칭이다. 그것을 독립시켰을 때《한국》으로 개칭하도록 했다〉[133] 는 일본 정부의 식견 없음을 비판하는 소리가 고조되었다. 일찍이 중국과의 종속 관계 같은 형태로 되돌려 버린 호칭이라는 비판이다. 그러나 그 점이야말로 일본 정부의 의도였다고 생각한다. 대한제국을 선포할 때 국왕 고종이 이제까지 써오던 〈조선〉이라는 호칭을 폐지하고 〈대한〉을 새로운 국호로 삼은 것은 〈조선〉이 기자 조선 이래로 중국으로부터 책봉을 받은 국가 명칭이고, 천하를 지배하는 명칭으로는 적합하지 않았기 때문이다. 즉 종래의 종속적 국가 형태를 부정할 필요에서 〈대한〉을 선택한 것이다.[134] 요컨대 역사적으로 〈한〉이란 국호는 대청 독립(對淸獨立)을 꾀하기 위해서 선택한 명칭이었으며, 그러한 의미에서 조선의 내셔널리즘의 구심점이 되었다. 그러나 데라우치는 앞서 기술한 데라우치와 이완용의 교섭 과정에서 조선의 국왕 호칭의 역사적 경위를 다룰 때, 조선의 대청 독립을 〈일본국의 비호〉에 의한 것으로 여기고 있었다. 이 점에서 분명한 것처럼 〈조선〉을 폐지하고 〈한〉이란 국호를 선택한 한국의 자주적 동향을 적극적으로 부정하였다. 그러한 자주성의 적극적 부정은 〈대한(大韓) 내셔널리즘〉을 부정하고, 〈지나의 속국과 같은 상태에 빠져 있을 때 지나인이 사용한 명칭〉으로서 〈조선〉을 사용

---

133 澤柳政太郎,「〈朝鮮〉と云ふ名に就いて」(『朝鮮』36, 1911년 2월, 43쪽).
134 奧村周司,「李朝高宗の皇帝卽位について —— その卽位儀禮と世界觀」(『朝鮮史硏究會論文集』33, 1995), 151쪽.

하도록 한 점에서 일찍이 종속성을 환기시키고, 병합 후 조선에 열등한 위치를 부식하려 한 것이라고 생각한다.

다른 하나는 대륙 정책과의 연관성이다. 이것을 시사하는 것은 오가와 헤이키치가 가쓰라와 데라우치에게 제출한 의견서 「한국 병합에 관련된 시설 개요」 가운데 〈조선이란 명칭은 예전에 요동까지도 포함한 것에서 기인하므로 특별히 조선 총독부라고 명칭을 붙인다. 한국이란 명칭은 가급적 사람들의 기억에서 제거하도록 했으면 한다〉[135]고 언급한 점에 있다. 오가와는 〈한국〉이란 호칭을 조선인들이 망각하도록 만듦과 동시에 〈요동까지도 포함했던〉 명칭으로서 〈조선〉을 채용해야 한다고 논하였다. 즉 한반도란 공간에 지배 영역을 한정시키지 않기 위해서 〈조선〉이란 호칭을 선택해야 한다는 것이었다. 이 점에 대하여 사료적으로 이것 이상으로 심화할 수는 없겠지만 데라우치 혹은 조선 총독부가 조선과 만주의 제도적 일체화를 구상하고 있었다고 본 마쓰다 도시히코 등의 지적[136]과 제1장에서 기술한 점에 입각해 본다면 한국 병합을 러일 전쟁 당시에 육군 출선(陸軍出先)이 지향한 적극적 대륙 정책의 연장선상에 놓을 수 있을 것 같다.

이와 같이 병합 후 한국의 호칭을 둘러싸고 조선인에게 독립심을 환기시키지 않도록 한다는 노림수와 더불어 장래의 적극적 대륙 정책을 지향한다는 관점에서도 〈조선〉을 선택하였다고 본다.

---

135 「明治四十三年一月桂首相ト寺內統監トニ交付セル韓國合併ニ關聯セル施設槪要」(小川平吉文書硏究會 編, 『小川平吉關係文書』 2, みすず書房, 1973, 30쪽.

136 松田利彦, 「日本陸軍의 中國大陸侵略政策과 조선—1910~1915년」(『韓國文化』 31, 2003; 飯嶋滿, 「戰爭·植民地支配の軍事裝置」(山田朗 編, 『戰爭 II』, 靑木書店, 2006).

소결론

일본 정부는 한국 병합을 단행하기로 결정하자 대외적으로는 급진적 병합론이 그 연동성을 중시하고 있던 조약 개정에 앞서 영러 양국과 교섭을 거쳐 한국 병합에 대한 승인을 얻었다. 한편 제3대 통감으로 데라우치 마사타케가 취임하자 상세한 한국 병합 계획을 수립하였는데, 그 가운데 가장 초점이 된 것은 역시 한국을 어떠한 형태로 대일본제국으로 편입할 것인가란 문제였다. 이 단계에서는 구체적으로 병합 후 조선에서의 헌법 시행 문제란 형태로 편입 문제가 다루어졌다. 일본 정부는 당초에 한국을 병합할 때 병합 후 조선에서는 헌법을 시행하지 않기로 각의 결정했다. 이것은 의회의 간섭을 피하고 조선 총독부의 자립성을 고양한다는 데라우치의 의향을 강력하게 반영한 것인데, 조선에 대한 헌법 비시행과 천황 대권으로 조선 통치를 실시한다는 것은 다른 각료들도 일치한 바였다. 일본 고래의 군민 관계와 동일한 권리 관계는 조선 민중에게 부여해서는 안 되었기 때문이며, 또 〈한국은 토지와 인민이 모두 점령〉되어야 했기 때문이다. 일국을 이루고 있던 한국을 병합할 때는 선행 사례였던 대만이나 사할린과는 달랐고, 각종 병합 형식과 병합 형태를 상정하였다. 그리고 이러한 병합 구상은 정부에서 조선에 대한 헌법 비시행론과도 밀접하게 결부되었다. 이 점에서 다른 식민지와의 정합성에 구속된 헌법 시행론을 부정할 이유가 요청되었기 때문이다.

그러나 대만과 사할린이란 식민지에 대해서는 헌법을 시행한다는 정부 견해가 이미 존재했고, 조선에서의 헌법 비시행론을 정부 견해로 삼기 위해서는 조칙의 형식에 따라 천황의 의사를 표명한다는 절차가 필요했다. 결국 국내적 정치 의사 결정의 차원에서는 추밀원과 의회의 견제를 받을 우려가 있었기 때문에 한국 병합의 형태를 둘러싸고 〈임의적 병합〉에 따라 〈특별한 주제(州制)〉로 편성해 간다는 방침하에 조선에서 헌법을 시행한다고 〈해석〉하는 한편으로, 헌법의 조항에 대해서는 시행하지 않는다는 〈절충론〉의 방침으로 수렴해 갔다.

일본은 병합 교섭에 앞서 헌병 경찰 제도를 설치함과 동시에 치안 유지망을 정비해 한국 병합에 대비했다. 일본의 압도적 군사력 앞에 한국 병합은 〈평화롭고 조용한〉 가운데 단행되었다. 다만 그러한 〈평화롭고 조용함〉은 〈남한 대토벌〉을 비롯한 그때까지의 철저한 탄압으로 인하여 의병 투쟁이 막다른 길에 내몰리게 되었다는 점이나 고종과 순종에 대한 황제 환상의 차이 등이 영향을 미쳤다. 통감부와 한국 정부 사이의 한국 병합 조약 교섭은 거의 일본 측이 기초한 대로 이루어졌고, 교섭다운 교섭은 이루어지지 않았다. 교섭 자리에서 문제가 된 것은 병합 후 국가 호칭이나 한국 황제의 국왕 명칭뿐이었다. 한국 측은 〈조선 왕〉 호칭을 희망했지만 일본은 이를 받아들이지 않았고, 최종적으로 〈이왕(李王)〉이라는 명칭으로 하기로 결정했다. 일본은 한국을 병합할 때 공포한 병합의 조칙에서 책봉 체제적 입장에서 병합을 설명하고 있다. 하지만 실제 교섭에서는 당초 〈왕〉 호칭을 사용하려 하지 않았다는 점이나, 작호(爵號)에 지역명 혹은 민족명을 부여한다는 책봉 체제 아래에서의 일반적인 군주 호칭이 아니라 단순히 이왕가(李王家)의 연장으로서 대우하려 했다는 점을 아울러 고려해 보면, 오히려 책봉 체제에 기초해 병합을 이해하기를 부정하려 했다고 할 수 있을 것 같다. 한편 병합 후의 국가 호칭으로 〈조선〉을 선택한 것은 〈한국〉이란 호칭에 기초한 내셔널리즘의 고양을 봉쇄함과 동시에, 러일 전쟁 당시에 육군 내에서 일어난 적극적 대륙 정책에도 대응하기 위해서였다고 생각한다.

종장

맺으며

　이상에서 일본에 의한 한국 병합 과정과 조선 식민지화 과정을 이토 히로부미의 한국 병합 구상을 중심으로 검토했다. 각 장의 서두에 제시한 논점에 대해서는 각 장 말미에서 정리하였으므로, 여기서는 서장에서 거론한 논점에 입각해 본론 전체를 마무리하도록 한다.
　전체를 정리하기에 앞서 이 책의 기본 시각을 다시 언급해 두고자 한다. 종래의 한국 병합사 연구에서는 대일본제국으로 조선이 일개 지역화되었다고 하는, 실제로 이루어진 한국 병합의 편입 방식과 통치 형태를 정합적 관점에서 일본의 한국 병합 과정과 조선 식민지 통치의 성립 과정을 검토해 왔다. 그러한 연구 상황에서 모리야마 시게노리는 병합을 직접적으로는 지향하지 않은 통감 이토 히로부미의 한국 보호국론을 검토하면서 한국 병합 과정을 동태적으로 파악하는 틀을 제시했다. 그러나 이렇게 모리야마가 제시한 이토의 한국 보호국론과 한국 병합 구상의 파악 방식도 역시 충분하지 않았다. 모리야마는 보호 통치인가, 병합인가라는 이항 대립을 통해서 한국 병합 과정을 보았기 때문에 조선 식민지화를 둘러싸고 일본의 정치 지도자들 사이에 있어서 종속국, 직할 식민지, 자치 식민지, 위임 통치 등 복수의 편입 구상이 존재했으며 의견이 서로 대립하고 있던 상황을 시야에 넣지 못했다.

또 한국 병합으로 성립한 식민지 통치 형태에 적합한 대한 정책이란 형태만으로 한국 병합 과정을 파악한 종래의 틀은 일본에 의한 식민지화 과정을 정확하게 파악할 수 없다는 구조적 결함을 내포하고 있다. 의식적이든 무의식적이든 1910년에 한국 병합이 왜 단행되었는지를 기점으로 하여 연구를 실시하기 위해 식민지화 과정의 다양한 동향을 빠트리게 된 것이다. 기존의 연구는 한국 병합이란 역사적 사건을 원인론적으로 탐색하는 데 서두른 나머지 역사주의적 성찰을 충분히 전개할 수 없었다고 할 수 있다. 역사적 과정으로 실현되지 않은 선택지를 발굴해 낸 다음, 그러한 선택지의 실현을 제약한 요인을 탐색하면서 일본의 조선 식민지화 과정을 동태적이고 구조적으로 다시 파악할 필요가 있다. 따라서 이 책에서는 일본의 정치 지도자들이 가지고 있던 복수의 한국 병합·조선 식민지화 구상, 특히 일본의 대한 정책을 주도한 이토 히로부미의 구상을 구체적으로 검토하는 한편, 일본의 조선 식민지화 과정을 규정한 조선 사회의 반응을 염두에 두면서 일본의 한국 병합 과정을 고찰했다.

일본 정부가 한국의 병합을 결정한 1909년 단계에서 일본의 정치 지도자들 사이에서는 한국 병합의 시기를 둘러싸고 크게 두 가지로 견해가 나뉘었다. 그것은 병합의 시기를 6~7년 후 정도로 설정하는 점진적 병합론과 수년 이내로 상정한 급진적 병합론이다. 그러나 그 구분은 병합을 빨리할 것인가 늦출 것인가라는, 단순한 병합 시기를 둘러싸고 발생하지는 않았다. 그러한 차이의 발생은 한국을 어떠한 형태로 병합할 것인가, 즉 한국을 어떠한 형태로 일본에 편입할 것인가란 편입 방식의 차이에 기초해 있었다. 그리고 그러한 한국의 편입 구상의 차이가 편입 후 식민지 통치를 어떻게 구상했는가란 점으로 규정되었다는 것은 두말할 필요도 없다. 어떠한 식민지 통치를 실시할 것인가란 문제는 병합까지 극복해야 할 과제를 명확하게 했기 때문이다. 병합 시기의 차이는 병합까지 한국의 국가 권력을 어느 정도로 해체할 것인가, 아니면 이용할 것인가, 조선의 민심 수습을 어느 정도나 중시할 것인가란 점에서 발생했다. 바꾸어 말하면 그러한 복수의 편입구상이 존립한 것은 일본에 의한 조선 식민지화를 둘러싼 지배의 합의, 즉 헤게모니의 형성을 어떻게 다룰 것인가란 문제와 밀접하게 관련되어 있다. 물론 그러한 복수의 조선 식민지화 구상이 존재한 배경으로 한국의 국제적 지위를 둘러싸고 각종 국제 조약 등에 따라 일본이 주장해 온 한국 독립의 보장과 한국 황실의 안녕 보장이란 명분이 존재했다는 점 또한 간과할 수 없다. 그러나 이렇게 한국을 둘러싼 국제 정세의 양상도 조선 민중에게서 지배의 합의를 어떻게 이끌어 낼 것인가란 문제와 강한 연관성을 가지고 있었다.

그렇다면 이 책이 중점적 과제로 다루어 온 이토 히로부미의 조선 식민지화 구상과 한국 병합 구상은 어떠한 것이었는가? 또 그러한 구상은 일본의 대륙 정책과 동아시아 국제 관계와 어떻게 관련되어 있었는가?

이 문제를 고찰하기 위해서 이 책에서는 러일 전쟁을 전후로 한 시기에 이토의 대한 정책, 그리고 대륙 정책이 어떠하였고, 또 제3차 「한일 협약」을 계기로 성립한 제3차 한일 협약 체제의 형성 과정과 내용이 무엇이었는지를 검토하였다.

일본이 조선 식민지화를 본격적으로 추진하게 만든 단초는 1904년에 발발한 러일 전쟁이었는데, 이 전쟁 속에서 대한 정책은 일본의 대륙 정책과 강한 연관성을 가지고 있었다. 1900년 의화단 사건을 계기로 한 러시아군의 만주 주둔은 종래 일본의 대륙 정책상 과제였던 〈한국 문제〉에 〈만주 문제〉를 접합하도록 만들었기 때문이다. 이 〈만한 문제〉를 최종적으로 해결하기 위해서 일본은 러일 전쟁을 일으켰는데, 전쟁 초기에 한국을 군사적으로 제압한 일본은 러일 개전을 주시하면서 전쟁 전부터 체결 교섭을 실시하고 있던 한일 비밀 조약보다도 좀 더 한국의 주권 침해를 추진하는 내용을 담은 「한일 의정서」 체결을 한국에 강요했다. 그리고 이 조약에 따라 일본은 한국 종속화를 기도해 나갔다. 따라서 전선(戰線)을 북상시키는 한편, 일본은 한국의 구체적 경영 구상을 검토하기 시작했다. 일본 정부는 한국을 궁극적으로 종속국화 혹은 〈병합〉할 것을 방침으로 삼았는데, 러일 전쟁 중에 가급적 식민지화를 추진한다는 것을 각의에서 결정하였다. 이 각의 결정을 둘러싸고 일본의 정치 담당자들 사이에서는 〈한국 문제〉를 보호국화 방침에 따라 해결한다는 데 의견의 차이는 거의 없었다. 그러한 한편으로 〈만주 문제〉의 해결에 대해서는 구미 열강에 대한 만주의 문호 개방을 기조로 하고, 예를 들어 만철에 의한 소극적 만주 경영을 구상해 나갔다. 일본의 적극적 만주 경영이 구미 열강의 반발과 청국 관민의 이권 회수열의 고양을 초래했고, 동아시아의 불안정 요인으로 전환될지도 모른다는 점을 야마가타 아리토모를 포함한 원로, 특히 이토가 두려워했기 때문이다. 따라서 러일 개전을 배경으로 재한 일본인과 만주군이라고 하는 군출선 기관(軍出先機關)이 만한 지역에 대한 적극적 식민지 경영 구상을 주장하게 되자 이것을 억제할 필요성이 발생하게 되었다. 이토는 통감에 취임하자 통감에 의한 군대 지휘권 문제와 〈만주 문제에 관한 협의회〉를 통해 군출선 기관에 의한 팽창적 대륙 정책을 억제하고, 〈만한 문제〉의 분절화를 기도해 나갔다.

그렇다면 이토가 추진한 제3차 한일 협약 체제는 어떠한 내용을 담고 있었는가? 일본은 1905년 11월에 체결된 제2차 「한일 협약」에 따라 한국을 보호국으로 만들게 되자 1906년 2월에 통감부를 설치했다. 초대 통감으로 부임한 이토는 기본적으로 점진주의를 취하면서도 정치적 변혁의 기회를 노리고 있었다. 그때 이토가 중시한 것은 황제의 권한 억제와 괴뢰 정권에 의한 국가적 종속 관계의 구축이었다. 황제권의 제한에 대해서는 고문 경찰에 의한 궁정 경비나 궁금령(宮禁令), 궁중(宮中)·부중(府中)의 구별에 관한 조칙을 공포시키는 등의 조치로 그것의 붕괴를 획책했다. 또 1907년 5월에 친일 괴뢰 정권을 만들기 위해서 이완용 내각을 성립시킴과 동시에 다른 한편으로 황제의 권한을 억제하기 위하여 대재상제를 채용한 〈내각 제도〉를 같은 해 6월에 도입하는 등의 관제 개혁을 실시했다. 이토는 조선 식민지화를 추진하기 위해서 제2차 「한일 협약」에 의한 외교권 탈취에서 한 단계 더 진전시켜 한국을 속국으로 만들 것을 꾀했는데, 그러한 이토의 대한 정책 구상을 가속화하는 역할을 담당한 것이 1907년 6월에 발생한 이른바 헤이그 밀사 사건이었다.

 이토는 이 사건을 계기로 반일적 언동을 반복하고 있던 한국 황제 고종을 양위시킴과 동시에 제3차 「한일 협약」과 「한일 협약 규정 실행에 관한 각서」로 일본이 한국 내정에 간섭할 법적 근거를 획득하고, 통감과 통감부의 식민지 권력 기구화를 진전시켜 나갔다. 제3차 「한일 협약」에 따라 행정 지도권(제1조), 입법 승인권(제2조), 인사 동의권(제4조) 등 통감의 권한을 강화하는 한편, 「한일 협약 규정 실행에 관한 각서」에 의거하여 일본인이 정권 중추를 장악할 방책을 얻었다. 이른바 〈차관 정치〉이다. 한국의 주권을 침탈하면서도 민심을 수습하고, 지배의 합의를 획득하기 위해서 한국 황제의 존속을 기도하는 한편, 일본의 지도·감독에 의해 식민지 재정의 독립을 기조로 하는 한국의 〈자치〉 육성=통감부를 중추로 한 지방 〈자치〉의 수용 매개로서 식민지 통치 체제로의 편성을 꾀했다. 이러한 제3차 「한일 협약」을 결절점으로 하여 통감부의 식민지 통치 기관화, 통감부를 중심으로 한 일본인의 한국 정권 중추의 장악, 재가 기관에 대한 개편 등에 따른 황제권의 제한, 친일 괴뢰 정권에 의한 국가적 종속화를 기본 내용을 하는, 제3차 한일 협약 체제라고 부를 수 있는 통치 체제가 성립했다. 이리하여 중앙에서는 괴뢰 정권을 유지할 수 있는 한에서 안정적인 통치 체제가 형성되었다.

그렇다면 제3차 한일 협약 체제에서는 일본 제국으로의 한국 편입을 어떻게 구상하고 있었는가? 이토는 제3차 한일 협약 체제를 자신의 병합 구상에 기초한 과도기적 지배 체제로 설정했는데, 그 편입 방식으로는 예를 들어 〈연방〉제를 언급하고 있었다. 그러나 한국의 종속성을 강화하려고 한 제3차 한일 협약 체제 아래에서의 구체적 정책은 국제법상의 〈연방〉제, 즉 독일 제국 등의 연합 국가(연방)의 형태가 아니라, 자치 식민지에 유사한 형식으로 한국을 일본으로 편입한다는 것이었다. 그러한 병합 구상을 전제로 식민지화 정책을 추진해 나갔다. 또 이 체제 아래에서 추진된 근대 문명주의적 개혁은 한반도에 대한 구미 열강의 간섭을 가급적 피하려 했다는 의미에서 열강과 협조적인 국제 관계를 지향하고 있었다. 다시 말하면 제3차 한일 협약 체제는 앞에서 본 일본의 대륙 구상에서 〈만한 문제〉의 연관성을 잘라 내고, 단독으로 〈한국 문제〉를 해결하려 했다는 의미에서 러일 전쟁 이후의 동아시아 국제 질서의 일익을 담당한다는 측면을 아울러 가지고 있었다.

그렇다면 제3차 한일 협약 체제하에서 진행된 이른바 근대 문명주의적 정책은 구체적으로 어떠하였는가? 이 책에서는 통감부의 근대 문명주의적 정책에 대해 특히 한국 사법 제도 개혁의 전개 과정을 고찰했다. 이 정책은 종래의 한국 지방 제도의 개편을 지향했음과 동시에 재한 외국인의 영사 재판권 철폐를 의도하였다. 영사 재판권의 존재는 일본이 한국에 대한 배타적 독점권을 지향하는 선상에서 방해가 되었기 때문이다. 통감부는 당초에 한국의 사법 제도와 법 제도를 〈태서주의(泰西主義)〉적으로 정비해 영사 재판권을 철폐하려고 했다. 그러나 1908년에 체결된 「한국에서 발명, 의장, 상표와 저작권 보호에 관한 미일 조약」을 계기로 한국 사법 제도 개혁은 이른바 한국법주의로부터 한국에 일본 법을 적용하는 일본법주의로 이동했다. 이러한 정책적 판단은 이토가 했는데, 이러한 조치에 의하여 종래의 사법 개혁과는 정합성을 결여하게 되었다. 이리하여 영사 재판권의 일부 회수는 통감부에 한국 사법 정책의 전환을 다그쳤고, 결국 한국법주의의 완전 포기, 즉 일본으로 재판 관할권을 위탁하면서 소멸하였다. 영사 재판권 폐멸 방식을 둘러싸고 이토에 의한 〈자치〉 육성 정책은 구미 열강과의 관계를 중시하는 가운데 어긋남을 초래했다. 한편 문명주의적인 사법 제도 개혁에 대한 조선 사회로부터의 평가는 결코 나쁘지만은 않았으나 종전의 사법 제도에 비해 상대적으로 평가되었던 것에 불과했고, 반드시 거리낌이 없는 평가는 아니었다. 오히려 그러한 근대적 제도의 정비 때문에 발생한 번잡한 절차 등으로 종래의 공론 양상과는 본질적으로 괴리마저 있었다.

한편 일본이 추진한 정책에 대한 반일 운동이 광범위하게 전개되었다. 이에 대해 이토는 근대 문명적 정책을 추진하는 한편, 한국 황제의 권위도 이용하면서 민심 수습책을 추진해 갔다. 이토는 조선에서 전개된 개화 정책을 통해 형성되어 온 근대 문명주의에 대응할 세력이 존재하고 있었고, 또 갑오개혁이나 독립협회 운동의 과정을 통해 함양된 〈충군 애국〉적 국왕·황제관에 기초해 의병이나 조선 민중을 수습할 수 있다고 보았기 때문이다. 그리고 근대 문명적 정책을 통해서 근대 문명주의에 타협적인 애국 계몽 운동 단체 등의 일부를 수습하는 데는 성공했다고 할 수 있을 것 같다.

그러나 황제를 이용해 실시한 남북 순행에서 귀순을 꾀하려 한 의병은 물론 조선 민중의 광범한 반발에 부딪히게 되었다. 일본이 한국을 보호국으로 삼은 시기에는 갑오농민전쟁, 그리고 대한제국기의 민중 투쟁을 거쳐 〈일군만민〉적 근왕(근황) 사상에 기초한 민중의 변혁 운동이 잇달아 전개되었다. 그러나 이러한 〈일군만민〉 사상이 민중 속에서 확산되는 가운데 한국 황제의 권위를 이용해 지배를 실시한다는 것은 일본에게 양날의 검이었다. 이와 같은 이토의 민심 귀속책은 개화 정책의 흐름을 이어받은 〈충군 애국〉적 논리에 기초해 황제의 지배 이데올로기를 이용하려 한 것이며, 조선 사회와의 사이에서 새로운 정치 문화의 창출을 시험한 것이었다고 할 수 있다.

그러한 의미에서 이토의 황제 이용책은 1920년대에 전개된 〈문화 정치〉의 선구적 형태로 자리매김할 수 있다. 그러나 〈일군만민〉 사회를 희구하는 조선 민중 앞에서 그 의도는 빗나갔고, 오히려 민중의 시원적 내셔널리즘을 더욱 발굴하게 되었다. 이토는 조선 민중의 자율적 동향 앞에서 좌절하게 되었던 것이다. 유교적 민본주의가 뿌리 깊고, 〈일군만민〉적 왕권관이 확산되는 것을 보여 주고 있던 조선 사회에서 황제권을 이용한다는 것은 중개 세력인 일본과 친일 괴뢰 정부에 대한 조선 민중의 투쟁을 치열하게 만들지도 모르는 일이었기 때문이다. 이것이 고무라 주타로가 한국 병합 구상안을 작성할 때 한국 황제를 정치적으로 무력화해야만 한다고 판단한 이유였다. 이토는 새로운 정치 문화의 창출을 기도하는 한편, 물리적 폭력으로 탄압을 계속했는데, 정치 문화의 공유란 민심 수습책이 좌절된 이상 그 통치는 물리적 폭력으로 일원화되어 갔다. 제3차 한일 협약 체제의 좌절이었다.

이토의 대한 정책, 즉 제3차 한일 협약 체제는 직접적으로 이토의 통감 사임 그리고 암살이란 형태로 좌절되어 간 것처럼 보인다. 종래의 한국 병합사 연구에서는 이토의 통감 사임과 암살을 일본의 대한 정책의 전기(轉機)로 파악해 왔기 때문이다. 그러나 이러한 견해는 제3차 한일 협약 체제하의 식민지 정책과 조선 사회와의 모순 관계를 다루지 않는, 바꾸어 말하면 조선 사회의 동향에 대한 이해를 결여한 통치자 측의 시각 내지는 일본사의 문맥에서 한국 병합 과정을 이해한 것이다. 한국사의 시각에서 볼 때 제3차 한일 협약 체제는 본질적으로 조선 사회와의 관계에서 좌절되어 갔다고 파악해야 한다.

그리고 민심 수습을 도외시한 통치책은 이미 러일 전쟁 중 의병 탄압 과정에서 선구적으로 나타난 것처럼 조선 사회 전체를 〈치안 유지〉의 대상으로 삼을 수밖에 없었다. 조선 사회에서는 조선 종래의 질서관에 기초해 유교적 민본주의에서 출발한 자율적 질서 회복을 기대하고 있었는데, 일본군과 조선 민중 사이에서는 정치 문화가 공유된 적이 없었기 때문이다. 일본 측에게 〈치안 유지〉란 전통적 질서관을 부정한 바탕 위에서 비로소 성립하는 관념이며, 자율적으로 질서 회복을 기대하려고 한 한국군 등을 포함한 조선 민중의 종전과 같은 행동은 일본군에게 〈치안 문란〉으로 파악되어 갔다. 여기에 한국 병합 후의 〈무단 통치〉가 배태될 계기가 있었다. 게다가 1909년 말에 일어난 친일 단체 일진회의 합방 청원 운동은 그 운동 자체가 조선 사회의 한국 병합을 둘러싼 조선의 공론 소재를 부각시켰는데, 다른 한편으로 그러한 조선적 사유에 기초한 병합 구상은 천황제 지배 원리에 저촉될지도 모르는 것이었다. 그러한 상황을 위험하게 여긴 일본 정부는 조선에서 공론의 철저한 배제를 꾀하는 가운데 한국 병합을 단행했다.

과제와 전망: 식민지 연구의 자립적 전개를 위해서

서장에서 기술한 것처럼 이 책이 중점을 둔 것은 피종속 지역인 조선을 중심으로 한국 병합 과정을 재검토하는 데 있었다. 그러한 방법을 취한 것은 이토 히로부미의 조선 식민지화 정책이 한국 병합 이후의 〈무단 정치〉보다 상대적으로 온건했다는 점을 강조하고, 이토의 대한 정책과 병합 이후의 식민지 통치를 대립적으로 그리려 한 종래의 접근 방식이 종속 지역으로부터 제국주의를 재파악한다는 작업을 경시하고 있다고 보기 때문이다. 이토의 대한 정책을 육군과의 상대적 관계에서 긍정적으로 평가하는 시각차는 제국주의의 본질에 대한 이해를 방해해 버리기는커녕, 의도하지 않더라도 식민지주의적 견지에 도달해 버리게 될지도 모른다.

그렇다면 이토 히로부미의 한국 병합 구상이 구체적으로 전개된 것인 제3차 한일 협약 체제를 어떻게 이해해야 좋겠는가? 이토의 대한 정책은 한편으로 근대주의적 방법으로 새로운 정치 문화를 구축하려 한 것이었고, 그러한 의미에서 3·1 독립 운동 이후 1920년대에 채용된 이른바 문화 정치의 선구적 형태로 위치를 설정할 수 있다.

그러나 그 통치는 다른 한편으로 물리적 폭력을 통치 구상의 근간에 두고 있었다. 그리고 거기서 추진된 황제 이용책과 근대 문명화 정책은 민중을 배제하면서 비로소 성립하는 것이었고, 본론에서 검토해 온 것처럼 식민지 권력과 민중 사이에서 정치 문화의 공유가 이루어지는 경우는 근본적으로 없었다고 볼 수 있을 것 같다.

따라서 이토의 한국 통치 정책이 조선 사회와의 관계에서 실패로 끝날 수밖에 없었던 것처럼 그 후 1920년대에 전개된 문화 정치 역시 지배의 동의를 이끌어 내는 데 실패했다고 생각한다. 식민지 통치의 양상도 일반적인 통치와 마찬가지로 그때까지의 사회 지배 양상, 혹은 질서관이라는 정치 문화와의 상관관계로 규정된다.[1] 그러나 식민지 통치의 경우 공론을 봉쇄하고, 정치 문화의 공유라는 지배자와 피지배자의 회로가 존재하지 않기 때문에 제국주의자는 종래의 정치 문화를 기본적으로 무시하게 된다. 따라서 그 통치는 필연적으로 폭력적일 수밖에 없었다.[2] 조선 사회의 정치 문화와 일본의 통치 방식의 양상이 충돌하고, 후자가 전자를 폭력적으로 꼼짝못하게 하는 채로 통치를 전개하고 있었기 때문에 새로운 정치 문화를 공유하려는 시도는 기본적으로 실패했다고 생각한다. 하물며 문화 정치기에 조선 사회에서 제기된 참정권 요구나 식민지 의회 설치 요구도 거부하고, 지방 자문 기관의 설치로 조선인 상층을 회유하는 데 그쳤다는 점을 고려하더라도 일본이 근

1 小谷汪之,「植民地國家の正統性」(木村靖二·中野隆生·中嶋毅 編,『現代國家の正統性と危機』, 山川出版社, 2002) 참조.
2 趙景達,「暴力と公論 ── 植民地朝鮮における民衆の暴力」(須田努·趙景達·中嶋久人 編,『暴力の地平を越えて』, 靑木書店, 2004. 이후 趙景達,『植民地期朝鮮の知識人と民衆』, 有志舍, 2008. 수록) 참조.

대적 정치 문화의 공유를 전면적으로 꾀하려 했다고 말하기는 어렵다.[3]

그리고 새로운 정치 문화의 제시·공유에 실패한 채 물리적 폭력에 의지해 피종속 지역을 제압한 것에서 식민지 지배의 본질을 보려 한 이 책의 시각으로부터 한국 병합 과정과 조선 식민지화 과정을 파악할 때 1910년의 「한국 병합에 관한 조약」이 가진 역사적 의미는 결코 크지 않다. 일본의 조선 식민지화 정책에 대한 조선 사회의 반발이나 반일 의병 투쟁은 동시에 〈정의〉의 소재를 둘러싼 투쟁이란 의미에서 조선 사회의 질서 형성에 대한 지향으로도 평가할 수 있다. 그러나 일본은 이러한 질서 형성의 태동을 스스로 지향한 질서에 대한 〈치안 문란〉 요인으로 보아 이를 철저하게 탄압했다. 이러한 질서 형성＝새로운 정치 문화를 공유하려는 움직임에 대한 단절이라는 의미에서는 1905년의 제2차 「한일 협약」이나 1907년의 제3차 「한일 협약」 쪽이 식민지화 과정에서 좀 더 본질적인 의미를 지니고 있다. 한국 병합 당시 조선 사회의 〈평정(平靜)〉은 물론 철저한 치안 체제의 정비를 배경으로 하고 있었다. 그러나 동시에 예를 들어 고종과 순종에 대한 황제 환상의 차이 등이 제3차 「한일 협약」 체결 당시와 병합 당시 조선 사회의 대응 차이를 초래했다는 측면도 무시할 수 없다고 생각한다. 이러한 시각을 가질 수 없었기 때문에 종래의 한국 병합사 연구나 〈무단 통치〉와 〈문화 정치〉의 대립을 좀 더 중시하는 조선 식민지 연구는 식민지를 정면으로 다룰 수 없었다. 현재 오히려 〈제3세계〉로 불리는 다수의 지역에서 사람들이 폭력과 빈곤에 허덕이고 있는 가운데 제국주의 구조를 해명하는 식민지 연구의 일환으로서, 한국 병합사 연구는 이제 가까스로 그 도입부에 들어섰을 뿐이다.

위와 같이 한일 관계사와 한국사의 관점에서 일본의 조선 식민지화 정책

---

3 문화 정치기에 전개된 정책에 대해서는 姜東鎭, 『日本の朝鮮支配政策史研究 — 1920年代を中心として』(東京大學出版會, 1979); 糟谷憲一, 「朝鮮總督府の文化政治」(『岩波講座 近代日本と植民地』2, 岩波書店, 1992) 참조.

을 다시 파악할 필요성을 강조한 선상에서 마지막으로 사족이기는 하나 일본 정치 사상사적 문맥으로 되돌아와서 왜 1910년에 일본이 한국을 병합했는지에 대하여 필자의 견해를 밝히고자 한다. 다만 이것은 몹시 조잡한 밑그림이며, 본격적인 검토에 대해서는 훗날을 기약해야만 한다는 점에 대해 미리 양해를 구해 두고자 한다.

1910년에 한국 병합이 실시된 이유에 대하여 하라 다카시는 가쓰라 다로의 〈공명심 때문〉이며, 〈요컨대 야마가타를 비롯한 관료파가 공명을 서두른 결과〉[4]라고 지극히 냉담하게 평가했다. 그러나 이러한 하라의 평가는 가쓰라를 비롯한 〈관료파〉로서는 이 시기에 한국의 병합이 필요하게 되었다는 점을 시사한다. 『고무라 외교사』는 〈일한의 당시 관계에 비추어 이것의 단행을 하루 늦추면 하루의 어려움을 증가시킨다. 뿐만 아니라 앞서 기술한 것처럼 오히려 신속하게 이것을 단행해 국제 관계상 우리가 지위를 선명하게 하는 것만 못하다고 인정했기〉[5] 때문이라고, 국제 관계론적 견지에 한정한 서술이기는 하나 역시 가쓰라가 1910년의 병합을 주도했다는 점을 분명히 하고 있다. 그렇다면 왜 〈관료파〉, 특히 가쓰라는 이 시기에 한국을 병합해야만 한다고 보았는가? 만주 문제를 둘러싼 동아시아 국제 관계의 변화에 따라 1910년의 한국 병합을 평가한 모리야마 시게노리의 견해는 종래에 이루어진 설득력이 있는 유일한 설명이기는 하다.[6] 하지만 이 책에서는 일진회의 한일 합방 청원 운동을 사례로 하면서 조선적 사유가 천황제 국가 원리에 저촉되기 때문에 그 봉쇄를 도모할 필요가 있었고, 그러한 사유의 양상, 그리고 그것에 기초한 운동 역시 이 시기의 한국 병합 단행에 영향을 주었음을 지적했다. 이것은 이른바 1900년 체제하에 성립한 번벌(藩閥)과 정당의

---

4 原奎一郎 編, 『原敬日記』 3(福村出版, 1965), 24쪽, 40쪽.
5 外務省 編, 『小村外交史』(原書房, 1966년 복각), 859쪽.
6 森山茂德, 『近代日韓關係史研究』(東京大學出版會, 1987).

타협·제휴 관계가 러일 전쟁을 거쳐 재편되어 가는 정치적 동향의 일환으로 한국 병합을 상정했다는 판단 때문이다.

일본이 조선 식민지화를 추진해 한국을 병합한 시기는 일본 정치사에서는 이른바 다이쇼(大正) 데모크라시 시기에 해당한다. 나카무라 마사노리(中村政則), 에무라 에이치(江村榮一), 미야치 마사토(宮地正人) 등의 선구적 연구 이래로 다이쇼 데모크라시의 기점은 히비야(日比谷) 방화 사건에서 찾는 것이 일반적이다.[7] 그렇다면 무엇 때문에 히비야 방화 사건은 다이쇼 데모크라시의 기점이 될 수 있었던 것일까? 앤드류 고든Andrew Gordon은 이 사건에 참가한 대중의 정치 의식을 분석하는 가운데 다이쇼 데모크라시로 이어지는 〈민중주의적 국가주의〉란 정치 의식이 발현했다는 점을 지적했다.[8] 즉 이후의 정당 내각 출현으로 이어지는 것과 같은 정치 의식이 히비야 방화 사건에서 드러났다고 보는 평가이다. 그러나 그러한 점과 동시에 이 책에서 좀 더 중요하다고 보는 것은 이 사건이 러일 강화 조약 반대를 명확하게 내세운 운동으로 전개되었다는 점이다. 〈천황은 전쟁을 선포하고 화친을 강구하여 제반의 조약을 체결한다〉(대일본제국 헌법 제13조)고 되어 있는 것처럼 조약 체결권은 천황 대권에 속했다. 히비야 방화 사건에서 〈민중주의적 국가주의〉란 정치 의식이 결과적으로 강화 조약 반대라는 형태로 천황

---

7 中村政則·江村榮一·宮地正人,「日本帝國主義と人民」(『歷史學硏究』 327, 1967); 宮地正人,『日露戰後政治史の硏究』(東京大學出版會, 1973); 松尾尊兊,『大正デモクラシヘ』(岩波新書, 1974).

8 アンドル一·ゴ一ドン,「戰前日本の大衆政治行動と意識をめぐって ─ 東京における民衆騷擾の硏究(1905~1918)」(『歷史學硏究』 563, 1987). 이 논문에서 고든은 분석 개념으로서 문제가 많은 다이쇼 데모크라시를 대신하여 〈*imperial democracy*〉란 개념을 제창했다. 〈천황〉과 〈제국〉이란 두 가지의 의미를 환기하고, 정당 정치의 종언까지를 관통하는 것으로서 〈다이쇼 데모크라시〉란 용어보다는 타당성을 갖고 있다. 그러나 그 개념의 내용은 어쨌든 일국사적으로, 미타니가 제시한 〈민주화〉와 식민지화의 표리 일체성이 시야에 들어와 있지 않다. 근대 일본의 〈민주화〉가 다른 한편에서 식민지화를 매개로 해서만 진행된다는 측면을 좀 더 중시할 필요가 있다.

대권에 저촉될 수 있는 것으로 전개되었다. 이러한 정치 의식의 전개는 번벌(藩閥) 정치가만이 아니라 정당 정치가도 포함한 일본의 정치 지도자층에게 천황제 국가의 위기 상황으로 여겨졌다고 본다. 따라서 번벌·정당 두 정치가에게는 1900년 체제를 러일 전쟁 이후에 어떻게 개편하면서 정치 운영을 추진해 갈 것인가란 점이 과제가 되었을 것이다. 그러한 정치적 발로가 이른바 게이엔 시대(桂園時代)의 출현이었고, 정치 운동으로서 다이쇼 데모크라시였다고 생각한다.

 이 문제를 심화시키는 데 있어서 이 책과의 관련 속에서 시사적인 것이 미타니 타이치로(三谷太一郎)의 다음과 같은 지적이다.[9] 미타니는 전쟁이 지닌 〈혁명〉성에 주목하면서 일본 근대사에서 전쟁이 전전(戰前) 체제에 대하여 국내적으로도 대외적으로도 변혁의 영향을 미쳐 왔다고 했다. 그리고 근대 국민 국가 형성 이후의 전쟁이 국내적으로는 민주화나 군사화(혹은 비군사화)로 드러났고, 대외적으로는 식민지화(또는 반대로 탈식민지화)나 국제화로 나타났다는 견해를 제시했다. 이러한 미타니의 지적을 다음과 같이 부연해 볼 수 있다. 대다수의 일본인들은 다이쇼 데모크라시가 대국적으로는 러일 전쟁의 귀결이라고 간주했다. 그러한 한에서 한국 병합이라는 새로운 식민지화의 진전은 러일 전쟁 이후의 민주화를 담보할 수 있게 된다. 그것은 천황제 통치 구조에서 상대적 상승(=〈민주화〉)이 새로운 최하층의 편입(=식민지화)을 필요로 한다는, 이러한 통치 구조의 근간과 관련되는 문제가 되기 때문이다. 따라서 러일 전쟁에 기초한 일본 국민의 〈민주화〉 요구는 히비야 방화 사건으로부터 다이쇼 정변에 이르는 일련의 움직임으로 파악해야 한다. 그리고 그러한 동향의 한가운데에 조선이라는 새로운 식민지가 획득되었다는 것은 미타니의 기본 주제의 타당성을 뒷받침하는 것처럼 보인

---

9 三谷太一郎, 「戰時體制と戰後體制」(『岩波講座 近代日本と植民地』 8, 岩波書店, 1993. 이후 三谷太一郎, 『近代日本の戰爭と政治』, 岩波書店, 1997 수록).

다. 그것은 히비야 방화 사건에 관여한 세력이 조선의 식민지화에 일관되게 강경론을 주장했다는 점과도 결코 무관하지 않다. 그리고 〈민주화〉와 식민지화가 표리 일체의 관계에 있다고 한다면 그 〈민주화〉를 어디까지 허용할 것인가에 대하여 항상 국가적 판단이 내려지게 된다. 그러한 의미에서 1910년부터 이듬해에 걸쳐 일어난 한국 병합, 대역 사건(大逆事件), 남북조 정윤 문제(南北朝正胤問題)는 천황제 국가 원리의 소재와 관련된 일련의 현상이며, 정치 지도자층의 정치적 위기의식의 표출로 이해할 수 있다. 이른바 다이쇼 데모크라시의 전개 과정은 조선 식민지화 과정과 표리 일체의 관계에 있었으며, 그 점이 1910년에 일본이 한국 병합을 단행한 것과 결부되었다고 생각한다.

후기

이 책은 2007년도에 메이지 대학 대학원 문학 연구과에 제출한 박사 학위 청구 논문「일본의 조선 식민지 체제 형성에 관한 연구 — 한국 병합 과정을 둘러싸고(日本の朝鮮植民地體制形成に關する硏究 — 韓國併合過程をめぐって)」를 재구성한 다음 추가·수정한 것이다. 이 책을 집필하면서 이 논문의 3분의 1 정도를 삭제, 압축한 다음 새롭게 4백자 원고 용지로 환산했을 때 1백 매 정도를 추가했다. 이 책과 이 논문은 기본적으로 일관된 문제의식에 입각해 쓴 것인데 그 내용은 기존에 발표한 논문을 기초로 했다. 이 책을 구성하는 기존 발표문의 출처와 이 책의 구성 부분을 발표 순서에 따라 나열해 보면 다음과 같다.

① 「日本の韓國司法權侵奪過程 — '韓國の司法及監獄事務を日本政府に委托の件に關する覺書'をめぐって」(『文學硏究論集(明治大學大學院)』11, 1999) — 제3장 제1절 제1항·제3항, 제5장 제1절 제4항

② 「統監伊藤博文の韓國法治國家構想の破綻 — '韓國ニ於ケル發明, 意匠, 商標及著作權保護ニ關スル日米條約'施行に伴う韓國國民への日

本法適用問題をめぐって」(『姜德相先生古稀·退職記念 日朝關係史論集』, 新幹社, 2003) ― 제3장 제1절 제2항~제3항

③「伊藤博文の韓國併合構想と第三次日韓協約體制の形成」(『靑丘學術論集』 25, 2005) ― 제2장 제1절 제2항~제2절

④「韓國併合と朝鮮への憲法施行問題 ― 朝鮮における植民地法制度の形成過程」(『日本植民地硏究』 17, 2005) ― 제5장 제1절 제3항

⑤「日露戰爭と日本の對朝鮮政策 ― 大陸構想との關連から」(安田浩·趙景達 編, 『戰爭の時代と社會』, 靑木書店, 2005) ― 제1장 제2절 제1·2항

⑥「一進會の日韓合邦請願運動と韓國併合 ― '政合邦'構想と天皇制國家原理との相克」(『朝鮮史硏究會論文集』 43, 2005) ― 제4장 제2절

⑦「日露戰爭期日本の對韓政策と朝鮮社會 ― 統監の軍隊指揮權問題における文武官の對立を中心に」(『朝鮮史硏究會論文集』 44, 2006) ― 제1장 제3절

기타 부분은 기본적으로 새로 썼는데 제4장 제1절은 2003년 7월 일본 식민지 연구회 대회에서, 제3장 제2절은 2007년 7월 동아시아 근대사 연구회에서 발표한 내용을 기초로 했다. 또 후자에 대해서는 압축, 재구성한 다음 「伊藤博文の韓國統治と朝鮮社會 ― 皇帝巡幸をめぐって」(『思想』 1029, 2010)로 발표했다.

이 책을 구성한 논문을 발표순으로 제시한 것은 내 연구 편력을 명확하게 따랐기 때문인데, 이렇게 나열해 보면 영사 재판권 철폐 문제, 한국 사법 제도 개혁, 식민지 지배 체제의 형성, 조선 사상사, 아시아주의, 대외 관계사, 조선 민중 운동사로 거의 두서없이 관심이 옮겨 가면서 바뀌어 왔음을 알 수 있다. 스스로는 일관된 주제에 입각해 연구를 축적해 왔다고 허세를 부

리고는 있으나 계획적으로 연구를 쌓아 왔다고는 아무래도 말하기 어렵다. 학위 청구 논문의 초고는 실제로 2002년 단계에서 70퍼센트 정도 완성되어 있었지만 문제 관심의 변화에 따른 통일성 결여 등의 이유로 완성까지는 다시 5년의 시간이 필요했다. 눈앞에 닥친 관심사에만 힘을 쏟는 내 성격 때문이다. 그래서 학위 청구 논문을 쓰면서는 여전히 전체상을 제시하려 하지 않은 나에게 매서움을 느끼게 해준 여러 분들의 질타라는 외재적 요인이 크게 작용했다. 그러한 의미에서라도 이 책은 많은 분들의 후의에 힘입어 완성되었다. 나태한 내 성격을 부끄러워함과 동시에 많은 이들의 격려에 감사 드리고자 한다.

논문 심사에서는 야마다 아키라(山田朗, 메이지 대학 교수), 운노 후쿠주(海野福壽, 메이지 대학 명예 교수), 조경달(趙景達, 치바 대학 교수) 등의 선생님들께 신세를 졌다. 주심으로 힘써 준 야마다 아키라 선생께는 졸업 논문 작성 이래로 지도를 받고 있다. 당시 메이지 대학에 갓 부임한 선생께서는 바깥에서 연구하던 운노 후쿠주 선생을 대신해 졸업 지도를 담당하셨다. 나처럼 제멋대로인 학생 때문에 꽤나 곤혹스러웠으리라 생각한다. 폐만 끼친 점을 사죄함과 동시에 따뜻하게 연구 활동을 지켜보아 주신 점에 감사 드리고자 한다.

대학원에서 본격적으로 지도해 준 분은 운노 후쿠주 선생이다. 선생께서는 간절하고도 정중하게, 아니면 선생의 유리함을 교차로 활용하면서 역사학이란 무엇인지, 사료 비판이란 무엇인지 등 역사학의 기초 체계를 체득하도록 해주셨다. 사회 과학에 대한 이해의 토대는 거의 이 시기에 훈련되었다고 해도 과언이 아니다. 대학원에서 선배와 논의할 기회를 누리지 못한 나는 수업이 끝난 뒤 선생의 연구실을 찾아갔고, 대학에서 문을 닫을 때까지 선생과 거침없이 논의를 주고받던 나날을 잊을 수 없다. 무례한 말투나 피상적인 지식, 단편적으로 읽으면서 든 생각을 간단하게 내뱉는 내 어리석음을

〈여전히 잘 모르는군요〉라고 나무라면서도 자유롭고 활달하게 논의할 수 있는 환경을 조성해 준 점에 어찌 다 감사드릴 수 있으랴. 또 한국에 유학할 기회를 만들어 준 것도 선생이다. 근대 한일 관계사를 연구 대상으로 선택하면서도 20대 중반까지 한국어를 제대로 습득하려 하지 않던 나를 보고 선생이 메이지 대학의 협정 학교였던 고려대학교로의 유학을 강력히 권해 주셨다. 요즘에는 그리 보기 드문 일이 아닌지 모르겠지만 당시 일본사 연구실에서 외국, 그것도 아시아 국가로 유학을 가는 것은 결코 일반적이지 않았다. 일본 경제사 연구를 하고 계시던 선생이 일본 제국주의사 연구를 심화해야 할 필요성을 통감하고, 한국사 연구에 뜻을 두고 한국어 공부를 시작한 것은 55세 때의 일이라 한다. 그런 의미에서도 나에게 직접적인 선배였다. 그리고 그 이상으로 선생에게 철저하게 가르침을 받았던 것은 역사학의 기초 중에서도 기초인 비판 정신이다. 자신의 스승을 학문적으로 뛰어넘는 〈스승 죽이기(師殺)〉야말로 연구자의 본질이라고 선생은 입버릇처럼 말씀하셨다. 그 말은 선생과 동일한 주제를 택한 나에게 늘 향해 있었다고 생각한다. 선생은 학위 청구 논문에 독창성을 요구했고, 논문집으로 모아서 제출하는 것을 엄격히 금지하셨는데, 그러한 가르침에 내 연구와 이 책이 과연 부응하고 있는지 내심 부끄럽다.

 2001년에 운노 선생께서 정년 퇴직하시자 식민지 연구를 하고 있던 우리 학생들을 지도하기 위해서 겸임 강사로 오셨던 분이 조경달 선생이다. 당시 조금씩 발표해 온 내 논문은 견실한 실증 연구로서 일부는 평가를 받게 되었다. 하지만 다른 한편으로 나는 식민지 지배의 본질을 깨닫지 못한 채 점점 그 연구에서 멀어져 가는 듯한 느낌을 받고 있었다. 그러한 때 민중 운동사 연구를 하고 있던 선생과의 만남은 행운이었다. 선생과 논의를 거듭하는 가운데 식민지 연구의 과제에 대하여 차츰 눈앞이 밝아졌다. 거기서 배운 것은 〈아래로부터의〉 역사를 보는 시각의 중요성이었는데, 그것은 한국사 연구를 시작한 그 시절의 초심으로 돌아가게 만들었기 때문이다. 그리고 선생과의 논의를 통해 한국사를 배운다는 의미를 마침내 이해할 수 있게 되었다. 또 선생께서는 각종 연구회나 프로젝트를 권유해 주셨고, 제1선에서 활약하는 많은 연구자와 교류할 기회를 얻을 수 있었다. 그러한 경험을 통해 자신의 전공에만 치우치지 않고 넓은 시야에서 역사를 다룰 수 있게 되었다고 생각한다. 그러한 의미에서 조경달 선생은 내 연구 폭을 넓혀 주었다. 감사해 마지않는다.

  역사 연구에 뜻을 두고 이제까지 많은 분들에게 신세를 졌다. 고려대학교 최덕수 선생과는 유학 당시에 무리해서 지도 교수를 맡아 주신 이래로 교류가 있었다. 제대로 연구에 몰두하지 못했던 나에게 선생은 기회가 있을 때마다 신경을 써주셨다. 지금까지도 선생이 일본에 오실 때마다 연락을 주시는데 그 후의에 감사할 따름이다. 더불어 연구의 심화에 힘써 온 신창우 씨(쓰루 문과대학 비상근 강사)의 현실적인 문제의식에는 늘 자극을 받아 왔다. 그와의 논의 없이 현재 내 연구는 있을 수 없다. 시노하라 히로가타(篠原啓方, 간사이 대학교 조교수) 씨와는 한국에서 유학한 이래로 교류가 있었다. 연구를 하면서 긴 시간 한국에 거주한 그의 경험에서 한국 사회에 대해 배운 바가 많다. 마쓰다 도시히코(松田利彦, 국제 일본 문화 연구 센터 준교수) 씨는 연구상 허다한 시사를 주셨을 뿐만 아니라, 연구회 참가나 사료 제공 등 공사에 걸쳐 편의를 도모해 주셨다. 스다 츠토무(須田努, 메이지 대학 준교수) 씨는 공동 연구를 하면서 여러 가지로 신경을 써주었을 뿐만 아니라 비상근 강사를 소개해 주는 등 이래저래 신세를 졌다. 학생 시절부터 아르바이트로 신세를 진 야마나카 마사미(山中正巳) 씨는 기회가 닿을 때마다 연구 자금을 대주셨다. 독지가적인 그 후의에 크게 격려를 받았을 뿐만 아니라 궁박한 생활에 물심양면으로 지원을 받았다. 그 외에도 학생 생활, 교원 생활을 계속하는 가운데 역사학 연구회나 조선사 연구회를 비롯한 여러 연구회나 학습회 등에서 많은 분들에게 신세를 졌다. 한 사람 한 사람의 이름을 거론하자면 끝도 없겠지만 선배 여러분들에게 감사하다는 말씀을 드리고자 한다. 또한 고향에 돌아갈 때마다 따뜻하게 나를 맞이해 준 소꿉친구들에게도 감사한다. 자칫하면 학계 생활에 젖어 들어 현실에서 유리될 수 있었던 나를 저들이 실제 사회로 계속 붙잡아 주고 있다.

당초 일본사 연구를 지향했던 내가 한국 연구를 시작하게 된 계기를 기록해 두고자 한다.

1989년 5월, 시골 구석에 살고 있던 나는 고등학생이었는데, 텔레비전에 나오는 장면을 보고는 흥분해서 〈굉장한 일이 일어나고 있다〉고 가족에게 떠들어 댔다. 텔레비전은 광장에서 민주화를 요구하는 젊은이들의 모습을 비추고 있었다. 그로부터 1개월간 나는 날마다 텔레비전에 매달리면서 뉴스를 들었다. 왜 그렇게까지 몰두했는지는 당시 알 수 없었지만 지금 생각해 보면 스스로의 힘으로 역사의 수레바퀴를 움직이려는 저들의 모습에서 안온하게 생활하고 있던 나 자신의 모습을 대비시키면서 뭐라 말할 수 없는 갈증을 느꼈던 것 같다. 그것만으로도 6월 4일의 광경은 잊을 수 없었고, 부조리에 대한 분노는 커졌다. 학교 축제의 포스터 작성 과제로 망설임 없이 그 광경을 모티프로 삼았다는 점을 기억한다. 그러나 그러한 분노는 수험에 쫓기면서 급속하게 식어 갔고 일상생활 속에 묻혔다.

그 후 고향을 떠나 나는 도쿄에서 대학 생활을 시작했다. 역사 연구를 향한 동경은 어릴 적부터 강했지만 대상 지역이나 시기 등을 정하지 못했다. 중학생 때부터 중국에 관심이 있던 나는 동양사로 대학 입학 시험을 쳤지만 결국 재수 끝에 일본사 전공의 길로 들어섰다. 그러한 의미에서 확고한 생각을 품고 역사 연구의 문을 두드렸다고는 할 수 없다. 사실 대학교 3학년이 되어 졸업 논문 작성을 의식하기 시작했을 때에도 근대사를 대상으로 하기로 결정했는데 무엇을 연구할지에 대해서는 생각해 두고 있지 않았다. 중국에 관한 막연한 관심 탓에 일본의 중국 침략을 연구할까 생각했지만 식민지 문제에 대해서도 고찰해 보고 싶다는 생각이 들었다.

그때 연구 대상으로 선택하려던 것이 오키나와(沖繩)였다. 국내 식민지라고도 불리는 오키나와를 통해 일본 제국주의 문제를 고찰해 보고 싶었다. 역사의식의 〈섬광spark〉[이로카와 다이키치(色川大吉)]을 기대하면서 대학 축제 기간에 혼자 오키나와로 향했다. 지금 반추해 보면 이 오키나와 여행이 내 역사 연구의 방향을 정한 것 같다.

오키나와로 간 나는 안내 책자를 한 손에 들고 전적지를 돌아다녔다. 본섬의 남부 종유동을 보고 난 후 다음으로는 어디를 볼지 고민하면서 걷고 있던 나에게 한 택시 기사가 말을 걸어 왔다. 히가(比嘉) 상이라는 분이었던 것 같은데 3시간 정도 가마 등 관광객 대상이 아닌 오키나와 전적지의 안내를 받았다. 그는 자신의 오키나와전 체험을 교차시키면서 이런저런 이야기를 들려주셨고, 오키나와사를 연구해 보고 싶다는 나를 격려해 주었다. 그리고 마지막으로 키얀미사키(喜屋武岬)로 데려다 주었다. 이 지역은 오키나와 전투 최후의 격전지로 유명했는데, 그는 거기에서도 추격해 오는 미군의 공격으로부터 도망치기 위해서 사람들이 몸을 숨기고 있던 참호를 가리키면서 여기가 오키나와 주민이 도망쳤던 곳, 여기가 조선인이 도망쳤던 곳이라면서 하나씩 친절하게 설명해 주었다. 조선인 참호라고 설명해 준 장소를 눈앞에서 본 나는 전율했다. 그곳은 굴이라고 말하기엔 너무 비좁은 바위틈이었기 때문이다. 나는 전장이란 생존을 둘러싼 극한의 장소에서도 민족 차별이 역력하게 존재했다는 사실에 충격을 받았다. 그 광경을 목도하고 역시 일본의 식민지 문제로서 조선을 회피해서는 안 된다는 생각을 하게 되었다.

도쿄로 돌아와 한국 연구를 하기로 결심했고 그 연구의 나침반이 된 분이 메이지 대학에서 장기간 교편을 잡고 계셨던 강덕상(姜德相) 선생(사가 현립 대학 명예 교수)이다. 선생께서는 대학교 3학년 때 청강했던 동아시아사

수업에서, 일본 근대사에 가시와 같이 박혀 있고, 일본의 민주화의 굴레가 되고 있는 조선 문제를 정면에서 다루어야 한다는 점을 학생들에게 호소했다. 일본의 굴곡에는 늘 조선이 존재하고 있다. 그것이 그러한지 일본인은 생각해야만 한다는 것이 선생의 지론이었다. 나는 선생이 말한 구체적 역사상의 다양함에 놀라움을 금치 못했다. 그러한 한편으로 그런 수업을 들으면서도 오키나와에 갈 때까지는 조선에 대해서 가급적 눈을 돌리고 싶었던 것이 솔직한 심정이었다. 거기에는 직시하기 어려운 문제가 명백히 가로놓여 있었기 때문이다. 그로부터 도망치고 싶었다는 점을 고백하지 않을 수 없다.

일본에서 한국 문제를 다루기로 한 나는 이듬해에도 선생의 수업을 청강했는데, 선생의 권유로 당시 선생이 근무하던 히토츠바시 대학 세미나에 참가하게 되었다. 거기서 한국사에 관한 여러 사실을 알게 되었는데, 동시에 깨닫게 된 것은 나 자신의 무지에 기인한 순진함이자 오만함이었다. 고향에는 다수의 재일 조선인이 살고 있었고, 또 내가 다니던 고등학교에도 적지 않은 재일 조선인이 통학하고 있었다. 그러나 내게 〈조선〉은 존재하지 않는 것과 마찬가지였다. 지금은 그렇지 않지만 당시는 지방에서 발행되고 있는 신문에 고등학교의 합격자 명단이 게재되었다. 그 안에 있던 성(姓)이 한 글자로 되어 있던 이름을 보고 고등학교에 가면 중국어를 배워 볼까라는 생각을 한 적이 있다. 그 무지가 부끄러울 뿐이다. 어릴 적부터 재일 조선인 아저씨에게 귀여움을 받았던 경험이 있었음에도 말이다. 그러한 의미에서 선생과의 만남은 내 주변에 늘 존재하면서도 내 무지 때문에 인식할 수 없었던 〈보이지 않았던 타자〉와 조우하게 된 것에 다름 아니었다. 이후 나에게 역사 연구는 〈타자〉를 향한 인식을 방해하고 있는 자신의 무지와 벌이는 격렬한 싸움이었다. 그러한 의미에서 선생의 존재 없이는 현재의 내 연구는 있을 수 없다. 강덕상 선생님의 다년간에 걸친 지도와 후의에 감사의 말씀을 드리고자 한다.

이 책을 출판하면서 이와나미 서점의 히라다 겐이치(平田賢一) 씨에게 신세를 졌다. 내가 조선 연구에 뜻을 두면서 강한 영향을 받은 사람은 고 가지무라 히데키(梶村秀樹)인데, 가지무라 씨에게 감화되어 학생 시절에 애독했던 책이 님 웨일즈의 『아리랑의 노래』이다. 『아리랑의 노래』(이와나미 문고판)을 편집한 이가 다름 아닌 히라다 씨였다. 히라다 씨가 내 책을 담당하게 돼 정말로 감개무량하다. 이전에 같이 작업한 적이 있었는데 〈학위 청구 논문을 썼는데 봐주시겠습니까〉라는 불손하고 갑작스런 내 제의에 바쁘신 와중에도 싫은 기색을 보이지 않고 상대해 주셨다. 또 이 책을 집필하면서 히라다 씨로부터 적확하고도 유익한 지적을 많이 받았다. 그 〈숙제〉에 대답하기 위해서 다시 시간이 소요되었고, 상당한 폐를 끼치게 되었다. 이 책은 우연히도 한국 병합 100주년에 해당하는 2010년에 출간되어 사람들에게 평가를 받게 되었는데, 히라다 씨의 격려가 없었더라면 틀림없이 좀 더 지연되었을 것이다. 폐를 끼치게 된 점에 대하여 사과의 말씀을 드림과 동시에 내 책에 진력해 주신 것에 감사 드리고 싶다.

  마지막으로, 제멋대로이고 항상 폐만 끼치는 아들을 따뜻하게 지켜봐 주신 부모님, 그리고 무엇보다도 내 연구를 이해해 주고 계속 격려해 준 아내 메구미와 두 아들 유키무네(幸宗), 코우스케(幸祐)에게 감사의 말을 전하며 이 책을 바친다.

오가와라 히로유키

찾아보기

가쓰라 다로桂太郎 19, 95, 96, 102, 116, 118, 119, 121, 122, 133, 157, 180, 249, 251, 254, 270, 311, 312, 314, 318, 324, 326, 334~338, 344, 360~362, 367, 370, 372, 377, 387, 391~397, 399, 404, 411, 413, 414, 420, 427, 437, 456

가토 다카아키加藤高明 424, 425

고다마 겐타로兒玉源太郎 126, 127

고다마 히데오兒玉秀雄 399, 434

고마쓰 미도리小松綠 22, 23, 313, 318, 370, 388, 389, 398, 399, 410, 412, 413, 415, 428, 433, 437

고무라 주타로小村壽太郎 77, 81, 89, 98, 102, 109, 114, 116, 118, 133, 156, 195, 250, 251, 270, 313, 315, 335, 393, 395, 404, 415, 421, 423, 433, 452

고영희 174, 249, 430

고종 18, 20, 24, 41, 53, 66, 68, 69, 71, 77~79, 81, 86, 103~106, 109~111, 149, 151, 160, 162~169, 171~173, 176~180, 182~188, 193, 196, 197, 203, 205, 215, 249, 300~302, 432, 438, 441, 449, 455

고토 신페이後藤新平 122, 318, 326, 327, 395, 396, 399, 405, 415~417, 437

구라치 테츠키치倉知鐵吉 22, 23, 313, 317, 318, 335, 336, 399, 415

구라토미 유자부로倉富勇三郎 201, 231, 255~257, 259, 260

권동진 286

그레이Grey, Edward 424, 425

김옥균 54, 62

김윤식 53, 56, 71, 298, 299

김홍집 53~56, 59

ㄴ

나가니시 세이치中西清一 399
나가하라 케이지永原慶二 29
나카무라 사토루中村哲 401
나카무라 헤이지中村平治 58
나카쓰카 아키라中塚明 26
나카야마 세이타로中山成太郎 399

ㄷ

다보하시 기요시田保橋潔 56
다카히라 고고로高平小五郎 238
데라우치 마사타케寺内正毅 102, 118, 123~125, 132, 133, 157, 180, 201, 202, 206, 258, 270, 314, 364, 367, 368, 371, 377, 379, 381, 388, 390, 394~399, 403, 411, 413, 427, 429, 432, 437, 440
도야마 시게키遠山茂樹 33, 58
도쿠토미 소호德富蘇峰 27

ㄹ

루스벨트Roosevelt, Theodore 239

ㅁ

마루야마 시게토시丸山重俊 166, 201
마쓰가타 마사요시松方正義 92, 118, 157, 180, 414
마쓰이시 야스지松石安治 131
맥도널드MacDonald, Claude M. 319, 424
메가타 타네타로目賀田種太郎 101, 109
모리야마 시게노리森山茂德 19~22, 24, 26, 67, 149, 150, 152, 156, 162, 172, 226, 247, 250,
276, 312, 313, 334, 374, 378, 379, 385, 445, 456
모토노 이치로本野一郎 153, 156, 207, 421
무쓰 무네미쓰陸奥宗光 67, 73
미우라 고로三浦梧樓 55, 398
민영기 174

ㅂ

박영효 53~55, 62, 187
박은식 273
박제순 87, 166, 169, 171, 174, 249, 430
베이컨Bacon, Robert 239
비스마르크Bismarck, Otto Eduard Leopold von 211

ㅅ

사이온지 긴모치西園寺公望 153, 158, 180, 185, 191, 208, 236, 238, 240, 413
사이토 리키사부로齋藤力三郎 131, 132
사이토 마코토齋藤實 180, 304, 405, 412
사조노프Sazonov, Sergei D. 422
사쿠라이 료주櫻井良樹 345, 360, 364, 366~368, 429
서영희 101, 102
소네 아라스케曾禰荒助 91, 116, 200, 201, 242, 249, 250, 262, 312, 314, 318, 324, 342, 347, 362, 367, 372, 392, 393, 395
송병준 173, 174, 182, 192, 203, 205, 342, 344~346, 370, 397, 404, 428
순종 18, 185, 187, 188, 205, 249, 282, 284, 300, 432, 441, 455
스기야마 시게마루杉山茂丸 323, 341, 344,

363, 368, 404
스톨리핀 Stolypin, Petr A. 421, 422
시바타 미치오 柴田三千雄 31
신창우 60, 140, 141, 265, 276, 280, 465
신채호 273
쓰키아시 다쓰히코 月脚達彦 20, 35, 53, 57, 58, 63~68, 270, 272, 273, 285, 287, 288, 293, 297

ㅇ

아키야마 마사노스케 秋山雅之介 258, 328, 379, 381, 382, 407, 415, 436
안창호 287
앤더슨 Anderson, Benedict 272
야마가타 아리토모 山縣有朋 19, 74, 94, 95, 116, 118, 123, 125, 128, 136, 145, 153, 157, 180, 189, 254, 270, 314, 315, 318, 323, 334, 335, 338, 361, 370, 372, 377, 392, 394, 395, 414, 421, 437, 448
야마모토 곤베 山本權兵衛 118
야마모토 시로 山本四郎 406
야마베 겐타로 山辺健太郎 19, 26, 27, 359
야스마루 요시오 安丸良夫 38, 140
야스히로 반이치로 安廣伴一郎 399
어윤중 53, 56
에구치 보쿠로 江口朴郎 32
에바시 다카시 江橋崇 401
에키 다스쿠 江木翼 394, 399, 416
오가와 헤이키치 小川平吉 324, 396, 397, 439
오미다 다카요시 小美田隆義 320
오세창 286, 356

오야마 이와오 大山巌 79, 86, 94, 116, 124, 131, 157, 180, 414, 421
오쿠무라 슈지 奧村周司 68
오타니 기쿠조 大谷喜久藏 136, 138, 139
와타나베 히로시 渡辺浩 37
요시다 쇼인 吉田松陰 37, 38
우에하라 센로쿠 上原專祿 33
우치다 료헤이 內田良平 266, 274, 287, 303, 320, 323, 344, 348, 350, 352, 354, 361, 367, 369, 371, 373
운노 후쿠주 海野福壽 20, 26, 40, 76, 114, 118, 196, 197, 199, 201, 269, 312, 313, 339, 419, 427, 463
유길준 53, 56, 59, 60, 67, 70, 186
유영익 53, 56, 57, 63, 64
이구치 쇼고 井口省吾 125, 126
이노우에 가오루 井上馨 54, 60, 66, 118, 135, 180, 399, 414, 421
이노우에 이치지 井上一次 131
이노우에 코와시 井上毅 74
이노우에 키요시 井上清 26, 28
이도재 187
이병무 174, 193, 194
이상설 178
이완용 18, 163, 167, 169, 171~176, 179, 182~185, 187, 189, 192~194, 214, 249, 250, 252, 253, 288, 289, 294, 341, 343~345, 347, 367, 428, 429, 430, 432~436, 438, 449
이용구 328, 340~350, 352~355, 374
이용식 430
이용익 78, 86, 91, 105~107

찾아보기 **473**

이위종 178

이인영 275

이재곤 174, 187, 193, 249

이재극 166

이준 178

이즈볼스키 Izvol'skii, Aleksandr P. 153, 155, 157, 207, 421~423

이지용 76~82, 84, 105, 106

이치지 코우스케 伊地知幸介 78, 79, 86, 91, 94, 107, 130

이타가키 유조 板垣雄三 33

이태진 39~41, 66

이토 미요지 伊東巳代治 169, 393, 415

이토 순스케 伊藤俊介 59, 65

이하영 174

이홍장 74, 75

임선준 174

ㅈ

장지연 286, 341

정도전 39

조경달 31, 32, 36, 39, 41, 42, 59, 60, 62, 63, 70, 137, 143, 272, 273, 350~352, 463~465

조병세 105

조중응 174, 187, 194, 429, 434~436

ㅊ

최익현 167, 275, 278

최제우 44, 45

치바 이사오 千葉功 50, 127

ㅋ

코코프초프 Kokovtsov, Vladimir N. 421

ㅍ

파블로프 Pavlov, Aleksandr I. 78

ㅎ

하라 다카시 原敬 180, 236, 238, 324, 333, 392, 395, 403, 414, 456

하루야마 메이테쓰 春山明哲 401

하세가와 요시미치 長谷川好道 125, 133, 136, 169, 172, 185, 193, 201, 202, 206, 270, 302

하야시 곤스케 林權助 76, 77, 81, 84, 89, 98, 101, 102, 105, 136, 138, 142, 177

하야시 다다스 林董 150, 153, 156, 157, 179, 180, 183, 189, 234~240, 242, 244~247, 255, 301, 399

홉스봄 Hobsbawm, Eric 34, 35

흥선대원군 41

옮긴이의 말

〈한국 병합〉으로부터 한 세기가 지난 2010년 5월 10일 서울과 도쿄에서 「한국 병합 100년에 즈음한 한일 지식인 공동 성명」이 동시에 발표되었다. 공동 성명은 〈한국 병합〉 연구의 현재적 의미에 대해 언급하는 것으로 시작하고 있다.

1910년 8월 29일, 일본제국은 대한제국을 이 지상에서 말살하여 한반도를 일본의 영토에 병합할 것을 선언하였다. 그로부터 100년이 되는 2010년을 맞이하여 우리들은 그 병합이 어떻게 이루어졌는가, 〈한국 병합 조약〉을 어떻게 보아야 할 것인가에 대하여 한국, 일본 양국의 정부와 국민이 공감하는 인식을 확인하는 것이 중요하다고 생각한다. 이 문제야말로 두 민족 간의 역사 문제의 핵심이며, 서로의 화해와 협력을 위한 기본이다.

성명문은 해방과 한일 수교 이후 양국 지식인이 처음으로 합의하여, 서울과 도쿄에서 동시에 발표한 것이었다. 위의 인용문에서 보는 바와 같이 공동 성명은 한 세기가 지난 현재도 〈한일 병합이 어떻게 이루어졌는가〉라는 역사학계의 연구와 〈어떻게 보아야 할 것인가〉라는 역사 교육이 제자리를 찾지 못함으로써 생긴 역사인식의 상이가 오늘날에도 한일 양국의 화해와 공생에 장애가 되고 있음을 밝히고 있다. 〈한국 병합〉 문제는 단순히 지난 시대의 역사적 사실이 아니라 현재에도 여전히 살아 있는 현실적인 과제임을 확인하고 있다.

저자 오가와라 히로유키의 이 책(『伊藤博文の韓國倂合構想と朝鮮社會: 王權論の相克』, 岩波書店)은 〈한국 병합〉 100년이 되는 해인 2010년 1월 일본 이와나미 서점에서 간행되었다. 2010년은 〈강제 병합 100년〉을 비롯한 〈한국 전쟁 60주년〉, 〈4월 혁명 50주년〉, 〈광주 민주화 운동 30주년〉이 중첩되는 시기였기 때문에 한국 근현대사 주요 사건에 대해 학계와 일반의 논의가 활발히 전개되던 때이기도 했다. 이 가운데 특히 〈한국 병합〉에 관해서는 국내뿐만 아니라 일본에서도 학술 활동과 시민 강연 등이 활발하게 이루어졌다.

예를 들면 이해 5월 22일과 23일 일본 역사학연구회는 〈지금 식민지 지배를 묻는다(今、植民地支配を問う)〉라는 공동 주제로 학술 대회를 도쿄 소재 센슈(專修) 대학에서 개최하였고, 그로부터 일주일 뒤인 5월 27일과 28일 서울에서도 역사학회가 〈식민주의와 식민 책임〉을 공동 주제로 전국 역사학 대회를 개최한 바 있다. 시기가 시기였던 만큼 100년을 맞이한 〈한국 병합〉과 식민 통치 문제를 어떻게 보아야 할 것인가라는 주제로 양국 학계에서 다양하고 활발하게 논의가 진행되었던 것이다.

이 책은 저자가 후기에서 밝혔듯이 2007년 일본 메이지(明治) 대학 박사학위 논문으로 제출한 글을 수정 보완하여 2010년 1월에 출판한 것이다. 다시 말하면 일본학계에서 한국 병합을 둘러싼 연구와 논쟁이 가장 치열하게 전개되었던 시기에 집필하였던 것이다. 그런데 이 책은 출간된 직후 일본

국내에서 일본사를 전공한 주류 연구자로부터 비판에 직면하였고, 동시에 한국의 한국사 전공자들로부터도 비록 각주 형식이었으나 문제 제기가 있었다.

저자가 한국어판 서문에서 역자의 한국어판 간행 권유에 대해 한국 독자로부터 받게 될 평가에 대해 〈일말의 불안〉, 또는 〈한국 독자 가운데 저자의 책에 대해 위화감을 가질 분들이 많지 않을까〉라며 우려를 비친 대목이 있는데, 아마도 한일 양국 연구자들의 이와 같은 비판을 의식한 표현이었다고 생각한다. 한일 양국의 자국 역사 연구자들로부터 주목과 비판을 동시에 받고 있다는 점은 저자가 다루고 있는 〈한국 병합〉의 내용이 그만큼 논쟁적이라는 반증이기도 할 것이다.

바로 그와 같은 점 때문에 역자로서는 이 책을 한국어로 정확하게 번역하여 소개할 필요가 있다고 판단하였다. 〈한국 병합〉 100년을 전후하여 양국 학계의 연구 동향을 돌아보면, 한국에서는 대체로 러일 전쟁 이후 일본의 대한 정책 전개 과정을 일본의 정책 입안자들의 식민 정책 구상과 실행 과정을 규명하면서 특히 한일 양국이 체결하였던 여러 조약들을 국제법적 차원에서 검토하였다. 반면 일본에서 일본사를 전공하는 연구자들의 경우 식민지화 정책의 추진 과정에서 이토 히로부미를 메이지 일본 내 다른 정치 세력과 분리하여 〈보다 나은 제국주의자〉라고 성격을 규정하는 가운데 이토 자신이 〈한국 병합〉의 책임으로부터 상대적으로 자유로웠음을 강조하는 연구까지 나오고 있는 실정이다.

이 책의 경우 저자가 한국어판 서문에서 밝히고 있는 바와 같이 일본에서 일본사 전공자가 집필한 〈한국 병합〉 연구서로, 〈한국 병합〉에 대한 역사적 과정을 일본 정치사의 맥락을 놓치지 않으면서 조선 사회 내부에 존재하고 있던 논리까지도 아울러 검토하고 있다. 특히 후자가 전자에 미친 영향이 적지 않았다는 사실을 조선 내 민중 층의 동향을 파악할 수 있는 자료를 발굴하여 규명하였고, 병합이 추진되는 과정 속에서 나타난 조선과 일본 양측의 인식과 대응 양상을 구조적으로 연계시켜 파악하려 했다는 점 등은 의미 있는 성과라 하겠다. 다만 이토 히로부미의 〈자치 식민지〉 구상이나 1909년 이토가 통감을 사임할 때까지 점진적 병합론이 우세했다고 한 주장은 학계에서 논란의 여지가 남아 있는 만큼, 향후 다른 나라의 사례 비교를 통해서 좀 더 거시적이고 심층적으로 접근할 필요가 있을 것이다.

끝으로 번역서가 나오기까지의 과정에 대해 말해 두고자 한다. 이 책의 본문에서 인용하고 있는 일본 측 1차 자료의 대부분은 메이지 시기 공문서나 서한으로 소로문(候文) 문체로 작성되었다. 때문에 한국어로 옮기기가 쉽지 않았으나 매끄러운 문장이 될 수 있도록 최선을 다하였다. 서장부터 2장까지는 최덕수가, 3장부터 종장까지는 박한민이 각각 책임을 지고 번역하였다. 최종적으로 두 번역자가 번역한 내용을 상호 교차하여 검토하였고 각자가 발견한 오류를 수정하였다.

그리고 번역 이후 대학원생 김형근과 김희연은 학업으로 바쁜 와중에도 번역문을 일독하면서 교정 작업을 맡아 주었다. 번역 작업 초기에 업무를 담당했던 진봉철 전 인문팀장에게 작업이 지체되었던 점에 대해 미안함과 더불어 감사의 마음을 전한다. 열린책들의 안성열 인문주간과 편집부 여러분께도 고마움을 전하고자 한다.

2012년 10월
역자를 대표하여 최덕수

이토 히로부미의 한국 병합 구상과 조선 사회

옮긴이 최덕수는 고려대학교 사학과를 졸업하고 동 대학원에서 박사 학위를 받았다. 한국 근대 정치사와 한일 관계사를 전공했으며, 현재 고려대학교 한국사학과 교수이다. 저서로 『개항과 朝日관계』, 『대한제국과 국제환경』이 있으며, 옮긴 책으로는 『끝나지 않은 20세기』와 『일본, 한국 병합을 말하다』(공역) 등이 있다.

옮긴이 박한민은 고려대학교 한국사학과 박사 과정으로, 한국 근대 국제관계사를 전공하고 있다. 대표 논저로 「1878년 두모진 수세를 둘러싼 조일 양국의 인식과 대응」(『한일관계사연구』 39, 2011)이 있으며, 옮긴 책으로는 『일본, 한국 병합을 말하다』(공역)가 있다.

지은이 오가와라 히로유키 **옮긴이** 최덕수·박한민 **발행인** 홍지웅 **발행처** 주식회사 열린책들 **주소** 경기도 파주시 문발로 253 파주출판도시 **대표전화** 031-955-4000 **팩스** 031-955-4004 Copyright (C) 최덕수, 2012, *Printed in Korea*. ISBN 978-89-329-1547-0 93910 **발행일** 2012년 10월 30일 초판 1쇄

이 도서의 국립중앙도서관 출판시도서목록(CIP)은 e-CIP 홈페이지(http://www.nl.go.kr/ecip)와 국가자료 공동목록시스템(http://www.nl.go.kr/kolisnet)에서 이용하실 수 있습니다.(CIP제어번호: CIP2012004822)